上海建设年鉴

中共上海市城乡建设和交通工作委员会
上海市住房和城乡建设管理委员会 编

文匯出版社

图书在版编目（CIP）数据

上海建设年鉴．2018 ／ 中共上海市城乡建设和交通工作委员会，上海市住房和城乡建设管理委员会编．--上海：文汇出版社，2019.3

ISBN 978-7-5496-2807-0

Ⅰ．①上… Ⅱ．①中… ②上… Ⅲ．①城市建设－上海市－2018－年鉴 Ⅳ．①F299.275.1-54

中国版本图书馆CIP数据核字(2019)第032792号

上海建设年鉴（2018）

编　　著 ／ 中共上海市城乡建设和交通工作委员会
上海市住房和城乡建设管理委员会
责任编辑 ／ 乐渭琦
特约编辑 ／ 孙　健
图片、美术编辑 ／ 胡　鹰
封面设计 ／ 邵　竞　胡　鹰

出 版 人 ／ 周伯军

出版发行 ／ 文匯出版社
上海市威海路755号
（邮政编码 200041）
经　　销 ／ 全国新华书店
照　　排 ／ 上海未寅文化传播有限公司
印刷装订 ／ 浙江经纬印业有限公司
版　　次 ／ 2019年3月第1版
印　　次 ／ 2019年3月第1次印刷
开　　本 ／ 889×1240　1/16
字　　数 ／ 730千字
印　　张 ／ 31.25（插页14）

书　　号 ／ ISBN 978-7-5496-2807-0
定　　价 ／ 258.00元

▲ 2017 年上海市卫星影像图（1:220000）

▲ 上海之巅

2017 年 12 月 31 日，随着上海徐汇滨江 4.5 公里龙水南路－徐浦大桥段、上海浦东滨江 7 公里川杨河－塘桥段等建成，正式宣告上海黄浦江两岸从杨浦大桥至徐浦大桥 45 公里岸线公共空间贯通，2018 年 1 月 1 日正式向市民开放。作为上海重要的民生工程之一，以前黄浦江两岸是工厂、码头林立的百年工业带，随着 45 公里岸线的建成开放，黄浦江正在从以前的生产岸线，变身为现在的生态岸线、文化岸线、健身岸线。如今广大市民可以徒步沿着黄浦江一路从杨浦大桥走到徐浦大桥，也能在一江之隔的浦东，沿着长达 22 公里的滨江岸线，欣赏城市美景。

1

2

3

4

1 浦西世博岸线
2 浦西世博岸线
3 浦江两岸
4 浦西世博岸线
5 浦西世博岸线
6 浦江两岸公共空间初露端倪
7 浦江两岸
8 大上海－新世纪
9 浦江两岸

5

6

7

8

9

▲ 71 路中运量车延安东路外滩站

71路
外滩

1

1 凸显通畅优势的 71 路中运量公交车
2 71 路中运量公交车申昆路枢纽站
3 多种方式的售票系统
4 醒目直观的线路地图方便乘客提前搜索
5 71 路站点休息椅
6 宽敞明亮的驾驶室
7 待发的 71 路中运量公交车

2

3

4

5

6

7

1 金泽水库（小，上）
2 金泽水库（大，下）

位于青浦区的金泽水库

2016年12月29日上午，位于上海市青浦区的金泽水库正式投入使用。金泽水库原水工程包括金泽水库、连通管、闵奉支线、松浦泵站改造及郊区支线等主体工程，日供水规模351万立方米。金泽水库位于青浦区金泽镇西部、太浦河北岸，占地面积约2.7平方公里，其中水面积1.92平方公里，总库容约910万立方米，应急备用库容约525万立方米，可满足2-3天的应急水量需求。“金泽水库原水工程通水切换成功”，标志着金泽水库正式投入使用。西南五区的供水保障能力将明显提升，“两江并举、集中取水、水库供水、一网调度”的原水供应格局进一步完善。

市委、市政府高度重视本市水源地建设，2013年10月，批复同意《黄浦江上游水源地规划》，将青浦、松江、金山、闵行和奉贤五区现有取水口归并于太浦河金泽水库和松浦取水口，形成“一条输水干线、二个取水点、三座增压泵站”的连通格局，并实现正向和反向互联互通输水，保证供水安全。经过近10年的论证、1年前期、2年建设，金泽水库原水工程正式建成并投入运行。

1 全面建成的陇西排水系统工程

2 全面建成的新宛平排水系统工程

3 全面建成并投入运行的竹园污泥处理工程

4 基本建成的石洞口污泥处理新建线工程

1

2

3

4

沪首条 BRT 彩色专用道精艳“亮相”

经过 500 多个昼夜的紧张奋战，上海首条 BRT 快速公交线路（奉贤南桥汽车站至东方体育中心）的浦星公路（丰南路 ~ 环城北路）段改建工程于 2017 年 5 月 28 日正式通车。

浦星公路改建工程是 2017 年本市重大工程，也是本市首条 BRT 快速公交线路（奉贤南桥汽车站至东方体育中心）的重要组成部分。它北起丰南路交叉口，与永南路、环城北路等 12 条道路相交，南到环城北路交叉口（浦星公路南行港桥前），线路全长约 5.09 公里。

浦星公路作为奉贤区连接闵行区的主干道，常年交通流量大。经过“拓宽”，原本的双向 4 车道已经改建为双向 6 车道 +2 条非机动车道 +2 条人行道，拓宽后红线宽度已经达到 45 米，缓解高峰时段拥堵，大大方便了市民的出行。

浦星公路改建工程沿线 BRT 车道沥青面层由常规的黑色沥青改为鲜亮的红色沥青，美观、醒目，体现了 BRT 车道的专用性，并与贤浦路、南行港路彩色沥青 BRT 车道连通，成为奉贤区通往市区的一条红色纽带。

浦星公路改建工程通车后，可加强中心城区与郊区的联系，改善南桥新城和南桥大型居住社区居民的交通出行状况。

沪南北高架“第一弯”中兴路下匝道正式通车

2017 年 12 月 26 日 8 时，上海南北高架中兴路下匝道正式建成通车。该工程位于南北高架共和新路立交与天目路立交之间。由于该匝道被设计为一条弯道，可谓上海交通大动脉南北高架路的“第一弯”。中兴路下匝道的建成将有效提升新客站北广场公共设施的利用率，并在北横通道对天目路立交改造期间，提供一条交通疏解通道，以分流天目路立交到达南广场部分的交通压力。

南北高架中兴路下匝道新建工程全长 418.5 米，其中桥梁全长 341.4 米，匝道出口位于共和新路中兴路路口向西约 300 米处。设计车速为 40 公里 / 小时，车道规模为 1 条车道 1 条紧急停车带。

中兴路下匝道建成后，将构建铁路上海站地区铁路以北区域快速到达通道，引导更多车辆从南北高架前往火车站北广场，适当减少车辆地面交通绕行，提升北广场使用率。作为上海市重大工程北横通道的配套工程，还能有效缓解北横通道天目路转盘改造时的交通压力。

下一出口
Next Exit
新闸路 1Km
中兴路

1 轨道交通 17 号线
2 17 号线青浦新城站
3 17 号线朱家角站
4 17 号线蟠龙路站
5 17 号线东方绿舟终点
6 17 号线徐泾北城站

历经三年零四个月的建设，上海轨道交通 17 号线于 2017 年底试运营。17 号线全长 35.3 公里，共设虹桥火车站、站东方绿舟站等 13 座车站，穿越水乡青浦，是贯穿青浦东西走廊的重要客运通道。17 号线串联淀山湖地区、青西三个古镇、东方绿舟、青西郊野公园、青浦新城环城水系公园、三大古文化遗址等系列景观，乘客在 40 分钟内可以领略水乡泽国秀美风光。

走进地铁 17 号线一座座车站，浓郁的江南水乡气息扑面而来。站台的墙板如同鱼鳞起伏波动，脚下的瓷砖描绘着水波纹。原本古板的立柱则被设计成青花瓷瓶的形象，缀以青浦特色的版画，平添了不少中式韵味。独特的设计语音，唤醒乘客们对历史文化的保护意识。

17 号线使用三轨设计方案，运营与景观实现最佳组合；部分地下车站采用大中庭设计，引入自然光，实现节能效果；高架车站采用工厂化 PC 预制件拼装技术，在满足功能、节约工期的同时，用简介手法创造出千变万化的视角效果；首次采用国产完整自主知识产权的信号系统，该系统具有完备的移动闭塞功能，支持混合运营模式，实现了准运营自动驾驶；首次采用空载损耗仅为常规变压器 30% 的 35 千瓦非晶合金变压器，有助于节能减排等。

3

4

5

6

上海轨道交通 17 号线（Shanghai Metro Line 17）是上海市第十五条建成运营的地铁线路，在上海轨道交通网络中属于市域线，由上海地铁第二运营有限公司运营，于 2017 年 12 月 30 日载客试运营（东方绿舟站至虹桥火车站站），标志色为暗橙色。上海轨道交通 17 号线全长 35.3 公里，共设 13 座车站，其中地下站 7 座，高架站 6 座；列车采用 6 节编组 A 型列车。上海轨道交通 17 号线东起闵行区虹桥火车站站，途径闵行区、青浦区，西至青浦区东方绿舟站。

作为市域线，上海轨道交通 17 号线担任着徐泾、赵巷、青浦城区、朱家角等地区与市区的通勤任务，也被称为青浦市域快速轨道。该线串联起朱家角镇、青浦城区、青浦新城、赵巷镇、赵巷商业商务区、徐泾镇、华新配套商品房基地、国家会展中心、虹桥枢纽等重要地区，并间接辐射青浦区西部的西岑、金泽等乡镇。

嘉闵高架北延伸段——全国第一座采用全预制拼装技术的高架桥梁工程

1 嘉闵高架（北翟路 -G2 段）

2-5 城市积木的施工现场

2

3

4

5

1 徐汇区春申港获“最佳河道治理奖”
2 青浦区横五河获“最受群众喜爱奖”
3 宝山区盛宅浜获“最大整治变化奖”
4 金山区的太平港获“最具人水相亲奖”
5 静安区夏长浦获“最美河道景观奖”
6 杨浦区嫩江河获“最优智慧治水奖”

1 宝山区共江路（共和新路～通河路）
2 杨浦区江湾城路（殷行路～清波路）
3 黄浦区自忠路（重庆南路～西藏南路）
4 虹口区密云路（大连西路～四平路）

1 松江区辰塔路（辰花路 – 文翔路）中修工程

2 虹口区北宝兴路（广中路 – 柳营路）道路大修工程

3 改造后的上海大戏院于 2017 年 3 月底正式开业

《上海建设年鉴（2018）》
编辑委员会

编写说明

一、《上海建设年鉴》是中共上海市城乡建设和交通工作委员会、上海市住房和城乡建设管理委员会组织编写，上海市、区县两级建设交通系统各局、直属单位及相关政府部门协作参与，以记录上一年度上海城乡建设、城市管理、交通运输及相关行业、企业发生的重大事件及重要情况为主要内容，对外公开发行的大型资料性、工具性年刊。

二、本书编写采用年鉴的体例和风格。全书由特载、主体和附录三部分组成。特载刊载上海当年度政府工作报告、统计公报及其他重要内容。主体部分基本按城乡建设、城市管理、交通运输及综合管理等相关内容，分门别类予以排列、记载。附录部分包含当年市住房城乡建设管理委大事记、相关法律法规政策选编目录、相关资料及数据统计。

三、本书主体部分由栏目、分目和条目三个结构层次组成。全书设 15 个栏目，每一栏目依内容需要，设若干分目。栏目之首设“综述”，分目之首设“概况”，本书主要记载形式为条目，以事件设，一事一条。同时辅以图片、表格及相关资料。

四、本书编写坚持对历史负责、对后人负责和客观记载、不作评价的原则，对年度发生的重大事件，尽可能予以如实、公正地记载，避免不确定因素和不确切数据。

五、本书以赠阅为主。由于诸多原因，全书编写周期较长，其中部分内容转引自有关资料、文献、书刊。原作者如未收到稿酬，可直接与《上海建设年鉴》编辑部联系。

六、本书编写过程中得到上海市、区县各级领导和上海建设交通系统各局、直属单位，以及广大热心人士的大力帮助，在此一并表示感谢。

目录 Catalogue

◎特载

◎重大工程建设

◎城乡规划、国土资源

◎绿化市容

◎环境保护

◎房屋管理

◎水务管理

◎铁路运输

◎民用航空

◎邮政事业

◎海洋海事

◎建筑建材业管理

◎城市综合管理

◎科研工作

◎区域建设

◎政策法规

◎附录

特载

FEATURE

上海市政府工作报告

——2018年2月1日上海市第十五届人民代表大会第一次会议上

上海市市长　应　勇

各位代表：

现在，我代表上海市人民政府，向大会报告工作，请予审议。请各位政协委员和其他列席人员提出意见。

一、过去五年工作回顾

市第十四届人民代表大会第一次会议以来的五年，我们在以习近平同志为核心的党中央坚强领导下，全面贯彻落实党的十八大、十八届历次全会和十九大精神，认真学习贯彻习近平新时代中国特色社会主义思想，坚决贯彻落实党中央、国务院和中共上海市委的决策部署，按照当好全国改革开放排头兵、创新发展先行者的要求，坚持稳中求进工作总基调，主动适应经济发展新常态，积极践行新发展理念，攻坚克难，砥砺奋进，胜利完成“十二五”规划，顺利实施“十三五”规划，全面完成本届政府工作目标和任务。

过去五年，上海经济社会发展开创新局面，创新驱动发展、经济转型升级取得重大进展。一是经济保持平稳增长。全市生产总值年均增长 7.1%，从五年前的 2 万亿元跃升到 3 万亿元，迈上新台阶。每年新增就业岗位 60 万个左右，城镇登记失业率稳定在 4.1% 左右。居民消费价格保持平稳。二是经济结构和质量效益持续向好。第三产业增加值占全市生产总值的比重从 60.2% 提高到 69%，战略性新兴产业的制造业部分产值占工业总产值的比重提高 6.8 个百分点，以现代服务业为主体、战略性新兴产业为引领、先进制造业为支撑的现代产业体系初步形成。一般公共预算收入年均增长 12.2%。三是改革创新取得重大成果。中国（上海）自由贸易试验区建设总体实现初衷，100 多项制度创新成果在全国复制推广，新设企业 5.2 万家，超过自贸试验区成立前 20 多年的总和。具有全球影响力的科技创新中心建设重大布局和政策体系初步确立，全社会研发经费支出相当于全市生产总值的比例从 3.3% 提高到 3.8% 左右，C919 大型客机、蛟龙号载人潜水器、墨子号量子卫星等重大科技成果相继问世。四是城市服务功能大幅提升。股票、期货、外汇、黄金等金融市场交易量位居世界前列。口岸贸易总额占全球的 3.2%，跃居世界城市首位。中国国际进口博览会落户上海。集装箱吞吐量连续 8 年位居世界第一，上海成为全国第一个、全球第五个航空旅客年吞吐量突破 1 亿人次的城市。五是人民生活明显改善。居民人均可支配收入年均增长 8.9%，基本公共服务均等化水平全面提升。六是生态文明建设成效显著。环保投入相当于全市生产总值的比例保持在 3% 左右，单位生产总值能耗累计下降 22.8%，$PM_{2.5}$ 年平均浓度从 2013 年的 62 微克 / 立方米下降到 39 微克 / 立方米。

五年来，我们重点做了以下六个方面的工作。

（一）坚持制度创新、先行先试，率先建设自由贸易试验区，全面深化改革开放实现重大突破

自贸试验区制度框架基本形成。确立以准入前国民待遇加负面清单管理为核心的投资管理制度，全国首张外商投资准入负面清单发布实施，以备案为主的外商投资、境外投资管理制度全面实施，商事制度改革不断深化。确立符合高标准贸易便利化规则的贸易监管制度，国际贸易“单一窗口”、货物状态分类监管模式基本建立，海关和检验检疫信息互换、监管互认、执法互助的大通关建设深入推进。确立适应更加开放环境和有效防范风险的金融创新制度，自由贸易账户体系创设运作，黄金交易国际板等一批面向国际的金融市场平台建成使用。确立以规范市场主体为重点的事中事后监管制度，社会信用体系、信息共享和综合执法、企业年度报告公示和经营异常名录、社会力量参与市场监督、安全审查、反垄断审查等基础性制度基本建立。

重点领域改革深入推进。实施国资国企分类改革，市属国有企业公司制改革实现全覆盖，三分之二的竞争类企业实现整体上市或核心业务资产上市，以公众公司为主要实现形式的混合所有制经济发展格局基本形成，80% 的国有资产集中到战略性新兴产业、先进制造业、现代服务业、基础设施和民生保障等领域。率先实施“营改增”试点，五年累计为企业减税 3112 亿元。设立规模 50 亿元的中小微企业政策性融资担保基金。实施注册资本认缴制、先照后证、照后减证等商事制度改革，新设企业 121.9 万家，是上个五年的 2.1 倍。

开放型经济发展水平不断提高。积极参与和主动服务“一带一路”建设，制定实施加快构建开放型经济新体制“33 条”，全面实施总部经济提质、装备走出去提速工程，实际利用外资 889.3 亿美元，是上个五年的 1.5

倍，跨国公司地区总部、外资研发中心分别新增222家和75家。参与长江经济带发展、促进长三角一体化发展取得新进展，对口支援和扶贫协作任务全面推进。

（二）坚持把发展基点放在创新上，加快建设具有全球影响力的科技创新中心，创新成为经济发展的重要驱动力

科技创新能力显著提升。以全球视野、国际标准建设张江综合性国家科学中心，超强超短激光、转化医学等大科学设施开工建设，张江实验室、李政道研究所挂牌成立，张江科学城规划启动实施。智能制造、类脑芯片、石墨烯等6个共性技术研发与转化平台启动建设，科创中心重要承载区特色发展格局初步形成，大众创业、万众创新蓬勃发展，各类众创空间超过500家，是五年前的5倍，90%以上由社会力量兴办。北斗导航、人类表型组等一批重大战略项目和基础工程启动实施，量子计算机、商用航空发动机、超导带材等一批关键核心技术取得突破。

科技体制机制创新取得明显进展。深入推进全面创新改革试验，创新创业普惠税制、股权激励机制等在全国复制推广。制定实施科技成果转化、金融服务创新、支持外资研发中心参与科创中心建设等一批重大政策。启动建设国家科技成果转移转化示范区。建设亚太地区知识产权中心城市，每万人口发明专利拥有量达到41.5件，为五年前的2.4倍。

人才发展体制机制改革成效显现。制定实施人才政策“20条”“30条”，加快构建更具竞争力的人才集聚制度，深入探索更加灵活的人才管理机制。非沪籍应届高校毕业生直接落户9.7万人，引进归国留学人员5.6万人，分别是上个五年的1.2倍和2.7倍。在沪就业创业的外国人达到21.5万人，位居全国第一。

智慧城市建设持续推进。光纤到户和第四代移动通信网络实现市域全覆盖，宽带、泛在、融合、安全的信息基础设施体系基本形成。广泛应用大数据、云计算、物联网、人工智能等新技术，启动建设大数据综合试验区，开通政府数据服务网，城市信息化整体水平显著提升。

（三）坚持质量第一、效益优先，推进供给侧结构性改革，经济朝着更高质量、更有效率、更加公平、更可持续的方向发展

国际经济、金融、贸易、航运中心建设取得重大进展。全球性人民币产品创新、交易、定价和清算中心初步形成，金砖国家新开发银行、人民币跨境支付系统、全球清算对手方协会等功能性机构相继落户，保险交易所、票据交易所、中国信托登记公司等全国性金融要素市场设立运营，“沪港通”“债券通”等创新业务顺利开展，金融市场交易额增加1.7倍，各类金融机构新增310家。文化贸易、技术贸易、跨境电子商务等新型贸易加快发展，服务贸易进出口总额占对外贸易的比重达到30%左右，商品销售总额、社会消费品零售总额分别达到11.3万亿元和1.2万亿元。现代航运集疏运体系和航运服务体系持续优化，国际海事亚洲技术合作中心、中国船东互保协会等一批重要航运机构落户，邮轮港成为亚洲最大的邮轮母港。

实体经济能级加速提升。积极落实“中国制造2025”和“互联网+”行动计划，制定实施巩固提升实体经济能级“50条”，深入推进“四新”经济、智能制造、产业创新、工业强基、质量提升等系列工程，中芯国际、华力二期、和辉光电二期等投资百亿元以上和136个投资十亿元以上的重大项目开工建设，新能源汽车、工业机器人、高端医疗装备等新兴产业产值年均增速超过20%。深入推进“三去一降一补”，实施调整社会保险费率、降低进出口环节收费等一系列政策举措，过去两年为企业降费319亿元，高能耗、

高污染、高危险和低效益的落后产能每年淘汰 1000 项左右。

重大工程和重点区域建设成效显著。建成 12 号线、16 号线、17 号线等一批轨道交通线，轨道交通运营线路总长从 468 公里增加到 666 公里，跃居世界城市首位。洋山港四期自动化码头、浦东国际机场第四跑道和第五跑道等重大工程相继建成。东风西沙水源地、黄浦江上游金泽水源地投入使用。世博央企总部集聚区全面建成，国家会展中心建成使用，国际旅游度假区和迪士尼乐园开园运营，临港地区智能制造核心功能初步形成，黄浦江从杨浦大桥至徐浦大桥 45 公里岸线的公共空间贯通开放。

军民融合深度发展取得阶段性成果。建立健全军民融合体制机制，一批军民融合重点项目加快实施。支持国防建设和军队改革，驻沪部队全面停止有偿服务任务基本完成，国防动员、双拥共建、优抚安置工作进一步加强。驻沪部队积极支持地方建设，为上海发展做出重大贡献。

（四）坚持把增进民生福祉作为发展的根本目的，以更大力度保障和改善民生，人民物质文化生活水平全面提高

基本民生保障进一步加强。完善就业创业服务体系，帮扶 10.8 万就业困难群众实现就业。完善社会保障体系，128 万镇保参保人员和 478.8 万来沪从业人员加入职保，覆盖低保、低收入、支出型贫困家庭的梯度救助体系基本形成。初步建立服务供给、需求评估、服务保障、政策支撑、行业监管“五位一体”的社会养老服务体系，养老床位新增 4.9 万张，社区综合为老服务中心新增 100 家，329.7 万老年人享受老年综合津贴。完善“四位一体”住房保障体系，新增供应各类保障性住房 49.3 万套，改造中心城区二级旧里以下房屋 312 万平方米。加强房地产市场调控，加快培育发展住房租赁市场，稳妥有序推进商业办公项目清理整顿，房地产市场保持平稳健康发展。

教育卫生发展水平明显提升。率先实施教育综合改革和高考综合改革试点，首次新高考平稳顺利举行，义务教育学区化集团化办学持续推进，一流大学和一流学科建设成效初显。稳步推进综合医改试点，家庭医生“1+1+1”签约服务惠及 340.9 万群众，公立医院全部取消药品加成，居民主要健康指标达到世界先进水平，平均期望寿命超过 83 岁。全面两孩政策平稳实施，妇女儿童、残疾人事业全面发展。

城乡发展一体化深入推进。大力推动基本公共服务均等化，居民养老保险、医疗保险、低保等基本保障制度实现城乡统一，350 多万群众受益。扎实推进新型城镇化和美丽乡村建设，完成涉及 30 万户的村庄改造、27 万户农村生活污水设施改造。率先整建制创建国家现代农业示范区，家庭农场从 1173 户增加到 4516 户。村级集体产权制度改革基本完成，土地承包经营权确权登记颁证全面完成。新一轮农村综合帮扶取得预期效果。

国际文化大都市建设加快推进。中国梦和社会主义核心价值观深入人心，城市精神更加彰显。报业、文广、出版集团和国有文艺院团改革顺利实施。国际舞蹈中心、交响乐团音乐厅、世博会博物馆、自然博物馆等一大批重大设施建成运营，世博文化公园、徐家汇体育公园等文体新地标启动建设，市民文化节、市民运动会、国际电影电视节、花样滑冰世界锦标赛等一系列重大文化活动和体育赛事成功举办。文化创意产业增加值占全市生产总值的比重超过 12%，成为重要的支柱性产业。大力推进全民健身和全球著名体育城市建设，上海体育健儿在奥运会、全运会等重大赛事上勇创佳绩。

（五）坚持守底线、补短板，加强社会治理、城市管理和生态文明建设，城市面貌显

著改善

社会治理创新迈出坚实步伐。制定实施创新社会治理、加强基层建设“1+6”文件，全面取消街道招商引资职能，把街道职能切实转到公共服务、公共管理、公共安全上，居委会、村委会减负增能，66个基本管理单元建成运转，社区工作者职业体系基本建立。加强安全防范和应急管理，重点领域、重点行业、重点场所的安全管理制度进一步完善，外环线以内实现烟花爆竹零燃放，市民满意的食品安全城市建设持续推进。加强信访工作。完成公安改革试点任务，启动智慧公安建设，有力整治电信网络诈骗等社会治安突出问题，平安上海建设取得新成效。

城市精细化管理水平不断提高。深化城市管理综合执法改革，执法力量下沉街镇，城市网格化管理覆盖所有居村。全面完成住宅小区综合治理三年行动计划，完成1.2亿平方米居民住宅二次供水设施改造、6263台住宅小区老旧电梯安全评估。依法从严开展道路交通违法行为大整治，交通秩序明显改善。建成61条区区对接道路，新增225公里公交专用道，成功创建国家公交都市。

生态环境持续改善。“五违四必”区域环境综合整治取得重要阶段性成果，三批共50个市级和666个区级地块整治全面完成，全市拆除违法建筑1.6亿平方米，基本消除“五违”问题集中成片区域。第五轮、第六轮环保三年行动计划顺利完成。第一轮清洁空气行动计划的目标任务提前完成，长三角区域大气污染联防联控取得明显成效。水污染防治行动计划有力有效推进，河长制实现全覆盖，1864条段、1756公里城乡中小河道综合整治全面完成，全市中小河道基本消除黑臭。土壤污染防治行动计划启动实施。生活垃圾处置设施“一主多点”布局基本形成。第一轮金山地区环境综合整治全面完成。规划建设21个郊野公园，建成廊下等6座郊野公园，森林覆盖率从13.1%提高到16.2%。制订实施崇明世界级生态岛发展规划，新一轮三年行动计划重点项目加快建设。装配式建筑全面推广，绿色建筑面积达到1.1亿平方米。生态保护红线、永久基本农田、城镇开发边界完成划示，城市有机更新全面推开，低效建设用地减量22.7平方公里。

（六）坚持使市场在资源配置中起决定性作用、更好发挥政府作用，全面推进“放管服”改革和依法行政，政府治理能力现代化水平明显提升

政府职能转变取得新突破。率先开展证照分离改革试点，取消调整行政审批事项1854项、评估评审事项341项。全面实施当场办结、提前服务、当年落地“三个一批”改革。政府定价项目从108项减少到53项。292家审批相关的中介服务机构与政府部门脱钩，611家行业协会、商会与行政机关脱钩。市、区两级综合监管平台开通，分行业监管方案全面实施，以综合监管为基础、专业监管为支撑的事中事后监管体系初步建立。“12345”市民服务热线开通运行，电子政务云加快建设。静安区、闸北区“撤二建一”和崇明撤县设区顺利完成。

依法行政全面加强。完善重大项目、国资监管等决策程序，重大决策制度进一步健全。工商、质监、食药监和物价执法“四合一”的区级市场监管新体制全面实行。全市三级政府行政权力清单和责任清单发布实施，政府“四本预算”实现全面公开、联动公开、细化公开。实施政府目标管理，跨部门协同运行体系加快构建。

政府作风建设持续推进。深入贯彻落实中央八项规定精神，认真开展党的群众路线教育实践活动、“三严三实”专题教育和“两学一做”学习教育，切实解决基层群众反映突出的“四风”问题。强化行政权力内部流程控制，开展公务员从业行为规范试点，不敢腐、不能腐、不想腐的制度体系加快构筑。

五年来，我们还编制完成新一轮城市总体规划，并获得国家批准，城市未来发展的功能定位和目标愿景进一步明确。圆满完成亚信峰会、第九届全球健康促进大会等重大活动承办任务，承办重大外事会议和活动1100多场，成功申办2021年第四十六届世界技能大赛，城市国际影响力显著提升。

同时，我们也清醒地看到，经济社会发展还面临不少困难和挑战，工作中还有许多不足。主要是：发展不平衡不充分的一些突出问题尚未解决，创新创业动力和能力还不够强，转方式、调结构、促创新的任务依然繁重；人口资源环境的协调性有待加强，大气环境、水环境和垃圾综合治理需要持续用力，生态环境保护任务依然艰巨；群众在就业、养老、教育、医疗、居住等方面还存在不少难题，城乡区域发展差距仍然存在，基本公共服务均等化需要进一步推进；城市生产安全、运行安全、网络安全、食品药品安全等领域还有许多薄弱环节，超大城市管理和社会治理的精细化程度有待提高；改革力度需要进一步加大，改革措施的系统集成有待加强，开放型经济新体制仍需加快构建；政府审批环节多、时间长的问题仍然存在，行政效率还需继续提高，干部作风不实、缺乏担当、不作为的问题不同程度存在。这些问题，需要我们着力加以解决。

各位代表，回顾过去五年，成绩来之不易。这是党中央和国务院以及中共上海市委坚强领导的结果，得益于历届市委、市政府打下的坚实基础，凝聚着全市人民的心血、汗水与智慧。在这里，我代表上海市人民政府，向在各个岗位上辛勤工作的全市人民，向给予政府工作大力支持的人大代表和政协委员，向各民主党派、工商联、各人民团体和社会各界人士，表示最崇高的敬意！向中央各部门、兄弟省区市和驻沪部队、武警官兵，向关心支持上海发展的香港、澳门特别行政区同胞、台湾同胞、海外侨胞和国际友人，表示最诚挚的感谢！

回顾过去五年，我们深深体会到，做好各项工作，必须始终服从服务国家战略，始终把握当好新时代全国改革开放排头兵、创新发展先行者的要求，始终抓住发展这个党执政兴国的第一要务，始终树立以人民为中心的发展思想。最根本、最重要、最关键的是，必须始终坚持以习近平新时代中国特色社会主义思想为行动指南。实践昭示我们，只要坚定沿着习近平新时代中国特色社会主义思想指引的方向奋勇开拓，我们就一定能当好新时代排头兵、先行者，增强城市吸引力、创造力、竞争力，把社会主义现代化国际大都市建设不断推向前进！

二、今后五年工作的总体要求和主要目标

中国特色社会主义进入新时代，我国社会主要矛盾已经转化为人民日益增长的美好生活需要和不平衡不充分的发展之间的矛盾，我国经济已由高速增长阶段转向高质量发展阶段。今后五年是我国全面建成小康社会的决胜期、实现“两个一百年”奋斗目标的历史交汇期，也是上海基本建成国际经济、金融、贸易、航运中心和社会主义现代化国际大都市的决胜期，加快建设具有全球影响力的科技创新中心的关键期，全面建设卓越的全球城市的起步期。我们要准确把握我国发展新的历史方位，准确把握中央对上海工作的新要求，准确把握人民对美好生活的新期盼，保持锐意创新的勇气、敢为人先的锐气、蓬勃向上的朝气，站在新起点，干出新作为，实现新跨越。

做好今后五年工作，必须在以习近平同志为核心的党中央坚强领导下，高举中国特色社会主义伟大旗帜，全面贯彻落实党的十九大精神，以习近平新时代中国特色社会主义思想为指导，坚持和加强党的全面领导，

坚持稳中求进工作总基调，坚持新发展理念，紧扣我国社会主要矛盾变化，按照高质量发展的要求，紧紧围绕统筹推进“五位一体”总体布局和协调推进“四个全面”战略布局，坚持以供给侧结构性改革为主线，全面做好稳增长、促改革、调结构、惠民生、防风险各项工作，加快推进国际经济、金融、贸易、航运、科技创新“五个中心”建设，着力构筑上海发展的战略优势，当好新时代全国改革开放排头兵、创新发展先行者，谱写好中国梦的上海篇章。

按照党的十九大做出的全面建设社会主义现代化强国两个阶段战略安排，根据市第十一次党代会提出的奋斗目标，今后五年，上海要在更高水平上全面建成小康社会，基本建成国际经济、金融、贸易、航运中心和社会主义现代化国际大都市，形成具有全球影响力的科技创新中心基本框架，迈向卓越的全球城市，为实现“两个一百年”奋斗目标做出应有贡献。第一，城市核心功能全面跃升。基本建成与我国经济实力和人民币国际地位相适应的国际金融中心，基本建成在全球贸易投资网络中具有枢纽作用的国际贸易中心，基本建成具有全球航运资源配置能力的国际航运中心，经济中心城市的国际地位明显提升，长三角世界级城市群核心城市的作用进一步发挥。第二，改革创新实现新突破。自贸试验区成为国际高标准自由贸易园区，系统完备、科学规范、运行有效的制度体系和更高层次的开放型经济新体制基本形成。科技创新中心建设取得突破性进展，全社会研发经费支出相当于全市生产总值的比例达到4%以上，每万人口发明专利拥有量达到50件以上。第三，现代化经济体系基本建立。全市生产总值预期年均增长6.5%左右，以现代服务业为主体、战略性新兴产业为引领、先进制造业为支撑的现代产业体系基本形成，制造业增加值占全市生产总值的比重保持在25%左右，战略性新兴产业的制造业部分产值占工业总产值的比重达到35%左右，形成一批具有全球竞争力的世界一流企业。第四，人民生活更加殷实、走向富裕。居民收入与经济增长同步，城乡基本公共服务均等化基本实现。就业更充分、更高质量，社会保障更加公平，养老需求更好满足，租购并举的住房制度基本建立。教育质量全面提升，居民主要健康指标保持世界先进水平。第五，社会治理走出新路。共建共享、共治善治的现代社会治理格局基本形成，城市精细化管理体系基本建立。第六，国际文化大都市基本建成。城市文明程度和市民素质全面提高，现代公共文化服务体系基本建立，文化创意产业增加值占全市生产总值的比重达到15%左右。第七，美丽上海建设取得重大进展。单位生产总值能耗进一步下降，$PM_{2.5}$年平均浓度下降到35微克/立方米以下，劣V类水体全面消除，土壤环境质量持续向好，实现生活垃圾分类全覆盖、原生生活垃圾零填埋，森林覆盖率达到18%以上，建成基本生态网络。

进入新时代，开启新征程。我们要把到2035年城市总体规划描绘的宏伟蓝图变成现实，奋力建设卓越的全球城市和具有世界影响力的社会主义现代化国际大都市，使全市人民享有共同富裕、更加幸福安康的生活。我们要加快建设更有活力、更具竞争力的创新之城，世界级创新人才纷至沓来，高水平创新机构高度集聚，创新活动无处不在，创新成果不断涌现。我们要加快建设更富魅力、更有温度的人文之城，市民安居乐业，社会和谐包容，人文关怀根植大众，文明美德蔚然成风，中外文化交相辉映，城市记忆深刻隽永。我们要加快建设更加美丽、更可持续的生态之城，绿色产业成为主导，低碳生活成为时尚，蓝天白云、水清岸绿成为常态。展望未来，充满信心。上海这座拥有海纳百川、追求卓越、开明睿智、大气谦和精神的伟大城市，承载着国家的使命，寄托着人民的期盼，蕴含着深厚的底蕴，洋溢着旺盛的生机，一定能勇立潮头、克难前行，大踏步迈向更加美好的明天！

三、2018 年主要任务

2018 年是贯彻党的十九大精神的开局之年，是改革开放 40 周年，是决胜全面建成小康社会、实施“十三五”规划承上启下的关键一年。做好今年工作，必须贯彻落实中央经济工作会议和十一届市委三次全会精神，在新时代坐标中坚定追求卓越的发展取向，坚持需求导向、问题导向、效果导向，强化创新驱动，突出制度供给，扩大服务功能，创造品质生活，全力打响上海服务、上海制造、上海购物、上海文化品牌，努力实现创新成为第一动力、协调成为内生特点、绿色成为普遍形态、开放成为必由之路、共享成为根本目的的高质量发展。

综合各方面因素，建议今年全市经济社会发展的主要预期目标是：经济发展质量和效益进一步提高，全市生产总值增长 6.5% 左右，一般公共预算收入增长 7%，全社会研发经费支出相当于全市生产总值的比例保持在 3.8% 左右。人民生活水平进一步提升，城镇调查失业率和登记失业率都稳定在 4.3% 以内，居民人均可支配收入与经济增长同步，居民消费价格指数与国家价格调控目标保持衔接。生态环境进一步改善，环保投入相当于全市生产总值的比例保持在 3% 左右，单位生产总值能耗、主要污染物排放量继续降低。

今年要重点做好以下工作。

（一）深入推进以自由贸易试验区建设为重点的改革开放，加快构建更高层次的开放型经济新体制。坚定“改革开放再出发”的信心和决心，增创制度创新先发优势，着力构筑法治化、国际化、便利化的营商环境和公平、统一、高效的市场环境。

对照国际最高标准、最好水平，打造自贸试验区“三区一堡”。加快建设开放型经济体系的风险压力测试区，依托洋山深水港和浦东国际机场探索建设自由贸易港。加快建设开放和创新融为一体的综合改革试验区，全面实施市场准入负面清单制度，建成世界先进水平的国际贸易“单一窗口”，拓展自由贸易账户功能，建立具有国际竞争力的创新产业监管模式。加快建设提升政府治理能力的先行区，实现市场准入事项“单窗通办”全覆盖，探索企业投资项目审批多评合一、多图联审、区域评估、联合验收。加快建设服务国家“一带一路”建设、推动市场主体走出去的桥头堡，搭建投资贸易和金融服务新平台。加强区内改革同全市改革、国际金融中心和科技创新中心建设的联动，不断放大政策集成效应。

深入推进重点领域改革。探索国资监管机构、国资运营平台和国有企业联动改革，推进开放性市场化重组，完善职业经理人制度，推动国有企业做强主业、做实创新、做响品牌，不断增强核心竞争力。支持民营经济发展，清理废除阻碍统一市场和公平竞争的规定和做法。深化商事制度改革。深入实施社会信用条例，大力推动信用信息在全社会广泛应用。

加快形成全方位开放新优势。实施服务“一带一路”建设行动方案，推进贸易投资便利化、金融开放合作、基础设施互联互通等专项行动。精心筹办好首届中国国际进口博览会，举全市之力做好各项服务保障工作，建成线上线下相结合的“6 天 +365 天”交易服务平台，努力办成国际一流的博览会。进一步落实构建开放型经济新体制“33 条”，支持在沪跨国公司地区总部拓展贸易、研发、结算等全球营运功能，促进优势产能、优质装备、技术标准输出。加强与港澳台地区的经贸合作。继续做好外事、侨务工作。

积极促进长江经济带发展，大力推动长

三角一体化发展。加强长三角区域发展规划对接，建设区域协同创新网络，共建互联互通基础设施，推动区域市场统一开放，深化大气污染、水污染联防联控。继续帮助对口支援和扶贫协作地区打好精准脱贫攻坚战，携手奔小康。

（二）全面推进科技创新中心建设，着力提升集中度和显示度。牢牢把握科技进步大方向、产业革命大趋势、集聚人才大举措，大力实施创新驱动发展战略，推动以科技创新为核心的全面创新，进一步夯实现代化经济体系的战略支撑

全力推进张江综合性国家科学中心建设，力争迅速做实做强、做出影响。启动建设硬X射线自由电子激光装置、海底科学观测网、燃气轮机试验装置，加快建设上海光源二期、超强超短激光、软X射线自由电子激光装置、活细胞成像平台等大科学设施。筹建国家实验室，集聚高水平科研机构。加快建设科学特征明显、科技要素集聚、环境人文生态、充满创新活力的世界一流科学城，推动园区向城区转变。加强生命科学、量子科学等领域前瞻布局，积极争取国家“科技创新2030重大项目”落户，实施硅光子等一批市级重大专项和央企合作项目，力争在基础科技领域做出大的创新、在关键核心技术领域取得大的突破。

加快建设科技成果转化高地。新建北斗导航、机器人、工业互联网、低碳技术、临床研究等共性技术研发与转化平台。继续推进紫竹、杨浦、漕河泾、嘉定、临港、松江G60科创走廊等科创中心重要承载区特色发展。加快建设国家大众创业万众创新示范基地，引导众创空间专业化、国际化、品牌化发展。

深化科技体制机制创新。深入推进全面创新改革试验，加快建立企业主导、产学研深度融合的技术创新体系，鼓励外资研发中心、民营企业等经济主体参与政府科研项目和研发平台建设。推进知识产权综合管理改革试点，建设引领型知识产权强市，完善科技创新券等支持政策，进一步优化创新创业生态。

着力建设智慧城市。抢抓新一代人工智能发展的重大机遇，实施智能上海行动，在生产经营、健康管理、食品安全等领域推进一批应用示范项目，让人工智能更广泛、更深入地走进企业、走入家庭、走向社会。落实大数据战略，建设大数据综合试验区，开展公共信息资源开放试点。推进综合为老服务、体育公共信息等惠民信息平台建设。布局城域物联专网，实现千兆宽带市域全覆盖。

（三）深化供给侧结构性改革，巩固提升实体经济能级。把发展经济的着力点放在实体经济上，推动经济发展质量变革、效率变革、动力变革，增强发展新动能，加快建设实体经济、科技创新、现代金融、人力资源协同发展的产业体系

加快建设国际金融、贸易、航运中心，进一步彰显功能优势。积极配合国家金融管理部门，支持金融机构和金融市场提升服务功能，稳步推进原油期货等业务创新，进一步促进融资租赁业发展，继续争取重要金融机构设立上海总部。打好防范化解重大风险攻坚战，完善地方金融监管机制，切实做好重点领域风险防范和处置，坚决打击违法违规金融活动，守住不发生系统性、区域性金融风险的底线。集聚贸易型总部、功能性贸易平台，促进数字贸易、跨境电子商务等新型贸易业态发展。发展商业新模式、新业态和现代供应链，培育文化、健康、信息等新消费，建设国际消费城市。积极发展航运金融、邮轮经济等航运服务业，完善江海联运、海铁联运等集疏运方式。推进全域旅游创建试点，打造浦江游览等世界级旅游精品。

强力推动实体经济发展。先进制造业和

战略性新兴产业是上海经济的重大支撑，要率先走出制造业高端发展、创新发展、转型发展之路。促进创新链与产业链深度融合，引导企业加大创新和技改投入，大力发展共享经济、智能制造等新模式、新业态、新产业，推进华大半导体、华为无线通信、蔚来电动汽车、海尔智谷等引领性强、带动性大、成长性好的重大产业项目，集聚更多的“隐形冠军”和“独角兽”企业，加快培育新能源与智能网联汽车、新一代信息技术、智能制造装备、生物医药与高端医疗器械等世界级先进制造业集群。深入开展质量提升行动，弘扬企业家精神和工匠精神，推动企业实施先进标准、锻造自主品牌。推进产业园区提质增效，加快存量土地二次开发，淘汰落后产能1000项左右。优化产业发展环境，建成全市统一的企业服务平台，完善政府性产业专项资金运作机制，进一步落实高端装备首台套、新材料首批次、软件首版次等支持政策，促进实体经济更好更快发展。

持续推进重大工程和重点区域建设。建成轨道交通5号线南延伸段、13号线二期和三期，新增轨道交通运营线路41公里。推进北横通道、浦东国际机场三期、沪通铁路和沪苏湖铁路上海段等重大基础设施建设。着力提升陆家嘴、外滩、北外滩、世博园、徐汇滨江等黄浦江沿岸地区的功能和品质，建设充满活力、传承文脉、绿色生态、舒适便捷的世界一流滨水公共空间，打造具有国际影响力的创新经济和服务经济集聚带。推进临港智能制造示范区、虹桥商务区、国际旅游度假区等重点区域建设，推进桃浦、南大、吴淞、高桥、吴泾等区域经济转型，打造嘉定智能网联汽车先行区、奉贤美丽健康产业基地、市西软件信息园、市北高新园等产业发展新载体。

深入实施军民融合发展战略。坚持经济建设和国防建设统筹推进，创建国家军民融合创新示范区。继续支持国防建设和军队改革，完善国防动员体系，做好国防教育、民兵调整改革、人民防空和双拥优抚工作，巩固发展军政军民团结。

（四）完善基本民生制度，持续增进民生福祉。坚持尽力而为、量力而行，继续把新增财力优先用于保障和改善民生，实现经济发展与民生福祉互促共进

提高就业质量和市民收入水平。坚持就业优先战略和积极就业政策，实施技能提升行动计划和新一轮鼓励创业带动就业计划，促进高校毕业生、失业青年等重点群体创业就业，新增50万个就业岗位。启动第四十六届世界技能大赛筹办工作。实施技能人才、新型职业农民、科研人员、小微创业者等重点群体激励计划，带动城乡居民增加收入。

加强养老服务和社会保障。完善“五位一体”社会养老服务体系，新建50家社区综合为老服务中心、80家老年人日间服务中心，新增7000张养老床位，改造1000张失智老人照护床位，加快建设15分钟社区养老服务圈。全面实施养老服务质量提升行动，扩大医养结合覆盖面。健全多层次社会保障体系，全面推行长期护理保险试点，统筹提高养老金、低保等保障水平，启动第三代社保卡换发工作，支持慈善事业发展。

加快建立多主体供给、多渠道保障、租购并举的住房制度。坚持“房子是用来住的、不是用来炒的”定位，坚持严控高房价高地价不是权宜之计，减少经济增长和财政收入对房地产业的依赖也不是权宜之计，加强房地产市场调控不动摇、不放松。提高中小套型供应比例，促进商品房有效供给。加大租赁房建设力度，支持专业化、机构化的代理经租企业发展，新建和转化租赁房源20万套，新增代理经租房源9万套，建立住房租赁服务平台，落实相应的公共服务。系统推进大型居住社区配套建设，新增供应5.5万套各类保障房，完善共有产权住房制度，放宽廉

租住房准入标准，确保保障房应保尽保。坚持留改拆并举、以保留保护为主，推进城市有机更新，完成40万平方米中心城区二级旧里以下房屋改造，实施300万平方米旧住房综合改造，修缮保护100万平方米各类里弄房屋。

优先发展教育事业。坚持立德树人，加快构建大中小幼一体化德育体系，推进中小学学科德育建设，加强高校课程思政建设。促进基础教育优质均衡发展，启动建设紧密型的义务教育学区和集团，全面实施城乡学校携手共进计划，规范义务教育秩序。促进高等教育内涵发展、特色发展，全面推进“双一流”建设，加快建设高水平地方高校和“高峰”“高原”学科。积极发展职业教育、终身教育和特殊教育。支持和规范民办教育发展。加强师德师风和专业能力建设，造就高素质教师队伍。

推进健康上海建设。深化社区卫生服务综合改革，继续做实“1+1+1”签约服务机制，加强全科医生、护理人员、公共卫生人员队伍建设，让社区医院、家庭医生成为群众家门口的健康守护者。深化公立医院改革，推进现代医院管理制度建设，启动实施临床重点专科计划，加快建设亚洲医学中心城市。广泛开展健康促进行动，健全疾病预防控制体系。传承发展中医药事业。完善全面两孩政策配套措施，优化产科、儿科等医疗资源配置。加强妇女和未成年人权益保护，发展残疾人事业。

用心用力办好群众身边的民生实事。加强住宅小区综合治理，增加小区周边道路的夜间停车点和周边单位的共享停车位，实施安防系统和消防设施更新改造，完成1700台老旧电梯安全评估，改造2500万平方米二次供水设施。推进“菜篮子”工程，新建改建30家标准化菜市场、500家社区智慧微菜场。开设500个小学生爱心暑托班，新建和改扩建35所幼儿园，开办20个社区幼儿托管点，增加残疾人无障碍设施，新增1000个方便户外职工休息用餐的“爱心接力站”，让更多群众在家门口、于细微处感受到城市的温度。

（五）切实加强社会治理和城市精细化管理，让城市更有序、更安全、更干净。按照核心是人、重心在城乡社区、关键是体制机制创新的要求，像绣花一样精细管理城市，努力走出一条符合超大城市特点和规律的社会治理新路子

牢牢守住城市安全底线。从严从细落实安全责任，深入开展安全隐患排查整治，严防重特大安全事故发生。完善应急管理体系。

加强危险化学品安全管控和综合治理，强化消防、轨道交通、道路交通、高层建筑、地下空间、人员密集场所、特种设备等重点领域的安全管理。加强关键信息基础设施保护，提高网络信息安全保障能力。完善食品安全源头治理、分类监管、全程追溯等机制，创建国家食品安全示范城市。

加强和创新社会治理。健全社区治理体系，持续推进基本管理单元建设，完成居村委会换届选举，引导社会组织参与基层治理。支持工会、共青团、妇联等群团组织深化改革、服务群众。加强民族团结进步教育。依法管理宗教事务。强化人口服务管理。完善预防和化解社会矛盾机制，加强信访法治化建设。推进智慧公安建设，健全立体化信息化社会治安防控体系，完善司法设施，加快建设更高水平的平安上海。

启动实施城市精细化管理三年行动计划。全面提升法治化管理水平，进一步扩大城市管理综合执法范围，健全综合执法与行业管理的有机衔接机制。加强社会化协同管理，完善城市网格化管理体系，健全社会力量广泛参与机制。更多运用智能化手段，完善城市基础数据库，启动建设综合管理信息平台，推动城市运行实时感知、智能管理。注重发挥标准化引领作用，按照严于国家标

准、接轨国际标准的要求，建立健全城市管理标准体系，修订城市维护管理办法。深化道路交通违法行为综合整治，实施50个交通拥堵节点改造，推进地下综合管廊建设，完成100公里架空线入地，努力实现精细化管理全覆盖、全过程、全天候。

（六）实施乡村振兴战略，推进城乡融合发展。按照产业兴旺、生态宜居、乡风文明、治理有效、生活富裕的总要求，坚持城市建设重心和公共资源配置向郊区倾斜，建立健全城乡融合发展体制机制和政策体系，加快推进农业农村现代化

加大美丽乡村建设力度。开展农村人居环境整治行动，完成10万户农村生活污水设施改造，加强村沟宅河治理，推进农药化肥使用减量化。完善农村公路网，健全乡村道路长效管养机制。有序推动农民集中居住，完成涉及4万户的村庄改造。加快培养新一代乡村医生，改造40家农村薄弱养老机构。制定乡村风貌规划建设导则，保留保护好田园风光和乡土风情。

深化农业供给侧结构性改革。制订实施都市现代绿色农业发展三年行动计划，完善提质导向的农业政策，落实粮食安全责任制，划定80万亩粮食生产功能区、50万亩蔬菜生产保护区，增加绿色优质农产品供给，打造特色农产品品牌。强化农业科技创新和推广。加快培育新型农业经营主体。促进农村一二三产业融合发展，积极发展休闲观光农业，拓宽农民增收渠道。

深化农村改革。全面完成村级集体产权制度改革，稳妥推进镇级集体产权制度改革。保持土地承包关系稳定并长久不变，建立健全农村承包土地公开流转市场。加大盘活农村存量建设用地力度，壮大集体经济。

深入推进新型城镇化。提升新城功能和品质，深化产城融合。加快编制新市镇规划，因地制宜推进特色小镇建设，继续开展历史文化名镇名村的保护和更新利用。

（七）大力发展文化事业和文化产业，加快建设国际文化大都市。坚持中国特色社会主义文化发展道路，全面提升城市文化软实力

培育和践行社会主义核心价值观。深入开展中国特色社会主义和中国梦宣传教育，大力弘扬城市精神。构建中华优秀传统文化传承体系，用好红色文化、海派文化、江南文化资源。加强公民道德、家庭文明建设。切实保护文物和非物质文化遗产，推进第二批131个历史风貌街坊保护，彰显城市人文底蕴。

完善公共文化服务体系。坚持服务大众、功能为重，推进博物馆东馆、图书馆东馆、少儿图书馆新馆等重大文化设施建设，完成话剧艺术中心、逸夫舞台等文化场馆修缮改造，历史博物馆、国际乒联博物馆等建成开放。基本实现公共文化服务配送居村全覆盖，推进戏曲进校园进乡村，努力使群众文化生活就近就便、多姿多彩。

全面实施文化创意产业创新发展“50条”。落实影视、出版、动漫游戏等产业发展扶持政策，启动实施网络文化提升计划，加快建设演艺、艺术品等产业集聚区和文化装备产业基地，推动创意设计与实体经济深度融合。深化国际文化交流，进一步扩大国际电影电视节、国际艺术节、上海书展等重大节展活动的影响力。建立更加开放透明的文化市场准入管理模式，完善“补贷投保”联动机制，推动新设一批综合性产业服务机构，促进文化市场主体发展壮大，加快建设具有国际影响力的文化创意产业中心城市。

繁荣发展社会主义文艺。健全文艺工作者深入生活、扎根人民的长效机制，实施重大文艺创作工程，推出更多优秀原创文艺作品，用文艺的力量温暖人、鼓舞人、启迪人。加强文艺队伍建设，新设一批名家大师工作

室，实施青年文艺家培养计划和上海首演计划，支持青年文艺人才脱颖而出、勇攀高峰。

促进群众体育、竞技体育和体育产业协调发展。完善全民健身公共服务体系，新建和改建80条市民健身步道、60片市民球场、300个益智健身苑点。开工建设浦东足球场，建成崇明体育训练基地，办好第十六届市运会等重大赛事。

（八）以更大力度保护和改善生态环境，打好污染防治攻坚战。牢固树立和践行绿水青山就是金山银山的理念，实行最严格的资源节约和环境保护制度，推进绿色发展，加快建设天更蓝、地更绿、水更清的生态宜居城市

加强资源节约集约利用。进一步落实主体功能区战略和制度。深化碳排放交易试点，建设全国性碳排放交易市场。扩大海绵城市建设试点。严守建设用地底线，健全土地全生命周期管理，低效建设用地减量7平方公里。

启动实施第七轮环保三年行动计划。深入推进中小河道综合整治，全面消除黑臭。坚持水岸联动、干支流联治，全面启动苏州河环境综合整治四期工程，推进苏州河两岸污染治理、防汛墙改造和公共空间贯通。力争开工建设吴淞江工程上海段。开展雨污混接改造，建设一批污水处理设施，实现入河、入海排污口规范整治与监管执法全覆盖。启动实施新一轮清洁空气行动计划，深化挥发性有机物治理。深入实施土壤污染防治行动计划。坚持源头减量、全程分类、末端无害化处置和资源化利用能力大幅提升，推进生活垃圾分类投放、收集、运输和处置，推动垃圾收运和再生资源回收“两网融合”，开工建设一批生活垃圾和建筑垃圾资源化利用设施。推动“五违”整治转向无违创建，建立健全区域环境综合整治长效机制。开展新一轮金山地区环境综合整治。开展环境保护督察，制定绿色发展指标体系，建立健全生态文明建设考核评价体系。

全面推进绿色生态空间建设。坚持共建共享绿色基础设施，加大政策支持力度，保护生物多样性，加快建设多层次、开放式的基本生态网络。在重要生态节点空间启动建设17条骨干生态廊道，利用“五违四必”整治地块建设生态林，新建林地7.5万亩。新建绿地1200公顷、城市绿道200公里、立体绿化40万平方米。完善已建郊野公园的服务管理，加快建设松南、合庆、庄行等郊野公园，使郊野公园成为市区的后花园、市民的好去处、农村的新典范。举全市之力推进崇明世界级生态岛建设，着力推动基础设施、绿地林地、生态产业等重点项目建设，加快打造长江经济带生态大保护的标杆和典范。

各位代表，人才是第一资源，是上海当好新时代排头兵、先行者的关键支撑，在全球城市竞合中具有决定性意义。人才比以往任何时候都更加重要，上海比以往任何时候都更加渴求人才。我们要围绕向用人主体放权、为人才松绑，构筑具有国际竞争力的人才制度优势，打造国际一流人才的汇聚之地、培养之地、事业发展之地、价值实现之地。我们要坚持人才政策没有最好、只有更好，实施更积极、更开放、更有效的人才政策，健全不唯地域、不求所有、不拘一格的引才用才政策体系。我们要树立强烈的人才服务意识，营造爱才惜才、宜业宜居的人才发展环境，使各类人才人尽其才、才尽其用、用有所成。上海成就人才，人才铸就未来。我们要聚天下英才而用之，让更多千里马竞相奔腾，共同创造更为广阔、更加辉煌的光明前景！

四、全面加强政府自身建设

打铁必须自身硬。我们要深入学习贯彻习近平新时代中国特色社会主义思想和基本

方略，牢固树立“四个意识”、坚定“四个自信”，始终在思想上政治上行动上同以习近平同志为核心的党中央保持高度一致。围绕使市场在资源配置中起决定性作用、更好发挥政府作用，深化简政放权、放管结合、优化服务改革，进一步提高政府治理能力现代化水平，激发市场活力和社会创造力。

人民对美好生活的向往就是我们的奋斗目标，为人民服务、让人民满意就是我们的不懈追求。加快建设忧民所忧、乐民所乐的服务政府，始终把人民利益摆在至高无上的地位，尽心尽责服务群众、服务企业、服务社会。加快建设公正严明、透明规范的法治政府，坚持法定职责必须为、法无授权不可为，在法治轨道上全面正确履行职能。加快建设开放包容、有为高效的创新政府，强化改革精神和创新思维，努力做到高效运行、精准服务、科学管理。加快建设作风严实、清正清朗的廉洁政府，恪守廉政底线，以过硬作风、清廉品格为做好政府工作提供坚强保证。

围绕服务政府、法治政府、创新政府、廉洁政府建设，今年要着力抓好四方面任务。

（一）加快转变政府职能。政府是制度供给的主体，要把经济管理权放到离市场最近的地方，把社会管理权放到离老百姓最近的地方，使审批更简、监管更强、服务更优

深入推进行政审批制度改革，全面实施优化营商环境行动方案。聚焦市场主体的“难点”“痛点”“堵点”，打造营商环境新高地，加快形成行政审批最少、收费最少、效率最高、透明度最高的国际一流营商环境。深化证照分离改革试点，大幅减少许可证审批，把不涉及法律法规调整的改革事项全部推广到全市，在解决企业办证难问题上取得突破性进展。继续取消调整行政审批和评估评审事项，明显减少市场准入、施工许可、跨境贸易等审批环节和审批时间，滚动推出当场办结、提前服务、当年落地“三个一批”项目，在减少审批事项、提高审批效率上取得突破性进展。继续清理调整行政事业性收费，在进一步减轻企业税费负担上取得突破性进展。全面实行企业市场准入“全网通办”、个人社区事务“全市通办”、政府政务信息“全域共享”，在推进网上审批、网上服务上取得突破性进展。下大决心，花大力气，以营商环境的大跃升推动城市核心竞争力的大提升。

加强事中事后监管。完善综合监管机制，把部门监管事项全部接入综合监管平台，强化跨部门、跨区域执法联动，加快实现违法线索互联、监管标准互通、处理结果互认。完善专业监管机制，深化落实分行业监管方案，全面建立监管对象追溯体系。完善监管方式，深化“双随机一公开”，加强诚信监管、智能监管、分类监管、风险监管，推进线上线下监管一体化。

进一步理顺管理体制。优化政府机构设置，科学配置部门权责。进一步厘清市、区、街镇权责划分，加强市和区的统筹权，强化街镇的公共服务、公共管理、公共安全职能。深化事业单位分类改革，稳妥推进经营性事业单位改制，加快形成功能明确、治理完善、运行高效、监管有力的事业单位管理体制和运行机制。

加快建立现代财政制度。深化市区两级政府财政事权和支出责任划分改革，完善权责清晰、财力协调、区域均衡的财政管理体制。建立健全全面规范透明、标准科学、约束有力的现代预算制度，加强预算支出标准体系建设，进一步强化中期财政规划对年度预算的约束。全面实施预算绩效管理，构建政府资金、资产、资源统筹调剂安排新机制。

（二）深入推进依法行政。强化法治思维和法治方式，健全政府依法运行机制，推动法治上海建设，使法治成为城市竞争力的核

心标志

完善政府立法和决策机制。坚持“立改废”并举，推进重点领域政府立法工作，强化政府规章和规范性文件的合法性审查、后评估和即时清理。健全公示听证、决策咨询、专家论证等制度，进一步提高政府决策的科学化、民主化、法治化水平。

深化行政执法体制改革。深入推进市场监管、文化市场等领域综合执法改革，统筹使用各类编制资源，把更多执法力量充实到基层一线。改进执法方式，促进严格规范公正文明执法。

强化内外部监督。依法接受市人大及其常委会的监督，主动接受市政协的民主监督，重视司法、舆论、社会监督。强化审计监督，推进审计全覆盖。推广行政权力标准化管理，把试点范围扩大到行政处罚和行政强制。完善公开机制，大力推进财政预算、公共资源配置等领域信息公开。

（三）创新政府服务管理方式。坚持寓管理于服务之中，更多发挥市场力量、社会力量和科技力量，进一步提高政府服务管理的效率和质量

深化“互联网＋政务服务”。加大政务服务“单一窗口”建设力度，优化政府流程，推动跨部门、跨层级审批事项网上协同办理。制定信息资源互联共享管理办法，推进各类政务数据标准化，强化政务数据集成整合、互联共享、协同应用和统一管理，逐步实现各部门政务信息系统全部迁上政务云。建设经济社会发展综合数据平台，加快建立适应高质量发展的统计体系。加强电子证照、电子签章、网上支付、信息安全管理等制度保障，切实让群众和企业在“上海政务”网上能办事、快办事、办成事。

加强政府跨部门运行制度建设。推进政府目标管理，强化跨部门目标执行和评估制度。充分发挥12345市民服务热线的平台作

用，打造政务服务“总客服”。全面推行行政协助，深入开展效能评估，强化效能改进，进一步提高行政效能。

（四）加强政府作风建设。践行“三严三实”，加强制度建设，推动政府系统全面从严治党向纵深发展

持之以恒正风肃纪。认真开展“不忘初心、牢记使命”主题教育，推进“两学一做”学习教育常态化制度化，用习近平新时代中国特色社会主义思想武装头脑、指导实践、推动工作。进一步贯彻落实中央八项规定精神，严格遵守政治纪律、组织纪律、廉洁纪律、群众纪律、工作纪律和生活纪律，严格执行财经管理制度，深入纠“四风”、正作风。扎实开展大调研，深入基层，深入群众，切实解决基层群众反映的突出问题。

以零容忍态度反对腐败。严格落实“一岗双责”，坚持标本兼治，围绕权力运行关键环节，深入探索廉政建设与业务工作融合机制，扩大公务员从业行为规范试点。始终保持反腐高压态势，严厉整治发生在群众身边的腐败和作风问题。

继续提高公务员素质。深化公务员分类管理改革，强化公务员岗位履职责任制。开展政务诚信建设示范试点。全面推行分级分类培训，进一步增强公务员的群众观点、法治思维、创新意识和专业能力。每一位政府工作人员特别是各级领导干部，都要与人民群众将心比心、以心换心，始终与人民群众站在一起、想在一起、干在一起，从人民群众最关心的事情做起，以担当求突破，用实干创实绩，努力使人民群众有更多的获得感、幸福感、安全感。

各位代表，新时代要有新气象，更要有新作为。让我们更加紧密地团结在以习近平同志为核心的党中央周围，在中共上海市委的领导下，不忘初心、牢记使命，锐意进取、埋头苦干，加快建设卓越的全球城市和具有世界影响力的社会主义现代化国际大都市，为夺取新时代中国特色社会主义伟大胜利、实现中华民族伟大复兴的中国梦做出新的更大的贡献！

上海市国民经济和社会发展统计公报

2017年，在以习近平同志为核心的党中央坚强领导下，全市全面贯彻落实党的十八大、十八届历次全会和十九大精神，认真学习贯彻习近平新时代中国特色社会主义思想，坚决贯彻落实党中央、国务院和中共上海市委的决策部署，按照当好全国改革开放排头兵、创新发展先行者的要求，坚持稳中求进工作总基调，积极践行新发展理念，以供给侧结构性改革为主线，全力以赴抓推进、抓落实、补短板，全市经济运行总体平稳、稳中向好、好于预期，创新驱动发展、经济转型升级成效进一步显现，民生保障持续加强。

一、综 合

初步核算，全年实现上海市生产总值(GDP)30133.86亿元，比上年增长6.9%(见图1)，增速与上年持平。其中，第一产业增加值98.99亿元，下降9.5%；第二产业增加值9251.40亿元，增长5.8%；第三产业增加值20783.47亿元，增长7.5%。第三产业增加值占上海市生产总值的比重为69.0%。按常住人口计算的上海市人均生产总值为12.46万元。

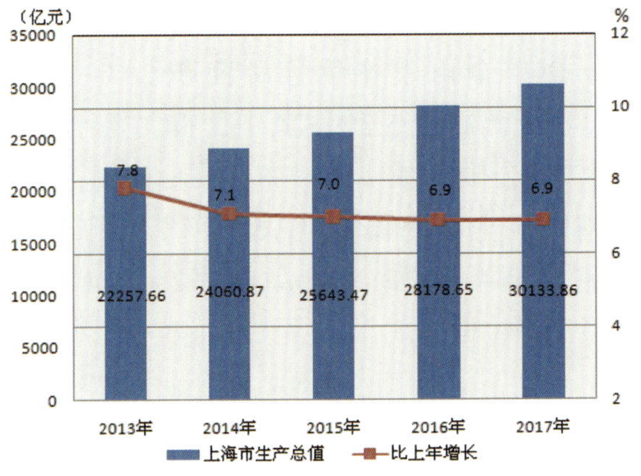

图1 2013—2017年上海市生产总值及其增长速度

在上海市生产总值中，公有制经济增加值14660.12亿元，比上年增长7.0%；非公有制经济增加值15473.74亿元，增长6.8%。非公有制经济增加值占上海市生产总值的比重为51.4%。

全年战略性新兴产业增加值4943.51亿元，比上年增长8.7%。其中，制造业增加值2262.64亿元，增长8.1%；服务业增加值2680.87亿元，增长9.2%(见表1)。战略性新兴产业增加值占上海市生产总值的比重为16.4%，比上年提高1.2个百分点。

表1　2016年战略性新兴产业增加值及其增长速度

指标	绝对值（亿元）	比上年增长（%）
战略性新兴产业增加值	4943.51	8.7
制造业	2262.64	8.1
服务业	2680.87	9.2

全年经工商登记新设立各类市场主体35.34万户，比上年增长1.9%。其中，内资企业(不含私营企业)5606户，减少0.1%；外商投资企业8020户，减少2.5%；私营企业27.87万户，减少1.0%；个体工商户6.07万户，增长19.0%。

全年地方一般公共预算收入6642.26亿元，比上年增长9.1%；非税收入占全市一般公共预算收入比重为11.7%。地方一般公共预算支出7547.62亿元，增长9.1%(见表2)。全年税务部门组织的税收收入完成12839.92亿元(不含关税及海关代征税)，增长8.4%。

表 2　2017 年地方一般公共预算收支及其增长速度

指标	绝对值（亿元）	比上年增长（%）
地方一般公共预算收入	6642.26	9.1
#增值税	2460.39	15.2
个人所得税	692.46	16.8
企业所得税	1402.30	4.9
契 税	271.55	-21.5
地方一般公共预算支出	7547.62	9.1
#一般公共服务支出	320.70	6.2
公共安全支出	356.12	5.6
教育支出	874.10	3.9
社会保障和就业支出	1061.03	8.5
医疗卫生与计划生育支出	412.18	4.6
节能环保支出	224.66	67.1
城乡社区支出	1531.42	-3.6

全年完成全社会固定资产投资总额 7246.60 亿元，比上年增长 7.3%。其中，第三产业投资占全社会固定资产投资总额的比重为 85.7%；非国有经济投资占全社会固定资产投资总额的比重为 69.7%（见表 3）。

表 3　2017 年全社会固定资产投资及其增长速度

指标	绝对值（亿元）	比上年增长（%）
全社会固定资产投资总额	7246.60	7.3
按经济类型分		
国有经济	2192.32	18.8
非国有经济	5054.28	2.9
#私营经济	1141.86	6.3
股份制经济	2830.73	8.4
外商及港澳台经济	1010.74	-12.4
按产业分		
第一产业	1.60	-60.8
第二产业	1033.58	5.2
第三产业	6211.42	7.7
按行业分		
#工 业	1031.69	5.3
交通运输、仓储和邮政业	960.28	1.6
金融业	16.76	-9.3
卫生和社会工作	51.12	-3.1

以上年价格为 100，全年居民消费价格指数为 101.7。其中，食品烟酒类价格指数为 101.2，居住类价格指数为 101.7，医疗保健类价格指数为 106.6（见表 4）；固定资产投资价格指数为 106.7；工业生产者出厂价格指数为 103.5，工业生产者购进价格指数为 108.9。

以上年 12 月价格为 100，新建商品住宅销售价格指数为 100.2，其中，二手住宅价格指数为 100.3；以上年价格为 100，全年新建商品住宅销售价格指数为 110.2，二手住宅销售价格指数为 109.6。

表 4　2017 年居民消费价格指数

指标	指数（以上年价格为100）
居民消费价格指数	101.7
食品烟酒	101.2
衣 着	100.5
居 住	101.7
生活用品及服务	101.5
交通和通信	100.7
教育文化和娱乐	100.9
医疗保健	106.6
其他用品和服务	102.6

二、农 业

全年全市实现农业总产值 260.02 亿元，比上年下降 9.1%。其中，种植业 140.42 亿元，下降 3.7%；林业 15.02 亿元，增长 13.2%；牧业 39.87 亿元，下降 26.2%；渔业 53.53 亿元，下降 10.2%；农林牧渔服务业 11.18 亿元，增长 4.7%。上海域外市属农场实现农业总产值 30.08 亿元，下降 6.5%。

全年全市农作物播种面积 28.09 万公顷，比上年减少 5.2%。其中，粮食播种面积 11.87 万公顷，减少 15.3%。粮食产量 89.16 万吨，比上年下降 9.5%；生牛奶产量 21.30 万吨，下降 18.2%；水产品产量 25.74 万吨，下降 1.3%（见表 5）。

至年末，全市有 1680 家企业 6743 个产品获得“三品一标”农产品认证。其中，绿色食品证书使用企业 207 家，绿色食品 299

表5　2017年全市及域外主要农副产品产量

产品名称	单位	全市产量	比上年增长（%）	域外产量	比上年增长（%）
粮食	万吨	89.16	-9.5	14.85	-9.2
蔬菜	万吨	310.76	-3.2	-	-
生猪出栏	万头	111.72	-34.7	77.00	-3.2
生牛奶	万吨	21.30	-18.2	14.91	47.3
家禽出栏	万羽	1251.89	-26.9	20.85	-12.0
水产品	万吨	25.74	-1.3	3.8	4.1

个；无公害农产品证书使用企业1463家，无公害农产品6420个。

至年末，全市累计建成设施粮田面积86.53千公顷，市级蔬菜标准园150家，标准化畜禽养殖场279家，标准化水产养殖场317家。至年末，全市有农业产业化龙头企业380家，农民专业合作社2813家，经农业主管部门认定的家庭农场4516个。

三、工业和建筑业

全年实现工业增加值8303.54亿元，比上年增长6.4%。全年完成工业总产值36094.36亿元，增长6.5%。其中，规模以上工业总产值33989.36亿元，增长6.8%。在规模以上工业总产值中，国有控股企业总产值12902.80亿元，增长8.7%。

全年节能环保、新一代信息技术、生物医药、高端装备、新能源、新能源汽车、新材料等战略性新兴产业制造业完成工业总产值10465.92亿元，比上年增长5.7%，占全市规模以上工业总产值比重达到30.8%。

全年六个重点工业行业完成工业总产值23405.50亿元，比上年增长9.0%，占全市规模以上工业总产值的比重为68.9%(见表6)。

表6　2017年六个重点行业工业总产值及其增长速度

指标	绝对值（亿元）	比上年增长（%）
六个重点行业工业总产值	23405.50	9.0
电子信息产品制造业	6505.04	7.6
汽车制造业	6774.33	19.1
石油化工及精细化工制造业	3798.68	1.8
精品钢材制造业	1281.40	2.0
成套设备制造业	3978.73	4.2
生物医药制造业	1067.32	6.9

全年规模以上工业产品销售率为99.9%。全年原油加工量2489.49万吨，比上年增长0.8%;工业机器人产量5.88万套，增长89.7%;智能手机产量4508.20万台，增长2.1%;汽车产量291.32万辆，增长11.2%(见表7)。

表7　2017年主要工业产品产量及其增长速度

产品名称	单位	产量	比上年增长(%)
乳制品	万吨	2489.49	0.8
精制食用植物油	万吨	2056.04	-1.1
原油加工量	万吨	291.32	11.2
钢材	万吨	8.90	43.8
汽车	万辆	514	54.8
工业机器人	万套	5.88	89.7
电力电缆	万千米	153.99	-5.1
移动通信手持机(手机)	万台	4508.20	2.1
集成电路	亿块	233.19	2.4
发电机组(发电设备)	万千瓦	3458.46	35.0

全年规模以上工业企业实现利润总额3200.10亿元，比上年增长10.5%；实现税金总额2087.36亿元，增长6.7%。规模以上工业企业亏损面为20.9%。

全年实现建筑业总产值6426.42亿元，比上年增长6.3%;房屋建筑施工面积41197.49万平方米，增长14.4%;竣工面积8066.54万平方米，增长7.8%。

四、批发和零售业

全年实现批发和零售业增加值 4393.36 亿元，比上年增长 6.7%。

全年实现商品销售总额 11.31 万亿元，比上年增长 12.0%。其中，批发销售额 10.24 万亿元，增长 12.4%。

全年实现社会消费品零售总额 11830.27 亿元，比上年增长 8.1%(见表 8)。其中，无店铺零售额 1814.29 亿元，增长 9.4%；网上商店零售额 1437.49 亿元，增长 9.6%，占社会消费品零售总额的比重为 12.2%，比上年提高 0.8 个百分点。

表 8　2018 年社会消费品零售总额及其增长速度

指标	绝对值（亿元）	比上年增长（%）
社会消费品零售总额	10946.57	8.0
#批发零售贸易业	9874.15	8.4
住宿餐饮业	1072.42	4.7
#国 有	266.68	–3.8
私 营	2078.70	2.3
股份有限公司	851.77	9.4
港澳台商投资	1892.03	9.6
外商投资	2092.36	10.1
#无店铺零售额	1584.00	13.8
#网上商店零售额	1249.77	15.8

至年末，全市已开业城市商业综合体达 225 家。其中，商场商业建筑面积 10 万平方米以上的有 53 家。全年全市城市商业综合体实现营业额达 1516.00 亿元，比上年增长 11.5%。

五、交通、邮电和旅游

全年实现交通运输、仓储和邮政业增加值 1344.24 亿元，比上年增长 12.0%。

全年各种运输方式完成货物运输量 97257.26 万吨，比上年增长 9.7%。旅客发送量 20855.61 万人次，增长 6.6%(见表 9)。

全年上海港口货物吞吐量达到 75050.79 万吨，比上年增长 6.9%；集装箱吞吐量 4023.31 万国际标准箱，增长 8.3%。集装箱水水中转比例为 46.7%，国际中转比例为 7.7%。上海浦东、虹桥两大国际机场全年共起降航班 76.04 万架次，增长 2.5%；进出港旅客达到 11188.52 万人次，增长 5.1%。其中，国内航线进出港旅客 7394.18 万人次，增长 5.7%；国际及地区航线进出港旅客 3794.34 万人次，增长 4.0%。

表 9　2017 年货物运输量与旅客发送量及其增长速度

指标	绝对值（亿元）	比上年增长（%）
社会消费品零售总额	11830.27	8.1
#批发零售贸易业	10804.87	8.1
住宿餐饮业	1025.40	7.9
#国 有	75.73	6.6
私 营	2236.84	6.7
股份有限公司	1246.79	8.2
港澳台商投资	2178.65	14.4
外商投资	2379.04	14.8
#无店铺零售额	1814.29	9.4
#网上商店零售额	1437.49	9.6

全年上海港接待邮轮靠泊 512 艘次。其中，以上海为母港的邮轮 482 艘次。邮轮旅客吞吐量 297.29 万人次，比上年增长 2.7%。

年内轨道交通 17 号线、9 号线三期开通。至年末，全市轨道交通运营线路达到 16 条。全年优化调整公交线路 264 条，其中新辟 64 条。至年末，公交运营车辆达 1.75 万辆。其中，国 V 及以上标准和零排放车辆 9885 辆，占全部公交运营车辆的 56.6%；运营出租车 4.64 万辆。全年市内公共交通客运量 65.47 亿人次，比上年下降 2.4%。其中，轨道交通客运量 35.38 亿人次，增长 4.0%；公共汽电车客运量 22.01 亿人次，下降 8.0%。

至年末，全市拥有各类民用汽车 361.02 万辆，比上年增长 11.8%。其中，私人汽车 274.41 万辆，增长 13.1%。

全年完成邮政业务总量 711.87 亿元，比上年增长 26.2%；电信业务总量 694.71 亿元，增长40.3%。邮政业全年完成邮政函件业务6.74亿件、包裹业务245.92万件、快递业务31.15亿件，快递业务收入868.89亿元。

全年实现旅游产业增加值1888.24亿元，比上年增长9.1%。

至年末，全市已有星级宾馆229家，旅行社1578家，A级旅游景区(点)99个，红色旅游基地34个(见表10)。

表10　2017年旅游设施情况

指标	单位	绝对值
星级宾馆	家	229
#五星级	家	72
四星级	家	67
旅行社	家	1578
#经营出境旅游业务的旅行社	家	222
A级旅游景区（点）	个	99
#5A级景区（点）	个	3
4A级景区（点）	个	50
红色旅游基地	个	34
#全国红色旅游基地	个	9
旅游咨询服务中心	个	53
旅游集散中心站点	个	4

全年接待国际旅游入境者873.01万人次，比上年增长2.2%(见图2)。其中，入境外国人671.21万人次，增长1.7%;港、澳、台同胞201.80万人次，增长3.7%。在国际旅游入境者中，过夜旅游者719.33万人次，增长4.2%。全年接待国内旅游者31845.27万人次，增长7.5%。其中，外省市来沪旅游者15523.29万人次，增长5.7%。全年入境旅游外汇收入68.10亿美元，增长4.3%;国内旅游收入4025.13亿元，增长16.9%。

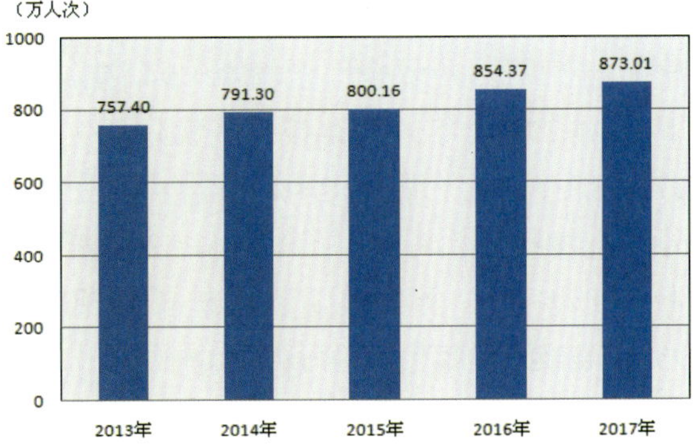

图2　2013—2017年国际旅游入境人数

六、金融和保险

全年实现金融业增加值5330.54亿元，比上年增长11.8%。

至年末，全市各类金融单位达到1491家。其中，货币金融服务单位623家、资本市场服务单位403家、保险业单位389家。至年末，全市各类金融单位中，在沪经营性外资金融单位达到251家。

至年末，全市中外资金融机构本外币各项存款余额112461.74亿元，比年初增加1950.76亿元；贷款余额67182.01亿元，比年初增加7199.76亿元(见表11)。

表11　2017年中外资金融机构本外币存贷款情况

指标	绝对值（亿元）	比年初增减额（亿元）
各项存款余额	112461.74	1950.76
#住户存款	25763.20	649.94
非金融企业存款	49354.16	4266.91
广义政府存款	15110.97	499.42
非银行业金融机构存款	17204.77	-4550.42
各项贷款余额	67182.01	7199.76
#住户贷款	19729.20	3527.60
非金融企业及机关团体贷款	43199.04	3843.57
非银行业金融机构贷款	286.71	-47.20
#人民币个人消费贷款	18159.18	3121.13
#住房贷款	12720.89	1579.03
汽车消费贷款	3633.34	1037.01

全年金融市场交易总额达到1428.44万亿元，比上年增长5.3%。上海证券交易所总成交金额306.39万亿元，增长7.9%。其中，债券成交额247.34万亿元，增长10.1%;股票成交金额51.12万亿元，增长1.9%。全年通过上海证券市场股票筹资7578.06亿元，比上年减少5.9%;发行公司债14937.99亿元，减少41.5%。至年末，上海证券市场上市证券12219只，比上年末增加2572只。其中

股票 1440 只，增加 214 只。

全年上海期货交易所总成交金额 89.93 万亿元，增长 5.8%。中国金融期货交易所总成交金额 24.59 万亿元，增长 35.0%。银行间市场总成交金额 997.77 万亿元，增长 3.9%。上海黄金交易所总成交金额 9.76 万亿元，增长 11.9%。

全年保险公司原保险保费收入 1587.10 亿元，比上年增长 3.8%。其中，财产险公司原保险保费收入 482.67 亿元，增长 17.5%；人身险公司原保险保费收入 1104.43 亿元，下降 1.3%。全年保险赔付支出 548.93 亿元，增长 3.8%。其中，财产险赔款支出 233.81 亿元，增长 5.1%；寿险给付 237.08 亿元，减少 3.6%；健康险赔款给付 62.86 亿元，增长 25.8%；意外险赔款支出 15.17 亿元，增长 45.8%。

七、对外经济

全年上海口岸货物进出口总额 79211.40 亿元，比上年增长 15.1%。其中，进口 33445.10 亿元，增长 18.9%；出口 45766.30 亿元，增长 12.5%。全年上海关区货物进出口总额 59690.24 亿元，比上年增长 14.0%。其中，进口 24684.20 亿元，增长 19.3%；出口 35006.04 亿元，增长 10.6%。

全年上海市货物进出口总额 32237.82 亿元，比上年增长 12.5%。其中，进口 19117.51 亿元，增长 15.4%；出口 13120.31 亿元，增长 8.4%(见表 12)。高新技术产品出口占全市比重超过 40%。按市场分，对欧盟进口 4488.51 亿元，增长 20.3%，出口 2327.78 亿元，增长 16.9%；对美国进口 2072.56 亿元，增长 15.6%，出口 3147.10 亿元，增长 6.1%；对东盟进口 2642.73 亿元，增长 27.7%，出口 1595.16 亿元，增长 10.3%；对日本进口 2224.75 亿元，增长 14.6%，出口 1308.98 亿元，增长 3.3%(见表 13)。

表 12　2017 年上海市货物进出口总额及其增长速度

指标	绝对值（亿元）	比年初增减额（亿元）
上海市货物进出口总额	32237.82	12.5
上海市货物进口总额	19117.51	15.4
#国有企业	3059.50	1.2
外商投资企业	12725.57	18.4
私营企业	3220.07	23.0
#一般贸易	10554.56	19.0
加工贸易	2143.30	5.4
#机电产品	9275.07	13.9
#高新技术产品	5715.01	11.3
上海市货物出口总额	13120.31	8.4
#国有企业	1548.37	4.7
外商投资企业	8755.24	7.3
私营企业	2717.55	15.5
#一般贸易	5776.44	9.9
加工贸易	5360.26	10.6
#机电产品	9289.44	9.2
#高新技术产品	5696.83	9.2

表 13　2017 年上海对主要国家和地区货物进出口总额及其增长速度

国家和地区	出口额（亿元）	比上年增长(%)	进口额(亿元)	比上年增长(%)
美 国	3147.10	6.1	2072.56	15.6
欧 盟	2327.78	16.9	4488.51	20.3
东 盟	1595.16	10.3	2642.73	27.7
日 本	1308.98	3.3	2224.75	14.6
中国香港	1217.63	1.7	26.89	-89.9
韩 国	429.61	-11.3	1258.42	16.6
中国台湾	468.63	10.1	1212.35	15.4
俄罗斯	162.30	49.3	136.97	-0.1
“一带一路”沿线国家	2947.70	11.7	3649.40	25.4

全年新设外商直接投资项目 3950 项，比上年下降 23.4%；合同金额 401.94 亿美元，下降 21.2%；全年外商直接投资实际到位金额 170.08 亿美元，下降 8.1%。全年第三产业外商直接投资实际到位金额 161.53 亿美元，下降 1.1%，占全市实际利用外资的比重为 95.0%。至年末，在上海投资的国家和地区达 175 个，在上海落户的跨国公司地区总部累计达到 625 家。其中，亚太区总部 70 家，

投资性公司345家，外资研发中心426家。年内新增跨国公司地区总部45家。其中，亚太区总部14家，投资性公司15家，外资研发中心15家。与“一带一路”沿线国家和重要节点城市建立经贸合作伙伴关系，货物贸易额占全市比重达到五分之一。

全年备案和核准对外直接投资项目608项，比上年下降57.3%；对外直接投资中方投资额110.8亿美元，下降70.3%。签订对外承包工程合同金额108.5亿美元，下降8.4%；实际完成营业额99.3亿美元，增长49.2%；派出人员13902人次，增长114.0%。对外劳务合作派出人员18935人次，增长23.8%。

全年举办各类展览会项目1020个，总展出面积1769.86万平方米，比上年增长10.1%。其中，国际展览会项目293个，展出面积1329.16万平方米，增长12.9%；国内展览会项目727个，展出面积440.70万平方米，增长2.6%。

八、中国（上海）自由贸易试验区建设

加快推进中国（上海）自由贸易试验区“三区一堡”建设。进一步激发市场活力，区内新注册企业累计超过5万户，全年实到外资、外贸进出口额占全市比重均超过40%。

投资贸易便利化程度继续提高。深化投资管理体制改革，2017版外商投资负面清单减少到95条；市场准入负面清单制度试点工作方案及市场准入负面清单涉及的区级行政审批事项目录发布试行；率先实施企业名称登记改革，推出企业名称网上自主申报等6项创新举措。进一步促进贸易便利化，国际贸易“单一窗口”3.0版上线运行，保税区关检“三个一”查验平台全面建成运行，货物状态分类监管试点企业扩大至39家。

开放型经济发展取得成效。不断探索开放型经济发展新领域，实施更为充分的压力测试。服务业扩大开放取得新成效，54项开放措施新落地服务业项目数412个，累计达2404个。金融开放创新和金融风险防范同步推进，共开立FT账户7.02万个，当年累计收支总额7.65万亿元。跨境双向人民币资金池累计769家，收支总额9761.50亿元。自贸区企业境外直接投资中方协议投资额累计达到694.00亿美元。自贸区内共有95家企业开展跨国公司外汇资金集中运营管理业务。发布全国首张自贸试验区金融服务业对外开放负面清单指引。“一带一路”国别馆初具规模，保加利亚、匈牙利等7馆投入运营。先后与以色列、俄罗斯、新加坡等“一带一路”沿线国家联合建立跨国孵化器，搭建跨境项目交流平台。完善自贸试验区境外投资服务平台，设立“一带一路”技术贸易措施企业服务中心。

政府治理能力先行区加快建设。形成了提升政府治理能力先行区总体方案。深化“证照分离”改革试点，第一批116项改革事项已复制推广到其他自贸试验区。加强事中事后监管体系建设，着力完善“四位一体”的监管体系，探索构建了“六个双”监管机制，已实现21家监管部门全覆盖，108个监管行业、领域全覆盖。“三全工程”全面推进，104项企业准入区权事项全部实现“全网通办、一次办成”，74项实现“网上全程办理”，“单窗通办”模式于2017年11月6日启动运营；188项个人社区事务已实现“全区通办”；政府政务信息“全域共享”加快推进，海关特殊监管区实现与口岸、金融等监管部门的信息共享，与80个国家、市、区部门对接。优化完善区镇职能，率先开展统筹核心发展权和下沉区域管理权改革。建立“统一规则、整体开发、总体平衡”的区域开发机制。

表 14　2017 年中国（上海）自由贸易试验区主要经济指标及其增长速度

指标	单位	绝对值	比上年增长(%)
地方一般公共预算收入	亿元	578.48	8.6
外商直接投资实际到位金额	亿美元	70.15	13.5
全社会固定资产投资总额	亿元	680.31	12.4
工业总产值	亿元	4924.95	14.8
社会消费品零售额	亿元	1494.62	7.0
商品销售总额	亿元	37042.67	10.2
服务业营业收入	亿元	5157.74	14.3
外贸进出口总额	亿元	13500.00	14.7
#出口额	亿元	4053.10	3.0
期末监管类金融机构数	个	849	4.2
新兴金融机构数	个	4630	-0.5

九、城市基础设施和房地产

全年完成城市基础设施建设投资 1705.22 亿元，比上年增长 9.9%。其中，交通运输投资 903.62 亿元，邮电通信投资 92.48 亿元，公用事业投资 97.68 亿元，市政建设投资 473.60 亿元（见表 15）。

表 15　2017 年城市基础设施投资及其增长速度

指标	绝对值（亿元）	比上年增长(%)
城市基础设施投资	1705.22	9.9
电力建设	137.85	-5.0
交通运输	903.62	2.2
邮电通信	92.48	-13.1
公用事业	97.68	37.8
市政建设	473.60	37.0

至年末，全市轨道交通运营线路长度达到 666.40 公里，公交专用道路达到 350 公里（不含有轨电车长度）。黄浦江两岸 45 公里岸线公共空间实现全线贯通开放。建成中心城区 5 个排水系统，打通 11 条区区对接道路。

全市自来水供水能力为 1184 万立方米 / 日，比上年增加 32 万立方米 / 日。全年供水总量为 31.01 亿立方米，下降 3.2%；售水总量为 24.52 亿立方米，下降 2.8%。其中，工业用水量、生活用水量分别为 4.53 亿立方米、19.99 亿立方米，分别比上年下降 6.1% 和 2.1%。全年全市用电量 1526.77 亿千瓦时，增长 2.7%（见表 16）。至年末，全市家庭液化气用户 281.40 万户，比上年下降 15.4%；家庭天然气用户 700.60 万户，增长 3.7%。

表 16　2017 年公用事业主要指标及其增长速度

指标	单位	绝对值	比上年增长(%)
自来水日供水能力	万立方米	1184	2.8
自来水供水总量	亿立方米	31.01	-3.2
自来水售水总量	亿立方米	24.52	-2.8
#工业用水	亿立方米	4.53	-6.1
用电量	亿千瓦时	1526.77	2.7
#城乡居民生活用电	亿千瓦时	228.79	5.1
液化气销售总量	万 吨	34.80	-12.6
天然气销售总量	亿立方米	77.20	5.0

全年完成房地产开发投资 3856.53 亿元，比上年增长 4.0%。其中，住宅投资 2152.40 亿元，增长 9.5%；办公楼投资 642.20 亿元，下降 7.7%；商业营业用房投资 506.71 亿元，下降 2.4%。商品房施工面积 15362.25 万平方米，增长 1.7%；竣工面积 3387.56 万平方米，增长 32.8%。商品房销售面积 1691.60 万平方米，下降 37.5%。其中，住宅销售面积 1341.62 万平方米，下降 33.6%。全年商品房销售额 4026.67 亿元，下降 39.9%。其中，住宅销售额 3336.09 亿元，下降 36.3%。全年存量房买卖登记面积 1563.53 万平方米，下降 54.0%。

全年新增供应各类保障性住房 8 万套，完成中心城区二级旧里以下房屋改造 49 万平方米，受益居民 2.4 万户。全年供应租赁住房用地 80 公顷，可形成租赁住房供应能力近 3 万套。

十、城市信息化

全年实现信息产业增加值 3274.78 亿元，

比上年增长 12.1%。其中，信息服务业增加值 2179.02 亿元，增长 15.0%。

推动新型城域物联专网试点建设，至年末，实现物联网全市覆盖。全市千兆光纤到户覆盖总量达 405 万户，比上年末增加 375 万户。家庭光纤用户数达到 579 万户，比上年末增加 64 万户。家庭宽带用户平均接入带宽超过 100M，固定宽带用户平均可用下载速率达 20.52M。第四代移动通信网络 (4G) 用户数达到 2388 万户，比上年末增加 515 万户。同步开展 5G 关键技术研究和外场试验。开展 i-Shanghai 服务优化升级，完成原有 1400 处场所从 2M 到 10M 的普遍提速，按新标准新增 600 处场所，累计开通 2000 处。城域网出口带宽 11312GB，比上年末增加 2680GB；互联网国际出口带宽 2017GB, 比上年末增加 822GB。IPTV 用户数达 317 万户，比上年末增加 87 万户。加快推广智慧城市应用服务，“市民云”用户数达到 763 万个。

全年完成电子商务交易额 24263.60 亿元，比上年增长 21.0%。其中，B2B 交易额 16923.40 亿元，增长 17.2%，占电子商务交易额的 69.7%; 网络购物交易额 7340.20 亿元，增长 31.0%，占 30.3%。

至年末，口岸税费电子支付系统入网企业累计 11300 家，比上年增长 23.0%。税单支付 2020 万笔，同比增长 12.0%；实现电子支付金额 16862 亿元，增长 24.0%。至年末，已有 11.3 万家单位持有有效“一证通”33 万张。

至年末，“市民信箱”累计注册用户 769 万人，比上年增长 32.6%。

发布实施全国首部地方综合性信用法规《上海市社会信用条例》，推进市公共信用信息平台建设，信用联合奖惩子系统上线运行。至年末，市信用平台累计对外提供查询 3906 万次。其中，法人信用信息被查询 1253 万次，自然人信用信息被查询 2653 万次。99 家单位确认向市信用平台提供 45933 项信息事项。其中，涉及法人信息事项 27185 项，涉及自然人信息事项 18748 项。平台可查询数据 3.18 亿条，法人数据 1094 万条、自然人数据 3.07 亿条。

至年末，市信用平台已建 23 个子平台，在建子平台 1 个。除市信用平台服务大厅，已设立 17 家服务窗口。

十一、教育和科学技术

至 2017 学年末，全市共有普通高等学校 64 所、普通中等学校 900 所、普通小学 741 所、特殊教育学校 30 所。普通高等学校在校生和毕业生数均有所增加，中等职业学校的在校生和毕业生数有所减少 (见表 17)。全市共有 49 家机构培养研究生，全年招收全日制研究生 5.00 万人，在校全日制研究生 15.15 万人，毕业全日制研究生 4.10 万人。九年义务教育入学率保持在 99.9% 以上，高中阶段新生入学率达 99.7%。

至 2017 学年末，全市共有民办普通高校 20 所，在校学生 10.82 万人；民办普通中学 129 所，在校学生 8.05 万人；民办小学 139 所，在校学生 11.23 万人。全市共有成人中高等学历教育学校 20 所，成人职业技术培训机构 689 所，老年教育机构 292 所。全市共有校外教育机构 23 所。其中，青少年活

表 17　2017 学年各级各类学校学生情况及其增长速度

类别	在校学生数(万人)	比上学年增长(%)	毕业学生数(万人)	比上学年增长(%)
普通高等学校	51.49	0.1	13.42	1.2
普通中等学校	66.19	-0.7	17.21	-3.6
普通中学	57.06	0.1	14.12	-1.7
高 中	15.89	0.7	5.13	-1.1
初 中	41.17	-0.4	8.99	-2.1
中等专业学校	6.31	-5.5	2.14	-10.5
职业学校	1.97	-3.0	0.70	-20.5
技工学校	0.85	1.2	0.25	13.6
普通小学	78.49	-0.6	14.31	-2.6
特殊教育学校	0.43	0.2	0.08	6.2

动中心(含少年宫)19所、少年科技站3所、少年之家1所。

全年用于研究与试验发展(R&D)经费支出相当于上海市生产总值的比例为3.78%左右(见图3)。

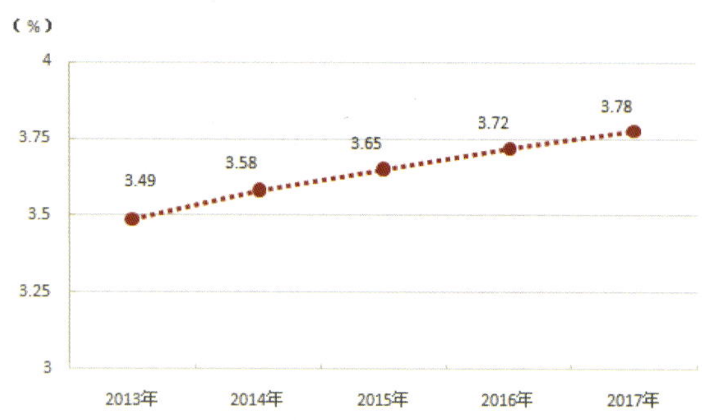

图3　2013—2017年R&D经费支出及其相当于上海市生产总值的比例

全市科技小巨人和科技小巨人培育企业共1798家，技术先进型服务企业274家。年内共认定高新技术企业3247家，全市2015—2017年有效期内高新技术企业总数达到7642家，净增长704家。全年共落实高新技术企业减免所得税141.62亿元，高新技术企业减免税金额及户均减免税金额均在全国领先。全年共认定高新技术成果转化项目493项。其中，电子信息、生物医药、新材料等重点领域项目占87.4%。至年末，共认定高新技术成果转化项目11462项。累计已有172家科技创新企业在上海股权托管交易中心“科技创新板”挂牌。

加大海外人才和高层次人才引进培养力度，推进实施两批共22条海外人才出入境试点政策，引进海外人才110426人。2017年新当选两院院士13人，占全国10.2%。

全年受理专利申请131746件。其中，发明专利申请54633件。全年专利授权量为70464件。其中，发明专利授权量为20681件。全年PCT国际专利受理量为2100件，比上年增长34.6%。至年末，全市有效发明专利达100433件，每万人口发明专利拥有量达41.5件，比上年增长17.9%。全年经认定登记的各类技术交易合同21559件，比上年增长1.7%;合同金额867.53亿元，增长5.4%。

十二、文化、卫生和体育

年内成功举办第三十四届“上海之春”国际音乐节、第十九届中国上海国际艺术节、第二届上海艾萨克·斯特恩国际小提琴比赛、上海国际电影电视节、上海世博会博物馆开馆、第五届市民文化节等重大文化活动。全年市民参与文化活动人数近3000万人次。继续实施新一轮公共文化从业人员“三年万人培训”项目，年内参训7216人次。大世界非遗中心、世博会博物馆、上海交响音乐博物馆对外开放。至年末，全市有市、区级文化馆、群众艺术馆25个，艺术表演团体210个，市、区级公共图书馆24个，档案馆49个，博物馆125个。全市共有公共广播节目22套、公共电视节目25套、有线电视用户765.43万户、有线数字电视用户697.18万户。全年生产电视剧40部，共1760集;动画电视8160分钟。全年共出版报纸9.13亿份、各类期刊0.94亿册、图书4.23亿册，摄制完成82部影片。

至年末，全市共有医疗卫生机构5144所，卫生技术人员18.80万人(见表18)。全年全

表18　2017年卫生机构基本情况

指标	单位	绝对值
卫生机构数	所	5144
#医院	所	363
门诊部	所	831
社区卫生服务中心	所	308
疾病预防控制中心	所	19
卫生监督所	所	17
卫生技术人员数	万人	18.80
#执业(助理)医生	万人	6.83
#医院执业(助理)医生	万人	4.14
注册护士	万人	8.40

注：卫生机构数中含医疗卫生机构的分支机构。

市医疗机构共完成诊疗人次 2.73 亿人次；户籍人口期望寿命达到 83.37 岁；上海地区婴儿死亡率 3.71‰；孕产妇死亡率 3.01/10 万，其中户籍人口孕产妇死亡率 1.01/10 万；全市常住人口出生性别比为 107。

常住居民家庭医生签约率 30% 以上，重点人群签约率 60% 以上。所有社区卫生服务中心启动“1+1+1”签约服务，签约居民超过 340 万，其中 60 岁以上老人 256 万。签约医疗机构组合内就诊率 74%，签约社区就诊率 53%，开具延伸处方累计 94 万张。

向 6.75 万计划生育特殊对象发放特别扶助金 5.30 亿元，25.13 万人领取了农村计划生育家庭奖励扶助金 3.84 亿元。21.94 万人领取了年老退休时一次性计划生育奖励费，共计 11.22 亿元。继续推进“60 岁以上老人接种肺炎疫苗”项目，累计接种 131 万余剂次；继续实施“社区居民大肠癌筛查”项目，完成初筛 47 万余人，初筛阳性率 18.9%，发现癌前期病变 3065 人，并给予进一步就医指导。

新增儿科床位 406 张，启动建设 28 个标准化示范儿科门急诊项目。新增公办养老床位 7088 张、长者照护之家 54 家、老年人日间服务中心 81 家。推进护理站参与居家护理工作，全市执业护理站达 108 家。继续推进“新建医疗急救分站”市政府实事项目，建成急救分站 156 个，平均服务半径达到约 3.6 公里。

年内成功举办国际国内重大体育比赛共 41 个项目 162 次。其中，国际性赛事 61 次，全国性赛事 101 次。成功举办首届城市业余联赛，包括 10 个项目联赛、11 个品牌特色赛事活动和 35 个项目系列赛，共举办各级各类赛事活动 1528 个，参与人次超百万。上海体育健儿在第十三届全国运动会竞技体育项目上共获得 29 枚金牌、33 枚银牌、24 枚铜牌，两人两次打破两项全国纪录。年内全市共新建、改建市民益智健身苑点 210 个、市民健身步道 75 条、市民球场 65 个。

十三、人口和就业

至年末，全市常住人口总数为 2418.33 万人。其中，户籍常住人口 1445.65 万人、外来常住人口 972.68 万人。全年常住人口出生 19.70 万人，出生率为 8.1‰；死亡 12.90 万人，死亡率为 5.3‰；常住人口自然增长率为 2.8‰。全年户籍常住人口出生 11.20 万人，出生率为 7.8‰；死亡 12.15 万人，死亡率为 8.4‰；户籍常住人口自然增长率为 −0.6‰。

全市户籍人口平均期望寿命达到 83.37 岁。其中，男性 80.98 岁、女性 85.85 岁。

全年新增就业岗位 57.90 万个 (见图 4)。全年新安置就业困难人员 50503 人，新消除零就业家庭 289 户。全年帮扶引领成功创业 12628 人，其中，青年大学生 7440 人，帮助 8684 名长期失业青年实现就业创业。全年共完成职业培训 106.84 万人。其中，农民工职业培训 49.56 万人。至年末，累计有 1011 人入选国家“千人计划”，798 人入选上海“千人计划”。高技能人才占技能劳动者比例达到 32%。成功申办 2021 年第 46 届世界技能大赛，在第 44 届世界技能大赛中取得优异成绩。至年末，全市城镇登记失业人员 22.06 万人，城镇登记失业率为 3.9%。

图 4　2013—2017 年新增就业岗位情况

十四、人民生活和社会保障

据抽样调查，全年全市居民人均可支配

收入58988元，比上年增长8.6%，扣除价格因素，实际增长6.8%。其中，城镇常住居民人均可支配收入62596元，增长8.5%，扣除价格因素，实际增长6.7%；农村常住居民人均可支配收入27825元，增长9.0%，扣除价格因素，实际增长7.2%。全市居民人均消费支出39792元，比上年增长6.2%。其中，城镇常住居民人均消费支出42304元，增长6.1%；农村常住居民人均消费支出18090元，增长6.0%。

至年末，城镇居民人均住房建筑面积36.7平方米（见图5），居民住宅成套率达97.3%。

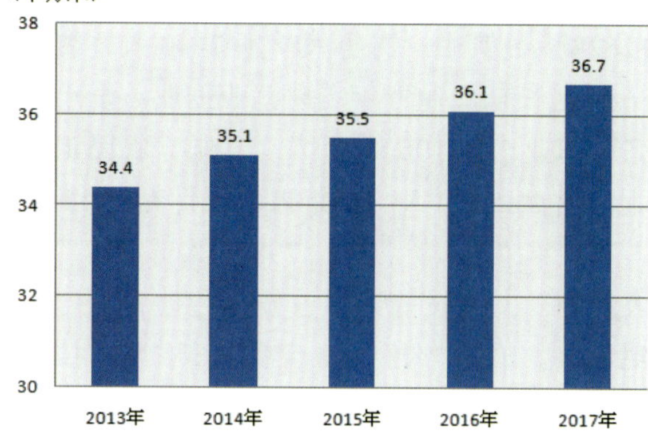

图5　2013—2017年城镇居民人均住房建筑面积

至年末，全市共有1548.22万人（包括离退休人员）参加城镇职工基本养老保险，有78.83万人参加城乡居民基本养老保险。最低生活保障标准从上年的每人每月880元提高到970元，增长10.2%。月最低工资标准从2190元提高到2300元，小时最低工资标准从19元提高到20元。

至年末，全市共有1496.78万人（包括离退休人员）参加职工基本医疗保险，有344.63万人参加城乡居民基本医疗保险。

至年末，全市民政部门共有各类提供住宿的收养性社会服务机构781个，床位14.41万张。其中，养老机构703家，床位13.83万张。在全市养老机构中，由社会投资开办的有363家，床位7万张。全市建有社区老年人日间服务中心560家、社区老年人助餐服务点707家。

全年各级政府支出城镇居民最低生活保障金16.30亿元、农村居民最低生活保障金2.72亿元、特困供养金0.42亿元、粮油帮困0.83亿元、医疗救助金3.83亿元。

十五、环境保护

全年全社会用于环境保护的资金投入923.53亿元，相当于上海市生产总值的比例为3.1%。

全年环境空气质量（AQI）优良率为75.3%，比上年下降0.1个百分点。二氧化硫年日均值12微克/立方米，比上年下降20.0%；可吸入颗粒物（PM_{10}）年日均值55微克/立方米，下降6.8%；细颗粒物（$PM_{2.5}$）年日均值39微克/立方米，下降13.3%；二氧化氮年日均值44微克/立方米，上升2.3%；一氧化碳年日均值0.76毫克/立方米，下降3.8%；臭氧日最大8小时滑动平均值达标率85.5%，下降3.8个百分点。全市平均区域降尘量4.1吨/平方公里·月，比上年下降8.9%。

至年末，城市污水处理厂日处理能力达831.70万立方米，比上年末增长2.4%。全市生活垃圾末端处理能力达24650吨/日，其中焚烧13300吨/日。全年清运生活垃圾899.50万吨，生活垃圾无害化处理率达100%。完善生活垃圾全程分类体系，绿色账户新增覆盖210万户，全市已累计覆盖400余万户。嘉定再生能源利用中心点火运行。

全年完成新造林6.5万亩，新建绿地1358.5公顷，其中公园绿地830.8公顷；完成绿道224公里，立体绿化40.9万平方米，全市森林覆盖率达16.2%。至年末，人均公园绿地面积达到8.02平方米，湿地保有量46.46万公顷。外环生态专项、东滩生态修复项目主体工程顺利完成。全市6个郊野公园（一期）建成运行，城市公园总数达到 243 座。

十六、生产安全和食品药品安全

全年共发生生产安全事故 448 起、死亡 436 人，分别比上年下降 3.9% 和 7.2%。其中，工矿商贸事故 202 起，造成死亡 192 人，分别下降 10.6% 和 12.3%；生产经营性道路交通事故 224 起，造成死亡 217 人，分别上升 4.7% 和下降 0.9%；生产经营性火灾事故 7 起，造成死亡 8 人，分别下降 12.5% 和 11.1%；水上交通事故 11 起、死亡 13 人，分别下降 21.4% 和 13.3%；铁路事故 1 起、死亡 1 人，均与上年持平；农业机械事故 1 起、死亡 1 人，均下降 50%；燃气事故 1 起、死亡 3 人；渔业船舶事故 1 起、死亡 1 人。全年亿元生产总值生产安全事故死亡人数为 0.014 人，工矿商贸企业从业人员死亡率为 1.454/10 万人，道路交通事故死亡率为 1.73 人 / 万车。

全市食品安全风险监测总体合格率为 97.5%，同比提高 0.2 个百分点。全年共报告发生 10 人以上集体性食物中毒 3 起，中毒人数 142 人（无死亡），中毒发生率为 0.59 例 /10 万人。全年共立案查处食品药品安全违法案件 7569 件，罚没金额逾 2.74 亿元；移送食品药品涉嫌犯罪案件 148 起，侦破食品药品的犯罪案件 384 起，抓获犯罪嫌疑人 750 人。促进食品安全社会共治，受理并办理市民食品安全投诉、举报、咨询信息 14.03 万件。

上海市统计局
国家统计局上海调查总队
2018 年 3 月 8 日

说明：

1. 本公报数据为初步统计数。

2. 上海市生产总值、各产业增加值和总产值绝对数按当年价格计算，增长速度按可比价格计算。2017 年上海市生产总值数据执行国家统计局 2012 年制定的《三次产业划分规定》。

3. 公有制经济增加值按国有经济、集体经济以及国有或集体控股的混合所有制经济口径计算。

4. 战略性新兴产业包含战略性新兴制造业和战略性新兴服务业两个部分，是本市根据国家制定的战略性新兴产品目录进行的行业划分。其中，战略性新兴产业制造业增加值和总产值均为规模以上口径。

5. 域外市属农场是指上海光明食品（集团）有限公司所属的外地农场，其产量和产值不包括在上海市总量中。

6. 城市商业综合体是指以区域为中心、以购物中心为主导，融合了商业零售、餐饮、休闲养生、娱乐、文化、教育等多项城市主要功能活动，面向各类消费人群，提供综合性服务的大型建筑综合体。城市商业综合体（购物中心）需同时满足以下条件：(1) 由企业有计划地管理运营，有统一的名称，如 xx 中心、xx 广场、xx 城等；(2) 涵盖超市、百货店、专业店、专卖店等商品零售业态，以及餐饮、文化、娱乐、健身、游艺、培训等两项及以上主要服务业态；(3) 营业面积一般不少于 1 万平方米，独立开展经营活动的商户一般不少于 50 个。

7. 电信业务总量按 2015 年不变价格计算。

8. 旅游产业和信息产业的增加值是依据若干行业的有关资料进行跨行业核算的，不能将其与上海市生产总值中其他行业的增加值进行简单加总，否则会造成重复计算。

9. 银行间市场成交额包括银行间本币市场和外汇市场成交额。自 2017 年起，各市场成交额按单边计算(2016年公报中上海黄金交易所成交额按双边计算，为17.44万亿元)。

10.学年是指教育年度，即从一年的9月1日(学年初)至第二年的8月31日(学年末)。

11.2012年四季度，国家统计局实施了城乡一体化住户调查改革，统一了城乡居民收入名称、分类和统计标准，在上海选取6000宅(户)城乡居民家庭，直接开展调查。2015年起，发布城乡可比的新口径全市居民人均可支配收入以及城乡常住居民人均可支配收入。

12.环境空气质量优良率(AQI)是国家发布的新环境空气质量评价标准。AQI监测体系包括二氧化硫、二氧化氮、可吸入颗粒物(PM_{10})、细颗粒物($PM_{2.5}$)、一氧化碳和臭氧六项污染物指标。

数据来源：

本公报中新设企业数据来自上海市工商行政管理局，财政数据来自上海市财政局，农业企业和农产品认证、设施粮田、市级蔬菜标准园、标准化畜禽养殖场、标准化水产养殖场、龙头企业、农业专业合作社和粮食家庭农场数据来自上海市农业委员会，邮政数据来自上海市邮政公司和上海市邮政管理局，星级宾馆、旅行社、A级旅游景点、红色旅游基地、接待国内外游客和旅游收入数据来自上海市旅游局，金融单位数据来自上海市金融服务办公室，存贷款数据来自中国人民银行上海总部，证券数据来自上海证券交易所，期货数据来自上海期货交易所，金融期货数据来自上海金融期货交易所，银行间市场数据来自中国外汇交易中心暨全国银行间同业拆借市场，黄金数据来自上海黄金交易所，保险数据来自中国保险监督管理委员会上海监管局，货物进出口数据来自上海海关，电子商务、城市商业综合体、外商直接投资、跨国公司、对外直接投资、国际经济合作、对外承包工程、派遣劳务和展览会数据来自上海市商务委员会，中国(上海)自由贸易区数据来自浦东新区统计局;航运、轨道交通、民用汽车数据来自上海市交通委员会，黄浦江两岸45公里岸线、排水系统、区区道路对接、商品房开发、销售、存量房交易、规范房地产市场、居民居住、旧区改造、物业管理、燃气数据来自上海市住房和城乡建设管理委员会，自来水数据来自上海市水务局;城市信息化数据来自上海市经济和信息化委员会，教育数据来自上海市教育委员会，科技数据来自上海市科学技术委员会，文化活动、公共图书馆、文化馆、博物馆、艺术表演团体、广播电视电影数据来自上海市文化广播影视管理局，档案馆数据来自上海市档案局，出版数据来自上海市新闻出版局，医疗卫生数据来自上海市卫生和计划生育委员会，体育数据来自上海市体育局，就业、养老保险、医疗保险、最低工资数据来自上海市人力资源和社会保障局，收养性社会服务机构、养老机构、低保数据来自上海市民政局，环保投入、空气质量、城市污水处理、生活垃圾处理数据来自上海市环境保护局，城市绿化建设、市容管理数据来自上海市绿化和市容管理局，城市运行安全和生产安全数据来自上海市安全生产监督管理局和上海市食品药品监督管理局，其他数据来自上海市统计局、国家统计局上海调查总队。

上海市住房和城乡建设管理委员会工作报告

勇担新使命　开启新征程
奋力谱写住房城乡建设管理事业新篇章

市住房城乡建设管理委主任　黄永平

同志们：

这次会议的主题是：深入贯彻落实党的十九大精神，按照十一届市委三次全会、本市“两会”和全国住房城乡建设工作会议的总体要求，认真总结2017年工作，全面部署2018年任务，坚持高起点、高标准，以新作风、新作为，奋力谱写本市住房城乡建设事业新篇章。下面，我讲三点意见。

一、2017年工作回顾

过去一年，是极不平凡的一年。党的十九大胜利召开，为我们今后的工作指明了前进方向。一年来，我们按照市委、市政府的总体要求，坚持以人民为中心的发展思想和稳中求进的工作总基调，注重强化底线思维、问题导向，注重强化管理引领、兜底协同，注重强化城乡统筹、区域协调，持续在破瓶颈、补短板、防风险、抓落实上下功夫，圆满完成了市委、市政府交给我们的各项工作任务，取得了较好的成绩，一些工作也得到中央和市领导的肯定。

一是坚持补短板、惠民生，本市城市综合管理成效进一步凸显。

“五违四必”区域生态环境综合整治“攻坚战”取得重要阶段性成果，人居环境明显改善。全面完成第三批（市级22个+区级308个地块）环境综合整治任务，实现“本市五违问题集中区域基本消除”的总体目标。在连续开展三轮共50个市级重点地块、666个区级重点地块及一大批街镇级重点地块“五违”整治的同时，全市面上违法建筑治理工作实现重大突破，累计拆除量达1.6亿平方米（2017年共拆除1亿平方米，同比2016年增长103.7%，超额完成年度计划5000万平方米的目标任务），为上海转型发展腾出土地约90平方公里，干成了过去一直想干却一直没有干成的难事。同时，开展街面环境秩序、建筑垃圾等专项执法，无序设摊治理、户外广告整治、“补短板、治五乱”等市政市容管理工作扎实有序推进，城乡面貌焕然一新。注重加强顶层设计，城市综合管理常态长效机制初步建立。通过进一步拓展网格化管理内容（如涉及生态环境整治完成的地块、小区、河道全部纳入重点督查范围），健全问题发现、处置、督查工作机制，网格化管理在基层社会治理中的作用得到进一步发挥，2017年共立案1407万件，同比增长65%。制定《城镇住宅小区管理标准》等13部标准，完成城市综合管理标准体系建设年度目标任务。牵头开展本市垃圾综合治理专项调研工作，形成调研报告初稿。特别是，制定了本市加强城市管理精细化工作的实施意见和三年行动计划，明确了下一步工作方向。大力推进住宅小区综合治理，全面完成第一轮三年行动计划（2015—2017）。住宅小区综合治理的体制机制和相关主体职责进一步理顺，社区共治和居民自我管理水平持续提升。协助完成《上海市住宅物业管理规定》（草案）修订工作。全市已创建409个住宅小区党建联建示范点；2048个住宅小区实现居委会成员兼任业委会成员；2730个业委会中建立了党的工作小组；符合条件的住宅小区业委会组建率达到94.16%，居全国首位。积极推动民生实事工程落地，全年改造老旧小区表前供电设施91.5万户（年度目标60万户），累计完成315万户，超额完成三年296万户的改造任务。全市改造居民住宅二次供水设施5351万平方米（年度目标3500万平方米）。完成水电气“三表集抄”改造31.56万户（年度目标30万户）和958台存在严重安全隐患的老旧住宅电梯维修、改造和更新，为967个既有住宅小区新建了电动自行车充电设施，各项工作均超额完成年度目标任务。此外，着力解决积水点改造、消防设施改造、专项维修资金补建等急难愁民生问题。

二是坚持“房子是用来住的，不是用来炒的”的定位，市民群众居住条件进一步改善。

制订出台本市住房发展“十三五”规划。明确了到2020年本市住房管理工作的各项目标任务。全面启动发展本市住房租赁市场，出台《关于加快培育和发展本市住房租赁市场的实施意见》及相关配套政策，确保房地产市场平稳健康发展。通过加强商品住房预销售管理，坚决稳妥开展商业办公项目清理整顿，严格房地产市场秩序监管，房地产市场运行基本平稳，调控取得阶段性成效。有序推进住房保障各项工作。全年新增供应各类保障性住房8万套，超额完成市政府重点工作中明确的5万套目标任务。完成廉租住房租赁补贴标准和收入财产准入标准的调整，全市新增租金配租受益家庭3085户，历年累计廉租受益家庭达11.8万户。有序开展第六批次（共3.9万户申请家庭）共有产权保障房申请审核工作，历年累计签约购房约9.2万户。聚焦科创中心建设和人才安居工作需要，大力推进公租房面向参与科创中心和自贸区建设的重点企事业单位整体出租，全市公租房累计筹措房源16万套，供应11.8万套，累计受益家庭（含退出）超过20万户。积极推进大型居住社区建设与配套，其中内配套项目完成开工、竣工、接管、开办等建设任务310项；三轮大居外配套138个项目累计开工122个、建成106个，全年完成投资28.83亿元。试点探索“留改拆并举”，实施城市有机更新。制订《坚持留改拆并举，深化城市有机更新，进一步改善市民群众居住条件的若干意见》及相关配套政策。在总结试点经验基础上，按照“保基本、讲公平、可持续”的原则和“控房源、控成本”的要求，建立了房屋征收补偿新机制。注重历史建筑和风貌的传承保护，在虹口春阳里、黄浦外滩源等历史风貌保护街坊试点开展了内部整体改造和成片保护整治。坚持内外兼修推进旧住房修缮改造，全年完成三类旧住房综合改造590万平方米，受益居民10万户（年度目标是300万平方米，6万户）。全年完成中心城区二级旧里以下房屋改造49万平方米、受益居民2.4万户，分别比计划增加2%和4%；郊区城镇完成二级旧里以下房屋改造12万平方米、受益居民1746户，分别比计划增加174%和94%。按计划基本完成11个“城中村”项目动迁安置房基地动迁工作，动迁安置房开工2619套，完成动迁4560户（包括企事业单位），分别比计划增加64%和14%。农村低收入户危旧房改造持续推进，开工642户、竣工546户，全市存量农村低收入户的危房已基本完成改造。

三是坚持市区与郊区统筹，城乡一体化建设步伐进一步加快。

重大工程和重点区域建设成果丰硕。出台《关于进一步改进和优化市重大工程建设项目前期工作的实施意见》，提出了“一库、二计划、五优化”工作机制，重大工程推进效率得到进一步提升。在市、区相关部门的大力支持下，2017年全市重大工程项目开工

22个（比计划多8个），基本建成15个（比计划多5个），完成投资1342.9亿元，比计划增加3.3%，是世博会以来完成投资最高的一年。黄浦江上游水源地金泽水库、郊区垃圾无害化处理设施相继建成，枢纽型、功能性、网络化基础设施体系迈入世界先进行列。圆满完成黄浦江两岸贯通工程。两岸地区集中建设了一批高品质公共空间，实现核心段杨浦大桥至徐浦大桥之间45公里岸线全程贯通、全线开放，兑现了“还江于民、还岸线于民、还景观于民”的承诺。全市海绵城市建设有序推进。编制完成本市海绵城市专项规划（2016—2035），稳步推进临港地区国家海绵城市建设试点和老旧小区海绵化改造试点。发布《上海市地下综合管廊专项规划（2016—2040）》。开展外环线以外地下管线普查，推进地下综合管廊开工建设35公里，超额完成建设部下达的30公里建设任务。此外，编制完成本市村庄风貌建设导则和村民住宅建筑方案图集，农民集中居住、历史文化名镇名村保护利用等工作按计划有序推进。

四是坚持改革创新，建设市场行业监管和建筑业转型升级力度进一步加大。

行政管理体制改革迈出新步伐。按照“做强做实房屋行政管理机构”的要求，成立了新的上海市房屋管理局，充实加强了对全市各类房屋（含非居住房屋）管理等职责。制订《关于完善区房屋管理体制的指导意见》和《关于促进本市区属房管集团转型发展的意见》，区房屋管理体制不断深化完善。建筑业改革持续深化。积极推行“双随机、一公开”，着力推进“放管服”改革。起草了本市社会投资项目行政审批“153548”改革方案，为今年全面推进改革，打造良好的营商环境奠定基础。起草完成《上海市关于促进建筑业持续健康发展的实施意见》。深入推进招投标制度改革，出台《上海市建设工程招标投标管理办法》及实施细则，招投标管理由事前审批向事中事后监管转变，进一步释放了建筑市场活力。积极探索工程建设管理新模式，有序开展工程总承包、建筑师负责制和全过程咨询服务等试点工作，出台了配套管理流程和制度，促进行业向国际化、现代化、专业化发展。建材使用监管机制改革初显成效，发布《进一步完善本市建设工程材料备案管理的通知》，规范预制构件、外墙保温系统材料使用，实现建材检测与备案工作联动。注重行业诚信体系建设，劳务用工管理和建筑市场执法进一步加强，建筑企业市场和现场行为得到有效规范。持续推进燃气和道路、公共区域照明管理体制改革，全面完成第二批8家行业协会脱钩试点工作任务。大力推进建筑行业的新技术新模式。行业科技创新“前一公里”科研布局与项目储备机制进一步健全。BIM技术应用推广力度进一步加大，全年项目数量达615个，同比去年增长134.7%。制订《崇明区绿色建筑管理办法》，着力推进崇明绿色基础设施建设，本市绿色建筑总量达1.05亿平方米，绿色建筑发展规模和质量均位居全国前列。成功创建全国首批装配式建筑示范城市，全年落实装配式建筑项目1641万平方米，累计总量已超过4000万平方米，装配式建筑实现蓬勃发展。既有公共建筑节能管理和改造工作有力推进，全年落实节能改造任务230万平方米，超额完成年度目标任务。

五是坚持严守安全底线，城市运行管理保障水平进一步提升。

建设工程安全生产形势总体趋于好转。没有发生较大以上的质量事故和生产安全事故，生产安全事故发生数和死亡人数相比去年减少一半，按照国际统计口径，从业人员死亡率为万分之0.25，比肩国际领先水平。全面开展建设工程质量安全大检查和工程质量安全提升行动，制定《建设工程质量安全巡查工作考核办法》，发布《建设工程质量安全巡查手册》，质量安全巡查工作进一步规范。创新工程质量管理制度，制定了《上海市住宅工程质量潜在缺陷保险实施细则》，并在浦东新区率先开展试点。燃气安全监管进一步加强。各区燃气行业管理部门监管责任进一步落实，形成市区两级管理部门齐抓共管的监管格局。全年共开展各类执法410次，市区两级防范治理违法占压燃气管道长效机制进一步健全。注重地下空间日常使用安全管理。会同相关区级部门每周开展地下空间安全管理联合监督检查，确保地下空间平稳安全。深入开展安全隐患排查治理。聚焦在建工地、在拆基地、高层建筑、老旧住房、玻璃幕墙、地下空间、燃气、群租等各类风险源、风险点，全面开展了隐患排查整治，取得阶段性成效。防灾减灾能力建设进一步加强。开展了建设工程、防汛防台、燃气事故抢险演练和培训，各专业应急预案体系得到进一步健全，圆满完成金砖国家领导人会议、党的十九大和市十一次党代会等重大活动、重大节日的安全管理和应急保障任务。同时，虹桥机场二期噪声治理、嘉定区爱德佳苑产证办理等行业重大矛盾化解取得积极进展。

此外，我们还及时回应12345等热线平台反映的市民意见，努力解决市民诉求。建立重大行政执法决定法制审核制度。推进落实中央城市工作会议精神相关工作，顺利完成国务院安委会巡查工作任务。牵头中国人居环境范例申报，推进本市人居环境建设。圆满完成世界城市日上海论坛城博会、全球论坛等一系列主题活动。编辑出版《上海市建筑业行业发展报告（2017年）》，持续推进住房城乡建设管理领域信息化和数据资源整合共享等工作。

回顾过去的一年，我们所取得的成绩，是市委、市政府正确领导的结果，是市区相关单位、中央在沪单位、系统各企事业单位及行业协会学会大力支持的结果，是行业广大干部职工共同努力的结果，借此机会，我代表市住房城乡建设管理委向大家表示衷心的感谢。

在肯定去年工作的同时，我们也清醒地看到，本市住房城乡建设管理领域发展不平衡不充分的问题依然很突出，发展的质量和效益与人民群众日益增长的美好生活需要还有很大差距。在城市管理方面，对照习近平总书记提出的精细化要求和市委、市政府赋予我们城市管理综合统筹、兜底协调的重要职责，我们感到管理与规划、建设衔接的体制机制还需进一步完善；各类专业人才力量还比较薄弱；城市管理智能化水平仍有待提升。在房屋管理方面，“四位一体”的住房保障体系还需进行完善，特别是共有产权房、征收安置房等需进一步完善相关政策；目前本市“控房价、稳市场”的目标任务依然严峻，房地产市场的预判和研究工作亟待加强；对“留改拆”中留下来的房屋，还要认真研究如何改善其中的居民居住困难问题等。在建设管理方面，统筹市区与郊区发展的力度仍需加大，郊区基础设施建设仍有待进一步加快，推进落实建筑业行政审批改革的力度仍需加大等。对这些问题，我们必须引起高度重视，在今后工作中努力加以解决。

二、2018年主要工作任务

2018年是全面贯彻落实党的十九大精神的开局之年，是改革开放40周年，是决胜全面建成小康社会、实施“十三五”规划承上启下的关键一年。站在新的历史关口、面对新的时代要求，我们必须全面贯彻落实党的十九大精神，以习近平新时代中国特色社会主义思想为指导，认真落实住房城乡建设部和市委、市政府相关工作部署，紧紧围绕加快推进国际经济、金融、贸易、航运、科技创新“五个中心”建设和卓越全球城市的目标愿景，以坚毅永葆初心、以奋进诠释信念、以实干创造未来，努力当好新时代住房城乡建设管理行业的排头兵、先行者。

做好今年工作，总的要求是：以需求导向、问题导向和效果导向为主线，对标国际一流和国内先进，大兴调查研究之风；精益求精，像绣花一样加强城市管理精细化，努力走出一条符合超大城市特点和规律的治理新路；突出制度供给，聚焦打响上海服务品牌，在“放管服”改革上下更大功夫，着力营造国际化、法治化、便利化营商环境；从创造品质生活，追求高质量发展入手，着力防风险、补短板、促公平、提效能，不断满足人民日益增长的美好生活需要，让广大市民有更多获得感、幸福感和安全感。

重点要做好以下五个方面工作：

（一）坚持管理为本，围绕“三全四化”，切实提高城市管理精细化工作水平。认真贯彻落实本市城市管理精细化工作实施意见和三年行动计划，以全覆盖、全过程、全天候和法治化、社会化、智能化、标准化为着力点，把提高城市管理精细化水平作为推动高质量发展的重要举措、创造品质生活的必然要求。重点聚焦城市管理领域群众反映强烈的突出问题和瓶颈短板，坚持源头治理与常态长效治理相结合，坚持重点示范区域和一般区域、中心城区和郊区农村全覆盖，以绣花般的细心、耐心和卓越心，真正下一番绣花的功夫，绣出城市管理精细化的品牌。

一是以智能化建设作为重要突破口，全面推动城市管理精细化三年行动计划。建立城市管理精细化推进工作机制，协调组织城市管理各相关行业主管部门围绕各自主管工作，细化具体工作方案。各区、街镇及相关企业要按照市委、市政府的要求，全面启动实施城市管理精细化三年行动计划。加强社会化协同管理，不断完善网格化管理体系，健全社会力量广泛参与机制，确保在发现问题上实现全覆盖、全过程、全天候。优化升级城市网格化管理信息系统，完善房屋、住宅小区、地下空间、地下管线、道路架空线等基础数据库和管理平台，研究制定信息资源互联共享管理办法，加强城市管理“神经末梢”建设，打造感知敏捷、互联互通、实时共享的“神经元系统”。全面启动城市综合管理信息平台建设，通过云计算、大数据、人工智能等科技手段，全面汇聚本市城市管理领域相关数据信息并及时分析研判，发挥信息化、智能化在改进城市公共服务管理、提升治理能力水平方面的支撑作用，打造“城市大脑”。

二是强化城市管理领域品牌建设，通过打造示范道路、示范街区、示范区域引领城市管理。按照严于国家标准、接轨国际标准的要求，开展对标研究，指导相关行业开展城市综合管理相关标准的修订编制工作，修订完善城市维护管理相关规定，编制城市维护作业和管理定额，建立动态调整机制。聚焦“美丽街区”建设，全面完成市政市容“补短板、治五乱”三年工作计划所涉及的3268个单元治理任务。全力做好中国国际进口博览会相关保障工作，加强对示范道路、示范区域市政设施养护和运行管理的指导，切实提高养护标准和管理水平。特别是要大力推进以内环内重点区域、重要道路及中国国际进口博览会场馆周边为重点的架空线管理，确保全年完成100公里道路架空线入地、合杆整治工作。

三是进一步扩大城市管理综合执法范围，全面提升城市管理综合执法水平。以“无违”创建巩固“五违”整治成果，围绕到2019年全市“无违建先进居村（街镇）”创建完成率达到90%的目标，今年创建完成率要达到50%以上。健全综合执法与行业管理的有机衔接机制，推动城管执法模式由被动处置向主动治理转变，由零星执法向整体治理转变，由单一执法向系统治理转变，着力提升执法效能。重点加强影响城市安全、侵占公共空间等类型违法建筑的治理，坚决遏制新增违法建筑，全年拆除违法建筑不少于

3600万平方米。深入推进建筑垃圾、街面环境、住宅小区违法行为等专项执法整治，形成防控和治理长效机制。继续巩固无序设摊治理成效，持续推进“居改非”整治，确保年内基本消除住宅小区内利用“居改非”从事违法经营活动的行为。开展占道亭棚综合治理，继续加大拆除力度，基本做到占道经营性亭棚入场入室，基本消除违规擅自设置占道亭棚。同时，加强违法户外广告设施整治，确保全年拆除大型违法户外广告设施不少于500块，基本完成重点区域、重点类型的违法户外广告设施整治。

四是推动共建共治共享，大力推进住宅小区“美丽家园”建设。组织实施《本市住宅小区建设“美丽家园”三年行动计划（2018—2020）》，配合市人大推动《上海市住宅物业管理规定》立法工作，力争年内出台。实施新版住宅物业服务规范，运用信息化手段加强监督检查。完成1000个住宅小区物业管理处及主要出入口门岗规范化建设，持续开展“最美物业人”评选活动。在全市创建500个住宅小区党建联建示范点，完善业主委员会工作规范标准和信息公开制度。注重提高广大居民参与综合治理的积极性，进一步完善规制健全、民主协商、社会参与、运作有序的社区共治机制，确保全市专业社会中介组织参与住宅小区综合管理工作覆盖率达到100%。同时，着力推进800个住宅小区电动自行车充电设施建设、2500万平方米郊区住宅小区二次供水设施改造和100个老旧小区消防设施改造等民生项目实施。

（二）聚焦民生保障，完善制度措施，切实提高房屋管理水平。始终牢牢把握“房子是用来住的、不是用来炒的”这个工作定位，创新实践“加快建立多主体供给、多渠道保障、租购并举的住房制度”这个工作总路径，坚定不移瞄准“让全体人民住有所居”这个工作总目标，着力解决住房保障民生工作中发展不平衡不充分的问题。

一是坚持政府引导、市场为主，培育和规范并重，加快发展本市住房租赁市场。落实各区2018年租赁住房建设年度目标任务，促进项目开工建设，通过新建、存量改建或转化、产业园区配建、集体建设用地试点等方式，不断扩大增量、盘活存量，增加租赁住房建设供应，确保新建和转化租赁房源20万套，新增代理经租房源9万套（间）。建立全市统一、线上线下联动的住房租赁公共服务平台，加强住房租赁市场监测监管。大力培育市场化、规模化、机构化的代理经租企业，支持市、区功能性国企积极开展住房租赁业务，提升住房租赁规模化、集约化、专业化水平。

二是聚焦“控房价、稳市场”的目标任务，保持房地产市场平稳健康发展。牢牢把握严控高房价、高地价不是权宜之计，减少经济增长和财政收入对房地产业的依赖也不是权宜之计的基本原则，坚决执行房地产市场调控不动摇、不放松的工作要求，着力在供应、需求两端双向调控、精准发力。落实各区主体责任，切实承担各项调控职责。建立地价房价联动调控机制，有序增加住宅用地供应，保障中小套型供应比例。完善“一房一价”审核机制，实行新建商品住房预售方案“区审核、市备案”两级监管模式，合理有序安排楼盘预售。从严加强市场监管，做好商业办公项目日常监管和长效机制建设。进一步强化房地产中介监管，规范存量房网签密钥管理，推进行业诚信体系建设。

三是深化完善“四位一体”住房保障体系，着力解决住房困难群体的居住问题。全年新增供应各类保障性住房5.5万套。廉租住房做好托底保障，按照“货币补贴为主、实物配租为辅、标准动态调整”的原则，继续对本市城镇户籍低收入住房困难家庭实行“应保尽保”。公共租赁住房按照“规模合理、以供定需、聚焦人才、循环使用”的制度，重点服务本市科创中心建设各类企事业单位，解决青年职工、引进人才的阶段性住房困难。按照“定价科学、政策稳定、以供定需、轮候供应”制度安排，有序推进第六批次共有产权保障住房摇号排序、轮候选房工作，并适时启动新一批次申请受理工作。按照建设部《关于进一步支持北京市、上海市开展共有产权住房试点的意见》，进一步完善共有产权住房制度，推进共有产权住房工作深入发展。系统推进大型居住社区配套建设，优化保障性住房使用管理机制，加大保障性住房入住后违规行为的监督力度，强化住房保障信息化建设和信用管理。充分发挥好住房公积金对民生保障和改善的支持作用。

四是坚持“留改拆并举、保留保护为主”，多渠道改善市民群众居住条件。严格落实历史建筑保留保护要求，分类明确旧区改造推进方式。对规划保留保护的各类里弄房屋，提高修缮标准，既保留文化文脉，又着力满足困难群众实际居住需求，全年完成100万平方米各类里弄房屋修缮改造。稳步实施纳入保留保护范围的旧改地块改造，实施“留房留人”修缮改造或“征而不拆”改造。进一步推进实施房屋征收补偿新机制，完成40万平方米中心城区二级旧里以下房屋改造，同步继续推进已批方案的47个“城中村”项目改造和郊区城镇旧改。按照“居民自愿、政府扶持、因地制宜、多元筹资”原则，有序开展旧住房拆除重建改造试点，稳步实施300万平方米旧住房综合改造，受益居民6万户。

（三）坚持协调发展，高质量发展，切实提高城乡建设发展水平。尽管本市大规模建设已告一段落，城市发展的重心向城市管理转移，但重大工程建设对经济社会发展的作用仍不容忽视，城乡基础设施体系的均衡发展需要进一步统筹。要坚持质量第一、效益优先，聚焦重大工程、重要项目、重点地区，加大地上地下建设推进力度，进一步完善枢纽型、功能性、网络化城乡基础设施体系，以高质量的新型城镇化推动高水平的城乡发展一体化。

一是持续加大推进力度，在重大工程建设方面做好加法。2018年共安排市重大工程正式项目126项，预备项目22项，新开工14项，基本建成18项，全年计划完成投资不低于1350亿元。按照市政府确定的工作目标要求，紧密结合建设项目行政审批制度改革，实施重大工程“一库、二计划、五优化”前期工作新机制，全力推进科技创新、生态环境、民生保障、基础设施、城乡发展五大领域重点项目建设和管理。特别是要重点聚焦张江科学城和先进制造业、生态廊道和垃圾污水处置、文化体育卫生、首届国际进口博览会城建配套、道路交通等项目，加大协调推进力度，确保对全市经济发展和城市形象改善的作用进一步凸显。要以市重点实事工程建设立功竞赛为抓手，积极推广“文明工地”升级版措施，加大对工地扬尘、噪声和封路占路等管理，降低对城市正常运行的影响。

二是注重内涵，着力提升黄浦江沿岸地区功能和品质。继续扩大黄浦江两岸滨江贯通的战果，全面启动实施新一轮滨江公共空间建设三年行动计划（2018—2020），着力提升陆家嘴、外滩、北外滩、世博园、徐汇滨江等黄浦江沿岸地区的功能和品质。要聚焦品质提升，合理布局配置公共服务设施，精细精致建设环境景观设施，完善贯通开放区域管理标准，全面治理黄浦江面上的垃圾，确保江面和近岸保洁无盲区。要聚焦空间拓展，抓住吴泾化工区、杨浦老工业区等转型发展契机，推动黄浦江滨江公共空间向上、下游延伸。要聚焦功能完善，打造以“水上运动”为特色的体育产业发展轴，推动浦江游览集约化发展，建设充满活力、传承文脉、绿色生态、舒适便捷的世界一流滨水公共空间。结合苏四期综合治理工程，同步提升苏州河两岸公共空间品质，逐步实现贯通目标，形成系统性、网络化、高品质的滨水开放活动空间。

三是落实乡村振兴战略，推进城乡融合发展。认真总结前阶段农民集中居住工作，进一步完善政策、加强协调，促进农民集中居住项目加快推进。围绕资金、政策瓶颈，努力探索历史文化名镇名村保护利用新路，促进试点项目加快落地实施。进一步加强郊区新城、小城镇、新农村基础设施建设，深入实施农村人居环境整治，开展村庄风貌建设试点，结合“美丽乡村升级版”，着力改善农村房屋建筑风貌和村落院落环境，全面提升村容村貌水平。

四是决战海绵城市建设试点，持续推进地下综合管廊建设。2018年是国家第二批海绵城市试点城市建设的最后一年，要全面完成浦东新区临港地区国家海绵城市试点建设任务。出台《上海市海绵城市规划建设管理办法》，为2020年实现全市域200平方公里达到海绵城市要求打下基础。继续推进老旧小区海绵化改造。各区、管委会要编制形成海绵城市建设专项规划。确定一批市级试点区域，形成一批符合上海实际的海绵城市建设案例，以点带面推进全市海绵城市建设。加强地下管线监察管理，推进本市外环线以外地下管线普查数据入库。持续推进地下综合管廊建设，将架空线入地与地下管廊建设有机结合，并协调推进管线入廊和有偿使用。

（四）注重营商环境建设，持续深化改革创新，切实提高建筑业发展水平。营商环境是重要的软实力，也是核心竞争力，按照中央和市委、市政府的要求，紧紧围绕降低制度性交易成本，把制度供给作为工作的主攻方向，通过创新服务管理，改革行政审批管理模式、转变建筑业传统发展方式，努力使审批更简、监管更强、服务更优。

一是在行政审批制度改革方面做足减法。当好新时期服务企业的“店小二”，推

行线上线下一站式服务，改进网上政务大厅服务功能，及时解决企业办事服务过程中遇到的问题，提升办事服务质量。对标国际最高标准、最好水平的营商环境，以最大限度地简化施工许可审批为核心，深化建筑行业“放管服”改革工作。重点聚焦本市社会投资项目，进一步整合审批资源，提高审批效率，降低审批成本，实现“一事不两跑、一事不两批”。全市社会投资项目行政审批时间实现“工业项目”不超过15个工作日、“小型项目”不超过35个工作日、“其他社会投资项目”不超过48个工作日的目标，达到国际国内先进水平。同时，积极推进竣工验收环节制度改革，实现社会投资项目改革全流程、全覆盖。

二是在建筑业转型升级方面做好乘法。继续深化建设工程招投标制度改革，全面推行实施监理、施工电子化招投标，实现全程网上交易、网上监管、网上服务。在2017年试点的基础上，更大广度、更大深度地推进工程总承包、建筑师负责制、全过程咨询服务试点。制订新一轮BIM应用三年行动计划（2018—2020），着力推进BIM技术和装配式技术的深度融合。持续深化推动装配式建筑发展，加快推进全装修住宅和内装工业化，在保障性住房中率先推行“大开间”的设计理念。进一步深化行业诚信体系建设，修订施工企业信用评价指标体系，完善注册执业人员的信用管理制度，打造以诚信管理为核心的事中事后监管体系。深化推进建材使用监管机制改革，严查施工现场假冒伪劣建材，在全市范围内实行建设工程重要建材供应信息报送制度，促进建材备案、使用、检测和监管环节信息互联互通。

三是推动绿色建筑发展实现“三个”转变。制定发布《关于推进本市绿色生态城区建设的指导意见》《上海市绿色生态城区评价标准》，在全市范围内加快推进绿色生态城区建设，促进发展规模由单体绿色建筑向区域化转变。继续推进道路照明节能改造和灯杆综合利用，将绿色理念贯穿建筑全生命周期，编制《绿色建筑运营工作手册》，提升楼宇智慧设施和能耗管理水平，推动发展重点由绿色建筑设计建造向运行管理转变。以新一轮城市更新为契机，着力推进既有公共建筑节能绿色化改造，落实既有公共建筑节能改造200万平方米，推动发展方式从新建绿色建筑向城市更新转变。

（五）落实安全责任，守牢安全底线，切实提高城市安全管理水平。牢固树立安全发展理念，弘扬生命至上、安全第一的思想，切实把安全发展作为城市现代文明的重要标志。注重从应急管理向风险管理转变，落实完善城市运行管理及相关方面的安全生产责任制，健全公共安全体系，坚决遏制和有效防范各类安全事故发生，为上海城市发展提供良好的安全环境。

一是加强城市安全源头治理。强化设施安全运行管理，摸清在建工地、在拆基地、高层建筑、玻璃幕墙、地下空间、市政公用管线、燃气、群租等各类风险源、风险点的本底数据和第一手情况，做到底数清、情况明、全覆盖。加强房屋全生命周期管理，健全覆盖住宅、非居住房屋、公共建筑的安全排查和处置机制。加强建筑外墙外保温系统、外挂结构及附属设施安全隐患排查整治力度。

二是加强建设工程质量安全管理。结合本市工程建设管理实际，对工程建设国家标准、行业标准以及本行政区域工程建设地方标准的实施情况开展监督检查。理顺未纳入施工许可管理的建筑施工安全监管职责，落实安全监督检查责任。研究制定施工现场安全设施标准化管理制度，以外脚手架为试点，推进外脚手架标准化和定型化管理。深入总结装配式建筑安全管理规程，建立装配式建筑安全管理制度框架。大力推进质量安全行为管理标准化，开展建筑施工安全生产监管信息化和勘察质量管理信息化等工作，注重运用市场化、信息化手段促进工程质量安全管理水平不断提升。

三是形成防范有力、系统严密的城市安全防御能力。加强城市运行安全管理长效机制建设，建立与城市运行风险相匹配、覆盖应急管理全过程和全社会共同参与的行业突发事件应急体系。聚焦重点开展应急演练和培训，完善本市住房城乡建设防灾减灾标准体系，提高基础设施安全标准，全面提升灾害防治水平，为本市构建全天候、系统性、现代化的城市运行安全保障体系打下坚实基础。

此外，要坚持法治思维和法治方式，继续推动《上海市历史文化风貌区和优秀历史建筑保护条例》《上海市绿色建筑条例》《上海市房屋使用安全管理办法》《上海市液化石油气管理办法》等住房城乡建设管理领域重点法规规章的修订或制定。全面落实信访工作责任制，依法分类处理信访诉求，促进规范公正文明执法，进一步提升依法履职能力和依法行政工作水平。

三、强化“三个意识”，增强“三种本领”。

同志们，要做好今年的各项工作，我们必须把贯彻市委、市政府指示要求作为贯穿一切工作的主线，把握机遇、找准定位、顺势而为，切实强化“三个意识”，才能不辜负市委、市政府对我们的殷切期望。

一是必须增强大局意识。做好住房城乡建设管理行业的工作，必须牢固树立大局意识，把一切工作放到市委、市政府大的战略部署和战略考虑中去。目前，我们承担了大量常态、具体的事务工作，必须把思想认识统一到市委、市政府的要求上来，把促进经济社会发展和维护市民群众利益这个大局作为工作的出发点和落脚点，才能始终保持昂扬向上的精神状态，做到简单的工作重复做、重复的工作用心做、用心的工作坚持做，才能用创新的办法将平常、具体、困难的工作做得更精细、更有特色、更有成效。

二是必须增强对标意识。只有对标先进，才能知不足。上海的城市发展虽然走在全国前列，但对照卓越全球城市的目标愿景和国际国内一流水平，对照自身面临的客观条件和挑战，我们还存在一些短板和差距。我们必须按照李强书记提出的“对标国际最高标准、最好水平，对标兄弟省市先进经验”的要求，在进步面前找差距，在成绩面前找不足，切实强化对标意识。比如，在城市管理方面，要对标东京等国际城市在政府架构、法律法规、管理制度、技术标准规范、城市运行机制、具体管理措施等方面好的经验做法，与上海相关要素进行对比研究，形成一系列政策建议或工作建议，指导本市城市管理工作通过对标实现精细化的目标。

三是必须增强改革意识。李强书记多次强调，要坚定“改革开放再出发的信心和决心，坚定不移做深做透改革开放这篇大文章，努力在新起点上实现新突破”。去年12月22日，本市召开了优化营商环境推进大会，有媒体在报道这场大会时，用了“上海优化营商环境放大招”的标题。这次“大招”涵盖了政府面向市场需求、强化自身改革的多个方面，力度空前。比如，在市场准入、施工许可等企业反映强烈的环节，政府的审批事项及流程就需要大幅优化精简。目前，《进一步深化本市社会投资项目审批改革实施办法》及《实施细则》已经出台，对我们而言，这样的改革难免伤筋动骨，是一次“革命性的再造”，同时也是带动整个建筑业改革的重要突破口。虽然改革会涉及多部门的利益，但是开弓没有回头箭。我们必须增强改革责任的担当，通过高效的制度供给，以转变政府职能、深化简政放权、创新监管方式，建设人民满意的服务型政府为根本，以绿色、循环、低碳为主线，以从劳动密集型向技术密集型转变为牵引，推动整个建筑业转型，推进住房城乡建设管理各领域改革向纵深发展。

同志们，进入新时代，我们正面临前所未有的大变局，国内外环境深刻的变化，工作对象和工作条件的深刻变化，知识更新周期的大大缩短，需要我们把学习知识和技能作为一种常态。自觉学习、加强实践，永不自满，努力增强自身的工作本领。

一是要努力增强调查研究的本领。当前，全市正在开展“不忘初心，牢记使命，勇当新时代排头兵先行者”的学习调研实践活动。调查研究是谋事之基、成事之道，是工作的基本功，没有调查研究就没有发言权、决策权。为此，我们要坚持需求导向、问题导向和效果导向，把调查研究作为开展工作的重要前提和基础，深入基层一线和服务对象，认真倾听民声、了解民意、汲取民智，真正做到问政于民、问需于民、问计于民。要在发现问题、思考问题、解决问题上下功夫，力求找准主要矛盾和矛盾的主要方面，在制度供给上花力气，提出切实可行的解决办法，着力提升自身的调查研究工作能力。

二是要努力增强统筹协调的本领。住房城乡建设管理工作涉及面广，大量工作既需要市区协作，还需要企业、社会各方共同努力。比如，住宅小区综合治理、区域生态环境综合整治等工作，都是通过加强统筹协调，市区充分调动各方资源才取得阶段性成效。我们要继续发扬这些好的经验做法，发挥好各类综合协调平台的作用，进一步加强市区协作、部门协作，进一步发挥企业、市场、专家、群众等社会各方作用，特别是要善用媒体，重视舆情民意，努力提升内外协调能力，确保完成市委、市政府交给我们的各项工作任务。

三是要努力增强主动服务的本领。提高主动服务、跨前服务的工作意识和能力水平，是转职能、转作风的内在要求。我们要聚焦打响上海服务品牌的战略要求，坚持寓管理于服务之中，深入思考住房城乡建设管理行业如何更好地服务市民群众、服务企业、服务基层、服务市区相关部门，在“放管服”改革上下更大功夫，着力营造国际化、法治化、便利化的营商环境。要做到这一点关键是践行全心全意为人民服务的根本宗旨，想问题、做决策、抓工作，坚持从群众中来、到群众中去，求真务实、不务虚功。

同志们，面对形势发展的新要求，面对人民群众的新期待，住房城乡建设管理事业已经开启了新征程。我们要用习近平新时代中国特色社会主义思想武装头脑、指导实践、推动工作，持之以恒正风肃纪，以永不懈怠的精神状态和一往无前的奋斗姿态，推动本市住房城乡建设管理领域工作向更高质量更高水平发展。

谢谢大家！

2018年3月2日

PART ONE I

城乡规划 国土资源

TOWN & COUNTRY PLANNING
TERRITORIAL RESOURCES

⊙ 综述

⊙ 城乡规划

⊙ 土地管理

⊙ 地矿管理

（一）综述

2017年是实施“十三五”规划的重要一年和推进供给侧结构性改革的深化之年，规划国土资源工作深入贯彻党的十八大、十九大精神和习近平新时代中国特色社会主义思想，坚持以“人民对美好生活的向往”为奋斗目标，统筹推进“五位一体”总体布局，突出重点、精准施策，全力推进新一轮总规编制、城市有机更新、历史风貌保护、土地供给侧结构性改革等重点工作，继续发挥规划引领作用和土地保障作用，提高精细化管理水平，以规划国土资源管理方式转型促进城市发展方式和社会治理方式转变。

（二）城乡规划

【概况】新一轮城市总体规划获国务院批复。《上海市城市总体规划（2017—2035年）》（下简称“上海2035”）是党的十九大召开后第一个全面对接“两个阶段”战略安排并向国务院报批的超大城市总体规划。“上海2035”于1月上报国务院，住房城乡建设部于5月26日召开城市总体规划部际联席会议审查通过送审稿，7月12日将建议批复的请示上报国务院。党的十九大召开以后，我市主动对照党的十九大报告进行全面修改完善。12月15日，国务院正式批复。“上海2035”以习近平新时代中国特色社会主义思想为指导，全面贯彻党的十九大精神，全面对接“两个阶段”战略安排，全面落实创新、协调、绿色、开放、共享的发展理念，明确了上海至2035年并远景展望至2050年的总体目标、发展模式、空间格局、发展任务和主要举措，为上海未来发展描绘了美好蓝图。规划明确了城市性质为：上海是我国的直辖市之一，长江三角洲世界级城市群的核心城市，国际经济、金融、贸易、航运、科技创新中心和文化大都市，国家历史文化名城，并将建设成为卓越的全球城市、具有世界影响力的社会主义现代化国际大都市。上海将坚决按照努力当好新时代改革开放排头兵、创新发展先行者的总要求，主动服务“一带一路”建设、长江经济带发展等国家战略，坚持以人民为中心，坚持可持续发展，坚持人与自然和谐共生，坚持在发展中保障和改善民生，进一步彰显功能优势，增创先发优势，打造品牌优势，厚植人才优势，努力把上海建设成为令人向往的创新之城、人文之城、生态之城，具有世界影响力的社会主义现代化国际大都市。

完成新一轮土地利用总体规划编制。上海市新一轮土地利用总体规划于2月经市政府常务会和市委常委会审议通过，市政府于3月正式上报国务院审批。7月，按照国务院相关部委审查意见进行修改。党的十九大召开后，结合城市总体规划修改完善工作，同步完成了土地利用总体规划修改完善，形成《上海市土地利用总体规划（2017—2035年）》（送审稿）。《上海市土地利用总体规划（2017—2035年）》与《上海市城市总体规划（2017—2035年）》同步开展，坚持“两规融合、多规合一”，形成了一套覆盖市域的空间规划方案。规划围绕上海“资源环境紧约束”的特点，以建设卓越的全球城市为目标，充分发挥土地利用规划在“多规合一”中“定底数、定底盘、定底线”的作用。规划从原来侧重耕地保护，转向了全方位土地资源配置；由侧重指标的管控转向指标管控、空间布局管控并重；由单一的土地利用总体规划，转向“多规融合”，在全国能发挥探索试点和带动引领作用。

优化“多规合一”空间规划体系。按照全市新一轮城市总体规划确定的空间规划体系，推进各层次规划编制工作。一是浦东新区和郊区各区总体规划暨土地利用总体规划。区总规肩负着“承上启下、统筹协调”的任务，是实现“多规合一”的重要平台，按照比全市总规进度晚半年的工作节奏推进编制工作。经过“评估深化、战略研讨、成果编制”三个阶段，9个区总规均已形成初步成果，各区城市开发边界深化方案已经全部稳定。崇明区总规完成规划公示，开展草案审查。二是主城区单元规划。单元层次规划上承全市新一轮总体规划要求，向下指导未来控制性详细规划调整与修编，是统筹协调生态空间、公益性设施和文化风貌等底线型内容、强化空间引导和落地管控的综合性管理平台。在徐汇区、杨浦区、静安区3个试点的基础上，开展主城区单元规划编制技术要求和成果规范研究工作。7月13日，出台《关于开展主城区单元规划编制工作的函》（沪规土资总〔2017〕421号），正式启动主城区单元规划的编制工作。12月14日，印发《上海市主城区单元规划编制技术要求和成果规范》。三是新市镇总体规划暨土地利用总体规划。镇总规对上承接全市和区总体规划各项宏观战略性目标的分解落实，对下指导控制性详细规划和村庄规划等实施操作性规划的编制，也是统筹城乡的关键环节，按照“量力而行、保证质量、有序推进”的原则，推进新市镇总体规划暨土地利用总体规划研究、编制、审批工作。目前，新浜镇总规已获批复，安亭镇、外冈镇总规已经编制完成并正式上报规划成果，柘林镇、徐泾镇、浦江镇、月浦镇、城桥镇、陈家镇、东平镇、九亭镇总规已开展初步方案审查工作，朱泾镇、漕泾镇、赵巷镇、祝桥镇总规已开展任务书审查工作。四是镇村规划编制。完成8个新版郊野单元（公园）规划编制和20个村庄规划报批。

加快推进城市有机更新。继续开展城市更新四大行动计划推进工作，完成外滩社区160街坊风貌重塑、上海生物制品研究所改造、张江科学城西北片科创社区更新建设、紫竹高新区双创空间数码港改造、万里社区活力再造更新、上海戏剧学院改造更新、黄浦江两岸（浦东、黄浦）慢行系统贯通改造、徐汇万体馆城市更新等更新试点的控详规划审批工作。按照聚焦存量用地、调动更新意愿、突破更新瓶颈的工作要求，在开展专题研究与实施评估的基础上，完成了《更新细则》的修订工作。

拓展历史风貌保护工作。一是开展50年以上历史建筑普查。梳理现存建成50年及以上建筑分布情况，重点针对成片石库门里弄、工业遗产等历史建筑进行调查，切实做到“应查尽查、真查实查、联查共查”。二是第二批风貌保护街坊申报。经普查和甄别，形成131处里弄类第二批风貌保护街坊推荐名单，市政府于9月19日批准公布第二批风貌保护街坊名单。三是出台《关于深化城市有机更新促进历史风貌保护的若干意见》。重点聚焦法定保护保留对象，强化风貌保护管理制度，建立项目认定和实施监管相结合的管理制度，积极完善配套政策，分别从规划土地、财政、保护修缮等方面提出支持政策和措施。四是修订《保护条例》，形成《上海历史风貌和历史建筑保护条例》（暂名）初稿，并列入市人大2018年立法正式项目。五是第五批优秀历史建筑保护技术规定（第一批上报部分）编制。完成第五批优秀历史建筑（第一批上报部分）保护范围和建设控制范围划示工作。六是开展历史风貌保护更新实施项目试点。启动历史风貌保护更新实施项目试点工作，探索在成片历史风貌保护要求下的有机更新模式。七是优化历史风貌保护信息化平台。将50年以上历史建筑普查成果、第二批风貌保护街坊等纳入上海市历史风貌保护多媒体数据库。

2017年上海市核发“一书两证”情况表

项目	单位	数值
核发建设项目选址意见书	件	1215
用地面积	万平方米	2379.99
核发建设用地规划许可证	件	1021
用地面积	万平方米	1995.26
核发建设（建筑）工程规划许可证	件	2396
建筑面积	万平方米	3324.39

【崇明世界级生态岛规划】 为全面贯彻落实中央生态文明建设要求和习近平总书记长江沿线“共抓大保护、不搞大开发”的指示精神，按照“坚持生态立岛，坚持高标准、高质量，举全市之力推进崇明世界级生态岛建设”的工作要求，重点加快推进了崇明区总体规划、东平—海永—启隆城镇圈规划、崇明世界级生态岛规划建设导则编制工作。

崇明区总体规划。崇明区总规是崇明世界级生态岛建设的重要基础和平台。在规划目标上，把崇明建设成为在生态环境、资源利用、经济社会发展、人居品质等方面具有全球引领示范作用的世界级生态岛，成为全球鸟类的重要栖息地、世界自然资源多样性的重要保护地，长江生态环境大保护的示范区、国家生态文明发展的先行区。在规划策略上，坚决守住人口、用地、生态、安全四条底线，大力实施“+生态”（+生态节点和生态廊道）战略，稳妥推进“生态+”（+活力、动力、魅力）战略，以生活生产方式转变促进发展模式全面转型。规划于7月向社会公示，年底完成草案审查和市规委会专家会议、崇明区人大常委会审议。

崇明世界级生态岛规划建设导则。9月，完成《导则》编制工作，明确了崇明世界级生态岛规划建设目标、策略等具体要求，是指导崇明世界级生态岛建设的综合性文件和基本依据。《导则》充分体现了三个特点：全域统筹，适用于崇明全岛包括南通市海永镇、启隆镇以及横沙岛，长兴岛参照执行。全程管控，贯穿规划、建设、管理三大环节，既对开发建设活动实施管控，也为后续规划、建设、管理提供重要指导依据。全面创新，构建“目标—策略—要点”研究框架，围绕生态岛建设总目标，借鉴国际先进经验，确立绿色多元的生态环境、和谐优美的城乡空间、低碳集约的基础设施、更可持续的绿色发展4个子目标；按照生态地区、乡村地区、城镇地区等不同类型，明确差别化发展策略，形成12项重点策略、44项引导要点，力求导向清晰、策略聚焦。

东平—海永—启隆城镇圈协同规划编制。按照沪苏共建崇明世界级生态岛的要求，会同南通市政府开展崇明东平—江苏海门海永—江苏启东启隆城镇圈协同规划编制，已形成最终方案。对照建设世界级生态岛的目标，规划着力构建目标协同、生态协同、规模协同、建设协同和支撑协同“五个协同”的基本框架。

【重要专项规划】 土地利用总体规划调整完善和全域永久基本农田划定。根据国土部统一部署，以二次调查和规划中期评估结果为基础，同步推进上海市土地利用总体规划调整完善和全域永久基本农田划定工作。划定全域永久基本农田254万亩，其中重点城市周边68.17万亩（国家下达分别为249万亩、66.32万亩），7月通过国土部数据库审核。在此基础上，编制形成了《上海市土地利用总体规划（2006—2020年）调整方案》，6月获得国土资源部批复同意。结合新一轮区总规编制，同步开展浦东新区和各郊区区、镇两级土地利用总体规划调整完善工作，基本形成成果。

上海市土地资源利用和保护“十三五”规划。《上海市土地资源利用和保护“十三五”规划》于4月正式发布。规划确定上海市“十三五”期间土地资源保护和利用的总体目标是：主动适应经济发展新常态，坚持实施“五量调控”土地利用基本策略，更加注重生态环境保护、更加注重资源节约集约、更加注重利益统筹平衡，科学合理配置生产、生活、生态用地，构建空间资源配置合理、利用效能综合全面、运行机制有序高效的土地管理“三位一体”新格局。在规划导向上，坚持底线思维，聚焦结构优化，注重功能提升，强化实施机制。在规划指标上，锁定建设用地规模、耕地保有量和基本农田保护任务、低效建设用地减量化规模总量。在规划策略上，强化“新三线”管控，实施建设用地减量化和土地综合整治，推进城市有机更新，深化土地节约集约利用，保障城市地质安全，推进土地制度改革。

《上海市轨道交通近期建设规划（2017—2025）》相关线路规划预控制方案。为衔接在编的上海市新一轮轨道交通近期建设规划，落实相关新增线路的规划建设控制要求，确保线路的实施条件，对于近期建设规划相关项目开展了规划预控制方案的编制。于年内完成了机场联络线、崇明线、20号线、21号线、23号线等线路的规划预控制方案编制工作。

全市轨道交通车辆基地专项研究。通过统筹全市轨道交通线网资源共享以及场站改造复合利用的相关技术条件，实现资源紧约束背景下轨道交通基础设施建设用地规模的合理保障。截至2017年底已完成初步成果，为下一步全市轨道交通线网规划建设工作的深化提供了有力的基础。

黄浦江岸线综合利用规划。按照将黄浦江转变为“群众健身休闲、观光旅游的公共空间，开放成市民的生活岸线”的目标，结合两岸贯通实施方案，开展了黄浦江岸线综合利用规划编制工作。11月，规划方案获原则同意。规划以实现黄浦江核心段岸线由生产岸线向生活岸线转变、由岸线独占模式向公共开放转变、由单一岸线功能向岸线集约综合利用转变为重要原则，统筹岸线资源与岸线后方陆域资源，确保与安全相关的公务设施规划布局，保障与民生相关的越江交通设施，重点对公务码头、游船客运码头以及轮渡码头布局方案进行了深化研究，初步形成“2基7站”公务码头布局方案、1处邮轮码头、11处游船码头、22处越江码头设施、10处游艇码头。

公共体育设施布局规划。市体育局、市发展改革委、市旅游局和我局联合编制《上海市体育产业集聚区布局规划（2017—2020年）》，通过打造一批特色体育产业集聚区，形成“一核两带多点”的体育产业总体布局，引导各区体育产业形成特色及主导优势。

殡葬设施布局专项规划。与市民政局共同编制《上海市殡葬设施布局专项规划（2016—2040）》，基本完成规划成果。规划预测，上海亡口峰值在2046—2050年间来临，现有殡葬用地基本满足到2040年新增骨灰安置需求，原则上不再新增。规划提出，建立以殡仪馆为核心、地区殡仪服务中心为依托、城乡公益性骨灰安置设施为主体、经营性骨灰安置设施为辅助、生态节地环保为特色的殡葬设施服务网络。

综合管廊专项规划。与市住建委共同编制《上海市地下综合管廊专项规划（2016—2040）》，于9月获批。规划聚焦城市地下空间集约利用，以重大工程为载体，建设主干综合管廊和管廊重点建设区，形成线面结合的空间布局。全市近期（至2020年）规划建设综合管廊80~110公里，远期（至2040年）规划建设综合管廊约300公里。

海绵城市专项规划。与市住建委共同编制《上海市海绵城市专项规划（2016—2035）》，基本完成成果。规划提出综合生态、水环境、水资源、水安全四方面控制指标，划定全市海绵城市近期（2020年）建设区域38片，总面积约236.4平方公里。

河道蓝线专项规划。为贯彻海绵城市建设理念，在本市范围内骨干河道、支级河湖

蓝线方案基础上，会同市水务局、郊区各区政府编制《中心城浦西黄浦区、静安区等7个行政区河道蓝线专项规划》、郊区河道蓝线专项规划，经批复后纳入全市水务、规土规划要素管控系统。截至年底，中心城河道蓝线专项规划以及嘉定区、松江区和崇明区区的河道蓝线专项规划获得市政府批复。

农村地区专项规划编制。完成《上海市农民集中居住专项规划（2016年计划启动项目）》和《上海市农民集中居住专项规划（2017年计划启动和预备项目）》，完成《上海市土地整治规划（2016—2020年）》编制并报请市政府审批。

【重大项目专项规划】沪苏湖铁路（上海段）选线专项规划。沪苏湖铁路是促进长三角城市群区域一体化发展、加强华东地区交通联系的一条重要铁路。根据国家《中长期铁路网规划》，沪苏湖铁路定位为国家高速铁路区域连接线，连接湖州、苏州和上海市，衔接商合杭高速铁路，具有路网与城际双重功能。为推进项目建设，组织编制沪苏湖铁路（上海段）选线专项规划，规划方案对线路通道和枢纽场站方案进行了深入的研究，明确了项目实施的相关规划控制条件。

上海铁路东站综合交通枢纽专项规划。为进一步深化完善铁路东站区域内的综合交通统筹方案，明确规划建设要求，推进项目实施落地，我局与市交通委共同组织编制上海铁路东站综合交通枢纽专项规划，于年内完成初步成果。

北横通道（共和新路—双阳路）专项规划。北横通道是上海市中心城“三横三纵”骨架性主干路网的组成部分，对提升中心城北部地区道路网容量、缓解中心城交通压力有着重要作用，随着中心城区北部地区城市建设和路网交通的持续发展，北横通道在骨干路网中的整体交通功能日益突出。为进一步发挥北横通道交通功能，实现北横通道地下连续道路进一步向东延伸的功能，于12月完成《北横通道（共和新路—双阳路）专项规划调整》批复。

图：虹口、黄浦、浦东、杨浦滨江贯通效果图

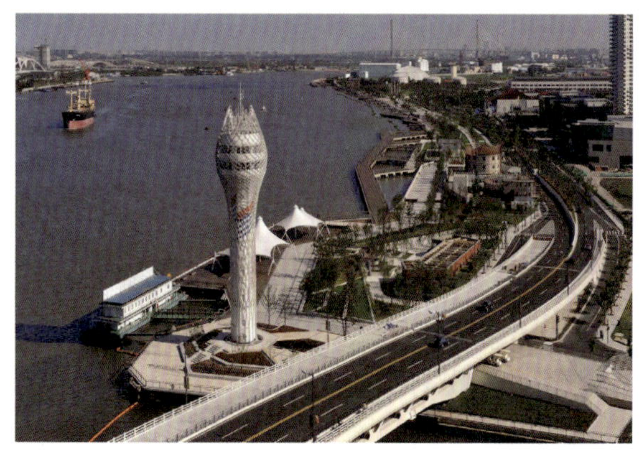

图：徐汇滨江贯通照片

【重点地区规划】深化重点地区规划，优化城市功能布局。黄浦江两岸贯通。坚持“贯通为先、以绿为主、保障安全、合理建设”四条工作底线，完成黄浦江两岸公共空间贯通实施方案审核。为加快推进贯通实施工作，打通滨江岸线断点难点，完成上粮六库、中石油油库、上海警备区用地、东部战区海防一旅四个项目的异地选址研究，完成龙腾大道红线调整（龙腾大道以东部分）相关控规调整审批工作，有效推进滨江贯通实施。

世博会后滩及周边地区。为进一步完善城市生态系统、增加公共活动空间，明确世博会后滩及周边地区整体建设为世博文化公园。世博文化公园对标纽约中央公园等国际一流的城市公园，规划突出生态性、文化性、公共性三大理念，是“城市，让生活更美好”理念的最佳诠释。世博文化公园首期启动区已于9月开工。

三林滨江南片区。随着黄浦江两岸综合开发和建设工作从城市核心区不断向南北两侧拓展，该地区的区位优势日益凸显，生态功能的重要性更为突出，地区转型发展提上日程。在地区结构规划指导下，一是完成黄浦江南延伸段三林滨江南片区东区控制性详细规划增补图则审批；二是优化西片区城市设计方案，积极推进西片区控详规划和重点地区附加图则的编制和审批工作。

徐汇滨江地区。始终坚持“规划引领、文化先导、生态优先、科创主导”的基本原则，围绕滨江贯通工程、市重大项目和重点功能项目等有序开展规划工作。推进重大文化项

图：世博文化公园概念方案

目建设实施，完成宛平剧场改扩建工程、滨江两个美术馆的相关规划调整；推动沿江贯通工程向南延伸，开展 WS7 单元规划评估、WS5 单元西片区规划研究，为地区更新和建设做好技术储备。

临港地区。对接成为上海建设具有全球影响力的科技创新中心主体承载区的目标定位，按照临港地区详细规划工作计划，开展推进相关规划组织编制和研究。完成临港地区科技城控制性详细规划（修编）审批工作，开展临港地区科技城扩区（原主城区 103 单元）控制性详细规划评估研究，完成临港集卡服务中心控规调整审批。

上海国际旅游度假区（迪士尼）。会同度假区管委会和申迪公司，组织开展上海国际旅游度假区南一片区控规编制和核心区二、三期乐园过渡性开发实施方案修编的规划前期研究。

吴淞地区转型规划。会同宝山区政府开展《吴淞地区转型发展建设规划》编制工作，根据新一轮总体规划对地区的定位与要求，确定了地区的整体框架与发展目标，深化总体空间结构、功能定位、开发规模、设施布局要求，锁定绿化、河道、公共服务等支持系统。

张江科学城建设规划。会同浦东新区政府编制《张江科学城建设规划》，于 7 月获批。8 月，《张江国家实验室编制单元控详规划修编》《张江西北片区单元控详规划修编》完成规划审批。

桃浦科技智慧城。推动桃浦科技智慧城原上海英雄金笔厂所在地块规划调整工作，研究提出保留地块历史遗存建筑的方案，6 月，完成规划调整工作。

【地名管理】着力完成第二次全国地名普查，进一步加强地名管理。截至 12 月底，地名审批工作共受理案件 81 件，其中道路名称审批 43 件，公园名称审批 1 件，码头名称审批 1 件，建筑物居住区审批 16 件，地名规划审批 20 件。完成区地名办地名咨询 178 件，备案

张江科学城建设规划
土地使用规划图 01

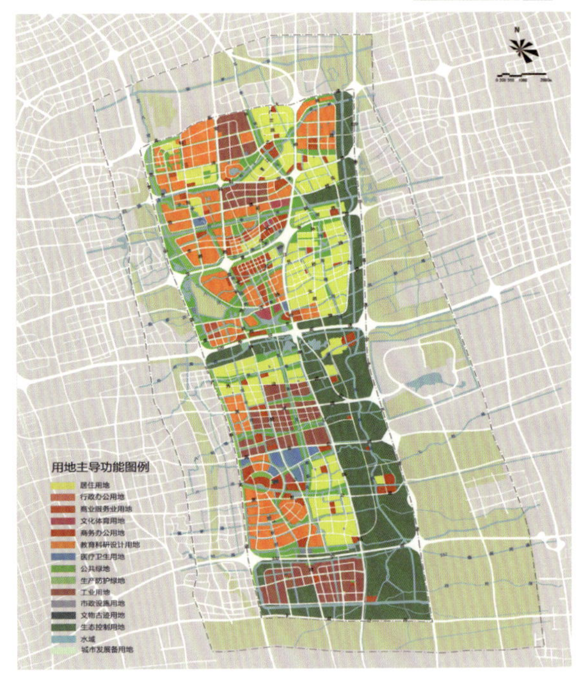

图：《张江科学城建设规划》
土地使用规划图

159件。一是推动地名管理工作新发展。与民政局合作开展区划勘界普查，实现地名数据共享。与水务局共同制定颁发《关于加强本市河道命名管理的实施意见》《上海市河道命名管理办法》。与交通委等单位研究制定《上海市轨道交通线路与车站命名规则》，发布《上海市地名管理行政处罚裁量基准实施办法》等规范性文件。二是稳步推进地名标准化工作。按照“管好增量、整治存量”的方针，严格规范命名与更名行为，慎重对待更名需求，严格杜绝随意更名之风。利用普查数据，建立同名道路名录，建立重要地名更名专家咨询与公示制度，依法、有序推进整改工作。三是地名信息化工作取得实质性进展。开发了基于大机平台的地名审批系统，开展上海市地名信息化研究，提出了适应地名普查、行政审批、地名管理、地名服务、地名文化建设需要的地名信息化工程目标与实现路径。

（三）土地管理

【概况】土地全生命周期管理。3月，结合经营性用地全生命周期管理实施情况，进一步优化经营性用地全生命周期管理制度，出台《关于加强本市经营性用地出让管理的若干规定》（沪府办〔2017〕19号），增加了规划评估要求，进一步落实公共服务功能要求，规范了商业办公项目运营管理要求，优化了装配式建筑等建筑管理要求及土壤和地下水环境保护要求。11月，针对产业园区转型发展、园区平台提升服务能力、企业科研创新的政策瓶颈和诉求，修订完善《上海市加快推进具有全球影响力科技创新中心建设的规划土地政策实施办法》（沪府办〔2017〕69号），充实完善了支持科研创新和实体产业发展的政策内容。深化土地全生命周期管理实施监管，围绕建立土地全生命周期管理信息共享和共同监管机制的目标，形成了由土地审批、土地交易、共同监管、信息共享四部分功能构成的系统框架，目前已有各区规划土地、产业、环保、街镇、园区等部门共206个单位接入系统。

土地节约集约利用。一是落实“十三五”单位地耗工作要求。根据国土资源部、国家发展改革委《关于落实“十三五”单位国内生产总值建设用地使用面积下降目标的指导意见》（国土资发〔2016〕120号）以及下达给本市的下降目标，会同市发展改革委分解了各区下降目标，制定了具体工作意见并下发至各区政府。并根据国土资源部、国家发展改革委《关于报送落实单位国内生产总值建设用地使用面积下降目标工作情况的通知》（国土资厅函〔2017〕1426号）要求，组织各区开展“十三五”单位国内生产总值建设用地使用面积下降目标评估考核工作。二是完成节约集约建设用地评价相关工作。完成中心城区建设用地集约利用潜力评价、区域建设用地节约集约利用状况年度更新评价，形成《2017年度上海市中心城区建设用地集约利用潜力评价报告》《2017年度上海市区域建设用地节约集约建设用地年度更新评价报告》、评价表格数据及相关成果资料。组织开展全市国家公告开发区土地集约利用年度更新评价，形成《2017年度上海市国家公告开发区土地集约利用评价成果审核与汇总分析报告》并上报国土资源部。

优化土地供应结构和交易监管手段。一是研究制订“十三五”住房用地供应计划，积极引导市场预期。按照“十三五”住房发展规划原则和导向，明确本市“十三五”期间“住房用地供应总量较‘十二五’增长、商品住房用地稳中有升、租赁住房用地大幅增加、保障性住房用地确保供应”，同时继续优化商品住房用地供应结构，增加中小套型住房供应比例。二是实施商品住房用地招标挂牌复合式出让。为有效控制地价及溢价率，对商品住房用地采取招标挂牌复合式出让，通过先招标评标，限定参与竞价的竞买人数量，抑制非理性竞价。三是继续加强商品住房交易资金来源监管。自2016年10月本市开展自有资金申报审核后，已对275份交易资金申报材料进行了审核。其中资金审核有疑义发放未入围通知书的10份，现场竞价中，因竞买人的报价超过其申报的交易资金，取消其继续参与竞价的30家。

农村土地制度改革试点。按照中央文件精神和国土资源部的工作部署，会同市级相关部门和松江区，统筹协调推进松江区“入市”和“征地”两项试点任务。3月，顺利完成第二幅入市地块出让工作；11月，中央批准农村土地制度改革三项试点工作延期一年至2018年底结束，并决定宅基地制度改革试点从原来的15个拓展至33个试点地区，会同市相关部门和松江区研究制订试点实施方案，统筹协调推进“入市”“征地”“宅基地”三项改革试点。

存量工业用地盘活。支持区域整体转型方面，继续做好桃浦工业区、浦东御桥工业区、闵行莘庄工业区等整体转型区域的转型指导工作。支持徐汇漕河泾开发区、浦东御桥工业区、闵行莘庄工业区整体转型开发，支持临港奉贤园区、金山枫泾园区利用存量土地转型建设科创空间，支持自贸区开展存量土地转型为综合用地的工作试点。鼓励引导零星转型方面，积极推进零星转型项目实施，鼓励引导土地权利人充分运用存量土地盘活政策，按照规划参与城市有机更新，落实公益责任，综合运用存量工业用地零星转型、提高容积率、调整用途等方式盘活利用土地。截至2017年底，已有128个项目约952公顷存量工业用地纳入盘活计划，其中，区政府已批准33个项目约450公顷的转型方案，有25个项目、约203公顷已签订出让合同。

支持科创中心建设和实体产业发展。持续完善落实本市支持科创中心建设和实体产业发展的土地政策。一是提升完善支持科创中心建设的规划土地政策。修订发布了《上海市加快推进具有全球影响力科技创新中心建设的规划土地政策实施办法》(沪府办〔2017〕69号)，进一步明确了服务科技研发和创新创业的工作目标，强化了支持科研创新和实体产业的政策导向，优化了规划实施和调整机制，鼓励园区平台以先租后售方式提供产业用房，充实完善了支持科研创新和实体产业发展的政策内容。二是研究完善支持实体产业发展的用地政策。为进一步降低用地成本，提高保障实体产业发展的能力，制定工业用地先租后让管理办法；为支持文化创意产业做大做强，制定支持文化创意产业发展的用地政策。三是加大宣传力度，做好服务保障。加大政策宣传力度，增强各行各业节约集约用地意识，调动企业盘活存量土地的积极性。加强政策实务操作培训，编辑《国家产业用地政策摘要》和《支持科创中心建设规划土地政策常见问题和典型案例》，指导各区贯彻落实和灵活运用产业用地政策。

低效建设用地减量化。紧紧抓好减量化的计划下达、实施推进、业务指导、政策创新等工作，按照项目立项、拆平、复垦、外业调查、验收五个重点环节，实施动态监管。截至年底，全市应累计完成“198”区域低效建设用地减量化验收20.5平方公里，实际完成立项5308公顷，验收23.2平方公里。同时，积极发挥减量化综合效应，助推区域环境综合治理和中小河道整治等工作，减量化工作“补短板、促转型、守底线、惠民生”等多重成效得到集中显现。在“6·25”全国土地日宣传活动中，召开了新闻通气会，详细介绍了全市低效建设用地减量化工作进展和取得的成效，受到了各大媒体的高度关注和大力报道，取得了良好的社会反响。

生态环境综合治理。一是发挥规划引领作用，推进重点区块规划编制。截至年底，三轮生态环境综合治理共计50个市级重点推进区块中，32个区块法定规划依据充分，按照已批准的规划实施；另外18个区块要进行规划编制或调整，包括23项规划，按照生态优先的总体思路，加快推进相关规划的编制及审批工作。二是加强执法监督检查，推进重点区域整改。建立生态环境综合治理工作联席会议制度，按照“以区为主、市区联动”的推进格局，严格落实生态环境综合治理年度任务。截至年底，16个区22个市级重点区块共消除违法用地1676件，土地面积8378.5亩；拆除违法建筑1081.80万平方米，三年“五违四必”生态环境综合治理共腾出可开发利用土地面积5324.62公顷（约53.25平方公里）。三是制定完善支持政策，破解历史遗留问题。将综合治理区域“198”地块确立为减量化重点，建立项目“绿色通道”，推动资金补助落实，创新性提出“特殊耕地”管理方案，明确按照“宜田则田、宜林则林”原则进行生态修复、利用，并简化复垦验收程序和标准。加强支持政策的研究，开展了河道综合整治用地政策、宅基地问题相关政策和设施农用地管理政策研究，提升整治区块的用地管理水平。

闲置和违法用地处置。一是加强闲置土地处置长效机制建设。定期通报各区闲置土地处置情况，明确相关工作要求；强化监测预警，各区开展动态巡查，及时发现、快速处置。二是加快违法用地处置。按照最严格的土地管理制度，明确各区执法监管责任，强化土地执法工作落实，认真组织开展违法用地综合整治行动，推进违法用地和违法建筑的整改消除，截至年底，共整改消除违法用地3495件，消除面积22444.71亩，全面完成了2017年违法用地综合整治工作目标，并高质量完成2016年度国土资源部卫片执法检查工作任务。

【土地利用年度计划及执行情况】贯彻落实“五量调控”总体要求，坚持统分结合、有保有压，坚持严控总量、优化结构，坚持突出民生、保障发展，合理安排用地计划，落实差别化、精细化管理。优先保障交通、能源、水利等重大基础设施项目落地，支持节能减排、环境保护和战略性新兴产业等建设，并考虑保障性住房、公益设施和社会服务类等民生项目用地需求。同时，根据土地利用总体规划，加强空间使用的管控，确保全市建设用地“天花板”不突破。

【国有建设用地供应】保障各类用地供应，全年全市共供应各类国有建设用地3103.27

2017年上海违法用地处置情况表

项目	单位	数值	面积（公顷）
处置闲置土地	幅	47	224
至年底，闲置土地	幅	20	52

2017年上海违法用地处置情况表

项目		单位	数值	面积（公顷）
综合整治行动	消除违法用地	宗	3495	1496.3
2016年度国土资源部卫片执法检查	违法用地	宗	112	18.47
	非立案查处	宗	69	9.34
	宗数消除率	%	61.61	—
	面积消除率	%	50.57	—
	卫片处置率	%	100	—

2017年上海土地利用年度计划及执行情况表

项目		数值（公顷）
下达新增建设用地计划（增量部分）		1579
其中	市统筹新增建设用地计划	829
	分配下达各区新增建设用地计划	751
下达新增建设用地计划（流量部分）		735
其中	与减量化挂钩的新增建设用地计划	688
	增减挂钩项目区新增建设用地计划	47
新增建设用地		2079
其中	增量部分	1444
	流量部分	635
按用途分类统计如下：		
市政公用设施等项目用地		1413
工矿仓储项目用地		200
经营性用地		466

公顷。

【耕地和基本农田保护】强化耕地责任考核，签订新一轮耕保责任书，完成2016年度耕保责任目标考核。全面完成永久基本农田“上图入库、落地到户”，建成高标准农田8.6万亩。严格落实耕地占补平衡，全市整理复垦新增耕地1732公顷，连续第三年全面实现耕地实物占补。进一步规范了设施农用地管理，在全市设施农用地“拉网式”现状调查的基础上，形成存量设施农用地分类处置意见，推进存量设施农用地备案入库和动态管理。大力推进土地综合整治，有序推进在建市级项目收尾工作，全面推进第四批项目实施，并完成第五批项目申报和评选。

【郊野公园建设】浦江郊野公园与嘉北郊野公园分别于7月、10月向市民开放。截至年底，首批7个试点郊野公园（一期）已有6个试开园，开园面积近25平方公里，满足了市民休闲游憩需求，锚固了生态底线，增加了耕地数量，提升了耕地生产效率，发掘了乡村价值，取得了良好的生态和社会效益。

【加强不动产统一登记规范化建设】启动《上海市不动产登记条例》立法调研前期准备工

图 1 岑福康副局长向不动产登记法律专家库成员颁发聘书（2017 年 6 月）

图 2 市不动产登记局迎接世界银行专家团队考察调研（2017 年 12 月）

图 3 国土部魏莉华司长到徐汇区不动产登记中心看案卷（2017 年 12 月）

作，成立本市不动产登记法律专家库。6 月，实现本市不动产登记信息数据接入国家级平台，年底前完成登记存量数据的整合汇交工作。推进海域使用权不动产统一登记工作，9 月，发出第一本海域不动产权证书。不断优化完善不动产登记流程，重点研究制定未经公证办理继承、遗赠转移登记的操作办法。加强数据信息互联互通，制定房地产交易完税信息和登记受理信息实施共享及交互操作办法，开展失信被执行人联合惩戒工作，浦东新区、普陀区、徐汇区、闵行区、宝山区、虹口区、杨浦区行政服务中心先后接入登记数据查询端口。12 月，启动实施不动产登记“全网通”服务改革工作，努力改善营商环境，创新便民利民服务举措。截至年底，全市颁发不动产权证书 126 万本、不动产登记证明 59 万本，不动产统一登记各项工作平稳、有序、顺利实施。

（四）地矿管理

【完成“十三五”地质勘查与矿产资源总体规划编制】一是《上海市地质勘查与矿产资源总体规划（2016—2020 年）》于 5 月获国务院批复。规划紧密围绕追求卓越的全球城市目标，与国土资源“三深一土”科技创新发展战略相适应，着力实现地质工作的进一步转型升级，全面提升地质工作对上海经济社会发展的服务与保障能力，为促进上海成为更可持续发展的韧性生态之城保驾护航，也为全国城市地质工作起到引领和示范效应。面对城市发展存在的资源、环境和城市地质安全问题，规划提出了“一个提升、两个强化、三个一流”的规划目标，即至 2020 年本市将全面提升对地探查能力，强化陆海统筹的地质调查与评价、强化地下空间资源与地热能资源的合理开发利用，建成一流的地质环境监测预警体系、一流的城市地质安全保障体系、一流的地质成果社会共享体系。二是根据国土资源部关于数据库建设与规划编制同步开展、同步完成的要求，按照《矿产资源规划数据库建设指南》和《矿产资源规划数据库标准》等技术规范，在省级规划数据库建库中，率先完成规划数据库成果汇交和达到入库质量要求，并已统一纳入国土资源“一张图”管理。

【地面沉降防治及长三角区域联动】进一步强化地面沉降防治管理。本年度，全市地下水开采量显著减少，处于近半个世纪的最低水平，各承压含水层地下水位继续保持稳中有升的态势，地面继续维持微量沉降状态，年平均地面沉降量控制在6毫米以下，实现了年初制定的防控目标，地面沉降防治取得显著成效。一是会同市水务局、市住建委和市交通委制订“2017年上海市地面沉降防治工作计划”。二是继续推进“两委两局”沟通协调机制，通过季度例会推进了年度地面沉降防治计划各项任务落实，进一步稳定全市地面沉降；深化长三角地区地面沉降防治区域联动(图1)。上海、江苏、浙江和安徽省国土资源管理部门在常熟举行的“2017年长江三角洲地面沉降防治省际联席会议”上，签署了新一轮《长江三角洲地面沉降防治区域合作协议》（图2），安徽省正式加入了长三角地面沉降区域合作体系。三是全面实施地面沉降防治综合管理。开展地面沉降分区目标管理；严格实施分层分区的地下水采灌管理；继续推进工程性地面沉降防治措施在本市深基坑降水施工过程中的落地，并强化监管；落实《国务院关于印发水污染防治行动计划的通知》精神，制订并印发《上海市地面沉降控制区划定方案》；配合市水务局编制《上海市地面沉降区和海水入侵区地下水压采方案》。四是持续开展地面沉降及地下水动监测，完成中心城区面积水准测

图1 长江三角洲地面沉降防治省际联席会议

图 2 长江三角洲地面沉降防治区域合作协议签署仪式

量、分层标测量，重大基础设施与区域高程基准联测，重大基础设施沿线地面沉降测量，地下水位及水质监测，一线海塘沿线地区地面沉降监测。五是继续深化地面沉降防治研究，启动新成陆地区地面沉降基础调查研究工作。

【地质灾害防治】 一是地质灾害危险性评估。按照《上海市地质灾害危险性评估管理规定》，对地质灾害危险性评估工作实施单独评估和分区域评估相结合的分类管理，并与土地出让管理和建设项目审批相衔接，相关工作要求在规划选址、土地出让等环节予以告知，在建设工程规划许可及预审环节予以落实。重要建设项目地质灾害危险性评估登记 21 项，更新 10 个分区单元的地质灾害

图 3 综合演练总结

危险性评估报告。二是地质灾害巡查及隐患监测。汛期重点对松江天马山、横山、辰山等采石坑边坡进行了动态巡查与隐患监测，并设置避险标识牌。结合地下管线等设施布局，对上海地区地下浅部砂层可能引发地面塌陷的隐患，全面开展调查与风险区划及预警研究，提出重点隐患区域监测试点方案（表1）。三是地质灾害应急。在初步完成《上海市处置地质灾害应急预案》修订工作的基础上，启动应急预案实施方案及相关配套制度的修订完善工作；为应对台风、暴雨等恶劣天气对松江山体边坡的影响，在松江天马山深坑酒店采石坑岩壁进行了地质灾害应急监测和应急处置专项演练，在静安区共和新路某工业园区内实施了应对突发性地面塌陷地质灾害处置的综合演练（图3）。

【基础性地质调查与评价】 一是完成《长江河口及近岸海域综合地质调查（2017年）》工作任务。开展了重点区水下地形测量、表层沉积物取样等综合手段的地质调查和地质环境监测，完成单波速测深3190公里，多波速测深1100公里，潮滩测量213公里，表层沉积物取样67站位。12月13日通过了项目成果验收。二是完成"长江口河床冲淤演变分析""上海市典型滩涂开发对周围环境的影响""多重压力下上海海岸线稳定性评估及开发利用建议"和"过去20年来长江口水下三角洲地形演变的主要机制"四个专题研究。三是编制了《上海市地下空间可持续开发利用规划国土资源工作方案》，组织开展了地下空间开发利用需求调研，梳理了地下空间研究相关工作基础，开展了地下空间

图4 上海市地热能开发利用信息平台启动仪式

表1 上海地区浅部砂层引发地面塌陷隐患区调查与监测完成工作量

工作名称	内容	计划工作量	完成工作量
巡查	调查面积	230平方公里	230.7平方公里
	调查路网长度	2300公里	2302公里
物探	3D-radar雷达探测	15公里	15.100公里
	阵列雷达	12公里	12.525公里
	地质雷达探测	10公里	10.9公里
	高频地震	10公里	10.082公里
	CCTV/QV管道检测	2500米	2510米
	三维激光扫描	1800平方米	1870平方米
变形、水位监测	孔隙水压力监测	16孔·次	16孔·次
	二等水准控制测量	75公里	79.2公里
	沉降变形监测	450点·次	468点·次
水文地质试验	抽水试验	5套	5套

规划、建设、使用全流程地质安全保障机制的研究，形成阶段成果。

【浅层地热能调查评价】 探索研究了浅层地热能开发利用管理框架和机制，初步构建了地热能开发利用技术标准体系，重点强化浅层地热能调查评价等基础工作。一是开展重点地区资源调查，查明了嘉定新城、青浦新城地区浅层地热能资源赋存条件、地温分布特征以及岩土体热物性参数；评价了嘉定新城、青浦新城地区浅层地热能资源潜力和经济环境效应，提出了嘉定新城、青浦新城地区浅层地热能开发利用方案；完成野外钻孔34个，总进尺4110米；完成34孔原始地温测试、18孔的热响应试验；完成室内常规土样测试、热物参数测试各777组。二是进一步完善并维护监测网络，新建1个应用工程跟踪监测场和1个地温长期监测孔，完成34个监测网点的日常维护和动态监测工作。三是开展关键技术研究，通过青浦科学实验场换热支路换热现场测试、地下水热泵工程（崇明农业设施、临港新城鲜花港）现场地下水抽灌试验和地质环境监测，研究了地埋管换热区热承载评价方法和热承载特性，分析和评价地下水换热方式对地质环境影响特征及效应。四是构建地热能信息平台（图4）。完成综合地热数据库建设，实现上海市浅层地热能监测网络实时数据传输、入库及查询分析功能，完成地热能数据与基础地质环境资源数据整合及共享，基于Web GIS技术实现地热利用可视化分析与服务，完成市民地热资源利用知识科普功能模块等。

【地质环境监测与保护】 在地下水环境保护方面，一是继续推进上海市地下水基础环境状况调查评价项目，新建30口浅层地下水监测井，浅层地下水监测井总数达到177口；二是全面完成国家地下水监测工程（上海国土资源部分）建设任务，完成全部90口新建监测井的建设和159口现有井的改建工作；三是继续开展全市地下水环境质量监测，本年度上海国家考核点位地下水环境质量保持稳定。在土壤环境保护方面，一是配合市环保局开展了农用地土壤污染状况详查工作，编制了《上海市土壤污染状况详查实施方案》，筛选了详查实验室、确定了详查范围、完成了点位布设，并按照实施方案分工组织开展了农用地土壤样品采集工作；二是对《上海市经营性用地和工业用地全生命周期管理土壤环境保护管理办法》进行了评估，优化完善了相关管理措施，并协同市环保局开展了政策宣贯培训；三是进一步优化国土资源行业土壤环境质量监测网络，继续开展全市土壤环境质量监测，完成了全市土壤一级监测点及松江区、青浦区、金山区二级监测点(共1658个点位，包括农用地1200个、建设用地422个、未利用地36个)的土壤样品采集及分析测试工作。在矿山地质环境保护方面，根据国土资源部等5部门联合印发的《关于加强矿山地质环境恢复和综合治理的指导意见》，组织开展了本市砖瓦企业和历史遗留矿山地质环境恢复和综合治理情况摸底调查，查清了砖瓦企业和历史遗留矿山地质环境恢复治理现状。一是继续做好砖瓦企业矿山地质环境恢复治理工作，本年度完成3家恢复治理(面积约178亩)、1家正在治理中、8家通过向邻省购买黏土和利用原设备继续从事砖瓦生产、5家尚未开展治理；二是继续做好历史遗留采石坑避险设施的维护更新和日常监测巡查，加快尚未完成历史遗留矿山地质环境恢复治理项目的进程。

【地矿行业准入管理】 进一步规范本市矿产资源开发利用行为。在全市禁采砖瓦黏土的基础上，加强了矿泉水企业的批后监管，实施了矿业权人勘查开采信息公示制度，完成了对各区规土局地矿行政管理人员、矿业权人和全市地质勘查单位的培训工作，指导矿业权人完成了公示信息的填报，按照“双随机一公开”的原则，完成了矿业权现场核查工作，全程对社会公开，接受社会监督。按照国家有关生态文明建设的要求，完成了本市自然保护区内矿业权核查工作，形成了核查报告，正式报送国土资源部；完成了国土资源部矿业权配号系统数据库的清理工作。同时，加强对矿泉水采矿许可延续的审核力度，从严监控开采行为。本年度，审批采矿权1件，地质勘查资质审批2件，地质灾害危险性评估单位资质审批3件，地质灾害治理工程勘查、设计、施工、监理单位资质审批5件，建设项目压覆矿产资源情况证明1件，建设项目地质灾害危险性评估项目登记21件。开展地质勘查资质监督检查，本市地质勘查行业秩序良好，行为规范。按照《国务院关于取消一批行政许可事项的决定》(国发〔2017〕46号)和上海市行政审批制度改革工作领导小组办公室《关于落实国发〔2017〕46号文件精神 进一步做好本市行政审批等事项清理工作的通知》(沪审改办发〔2017〕103号)，取消本市地质勘查资质审批。

(戈壁青)

PART TWO Ⅱ

重大工程建设

MAJOR PROJECT CONSTRUCTION

（一）综述

2017年是实施“十三五”规划的重要一年，也是上届政府收官之年。上海市重大工程建设根据市委、市政府统一部署，集聚产业结构优化升级、社会民生、城市基础设施、生态文明建设、城乡发展一体化五大领域，年初计划安排正式项目120项，计划新开工14项，基本建成10项，安排预备项目13项，全年计划完成投资不低于1300亿元。在建设中，市重大工程坚持与“十三五”规划总体思路、国家战略、中央要求和市委、市政府工作部署保持一致，创新机制，完善政策，加快推进重大工程建设，全年完成投资1342.9亿元，超过计划安排3.3%，创世博会以来新高；新开工项目22项，提前9个预备项目开工，基本建成15项，比原计划多5项。上海市检测中心二期、金砖银行总部大楼及配套设施、上海理工大学新校区一期、上海图书馆东馆、上海博物馆东馆、徐家汇体育公园、崇明世界级生态岛建设、虹桥污水处理厂、泰和污水处理厂、上海油气主干管网工程、外高桥内河集装箱港区相关工程、军工路快速化改造工程、济阳路快速路、昌平路苏州河桥、杨树浦路改建工程、交通路金昌路新建改建工程、苏州河深层排水调蓄管道系统工程试验段、崧泽高架西延伸（青浦）、大叶公路—叶新公路等22个项目实现开工，上海通用设计技术中心金桥基地暨金桥扩能项目、8英寸MEMS研发中试线建设项目、上海大学宝山校区扩建三期工程、黄浦江上游水源地金泽水库工程、黄浦江上游水源地连通管工程、黄浦江两岸地区公共空间建设项目、五号沟LNG事故备用站扩建工程二期、虹桥机场扩建工程东航基地（西区）二期配套工程、轨道交通8号线三期暨集运系统工程（沈杜公路站—汇臻路站）、轨道交通9号线三期东延伸工程（杨高中路—曹路站）、轨道交通17号线工程（虹桥火车站—东方绿洲站）、虹梅南路—金海路通道（虹梅南路段）新建工程、S3公路（先行段）、郊区生活垃圾无害化处理设施（闵行、松江、奉贤、崇明、嘉定5个区）、郊区污水处理厂提标改造工程（嘉定、奉贤、浦东、青浦、松江、金山、崇明等19座）15个项目建成投入使用。

【结构与规模】2017年初，上海市重大工程安排正式项目120项、预备项目13项，全年计划投资1300亿元。年中，经报请市政府同意，市重大工程调整为正式项目128项，年度计划投资1305.45亿元。一是产业类项目25个，占项目总数的19.5%，年计划投资192.05亿元，占年计划总投资的14.7%。主要有上海光源二期（线站工程）、集成电路研发中心12英寸先导线、上海微小卫星工程中心通信卫星研发基地等科创中心项目，中航商用航空发动机公司产业基地、上海通用设计技术中心金桥基地、中国移动IDC研发与产业基地等先进制造业项目，上海国际金融中心、金砖银行总部大楼及配套设施、中国金融期货交易所技术研发基地等现代服务业项目。二是社会民生类项目22个，占项目总数的17.2%，年计划投资45.3亿元，占年计划总投资的3.5%。主要有上海理工大学新校区、上海大学宝山校区扩建三期工程、复旦大学内涵能力提升等教育项目，瑞金医院肿瘤（质子）中心及配套工程、华山医院临床医学中心、新虹桥国际医学中心等医疗卫生项目，徐家汇体育公园、上海图书馆东馆、上海博物馆东馆、崇明体育训练基地一期、上海音乐学院歌剧院等文化体育项目。三是城市基础设施类项目68个，占项目总数的53.1%，年计划投资866.48亿元，占年计划总投资的66.4%。主要有世博文化公园、黄浦江上游水源地金泽水库工程、白龙港污水处理厂提标改造工程、虹桥污水处理厂、泰和污水处理厂、上海市太湖流域水环境综合治理工程、崇明世界级生态岛建设、黄浦江两岸地区公共空间建设项目等生态文明项目，五号沟LNG事故备用站扩建工程二期、上海油气主干管网工程、500千伏输变电工程、220千伏输变电工程、申能奉贤热电项目等能源保障项目，浦东机场第五跑道工程、沪通铁路（南通—安亭）上海段、洋山深水港区四期工程等对外交通项目，轨道交通5号线南延伸工程、8号线三期暨集运系统工程、9号线三期东延伸、17号线等轨道交通项目，北横通道一期二期、嘉闵高架南南延伸（S32公路—莘松路）、沿江通道越江隧道（浦西牡丹江路—浦东外环线）新建工程、S3公路（先行段）、虹桥商务区会展中心外围配套道路等市域交通项目。四是城乡发展一体化项目13个，占项目总数的10.2%，年计划投资201.7亿元，占年计划总投资的15.4%。主要有保障房建设、第二和第三轮大型居住社区外围市政配套项目、崇明东滩基础设施开发项目、郊区生活垃圾无害化处理设施、昆阳路—浦卫公路、金海公路、墨玉路—山周公路—千新公路、崧泽高架西延伸、大叶公路—叶新公路等项目。此外，预备项目转正及新增项目8个，主要有金砖银行总部大楼及配套设施、上海理工大学新校区、徐家汇体育公园、上海图书馆东馆、上海博物馆东馆、世博文化公园、崇明世界级生态岛建设等。

表1　2017年调整后市重大工程建设项目结构和投资规模

项目类别	项目数（个）	占总数比重（%）	计划投资数（亿元）	占总投资比重(%)
科技产业类	25	19.5	192.05	14.7
社会民生类	22	17.2	45.3	3.5
城市基础设施类	68	53.1	866.48	66.4
城乡建设一体化	13	10.2	201.7	15.4
合　计	128		1305.45	

表2　2017年重大工程正式实施项目一览表

序号	项目名称
1	上海光源二期（线站工程）
2	集成电路研发中心12英寸先导线项目
3	上海微小卫星工程中心通信卫星研发基地
4	科创中心张江科学基础设施（上海超强超短激光实验装置、上海软X射线自由电子激光用户装置、活细胞结构与功能成像等线站工程）
5	转换医学（上海）国家重大科技基础设施
6	中航商用航空发动机公司产业基地建设项目
7	上海通用设计技术中心金桥基地暨金桥扩能项目
8	8英寸MEMS研发中试线建设项目
9	联影医疗高技术产业示范基地建设二期工程
10	中国商用飞机公司民用飞机试飞中心
11	中国商用飞机公司总装制造中心浦东基地建设项目
12	上海烟草集团科技创新园项目
13	和辉光电第六代AMOLED生产线建设
14	华力微电子12英寸先进生产线建设
15	中国移动IDC研发与产业化基地
16	中芯国际12英寸芯片SN1项目

序号	项目名称
17	上海国际金融中心（上海金融交易广场）
18	世博A片区绿谷项目及市政配套工程
19	梦中心B地块文化项目
20	上海吴淞口国际邮轮码头后续工程
21	迪士尼项目一期工程及市政配套（唐黄路、川六公路、六奉公路等）
22	上海市检测中心二期
23	金砖银行总部大楼及配套设施
24	中国金融期货交易所技术研发基地
25	上海证券交易所金桥技术中心基地项目
26	上海大学宝山校区扩建三期工程
27	复旦大学内涵能力提升项目
28	上海电力学院临港新校区一期
29	上海戏剧学院浦江新校区
30	上海电力学院临港新校区二期
31	上海工程技术大学松江二期
32	上海理工大学新校区一期
33	瑞金医院肿瘤（质子）中心及配套工程
34	华山医院临床医学中心
35	新虹桥国际医学中心
36	肿瘤医院医学中心
37	上海老年医学中心
38	新华医院儿科综合楼及地下车库改扩建工程
39	崇明体育训练基地一期
40	上海音乐学院歌剧院
41	上海图书馆东馆
42	上海博物馆东馆
43	上海传统戏剧院团设施提升（宛平剧场等）
44	徐家汇体育公园
45	程十发美术馆
46	上海市档案馆新馆一期工程
47	上海天文馆（上海科技馆分馆）
48	黄浦江上游水源地金泽水库工程
49	黄浦江上游水源地连通管工程
50	白龙港污水处理厂提标改造工程
51	虹桥污水处理厂
52	泰和污水处理厂
53	石洞口污水处理厂提标改造工程
54	上海市太湖流域水环境综合治理工程
55	老港再生能源利用中心二期
56	竹园污水处理厂提标改造工程
57	世博文化公园
58	崇明世界级生态岛建设
59	黄浦江两岸地区公共空间建设（浦东、徐汇、杨浦、黄浦4个区新华滨江绿地及公共绿地南段、徐汇滨江综合环境一期南段及A配套、杨浦滨江环境二期、黄浦十六铺二期等9项）

序号	项目名称
60	五号沟LNG事故备用站扩建工程二期
61	上海LNG储罐扩建工程
62	申能奉贤热电项目
63	上海天然气主干管网工程（崇明—五号沟、五号沟—临港、临港—上海化工区）
64	500千伏输变电工程（虹杨、苏州—上海交流特高压工程上海段500千伏线路配套改造、潘广路—逸仙路电力隧道、泗泾站主变增容、奉贤换流站调相机应用工程等5项目）
65	220千伏输变电工程（团结、大渡河、闵东、提篮桥、大叶、华阳桥等50项）
66	浦东机场第五跑道工程
67	虹桥机场扩建工程东航基地（西区）二期配套工程
68	虹桥机场T1航站楼改造及配套工程
69	浦东机场三期扩建工程
70	沪通铁路（南通—安亭）上海段
71	G320公路（上海浙江省界—北松公路）
72	G228公路（上海浙江省界—南芦公路）
73	外高桥内河集装箱港区相关工程
74	洋山深水港区四期工程
75	平申线航道整治工程
76	大芦线航道整治二期工程
77	大治河西枢纽新建二线船闸工程
78	赵家沟东段航道整治工程
79	轨道交通5号线南延伸工程（东川路站—南桥新城站）
80	轨道交通8号线三期暨集运系统工程（沈杜公路站—汇臻路站）
81	轨道交通9号线三期东延伸工程（杨高中路站—曹路站）
82	轨道交通10号线二期工程（新江湾城站—基隆路站）
83	轨道交通13号线二期工程（南京西路站—华夏中路站）
84	轨道交通13号线三期工程（华夏中路站—张江路站）
85	轨道交通14号线工程（封浜路站—桂桥路站）
86	轨道交通15号线工程（顾村公园站—紫竹高新区站）
87	轨道交通17号线工程（虹桥火车站站—东方绿舟站）
88	轨道交通18号线一期工程（长江南路站—航头站）
89	轨道交通补短板项目
90	北横通道新建一期、二期工程
91	军工路快速化改造工程
92	济阳路快速路
93	昌平路苏州河桥
94	杨树浦路改建工程
95	交通路金昌路新建改建工程
96	北翟路（外环线—中环线）快速化改造工程
97	东西通道（浦东段）拓建工程
98	虹桥商务区会展中心外围配套道路（S26公路东延伸入城段、诸光路地道等）
99	虹梅南路—金海路通道（虹梅南路段）新建工程
100	周家嘴路越江隧道新建工程
101	沿江通道越江隧道（浦西牡丹江路—浦东外环线）新建工程
102	龙耀路越江工程
103	沿江通道浦西段（牡丹江路—江杨北路）新建工程

序号	项目名称
104	S7公路（S20公路—月罗公路）
105	普善路—万荣路—三泉路辟通改建工程
106	嘉闵高架路南南延伸（S32—莘松路）
107	武宁路快速化改造
108	江浦路越江隧道新建工程
109	S3公路
110	市属重点道路改造项目（中山南路、浦星公路、G318跨线桥、江杨北路、中兴路下匝道）
111	区区对接道路、打通断头路（60条）
112	重点河道和泵闸工程（南横引河西段、淀东、友谊河、张马、龙尖嘴、掘石港、老石洞、西弥浦、省市边界水文站等11项）
113	中心城区排水系统改造工程（大定海、新宛平、陇西、松潘、丹东、庙彭、云岭西、民星南、华泾西等28项）
114	公共消防站建设（南站、延安、中兴、前滩、吕巷、张堰、罗南、石洞口、朱桥、望新、城中、泗泾、叶榭、中环、庄行、五洲、化三17项）
115	苏州河深层排水调蓄管道系统工程试验段
116	保障房建设
117	第二轮大型居住社区外围市政配套项目
118	第三轮大型居住社区外围市政配套项目
119	郊区生活垃圾无害化处理设施（嘉定）
120	郊区污水处理厂提标改造工程（嘉定、奉贤、浦东、青浦、松江、金山、崇明等23座）
121	崇明东滩基础设施开发项目
122	昆阳路—浦卫公路（含昆阳路越江）
123	金海公路
124	墨玉路—山周公路—千新公路
125	松泽高架西延伸
126	嘉松公路
127	沪南公路（闸航公路-康花路）改建工程
128	大叶公路—叶新公路

【计划投资全面完成】2017 年，市重大工程在年度投资计划调整为 1305.45 亿元的基础上，实际共完成投资 1342.9 亿元，创近年完成投资量新高。

【计划开工项目全面启动】2017 年重大工程计划新开工 14 个项目，实际新开工 22 个项目。主要有上海市检测中心二期、金砖银行总部大楼及配套设施、上海理工大学新校区一期、上海图书馆东馆、上海博物馆东馆、徐家汇体育公园、崇明世界级生态岛建设、虹桥污水处理厂、泰和污水处理厂、上海油气主干管网工程、外高桥内河集装箱港区相关工程、军工路快速化改造工程、济阳路快

表3 2017年重大工程建设项目完成投资情况

项目类别	项目数（个）	完成投资额（亿元）
产业类	25	201.04
社会民生类	22	47.56
城市基础设施类	68	886.85
城乡发展一体化类	13	207.46
合　计	128	1342.9

表4　2017年重大工程开工项目一览表

序号	项目名称	开工时间（年、月）
1	上海市检测中心二期	2017-11
2	金砖银行总部大楼及配套设施	2017-09
3	上海理工大学新校区一期	2017-12
4	上海图书馆东馆	2017-09
5	上海博物馆东馆	2017-09
6	上海传统戏剧院团设施提升（宛平剧场等）	2017-07
7	徐家汇体育公园	2017-12
8	程十发美术馆	2017-09
9	虹桥污水处理厂	2017-02
10	泰和污水处理厂	2017-04
11	世博文化公园	2017-09
12	崇明世界级生态岛建设	2017-12
13	上海油气主干管网工程	2017-12
14	外高桥内河集装箱港区相关工程	2017-05
15	军工路快速化改造工程	2017-12
16	济阳路快速路	2017-12
17	昌平路苏州河桥	2017-05
18	杨树浦路改建工程	2017-12
19	交通路金昌路新建改建工程	2017-11
20	苏州河深层排水调蓄管道系统工程试验段	2017-06
21	崧泽高架西延伸（青浦）	2017-07
22	大叶公路—叶新公路	2017-06

速路、昌平路苏州河桥、杨树浦路改建工程、交通路金昌路新建改建工程、苏州河深层排水调蓄管道系统工程试验段、崧泽高架西延伸（青浦）、大叶公路—叶新公路。

【计划建成或基本建成项目全面实现】2017年，市重大工程计划建成或基本建成10个项目，实际建成或基本建成15个项目。主要有上海通用设计技术中心金桥基地暨金桥扩能项目、8英寸MEMS研发中试线建设项目、上海大学宝山校区扩建三期工程、黄浦江上游水源地金泽水库工程、黄浦江上游水源地连通管工程、黄浦江两岸地区公共空间建设项目、五号沟LNG事故备用站扩建工程二期、虹桥机场扩建工程东航基地（西区）二期配套工程、轨道交通8号线三期暨集运系统工程（沈杜公路站—汇臻路站）、轨道交通9号线三期东延伸工程（杨高中路—曹路站）、轨道交通17号线工程（虹桥火车站站—东方绿洲站）、虹梅南路—金海路通道（虹梅南路段）新建工程、S3公路（先行段）、郊区生活垃圾无害化处理设施（闵行、松江、奉贤、崇明、嘉定5个区）、郊区污水处理厂提标改造工程（嘉定、奉贤、浦东、青浦、松江、金山、崇明等19座）。

【节点计划全面受控】2017年市重大工程建设，紧紧围绕全年工作目标，强化制度建设，完善协调推进，加强安全质量，确保计划节点全面受控。形成加快储备一批、启动实施一批、重点推进一批、建成运营一批滚动推进局面，圆满完成各项目标和任务，为推进和引领上海社会经济平稳发展做出积极贡献。一是科技产业类项目建设坚持高端化、集约化、服务化，为创新驱动、转型发展提供支撑。建设具有全球影响力的科技创新中

表5 2017年重大工程基本建成项目一览表

序号	项目名称	开工时间（年，月）
1	上海通用设计技术中心金桥基地暨金桥扩能项目	2017-12
2	8英寸MEMS研发中试线建设项目	2017-12
3	上海大学宝山校区扩建三期工程	2017-08
4	黄浦江上游水源地金泽水库工程	2017-03
5	黄浦江上游水源地连通管工程	2017-03
6	黄浦江两岸地区公共空间建设项目	2017-12
7	五号沟LNG事故备用站扩建工程二期	2017-12
8	虹桥机场扩建工程东航基地（西区）二期配套工程	2017-12
9	轨道交通8号线三期暨集运系统工程（沈杜公路站—汇臻路站）	2017-12
10	轨道交通9号线三期东延伸工程（杨高中路—曹路站）	2017-12
11	轨道交通17号线工程（虹桥火车站站—东方绿洲站）	2017-12
12	虹梅南路—金海路通道（虹梅南路段）新建工程	2017-09
13	S3公路（先行段）	2017-06
14	郊区生活垃圾无害化处理设施（闵行、松江、奉贤、崇明、嘉定5个区）	2017-06
15	郊区污水处理厂提标改造工程（嘉定、奉贤、浦东、青浦、松江、金山、崇明等19座）	2017-12

心方面：上海光源二期、微小卫星工程中心、超强超短激光实验装置、软X射线自由电子激光用户装置等项目实现土建结构封顶，转换医学（上海）国家科技基础设施等项目有序建设。提升先进制造业创新能力和智能化水平方面：先进制造业项目加快建设，上海通用设计技术中心金桥基地、8英寸MEMS研发中试线等项目实现开工，中芯国际12英寸芯片SN1项目、商飞总装制造中心浦东基地等实现关键节点。促进现代服务业发展方面：迪士尼玩具总动员片区及市政配套有序实施，上海国际金融中心、吴淞口国际邮轮码头等项目抓紧收尾，金砖银行总部大楼及配套设施启动建设。二是社会民生类项目建设坚持政府主导、民生优先、协调发展，为民生改善提供保障。教育设施项目建设方面：上海大学宝山校区扩建三期基本建成，上海戏剧学院浦江新校区、上海电力学院临港校区等一批教育项目有序推进。医疗卫生设施项目建设方面：瑞金医院肿瘤（质子）中心、华山医院临床医学中心、新华医院儿科综合楼等一批医疗卫生项目全面建设。文化体育设施项目建设方面：上海图书馆东馆、上海博物馆东馆、传统戏剧院团设施提升（宛平剧院等）、徐家汇体育公园、程十发美术馆等一批文化体育项目全面启动。三是城市基础设施类项目建设坚持专项投入、标本兼治、技术创新，助推上海城市能级提升。生态文明建设方面：黄浦江上游水源地金泽水库全面投入使用，郊区生活垃圾无害化处理设施基本建成，黄浦江两岸地区公共空间建设实现45公里贯通，石洞口污水处理厂进入调试阶段，白龙港、竹园、泰和、虹桥等污水处理厂建设全面拉开，老港再生能源利用中心二期抓紧升级改造，崇明世界级生态岛启动建设，能源保障设施建设方面：500千伏、220千伏输变电工程按计划实施，5号沟LNG事故备用站扩建工程二期基本建成，上海油气主干管网工程实现开工。对外交通设施建设方面：虹桥机场扩建工程东航基地（西区）二期配套工程提前实现基本建成，洋山深水港四期工程开港运行，沪通铁路（南通—安亭）上海段、G228公路、G320公路大芦线二期、大治河西枢纽等项目有序实施，外

高桥内河集装箱港区相关工程开始建设。轨道交通建设方面：9号线三期东延伸、17号线、8号线三期工程基本建成，5号线南延伸、10号线二期、13号线二期、13号线三期主体结构贯通，14号线、15号线、18号线全面开展土建施工，全年实现车站地墙成槽38座，封顶26座，盾构推进44公里。市域交通建设方面：虹梅南路高架、S3公路（先行施段）、普善路万荣路辟通一期等建成通车，北横通道、沿江通道越江隧道主线盾构抓紧施工，军工路快速化、济阳路快速路、杨树浦路改建工程、交通金昌路新建改建工程等项目按计划实现开工，区区对接道路（断头路）完成打通11条、新开工26条任务。四是统筹推进城乡一体化建设，坚持功能辐射、网络集成，为加快推动城乡一体化提供条件。市属保障住房开工1.28万套、约92.51万平方米，基本建成2.73万套、约189.89万平方米。第二、第三轮大居外围市政配套项目累计开工95项，建成83项。23座郊区污水处理厂等末端处置设施进入调试阶段。闵行、松江、奉贤、崇明、嘉定5个郊区生活垃圾无害化处理设施建成投用。松泽高架西延伸（青浦）、大叶公路—叶新公路开工建设。

（二）交通基础设施项目建设

【概况】2017年，交通基础设施建设以“大局意识、法治意识、创新意识”为要求，打造“合规工程、惠民工程、精品工程”，全年55项城市交通重大基础设施体系建设项目扎实推进，完成投资794亿元。洋山深水港区四期工程自动化码头12月10日建成开港，标志着洋山深水港区经过15年不懈努力已基本建成，新增集装箱泊位7个、吞吐能力400万TEU（远期630万TEU）；列入轨道800公里建设计划的首批项目（9号三期、17号线、浦江线）建成投运，通车里程55公里，新建成投运车站27座；G318嘉松公路跨线桥、浦星公路（丰南路—环城北路）、虹梅南路—金海路通道（高架段）和11条区区对接道路等一批市政道路和公路建成通车；虹桥机场扩建工程东航基地（西区）二期配套工程基本建成，虹桥机场T1航站楼A楼和交通中心工程完工同步启用。

一是对外交通（港口航道、机场铁路）。洋山深水港区四期工程建成开港，吴淞邮轮码头后续工程的水工码头基本建成；虹桥机场扩建工程东航基地（西区）二期配套工程完工，浦东机场第五跑道工程跑道完工，虹桥机场T1航站楼A楼和交通中心工程建成；沪通铁路太仓—四团段工程可批复，平申线航道（上海段）整治叶新公路泖港大桥工程具备开工条件。在建项目包括大芦线航道整治二期、赵家沟东段航道整治等港口航道项目，浦东机场三期扩建、沪通铁路（南通—安亭）上海段等机场铁路项目。3月26日虹桥机场1号航站楼A楼在经过两年多的改造后正式启用，9月6日C919第10101架机在浦东机场第五跑道建成后顺利完成滑行试验。

二是轨道交通。今年竣工投运三条线（通车里程55公里，投运车站27座），结构贯通四条线，全面开工三条线和轨道交通补短板项目，盾构推进累计完成44公里，结构封顶车站26座。三条通车项目（8号线浦江线、9号线三期东延伸、17号线）竣工进入调试运营阶段；5号线南延伸、10号线二期、13号线二期和三期已按计划实现主体结构贯通，开展铺轨和附属工程等安装工作。

三是市域交通（公路、市政道路）。开工军工路快速化、昌平路苏州河桥、G320公路金山段二期（金山大桥—G60）、济阳路快速路、崧泽高架西延伸、大叶公路—叶新公路、杨树浦路改建工程、交通路金昌路新建改建工程等工程。稳步推进北横通道、沿江通道越江、S7公路（S20—月罗公路）新建工程、嘉闵高架路南南延伸（S32—莘松路）、金海公路、周家嘴路越江隧道、昆阳路越江及配套道路工程、中山南路地道工程、武宁路快速化改造工程虹桥商务区配套—诸光路地道等项目，建成通车G318嘉松公路跨线桥、浦星公路（丰南路—环城北路）、虹梅南路—金海路通道（高架段）、S32嘉闵立交及收费广场、S3公路先期实施段新建工程、南北高架中兴路下匝道6项，嘉闵高架南南延伸（S32—莘松路）主线贯通。其中，S3公路先期实施段新建工程、虹梅南路—金海路通道（高架段）、南北高架中兴路下匝道分别于6月28日、9月29日和11月26日建成通车。

四是区区对接道路（断头路）（2010—2012年和2015—2017年两轮）。打通虹口区中州支路、普陀区吉镇路、静安区灵石路—广灵四路、普陀区新会路—延平路等11条道路，开工松江区华扩路、奉贤区金庄公路、普陀嘉定区花家浜路、普陀区金昌路等26条道路。区区对接道路（断头路）的打通，拉近了道路两侧居民距离，提高生活日常、上下班出行便利度和生活品质，进一步完善区域内路网功能。

【S32公路嘉闵立交及收费广场工程开工】3月，S32公路嘉闵立交及收费广场工程开工。项目是连接S32申嘉湖高速和嘉闵高架的重要工程，建成后，S32高速公路与嘉闵高架快速路将实现互通，成为连接虹桥枢纽与浦东国际机场、浙江省的快速通道，有利于完善西部快速路网，缓解区域交通压力，进一步发挥S32出省干道的作用。

【北虹路立交首条WS匝道（西向南匝道）建成通车】4月，北虹路立交首条WS匝道（西向南匝道）建成通车。北虹路立交工程是北横通道工程中的起始段和重要区段，WS匝道全长380米、宽8米，共安装钢结构3200吨，建成通车将减轻天山路、仙霞路等周边道路交通压力，提高车辆通行流量和通行速度，改善北翟路外环及天山周边地区交通状况。

【浦星公路（丰南路—环城北路）改建工程主体建成通车】5月，浦星公路（丰南路—环城北路）改建工程主体建成通车。工程北起丰南路交叉口，与永南路、环城北路等12条道路相交，南到环城北路交叉口，分别跨越丰南河、汇中河等河流，终点与南行港桥北侧桥头接顺，线路全长约5.09公里。原双向4车道改建为双向6车道+2条非机动车道+2条人行道，拓宽后红线宽度达到45米，大大缓解高峰时段拥堵，将加强中心城区与郊区联系，改善南桥新城和南桥大型居住社区的居民交通出行。

【大叶公路改建工程开工】7月，大叶公路改建工程开工。大叶公路奉贤段西起松江区界，东至浦东区界，全长约33公里，是横贯奉贤区北部的重要交通干道，建成后，将完善奉贤区干线公路网布局、缓解两侧干线公

（图片来自看看新闻网）

路交通压力、促进沿线经济发展，为南桥新城发展提供更好的支撑。同时，将改善南上海、杭州湾北岸地区尤其是洋山港货运交通对外疏解能力，加强南部新城及组团间的联系，构建南部沿海发展链。

【普善路—万荣路—三泉路道路辟通改建一期工程全线通车】7月，普善路—万荣路—三泉路道路辟通改建一期工程全线通车。经过18个月紧张建设，随着三泉路地道试通车，普善路—万荣路—三泉路道路辟通改建一期工程基本建成。该项目的建成不仅可以形成共和新路西侧的一条平行分流干路，改善沿线地区出行条件，也可为上海火车站北广场增加一条疏散通道，促进沿线旧区的改造步伐，形成与经济社会发展相协调的现代化城区基础设施框架和生态环境。

【崧泽高架西延伸工程开工】7月，崧泽高架西延伸工程开工。项目西起漕盈路，东至崧泽高架路G15立交，长18.06公里，红线宽度50米，其中高架道路长16.98公里，道路等级为城市快速路，设计速度80公里/小时。工程的开工建设，将使青浦与市区的交通连接更加紧密，市民来往青浦和市区更为快捷和方便，对加强虹桥商务区对外辐射能力，服务青浦区“一城两翼”发展、完善西部地区路网、均衡市域骨干道路交通分布等具有重要意义。

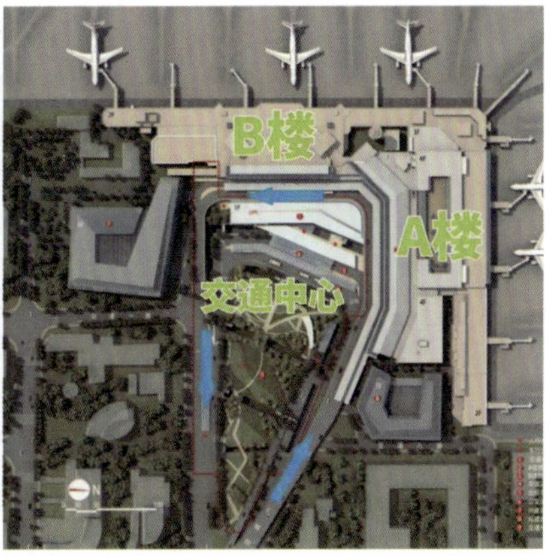

【嘉闵高架全线建成通车】11 月，嘉闵高架（S32—莘松路）道路新建工程主线高架贯通。工程南起 S32 公路收费站，北至莘松路（接已建莘松路—联明路段），其中，高架主线实际长约 6.88 公里，共设置 4 对出入口。本次贯通路段为虹桥综合交通枢纽 “一纵三横” 中 “一纵” 的嘉闵高架最后一段。12 月，嘉闵高架全线建成通车。嘉闵高架路（S32—莘松路）工程位于闵行和松江区，全长约 7.3 公里，主体按高架城市快速路建设，双向 6 ~ 8 车道规模，设计车速 80 公里 / 小时，分别在元江路南北两侧、金都路南侧和银都路北侧布置 4 对平行匝道。嘉闵高架路是上海虹桥综合交通枢纽一纵三横快速疏散配套工程之一，全线贯通大大完善上海西部地区干线路网，改善区域道路交通条件，满足虹桥综合交通枢纽对外交通需求，增强虹桥和浦东机场交通联系，成为打通嘉定至闵行、虹桥枢

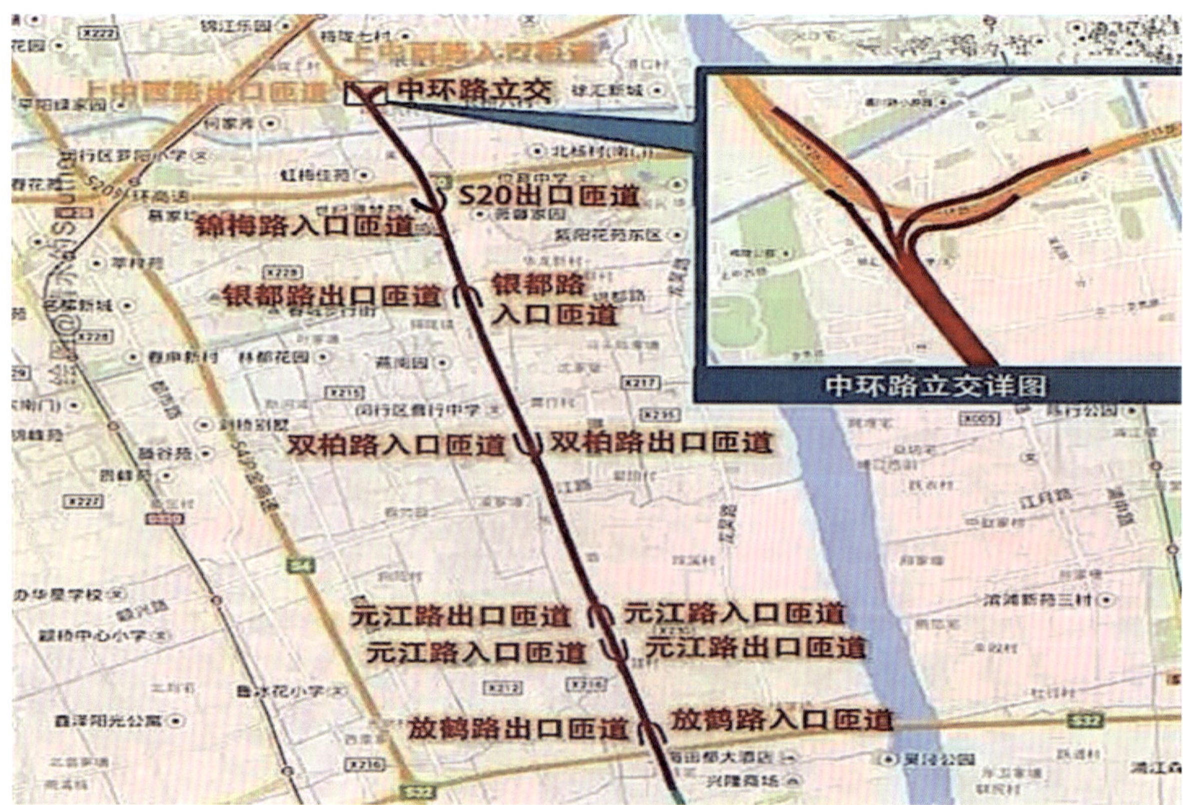

纽至浦东机场及浙江的又一条便捷通道。

【轨道交通 13 号线三期隧道全线贯通】11 月，轨道交通 13 号线三期隧道全线贯通。项目总长 11 公里，后续铺轨和机电安装等工作即将全面展开，有望 2018 年实现全线通车。13 号线工程分三期进行建设，三期工程为华夏中路站—张江路站，线路长度 5.254 公里，设 3 座地下站。自 2016 年 7 月开始七台次盾构相继始发，到顺利贯通历时 500 天，成为完成首例穿越高速磁浮工程，为国内盾构穿越高速轨道施工提供范例。13 号线是上海轨道交通网络中重要骨干线路之一，作为网络中西北—东南走向的直径线，穿越城市核心城区，强化中心区域向外围交通辐射功能。

【G318 沪青平公路嘉松公路跨线桥建成通车】12 月，G318 沪青平公路嘉松公路跨线桥建成通车。项目位于青浦区赵巷镇，西起许泾桥，东至方南路，全长约 1.5 公里。道

路规划等级为一级公路，建设规模为双向6车道，设置非机动车道和人行道。新建主线跨线桥为双向4车道标准高架，跨越嘉松中路；南北两侧各一座辅道桥，桥梁长约238.5米。G318沪青平公路是连接青浦和市区的一条东西向主要交通道路，嘉松公路也是一条南北向交通主干道。两公路交叉口距G50赵巷出口较近，周边为赵巷商业中心，道路交通压力大。工程通车后，将有效化解周边道路的拥堵状况，改善附近居民交通出行条件。

【杨树浦路综合改造工程开工】12月，杨树浦路综合改造工程开工。工程全长4.9公里，西起大连路、东至黎平路，以《上海市街道设计导则》为引领，设计理念从以车为本向以人为本转变，从单一工程设计向空间环境提升转变，方案综合滨江区域出行需求、道路两侧风貌建筑保护、百年历史元素留存，着力打造关注慢行、保障车行、背靠历史、面向未来的高品质、人性化的街道。这条历经147年的老路将重焕青春，这也是杨树浦路自1926年以来首次综合改造。

【南北高架中兴路下匝道建成通车】12月，南北高架中兴路下匝道建成通车。工程位于南北高架共和新路立交与天目路立交之间，北起中华新路交叉口以北，向南至中兴路转向，向西至长兴路交叉口以西接地。下匝道全长345米，设计车速为40公里/小时，车道规模为1根车道和1根紧急停车带。项目建成后，将有效提升北广场公共设施利用率，并在北横通道对天目路立交改造期间提供一

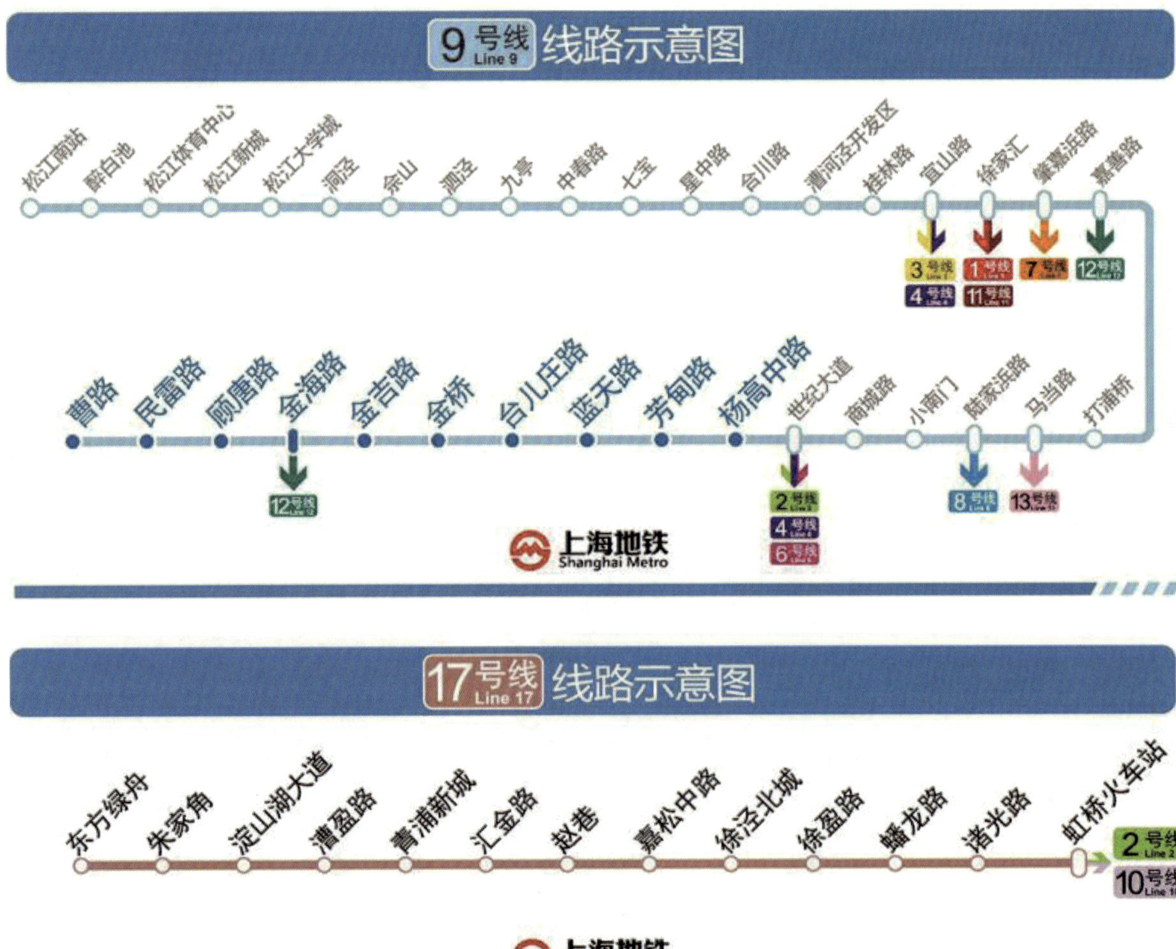

条交通疏解通道，分流部分交通压力。

【军工路快速路新建工程开工】12月，军工路快速路新建工程开工。项目纵贯宝山、杨浦两区，北起逸仙路立交，沿现状军工路向东南方向延伸，止于中环线翔殷路立交，全长7.3公里。全线采用“高架快速路+地面主干路”布置形式，设置中环和逸仙路两座互通式立交，以及4对半新建匝道和一对远期预留匝道，主线高架桥标准断面为单向两车道。军工路快速路将与“同济路—逸仙路—军工路—中环东段—申江路”共同构成中心城东部地区新的一条南北向快速通道，承担一部分中心城东部南北向的长距离穿越交通，减轻中环北段、逸仙路高架、南北高架等快速路的交通压力。淞沪路、闸殷路、殷行路、嫩江路等主次干路将区域内交通集中汇至军工路快速路，对于改善地区交通出行条件起到重要作用。

【昌平路—恒通路跨苏州河桥新建工程开工】12月，昌平路—恒通路跨苏州河桥新建工程开工。项目位于恒丰路桥、普济路桥之间，西起昌平路—江宁路路口，东至恒丰路—恒通路路口，与恒丰路、长安路、光复路、西苏州河路、昌化路平交，全长约853米。昌平路桥工程建成后将发挥昌平路—恒通路—曲阜路—天潼路作为苏河湾地区东西交通干线交通功能，进一步完善区域路网、提高道路通行能力、改善地区交通条件；同时，对促进新静安两岸缝合、带动周边地块开发、促进地区经济社会协调发展具有重要作用。

（沉默）

【上海国际航运中心洋山深水港区基本建成，洋山深水港区四期工程建成开港】洋山深水港区四期工程是一至三期工程的续建工程，是上港集团全力推进“智慧、绿色、科技、效率”港口建设的核心工程。工程自2014年12月23日开工，以“高可靠、高效率、世界先进水平”为要求，经过近三年的建设，2017年12月10日开港试运营。洋山深水港区四期是目前全球最大的自动化码头，2018年通过能力预计达到400万TEU，远期通过能力将达到630万TEU。

四期自动化码头生产管控系统和自动化装卸设备均为中国制造并拥有自主知识产权，其中自动化码头生产管控系统（TOS系统）作为码头的“大脑”由上港集团自主研发，突破了国外厂商在这一领域的垄断。同时，四期致力于绿色港口建设，采用全锂电换电提升式AGV，实现了码头生产的零排放。洋山四期“智能控制”“无人码头”“绿色低碳”“节能减排”等设施投运和先进技术应用，标志着中国港口行业在运行模式上实现里程碑式跨越升级，将对上海港积极参与21世纪海上丝绸之路建设，服务长江经济带建设，引领转型发展，推动绿色港口建设形成示范性作用，使中国港口在国际港航产业中发挥更大的影响力。

【虹桥机场T1航站楼A楼和交通中心工程建成同步启用】2014年12月，虹桥机场1号航站楼改造工程全面开工，主要包括1号航站楼改造、交通中心和市政综合配套一阶段工程共三个工程。2017年3月26日，1号航站楼先期改造完成的A楼和交通中心将建成启用，B楼进行封闭改造。

A楼改造后增加联检通道和自助服务设施，旅客进出通关速度有望进一步加快；商业面积比原先增加一倍，其中免税店面积是原先的5倍；餐饮方面将提供中式、西式和日式等多样化选择，以满足不同需求；免费Wi-Fi楼内全覆盖，国际及地区航班候机区设置高速上网区；按照道路功能设计，到达层仅供公交车、穿梭巴士、预约大巴和排队出租车驶入，其他车辆均进入停车库。

同步启用的交通中心位于虹桥机场1号

航站楼的东南陆侧，总建筑面积7.09万平方米，由换乘大厅、地下车库、高架改造和室外总体4部分组成。地下停车场共两层，可提供车位1250个，比原先增加一倍，其中无障碍车位26个、预留充电泊位130个，两个层面均四面敞开，四周设置下沉绿化庭院；地面换乘大厅设置出租公交乘车点，出租车、公交车、2座航站楼间的接驳巴士等都可以“一站式”换乘，充分考虑公交换乘优先、大运量换乘优先原则，尽可能减少旅客步行距离，将来还可以通过地下通道，方便地前往换乘轨道交通10号线。

【虹梅南路高架段正式通车】9月29日，虹梅南路高架段正式通车。工程位于徐汇、闵行两区，北起中环线立交北侧，沿虹梅南路向南至闵行区永德路北侧高架接地，与虹梅南路越江隧道相接，全长约10.9公里，设计时速为80公里/小时，主线双向4车道，沿线设外环线、银都路、金都路、元江路、A15、放鹤路6组匝道。

虹梅南路高架建成后，将升级为市级主要干线，完善西南地区骨干路网，往北连接上海火车站，往西连接虹桥机场、虹桥火车站，往东连接上海南站、浦东机场，成为莘庄立交、沪闵高架之外的又一条功能强大的西南入城通道。同时，它的通车也将大大改善市中心与闵行、奉贤两区居民的出行，在上海南部的交通路网中起到分流作用，缓解莘庄和S4高速公路的拥挤局面。

【轨道交通9号线三期、17号线首班车起载客试运营】上海轨道交通9号线三期、17号线于2017年12月30日（周六）首班车起载客试运营，上海轨道交通全网络运营线路总长将增至666公里（地铁637公里+磁浮29公里），车站数增至389座（地铁387座+磁浮2座），换乘车站增至52座。

9号线三期工程起自二期工程终点杨高中路站，线路沿杨高中路向东前行，穿过罗山立交、金桥立交至金海路口，转向金海路继续向东前行，穿过A20公路、浦东运河后，止于曹路站。线路全长13.8公里，全线设芳甸路站、蓝天路站（未来与14号线换乘）、台儿庄路站、金桥站、金吉路站、金海路站（与12号线换乘）、顾唐路站、民雷路站、曹路站共9座车站，均为地下站。

17号线线路长约35公里，全线共设虹桥火车站站（与2、10号线换乘）、诸光路站、蟠龙路站、徐盈路站、徐泾北城站、嘉松中路站、赵巷站、汇金路站、青浦新城站、漕盈路站、淀山湖大道站、朱家角站、东方绿舟站13座，其中高架站6座、地下站7座，形成一条上海西部直通市区的快速通勤线路。随着17号线开通，网络扩张，从17号线东方绿舟站到16号线滴水湖站为网络最远乘距，原最远乘距花桥至滴水湖。

17号线建设首次大规模使用了工厂预制的PC标准化材料，预制PC用简单的手法创造出了千变万化的视觉效果，犹如拼搭乐高积木般，展现了丰富多彩的个性化外观。车厢空调全面采用变频空调，车厢照明全面采用LED照明，车辆上设置了残障人士区域，并在地板上固化醒目标志，配备靠扶、安全带等人性化设备，体现上海地铁的人文关怀。

17号线是国内第一条采用具有完整的自主知识产权的国产信号系统，具有高安全性、可靠性、可扩展性和可维护性，实现了包括列车自动运行、自动出入库、自我诊断和维护等全自动驾驶功能，进一步确保列车的安全运行，提高列车运行的效率，降低系统的维护成本。

（彭鑫）

（三）社会民生类项目建设

【概况】2017年，社会民生项目建设加快发展。积极贯彻“绿水青山就是金山银山”理念，坚持把增进民生福祉作为发展的根本目的，全年安排项目22个，完成投资45.3亿元。

1. 生态文明建设项目。积极贯彻“绿水青山就是金山银山”理念，完成黄浦江两岸公共空间45公里岸线全线贯通、全线开放，兑现“还江于民、还岸线于民、还景观于民”的承诺；外环生态绿地全面建成；黄浦江上游水源地金泽水库投入使用，郊区生活垃圾无害化处理设施相继运行；崇明世界级生态岛启动建设；虹桥、泰和污水处理厂及苏州河深层调蓄管道系统等实现开工，白龙港、石洞口污水处理厂及26座郊区污水厂完成提标改造；上海市太湖流域水环境综合治理工程，重点河道和泵闸、中心城区排水系统等稳步推进。

2. 教育项目建设。上海理工大学新校区一期开工建设，复旦大学内涵能力提升、电力学院临港校区、上海戏剧学院浦江校区等进入建设高峰，上海大学宝山校区扩建三期工程基本建成。

3. 医疗卫生项目建设。上海市检测中心二期开工，瑞金医院肿瘤（质子）中心、华山医院临床医学中心、新虹桥国际医学中心、肿瘤医院医学中心、上海老年医学中心、新华医院儿科综合楼等加快实施。

4. 文化体育项目建设。着力推进一批重大设施工程，历史博物馆建成开放，上海图书馆东馆、上海博物馆东馆、程十发美术馆、世博文化公园、徐家汇体育公园、宛平剧场改扩建工程等陆续开工，上音歌剧院、上海天文馆等项目土建结构基本完成。

【虹桥污水处理厂新建工程实现开工】2月，虹桥污水处理厂新建工程开工。工程为国家考核重点项目，建设规模为20万立方米/日，污水处理后排放标准为一级A。

【白龙港污水处理厂提标改造工程开工】3月，白龙港污水处理厂提标改造工程开工。工程规模为280万立方米/日。提标工艺采用减量达标方式，将原6座生物反应沉淀池处理能力降低至160万立方米/日，同时新建120万立方米/日生物处理设施和深度处理设施。新建设施将采取地下式或全加盖形式，并在设施上部种植绿化，最大限度地减少对周边环境的影响。完工后的出厂水将达到一级A标准。

【泰和污水处理厂工程开工】4月，泰和污水处理厂工程开工。项目位于宝山区蕰藻浜沿河绿带以北、规划共富路以南、泰联路以东、梅林路以西，厂区占地面积约27.28公顷，规划规模为55万立方米/日，一期工程建设规模为40万立方米/日。工程投运后的出厂水水质将达到城镇污水处理厂污染物排放标准一级A标准。

【黄浦江上游水源地连通管工程C3标竣工验收】6月，黄浦江上游水源地连通管工程C3标通过竣工验收。黄浦江上游水源地作为上海市四大集中式饮用水水源地之一，承担西南五区饮用水原水供应重任。本工程竣工标志着青浦、金山、松江、闵行和奉贤五区供水需求得到满足，提高了应对突发性水污染事件能力，增强了原水供应安全保障度。

【苏州河段深层排水调蓄管道系统工程试验段开工】6月，苏州河段深层排水调蓄管道系统工程试验段开工。建设内容包括苗圃—云岭西主隧工程和配套综合设施土建工程，主隧总长度约1.67公里，管道内径10米，埋深约60米，并配套苗圃和云岭西两座综合设施。通过试验段建设，能够获取工程监测数据，积累土建施工经验，形成相关技术标准，为后续苏州河段深隧系统工程整体实施提供借鉴和保障。

【黄浦江上游水源地金泽水库基本建成】6月，黄浦江上游水源地金泽水库基本建成。金泽水库工程完成绿化工程、泵站平面布置等工作，一连通管工程完成现场58座井室回填及全部10个标段竣工验收。

【吴淞污水处理厂提标改造工程提前通水调试】7月，吴淞污水处理厂提标改造工程提前通水调试。项目地处宝山吴淞口生态“新滨江”区域，比原计划提前半个月完成通水目标，预计在年内全面建成并投运。改造后的吴淞污水处理厂将呈现“植物生态园”形态，在上海尚属首次，改变了人们对于传统污水处理厂的印象，为环境友好型城市增添景观。

【石洞口污水处理厂提标改造工程通水调试】10月，石洞口污水处理厂提标改造工程开始通水调试。石洞口污水处理厂提标改造工程作为中心城区污水厂提标工程中率先开工的项目，在各参建单位共同努力下，通过技术措施攻克了原状箱涵切换难点，降低对污水厂正常运行影响，并通水进入调试阶段，为年底实现一级A排放目标迈出最关键的一步。

【上海石洞口污水处理厂提标改造工程建成投运】12月，上海石洞口污水处理厂提标改造工程建成投运。全厂已完成调试工作，出水稳定达到一级A标准，成为上海中心城区三大污水处理厂中率先完成提标改造任务的污水处理厂。工程投运后有助于强化综合水污染防治体系，进一步落实水污染治理工作，对实现全市污水治理总体战略目标，切实保护水环境具有重要意义。

【宛平剧场改扩建项目桩基工程开工】7月，宛平剧场改扩建项目桩基工程开工。工程是今年市重大工程预备项目，位于徐汇区中山南二路859号近宛平南路。项目拟新建一幢专业戏曲剧场，占地面积6466平方米，总建筑面积29281平方米，地上5层，地下3层，总投资59511.76万元，计划于2019年8月竣工。项目建成后，将作为上海第七座A类剧场，迎接2019年中国艺术节。

【宛平剧场改扩建工程主体工程开工】12月，宛平剧场改扩建工程主体工程开工。项目位于徐汇区中山南二路857、859号，总建筑面积约29281平方米，地上5层、地下3层，总投资约5.9亿元。本项目分桩基工程和主体工程两部分实施。主体工程于2017年12月取得施工许可，与桩基工程顺利衔接。项目整体计划于2019年底完工，建成具有上海地域文化特质和中国戏曲繁荣发展标志的戏曲专业剧场。

【上海博物馆东馆开工】9月，上海博物馆东馆开工。项目是今年市重大工程，位于浦东联洋社区C000302单元10号地块，西临杨高南路、北临世纪大道、东临丁香路，占地面积4.6公顷，总建筑面积约10.5万平方米，建筑高度45米，拥有地上建筑6层，地下两层。2020年东馆建成后，将拥有10500平方米建筑面积，日均接待观众两万人次，为市民提供更舒适的参观环境、更精彩的文物展览以及更丰富的互动体验。未来，上海博物馆将与上海科技馆、东方艺术中心、浦东展览馆以及上海图书馆东馆，在浦东花木行政文化中心形成新的文化集群。

【上海图书馆东馆开工】9月，上海图书馆东馆开工。项目是今年市重大工程，毗邻浦东市民中心，面向世纪公园，上图东馆占地面积3.95公顷，建筑面积约11.5万平方米，高50米，地上7层，地下2层，经切割和旋转的馆体块映射天空和周边公园景观，自然而成一片“文化绿洲”。将与周边上海科技馆、东方艺术中心、浦东展览馆、上博东馆等共同组成具有国际影响力的文化集聚区。

【程十发美术馆开工】9月，程十发美术馆开工。项目坐落于虹桥路伊犁南路间，占地面积7129平方米，总建筑面积11500平方米，其中地上3层，建筑面积约7570平方米，地下1层，建筑面积约3930平方米。程十发美术馆展厅面积约为4000平方米，将设长期陈列和临时展览两大展区。其中三分之二为长期陈列区域，三分之一为临时展览区域。预计2019年底开馆。项目建成后将成为海派艺术家集体研究展示空间，以收藏研究、作品展呈、公共教育为基础功能，建立中国绘画理论体系中海派文化地位。

【徐家汇体育公园开工】12月，徐家汇体育公园开工。项目包括上海体育馆、上海游泳馆改造及新建体育综合体项目，以及上海体育场综合改造项目一期工程主体工程，位于零陵路、漕溪北路、中山南二路和天钥桥路围合区域，总占地面积35.96公顷，总建筑面积25万平方米，包含主体建筑“一场两馆”和近30万平方米室外广场，预计2019年底竣工。徐家汇体育公园是上海体育改革发展“十三五”规划重点项目，建成后将成为上海中心城区面积最大、设施齐全的体育文化集聚区。

【上海理工大学南校区新建一期工程一标段桩基工程开工】12月，上海理工大学南校区新建一期工程一标段桩基工程开工。项目位于军工路334号，总建筑面积82858平方米，其中地上建筑面积67646平方米、地下建筑面积15212平方米。工程概算53598.67万元，计划2020年5月建成。项目建成后将有效提升上理工综合实力，改善学校教学、实验条件，完善学校环保和节能计划落实，强化学校专业特色和优势，加强学校国际交流与合作，促进上海高等教育水平进一步提高。

（四）科技产业类项目建设

【概况】2017年，科技产业项目建设抓紧组织实施，坚持高端化、智能化、精细化，全年安排项目25个，完成投资192.05亿元。

1. 科创中心项目建设。软X射线自由电子激光装置项目、光源二期、微小卫星工程等一批大科学装置建设进入最后冲刺阶段。

2. 能源保障项目。5号沟LNG事故备用站扩建二期基本建成，500千伏输变电工程、220千伏输变电工程、申能奉贤热电项目、天然气主干管网工程等能源项目加快建设。

3. 先进制造业项目建设。上海通用设计技术中心金桥基地、8英寸MEMS研发项目建成使用，中航商用航空发动机产业基地、联影医疗高技术基地、和辉光电第6代AMOLED项目、华力微电子12英寸生产线、集成电路12英寸先导线、中芯国际12英寸芯片等项目抓紧建设。

4. 促进现代服务业发展。新开发银行总部大楼提前开工，成为首个落户上海的国际金融组织，上海国际金融中心、中国金融期货交易所技术研发基地、上海证券交易所技术研发基地等按照计划实施。

【申能奉贤热电工程开工】4月，申能奉贤热电工程开工。项目位于奉贤区市化工区奉贤分区A6-02-A地块，将建设两台F级（400MW等级）燃气—蒸汽联合循环供热机组。建成后，可向星火开发区、上海化学工业区奉贤分区内热用户提供蒸汽，替代星火热电有限公司、楚华热电有限公司的集中供热燃煤机组和锅炉，并为区域内的其他小型燃煤锅炉的拔除提供替代热源，为区域内的上海化学工业区北区、金山精细化工区的建设发展和招商引资提供完善的基础设施配套条件。

【南汇东滩 N1 库区渣土消纳试运行】5 月，南汇东滩 N1 库区渣土消纳工作开始试运行。该项目是市政府要求急需在南汇东滩 N1 库区圈围形成的堆放大量工程渣土而建，设计消纳工程渣土量 3900 万方，项目建成后有效缓解本市渣土消纳紧张局面。

【500 千伏泗泾变电站主变增容工程投运】6 月，500 千伏泗泾变电站主变增容工程成功投运。工程第一阶段 1 号主变第五次充电成功，标志着泗泾主变增容工程阶段性增容施工投产成功。

【申能崇明燃气电厂 220 千伏接入工程竣工投运】11 月，申能崇明燃气电厂 220 千伏接入工程竣工投运。项目包括新建两回崇明燃气电厂至堡北站 220 千伏线路，建成后，将充分利用崇明本地电厂建设资源，解决负荷用电需求，降低区域发电耗煤比重，减少崇明生态岛环境污染。

【五号沟 LNG 站扩建二期工程竣工投产】11 月，五号沟 LNG 站扩建二期工程竣工投产。项目位于浦东曹路镇人民塘路 485 号，建设内容包括两座 10 万立方米地上架空式全包容 LNG 储罐。项目建成后，将提高上海天然气安全应急保障能力和调峰能力，解决天然气阶段性供需矛盾，为实现天然气供需平衡提供有效措施和手段。同时，作为崇明三岛天然气供应过渡气源，为满足部分偏远区域天然气需求，实现长三角地区天然气贸易互通创造有利条件。

【上海 LNG 储罐扩建工程主体工程开工】12 月，上海 LNG 储罐扩建工程主体工程开工。工程位于上海国际航运中心洋山深水港区能源路 8 号，上海 LNG 接收站预留空地和新征土地内，新增土地约 81227 平方米。工程主要新增两座 20 万立方米 LNG 储罐，项目总投资约 31 亿元，2017 年完成投资 1.3 亿元。建成后，将较大提高本市天然气供应保障能力和应急调峰能力，对于调整本市能源结构，提高天然气应急保供能力，加快清洁能源推广利用，促进节能减排，提高居民生活质量等具有重要意义。

【国内最大规模全地下变电站虹杨 500 千伏输变电工程建成】12 月，国内最大规模全地下变电站虹杨 500 千伏输变电工程建成。工程包括虹杨 500 千伏变电站和潘广路—逸仙路电力隧道，变电站建筑面积 5.6 万平方米，含 6 台 500 兆伏安主变，是国内首座办公楼与大容量变电站结合建设的变电站，成为继静安站后上海市区的第二个 500 千伏全地下变电站；电力隧道工程全长 14.6 公里，沿线 15 座工作井，是目前国内最大口径电力隧道。2013 年 5 月虹杨变电站正式开工，经过 5 年多艰苦努力基本建成，对保障上海东北区供电，优化电网结构，促进城市节能减排意义重大。

（五）城乡发展一体化类项目建设

【概况】2017 年，城乡发展一体化类项目建设坚持功能辐射、网络集成，为加快推动城乡一体化提供条件，全年安排项目 13 个，完成投资 201.7 亿元。郊区生活垃圾无害化处理设施基本建成；大型居住社区市属保障房新开工 1.28 万套，基本建成 2.73 万套；三轮大居外配套 138 个项目累计开工 122 个、建成 106 个；崧泽高架西延伸、大叶公路—叶新公路等开工建设。

【嘉定再生能源利用中心工程建设项目基本建成】6 月，嘉定再生能源利用中心工程建设项目基本建成。项目主体工程 #1、#2、#3

锅炉及烟气系统、#1、#2 汽轮发电机组及公用系统安装结束，三炉二机主辅设备具备起机冲转条件。目前，项目已通过市环境保护局现场核查，同意投入生产。项目建成后，将大幅缓解方泰垃圾填埋场超负荷处理以及周边环境问题，同时完善了全市垃圾处置规划布局，达到国家环保督查考核要求。

【闵行区湿垃圾项目开工】12 月，闵行区餐厨废弃物资源化利用和无害化处理项目开工。项目选址位于闵行区华漕镇，处理能力 400 吨 / 天，其中 200 吨 / 天厨余和 200 吨 / 天餐厨。目前，项目桩基部分开工，但后续工作任务重、建设工期时间紧，闵行区将克服困难，通力合作，确保项目保质保量并按计划完成，力争 2019 年上半年建成试运行。

【西郊国际农产品交易中心改扩建一期项目开工】12 月，西郊国际农产品交易中心改扩建一期项目开工。项目在原市场 A 棚场地新建蔬菜交易大楼，大楼为地上四层、地下一层，建筑长约 320 米，宽约 120 米，建筑面积 104525 平方米，项目总投资 8.7 亿元，总工期 720 天。建成后，将成为集交易、仓储、加工、配送、园区服务于一体的大型综合型物流市场，其高强度、高密度、高容积率的设计模式，在国内农产品流通领域具有前瞻性，对国内物流建筑设计具有示范意义。

（沉默）

PART THREE III

绿化市容

AFFORESTATION AND CITY APPEARANCE

（一）综述

2017年，绿化市容行业对照“国内领先，国际一流”行业发展目标，对标建设卓越的全球城市总体要求，攻坚克难，开拓进取，深入推进生态环境建设，圆满完成了全年各项任务。

生态环境质量持续提升。生态环境建设稳中有进。全年造林6.5万亩，绿地建设1358.5公顷，其中公园绿地830.8公顷，完成绿道224公里，立体绿化40.9万平方米，森林覆盖率达16.2%，人均公园绿地面积达到8.02平方米，湿地保有量稳定在46.46万公顷。浦江郊野公园、嘉北郊野公园、广富林郊野公园先后开放，全市共有6个郊野公园建成运行。累计创建命名198条林荫道。完成8个绿化特色街区建设。建设街心花园47个。全市城市公园总数达到243座，公园分级分类管理成效明显，延长开放时间已达133座。市民绿化节组织绿化大篷车园区公益行31场、园艺大讲堂等活动300余场次。深化安全优质信得过果园创建，实现76家“安全优质信得过果园”果品追溯全覆盖。2017中国森林旅游节成功举办，被国家林业局授予特别贡献奖。

垃圾综合治理不断深化。完善生活垃圾全程分类体系，绿色账户新增覆盖210万户，全市累计覆盖400余万户，党政机关单位生活垃圾强制分类全面覆盖，企事业单位生活垃圾强制分类宣传基本落实。奉贤区、松江区、崇明区成功申报全国农村垃圾分类示范区，并建成300个垃圾分类示范村。深入推进农村垃圾综合治理，改造村级垃圾分类收集房1160座，建设湿垃圾利用点232个，设置村内宣传栏1265块。上海生活垃圾科普展示馆正式开馆。全市五类建筑垃圾申报总量4728万余吨，其中工程渣土3826万吨，工程泥浆50万余吨，工程垃圾41万余吨，拆房垃圾561万余吨，装修垃圾250万余吨。浦东机场3号围区南侧，南汇东滩N1库区，横沙圈围促淤项目七期、八期全面启用，市重大工程渣土泥浆消纳得到保障。老港再生能源利用中心二期基础工程全面推进，老港基地渗滤液提标改造工程开工建设，老港建筑垃圾、湿垃圾资源化处理设施和综合填埋场二期工程正式立项。嘉定再生能源利用中心点火试运行。

市容环境保持亮丽。“补短板、治五乱”专项治理三年行动计划累计完成80%，取缔各类占道亭棚2295个，整治跨门营业21.2万处，规范非机动车停放41.8万处，清理乱张贴、乱悬挂1010.9万处。配合实施1864条黑臭河道水域环境综合整治。出台《城市容貌规范》。完成71个市容环境达标街镇复查和8个市容环境综合管理示范街镇创建。完成责任区管理“五个一”任务，创建责任区示范道路120余条（段），责任区管理自律组织累计达1061个，组织责任人、管理人员参与培训21.9万余人次，建立责任人信息档案26万组。全年拆除违法户外广告设施4589块，超额完成年度整治任务。加强20条重点道路扬尘污染防治。提升机械化保洁水平，增加780辆作业车辆。全市沿街商铺上门收集垃圾道路数达1500余条。新建环卫公厕15座、改建202座、增设第三卫生间52座，2160多座公厕创建成为文明公厕，环卫公厕布局不断优化。

行业发展基础愈加扎实。以生态文明建设为龙头，坚持强基础、重管理、充分发挥规划引领、法治保障、科技信息等支撑保障作用，不断夯实行业发展基础。建立“城市绿化成果转化、柑橘产业研发和固废资源化利用”三个行业科技创新中心。成立“上海城市树木生态应用工程技术研究中心”。完成1项国家标准编制、3项行业标准编制和6项地方标准编制修订。“绿色上海”拓展深化，微信粉丝达8万人，网站建设、网上政务大厅、政务信息公开等名列全市前茅。市民认建认养的绿地160万平方米，树木60881棵，古树名木249棵及各种果树13100棵。全年受理信访诉求436件次，办结率100%。市民诉求处置能力不断提高，受理处置各类投诉31385件，先行联系率达97.67%，按时办结率达100%，满意度测评为75.04%。

（二）生态环境

【概况】全市加大绿化造林，新造林6.5万亩，绿地建设1358.5公顷（其中公园绿地830.8公顷）。完成绿道建设224公里，立体绿化建设40.9万平方米。森林覆盖率达到16.2%，人均公园绿地面积达8.02平方米，湿地保有量维持在46.46万公顷以上。

【推进生态环境建设】出台《关于进一步推进本市生态廊道建设的若干意见》，确定配套政策和建设导则，建立造林质量监管机制。金山化工区周边、老港固废基地周边、吴淞江两岸、青东农场环境综合治理区域等造林工作加快推进。

【外环生态专项全面竣工】外环生态专项全面竣工，完成腾地284公顷，建绿220公顷。桃浦中央绿地、三林、张家浜、康家村等一批楔形绿地建设推进有力。

【部分郊野公园建成运行】浦江郊野公园、嘉北郊野公园、广富林郊野公园先后开放，目前全市共有6个郊野公园建成运行。

【崇明生态岛建设】积极参与崇明生态岛建设，东滩生态修复项目主体工程全面完成，东平森林公园改扩建完成项目选址及建设方案编制，形成崇明三岛公共绿地发展规划、绿道规划和鸟类保护专项工作方案。

【推进绿道建设】推进黄浦江两岸绿色公共空间绿廊绿道建设，积极构建黄浦滨江绿道、虹口北外滩滨江绿道、浦东东岸滨江绿道、普陀槎浦公园绿道、闵行郊野公园S32南核心区绿道、松江昆秀湖绿道、青浦环淀山湖生态带（西岑段）绿道、崇明长兴郊野公园绿道等多个项目，黄浦江两岸45公里绿色公共空间全面贯通。

【推进绿地建设】绿地建设重点突出、亮点明显，呈现一批具景观特色的公园绿地。如结合黄浦江贯通工程共新增绿地70公顷，建成普陀桃浦智慧城中央绿地北片25公顷、静安彭越浦楔形绿地4.5公顷，浦东张家浜楔形绿地40公顷、川杨河生态廊道30公顷，徐汇油罐艺术公园一期3.2公顷、跑道公园一期4.58公顷，长宁1号公园8公顷，闵行轻轨站东侧绿地3.4公顷，宝山滨江上港14

表1　2017年上海绿化林业基本情况表

项 目	单位	数值
新建绿地	公顷	1358.5
新建公园绿地	公顷	830.8
人均公园绿地面积	平方米	8.02
立体绿化	万平方米	40.9
新增林地	万亩	6.5
森林覆盖率	%	16.2
湿地保有量	公顷	46.46+

表2 2017上海市林荫道名单

区县	序号	道路	路段	树种
黄浦区	1	自忠路	重庆南路—西藏南路	悬铃木
静安区	2	北京西路	成都北路—江宁路	悬铃木
	3	阳泉路	场中路—汾西路	香樟
徐汇区	4	康平路	高安路—华山路	悬铃木
	5	百色路	龙川北路—龙吴路	悬铃木
	6	平果路	桂箐路—桂果路	香樟
长宁区	7	林泉路	可乐东路—北虹路	悬铃木
普陀区	8	骊山路	华阴路—延长西路	悬铃木
	9	桃浦路	祁连山南路—定边路	悬铃木
虹口区	10	密云路	大连西路—四平路	香樟
杨浦区	11	政化路	国定路—国权路	悬铃木
	12	江湾城路	殷行路—清波路	香樟+日本晚樱
浦东新区	13	碧波路	祖冲之路—松涛路	栾树
	14	洪山路	德州路—昌里路	悬铃木
宝山区	15	共江路	共和新路—通河路	悬铃木
闵行区	16	江桦路	浦星公路—浦锦路	香樟+悬铃木+栾树
嘉定区	17	墅沟路	新成路—博乐路	香樟
青浦区	18	悦盈路	青赵路—卫中路	榉树
奉贤区	19	育秀路	江海路—环城东路	香樟
	20	人民路	解放路—环城南路	香樟
松江区	21	新宾路	南路—中强路	香樟
	22	九亭大街	九新路—涞亭南路	香樟
金山区	23	新城路	北随塘河路—南康路	香樟
崇明区	24	前裕公路	营北村北桥—前哨九队1号泵站	水杉

区绿地 3.4 公顷，青浦北极星广场绿化 1.1 公顷，奉贤南桥新城 11 单元两路一带绿地 4.4 公顷、浦星公路西侧绿地 18.2 公顷，嘉定菊园北水湾景观绿地 5 公顷，金山新城老红旗港滨水绿地 7.6 公顷，崇明团城公路绿地 1.3 公顷等。

【林荫道创建】创建命名林荫道 24 条，累计创建命名 198 条林荫道。林荫景观精细化养护程度不断提升，如徐汇区百色路、嘉定区墅沟路。道路版式更加多样，部分区域林荫片区初现雏形。杨浦区江湾城路林荫道路至清波路成为全市首条以日本晚樱为主角的林荫道。

【打造特色街区】积极推进 8 个绿化特色街区建设，在静安嘉里中心率先建成绿化特色街区的经验基础上，杨浦创智天地、长宁黄金城道、普陀曹杨社区、黄浦新天地等街区围绕各自主题定位和区域风格突出绿化资源整合和特色植物营建，并从养护标准、经费保障、管理措施等方面加强后续长效管理机制的研究。

【申城的落叶景观道路增至 29 条】申城的“落叶景观道路”将从原来的 18 条增至 29 条。此次新增的 11 条落叶景观道包括思南路、巨鹿路、光复路、运城路、安汾路、虹湾路、溧阳路、番禺路、愚园路、茅台路、虹古路，树种包括香樟树、银杏、北美枫香、梧桐。其中，北美枫香为首次被列入落叶景观道路的树种，届时虹湾路将有望铺起一道“红地毯”。2013 年起，徐汇区余庆路、武康路尝试对部分道路落叶不扫，成为申城一道独特风景，得到了市民的广泛认可。在徐汇区落叶景观道路的带动下，自 2014 年开始的 3 年

表3　2017年上海落叶景观道路名单

序号	区	路段名称	起点	终点	开展时间	主要树种
1	静安	巨鹿路(新增)	富民路	常熟路	11月15日—12月31日	悬铃木
2		光复路(新增)	普济路	长安西路	11月15日—12月31日	香樟树、银杏
3		运城路(新增)	宜川路	广中西路	11月15日—12月31日	悬铃木
4	徐汇	余庆路	衡山路	康平路	11月18日—12月11日	悬铃木
5		衡山路(北段单侧)	宛平路	天平路	11月18日—12月11日	悬铃木
6		岳阳路	建国西路	东平路	11月18日—12月11日	悬铃木
7		复兴西路	高邮路	永福路	11月18日—12月11日	悬铃木
8		永福路	复兴西路	湖南路	11月18日—12月11日	悬铃木
9		湖南路	永福路	武康路	11月18日—12月11日	悬铃木
10		武康路	湖南路	五原路	11月18日—12月11日	悬铃木
11	黄浦	思南路(新增)	建国中路	复兴中路	11月15日—12月15日	悬铃木
12	长宁	新华路	淮海西路	杨宅路	11月20日—1月1日	悬铃木
13		龙溪路	虹桥路	剑河路	11月20日—1月1日	悬铃木
14		番禺路(新增)	新华路	延安西路	11月20日—1月1日	悬铃木
15		愚园路(新增)	镇宁路	定西路	11月20日—1月1日	悬铃木
16		茅台路(新增)	遵义路	威宁路	11月20日—1月1日	悬铃木
17		虹古路(新增)	古北路	北虹路	11月20日—1月1日	悬铃木
18	虹口	四平路	海伦路	大连路	11月15日—11月30日	银杏
19		安汾路(新增)	南泗塘河	逸仙路	11月15日—11月30日	银杏
20		虹湾路(新增)	江杨南路	水电路	11月15日—11月30日	北美枫香
21		溧阳路(新增)	四平路	四川北路	11月15日—11月30日	悬铃木
22	普陀	花溪路	枫桥路	桐柏路	视气候变化而定	悬铃木
23		桐柏路	枣阳路	梅岭南路	视气候变化而定	悬铃木
24		北内路	中山路	乐都路	11月20日—1月1日	悬铃木、槐树
25	松江	园中路	南青路	思贤路	11月20日—1月1日	悬铃木
26		文诚路	园中路	人民北路	11月20日—1月1日	悬铃木
27		谷阳南路	松汇中路	中山东路	11月20日—1月1日	悬铃木
28	青浦	华乐路	青湖路	盈港东路	11月15日—12月15日	银杏
29	金山	金一东路	沪杭公路	新城路	11月20日—12月10日	悬铃木

来，全市落叶景观道路先后增至6条、12条、18条。

【景观花卉布置】完成重点区域五一、十一、党的十九大期间花卉布置工作。同时，对标北京十九大花卉保障工作查找不足，研究上海重大活动及节庆期间城市花卉保障机制并形成初步工作方案。开展市级花卉配送监管，着重推广新优品种，有效保持全市良好的花卉景观面貌。

【街心花园建设】完善街心花园建设，共完成街心花园31个，如徐汇建成东湖街心花园、普希金街心花园，普陀建成光复西路街心花园和松江建成文翔路街心花园等。

【老公园改造】加快推进老公园改造，延长开放时间的公园达133座，占全市城市公园总数的60%以上。住建部充分肯定上海老公园改造工作，编印《实施公园改造，造福申城百姓》（建设工作简报第8期）下发全国推广上海经验。

【新增城市公园26座】加强分类分级管理，完成本年度城市公园名录调整工作并正式发文。新纳入城市公园26座，全市城市公园总数达到243座。

【园林街镇创建】浦东新区浦兴路街道创建成为市级园林街镇。浦兴路街道以“大爱浦兴 美好家园”为主线，以“改善市政设施、加强城市管理、优化社区环境、提升生态文明”为创建目标，做实五大创建任务、六大平台建设，提升了街道的整体面貌，提高了小区居民的获得感。

【举办公园主题活动】各大公园组织开展了丰富多彩的主题活动，园艺大讲堂、樱花节、梅花节、菊花节、植物园国际花展、共青森林音乐节、辰山植物园国际月季展、滨江森林公园建园十年、古猗园文化建设、动物园科普教育等活动受到市民广泛欢迎，参与人次逾千万。

【公园延长开放】全市133座公园已实施延长开放公园，其中76座全年延长开放，43座全年全天开放。加强实施延长开放公园的后续管理，协调各区化解延长开放引发的各种矛盾和问题，重点研究延长开放条件以及解决游园安全、噪声扰民和运营费用增加等突出问题。

【开展世博文化公园金点子征集】成功组织“世博文化公园”建设市民金点子征集活动，共征集市民意愿调查表22377份、金点子方案1810份，世博文化公园市民金点子征集活动受众面达1841万人次。

【举办园艺大讲堂】全年共开办园艺讲座311场，接受了园艺知识、技术、鉴赏等方面的普及与传授，充分发挥公园作为文化、生态阵地的积极作用，通过园艺讲座、观摩欣赏、实地辨认、现场制作、探访等形式，向广大市民传授养花、插花、多肉植物养护、植物病虫害防治以及家庭阳台布置等绿化知识，丰富市民的文化生活，提高群众的园艺水平。

【开展古树名木监测管理】开展了古树名木标牌的置换工作，对1417株古树名木进行了标牌更换。开展古树名木日常监测工作，制订了实施方案，落实了监测指标以及仪器设备的选用，对全市8株千年古银杏开展了现场长势监测。在安信农业保险公司为全市古树名木及古树后续资源进行了保险，今年已处理7起古树名木保险赔付。

【加大古树名木保护管理力度】巡督查古树及古树后续资源18000余株次，发现异常问题并协调落实养护措施120株次；结合10个区21个点的城维项目试点开展古银杏生长情况的监测，探索建立古树生长健康评价体系；配合地铁14号线等重点工程建设推进，加大对建设时期古树保护，下发保护函12次并跟进落实保护整改意见；更新开发古树名木信息管理系统微信二维平台，继续推进面向市民的古树科普宣传。

表4 2017年上海绿化市容行业基本情况表

项目	单位	数值
累计创建命名林荫道	条	198
中心城区建设绿化特色街区	个	8
延长开放时间的公园	座	133
占全市城市公园比例	%	60+
新纳入城市公园	座	26
城市公园总数	座	243
建设街心花园	个	47
市民绿化节绿化大篷车园区公益行	场	31
果品追溯全覆盖的“安全优质信得过果园”	家	76

【推进植树造林】2017年全市造林计划6.86万亩，到年底可完成造林面积6.87万亩，其中生态公益林建设项目120个，面积3.04万亩；生态廊道建设项目32个，面积3.80万亩。实施金山化学工业区环境综合整治区域生态廊道建设项目11个，完成造林面积1.44万亩。

【加强造林项目规范建设】加强顶层设计，编制完成《上海市2016—2018年生态公益林建设项目和经济果林规模化标准化生产基地建设项目竣工验收办法》《上海市2016—2018年生态廊道建设项目竣工验收办法》以及《上海市造林项目植物检疫实施办法（试行）》《上海市造林项目苗木质量检查实施办法（试行）》等配套办法。同时根据造林检查工作的结果，形成了造林项目质量达标清单、造林项目备案清单、造林项目单位负面清单和造林项目清单4个清单。

【加大林地管控力度】从严监管林地，建立林地占补平衡机制，规范公益林征占用行政审批，并实行100%事后监管，确保不发生公益林违法占用行为，确保乡镇范围内经济林总量不减少，把森林资源减量控制在最低限度。组织开展了非法侵占林地排查工作，对减少20亩以上林地地块进行了全面排查，共发现4个非法侵占林地案件，并对其中3起进行挂牌督办。

【开展林下种植试点建设】完成松江区新浜镇、嘉定安亭等10个开放型休闲林地项目验收，启动奉贤区开放型休闲林地示范点项目。建成奉贤区林下耐盐碱花灌木种植试点项目；与农科院对接，讨论并拟订林下食用菌新品种栽培试验方案，在崇明建设镇菇林源、瑞华果园和前卫园艺公司三块基地林下种植羊肚菌、大球盖菇等经济价值高的食用菌新品种。

【推进林业市场化改革】各区积极推进林业市场化工作，目前，已有松江、嘉定部分乡镇实行了家庭林场养护模式；崇明、金山、奉贤的新建林地推行林地市场化养护，各区探索有特色的、多元的林地市场化养护模式。

【加大有害生物监控力度】加大林业重大有害生物监测防控力度，做好美国白蛾预警防控工作，全市共挂设诱捕器974个，实施疫情“零”报告和“即刻”报告制度。

【开展森林防火演练】落实森林防火工作责任，层层签订保护发展森林资源目标责任书，森林防火责任全面落实。2017年全市共举行各层次森林防火演练20次，近2500人次参加。全市共新建森林消防道路、防火隔离网近160公里。

【“安全优质信得过果园”创建】充分用好经济果林扶持政策，深化安全优质信得过果园创建，实现76家“安全优质信得过果园”果品追溯全覆盖。做好沪产优质果品宣传推介工作。充分发挥“三进”“乡土有约”等活动的效应，继续做好沪产优质水果宣传，搭建营销平台。

【推行乡镇林业站挂牌】继续推行乡镇林业站挂牌，建立与乡镇农业综合服务中心一套班子两块牌子的运行模式；完成7家市级标准化林业站建设验收工作，完成新一轮9家市级标准化乡镇林业站创建工作。举办了全国林业标准化林业站东部片区培训班，组织全市9个区的104名乡镇林业工作工作人员参加乡镇林业工作站站长业务培训和能力测试工作。

【出台林地技术规程】出台《关于完善本市公益林管理制度的意见》《关于进一步加强本市森林资源管理工作的若干意见》及配套

技术规程，编制造林项目标准化系列清单，健全公益林养护和林地抚育制度。

【完善林地生态补偿机制】出台《市对区生态补偿转移支付办法》和《上海市林地生态补偿考核办法》，乔木类经济果林纳入林地生态补偿范围，湿地纳入生态补偿转移支付范围。

【保障城市生态安全】启动年度造林核查监测，开展非法侵占林地排查，挂牌督办3起违法案件。完成森林防火规划编制，开展防火演练20次，近2500人次参加，新建森林消防道路、防火隔离网近160公里。加大美国白蛾等重大有害生物监测防控力度，实施疫情"零"报告和"即刻"报告制度，有效控制重大检疫性有害生物疫情蔓延。

【第三届上海市民绿化节精彩纷呈】3—10月举办主题为"园艺进家庭，绿化美生活"的第三届上海市民绿化节，推出约40项家庭园艺、绿色展示、体验互动、科普服务等市级活动，各区结合区域特点开展了3000多场次区级活动。在传统的活动中注入市民喜闻乐见的新内容，力求出新、出彩。推出"绿化大篷车园区公益行"31场、园艺大讲堂301场、电视园艺节目"绿色星梦想—花香艺境"21期、"2017博大园艺杯"市民插花大赛、"绿色上海和你一起"系列活动、家庭园艺微视频等主要活动。

【开展全民义务植树】市民认建认养的绿地160公顷，树木60881棵，古树名木249棵及各种果树13100棵。

【湿地保护情况】根据上海市第二次湿地资源调查，上海拥有46.46万公顷的湿地，约占全市陆域面积的55.54%，其中崇明区、浦东新区、青浦区3个区湿地面积为42.8万公顷，占全市湿地的92.24%。

【加强湿地管理】贯彻落实国务院《湿地保护修复制度方案》，市政府办公厅印发《上海市湿地保护修复制度实施方案》。加强上海市重要湿地名录研究，崇明东滩、浦东九段沙、崇明北湖等一批重要湿地及嘉定浏岛、松江雪狼湖等一批野生动物重要栖息地列入上海市生态保护红线范围。上报《崇明禁猎区管理规定草案》，组织开展上海市湿地名录研究。

【开展濒危物种管理工作】继续做好大熊猫、朱鹮、孟加拉虎等濒危物种的管理及相关工作。目前本市共有10头大熊猫展出，其中上海动物园两头，上海野生动物园8头。津巴布韦赠送的两头非洲狮健康良好并已经生育幼狮1头；从日本回国的4羽朱鹮健康状况良好，部分朱鹮已经开始尝试配对繁育；云南省赠送的两头孟加拉虎健康状况良好。

【野生动物栖息地建设】完成宝山陈行—宝钢、青浦大莲湖、青浦朱家角3个野生动物重要栖息地和奉贤申亚（狗獾）重引入等1个极小种群引入等项目的市级验收工作。大力推进2016—2018年三年林业政策上海市野生动物重要栖息地建设管理项目，目前，闵行浦江郊野公园湿地修复项目已基本完工，华漕栖息地项目完成了项目审批工作，金山廊下、崇明西沙二期项目正在走投投咨询程序，松江、嘉定、青浦等区的相关项目也正有序推进。

【野生鸟类常规专项监测工作】截至2017年12月，先后组织人员开展了水鸟同步、绿（林）地鸟类监测、南汇东滩鸟类监测、崇明1%水鸟物种监测、横沙东滩野生鸟类监测等常规监测项目，共记录到鸟类309种719522只次，其中国家一级重点保护动物3种340

只次，国家二级重点保护动物 36 种 3038 只次；极危（CR）级别两种 4 只次，濒危（EN）级别 6 种 852 只次。

【第 35 届“爱鸟周”活动】组织开展以“依法保护候鸟，守护绿色家园”为主题的“爱鸟周”活动，本届“爱鸟周”期间全市开展宣传活动 62 项，其中市级活动 12 项、区级及相关单位活动 50 项，参与公众 3 万余人。

【推进野生动物栖息地修复工程】通过相关渠道加强与“桃花源基金会”沟通，引导社会资本和相关组织关注上海湿地和野生动物栖息地保护工作。参与南汇东滩、上海科技馆小湿地的社会舆论引导工作，协调引导相关主管部门加强湿地及野生动物保护工作。

【完善生态红线划设工作】完善湿地野生动物栖息地的生态红线划设工作，崇明东滩、浦东九段沙、崇明北湖、南汇东滩、青草沙水库等一批重要湿地列入上海市生态保护红线范围。宝山宝钢边滩、松江雪浪湖、嘉定浏岛等野生动物重要栖息地纳入生态红线范围，野生动物栖息地得到了有效保护。

【推进崇明禁猎区建设】在 2016 年工作基础上，积极协调指导崇明区有关单位推进野生动物禁猎区建设。协调崇明区农委牵头公安、工商等部门，制订了《崇明区野生动物保护工作实施方案》，在区级层面建立了联合打击破坏野生动物资源的联合执法和联席会议制度。

【开展野生动植物专项行动】加强野生动物重要栖息地的巡查巡护，严厉打击候鸟等野生动物资源的非法贸易，开展专项执法行动。据统计，截至 11 月底，全市野生动物保护部门共出动 1015 人次，其中检查绿林地 307 次，滩涂湿地 46 次、花鸟市场 53 次、农贸批发市场 72 次、餐厅饭店 64 次。开展法制宣传教育 38 次，与相关职能部门开展联合执法 11 次，拆除网具 122 张，收容救护国家重点保护动物活体 3 只、其他活体野生动物 22 只，查获非法运输蛇类 3 箱。

【加大违法犯罪打击力度】依托 CITES 执法平台，建立本市野生动物保护联席会议制度，联合开展“2017 年度本市范围内开展为非法交易野生动物等违法行为提供交易服务的双随机抽查工作”。截至 11 月底，本年度共出具野生动植物物种鉴定证书 73 份，其中公安部门送鉴 70 件，野生动物保护部门送鉴两件、工商部门送鉴 1 件；联合办理案件 38 件，其中刑事案件 33 件、行政案件 1 件、其他治安案件 4 件。此外，还联合工商部门，对“大众点评”等网络平台非法经营野生动物制品行为进行了约谈。

【开展“我最喜爱的鸟”评选活动】利用新媒体开展“我最喜爱的鸟”评选活动，发动 3000 余名市民参加了投票，选出了 5 种“市民最喜爱的鸟”，获得了社会各界的高度关注。

【有序推进大熊猫基地建设】继续推进大熊猫基地建设，将基地建设列入市政府目标考核项目，每季度定期召集市发展改革委、市规土局、市科委、浦东新区政府、申迪集团、上海野生动物园等单位召开工作例会，通报工作进展情况，讨论基地建设过程中存在的难点问题。明确了基地规划建设程序，初步解决了基地饲料保障问题，修改完善了基地建设方案，科研项目也进展顺利。

（三）生活垃圾

【概况】完善生活垃圾全程分类体系，绿色

账户新增覆盖210万户，超额完成市政府实事项目任务目标，党政机关单位生活垃圾强制分类全面覆盖，企事业单位生活垃圾强制分类宣传基本落实。

【落实环保督察整改工作】7项环保督察整改任务中，5项即知即改和整治类项目按期完成整改并建立长效机制，其他两项工程类项目按照时间节点扎实推进。对违规倾倒、嘉定残渣填埋场、安亭综合处理厂等环保督察发现的问题立即整改，及时修复奉贤、金山、浦东新区等6处垃圾违规倾倒点的环境整治，关停相关违规处理厂并着手环境治理和配套设施建设。保障市重大工程渣土、中心城区装修垃圾、拆房垃圾稳定消纳，充分利用圈围造地项目提升建筑垃圾属地消纳能力。按照新修订出台的《建筑垃圾处理管理规定》，探索建立长效机制。

【推进生活垃圾分类减量】“绿色账户”累计覆盖400万户。建立全市绿色账户倒逼监督检查制度，开展垃圾分类达标居住区全覆盖第三方专业检查，全年创建达标小区1712个、示范小区109个，提高源头分类实效。深化与蚂蚁金服合作，开通绿色账户自主申领渠道和线上自由兑换通道，建立绿色商盟体系并成立首个绿色商盟，提高绿色账户吸引力，全年新增积分10亿分，消纳积分5.2亿分。

【开展单位生活垃圾强制分类】开展单位生活垃圾强制分类联合执法，共发放告知书5万余份，执法检查430余次，发放责令整改单244张，开具行政处罚单20张。

【推进农村垃圾综合治理】深入推进农村垃圾综合治理，改造村级垃圾分类收集房1160座，建设湿垃圾利用点232个，设置村内宣传栏1265块。

【垃圾清运管理成效显著】开展“破难题，补短板，固形象”垃圾箱房及垃圾清运专项整治行动，共计出动检查人员1133人次，检查样本5872个，垃圾清运车辆优良率达95.5%，提升7.5个百分点；垃圾箱房优良率达96.93%，提升6.9个百分点。完成对607

个问题的整改，问题整改合格率达99.84%。对全市7000余个生活垃圾分类示范居住区开展垃圾分类清运专项检查，共抽查样本996个，分类投放率达到88.9%，分类运输率达到86.0%。

【加强建筑垃圾处置管理】严格落实“实施源头申报、规范中转分拣、强化物流管控、落实属地消纳、推行卸点付费”等全程管控要求，全市五类建筑垃圾申报总量4728万余吨，其中工程渣土3826万吨，工程泥浆50万余吨，工程垃圾41万余吨，拆房垃圾561万余吨，装修垃圾250万余吨。浦东机场3号围区南侧、南汇东滩N1库区、横沙圈围促淤项目七期和八期全面启用，市重大工程渣土泥浆消纳得到保障。持续开展建筑垃圾规范运输执法检查，实施诫勉谈话196家次、整顿整改18家次、市场退出两家。

【餐厨废弃油脂处置管控力度加大】加强法制建设，研究制定餐厨废弃油脂处置财政补贴配套制度，确保财政补贴规范落实。积极推进资源化利用，依托“柴油环卫车使用高比例餐厨废弃油脂制生物柴油应用示范”课题，实现了资源化利用的重大突破，并获“2017年食品药品安全管理先进单位”。

【推广应用新型渣土车】全市在网新车超1500辆，完成900余辆违规车强制改造。试点开展装修垃圾、拆房垃圾就地分拣处置，各区建成建筑垃圾分拣处置线17条，推进资源化利用综合扶持政策研究。

【推进环卫基础设施建设】老港再生能源利用中心二期基础工程全面推进，老港基地渗滤液提标改造工程开工建设，老港建筑垃圾、湿垃圾资源化处理设施和综合填埋场二期工程正式立项。嘉定再生能源利用中心点火试运行。各区陆续开展建筑垃圾、湿垃圾项目选址，闵行区厨余、餐厨废弃物资源化利用和无害化处理工程开工。长兴岛中转站基本建成，闵吴码头完成防汛墙建设。

【全国人大常委会来沪检查】全国人大常委会副委员长艾力更·依明巴海率领人大常委会固体废物污染环境防治法执法检查组一行对上海中器环保科技有限公司进行现场检查。在中器公司生产现场，对餐厨废弃油脂制生物柴油的生产流程、作业环境做了详细了解和考察。

【上海三区入选全国农村生活垃圾分类示范区】全国共评选出100个县（市、区）为第一批农村生活垃圾分类和资源化利用示范工作县（市、区）。其中，上海市松江、奉贤、崇明3个区入选。

（四）市容环境

【概况】加强顽症治理，健全长效机制，“补短板、治五乱”专项治理三年行动计划累计完成80%，全面完成责任区管理“五个一”任务。继续巩固提升市容环境达标、示范街镇创建成果。推进车辆清洗规范服务。配合实施1864条黑臭河道水域环境的综合整治。户外广告治理、景观灯光提升进入新阶段。

【推进户外广告专项整治】基本完成违法户外广告设施专项整治工作，共拆除违法设施4589块，超额完成年度整治任务。其中重点督办1459块，杨浦、长宁、宝山、普陀、青浦、闵行、黄浦、浦东、崇明和路政局、自贸区、虹桥商务区等全面完成督办任务，嘉定、徐汇、金山、奉贤、静安完成督办任务90%以上，一大批“老大难”违法广告设施得以拆除。完成34条游船违规广告整治。组织全市603

条道路临时性户外广告设置情况检查。有序推进户外招牌整治，拆除各种招牌1万多块。开展户外招牌示范道路、特色店招、特色路段评选。

【加强景观照明管理】颁布实施《上海市景观照明总体规划》，按照“控制总量、优化存量、适度发展”理念，提出“一城多星，三带多点”夜景框架，明确划定核心区域、重要区域、发展区域、一般区域及禁设区域。

【景观照明方案国际征集】完成黄浦江两岸景观照明设计方案国际征集，形成《黄浦江两岸景观照明总体方案》，结合黄浦江两岸45公里公共空间贯通工程，对吴淞口海上门户区域、工业遗存区域、外滩—陆家嘴核心区域、世博徐汇滨江区域及杨浦、南浦、卢浦、徐浦大桥等标志性构筑物夜景照明进行了全面系统设计。吴淞滨江、逸仙路高架、虹桥商圈等一批新的景观灯光项目落地。

【加强招牌规范设置基础管理】组织力量编制完成了以管理部门、设计单位为服务对象的《上海市户外招牌设施设置导则》和以中小商家为服务对象的《户外招牌设置指南》，为全市开展店招店牌整治和规范设置管理提供技术服务。

【做好重大活动夜景灯光保障】圆满完成2017年央视春晚上海分会场景观照明、国际技能大赛中国邀请赛、迎接党的十九大召开等近十次重大活动景观照明保障工作，让璀璨的城市夜景给出席活动的中外嘉宾留下美好的深刻印象。同时，主动服务，积极协调，配合市相关部门做好户外媒体公益宣传工作。

【做好户外广告申请受理】全年共受理重大活动高架道路旗帜式宣传广告申请30件，落实安排30件，圆满完成了本市重大活动户外宣传任务。

【推进“五乱”治理】以老旧小区、集市菜场、轨交站点、医院周边、学校周边，以及区际结合部、城乡结合部、条块结合部等为重点区域，累计完成“补短板、治五乱”三年专项行动任务总量的80%治理工作，督办了1261个新查找的问题。重点聚焦“乱占道”和“乱张贴”专项治理，深入推进互联网租赁自行车街面秩序管理、占道亭棚治理等工作，专题研究违规道路指示牌、废弃电线杆治理等难题，全市已累计整治各类占道亭棚2295个、跨门经营21.2万处，规范非机动车停放41.8万处，清理乱张贴、乱悬挂1010.9万处。

【强化无序设摊治理工作】继续贯彻落实《关于本市进一步加强城市无序设摊综合治理工作实施意见》《上海市城市临时设摊集中疏导点指导意见》，巩固已完成治理的200个无序设摊聚集点的成效，强化临时疏导点和管控点的规范管理，20处有设摊聚集趋势的路段通过治理得到遏制，消除无序设摊中度污染点37处，全市设摊总量稳步减少。

【深化责任区管理制度】深化市容环境卫生责任区管理工作，全面完成责任区管理“五个一”任务，创建责任区示范道路120余条（段），新建责任区管理自律组织达1061家，组织责任人、管理人员参与培训达21.9余万人次，录入责任人信息档案26万组。沿街商铺上门收集垃圾道路数达2200余条。

【做好重大活动市容保障】聚焦“重大活动”“重要节点”和“重点区域”，推动全市面上的市容环境治理工作。完成党的十九大召开、中欧高级别人文交流对话机制会议、国际军乐节、“全国双创周”“中国国际技能大赛”和国际技能研讨会、环崇明岛国际自行车联盟女子公路世界巡回赛、环球马术冠军赛、上海国际马拉松赛、国际田联上海黄金大奖赛、2017年上海车展等重要会议和活动的市容环境保障工作。切实做好元旦、春节、清明、五一、端午、国庆等重要节点期间的市容环境保障，加强巡查、发现，督办重点问题330余起，营造了和谐温馨的环境氛围。

【制定并发布《城市容貌规范》】《上海市质量技术监督局关于发布上海市地方标准〈城市容貌规范〉的通知》(沪质技监标〔2017〕515号)审查批准发布：《DB31/T 1075—2017城市容貌规范》，计划自2018年4月1日起实施。

【道路保洁稳步提高】加强道路扬尘污染防治，20条重点治理道路总体情况良好，城市保洁水平稳步提高。提升机械化保洁水平，增加780辆作业车辆。

【强化水域保洁监管】水域保洁水平不断提升，初步建立一点一策、一点一档、一点一责，累计打捞漂浮垃圾1.5万吨。积极应对“绿萍”“水葫芦”双碰头污染现象，强化上游堵截，打捞水生植物约69.4万吨，累计打捞漂浮垃圾1.85万吨，收集船舶生活垃圾3.1万吨。积极推进船舶污染物规范接收处置，外港累计收集船舶生活垃圾2.5万吨。

【开展本市首批“三最”示范河道创建活动】按照市政府对本市水域日常保洁管理的分工，全面落实沿线10个区44条支流的闸内段、闸外段水域保洁责任；结合本市城乡中小河道集中整治后的长效管理需求，以及近年来中小河道水域市容环境卫生的管理成果，开展本市首批“三最”示范河道创建活动。

【推进市容市貌基础管理工作】继续发挥市、区、街镇三级市政市容工作综合协调平台，落实工作例会、信息沟通、巡查督办、应急保障等制度，全力推进市政市容短板治理工作，严格按照考评办法，完成71个市容环境综合管理达标街镇复查、8个市容环境综合管理示范街镇创建。注重强化90条主要道路和26个景观区域、黄浦江45公里岸线周边等重点区域的环境综合治理，全市总体保持良好水平。

【制订精细化管理“三年行动”计划】按照《中共市委、上海市人民政府关于加强本市精细化管理工作实施意见》的要求，对标卓越的全球城市，抓重点、补短板、促亮点，以“三全四化”为着力点，组织制订绿化市容方面精细化管理工作三年行动计划，明确建设上海花城、补短板促亮点、健全垃圾综合治理体系三项重点任务以及信息化、标准化、社会化等配套措施，力争至2020年，科学管理、依法治理、信息化管理、社会共建和自治共享四方面工作水平均有所提升。

【开展责任区管理办法主题宣传活动】为了进一步深化推进和全面落实相关要求，集中展示全市市容环境管理上的机制创新和建设成果，大力倡导社会单位和广大市民自觉参与责任区自律自治的意识，在全市进一步营造“我的门前我清洁，我的区域我负责”的舆论氛围，3月30日，在长宁区星空广场举办了《上海市市容环境卫生责任区管理办法》实施两周年主题宣传活动，市绿化和市容管理局、市住房城乡建设管理委、市文明办、市爱卫办、市城管执法局、长宁区人民政府等部门领导出席了活动，部分责任单位和责任人代表，城管执法人员、市容管理人员、志愿者代表约200人参加了活动。

【加强车辆清洗管理】开展试点街（镇）机

动车辆清洗场（站）全面排查，备案率达到90%以上。强化行业自律，开展规范服务示范点评选，完成全市100家清洗场站规范服务示范点创建工作。以彭浦新村街道、虹桥镇两个街镇为试点，全面推进清洗场站综合治理工作。继续开展节水洗车“六进”活动，举办节水周宣传活动，推广微水洗车，全市新增节水洗车点38个。积极开展联合行动，基本消除占路洗车摊（点）。注重规范管理，推进《机动车清洗市场发展规划导则》研究工作。

【优化环卫公厕布局】提升公共厕所建设管理水平，提供App和微信导厕服务，公示监督电话，不断优化如厕体验。宣贯执行2016版《公共厕所规划和设计标准》，新建环卫公厕15座、改建202座、增设第三卫生间52座，2160多座公厕创建成为文明公厕，环卫公厕布局不断优化。

（五）行业综合

【深化行政审批改革】完成10项深化审批制度改革和“放管服”改革任务。推动濒危野生动物及其制品贸易改革举措复制推广到全市，为国家其他7个自贸区相关制度建设提供“上海方案”。全年为企业提供野生动植物进出口许可服务超过3300批次，较2016年增长100%以上。推进“证照分离”，在全市层面推广复制户外广告设施设置审批改革成果。配合浦东新区形成新一轮“证照分离”改革事项清单，覆盖新区绿化市容、林业全部市场准入事项。

【优化行政审批服务】完成“三个一批”事项清理，其中，当场办结事项4项，提前服务事项1项。继续取消调整一批行政审批事项。建立完善权责清单动态调整机制，报送取消、调整行政权责事项8项。积极稳妥推进行业协会脱钩。政府数据资源公开获全市第2名。全年受理办结行政审批申请3994件，行政审批按时办结率为100%。

【深化养护作业市场化改革】推进环卫定额修订，推进行业诚信体系建设，建立完善绿化养护信息化监管平台，建成绿化养护信息化管理系统。直属公园市场化招投标率继续维持在95%以上。环卫定额修订工作基本完成，开展《上海市绿化养护作业诚信指标》研究。推动制定《上海市市容环境卫生行业协会会员信用评价管理暂行办法》和评审标准，连续两年创建19家企业。

【推进绿化市容街镇力量下沉】下发《关于进一步做好区绿化市容管理职能下沉街镇工作的通知》，进一步明确区职能部门和街镇绿化市容机构职责定位。召开面向基层专题培训班，深入解读意见精神，覆盖基层管理人员350人，强化考核监督，下沉情况纳入局年度考核。

【推进行业法治建设】全面推进《上海市生活垃圾管理条例》立法调研，形成条例草案框架，明确立法思路和核心制度。出台《关于建立完善本市生活垃圾全程分类体系的实施方案》。颁布实施关于修改《上海市流动户外广告设置管理规定、上海市户外广告设施管理办法的决定》（沪府令53号）、《上海市建筑垃圾处理管理规定》（沪府令57号）颁布实施，制定建筑垃圾运输单位招投标办法和运输许可证吊销程序规定。完成《上海市崇明禁猎区管理规定（草案）》《上海市景观照明管理办法（草案）》的起草上报工作。组建局法治政府建设工作领导小组，完善政府法律顾问制度，建立重大行政执法决定法制审核制度。建立局公平竞争审查机制。两起行政复议和1起行政诉讼得到妥善处置。

【深化科技信息工作】建立城市绿化成果转化、柑橘产业研发、固废资源化利用三个行业科技创新中心。建设行业科技信息共享交换平台。成立“上海城市树木生态应用工程技术研究中心”。完成1项国家标准编制、3项行业标准编制和6项地方标准制修订，协助制定全国《园林绿化养护概算定额》，两项国家级标准化试点项目和1项市级标准化试点项目成功验收。初步确立湿垃圾和建筑垃圾资源化利用技术路线。荣获市科技进步二等奖、三等奖各1项，市科普教育创新奖科普贡献一等奖1项，科普成果二等奖1项。园科院成立院士工作站，主持了国家重点研发项目课题，上海辰山植物园SCI论文比2016年提高了23个百分点，上海动物园创开园以来物种繁殖新纪录。编制《上海市绿化市容行业人工智能发展规划纲要》，林业“三防”信息化项目全面启动。林业信息化被评为全国“十佳”省市。

【提升社会宣传动员能力】提升“绿色上海”双微影响力，加强与“上海发布”“乐游上海”“青春上海”等政务微信合作，围绕2017中国森林旅游节、第三届上海市民绿化节等重大活动开展同步宣传。与《新民晚报》、安信农保合作《生态上海》宣传专版，增设全媒体展示，并组织市民体验活动和上海森林无人机摄影大赛，提升宣传效果。顺利建成市局行业发展展示中心。“绿色上海”建设不断拓展深化，微信粉丝达8万人。网站建设、网上政务大厅建设、政务信息公开等名列全市前茅。围绕行业重点，做好主动宣传发布，完成各类报刊专版及电台专栏合计122期。

【深化文明行业创建】深化文明创建，绿化、公厕管理与服务、道路保洁和垃圾清运三个窗口行业全部创建成为“上海市文明行业”，实现新的飞跃。辰山植物园创建为“全国文明单位”，上海古猗园全国文明单位复评成功。市级文明单位增至24家，其中5家单位新创成功。命名曲阳公园等9座公园为第二批“上海市志愿者服务基地”。

【做好安全维稳工作】成功抵御“纳沙”“海棠”“泰利”等台风暴雨袭击，数万名一线绿化环卫职工、百余支应急队伍参与保障。健全“横向到边、纵向到底”的安全生产责任体系，引入专业第三方监管，局系统安全检查督查已形成常态。

【有序应对市民诉求】全年受理信访诉求436件次，办结率100%。针对“事转企”退休转制职工、湿垃圾处理设施规划选址邻避矛盾集访情况，积极协调应对，确保秩序稳定。市民诉求处置能力不断提高，受理处置各类投诉31385件，先行联系率达97.67%，按时办结率达100%，满意度测评为75.04%。举办“真情服务面对面、凝心聚力解民忧”主题演讲比赛，宣传优秀案例，提升诉求处置队伍能力。

【保障职工合法权益】深化和完善绿化养护和环卫行业集体协商机制，推进一线职工收入正常增长机制的落实。开展绿化养护行业职工工资第二次集体协商和环卫行业职工工资第七次集体协商，进一步明确工资福利待遇，为保障一线职工合法权益、稳定行业职工队伍、提高职工素质提供政策保障。

（周海霞）

PART FOUR Ⅳ

环境保护

ENVIRONMENTAL PROTECTION

- ⊙ 综述
- ⊙ 环境质量状况
- ⊙ 污染防治
- ⊙ 环境工程建设
- ⊙ 法制建设

（一）综述

2017年，上海市深入贯彻习近平总书记系列重要讲话精神和治国理政新理念新思想新战略，学习贯彻党的十九大精神，把生态文明建设和环境保护摆在更加突出位置，扎实推进中央环保督察整改、“五违四必”区域生态环境综合治理、城乡中小河道整治和气、水、土三大污染防治行动计划，较好地完成了各项年度环境保护目标任务，主要污染物排放总量进一步下降，生态环境质量明显改善。

2017年，上海市环境空气中细颗粒物（$PM_{2.5}$）浓度为39微克/立方米，较2016年下降了13.3%，较基准年2013年下降了37.1%，$PM_{2.5}$、可吸入颗粒物（PM_{10}）、二氧化硫（SO_2）年均浓度均为历年最低；全市主要河流水质较2016年进一步改善，劣Ⅴ类断面比例下降了15.9个百分点；区域环境噪声达到标准要求；辐射环境质量保持正常水平。

（二）环境质量状况

【水环境质量】2017年上海市主要河流断面中，Ⅱ～Ⅲ类水质断面占23.2%，Ⅳ～Ⅴ类断面占58.7%，劣Ⅴ类断面占18.1%，主要污染指标为氨氮和总磷。

2017年上海市主要河流水质较2016年进一步改善，Ⅱ～Ⅲ类、Ⅳ～Ⅴ类断面比例分别上升7.0个百分点和8.9个百分点，劣Ⅴ类断面比例下降15.9个百分点。高锰酸盐指数平均浓度为4.5毫克/升，同比下降6.1%；氨氮平均浓度为1.37毫克/升，同比下降28.0%；总磷平均浓度为0.21毫克/升，同比下降22.0%。淀山湖处于轻度富营养状态，与2016年基本持平。

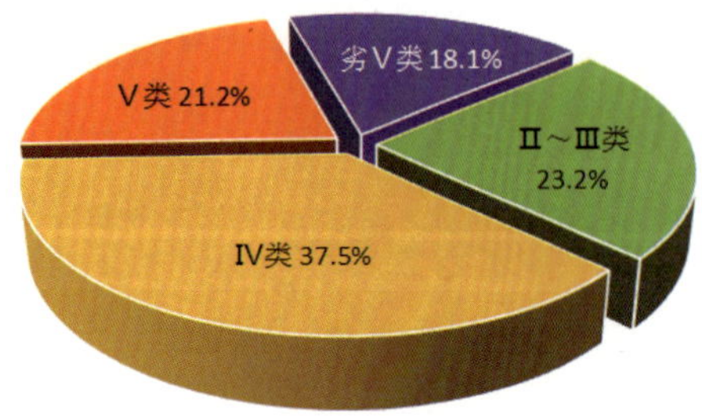

图1 2017年上海市主要河流断面水质类别比例

【重点河流】黄浦江。黄浦江6个断面中，5个水质为Ⅲ类，1个为Ⅳ类。与2016年相比，总体水质有所改善。主要指标中，氨氮和总磷浓度分别下降38.0%和6.7%。苏州河。苏州河7个断面中，4个水质为劣Ⅴ类，3个为Ⅴ类，主要污染指标为氨氮和总磷。与2016年相比，总体水质有所改善。主要指标中，氨氮浓度下降15.9%，总磷浓度基本持平。长江口。长江口7个断面水质均为Ⅲ类。与2016年相比，总体水质基本持平。主要指标中，氨氮浓度下降19.4%，总磷浓度上升19.7%。

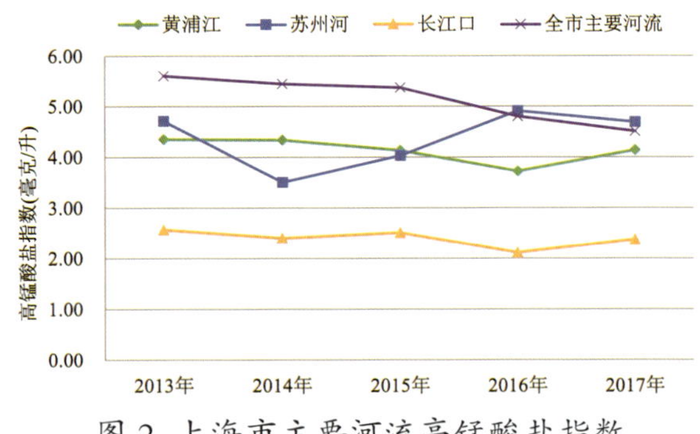

图2 上海市主要河流高锰酸盐指数变化趋势图

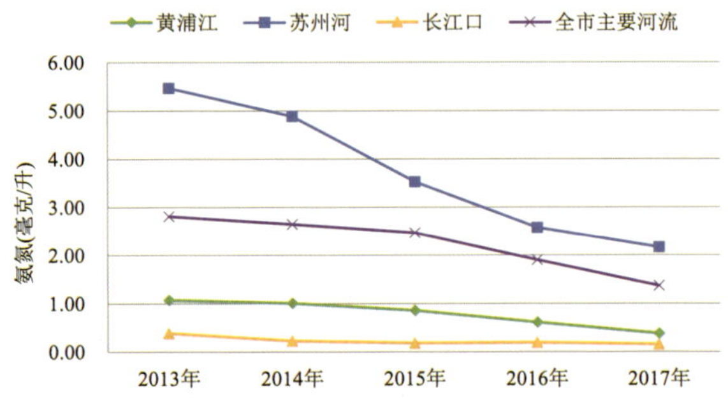

图3 上海市主要河流氨氮浓度变化趋势图

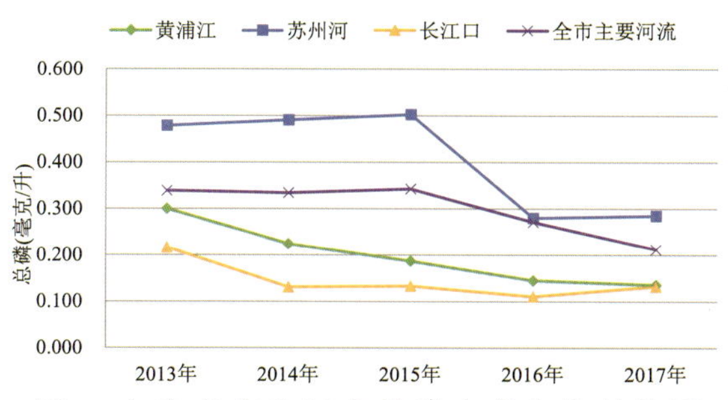

图 4 上海市主要河流总磷浓度变化趋势图

【环境空气质量】2017 年，上海市环境空气质量指数（AQI）优良天数为 275 天，较 2016 年减少 1 天；AQI 优良率为 75.3%，较 2016 年下降 0.1 个百分点。其中，优 58 天，良 217 天，轻度污染 71 天，中度污染 17 天，重度污染两天；重度污染天数与 2016 年持平。全年 90 个污染日中，首要污染物为臭氧的有 52 天，占 57.8%；首要污染物为细颗粒物（$PM_{2.5}$）的有 23 天，占 25.6%；首要污染物为二氧化氮的有 12 天，占 13.3%；首要污染物为可吸入颗粒物的有两天（受沙尘输送过程影响），占 2.2%；首要污染物同为 $PM_{2.5}$ 和二氧化氮的有 1 天，占 1.1%。

【细颗粒物（PM2.5）】2017 年，上海市 $PM_{2.5}$ 年均浓度为 39 微克 / 立方米，超出国家环境空气质量二级标准 4 微克 / 立方米，较 2016 年下降 13.3%，较基准年 2013 年下降 37.1%。按月统计，10 月平均浓度最低，为 24 微克 / 立方米；12 月平均浓度最高，为 54 微克 / 立方米。近 5 年的监测数据表明，上海市 $PM_{2.5}$ 年均浓度总体呈下降趋势。各区 $PM_{2.5}$ 浓度空间分布总体呈西高东低的态势。

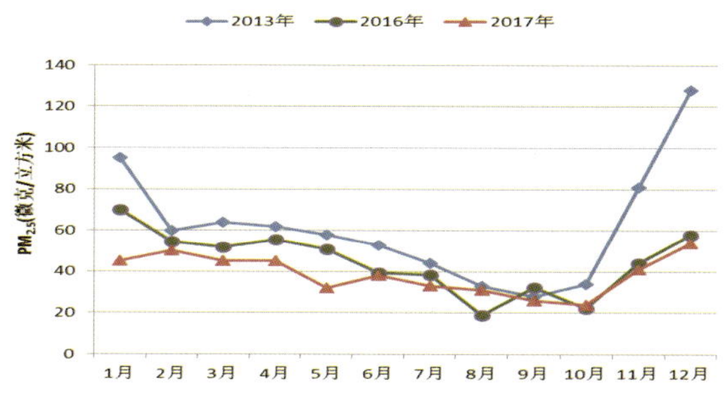

图 5 2016—2017 年及基准年 2013 年各月 PM2.5 月均浓度比较

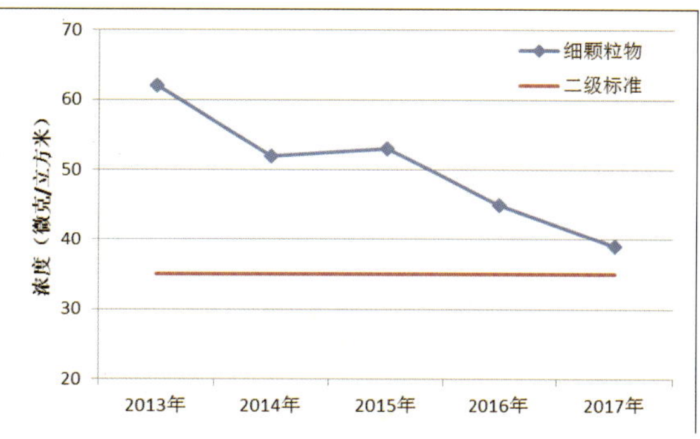

图 6 2012—2016 年上海市 PM2.5 年均浓度变化趋势图

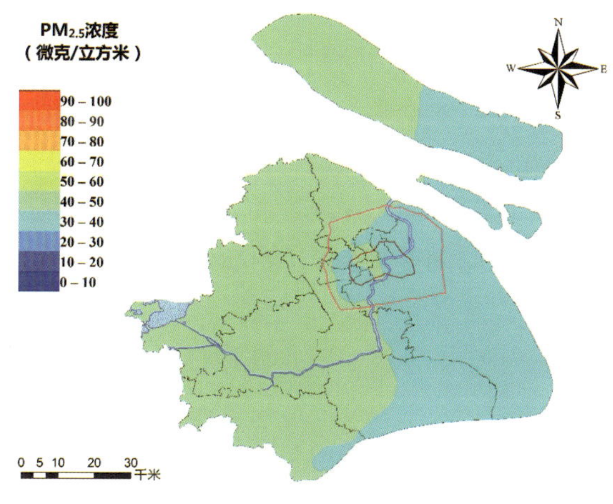

图 7 2017 年上海市各区 PM2.5 浓度空间分布示意图

【可吸入颗粒物（PM_{10}）】2017 年，上海市 PM_{10} 年均浓度为 55 微克 / 立方米，达到国家环境空气质量二级标准，较 2016 年下降 6.8%。近 5 年的监测数据表明，上海市 PM_{10} 年均浓度总体呈下降趋势，已连续三年达到国家环境空气质量二级标准。各区 PM_{10} 浓度空间分布总体呈西高东低的态势。

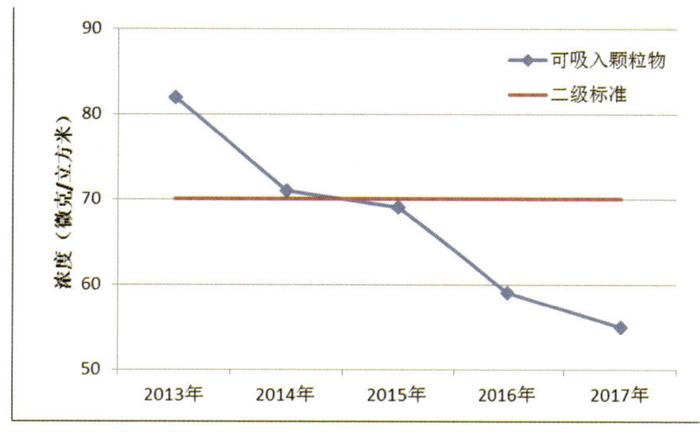

图 8 2013—2017 年上海市可吸入颗粒物年均浓度变化趋势图

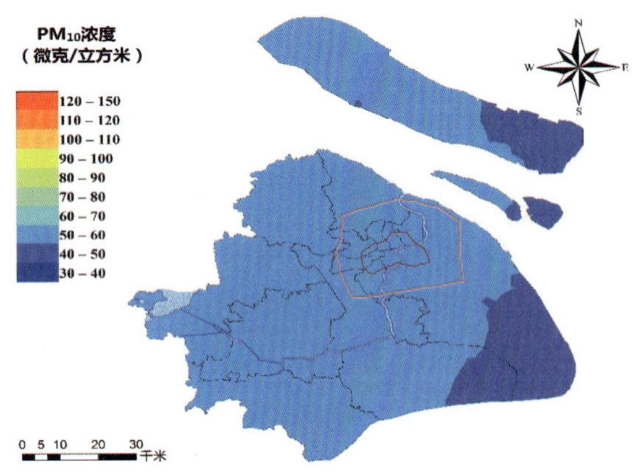

图 9　2017 年上海市各区可吸入颗粒物浓度空间分布示意图

【二氧化硫（SO_2）】 2017 年，上海市二氧化硫年均浓度为 12 微克 / 立方米，达到国家环境空气质量一级标准，较 2016 年下降 20.0%。近 5 年的监测数据表明，上海市二氧化硫年均浓度均达到国家环境空气质量二级标准，且总体呈下降趋势，已连续四年达到一级标准。各区二氧化硫浓度总体较低。

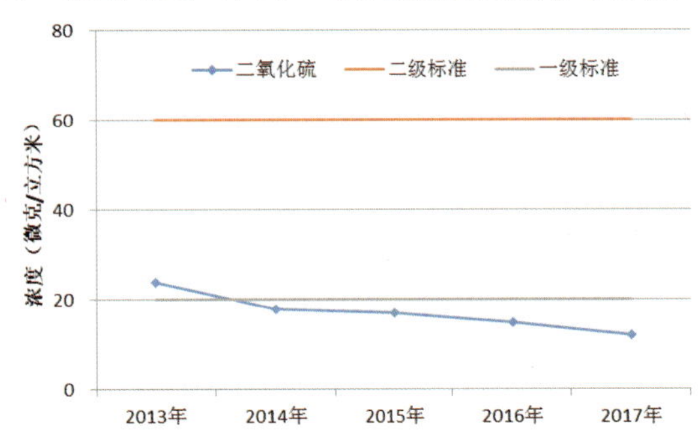

图 10　2013—2017 年上海市二氧化硫年均浓度变化趋势图

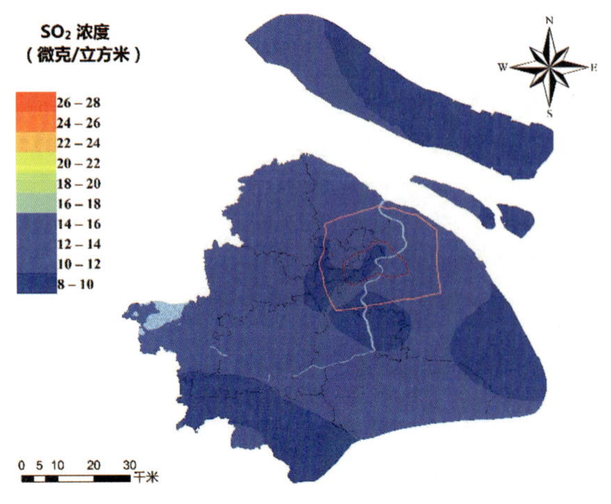

图 11　2017 年上海市各区二氧化硫浓度空间分布示意图

【二氧化氮（NO_2）】 2017 年，上海市二氧化氮年均浓度为 44 微克 / 立方米，超出国家环境空气质量二级标准 4 微克 / 立方米，较 2016 年上升 2.3%。近 5 年的监测数据表明，上海市二氧化氮年均浓度均未达到国家环境空气质量二级标准。各区二氧化氮浓度空间分布总体呈市中心向周边区域递减的趋势，浦西地区二氧化氮浓度总体高于浦东地区。

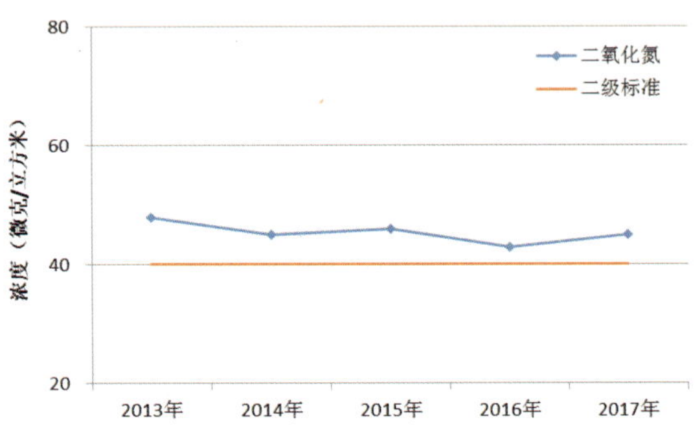

图 12　2013—2017 年上海市二氧化氮年均浓度变化趋势图

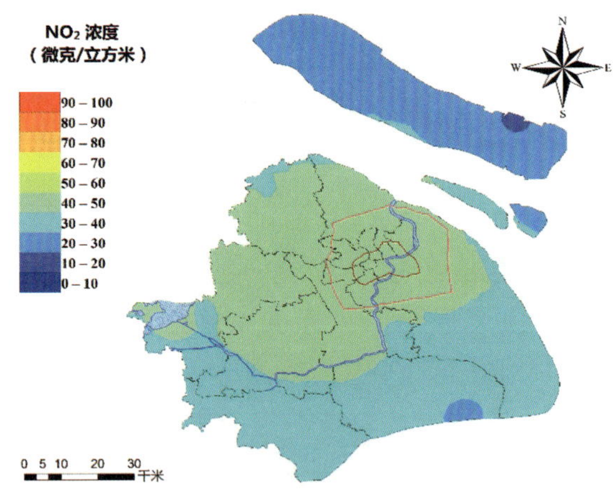

图 13　2017 年上海市各区二氧化氮浓度空间分布示意图

【臭氧（O_3）】 2017 年，上海市臭氧日最大 8 小时平均第 90 百分位数浓度为 181 微克 / 立方米，超出国家环境空气质量二级标准 21 微克 / 立方米，较 2016 年上升 10.4%。各国控点臭氧日最大 8 小时平均值的达标率为 79.1% ～ 88.4%，较 2016 年有所下降。

【一氧化碳（CO）】 2017 年，上海市一氧化碳日均浓度范围在 0.4 ～ 1.8 毫克 / 立方米之间，全部达到国家环境空气质量二级标准。全市年均浓度为 0.76 毫克 / 立方米，较 2016 年下降 3.8%。

近 5 年的监测数据表明，上海市一氧化碳日均浓度达标率均为 100%，年均浓度均维持在 1.0 毫克 / 立方米以下。

图 14　2013—2017 年上海市一氧化碳浓度变化趋势图

【酸雨】 2017 年，上海市降水 pH 平均值为 5.12，酸雨频率为 47.6%，较 2016 年下降 2.8 个百分点。近 5 年的监测数据表明，上海市酸雨污染总体呈下降趋势。

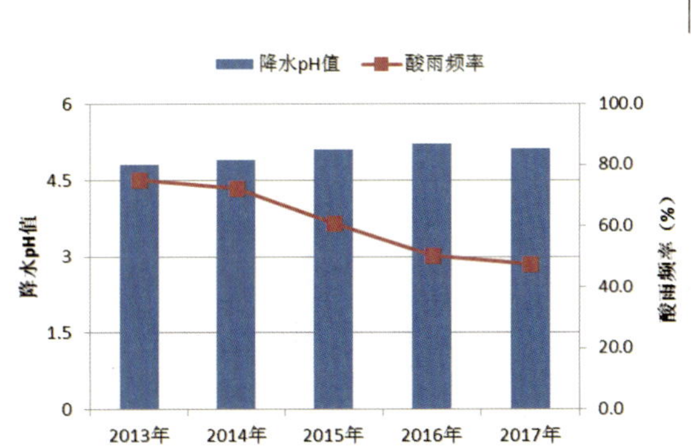

图 15　2013—2017 年上海市酸雨频率和降水 pH 值变化趋势图

【降尘】 2017 年，上海市平均区域降尘量为 4.1 吨 / 平方公里・月，道路降尘量为 9.3 吨 / 平方公里・月。与 2016 年相比，区域降尘量下降 0.4 吨 / 平方公里・月，道路降尘量下降 0.2 吨 / 平方公里・月。近 5 年的监测数据表明，上海市降尘污染总体呈下降趋势。

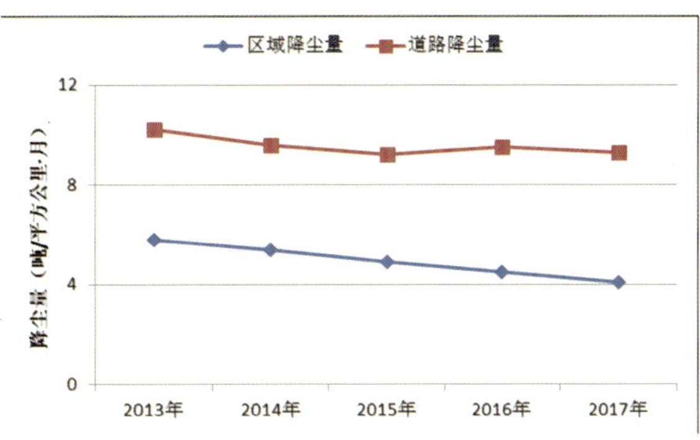

图 16　2013—2017 年上海市降尘量变化趋势图

【噪声环境质量】 2017 年，上海市区域环境噪声为一般水平，道路交通噪声昼间时段和夜间时段均保持稳定。

区域环境噪声。2017 年，上海市区域环境噪声昼间时段的平均等效声级为 55.7 dB(A)，较 2016 年下降 0.3 dB(A)；夜间时段的平均等效声级为 48.8 dB(A)，较 2016 年上升 0.3 dB(A)。昼间时段有 90.4% 的测点达到好、较好和一般水平，夜间时段有 97.2% 的测点达到较好和一般水平。

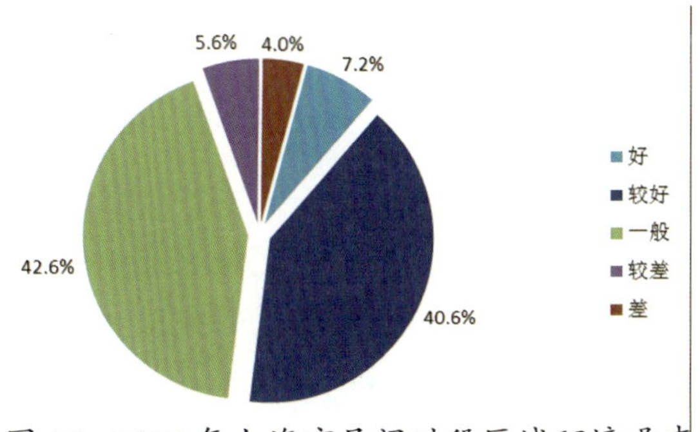

图 17　2017 年上海市昼间时段区域环境噪声等级分布

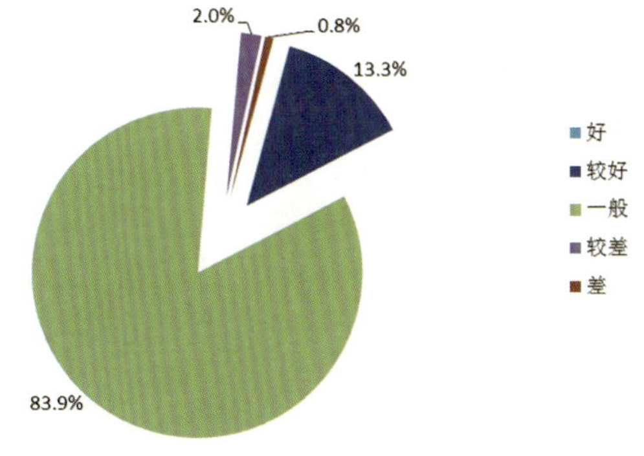

图 18　2017 年上海市夜间时段区域环境噪声等级分布

近 5 年的监测数据表明，上海市区域环境噪声昼间时段平均在 55 ～ 56 dB(A)，夜间时段平均在 48 ～ 49 dB(A)，总体保持稳定。

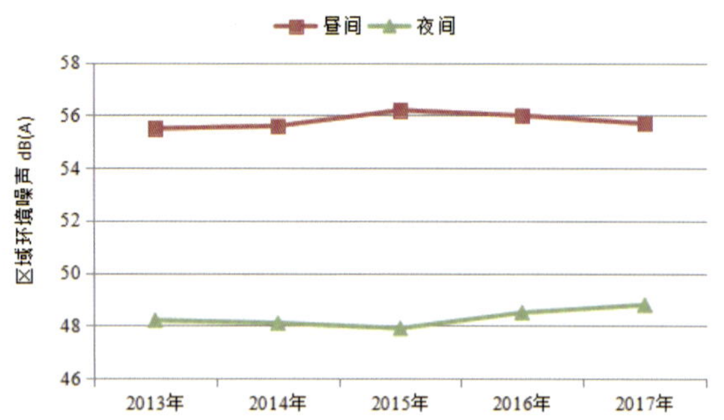

图 19　2013—2017 年上海市区域环境噪声变化趋势图

道路交通噪声。2017 年，上海市道路交通噪声昼间时段的平均等效声级为 69.8 dB(A)，较 2016 年上升了 0.3 dB(A)；夜间时段的平均等效声级为 65.0 dB(A)，与 2016 年持平。昼间时段评价为好、较好和一般水平的路段占监测总路长的 85.5%，夜间时段评价为好、较好和一般水平的路段占监测总路长的 31.1%。

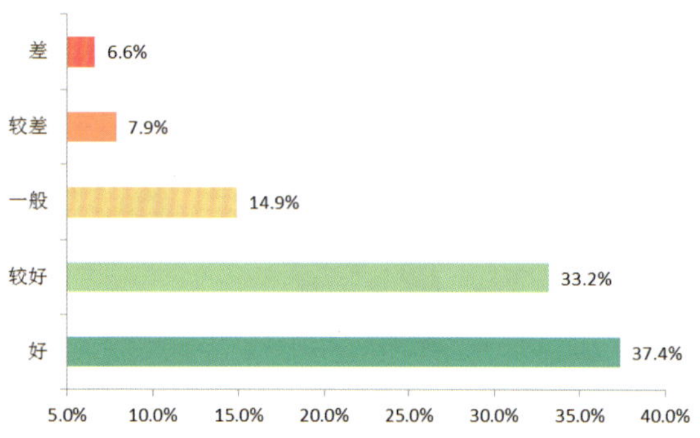

图 20　2017 年上海市昼间时段道路交通噪声等级分布

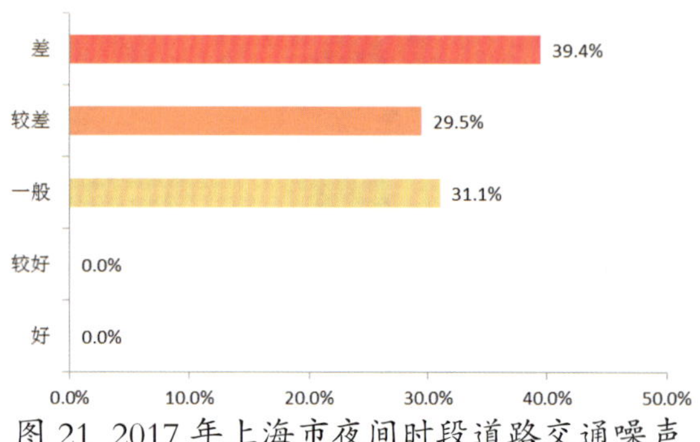

图 21　2017 年上海市夜间时段道路交通噪声等级分布

近 5 年的监测数据表明，上海市道路交通噪声昼间时段总体稳定在 69 ～ 70 dB(A)之间，夜间时段稳定在 65 dB(A) 左右。

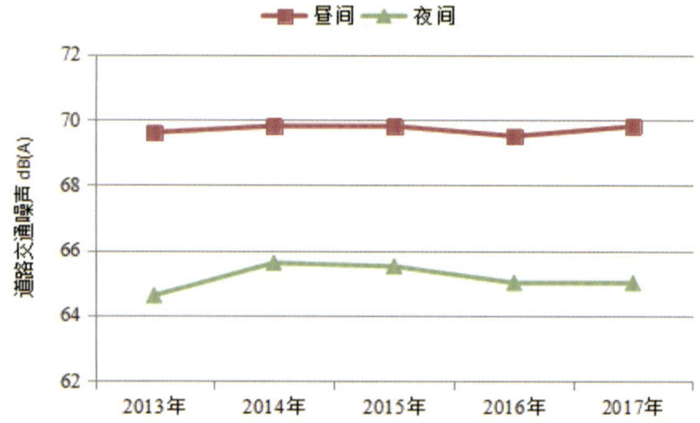

图 22　2013—2017 年上海市道路交通噪声变化趋势图

【辐射环境质量】2017 年，上海市辐射环境质量总体情况良好。

电离辐射。环境放射性水平方面：通过对 γ 辐射空气吸收剂量率、γ 辐射累积剂量的监测及气溶胶、雨水、沉降物、水汽、地表水、地下水、海水、土壤、生物等样品的分析可知，上海市大气、水体、土壤等介质中的放射性核素浓度处于正常水平，全市各监测点的 γ 辐射空气吸收剂量率与历年的监测结果相当。

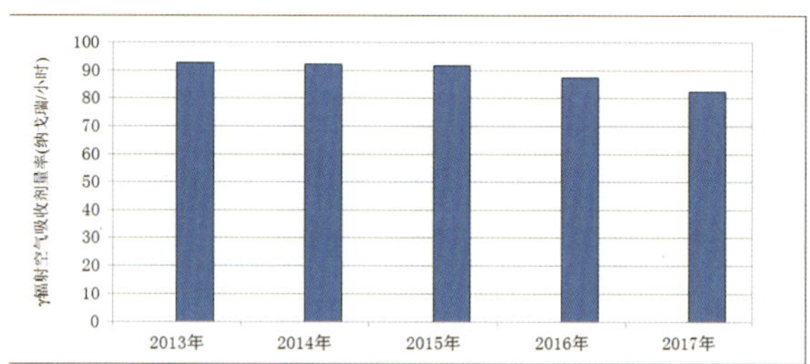

图 23　2013—2017 年上海市 γ 辐射空气吸收剂量率年均变化趋势图

核技术应用方面：通过对全市典型 Ⅰ ～ Ⅴ类放射源及 Ⅰ ～ Ⅲ类射线装置使用场所周围环境辐射水平的监测，结果表明，核技术应用场所周围环境中的年累积辐射剂量满足中华人民共和国国家标准《电离辐射防护与辐射源安全基本标准》(GB 18871—2002) 中规定的对公众和职业人员受照剂量的限制要求。

电磁辐射。电磁辐射环境方面：上海动物园、共青森林公园、龙华烈士陵园、世纪公园、上海滨海森林公园、人民公园、奉贤古华园、嘉定孔庙、商业区（人民广场）、工业区（青浦工业区）、住宅区（中远两湾城）及交通干线（轨道交通三号线）共12个背景点的电磁辐射水平监测结果表明，工频电场强度为0.152 ~ 1.859伏特/米，工频磁感应强度为0.0126 ~ 0.0669微特斯拉，综合电场强度为0.09 ~ 1.44伏特/米。与历年相比，上海市电磁辐射环境背景水平无明显变化。

电磁辐射设施方面：对东方明珠等广播发射塔、500千伏南桥变电站等4个变电站、500千伏桥行输电线等4条高压输电线、卫星地球站、浦东机场雷达站、移动通信基站、磁悬浮列车及电气化铁路周围环境电磁辐射水平进行了监测，结果表明主要伴有电磁场或产生电磁辐射（非电离部分）的设施周围环境中的工频电场强度、工频磁感应强度和综合电场强度均符合《电磁环境控制限值》（GB 8702—2014）中相应频段规定的公众曝露控制限值。

（三）污染防治

【大气污染防治】2017年，上海市全面落实能源、产业、交通、建设、农业、生活六大领域大气污染防治措施103项，超额完成《上海市清洁空气行动计划（2013—2017年）》明确的重点任务。

能源领域：2017年完成公用燃煤电厂9台2840兆瓦发电机组的超低排放改造，全面完成24台机组改造任务，并同步完成石膏雨治理；基本完成集中供热和热电联产燃煤锅炉清洁能源替代或关停调整工作。除公用燃煤电厂和钢铁窑炉，上海市基本实现无燃煤。

产业领域：完成污染源整治1336处，产业结构调整项目3889项；进一步聚焦钢铁、石化、化工、造船、印刷等重点行业，完成514家企业VOCs治理工作。

交通领域：淘汰老旧车1.77万辆，推广新能源汽车约3万辆；开展汽车生产企业新生产机动车环保一致性检查；完成吴淞邮轮港等5项岸电设施建设工程；完成60艘内河船舶LNG应用改造，港区推广LNG内集卡约900辆；查处问题车辆2.68万辆次、违法年检站4座。2017年1月1日，重型柴油客车实施国家第五阶段排放标准；2017年7月1日，重型柴油货车实施国家第五阶段排放标准。

建设领域：加快推进干散货、内河易扬尘码头及堆场扬尘污染整治，进一步加强建筑、拆房和渣土运输过程扬尘污染管控；扬尘在线监控系统全面用于执法监管，强化精细化管理水平。

农业领域：按照政府引导、市场运作原则，引导企业参与秸秆资源化综合利用，鼓励企业、农民专业合作组织等开展秸秆收集和贮运，提高秸秆（除还田外）综合利用比例。2017年，粮油作物秸秆综合利用率达到94%。

生活领域：累计完成汽修行业专项整治4916家。

【水环境治理与保护】饮用水源地保护。2017年，随着黄浦江上游金泽水源湖建成投运，上海市饮用水源水质进一步提升，集约化供水格局进一步完善。开展饮用水水源地专项行动，全市实现饮用水水源二级保护区内排污口的关闭调整；饮用水源保护区生态补偿力度不断加大，2017年上海市市级财政拨付补偿资金9.75亿元，促进了水源保护区的生态环境保护工作。

水污染防治行动计划。根据上海市水污染防治行动计划实施方案项目清单，应于2020年前完成87个工程项目、101个管理项目。至2017年底，87个工程项目中，闵奉支线、松江原水支线、新浜污水厂、上海石化、金山区兴塔、廊下污水厂提标改造及浦东新区临港、松江、嘉定、奉贤、崇明陈家镇污泥处理工程等58个项目已经全面完工，工程项目完工率约为67%。101个管理项目中，泵站在线监测试点工作、国考断面太浦河—太浦河桥和金汇港—钱桥水质达标、全面取缔“十小”企业等40项工作已经完成，管理项目完成率约为40%。项目总体完工率为52%。

中小河道综合整治。全面建立市—区—街镇三级河长体系，共7781名领导干部担任各级河长，提前一年多实现河湖河长制全覆盖。上海市共有1864条段黑臭河道纳入综合整治工作，按照“源头控制，水岸联动”的原则，完成了河道周边3135家工业企业分类整治、105家畜禽场退养、1756公里水利工程，沿河拆违351万平方米、治理农村生活污水5万余户、截污纳管1200多处。紧盯水质目标，依托河长办平台，做到完成一条、监测一条、评议一条，全市1864条段整治河道基本消除黑臭。

【土壤污染防治】2017年，全面启动土壤污染状况详查工作，印发上海市土壤污染治理与修复规划，并初步建立了土壤污染治理与修复项目库。发布上海市土壤污染防治重点监管企业名单（第一批）。上海市环保部门严格按照环境保护部文件要求，加强对疑似污染地块和污染地块的调查评估和治理修复的环境监管。开展对场地调查评估和治理修复从业单位的考核评估，并发布合格单位名单。有序推进宝山南大地区、普陀桃浦等区域的场地治理修复工程。

为有效评估低效工业场地复垦农用污染风险，上海市环保局会同市规划国土资源局编制了《上海市低效工业用地复垦场地环境保护技术指南（试行）》，用以指导上海市复垦农用地环境污染风险评估和管控，保障复垦后新增农用地的农产品质量和区域生态环境安全。

【固体废物管理】2017年，上海市共有30家危险废物经营许可证单位，包括填埋处置、焚烧处置（含医废）、物化处理、综合利用和废桶清洗5个大类，总核准年利用处置规模为82.34万吨，清洗废桶143.3万只。填埋处置企业3家，总核准年填埋规模为12.62万吨；焚烧处置企业（不含医废）9家，总核准年焚烧规模为21.86万吨。

2017年，上海市危险废物（不含医废）市内转移处理处置50.2万吨，清洗废桶96.0万只；危险废物跨省市转移处理处置18.8万吨，废桶跨省市处理处置43.3万个。全年医疗废物焚烧处置4.96万吨，医疗废物无害化集中处置率100%。

2017年，上海市共有5家企业获得了废弃电器电子产品处理资格许可，总核准年处理“四机一脑”能力为377.17万台。全年全市拆解企业合计接收废弃电器电子产品145.1万台，已拆解145.4万台（折合4.1万吨），其中拆解废电视机92.0万台、废冰箱2.9万台、废洗衣机9.7万台、废空调9.2万台、废电脑主机15.8万台、废电脑显示器15.8万台。

【辐射安全管理】2017年，上海市共办理辐射安全许可证延续与新办证1327家，放射性同位素转让222批，各类备案564家次，办理放射性同位素与射线装置豁免36件。市区两级环保部门对核技术利用单位开展监督性执法检查3786家次。

完成上海市放射源安全检查专项行动相关工作，进一步查缺补漏，摸清放射源底数，完善国家放射源信息库与上海辐射安全管理数据库对接等工作。开展对不同类别核技术利用单位不同频次的日常检查，进一步加大对违法行为的处罚力度和对整改单位的后督查。重点开展对探伤等重点放射源监管单位的现场检查与突击抽查工作，开展探伤机安全检验等工作。

结合“五违四必”整治工作，加强辖区内生产、销售、使用放射性同位素与射线装置的项目环评、验收手续及无许可证经营情况的排查与整治工作，开展对工商营业执照与许可信息相符性问题的专项检查，及时督促信息不相符的单位变更许可信息。

依据《上海市处置核与辐射事故应急预案》要求，针对处置核与辐射事故开展综合性应急演习，上海市应急办、相关应急联动单位及市区环保部门共同参与实施两次综合预演和1次综合演练。

（四）环境工程建设

【概况】根据上海市水污染防治行动计划实施方案项目清单，应于2020年前完成87个工程项目、101个管理项目。至2017年底，87个工程项目中，闵奉支线、松江原水支线、新浜污水厂、上海石化、金山区兴塔、廊下污水厂提标改造及浦东新区临港、松江、嘉定、奉贤、崇明陈家镇污泥处理工程等58个项目已经全面完工，工程项目完工率约为67%。101个管理项目中，泵站在线监测试点工作、国考断面太浦河—太浦河桥和金汇港—钱桥水质达标、全面取缔“十小”企业等40项工作已经完成，管理项目完成率约为40%。项目总体完工率为52%。

【金山地区环境综合整治】2017年是金山地区环境综合整治的收官年，三年累计完成整治任务910项，环境整治取得阶段性成效，恶臭污染明显改善，河道消除黑臭，环境信访投诉显著下降，群众感受度明显提升，社会舆情总体平稳。其中，2017年完成上海石化等一批污染治理及产业升级项目，完成楚华热电和申能星火清洁能源替代、化工区污水厂提标改造等一批区域环境基础设施建设项目，完成防护林和绿地建设近2万余亩，基本建成特征污染自动监测监控体系。

【区域生态环境综合治理】2017年上海市22个市级生态环境综合整治地块共消除违法用地8231.1亩，整治污染源1336处，关闭无证及淘汰企业3889家。2015年以来，连续三年的生态环境综合整治工作成效显著，50个市级重点区块共消除违法用地21045亩，整治污染源3395处，关闭无证及淘汰企业9922家，并带动了区级、街镇级地块的综合整治工作。通过综合整治，区域内的污染排放显著减少，环境面貌彻底改观，切实解决了一批群众反映强烈的难点问题，得到了市民的高度认可。

【长三角区域协作】2017年，在长三角区域大气和水协作小组各成员单位的共同努力下，大气污染防治超额完成“大气十条”明确的目标任务，水污染防治完成年度工作目标，区域各省市全面完成国家考核目标。大气污染治理聚焦重点领域不断深化，2014年以来，区域基本完成燃煤机组超低排放改造，共完成9万余台锅炉清洁能源替代与关停和1.3万家企业挥发性有机物治理，淘汰黄标车和老旧车辆322万辆，新增高低压岸电设施700余台套。水污染治理注重水岸联动、治本治源，2016年以来，三省一市全面实施河长制，完成“十小”企业取缔，新增污水收集管网4.8万公里，完成城镇污水处理厂一级A提标改造127座、畜禽养殖场取缔或整治11万户，完成长江经济带水源地清查整治。区域机动车信息共享平台投入试运行，船舶排放控制区建设从核心港口扩大到区域内全部港口。基本建成区域空气质量预测预报体系和城市大气复合污染成因与防治重点实验室，为区域联防联控提供技术支撑。

（五）法制建设

【概况】2017 年，上海市深入贯彻实施《上海市环境保护条例》，出台了《上海市生态环境保护工作责任规定（试行）》等配套文件，积极运用环保条例赋予的法律武器推进生态建设和污染治理，有力保障了上海市大气、水等环境质量取得明显改善。

【出台若干环境保护规定】2017 年 9 月，上海市环保局与市经济信息化委联合发布《关于应用中止供电措施确保环保行政执法决定有效执行的通知》，明确环保执行领域实施强制停电措施的相关要求，推动环保行政处罚的有效执行。2017 年 12 月，上海市环保局、市公安局和市检察院联合印发了《上海市环境保护行政执法与刑事司法衔接工作规定》，指导上海市各级环保部门、公安机关和检察院加强协作，统一法律适用，建立健全线索通报、案件移送、资源共享和信息发布等工作机制。公开遴选上海市环境损害司法鉴定机构登记评审专家库专家，已筛选出 66 名专家纳入专家库。

【加大环境执法力度】在完善法律法规的同时，环境执法力度不断加大。2017 年上海市环保系统查处案件达 4477 件，处罚金额逾 4. 76 亿元，同比分别增长 34.97% 和 90.23%。其中做出按日计罚 61 件，处罚金额共 9552.3 万元，实施查封扣押 179 件，限制生产、停产整治 30 件，移交公安行政拘留 18 件，涉嫌环境犯罪移交公安部门 68 件。

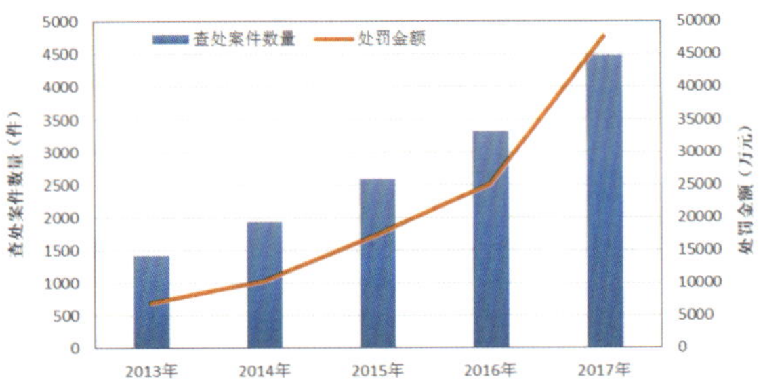

图 24　2013—2017 年上海市环保行政处罚情况

（滕晓波）

PART FIVE Ⅵ

水务管理

WATER MANAGEMENT

（一）综述

2017年，在上海市委、市政府的正确领导下，上海市水务局、上海市海洋局紧紧围绕全市经济社会发展大局，迎难而上、真抓实干、履职尽责，践行社会主义生态文明观，全力推进城乡中小河道综合整治，实现“中小河道基本消除黑臭、水域面积只增不减”目标；推进安全优质供水，供水水质和保障能力稳步提升；着眼水安全和水环境“两水平衡”，着力补齐防汛设施短板，防汛防台基础进一步夯实；推进城乡一体化发展，促进现代农业建设，农村水利工作取得新成效；全年完成投资377亿元，其中水利板块307亿元、供水板块19亿元、排水板块51亿元，完成年度各项目标任务。

中小河道基本消除黑臭。根据2017年10—12月上海水质监测报告显示，列入整治计划的1864条段1756公里中小河道已基本消除黑臭。同时，对上述河道委托第三方开展公众满意度测评，公众对整治后河道满意度大大提升。城乡中小河道综合整治还带动面上水环境质量稳步提升。经监测，2017年1—12月，全市259个水质考核断面中，Ⅱ～Ⅲ类水质断面占23.2%，较2016年上升7.0个百分点；Ⅳ～Ⅴ类断面占58.7%，较2016年上升8.9个百分点；劣Ⅴ类断面占18.1%，较2016年下降15.9个百分点。重要水功能区水质达标率为67.3%，较2016年提高9个百分点。

构建四级河长体系。2017年，共计7781名领导干部担任市—区—街镇—村居河长，部分区还结合实际探索设立民间河长、河道监督员等3441名，全市所有河湖以及小微水体都有河长，以党政领导负责制为核心的责任体系更加健全。市四套班子主要领导以上率下，深入河道整治一线调研指导、督促检查、协调推进。各级党政领导以河长身份巡河成为常态，市级河长巡河77人次、区级河长巡河1453人次、街镇河长巡河32888人次，做到守水有责、守水担责、守水尽责，全社会关爱河湖、珍惜河湖、保护河湖的局面基本形成。

河道长效管理得到加强。全面开展河湖本底调查，形成“一河一图一信息”全覆盖、无重复、无遗漏的河湖本底数据，编制发布《2016年上海市河道（湖泊）报告》。制定河湖水面率管控方案、整治与长效管理导则、规划设计导则、河道命名管理办法、农村生活污水排放标准、小微水体管理指导意见等一批制度文件，深入推进养护作业市场化改革，河道长效常态管理水平进一步提升。清理整顿“三无”居家船舶491艘，编制完成《上海市断头河整治三年行动计划（2017—2019年）》《2017上海市河道（湖泊）报告》，印发《关于开展入河排污（水）口排查和登记复核工作的通知》，明确入河排污（水）口排查和登记建档的工作任务和要求。根据《2017上海市河道（湖泊）报告》（2018年1月公布），全市河湖面积共620.98平方公里，河湖水面率9.79%，相较于整治前的2016年，河湖面积增加4.46平方公里，河湖水面率增加0.07%。

供水安全保障体系全面形成。黄浦江上游金泽水库原水工程建成通水，构建完成“两江并举、集中取水、水库供水、一网调度”的原水供应格局。横沙岛3.6万名居民喝上青草沙水，全市供水集约化全面完成，上海百年深井公共供水成为历史。完善原水水质在线监测和预警设施建设，快速有效处置多起供水突发性事件，妥善应对连续低温寒潮影响。供水行业在上海“夏令热线”第三方测评中名列前茅，行业服务水平不断提高。全年共计完成二次供水改造任务5560万平方米，占年度计划的112%，其中中心城区基本收官，完成改造任务4010万平方米；

郊区改造工作进展顺利，完成改造任务1550万平方米。“管水到表”深入推进，供水企业新增接管5000万平方米，累计完成接管1.2亿平方米。

防汛防台暨“四道防线”进一步完善。西部地区流域泄洪通道堤防达标工程全面完成。老石洞水闸、淀东泵闸、新石洞水闸、友谊河泵闸、华新泵闸泵站等一批重大水利工程基本建成，掘石港、南横引河等一系列河道整治工程有序推进。28个排水系统全面开工，其中大定海等9个建成。完成安国路、双辽路、平凉路等11个道路积水改善工程项目。苏州河深层排水调蓄管道工程试验段进展顺利。吴淞江工程总体方案获批，前期工作取得积极进展。经受台风“泰利”“卡努”的外围影响和“9·25”特大暴雨及5场大暴雨等汛情的考验。

污水污泥处理设施加快建设。落实国家水污染防治行动计划，坚持“泥水并重”，加快污水处理、污泥处置基础设施建设，全市城镇污水处理率可达95%左右。石洞口污水处理厂完成提标改造，出水水质稳定达标。26座郊区污水处理厂提标改造工程全部完成。白龙港、竹园污水处理厂提标改造工程，以及新建虹桥、泰和污水处理厂全面开工，石洞口、竹园、白龙港三大片区新建污泥处置项目前期工作有力有序。完成本市郊区截污纳管1222个，完成污水管网建设工程310.3公里。推进市排水公司和各区对泵站维修改造工作，完成老沪太、嫩江、复兴岛、凉城、泸定、江湾东、上海大学及大场老街8座泵站大修工程。开展雨污混接调查与改造，完成11个区的设施量调查。针对建成区污水管网空白区域与重污染河道沿线实施污水管网完善工程，共完成310.3公里污水管网建设工作。

农村水利工作取得新成效。完成农林水两万亩都市现代农业示范项目建设，主要涉及闵行、宝山、浦东新区、奉贤、松江、金山、青浦、崇明8个区。完成1.4万亩高效节水灌溉设施建设，任务涉及金山、奉贤、嘉定3个区，共6个项目。共更新改造灌溉、排涝泵闸45座，新增高效节水灌溉面积740亩。更新改造灌溉泵站67座，建设低压输水管道173.7公里、防渗渠道154.5公里，新增节水灌溉面积改善灌溉面积8.08万亩。

（田军、倪周晶）

（二）防汛防台

【概况】2017年，本市经受住“泰利”“卡努”两次台风的外围影响，以及“9·25”特大暴雨、9场局部大暴雨、21场局部暴雨和秋汛等汛情的考验，市防汛指挥部共发布防汛防台预警和响应行动18次，其中橙色预警1次、黄色预警14次、蓝色预警3次，汛情总体平稳。

【汛情特点】一是降雨前少后多，时空分布不均。汛期，徐家汇代表站累计雨量718.6毫米，较常年同期平均684.4毫米偏多4.9%，降雨量整体出现前少后多的特点；6—8月汛期南部地区降雨偏多，9月汛期北部地区降雨偏多，呈现时空分布不均现象。二是汛期台风偏少，影响程度偏弱。汛期，在9月14—16日本市受到台风“泰利”外围影响，出现持续性大风天气，徐家汇代表站累积雨量为3.6毫米。三是水位总体平稳。汛期潮位总体平稳，黄浦江上游及支流、杭州湾等个别站点出现超警现象。米市渡站超警3次，最高潮位3.88米，略高于警戒水位0.08米；内河水位总体平稳，局部受“9·25”大暴雨影响出现超警现象，嘉定南门站出现超警两天，最高水位3.64米，超警戒0.44米；青浦南门站平超警戒水位1次，最高水位3.20米。四是秋汛特征影响明显。汛期结束后，本市出现“秋汛”现象，10月本市累计雨量（徐家汇站）达272.4毫米，是常年平均57.9毫米的4.7倍；10月15—16日，受台风“卡努”倒槽和北方冷空气共同影响，全市普降中到大雨，浦东、奉贤、闵行等局部地区出现暴雨和大暴雨。

【防汛防台工作】2017年，从五个方面做好防汛防台工作。一是做好动员部署。分别于2月17日、4月14日、7月28日、9月28日召开4次全市防汛办主任会议；4月27日召开指挥部扩大会议，5月22日以市政府名义召开防汛工作会议。二是做好预案方案。对《上海市级防汛防台专项预案》进行全面修订；预警发布方面，明确市、区分级和响应行动规则；对本市防汛泵站放江规则进行细化完善，对嘉宝北片、蕰南片河道水位调度方案进行调整和优化。三是做好隐患排查。滚动梳理4批次（分别61、84、60、59项）隐患清单，全年市区两级防汛部门和相关单位共开展检查、督查200多次。四是做好培训演练。5月22日，召集全市224个街道乡镇（工业区）防汛责任人开展基层防汛责任人专题培训；6月12日，联合市应急办、市公务员局、市委党校开展全市防汛干部业务培训；开展在建工地深基坑应急抢险、虹桥机场应急排水、防汛信息化调度等市级应急演练。五是做好社会宣传。“上海防汛”微博、微信等新媒体客户端汛期保持每天更新，召开防汛工作新闻通气会1次；举办“防汛保险·环亚杯”健康长跑比赛和防汛知识有奖竞答参与活动；编制发放防汛防台应急响应规范解读、《防汛1000问》以及避险救灾知识宣传小册子，总数5万多份。

（张友伟、马蟲）

【抗击台风“泰利”“卡努”】9月14—16日，台风“泰利”影响本市。14日，副市长时光辉到市防汛指挥部检查台风防御措施落实情况，对做好防汛防台工作提出要求，市防汛指挥部提前向全市发出紧急通知和台风防御提示，要求全面落实各项防范措施，确保城市运行安全；10月15—16日，台风“卡努”来袭，受台风倒槽和北方冷空气共同影响，全市普降中到大雨，局部暴雨，副市长时光辉要求各级防汛部门切实做好台风防御工作，做到人员到位、准备到位、应对到位。通过全市上下的共同努力，本市经受住两次台风的影响，未出现险情和灾情，城市运行安全平稳有序。

表1 2017年上海防汛防台情况表

项目	单位	数值
市防汛指挥部发布防汛防台预警和响应行动	次	18
橙色预警	次	1
黄色预警	次	14
蓝色预警	次	3
问题隐患清单排查	批次	4
各类检查、督查	次	200+
防汛培训	次	60+
防汛演练	次	40+

【防御“9·25”大暴雨】9月24日夜间起，本市普降暴雨到大暴雨，降雨过程超过31小时，全市大部分地区雨量普遍超过50~100毫米，宝山月浦、吴淞（蕰）等5个站雨量达到特大暴雨程度，256个达到大暴雨程度；降雨主要集中在崇明、宝山、杨浦和浦东新区，最大小时雨量出现在崇明区侯家镇，达到83.6毫米。强降雨造成全市道路积水202条段，下立交积水49座，小区积水109个，居民进水445户，农田受淹18974亩。降雨期间，国务院副总理汪洋、市长应勇、副市长时光辉以各种形式了解本市雨情、汛情和灾情，部署各项防御工作。全市各级防汛部门通宵值守、连续奋战，出动抢险人员10219人次，移动泵车592台班，通过调度水闸、抢排雨水等措施，全市未出现大面积积水，城市运行和市民生活保持安全有序。

（马蟲、倪周晶）

（三）城市供水

【概况】2017年底，上海市共有自来水厂37座，与上年持平。全市自来水厂供水能力为1184万立方米/日，比上年增长2.8%。2017年，全市自来水供水总量31.01亿立方米，同比下降3.2%；售水总量24.52亿立方米，同比下降2.8%。其中：中心城区自来水公司供水总量20.53亿立方米，同比下降4.2%；售水总量16.89亿立方米，同比下降3.9%。郊区自来水公司供水总量11.18亿立方米，同比下降1.4%；售水总量8.34亿立方米，同比下降0.7%。夏季高峰期间全市日均供水量905.33万立方米，较去年同期下降2.78%。

（奚琳琰、陆志惠）

【节水型社会建设】2017年，新增3家节水型工业园区、两家节约用水示范企业、20家节水型企业、4所节约用水示范学校、39所节水型学校、16家节约用水示范小区、138家节水型小区、3家节约用水示范机关、69家节水型机关、1家节约用水示范单位、6家节水型单位。截至目前，共创建2806个节水型小区，其中节水示范小区210个；节水型学校338所，其中节水示范学校40所；节水型工业园区20家；283家节水型企业，其中节水示范企业33家；节水型农业园区3家，其中节水示范农业园区1家；节水型机关98家，其中节水示范机关3家；33家节水型单位，其中节水示范单位6家。地下水采灌比达到1∶7.0，其中地下水开采量317万立方米，同比增长9.0%；回灌量2203万立方米，与上年持平。落实3处应急供水（兼回灌）深井建设，完成1处应急供水（兼回灌）深井建设。

（奚琳琰、倪周晶）

（四）城市排水

【概况】2017年，上海市城镇污水总量22.95亿立方米（其中工业污水量5.13亿立方米，生活污水量17.82亿立方米），折合日均城镇污水量628.84万立方米。上海市共有城镇污水处理厂51座，总处理规模为825.7万立方米/日。全年平均实际污水处理量594.28万立方米/日，全市城镇污水处理率94.5%，比上年增加0.2个百分点。

【道路积水改善工程】2017年，共实施完成安国路、双辽路、平凉路等11个道路积水改善工程项目，均被列入2017年市政府实事

序号	项目名称	总投资（万元）
1	鸿兴路（中兴路—永兴路）道路积水改善工程	599.00
2	公兴路（中兴路—永兴路）道路积水改善工程	556.00
3	余姚路（武宁南路—延平路）道路积水改善工程	1784.00
4	安国路（唐山路—昆明路）道路积水改善工程	759.00
5	平凉路（内江路—军工路）道路积水改善工程	2535.00
6	双辽路（控江路—双辽支路）道路积水改善工程	1229.00
7	西乡路（平利路—新村路）道路积水改善工程	686.00
8	新永安路（永安路—四川路）道路积水改善工程	293.00
9	永安路（金陵路—新永安路）道路积水改善工程	284.00
10	万安路（广粤路—池沟路）道路积水改善工程	4222.00
11	汶水路（共和新路—广延路）、江场路（共和新路—寿阳路）道路积水改善工程	1643.39

项目，涉及黄浦、静安、虹口、杨浦、普陀5个区，共新敷设DN1000～DN1800排水管道5038公里，总投资1.48亿元。

【化学需氧量、氨氮、总磷减排工作情况】2017年，石洞口与郊区26座污水处理厂提标改造项目建成通水，全面执行一级A或不低于一级A排放标准。2017年，本市城镇污水处理厂主要出水污染物化学需氧量、氨氮和总磷平均浓度分别为29.2、4.47及0.44，去年同期分别为29.8、4.60及0.56毫克/升。化学需氧量削减量68.22万吨，同比增长4.5%；氨氮削减量5.25万吨，同比增长5.2%；总磷削减量1.02万吨，同比增长8.0%。

（胡洁雯、倪周晶）

（五）水利建设

【概况】2017年，更新改造灌溉泵站67座，建设低压输水管道173.7公里、防渗渠道154.5公里，新增节水灌溉面积改善灌溉面积8.08万亩。同时继续加强面上农田水利基础设施建设，对运行时间长、工作效率低的灌排设施及渠系建筑物等进行更新改造。

【中央财政高效节水灌溉项目】2017年，完成1.4万亩高效节水灌溉设施建设。任务涉及金山、奉贤、嘉定3个区，共6个项目。共更新改造灌溉、排涝泵闸45座，新增高效节水灌溉面积740亩。

（刘亚涛、倪周晶）

【农业水价综合改革】2017年，本市成立农业水价综合改革领导小组，制定《农业水价综合改革工作绩效评价办法（试行）》，编制《深化灌溉设施长效管理及农业水价综合改革试点工作的实施方案》，明确改革具体任务和松江、青浦、崇明3个试点区的工作路线图。

【农林水三年行动计划】2017年，是农林水三年行动计划的第三年，完成两万亩都市现代农业示范项目建设，主要涉及闵行、宝山、浦东新区、奉贤、松江、金山、青浦、崇明8个区。组织开展第一轮农林水三年行动计划实效评估工作，启动第二轮行动计划编制。（张铭、倪周晶）

2017年上海农田水利基本情况表

项目		单位	数值
完成都市现代农业示范项目建设		公顷	1333.33
累计		公顷	12000
建设高效节水灌溉设施		公顷	933.33
金山区		公顷	244.6
奉贤区		公顷	277.4
嘉定区		公顷	409.93
农村生活污水处理		万户	6
涉及区		个	8
更新改造灌溉设施	涉及农业重点乡镇	个	16
	涉及重点片区	个	50
	更新改造灌溉泵站	座	67
	建设低压输水管道	公里	173.7
	建设防渗渠道	公里	154.5
	新增节水灌溉面积	公顷	5386.67

【西部流域泄洪通道整治】2017年，完成184公里流域泄洪通道堤防达标工程建设。该工程涉及金山、松江、青浦三区，于2014年开工，共18个项目，总投资63.62亿元。

【农村生活污水处理】2017年，完成6万户农村生活污水处理，涉及闵行、嘉定、宝山、奉贤、松江、金山、青浦、崇明8个区。

【水利设施长效管理】2017年，全面推进镇村级河道设施维修养护市场化工作，河道维修养护市场化率达到70%；明确黄浦江中心城区段27条支流和苏州河中心城区段17条支流的保洁分工；完成梳理辖区内的界河工作，全市梳理各类界河390条段。以水利工程安全生产监督管理工作考核为抓手，完成25座水闸安全评价；完成水闸、水利泵站维修养护技术规程的修编工作；完成闸门运行初级工3批133人、中级工1批36人的职业技能培训和鉴定。继续稳步推进农田排涝设施的规范化管理工作，对2012—2017年圩区设施长效管理工作开展专项检查。

（刘亚涛、倪周晶）

（六）水政管理

【概况】2017年，上海市水务局、上海市海洋局累计受理、办理水务、海洋行政审批事项37165项。建立体制机制保障，成立局政务公开和“互联网+政务服务”领导小组。进一步规范水务、海洋政务服务事项，实现“一事一码”和动态调整。积极拓展行政审批网上办理服务深度，以“建设项目节水设施设计方案的审核”等3项事项作为试点，实现网上预约预审服务功能。以核发排水许可证事项为试点，实现全程网上办理“零”的突破，进一步缩短法定审批时间。完成“供排水工程竣工验收备案”等4项服务事项接入市网上政务大厅，实现网上申报、办理状态在线查询等功能。推进依申请公开和政务公开标准化工作，依申请公开信息232条，信息公开申请同意公开率达到94%。加强与环保、城管、公安、水上消防等部门协同，全年开展执法检查15440次。

（魏星、李俊前）

【水务规划】2017年重点推进《上海市水功能区划》《上海市断头河整治三年行动计划》《上海市海洋主体功能区规划》等20余项规划编制，协同市规划和国土资源管理局完成中心城区浦西7区、崇明骨干、嘉定、松江、奉贤区河道蓝线专项规划编制报批，推进吴淞江工程、青草沙—陈行连通管、水厂深度处理等24项重大工程项目技术储备，做好苏州河深隧工程、污水厂提标改造工程、黄浦江滨江贯通等重大工程协调工作。

（顾洪祥、倪周晶）

【《上海市水土保持规划（2015—2030）》获批】7月29日，市政府批复同意《上海市水土保持规划（2015—2030）》。通过规划实施，到2020年，要以完成骨干河道整治为重点，全面推进全市水土保持工作，建立健全土建项目水土保持“三同时”监管制度，稳步推进全市水土保持法规体系建设、监管机构能力建设、社会监督机制建设等。

【上海市水资源管理若干规定】6月7日，市人民政府向市第十四届人民代表大会常务委员会上报《上海市人民政府关于提请审议〈上海市水资源管理若干规定〉的议案》，市第十四届人民代表大会常务委员会第四十一次会议于11月23日全票表决通过《上海市水资源管理若干规定》，自2018年1月1日起正式施行。《上海市水资源管理若干规定》共三十四条，主要内容包括以下八个方面：一是严格规划管理和水资源论证制度，确保相关规划的编制、重大项目的布局要与当地水资源的承载能力相适应。二是建立取水总量控制指标体系，保障取水总量控制落到实处。三是完善从源头到龙头的全过程供水安全保障体系，提升公共供水水质，提升广大市民的幸福感和获得感。四是制定用水效率指标体系，建立健全节水机制，推进节水型社会建设。五是加强水功能区限制纳污管理，保障水功能区水质达标和水生态安全，维护水域功能和生态服务功能。六是通过水岸联动、截污治污、沟通水系、调活水体、改善水质、修复生态等措施，加强河道综合整治工作。七是贯彻落实中央决策部署，完善本市水治理体系，全面推进河长制。建立市、区、街道（乡镇）三级河长体系，设立相应的总河长、河长，分级分段组织领导本行政区域内的水污染防治、水环境治理、河湖水面率控制、河湖水域岸线管理保护、水资源保护和水生态修复等工作。八是加强水污染联防联治，推动长三角区域水污染防治协作。

【行政规范性文件】4月21日起施行《上海市水务局关于排水户排放污水水质执行标准的通知》。该通知明确排水户排放污水水质执行标准。5月24日起施行《上海市水务局 上海市海洋局行政处罚裁量基准》，该基准对2014年制定印发的《上海市水务局 上海市海洋局行政处罚裁量基准》进行修订完善，严格规范水务海洋行政处罚裁量权行使，提高行政处罚裁量基准科学合理化水平，依法合理适用行政处罚裁量权。5月25日起施行《上海市城镇排水主管部门实施按日连续处罚办法》，该办法明确对城镇排水主管部门实施按日连续处罚适用范围、具体程序、文书样式等。7月10日起施行《上海市水务局关于进一步加强排水户监管工作的通知》，该通知从严格排放标准、严格水质监测、严格行政审批、严格执法监管四个方面，对排水户的监管工作提出明确要求。2018年1月1日起施行《上海市水务局 上海市海洋局行政审批委托管理办法》。该办法对2016年制定印发的《上海市水务局上海市海洋局行政审批事项委托评审管理办法》进行修订完善，规范完善行政审批事项委托专业服务机构入选条件、业务开展方式、对评审报告的编制规范等内容。2018年1月1日起施行《上海市水务局水土保持管理办法》。该办法明确本市行政区域内水土保持工作适用范围、工作原则、管理部门，同时细化水土保持方案报批市区分工、申请材料、审批条件、审批流程等规定。

（陈启亮、倪周晶）

【水质监测】2017年，完成常规水环境监测任务，包括全市骨干河湖、水利控制片、水功能区、列入“十三五”规划的水环境治理与保护专项河湖、水生态等；开展城乡中小河道综合整治水质监测管理服务和技术工作。12月20日，编制完成《上海市建成区黑臭水体水质监测方案》《中小河道综合整治河道水质监测方案》《中小河道综合整治河道底泥监测方案》《中小河道综合整治河道公众调查评议方案》《本市入河排污口水质监督性监测方案》《苏州河支流水环境综合整治水质摸底监测方案》6类11项；完成监测资料统计分析和结果总结，复核中小河道整治的水质监测数据约18万条，上报简报专报38期。

【黄浦江干流水质状况】2017年，松浦大桥、吴泾、长桥、南市水厂、杨浦水厂和吴淞口6个水质监测断面的水质综合评价类别均为Ⅲ类。与2016年相比，黄浦江整体水质略有好转；全江段水质综合评价类别持平；氨氮、五日生化需氧量和溶解氧年平均浓度分别好转 28.1%、9.1% 和 7.7%，高锰酸盐指数、化学需氧量和总磷年平均浓度基本持平，详见图 1。

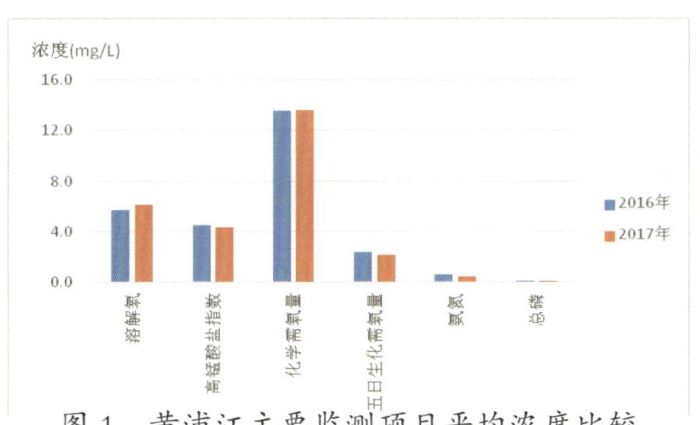

图 1　黄浦江主要监测项目平均浓度比较

【苏州河干流水质状况】2017 年，赵屯、白鹤、黄渡、华漕、北新泾、武宁路桥和浙江路桥 7 个水质监测断面的水质综合评价类别为Ⅳ～Ⅴ类。其中，赵屯和浙江路桥两个断面水质综合评价类别为Ⅳ类，其余 5 个断面为Ⅴ类。影响水质的主要项目为溶解氧、氨氮和石油类。与 2016 年相比，苏州河水质好转；浙江路桥断面由劣Ⅴ类好转为Ⅳ类，赵屯、华漕、北新泾和武宁路桥 4 个断面水质由劣Ⅴ类好转为Ⅴ类，白鹤和黄渡两个断面水质综合评价类别持平；全河段溶解氧、氨氮、总磷和化学需氧量年平均浓度分别好转 27.7%、24.7%、23.4% 和 9.6%，高锰酸盐指数基本持平。

（陈蕾、倪周晶）

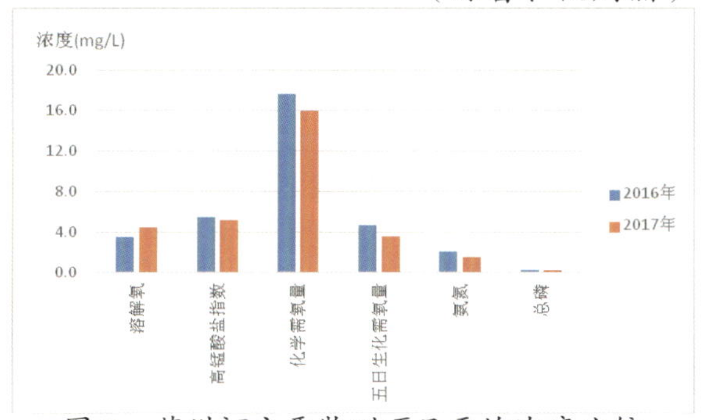

图 2　苏州河主要监测项目平均浓度比较

【水务科技】2017 年，水务海洋科技工作，组织申报国家水专项 1 个项目、1 个独立课题；启动市科委项目和市水务局、市海洋局科研财政专项项目 21 项；组织验收海洋公益性专项、水利公益性专项等国家重大科技项目和局科研项目 18 项；协助出台《暴雨强度公式和设计雨情》等 5 项地方标准，颁布实施《上海市中小河道综合整治与长效管理工作导则》等 7 项局标准化指导性技术文件；组织编制《上海市水务海洋质量提升实施方案与行动计划》《局计量工作发展三年行动计划（2017—2019）》。全年，水务海洋行业共举办包括“上海海洋论坛”等各类学术研讨技术交流活动 30 多场，参与活动人员超过 2000 人次。由上海市水务局推荐的“缓流河道生态治理技术与效果评价体系研究与应用”课题荣获 2017 年度上海市科技进步奖三等奖。

（金巍良、倪周晶）

PART SIX Ⅵ

房屋管理

HOUSING MANAGEMENT

（一）综述

2017年，本市房屋管理工作紧紧围绕市委、市政府工作部署，以住房发展“十三五”规划为引领，按照“商品住房供应稳中有升、保障性住房确保供应、各类租赁住房供应大幅增加、住房供应结构进一步优化、居住条件明显改善”的总体要求，细化目标任务，正面引导社会预期，重点在房地产市场和住房保障两大体系建设、培育和发展住房租赁市场、城市有机更新和住宅小区综合治理等方面加快工作推进，较好地完成了全年各项目标任务。

出台本市住房发展“十三五”规划。2017年7月7日，《上海市住房发展“十三五”规划》（沪府发〔2017〕46号）正式发布，按照“一、二、三、四”的住房制度框架体系建设要求（坚持“房子是用来住的、不是用来炒的”的定位，深化完善房地产市场体系和住房保障体系两大体系，坚持以“居住为主、市民消费为主、普通商品住房为主”的原则和“四位一体”住房保障政策），围绕6项主要指标、24项任务和7方面保障措施，细化列出了56项工作要求，制订分工方案，确保责任落实到位。同时，把握市委、市政府要求，向社会全面、准确、权威解读，释放积极信号，引导预期。

促进房地产市场平稳健康发展。坚决按照国家关于房地产市场调控政策不动摇、不放松的工作要求，以及市委、市政府关于“严控高房价和高地价不是权宜之计，减少经济增长和财政收入对房地产业的依赖也不是权宜之计”的工作部署，严格贯彻执行“沪九条”“沪六条”以及信贷新政等调控措施，加强商品房及车位销售管理，严格落实购房实名制，坚决抑制投资投机性购房需求，防止房价反弹。市场总体平稳，调控效果逐步显现。据国家统计局数据显示，1—12月，本市新建商品住房价格指数累计环比上涨0.1%，二手存量住房累计环比上涨0.4%。本市一手商品住房成交均价低于2016年10月的控制目标。持续开展房地产经纪专项整治工作，加大对违法违规行为的查处力度，暂停及注销二手房网签密钥约12400个，约占已发放密钥总数的70%。按照“坚决稳妥、稳字当头”的总要求，全面开展违法违规商业办公项目清理整顿。

加快培育和发展住房租赁市场。一是制定租赁住房有关政策。2017年9月15日，出台《关于加快培育和发展本市住房租赁市场的实施意见》（沪府办〔2017〕49号）以及《关于明确本市自持租赁住房建设规范和相关管理要求的通知》（沪住建规范〔2017〕9号）等配套文件。成立市住房租赁工作推进小组，加快建立市、区两级的工作推进机制。二是增加租赁住房建设供应。开展租赁住房分解指标排摸，重点在高校及科研院所周边、科创园区、产业集聚区、商业商务集聚区，以及交通枢纽地区等交通便捷、生产生活便利、租赁住房需求集中区域，优化审批流程，加快租赁住房建设。2017年本市共推出租赁住房用地29块，累计土地出让面积达79.69公顷、建筑面积181.26万平方米、约2.20万套租赁住房。三是启动住房租赁平台建设。启动建设全市统一的住房租赁公共服务平台，提供线上线下同步服务。坚持平台共建共享，加强与市场、企业住房租赁平台的有效协作，以信息化手段规范租赁市场运行。

深化完善“四位一体”住房保障体系。一是积极推进保障性安居工程目标任务。本市棚户区改造新开工17476套，基本建成14401套，公共租赁住房基本建成8975套，提前完成国家下达本市的任务目标。全市新增供应各类保障性住房8万套，超额完成市政府确定的目标任务。二是稳妥开展保障性住房申请供应和政策完善。廉租住房，出台《关于调整本市廉租住房租金配租家庭租赁补贴标准意见的通知》（沪府办〔2017〕3号）和《关于调整本市廉租住房部分政策标准的通知》（沪府发〔2017〕93号），不断扩大政策受益面。2017年新增受益家庭3446户，累计受益家庭达11.85万户。共有产权保障住房，按照住建部要求开展共有产权住房试点，重点研究向部分非沪籍常住人口供应人才安居房（共有产权房）的政策方案。指导各区稳妥推进第六批次申请家庭的申请供应工作，各区已基本完成审核工作，全力开展第六批次房源建设筹措。2017年新增签约家庭0.23万户，历年批次累计签约已达9.2万户。公共租赁住房，大力推进公租房面向参与科创中心和自贸区建设的重点企事业单位整体出租，优化完善新来沪职工申请公租房的政策。2017年新增供应房源1.3万套，累计供应房源约11.8万套。征收安置住房，在保持面上旧区改造平稳有序推进的同时，加强对试点地块的全程跟踪，坚持实物安置和货币安置并举，实施1:1比例配置市属征收安置房，科学完善征收安置房定价机制，合理确定被征收房屋评估价。三是积极推进大型居住社区建设与配套。出台《关于进一步加强本市大型居住社区保障性住房建设和管理工作若干意见的通知》（沪府办〔2017〕77号）。2017年内配套项目完成开工、竣工、接管、开办等310个建设任务。三轮大居外配套138个项目累计实现开工122项，累计建成106项，完成投资28.83亿元。

“留改拆并举，以保留保护为主”实施城市有机更新。按照“留改拆并举、以保留保护为主”的要求，2017年11月9日，出台《关于坚持留改拆并举，深化城市有机更新，进一步改善市民群众居住条件的若干意见》（沪府发〔2017〕86号）及相关配套文件。一是严格落实历史建筑保留保护要求。加大成片风貌区内居住类历史建筑和优秀历史建筑保护修缮力度，实施里弄房屋修缮改造专项计划130万平方米，涉及居民3.4万户。将优秀历史建筑监管纳入网格化管理，处罚纳入城管综合执法，进一步完善发现和处置机制。二是加大旧住房综合改造力度。结合住宅小区综合治理，推进各类旧住房修缮改造，开工实施三类旧住房综合改造590万平方米，受益居民10万户，超额完成300万平方米的年度目标。三是稳妥推进旧区改造、城中村改造和郊区城镇旧改。中心城区完成二级旧里以下房屋改造49万平方米，受益居民2.4万户；郊区城镇完成二级旧里以下房屋改造12万平方米，受益居民1746户；城中村改造动迁安置房基地基本完成动迁11个，动迁安置房开工2619套，完成动迁4560户（包括企事业单位），均完成年度目标任务。四是开展老旧住房安全隐患处置和房屋使用安全管理工作。实施82.6万平方米严重损坏老旧住房安全隐患处置工作，加强防御台风、暴雨、高温等极端天气安全工作和应急值守，守住行业发展安全底线。

住宅小区综合治理三年行动计划全面收官。按照“创新社会治理，加强基层建设”的工作要求，全面完成《上海市加强住宅小区综合治理三年行动计划（2015—2017）》目标任务。一是落实住宅小区综合管理职责。建立住宅小区综合治理党政“双牵头”工作机制，市、区、街镇、居民区四级联席会议有效运转。全市409个住宅小区已创建党建联建示范点。二是优化完善业主自我管理。9074个住宅小区已组建业委会，组建率达94.16%；2730个符合成立条件的业委会中建立了党的工作小组；2048个小区中实现居委会成员与业委会成员交叉任职；专业社会中介组织工作实现街镇全覆盖。三是加强物业行业监管。加强物业企业资质和从业人员资格管理，建立全市统一的物业管理招投标平台，实施逐级日常检查工作制度和物业服务价格信息发布机制，规范物业服务企业经营，不断提升行业服务水平。四是推进民生实事项目。完成老旧住宅小区电能计量表前供电设施改造91.5万户、二次供水设施改造5351万平方米、水电气三表集抄改造31.56万户、100个老旧住宅小区消防设施改造，967个既有住宅小区新建电动自行车充电设施，958台存在严重安全使用隐患的老旧住宅电梯予以处置，全面解决住宅维修资金历史遗留问题。在此基础上，启动修订《上海市住宅物业管理规定》。

深化完善区房屋管理体制。按照市委、市政府提出的深化完善本市各区房屋管理体制的要求，出台《关于完善区房屋管理体制的指导意见》（沪编〔2017〕411号）和《关于促进本市区属房管集团转型发展的意见》（沪府办〔2017〕47号），进一步强化区房屋管理机构职能，理顺区房屋管理政企之间的关系，发挥国资国企在房地产领域的市场引领作用。

（二）房地产市场监管

【概况】2017年，上海市继续严格执行“沪九条”“沪六条”及信贷政策规定，加强商品住房及地下车位销售管理，严格“一房一价”审核，严格落实购房实名制，推行公证摇号排序、按序选房等制度。在各项房地产市场调控政策措施综合作用下，本市商品住房交易量减少，价格环比指数稳中有降，房地产市场运行基本平稳。

【房地产市场运行】房地产开发投资。据上海市统计局统计，2017年，上海市房地产开发投资3857亿元，同比增长4%，增速回落2.9个百分点，其中住房投资共完成2152亿元，同比增长9.5%；办公楼投资642亿元，同比减少7.7%；商业营业用房投资507亿元，减少2.4%。房地产开发投资占全社会固定资产投资比例为53.2%，较2016年同期回落1.7个百分点。2017年1—12月，上海市商品房新开工面积2618万平方米，同比减少7.8%，其中商品住房新开工面积1403万平方米，同比减少2.3%；商品房竣工面积3388万平方米，同比增长32.8%，其中商品住房竣工面积1863万平方米，同比增长21.5%。

商品房成交。据市统计局统计，2017年，新建房屋（包括住房和非居住房屋）销售面积1692万平方米，同比减少37.5%。其中，住房（包括市场化新建商品住房和保障性住房）销售面积1342万平方米，同比减少33.6%。二手存量房买卖登记面积1564万平方米，同比减少54%，其中二手存量住房买卖登记面积1264万平方米，同比减少58.2%。

商品住房价格。国家统计局数据显示，2017年12月新建商品住房和二手存量住房价格指数同比分别上涨0.2%和0.3%。

【房地产市场调控】加强商品住房预销售管理。一是全市新建商品住房销售方案备案实行市、区两级审核。对上市房源定价不合理的，坚决予以调整。加强在售新建商品住房项目销售价格监测监管，不得擅自提价。二是严格执行商品住房项目公证摇号排序、按序选房制度，实行全部准售房源、积累客户规则和名单、摇号排序结果“三公证”“三公示”，从制度上和流程上保证新建商品住房销售公开透明，杜绝房地产开发企业违规销售和暗箱操作。三是严格实行商品住房及其地下车库(位)等附属设施的销售“一价清”制度，要求房地产开发企业严格按照备案价格以及关于商品房销售明码标价规定对外销售。房地产开发企业和其他单位、个人不得向购房人收取电商费、团购费、茶水费等其他任何价款或费用。坚决查处超备案销售、价外加价等违法违规行为，进一步规范房地产开发企业的销售行为。

【推进房地产市场调控信息平台建设】基本完成了信息平台（一期）的阶段建设任务。一是推进部分联席成员单位信息归集共享；二是在梳理完善房屋基础数据的基础上，信息平台实现了楼市实时交易可视化，图属结合，动态反映当前一、二手房交易，租赁及商办用房供应与交易状况；三是实现了调控政策执行和交易行为的动态监控；四是开展预警预报体系研究。

【平稳推进商业办公项目清理整顿工作】2017年，为遏制并惩处商业办公项目开发建设过程中违法行为，维护房地产市场秩序和购房人合法权益，年初本市启动商业办公项目清理整顿工作。在闵行、嘉定试点先行开展工作的基础上，5月17日本市出台《关于开展商业办公项目清理整顿工作的意见》（沪建房管联〔2017〕400号），全市商业办公项目清理整顿工作按“坚决稳妥、稳字当头”的总体要求，以“性质不变、网签为界、平稳实施”的原则，分为“梳理摸底、自行整改、集中整治、检查验收”四个阶段推进。

经梳理，对全市约1650万平方米，共307个违规商业办公项目进行整改和集中整治，依据相关规划法律法规对“绿地峰尚汇”“浦江驿优商务广场”“明发商业广场”等一批项目进行行政处罚。全市所有违规商业办公项目已建立“一楼一档”、实行“两告知一承诺”制度和相关注记工作。2017年底，本市商业办公项目清理整顿工作已完成前三个阶段，取得阶段性成果，进入检查验收阶段。

【持续开展房地产经纪专项整治】市住建委会同市工商局、市物价局，在全市持续开展房地产经纪专项整治，加大整治工作力度，并联合印发《关于开展2017年房地产经纪专项整治工作的通知》，重点聚焦工商注册、房管部门的机构备案、交易中心的网签密钥管理、中介房源挂牌、中介收费等几个关键环节，遏制房产中介违规行为的高发势头，解决一批当前社会反映强烈的突出问题。整治过程中保持高压严查态势，依法从严从重处理。

开展房地产经纪专业人员证书挂靠集中治理和非正常使用密钥清理，对房地产经纪机构和房地产经纪专业人员进行全面排查，共计清理个人网签密钥7000个以上。印发《关于进一步加强本市存量房网签认证管理的通知》，规范密钥的发放、使用和管理。严格控制密钥发放总量，进一步强化房地产经纪企业对网签密钥的管理和监督职责，加大对虚签合同等违规行为的查处和打击力度。

【培育发展住房租赁市场】贯彻党的十九大关于加快建立租购并举住房制度的总体要求，和《国务院办公厅关于加快培育和发展住房租赁市场的若干意见》（国办发（2016）39号）等有关会议和文件精神，对接本市住房发展“十三五”规划，制定了《关于加快培育和发展本市住房租赁市场的实施意见》。各区对新增租赁住房和存量代理经租住房数量进行排摸梳理，明确“十三五”发展目标和年度计划。住房租赁公共服务平台建设同步启动。

【加强房地产估价机构和人员管理】依法开展房地产估价机构备案，推进房地产估价机构经营承诺、房地产估价师执业承诺的“两承诺”制度；按照住建部要求，完成房地产估价师证书挂靠集中治理工作；配合完成房地产估价机构行政审批事项办事指南和业务手册的修订；参与房地产估价报告网上系统开发，组织开展估价报告备案系统的试运行，完成《本市上海市房地产估价报告网上备案若干规定》（征求意见稿），并组织听取有关方面的意见建议。

（徐艳丽）

（三）物业管理

【协调推进住宅小区综合治理工作】 全面完成住宅小区综合治理三年行动计划（2015—2017），**综合治理体制机制和相关主体职责进一步理顺，**各区、街镇持续完善住宅小区综合治理党政“双牵头”工作机制，市、区、街镇、居民区四级住宅小区综合管理联席会议有效运转。一些地区和街镇还以创建党建示范点为契机，凝聚社会力量，促进社会共识，全市现已创建409个住宅小区党建联建示范点。**物业服务行业市场机制和监管体制不断完善。**制定《上海市街镇房屋管理事务机构业务操作规程》，明确了街镇层面房屋行政管理事务的工作内容、工作要求和工作规范。完善物业服务市场价格信息发布机制，发布了1000个各类小区物业服务标准和价格信息，为业主与物业服务企业协商定价提供参考。延长《物业管理招投标代理机构管理规则》，修订《物业项目招投标评分规则》，正式启用物业项目招投标2.0平台。**社区共治和居民自我管理水平持续提升。**符合条件的住宅小区业委会组建率达到94.16%，居全国首位。居民区党组织和居委会对业委会的组织覆盖与工作覆盖进一步扩大，2048个住宅小区实现居委会成员兼任业委会成员，2730个业委会中建立了党的工作小组。培育扶持专业社会服务组织参与住宅小区公共事务服务，本市签约的专业社会服务组织约160家，工作已覆盖全市各街镇。

（何炜东）

【完善街镇房屋管理机构物业行政管理工作职责】制定了关于组建业委会、维修资金管理、调处矛盾纠纷等9项业务操作规程，经市住房城乡建设管理委研究室汇总形成《上海市街镇房屋管理事务机构业务操作规程》，共涉及综合管理、物业管理、协助三大类17项街镇层面房屋行政管理事务，并以市住房城乡建设管理委、市住宅小区综合管理联席会议办公室名义联合印发《关于支持区房管办事处下沉街镇开展工作的通知》（沪建物业〔2017〕419号），明确了街镇层面房屋行政管理事务的工作内容、工作要求和工作规范。对静安、徐汇等7个区的约600名街镇分管负责人、房屋管理事务机构工作人员进行了业务培训，支持区房管办事处下沉街镇开展工作。

（陈筠）

【规范物业服务企业经营行为】 在国家取消物业服务企业资质审批背景下，加快推进加强物业服务企业和从业人员事中事后监管研究工作。加快完善物业管理法规、物业服务规范和标准体系，畅通962121物业服务投诉举报热线，强化住宅物业监督检查工作力度，及时查处违法违规行为，全年市局共计抽查1200个住宅小区；不断推进物业监管和服务信息化平台建设，强化物业行业监管的信息化支持服务。

（庞成梁）

【完善物业服务价格信息发布机制】指导市物业行业协会更新物业服务信息发布平台存量数据，并新增500个物业服务收费价格信息，为业主和物业服务企业协商确定服务标准和服务价格提供更全面、更准确的参考。

（史旭）

【完善招投标管理规则】 经市政府法制办同意，延长了《物业管理招投标代理机构管理规则》（沪建法规〔2017〕469号）有效期，修订了《物业项目招投标评分规则》。会同市物业管理事务中心建设了物业管理招投标平台（2.0版），对各区房管局、招标代理机构进行了业务培训，通过培训考核对全市物业管理评标专家进行了调整，确保新平台顺利运行。

【优化完善业主自我管理】截至2017年底，上海市已组建业主大会9069个，占符合条件住宅小区数的94.11%；上海市2039个符合条件的住宅小区中，已有1982个小区开展了居委会成员兼任业委会成员试点；上海市2716个符合条件的住宅小区已有2654个业委会成立了党的工作小组；专业社会中介组织参与住宅小区综合管理工作已覆盖208个街镇；上海市218个符合条件的小区中，已有188个小区实施业主自行管理。全年培训居委会、业委会人员两万余人。

（陈筠）

【完善962121物业服务热线】2017年，962121物业服务热线共计受理来电157.5万件，其中962121热线直接受理149.1万件，12345热线转办6.5万件、12319热线转办1.9万件。拨出回访电话（短信）84万余个。报修回访满意率99%以上，投诉回访满意率89%以上。派发投诉督办98件，办结81件；完成现场督办68次，有关案件均得到妥善处理。夏令热线（7月7日—8月9日）期间，962121热线共受理各类诉求157919件，同比去年186929件下降16%。其间，962121热线通过开展劳动竞赛和微笑大使活动，营造良好氛围，提升服务质量。认真办理好8件委局领导接电转办件，并主动对接媒体，参与化解了多起热点难点问题。夏令热线结束后，经12319热线邀请的第三方质量评价机构测评，962121热线排名各行业热线第三名，连续6年保持前三甲。

（物业中心）

【解决维修资金历史遗留问题】截至2017年底，1996年6月10日之前早期商品住宅维修资金补贴涉及住宅小区总数为1215个，市级财政补贴资金1.77亿元，与之1:1配比的区财政补贴资金也全部到位。

（陈筠）

【有序推进实施惠及民生的实事项目】全年改造老旧小区表前供电设施91.5万户，二次供水设施5351万平方米，完成水电气三表集抄改造31.56万户和958台严重安全使用隐患的老旧住宅电梯维修、改造和更新，为967个既有住宅小区新建了电动自行车充电设施。此外，着力解决消防设施改造、专项维修资金补建等急难愁民生问题。

（陈杰家、伍伏清、史旭）

【开展《上海市住宅物业管理规定》立法修订工作】《上海市住宅物业管理规定》（以下简称《规定》）修订工作自2017年3月启动以来，以问题为导向，重点聚焦市人大执法检查中发现的问题、第十四届人大相关代表提出的107个问题和建议以及市民群众反映的突出问题，紧密结合上海市物业管理实践，开展立法调研、立法论证、问卷调查、专题座谈、国内外物业管理立法比较研究、征询意见、部门沟通协调形成共识、立法评估等一系列工作。立法过程中，市房管局在市住建委的领导关心下，在市人大、市政府法制办的指导帮助下，形成联合立法工作机制，对《规定》的内容进行了多次修改，完成了《规定》（修订草案），并于2017年11月报送至市政府法制办。2017年底，《规定》修订工作已经列为2018年市人大正式立法项目，为便于新一届人大代表审议通过修订后的《规定》，市房管局配合市政府法制办将上报的《规定》（修订草案）调整为《规定（修正案）》。

（黄麒玮）

（四）旧改征收

【概况】2017 年，全市共做出房屋征收决定 64 个，完成房屋征收补偿安置（含拆迁）居民 19761 证、建筑面积 816387 平方米，单位 722 家、建筑面积 134278 平方米。

【推进房屋征收补偿安置住房政策试点工作】自虹口区 2016 年底在 117 街坊启动市属征收安置房 1:1（一证一套）配置、合理使用征收安置房、合理确定征收补偿标准、实行货币与实物安置并举试点以来，我们不断对虹口以及其他区开展的试点工作加强联系协调指导。今年，除虹口区已将试点扩大到 7 个基地，杨浦区、黄浦区、静安区也分别各有 1 个基地开展了试点工作。10 个试点基地均在签约期达到生效比例，目前签约比例都已超过 90%。试点工作达到控制征收安置房使用的预期目标，为完善政策做出了有益尝试。对试点基地的房屋征收补偿方案进行了梳理，罗列了各类奖励补贴科目，对各试点基地成本进行了分析，归纳了影响货币化安置的主要因素，并对基地典型面积房屋补偿进行了模拟测算，在听取各方意见的基础上，制定了工作措施。

【落实《若干意见》相关工作】落实市政府出台的《关于坚持留改拆并举、深化城市有机更新、进一步改善市民群众居住条件的若干意见》（下称《若干意见》）中，对面上征收补偿安置工作进行指导。

一是形成《关于进一步做好本市房屋征收他处住房核查工作的通知》，明确责任主体和查询主体，规范两清阶段和居住困难阶段他处住房核查的工作流程，提出信息安全管理要求，设定查询权限，加强密钥管理，并制定罚则。二是加强市属房源使用管理，建立房源使用计划报送及审批制度和房源后续核减机制等，提高房源使用管理水平，合理盘活存量房源。三是加强对各区房屋征收补偿方案监管，建立补偿方案备案制度和专家评审机制，明确备案流程和要件，组织建立专家库。四是根据《关于进一步加强本市国有土地上房屋征收过程中保留建筑管理的若干意见》（818 号文），落实房屋征收基地日常巡查和信息报送制度，完善保留建筑在征收过程中的日常管理措施。

【指导静安区根据《若干意见》开展试点工作】根据《若干意见》政策调整思路，指导静安区开展试点工作，在房屋征收实际操作中，要求兼顾整体社会公平和被征收居民的利益、其他改造方式得益和征收改造得益、已签约征收居民和将签约征收居民补偿标准的三个平衡。同时，鼓励各区积极探索试点，并及时做好总结交流，逐步在面上完善推开。

【继续推进《实施细则》（71 号令）修订工作】继续推进《上海市国有土地上房屋征收与补偿实施细则》（市政府第 71 号令）及其配套文件的修订工作，会同市有关部门进一步加强政策研究。在充分调研的基础上，形成《上海市国有土地上房屋征收与补偿实施细则》（市政府第 71 号令）初稿，并做好其配套文件修订与相关政策法规制定的准备工作。

【进一步加强房屋征收队伍建设】一是开展房屋征收工作人员培训工作，完成全市 427 名房屋征收工作人员的初训和 276 名复训工作，并完成全部考核及换证工作。二是结合本市工作实际，制定下发《关于进一步加强本市房屋征收事务所及其房屋征收工作人员管理的通知》（沪房征收（2017）9 号，下称《通知》），进一步规范国有土地上房屋征收补偿行为，保障被征收人合法正当权益。三是根据《通知》要求，组织各区房屋管理部门、征收中心管理人员进行培训，解读文件精神，明确工作要求。四是落实《通知》相关工作，对房屋征收事务所进行备案，对工作证进行更新，同时，为启动2018年全市征收工作人员培训做准备，着手题库建设、师资培训、教材讲义等一系列工作，确保2018培训工作顺利开展。

【完善房屋征收信息系统】进一步完善房屋征收信息系统，完成与税务、估价、征收安置房源数据等的对接，并通过系统打印五联单，实现征收计划系统报送功能。

【加强协议置换相关政策研究工作】为进一步规范本市房屋协议置换工作，在对徐汇区、浦东新区等重点区调研的基础上，总结工作经验，分析存在问题，启动政府主导公益性项目协议置换政策研究工作，形成《上海市国有土地上公益性项目房屋协议置换指导意见》初稿。

（姚琪）

（五）历史建筑保护

【概况】本市现有五批1058处优秀历史建筑、44片历史文化风貌区，遍布全市15个区。2017年，按照市委、市政府“历史文脉要精心保护、文化记忆要用心留存”“要特别强调传承城市历史文脉、留住城市记忆，严而又严地保护好上海老建筑和风貌区”的要求，市有关部门和相关区的密切配合、共同努力，积极有效地开展了历史风貌和历史建筑保护管理的组织、协调、指导和推进工作。

【开展立法修订，完善历史建筑保护政策法规】《上海市历史文化风貌区和优秀历史建筑保护条例》（以下简称《保护条例》）作为国内第一部历史风貌和历史建筑保护地方法规，实施十多年来，为本市保护管理保驾护航的同时，也呈现出诸多亟待修订的问题。自2012年启动修订筹备工作，管理部门广泛听取各方意见、借鉴国内外的经验，结合新形势的发展要求仔细梳理、充分讨论，在创新上求发展、在解决瓶颈上求突破、在精细管理上求深入，审慎形成修订稿，现《保护条例》修订已纳入2018年市人大立法正式项目。

【健全工作制度，规范优秀历史建筑修缮管理】一是制定《上海市优秀历史建筑修缮（装修改造）设计方案审批管理办法》和《上海市优秀历史建筑修缮（装修改造）评审专家管理办法》，进一步规范优秀历史建筑修缮行为、严把行政审批关口。二是制定《关于在黄浦区、徐汇区、静安区、长宁区、虹口区开展优秀历史建筑行政审批事权下放工作的通知》，推进优秀历史建筑修缮工程相关行政管理和行政审批事权下放，落实行政管理、行政审批、行政处罚属地化管理责任。三是开展优秀历史建筑修缮工程事中事后监管和标准规范制定，进一步促进管理能级提升及监管要求落地。

【构建管理网络，建立优秀历史建筑严管制度】一是结合行政管理下沉，完善“市—区—街镇”三级联动机制，进一步明确区和街镇工作分工，深入落实区级管理部门的日常监管、巡查和发现机制，充分发挥属地管理机构能动性。二是结合“巨鹿路888号保护建筑擅自拆建”违法行为的处置，制定《关于进一步加强本市优秀历史建筑日常巡查和纳入网格化管理的通知》，推进保护巡查纳入网格化和城管综合执法，通过司法联动，使依法管理落到实处。三是结合《保护条例》修订，进一步理顺相关主管部门职责，明确各项工作牵头责任部门，按照“各司其职、形成合力”的原则，使得“三驾马车”的优势得到进一步延续。

【完善基础资料，夯实保护管理工作基础】一是开展第五批优秀历史建筑保护技术规定编制以及铭牌内容考证编写制作工作，依法完善第五批优秀历史建筑管理依据。二是全市面上开展优秀历史建筑普查和保护指南编制工作，调查采集基础信息，录入保护管理信息系统，进一步丰实优秀历史建筑相关档案信息。三是从实际需求入手，开展历史建筑传统工艺工法研究，推动传统工艺传承，为历史建筑保护提供技术储备和支持。

【牵头历保委办，加强公众引导和社会宣传】一是组织开展以“传承历史文脉，推进城市更新”为主题的上海2017历史文化遗产日系列活动，引导公众参与保护，营造良好的保护氛围。二是协调推进静安、杨浦、青浦三区组建区级历保委和办公室，建立区级历史建筑保护的统一领导和统筹协调机构。三是结合日常监管，向优秀历史建筑业主、使用人及物业管理单位发放保护告知和宣传手册，提升保护责任人对历史建筑的关注度和保护意识。四是结合“智慧城市”的建设，畅通市民推介、监督渠道，激发公众参与保护的热情。

（陈卓）

（六）城市更新

【概况】为贯彻习总书记关于保护城市历史文化遗产的指示，落实中央城市工作会议精神，着眼2035年建成卓越的全球城市的目标，本市结合发展实际，根据旧区改造和城市建设不同阶段的不同特点，重新思考定位，深化城市有机更新，对旧区改造和城市建设的指导思想作出重大调整。工作理念从“拆改留，以拆除为主”转变为“留改拆并举，以保留保护为主”，更加突出历史风貌保护和城市文脉传承，在更加注重保留保护的过程中，进一步探索多渠道多途径地改善居民居住条件。

【适应新形势要求，不断深化“留、改、拆”城市有机更新政策研究】一是开展历史建筑调研。按照市委、市政府要求，开展历史建筑、历史风貌调研，形成《关于加强本市历史建筑保护的调研报告》，同时开展外环以内建成50年以上历史建筑普查及后续价值甄别工作。二是深化城市更新“留改拆”工作研究。研究形成《关于坚持留改拆并举，深化城市有机更新，进一步改善市民群众居住条件的若干意见》，明确城市有机更新坚持规划引领，保留保护与改善民生相结合；坚持政府主导，明确属地责任；坚持居民自愿，倡导共建共治共享；坚持因地制宜、分类施策和突出重点相结合的四点工作原则。同时明确了城市有机更新的工作范围和工作目标，提出了加强各类保留保护建筑管理和修缮、综合推进各类旧住房修缮改造、稳妥推进旧区改造三大方面的具体工作内容，并明确了具体保障措施。三是重点研究里弄房屋修缮改造。制定下发《关于加快推进本市各类里弄房屋修缮改造工作的通知》，明确本市各类里弄房屋修缮改造按照“确保结构安全、完善基本功能、传承历史风貌、提升居住环境”的要求，遵循“居民自愿、政府主导、因地制宜、分类改造”的原则推进工程实施。完成《上海市各类里弄房屋修缮改造技术导则》，明确各项具体设计要求和工程技术措施。四是积极推进试点。本市积极开展了虹口区历史风貌保护街坊春阳里内部整体改造、黄浦区复兴东路404弄内部整体改造试点、普陀区金城里内部整体改造试点、徐汇区衡复风貌区优秀历史建筑修缮、静安区直管公房全项目修缮、长宁区愚园路历史风貌保护区老洋房厨卫改善、奉贤区青村老街修缮恢复等工程，各自形成特色案例。五是本市召开了留改拆相关文件的专题培训，统一思想认识、切实转变观念、提高保留保护意识、落实各项工作。

【按照任务目标推进旧区改造及城中村改造相关工作】 一是2017年市政府下达的旧区改造目标任务为中心城区完成二级旧里以下房屋改造48万平方米、受益居民2.3万户，郊区城镇完成4.4万平方米、受益居民900户。全年中心城区完成二级旧里以下房屋改造49万平方米，受益居民2.4万户，分别为年度计划的102%、104%。郊区城镇完成二级旧里以下房屋改造12万平方米，受益居民1756户，分别占年度计划的274%和195%。继续推进政府购买旧区改造服务。2016年在虹口推进政府购买旧区改造服务试点基础上，总结经验，完善机制，2017年在普陀区开展政府购买旧区改造服务。二是2017年市政府下达的城中村改造目标任务为动迁安置房基地基本完成动迁11个，动迁安置房开工1600套，完成动迁4000户（包括企事业单位）。全年城中村改造动迁安置房基地基本完成动迁11个，占年度计划的100%；动迁安置房开工2619套，占年度计划的164%；完成动迁4560户（包括企事业单位），占年度计划的114%。

【结合小区综合治理，加大力度推进各类旧住房修缮改造工作】 在切实解决旧住房安全隐患问题，确保房屋安全前提下，提升改造标准，不断丰富实施内容，实施推进各类旧住房修缮改造工程。通过旧住房修缮改造消除房屋的安全隐患，确保城市安全，提升房屋使用功能，改善广大居民群众的居住条件、居住环境和居住质量，让居民群众更充分享受到改革开放和社会发展成果；促进城市有机更新，改善城市面貌，延续城市文脉；为小区综合治理和物业管理水平的提升打好基础，通过居民群众参与修缮改造工程，提高居民业主参与小区管理、共建共治共享的主体意识。一是按照“十三五”住房发展规划，重点实施纳入本市保障性安居工程的成套改造、屋面及相关设施改造、厨卫改造三类旧住房综合改造工程。按照《关于“十三五”期间进一步加强本市旧住房修缮改造切实改善市民群众居住条件的通知》和《上海市成套改造、厨卫等综合改造、屋面及相关设施改造等三类旧住房综合改造项目技术导则》明确的工作要求和实施内容，坚持内外兼修，切实改善居民群众居住条件。全年最终实施各类旧住房修缮改造2300万平方米，其中重点推进实施三类旧住房综合改造590万平方米，受益居民10万户，达到原定任务目标（300万平方米，6万户）的196%。二是不断拓展旧住房修缮改造内涵。完成《上海市旧住房拆除重建项目实施管理办法》制定工作，并有序推进旧住房拆除重建改造、结合旧住房综合改造开展小区雨污混接改造、通信管线入地改造等各试点项目。三是推动各区根据区域实际情况和特色，因地制宜探索修缮改造形式、创新工作机制和方式，结合小区综合治理形成了如美丽家园工程、同心家园工程、整街坊改造工程、幸福家园小区综合治理工程、家门口工程等有亮点的特色项目。四是推进既有多层住宅加装电梯工作，针对社会关心的加装电梯政策和实施过程中的典型案例，积极回应社会和舆论关切，及时解读政策，并通过媒体做好政策宣传工作。继续做好加装电梯的服务工作，在进一步优化政策的基础上，指导市房屋修建行业协会做好政策咨询和技术服务工作，编制《既有多层住宅加装电梯建设指南》，全年既有多层住宅加装电梯22台。

（周建梁　潘翔）

（七）住房保障

【概况】2017年国家下达本市的保障性安居工程目标任务为：全年新开工建设和实施棚户区住房改造1.6万套、基本建成1.33万套，公共租赁住房基本建成8700套。按对应范围和口径，截至2017年底，全市共完成本市棚户区改造新开工17476套、基本建成14401套，公共租赁住房基本建成8975套，全面完成国家下达的各项目标任务。

2017年全市保障性住房实际新开工建设43849套、约354.29万平方米，其中市属征收安置住房12801套、约92.51万平方米，区属征收安置住房31048套、约261.78万平方米；基本建成92548套、约775.76万平方米，其中共有产权保障住房19013套、约120.09万平方米，市属征收安置住房8320套、约69.80万平方米，区属征收安置住房56240套、约541.58万平方米，公共租赁住房8975套、约44.29万平方米。

【全面提高租金配租家庭租赁补贴标准】从2017年1月1日起，对廉租租金配租家庭的租赁补贴标准等进行了调整，总体提高幅度约45%。一是提高了每平方米居住面积补贴标准。其中，对黄浦、徐汇、长宁、静安、普陀、虹口、杨浦、浦东8个区，将按基本标准补贴的家庭每月每平方米居住面积租金补贴标准从86元提高至125元，按70%标准补贴的家庭从60元提高至90元，按40%标准补贴的家庭从34元提高至50元；对闵行、宝山、嘉定3个区，将按基本标准补贴的家庭从68元提高至95元，按70%标准补贴的家庭从48元提高至70元，按40%标准补贴的家庭从27元提高至40元；对青浦、松江两个区，将按基本标准补贴的家庭从46元提高至95元，按70%标准补贴的家庭从32元提高至70元，按40%标准补贴的家庭从18元提高至40元；对金山、奉贤、崇明3个区，将按基本标准补贴的家庭从46元提高至65元，按70%标准补贴的家庭从32元提高至50元，按40%标准补贴的家庭从18元提高至30元。二是增加了托底保障面积。将廉租家庭的托底保障面积从12平方米居住面积提高至15平方米居住面积。三是对1人、2人户家庭补贴金额另行上浮了20%。

【进一步放宽廉租住房准入标准】为进一步完善本市住房保障体系、继续扩大廉租住房受益面，研究制订了准入标准等政策调整方案。新准入标准等政策从2018年1月1日起实施，主要包括以下几个方面：一是放宽了收入和财产准入标准。其中，3人及以上家庭廉租住房的收入准入标准从家庭人均月可支配收入2500元以下调整为3300元以下，财产准入标准从家庭人均9万元以下调整为12万元以下。1人及2人家庭，收入和财产准入标准继续按上浮10%执行。收入和财产准入标准调整后，廉租住房与共有产权保障住房的保障范围将进一步有机接轨。二是调整了租金配租的分档补贴标准。其中，3人及以上家庭按照基本补贴标准实施补贴的范围从家庭人均月可支配收入1300元以下（含1300元），调整为2000元以下（含2000元）；按照70%标准实施补贴的范围从家庭人均月可支配收入1300~2000元（含2000元）间调整为2000~2800元（含2800元）间；按照40%标准实施补贴的范围从家庭人均月可支配收入2000~2500元（含2500元）间调整为2800~3300元（含3300）间。1人、2人家庭及经认定的因病支出型贫困家庭，各分档标准均对应上浮10%。三是对住房困难的因病支出型贫困家庭实施“精准救助”。考虑到住房困难的因病支出型贫困家庭因存在医疗刚性支出，更需要居住方面的救助，新政策标准对该类家庭申请廉租住房保障时的收入和财产准入标准也进行了针对性放宽，在3人及以上家庭标准基础上放宽10%，即放宽至家庭人均月可支配收入3630元以下、人均财产13.2万元以下。

2017年，本市从准入标准、保障水平、制度体系衔接等方面进一步优化完善廉租住房政策，并继续按照“补贴为主、实物为辅、政策科学、应保尽保”的原则对城镇低收入住房困难家庭做好托底保障，截至2017年底，全市当年共新增廉租受益家庭3446户，历年累计受益家庭达11.85万户。

（姚文江）

【继续推进公租房房源筹措供应各项工作】截至2017年底，全市公租房（含单位租赁房）累计筹措房源约16万套，其中2017年新增筹措房源约1.3万套；累计供应房源约11.8万套，其中2017年新增供应房源1.3万套。全市公租房（含单位租赁房）正在保障户数约20万户（单身人士1人计为1户），累计保障户数超过30万户。

【全面完成国家下达的公租房分配目标任务】按照国家保障性安居工程协调小组下达的2017年度公租房分配目标任务，2013年底前政府投资开工建设的公租房2017年底前90%要完成分配，2014年政府投资开工建设的公租房2017年底前85%要完成分配。市房管局通过月度通报、现场督导等多种方式指导市和各区公租房运营机构抓紧推进公租房分配工作。截至2017年底，全市2013年底前开工建设的政府投资公租房44974套中已分配41666套，分配率为92.6%；2014年开工建设的政府投资公租房2789套中已分配2611套，分配率为93.6%，均超额完成国家下达的分配率目标任务。

【优化完善单位整体租赁公租房政策机制】2017年2月，市住建委印发《关于进一步完善单位整体租赁公共租赁住房审核配租工作机制的通知》（沪建保障〔2017〕182号），支持本市科创中心、自贸区建设相关重点企事业单位整体租赁公租房解决职工阶段性住房困难，优化单位整体租赁公租房的准入资格审核和配租工作机制。针对单位整体租赁拟安排入住的部分新引进人才暂不满足本市公租房准入条件中“具有本市常住户口，或持有上海市居住证和连续缴纳社会保险金达到规定年限”的问题，经区级人民政府同意，可在承租单位书面担保承诺基础上，允许相关职工先入住公租房后在规定期限内补齐居住证、社保等准入要件，从而使新来沪人才能够及时享受公租房保障。

【总结推广公租房管理服务创新经验】2017年11月，市房管局召开全市公共租赁住房管理服务创新经验交流会，对近年来全市公租房运营机构在公租房信息化智能化管理和高品质租赁配套服务等方面涌现的创新举措进行表彰和推广。浦东新区公租房人脸指纹双

表1 全市公租房筹措房源分布表

	公共租赁房（万套）	单位租赁房（万套）	总计（万套）
内环内	0.36	0.26	0.61
内中环间	1.56	1.30	2.86
中外环间	1.81	0.57	2.37
外郊环间	1.96	5.50	7.46
郊环外	1.30	1.37	2.67
总计	7.0	9.0	16.0

识别门禁系统和车牌二次识别系统、长宁区代理经租居民闲置存量住房用作公租房、浦东新区公租房网上询租机制、地产公租房“居住无忧”租赁配套服务4项举措被评为全市公租房管理服务创新示范项目，地产公租房身份证识别智能门锁、嘉定区公租房三位一体的信息化平台建设、普陀区长风8号西公租房建设工地党建联建工作站、长宁区公租房网上轮候选房系统、宝山区霄云湾公租房“绿色环保、互联网+”智慧社区5项举措被评为全市公租房管理服务创新项目。上海电视台、上海人民广播电台、《中国建设报》《解放日报》《文汇报》等新闻媒体对相关创新经验进行连续报道。

（林英杰）

【深入开展共有产权住房试点工作】2014年起，根据国务院政府工作报告要求，住房城乡建设部部署在上海、北京、深圳、成都、淮安、黄石六城市开展共有产权房试点工作。2017年9月14日，住房城乡建设部下发《关于支持北京市、上海市开展共有产权住房试点的意见》（建保（2017）210号），要求上海总结相关工作经验，进一步开展共有产权住房试点工作。根据住房城乡建设部的统一部署，上海试点的重点是共有产权保障住房定价、供后违规行为处置、回购、五年后购买政府产权、上市转让等内容。上海选取了部分市级房源项目开展共有产权保障住房购买政府产权和政府优先购买试点工作。目前，已初步建立相关工作机制，探索建立便捷高效的市筹房源项目市场基准价格制定工作机制，研究出台相关不动产登记实施意见，制定出台相关税收优惠政策，为全市面上全面推开工作奠定基础。

截至2017年底，年内基本完成3个批次、11个市筹房源项目和1个区筹房源项目市场基准价格制定工作，累计受理62户供后交易申请（均为购买政府产权）。下一步，将不断强化上市转让时政府指定机构优先购买工作，强化房屋所在地区政府指定机构优先购买的托底责任，提高房源使用效率。

【扎实推进共有产权保障住房分配供应工作】2014年批次（第五批次）工作收尾方面：截至2017年底，本市2014年批次（第五批次）年内新增签约0.23万户，该批次历年累计签约2.57万户。历年批次累计签约9.2万余户。2016年批次（第六批次）工作开展方面：截至2017年底，各区基本完成2016年批次（第六批次）申请家庭初审审核工作，其中，宝山、奉贤、金山及青浦4个区完成全部审核工作，金山已完成摇号和选房，共新增摇号155户、选房138户。

【稳步开展“租售转化”试点工作】根据在长宁区开展廉租住房实物配租房源与共有产权保障住房“租售转化”试点工作要求，市住房保障领导小组办公室下发了《关于开展廉租实物配租房源与共有产权保障住房“租售转化”试点工作的通知》，并与市物价局联合下发《廉租实物配租房源与共有产权保障住房“租售转化”试行意见》（沪房保障〔2017〕11号）。市房管局会同市发展改革委（市物价局）初步确定试点房源的销售基准价格及购房人产权份额，会同市规土局（市不动产登记局）研究确定试点房源的不动产登记实施细则，会同市工商局初步完成试点所需的共有产权保障住房买卖合同和供后房屋使用管理协议（示范文本）起草工作，会同市地税局、市财政局研究解决试点房源销售计价标准和税费缴交等问题，基本解决了“租售转化”试点工作遇到的相关政策瓶颈问题。

在市房管局指导下，长宁区积极推进试点工作开展，选取了青浦华新金瑞苑小区的83套房源作为本批次试点房源，并拟定了《长宁区廉租住房租售转化工作方案》《长宁区廉租住房租售转化实施细则》《金瑞苑试点房源租售转化销售价格方案》等配套文件，待提交区政府常务会审议通过后择机实施。

（王永刚）

【公有住房出售】2017年，会同相关部门继续推进本市公有住房出售工作。据统计，全年共出售公有住房1.17万套，建筑面积63.11万平方米，回收购房款约1.91亿元，扣除维修基金后净归集额1.17亿元。全市自公有住房出售政策实施以来，已累计出售公有住房194.22万套，建筑面积约10481.51万平方米。

【进一步推进本市住房分配制度改革】按《关于进一步深化本市城镇住房制度改革的若干意见》（沪府发〔1999〕38号）的要求，推进企事业单位的住房分配制度改革；配合市政府机管局等部门深化、完善本市公务员住房解困的有关思路。

【支持配合外省市住房分配制度改革】配合外省市住房分配制度改革和经济适用住房、动拆迁货币安置等工作的开展，做好外地职工及其配偶在沪住房情况申报确认工作，2017年共确认765户，自2003年此项工作开展以来，累计确认6594户。

【解决未确权的公有住房的出售问题】2017年，根据《关于进一步推进本市公有住房出售若干规定的通知》（沪府发〔1999〕44号）的精神，继续对投资单位未申领房地产权证的住房进行梳理，将符合出售条件的住房出售给承租的职工家庭。当年各区房改部门出售的这类住房共533套，建筑面积2.99万平方米；已累计代售51880套，建筑面积约306万平方米。

【解决各区有限产权接轨工作的疑难问题】市、区房改部门经过调研和协调，研究解决各类疑难问题，推动有限产权住房接轨工作顺利推进，全年有限产权住房接轨1530套，累计接轨75980套。

（仇育彬）

（八）住房公积金管理

【概况】缴存：2017年，新开户单位5.26万家，实缴单位35.24万家，净增单位3.85万家；新开户职工95.41万人，实缴职工809.91万人，净增职工45.18万人；缴存额1133.69亿元，同比增长11.30%。2017年末，缴存总额8248.83亿元，同比增长15.93%；缴存余额3578.39亿元，同比增长12.46%。受委托办理住房公积金缴存业务的银行1家。

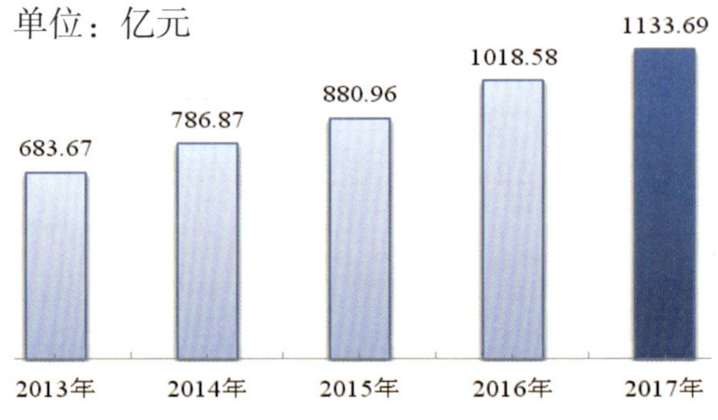

图1 2013—2017年缴存额情况

提取：2017年，提取额737.09亿元，同比增长11.79%；占当年缴存额的65.02%，比上年增加0.29个百分点。2017

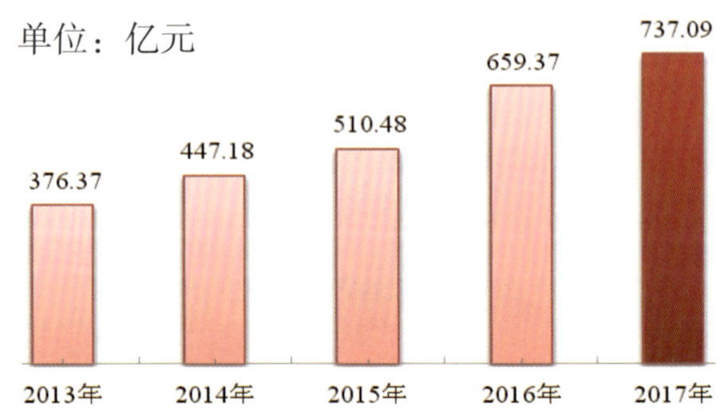

图2 2013—2017年提取额情况

年末，提取总额4670.45亿元，同比增长18.74%。

贷款：个人住房贷款。上海市购买首套住房家庭最高贷款额度为100万元（个人最高额度为50万元），缴交补充公积金的为120万元（个人为60万元）；上海市购买第二套改善型住房家庭最高贷款额度为80万元（个人最高额度为40万元），缴交补充公积金的为100万元（个人为50万元）。2017年，发放个人住房贷款9.28万笔586.28亿元（含贴息贷款置换1.54万笔103.5亿元），同比分别下降49.29%、50.51%；回收个人住房贷款313.03亿元。2017年末，累计发放个人住房贷款243.09万笔7059.11亿元，贷款余额3531.01亿元，同比分别增长3.97%、9.06%、8.39%。个人住房贷款余额占缴存余额的98.68%，比上年减少3.71个百分点。受委托办理住房公积金个人住房贷款业务的银行19家。

图3　2013—2017年住房公积金个人住房贷款发放额情况

住房公积金支持保障性住房建设项目贷款。2017年，发放支持保障性住房建设项目贷款1.22亿元，无应收贷款本金。2017年末，累计发放项目贷款96.69亿元，项目贷款余额7.20亿元。

购买国债：2017年未购买国债，至年末国债余额为零。

融资：2017年未进行融资，当年归还50亿元。2017年末，融资总额217亿元，融资余额110亿元（全部为2016年临时借用的个人贷款超额风险准备金，已于2018年1月15日全部归还）。

资产证券化：2017年末，个人住房贷款资产支持证券的未偿付贷款笔数为11.05万笔，本金余额为260.71亿元。

住房公积金贴息贷款：2017年，发放住房公积金贴息贷款1.51万笔103.01亿元，当年贴息额3.64亿元。2017年末，累计发放住房公积金贴息贷款5.21万笔353.72亿元，累计贴息4.19亿元。

资金存储：2017年末，住房公积金存款185.74亿元（包括临时借用的个人贷款超额风险准备金110亿元），存款类型为协议、协定和通知存款。

资金运用率：2017年末，住房公积金个人住房贷款余额、项目贷款余额的总和占缴存余额的98.88%，比上年减少3.7个百分点。

【主要财务数据】业务收入：2017年，业务收入122.71亿元，同比增长13.19%。其中，存款利息11.18亿元、委托贷款利息109.71亿元、其他1.82亿元。

业务支出：2017年，业务支出61.24亿元，同比下降10.44%。其中，支付职工住房公积金利息51.24亿元、归集手续费2.40亿元、委托贷款手续费3.19亿元、其他4.41亿元（其中住房公积金贴息贷款利息支出为3.64亿元）。

增值收益：2017年，住房公积金增值收益60.44亿元，同比增长54.46%。当年增值收益率1.79%，比上年增加0.49个百分点。城市廉租住房（公共租赁住房）建设补充资金增值收益1.03亿元。

增值收益分配：2017年，提取贷款风险准备金36.31亿元，提取管理费用1.78亿元，提取城市廉租住房（公共租赁住房）建设补充资金23.38亿元。2017年，上交财政管理费用1.78亿元。2017年末，贷款风险准备金余额297.19亿元。累计提取城市廉租住房（公共租赁住房）建设补充资金183.43亿元。

管理费用支出：2017年，管理费用支出1.88亿元（包含经财政批准的2016年度预算延期支出部分），同比增长64.91%。管理费用中，人员经费0.58亿元，同比增长5.45%；公用经费0.22亿元，同比增长29.41%；专项经费1.08亿元（其中上海住房公积金综合服务和管理平台系统建设与原信息系统维护、上海市公积金管理中心本部搬迁、对外服务网点改善等专项经费0.76亿元），同比增长157.14%。

【资产风险状况】个人住房贷款：2017年末，个人住房贷款逾期额0.41亿元，逾期率0.116‰。个人贷款风险准备金按住房公积金增值收益的60%提取。2017年，提取个人贷款风险准备金36.26亿元，当年未使用个人贷款风险准备金核销逾期贷款。2017年末，个人贷款风险准备金余额296.90亿元（包括因2016年贷款需求增长较快临时借用的110亿元个人贷款超额风险准备金），占个人住房贷款余额的8.41%，个人住房贷款逾期额与个人贷款风险准备金余额的比率为0.14%。

支持保障性住房建设试点项目贷款：2017年末，无项目贷款逾期情况。项目贷款风险准备金按贷款余额的4%提取。2017年，提取项目贷款风险准备金0.05亿元，当年未使用项目贷款风险准备金核销逾期贷款，项目贷款风险准备金余额0.29亿元，占项目贷款余额的4%，项目贷款逾期额与项目贷款风险准备金余额的比率为0%。

历史遗留风险资产：2017年末无历史遗留风险资产。

【社会经济效益】缴存业务：2017年，实缴单位数、实缴职工人数和缴存额同比分别增长12.27%、5.91%和11.30%。缴存单位中，国家机关和事业单位占2.60%，国有企业占2.24%，城镇集体企业占1.20%，外商投资企业占6.99%，城镇私营企业及其他城镇企业占85.30%，民办非企业单位和社会团体占0.61%，其他占1.06%。缴存职工中，国家机关和事业单位占18.29%，国有企业占12.53%，城镇集体企业占2.01%，外商投资企业占15.86%，城镇私营企业及其他城镇企业占48.58%，民办非企业单位和社会团体占0.83%，其他占1.90%；中、低收入占91.00%，高收入占9.00%。新开户职工中，国家机关和事业单位占17.47%，国有企业占6.25%，城镇集体企业占1.41%，外商投资企业占13.35%，城镇私营企业及其他城镇企业占59.56%，民办非企业单位和社会团体占0.47%，其他占1.49%；中、低收入占98.74%，高收入占1.26%。

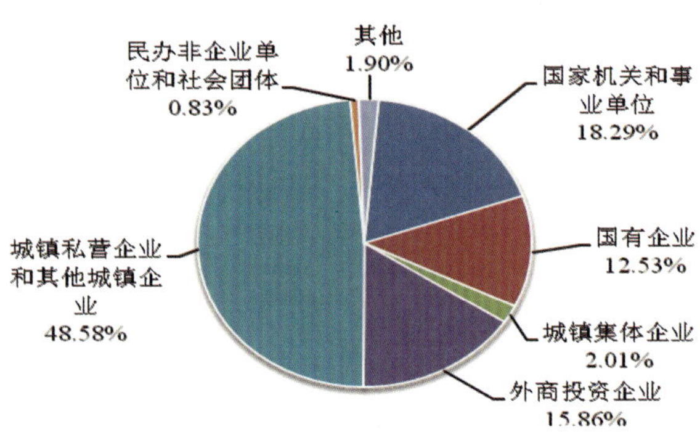

图4 2017年实缴职工按所在单位性质分类

提取业务：2017年，230.19万名缴存职工提取住房公积金737.09亿元。提取金额中，住房消费提取占82.20%（偿还购房贷款本息占71.16%，购买、建造、翻建、大修自住住房占5.46%，租赁住房占5.58%，其他占0.002%），非住房消费提取占17.80%（离休和退休提取占15.46%，完全丧失劳动能力并与单位终止劳动关系提取占0.01%，户口迁出上海市或出境定居占1.96%，其他占0.37%）。提取职工中，中、低收入占82.58%，高收入占17.42%。

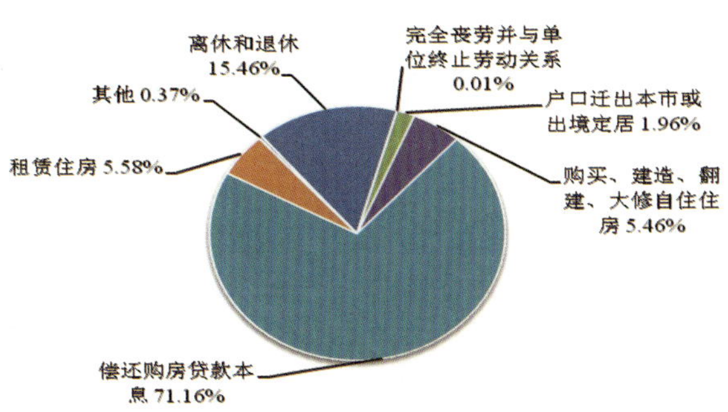

图 5　2017 年住房公积金提取额按提取原因分类

贷款业务：个人住房贷款。2017 年，支持职工购建房 787.60 万平方米，年末个人住房贷款市场占有率为 22.07%，比上年减少 0.91 个百分点。通过申请住房公积金个人住房贷款，在贷款合同约定的存续期内可节约职工购房利息支出 123.00 亿元。职工贷款笔数中，购房建筑面积 90（含）平方米以下占 62.17%，90~144（含）平方米占 31.04%，144 平方米以上占 6.79%。购买新房占 33.31%（其中购买保障性住房占 6.16%），购买存量商品住房占 66.69%。

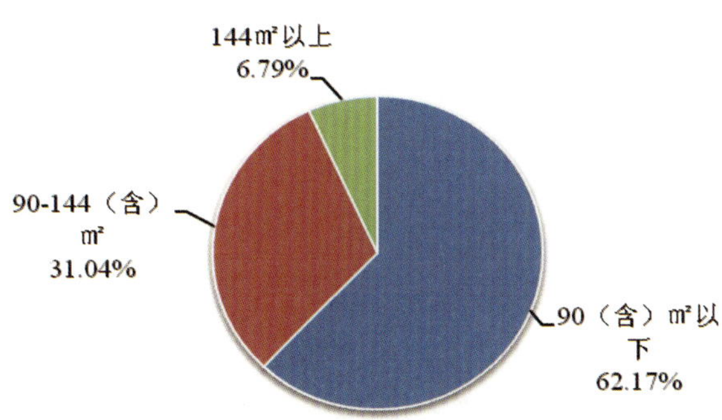

图 6　2017 年个人住房贷款职工贷款笔数按面积分类

职工贷款笔数中，单缴存职工申请贷款占 50.75%，双缴存职工申请贷款占 48.58%，三人及以上缴存职工共同申请贷款占 0.67%。贷款职工中，30 岁（含）以下占 34.87%，30~40 岁（含）占 49.76%，40~50 岁（含）占 12.42%，50 岁以上占 2.95%；首次申请贷款占 81.59%，二次及以上申请贷款占 18.41%；中、低收入占 96.77%，高收入占 3.23%。

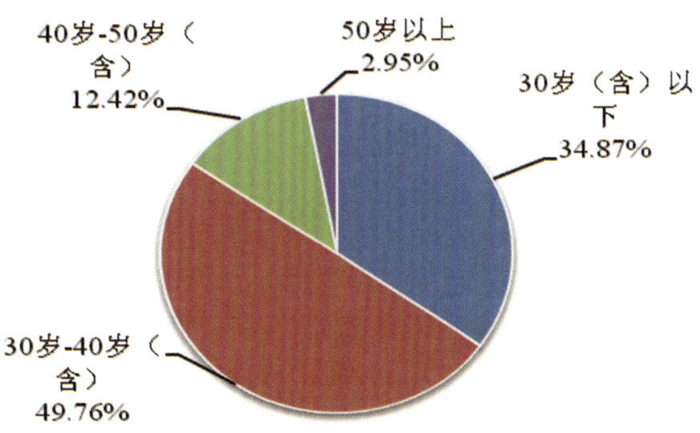

图 7　2017 年个人住房贷款职工按年龄分类

住房公积金贴息贷款：2017 年，支持职工购建住房面积 137.86 万平方米。

支持保障性住房建设试点项目贷款：2017 年末，累计试点项目 15 个，贷款额度 119.82 亿元，建筑面积 229.90 万平方米，可解决 28061 户中低收入职工家庭的住房保障问题。13 个试点项目贷款资金已发放并还清贷款本息。

住房贡献率：2017 年，个人住房贷款发放额、住房公积金贴息贷款发放额、项目贷款发放额、住房消费提取额的总和与当年缴存额的比率为 114.35%，在房地产市场稳定和租购并举的背景下，比上年减少 81.16 个百分点。

【出台缴存、提取和贷款三个管理办法】 为适应住房公积金发展改革要求，进一步发挥保障和改善民生功能，加大对上海市“租购并举”住房制度的配套服务，加强上海市住房公积金缴存、提取、贷款管理，更好维护缴存单位和职工合法权益，《上海市住房公积金缴存管理办法》《上海市住房公积金提取管理办法》《上海市住房公积金个人住房贷款管理办法》在向全社会公开征求意见后，经管委会第 54 次审议通过，将于 2018 年 4 月 1 日正式施行。

【调整 2017 年度住房公积金缴存基数和月缴存额上下限】 自 2017 年 7 月 1 日起，上海市职工住房公积金的缴存基数由 2015 年月平均工资调整为2016年月平均工资。2017年度住房公积金月缴存额上限为2732元，城镇个体工商户及其雇用人员、自由职业者的住房公积金月缴存额上限为4682元。补充住房公积金月缴存额上限为1952元。2017年度住房公积金按职工本人和单位各7%的缴存比例所对应的月缴存额下限为306元。城镇个体工商户及其雇用人员、自由职业者的住房公积金月缴存额下限参照此标准。2017年度职工本人和单位住房公积金缴存比例仍为各7%，补充住房公积金缴存比例为各1%~5%。

继续执行《上海市降低住房公积金缴存比例或缓缴住房公积金管理办法》，生产经营困难企业除可以降低缴存比例，还可申请缓缴住房公积金。新设立的小型微型企业可以降低缴存比例。

【进一步完善购房和继承提取政策】一是2017年1月17日出台《关于进一步加强住房公积金提取审核工作的通知》，进一步明确和规范了购房提取申请时间、审核流程、审批要件等，防范骗提套取行为，确保住房公积金资金安全；二是简化继承提取审批要件。法定第一顺序继承人因职工死亡或者被宣告死亡申请提取住房公积金，取消需要办理继承权公证的规定。

【创新租赁提取业务办理模式】按照国家“租购并举”政策导向，创新租赁提取业务办理模式。与市房地产经纪行业协会及上海市15家大型住房租赁企业合作，推出住房公积金租房提取集中办理业务试点，让职工在家门口就能办理提取住房公积金支付房租；与上海铁路局合作，探索对公共租赁住房项目产权方“冲还租”模式，为租住铁路系统公共租赁住房的职工办理提取住房公积金支付房租业务提供方便。

【接入全国住房公积金异地转移接续平台】为确保劳动关系迁出和迁入上海市的缴存职工在异地住房消费的权益，上海作为住建部第一批上线城市，自3月起通过住房公积金异地转移接续平台，为跨省就业的职工办理转移业务4.43万笔，金额11.33亿元，实现“账随人走，钱随账走”。

【创新开展住房公积金贴息贷款置换业务】在上海市房地产市场平稳、住房公积金资金紧张缓解的情况下，完成了建行、交行、农商行等7家商业银行的贴息贷款置换1.54万笔，金额103.50亿元。通过开展贴息贷款置换业务增加生息资产，降低贴息成本，有效提升资金管理能力和增值收益。

【加强“互联网+公积金”建设】上海市公积金管理中心认真落实党的十九大精神，围绕市委、市政府提出的“创造良好营商环境”和“放管服”工作要求，进一步优化线上服务流程，不断深入推进以上海住房公积金门户网站为基础并涵盖网上大厅、微博、微信、手机AAP、短信等渠道的综合服务平台建设，提升政务服务智慧化水平。一是进一步增加单位网上办理住房公积金业务品种，单位可以在上海住房公积金门户网站办理单位账户设立、汇缴、补缴、转移、封存、停缴、启封、年度基数调整、单位基本信息修改等13项网上业务，基本实现单位足不出户办理住房公积金业务；二是积极拓展个人网上业务办理功能。推出网上办理租赁续提的功能，实现公积金网站、微信和App3个渠道均可办理租赁续提业务，以及提供公积金账户和贷款受理情况的查询。

【推进信息共享和资源整合】一是推进个人信息查询业务进社区。2017年将个人公积金信息查询业务下沉到社区事务受理服务中心办理，全年共受理查询业务8.13万笔。二是通过开展民政与房产信息的共享核查，极大地方便了无房职工办理租赁提取业务。全年共核查民政信息22.32万笔、房产信息38.69万笔，支持了约38万名职工办理租赁提取业务。三是积极推进与江浙两省购房信息互查，提高办理效率和准确性，有效遏制了异地购房骗套取行为。

【提升服务效能，优化营商环境】一是推行单位公积金业务网上培训方式，实现线下和线上培训协同开展，以多样化的培训形式满足缴存单位的不同需求，全年共培训单位11.35万家；二是完成静安区管理部的装修、搬迁和浦东新区管理部新址装修，启动嘉定、宝山两区管理部网点装修，有效增加办理窗口，提高服务效率；三是优化窗口服务环境，全面增加网点电子化、自助化的机具，开设网上体验区，开通Wi-Fi功能，加快办事效率，提升群众办事感受度；四是充实服务网点人员力量。全年共招录两批窗口受理文员33人，提高网点服务能力。

【多管齐下，推进制度覆盖面的不断扩大】一是继续开展全市性住房公积金缴存情况大检查。通过与管委会、市住建委、市总工会联动，借助社保缴费、税务等单位信息共享，提高执法检查工作精准度，共对10.8万家单位发出执法检查通知，通过执法检查实现增加开户单位约1.5万家，增加缴存职工约13.07万人。二是通过执法体制改革试点，组建专业执法团队，加大执法力度，切实维护职工合法权益，不断扩大受益群体覆盖面。三是委托专业会计师事务所开展全市第二次住房公积金专项审计工作，在8、9、10三个月内对1000家单位开展专项审计，通过专项审计实现增加缴存职工近9000人，增加缴存金额1125.40万元。

【加强执法监督】2017年上海市公积金管

理中心针对违规侵权单位共立案787笔，当年结案787笔，通过立案查处直接为职工追回单位所欠住房公积金1005.55万元。全年发出《责令限期缴存通知书》107份，发出《强制执行申请书》107份。

【加强风险防范建设】一是颁布实施《上海市住房公积金失信行为名单管理办法》，加强住房公积金失信行为的惩戒管理；二是制定住房公积金全面风险管理规程，明确住房公积金业务主要风险类型、风险管理组织架构、程序和要求；三是制定业务授权管理规程，实行重要业务、资金管理和行政事项的授权管理。

【核心系统建设取得阶段性成果】为更好地提升上海住房公积金管理、服务的能级和水平，进一步提高“互联网+公积金”服务能力，打造对标先进的营商环境，在2016年10月获得市发展改革委批复建设上海住房公积金综合服务和管理平台项目后，2017年，上海市公积金管理中心完成了系统开发一期业务需求分析确认、主体应用开发、A级环保节能新型机房建设、新机房信息化配套规划实施和机房搬迁，为上海市公积金管理中心未来业务拓展奠定了信息化基础。

【推进落实“双贯标”工作】按照住建部的统一部署和要求，上海市公积金管理中心有序推进“双贯标”工作。目前已完成系统业务需求确认，并在需求分析的基础上展开结算通道和基础数据项等内容的梳理，确定贯标方案，协调各方启动系统开发工作。目前19家合作银行中已有18家配合完成了住建部结算通道的对接工作。

【荣誉获得情况】2017年，上海市公积金管理中心及其内设部门、干部员工共获得各类地市级以上荣誉15项。其中，上海市公积金管理中心荣获第五届全国文明单位、2015—2016年度上海市文明单位、第四批上海市企业文化建设示范基地、2017年度上海市网络安全等级保护工作先进单位等荣誉称号，“沪公积金系列个人住房贷款资产支持证券”项目荣获2016年度上海金融创新成果奖一等奖，@上海公积金荣获2017年上海最佳政务新媒体荣誉称号。

（郭凤洁）

PART SEVEN Ⅷ

铁路运输

RAILWAY TRANSPORTATION

（一）综述

【概况】2017年11月15日，根据中国铁路总公司“铁总改革与法律函〔2017〕795号”文件精神，“上海铁路局”改制为“中国铁路上海局集团有限公司”（简称“上海局集团公司”）工商变更完成，并领取新营业执照，标志着“上海局集团公司”成立。上海局集团公司地址：上海市静安区天目东路80号。邮编：200071。

2017年，上海局集团公司完成旅客发送量62831万人，同比增加6259万人，增长11.1%，旅客发送量占全国铁路比重20.7%。其中发送管内旅客48758万人，增长11.8%；发送直通旅客14073万人，增长8.5%。在旅客发送量中，高铁发送41041万人，同比增加5202万人，增长14.5%。完成货物发送量18617万吨。完成旅客周转量2273.6亿人公里，货物周转量1267.25亿吨公里，换算周转量3540.83亿换算吨公里。完成运输收入930.94亿元、同比增长14.5%，其中客运收入729.60亿元、同比增长14.5%；货运收入171.31亿元、同比增长13.7%。完成盈亏总额3.8亿元，比预算减亏20.9亿元，控股合资公司实现扭亏为盈。

上海局集团公司地处东南沿海长江中下游地区，铁道线路主要分布在安徽、江苏、浙江、上海“三省一市”，区域经济发达，文化底蕴丰厚，城际高铁成网，交通运输便利，是全国客货运输最繁忙的铁路局集团公司之一。营业里程10072.4公里、同比增加75.8公里，其中高铁里程3667.8公里、同比增加310.4公里。复线营业里程7119.1公里、同比增加148.0公里，复线率70.7%、同比提高1.0个百分点。电气化铁路营业里程6905.5公里、同比增加158.2公里，电化率68.6%、同比提高1.1个百分点。区域内三省一市铁路营业里程9969.8公里、同比增加69.4公里，其中上海市465.1公里、同比无增加。区域内三省一市高铁里程3647.5公里、同比增加304.0公里，其中上海市146.9公里、同比无增加。管内高铁线路有京沪、沪宁、沪昆、杭深、沪蓉、徐兰、衢九线等，普速线路有京沪、沪昆、陇海、宁芜、新长、皖赣、宣杭线等。有运输站段73个，控股合资铁路公司21家。车站655个，其中特等站7个、一等站31个、二等站55个、高铁站135个。配属机车1564台（内燃911台、电力653台），同比减少13台，其中国铁1486台，同比减少13台；合资铁路公司78台，同比无变化。配属动车组486组（含长编组154组），计5120辆（含“复兴号”动车组共35组、280辆），同比增加320辆，增长6.7%。配属普速客车3595辆，同比减少81辆。其中国铁配属3005辆，同比减少81辆；合资铁路公司配属590辆，同比无变化。配属大型养路机械215台，同比增加6台；重型轨道车253台，同比增加30台；供电作业车234辆，同比增加26辆。固定资产原值5899.38亿元，其中国铁24 52.88亿元，合资铁路公司3403.29亿元，非运输企业43.21亿元。

上海局集团公司设机关行政职能管理机构30个、机关行政附属机构30个、学协会5个、生产机构1个（调度所）、派出机构7个。有运输站段73个、运输辅助单位5个、直属非运输企业17个、其他直属单位12个、建设指挥部6个。控股合资铁路管理机构10个，其中局集团公司管理8个、铁路总公司管理两个。其他机构两个（上海铁路股份有限公司筹备组、职工住房建设指挥部）。

上海局集团公司管内控股合资铁路公司21家，分别为萧甬、新长、浦东、合武、沿海浙江、沪宁、沪杭、金山、京福安徽、宁杭、杭甬、杭州枢纽、芜湖大桥、丰沛、沪昆浙江、金丽温、宁安、皖赣安徽、苏北、九景衢浙江、杭黄公司；参股合资公司4家，分别为金温、庐铜、金台、合安公司。［另有京沪高铁公司所属的京沪高铁枣庄西（不含）—上海虹桥段，郑西客专公司所属的郑徐客专砀山南—徐州东段、淮北—萧县北客车联络线位于局集团管内。］管内已运营控股合资公司总资产4881.81亿元，资本金总额2710.01亿元，其中铁路方出资2172.40亿元。

至年末，上海局集团公司职工总数154263人，同比减少105人。职工工资总额增长9.8%，职工平均工资水平位居全路前列。按运输总收入计算的运输业从业人员劳动生产率61.8万元/人，同比增长14.2%；按运输总换算周转量计算的运输业从业人员劳动生产率235.1万吨公里/人。

【运输质效提升】2017年，上海局集团公司图定日开行旅客列车928.5对（动车组668对、普速260.5对）、货物列车1235对。坚持提质增效导向，提升精细化管理、集约化经营水平。不断优化运输生产组织，实现客货列车开行市场化。调整优化二通道货物列车编组计划和货物列车牵引定数，提高二通道运输效率。对全局运输组织考核办法和卸车考核实施细则进行修订，新增大点车考核、编组站解体奖励等考核内容。提高运输效率，货车中转时间完成4.7小时、同比压缩0.1小时，货车停留时间完成19.1小时、同比压缩0.2小时，货车周转时间完成2.64天、同比压缩0.03天，货机日车公里完成452公里、同比增长1.8%，货机日产量完成117.9万吨公里、同比增长1.6%，列车平均牵引总重完成2896吨、同比增长0.8%，货车旅行速度完成41.6公里/小时、同比增长1.2%，天窗综合利用率等指标好于上年，动车组上线率76.5%、比全路平均高1.4个百分点。提高劳动效率，在企业规模体量持续扩充情况下，用工总量“负增长”，提高收入质量，通过优化客货运输价格策略增收23.5亿元，加强堵漏保收增收11亿元。运输专业管理综合考评排名全国铁路第3位。10月，获中国质量协会“2017年全国实施卓越绩效模式先进企业”荣誉称号。至年末，完成运输总收入930.94亿元，同比增长14.5%，其中：客运收入729.60亿元，同比增长14.5%；货运收入171.31亿元，同比增长13.7%。

【资产经营提效】 2017年，上海局集团公司非运输业以“专业化经营、实业化发展、集约化创效、规范化管理”为指引，提高资产资源开发收益。依托重点项目带动经营创效，建实业、办实体、增实力，年内投资开发物流、工业、土地等重点实业项目35个，打造了华东印记、旅途易购等一批有效益、可持续的自主经营品牌。推动传统经营向现代经营转型升级，推进智能商旅建设，开发“互联网+”“高铁+”新业务新项目，推行重点项目合资合作开发、土地房屋资产专业化经营、工业物资订单化生产、现代物流供应链管理等新模式新途径。夯实经营发展基础，完善决策、监督、约束机制，有效防范经营风险。至年末，完成非运输业务收入292亿元，同比增长4.8%；实现综合创效49.5亿元，同比增长28.2%。17家直属非运输企业全部实现盈利，非运输业务的客运相关、物流商贸、建筑施工、工业制造、资产开发五大板块收入利润同比分别增长5.6%、1.9%、6.1%、15%和11%。

【安全运输生产】 2017年，上海局集团公司坚持预防为主、标本兼治，科学务实，发挥专业管理主导作用，确保了党的十九大等重点时段安全，运输生产保持总体稳定。树立高铁和旅客安全“万无一失”理念，开展经常性安全法治、形势任务和案例警示教育，做到“敬畏、尽责、坚守”。深化安全保障体系建设，强化物防、技防措施，用于安全的更新改造及设备大修投入108.5亿元、同比增长34%，更换新钢轨672公里、道岔1138组，主要正线道口“平改立”全面完成，时速120公里以上线路实现全封闭，机车6A、车辆5T、供电6C等检测监控系统和安全大数据广泛应用，安全实时预警和综合防范能力增强。加快推进标准化建设，覆盖717个科室、892个车间6498个班组，分岗位动态完善作业指导书1.3万本。加大安全奖惩力度，兑现站段安全奖励13.7亿元、考核1318万元，对防止事故的150名职工通报表扬并累计奖励65.6万元。加强现实安全控制，完成营业线施工1.6万项，防洪、防胀、防断等季节性安全关键受控，安全生产大检查、京沪高铁沿线环境整治和各类安全专项整治扎实开展。至年末，未发生行车一般B类、人身一般A类及以上事故，事故总的件数同比下降33.5%，设备故障下降32.2%，实现安全1328天、连续第三个安全年。

【党的建设加强】 2017年，上海局集团公司结合推进铁路局公司制改革，把党建工作总体要求写入局集团公司章程，制定党委会工作细则、议事规则等制度办法，坚持把党委会研究讨论作为董事会、经理层决策重大问题的前置程序，党委的领导地位和作用更加明确。坚持从严选拔任用、从严管理监督，优化班子结构，调整交流领导人员209人。对部分基层领导班子及成员进行定期考核，开展“三重一大”决策情况专项检查，常态化开展干部履职督查，全年问责586人。加强基层党建基础工作，31个局属单位党组织完成换届选举，对落实党支部建设《纲要》《细则》开展对标检查，推广高铁综合维修工区联合党支部建设的经验做法。发挥党员先锋模范作用，抓好“两学一做”学习教育常态化制度化，深化创岗建区和形式多样的主题实践活动。提高职工思想教育的针对性实效性，加大新闻宣传和舆论引导力度，深入开展“强基达标、提质增效”主题教育活动，推动企业文化建设和标准化建设融合发展。统筹抓好“百千万人才”“三支队伍”选拔、青年人才培养锻炼、高校毕业生引进等工作，提升队伍素质。坚持以群众工作统揽信访工作，确保队伍稳定、大局稳定。加强对工会、共青团组织的领导，工会、共青团组织作用进一步发挥。加强党风廉政建设，组织落实全面从严治党要求。主动承接、扎实推进中央“机动式”巡视反馈问题整改这一重要政治任务，取得阶段性成果。压实“两个责任”，制定党政组织履行主体责任、纪检监察组织履行监督责任的两个实施意见，定期开展自查和检查，34个单位部门、138人受到考核问责。持续加大对违反中央八项规定精神问题的查处力度，全年查处15起，对8起典型案例进行了点名道姓通报。用好“四种形态”，开展廉政谈心、“面对面”谈话、提醒教育、诫勉谈话计7926人次，9个单位部门的领导班子召开了违纪违规问题专题民主生活会；坚持执纪必严、违纪必究，全年立案130件，纪律处分133人，移送司法3人。紧盯权力比较集中、廉政风险较高、问题易发多发的重点领域和重要管理事项，加强廉政风险防控工作。5月25—26日，铁路总公司廉政风险防控工作现场会在上海召开。

【全路首台国产化大型超声波钢轨探伤车上线试运行】 2017年10月30日，全国铁路首台国产化大型超声波钢轨探伤车（GTC-80X型）在沪昆线上海西站至临平站间上线试运行。

【上海虹桥—广州南高铁动卧列车D941/4 D943/2次延伸至珠海终到始发】 自2017年1月6日两端始发站起，上海虹桥—广州南D941、4D943/2次运行区段改为上海虹桥—珠海，车次改为D941/4/1、D942/3/2次，开行规律仍为由两端始发站逢周五、周六、周日、周一开行，逢周二、周三、周四停运。

自 2017 年 1 月 6 日始发站起，逢周五、周六、周日、周一加开广州南—珠海 C7693 次；自 2017 年 1 月 7 日始发站起，逢周六、周日、周一、周二加开珠海—广州南 C7694 次。广州南—珠海 C7693/C7694 次往返均经由广珠城际线运行，与上海虹桥—珠海 D941/4/1、D942/3/2 次套跑。

【长三角首趟春运公益旅客专列开行】 2017 年 1 月 20 日，长三角首趟春运公益旅客专列、杭州至贵阳 G1331 次列车从杭州东站出发，472 名务工人员和学生免费乘车返乡。

【（上海）金山线动车组列车增开、停运】 为适应（上海）金山线旅客需求变化，并统筹考虑动车组运用检修需要，自 2017 年 7 月 3 日起调整金山线动车组列车开行方案。1. 逢周一至周五，增开上海南—金山卫日常站站停列车 1 对，车次为 C3643/C3644 次，经由沪春、金山线运行。使用 CRH2A 型（定员 610）动车组担当。客运及车辆乘务由上海客运段、上海动车段担当，机务由上海机务段动车组司机值乘。2. 停运上海南—金山卫日常直达列车 C3019/C3020 次 1 对。

【客货服务第三方顾客满意度测评】 2017 年，上海局集团公司协调上海市质协用户评价中心对 27 个高铁和普铁客运站、13 个货运营业站、30 对高铁动车和直通客车实施调查，形成 2017 年度集团公司客货运服务顾客满意度调查报告，客货运服务顾客总体满意度 83.39，同比上升 1.86；客运服务总体满意度 83.17，同比上升 1.93；货运总体满意度 87.14，同比上升 0.85。测评排名领先的合肥南站、泰州站、常州货运营业站、苏州西货运营业站、杭州客运段（杭州东—武汉 G594/5）、南京客运段（北京—扬州 Z29/30）、铁路客户服务中心 12306 热线，被中国铁道企协评为“2017 年全路客货运输窗口用户满意单位”。

（二）铁路基本建设

【概况】 2017 年，上海局集团公司基建大中型建设项目 46 个，基建投资完成额仅次于 2010 年居历史第二高位。其中杭绍台铁路作为国家首批“社会资本投资铁路示范项目”、盐通铁路作为地方主导项目，上海局集团与中铁设计集团共同创新工程总承包模式，为全路提供了借鉴。加强质量安全管理，年内未发生建设生产安全和工程质量事故，实现人员“零死亡”和工程质量合格率 100% 目标。至年末，完成基本建设投资 955.85 亿元，是年计划的 101.2%，同比增加 107.91 亿元、增长 12.7%。其中完成铁路总公司投资 616.35 亿元，地方政府和企业投资 339.50 亿元。主要实物工程量完成铺轨新线 251.6 公里、复线 299.3 公里、站线 161.0 公里，土石方 5464.0 万立方米、特大中桥 62.4 万延长米、隧道 12.2 万延长米，电气化铁路接触网 1659.0 条公里，牵引变电所 4 座。在建项目个数占全路八分之一，投资完成额占全路六分之一，在全路 18 个铁路局集团公司中双双排名第一。

【基建大中型项目推进】 2017 年，上海局集团有序推进 46 个基建大中型项目建设。其中商合杭、徐淮盐、连镇、杭黄、连徐、连盐、沪通铁路南通至安亭段等 21 个新建铁路项目完成投资 835.91 亿元，占总投资完成额的 87.5%；符夹铁路扩能、陇海线连云至连云港东增建二线等 8 个复线及扩能改造项目完成投资 74.95 亿元，占总投资完成额的 7.8%；泗杭、芜广铁路等 5 个电气化改造项目完成投资 17.21 亿元，占总投资完成额的 1.8%；阜阳北站扩能、尧化门货场，以及京沪铁路无锡、常州、丹阳、镇江站改造等 12 个枢纽和客站改造项目完成投资 27.78 亿元，占总投资完成额的 2.9%。（一批新的建设项目破土动工或在施工准备）连徐、符夹铁路新河至夹河寨段扩能、安九铁路，苏州西、湖州西铁路货场 5 个大中型项目的永久性工程正式破土开槽或者打桩，合计完成投资 23.34 亿元，占总投资完成额的 2.4%；金甬、盐通铁路和金华南货场的 3 个项目进入施工准备阶段。（一批大中型项目建成投产）九景衢铁路、陇海线连云至连云港东增建二线建成通车，京沪铁路镇江、丹阳站改造，新建尧化门货场，以及义乌西铁路货场扩建工程建成投产或具备开通条件。新增运输生产能力：新线 46.2 公里、复线 100.4 公里、电气化铁路 88.4 公里。

【衢（州）九（江）铁路开通运营】 2017 年 12 月 28 日，新建九景衢铁路（浙江段）工程开通，衢（州）九（江）铁路开通运营，结束了江西省鄱阳县、都昌县无铁路的历史，缓解了沪昆、京九铁路两大干线运力紧张状况。线路自九江枢纽九江站引出，经景德镇、婺源、常山，至沪昆铁路衢州站，全长 343.26 公里，其中上海局集团公司管内 88.38 公里。设计速度 200 公里 / 小时 I 级双线铁路。批复总投资 70.09 亿元，设计速度 200 公里 / 小时 I 级双线铁路。

【沪通长江大桥天生港航道桥箱梁、主拱拱肋先后合龙】 2017 年，沪通铁路跨长江控制性工程，世界最大跨径重载公铁两用钢拱桥——沪通长江大桥天生港航道桥箱梁、主拱拱肋先后实现合龙。1 月 21 日，（主跨 336 米）大桥箱梁实现竖向与横向相对偏差在 10 毫米以内、顺向偏差在 2 毫米以内的无应力状态合龙。10 月 22 日 10：15，大桥主拱拱肋实现轴心偏差 2 毫米、高差 1 毫米的精准合龙。沪通铁路长江大桥上层为双向六车道锡通高速公路，下层为双线沪通铁路和双线通苏嘉城际客运专线，南北连接张家港市和南通市。桥长 11072 米，大桥南侧跨越长江主航道，采用主跨 1092 米的钢桁梁斜拉桥结构，为目前世界上最大跨径的公铁两用斜拉桥；大桥北侧跨越天生港专用航道，采用主跨 336 米的刚性梁柔性拱桥结构，为目前世界上最大跨径重载公铁两用钢拱桥。天生港航道桥上部结构采用“先梁后拱，主梁悬拼、拱肋转体”的施工方案。

【沪通铁路（南通至安亭段）四电集成工程开工】 2017 年 12 月 5 日上午 11 时，沪通铁路（南通至安亭段）牵引接触网第一杆在太仓成功组立，标志着该铁路四电集成工程顺利开工。沪通铁路（南通至安亭段）自宁启铁路平东站引出，沿九圩港西侧至南通捕鱼港附近跨越长江至张家港市区，往东经常熟、太仓后，向南接入京沪铁路安亭站。工程正线全长约 137 公里，全线设平东、南通西、张家港北、张家港、常熟、太仓港、太仓、太仓南、安亭 9 个车站，为国家 I 级双线电气化铁路，设计速度为 200 公里 / 小时。

【宁波至余姚市域旅客列车开行】 为优化资源配置，发挥既有萧甬铁路功能，改善宁波市域交通出行条件，根据上海铁路局与宁波市《既有萧甬铁路开行宁波至余姚城际客车框架协议》安排，2017 年 6 月 4—7 日，宁波至余姚城际铁路进行运行实验，6 月 10—16 日试运行（免费试乘体验期），6 月 17 日正式运营。自 2017 年 6 月 10 日起余姚至宁波间开行市域列车 S1101~S1108 次、S1201~S1208 次计 8 对，经由萧甬、杭深线运行。使用时速 160 公里 CRH6F~0418、0419 两组，每组 8 辆、总长 201.4 米。

2017年1月21日，沪通铁路跨长江控制性工程，世界最大跨径重载公铁两用钢拱桥——沪通长江大桥天生港航道桥（主跨336米）箱梁实现无应力状态合龙，竖向与横向相对偏差在10毫米以内，顺向偏差在2毫米以内 （图片供稿：沪宁城际公司）

2017年10月22日上午10时，沪通铁路长江大桥天生港航道桥主拱拱肋合龙仪式开始。经过15分钟杆件吊装，拱肋顺利合龙。经过实测，轴心偏差2毫米，高差1毫米，完全符合设计要求（图片供稿：沪宁城际公司）

【沪通铁路（南通至安亭段）四电集成工程开工】 2017年12月5日上午11时，沪通铁路（南通至安亭段）牵引接触网第一杆在太仓成功组立，标志着该铁路四电集成工程顺利开工。沪通铁路（南通至安亭段）自宁启铁路平东站引出，沿九圩港西侧至南通捕鱼港附近跨越长江至张家港市区，往东经常熟、太仓后，向南接入京沪铁路安亭站。工程正线全长约137公里，全线设平东、南通西、张家港北、张家港、常熟、太仓港、太仓、太仓南、安亭9个车站，为国家Ⅰ级双线电气化铁路，设计速度为200公里/小时。

【宁波至余姚市域旅客列车开行】 为优化资源配置，发挥既有萧甬铁路功能，改善宁波市域交通出行条件，根据上海铁路局与宁波市《既有萧甬铁路开行宁波至余姚城际客车框架协议》安排，2017年6月4—7日，宁波至余姚城际铁路进行运行实验，6月10—16日试运行（免费试乘体验期），6月17日正式运营。自2017年6月10日起余姚至宁波间开行市域列车S1101~S1108次、S1201~S1208次计8对，经由萧甬、杭深线运行。使用时速160公里CRH6F-0418、0419两组，每组8辆，总长201.4米。

【淮北站高铁开通及“中国碳谷·绿金淮北”号动车组列车首发开行】2017年12月28日，符夹铁路符离集至新河段扩能工程（坡里站至濉溪站区间）配合淮北至萧县北客车联络线开通四站三区间，新建淮北北站、既有淮北站扩能同步开通。淮北市委、市政府在淮北火车站新广场举行高铁开通仪式，为进京列车G202次“中国碳谷·绿金淮北”号挂牌。07:25，首列“中国碳谷·绿金淮北”号动车组列车开行。淮北站当日开行（增开或调整运行区段）的动车组列车计6对12列，分别为淮北—合肥南G7454/1次0.5对、徐州东—

2017年12月5日，沪通铁路（南通至安亭段）四电集成工程牵引接触网第一杆开工仪式在太仓举行 （图片供稿：沪宁城际公司）

淮北 G7453 次 0.5 对、淮北—北京南 G202/G201 次 1 对、上海—淮北 G7292/3 G7294/1 次 1 对、上海—淮北 G7296/7 G7298/5 次 1 对、合肥(六安)—淮北 G7410/1 G7412/09 次 1 对、江山—淮北 G7696/7G7698/5 次 1 对，淮北市正式迎来高铁时代。

资料链接：符夹铁路符离集至新河段扩能工程（坡里站至濉溪站区间）项目起于符离集站（含），止于新河站（不含），含青龙山疏解区相关工程，线路长 77.95 公里，2017 年配合淮（北）萧（县北）联络线开通四站三区间。批复总投资 34.74 亿元，设计速度 120 公里 / 小时 I 级双线铁路。

【义乌西货场扩能工程开通】 2017 年 8 月 31 日，义乌西货场扩能工程开通运营。本项目对义乌西铁路货场进行扩建，并增建配套工程，新建海关监管区及增值服务区。批复总投资 8.77 亿元。

【镇江站改工程开通】 2017 年 11 月 30 日，镇江站改工程开通运营。本项目对京沪铁路镇江站既有站场、站房、雨棚及相关客运设施改造，新建站房 8000 平方米，无站台柱雨棚 15650 平方米。批复总投资 3.03 亿元。

【丹阳站改工程开通】 2017 年 11 月 30 日，丹阳站改工程开通运营。本项目对京沪铁路丹阳站既有站场、站房、雨棚及相关客运设施改造，新建站房 4000 平方米，站台雨棚 9130 平方米。批复总投资 2.22 亿元。

【陇海线连云至连云港东增建第二线工程开通】 2017 年 12 月 14 日，陇海线连云至连云港东增建第二线工程开通运营。本项目自连云站徐州端引出，沿既有线右侧预留的第二线位置新建右线接上既有线，线路并行至 K11+020 处再次换侧，沿左线从客整所联络线接回至既有线，右线从既有线接上既有墟沟北线，双线并行引入连云港东站，线路长度 11.95 公里。批复总投资 3.96 亿元，设计速度 80 公里 / 小时 I 级双线铁路。

【尧化门货场工程开通】 2017 年 12 月 31 日，尧化门货场工程开通运营。本项目位于南京市恒广路、仙新路、恒通大道与尧新大道之间，新建尧化门站及货场、改造既有城北铁路环线和兴卫村站东咽喉等。批复总投资 13.3 亿元。

上海局集团公司2017年基本建设投资完成情况表

建设项目和单项工程	初步设计概算	自开始建设累计完成	本年投资计划	本年完成投资	占年计划%
总　计	61088619	36513975	9447543	9558537	101.2
1.宁启铁路南通至启东段	652201	438000	135000	135000	100.0
2.符夹铁路符离集至新河段扩能	347400	276500	100000	100000	100.0
3.陇海线连云至连云港东增建二线	39627	38000	8000	8000	100.0
4.符夹铁路新河至夹河寨段扩能	41400	4400	13000	3400	26.2
5.金华至温州铁路扩能改造	1915910	2060695	275695	275695	100.0
6.宁启铁路林场至扬州东段复线电化	396957	528319	92658	92658	100.0
7.宁启铁路扬州东至海安段复线电化	426446	491079	56179	56179	100.0
8.宁启铁路海安至南通段复线电气化	461216	545940	78581	78581	100.0
9.阜淮、淮南、水蚌铁路电化改造	305506	280100	5100	5100	100.0
10.合肥至芜湖铁路电气化改造	353882	333000	3000	3000	100.0
11.青阜线电气化改造	90200	75000	4000	4000	100.0

续表

建设项目和单项工程	初步设计概算	自开始建设累计完成	本年投资计划	本年完成投资	占年计划%
12.芜湖至广德铁路电气化改造	200292	141000	80000	80000	100.0
13.泗安至杭州铁路电气化	195349	83000	80000	80000	100.0
14.京沪铁路无锡站改造	50591	24200	17000	17000	100.0
15.京沪铁路丹阳站改造	22157	21900	10000	10000	100.0
16.京沪铁路镇江站改造	30275	27200	10000	10000	100.0
17.京沪铁路常州站改造	30219	17200	13000	13000	100.0
18.尧化门货场	133020	115000	40000	40000	100.0
19.阜阳北站扩能	243500	105000	50000	50000	100.0
20.义乌西铁路货场扩建工程	87723	80000	20000	20000	100.0
21.合肥铁路枢纽南环线	1082786	1102710	22710	22710	100.0
22.宁波铁路枢纽北环线	448226	514932	74932	74932	100.0
23.苏州西货场扩能改造	20000	6000	6000	6000	100.0
24.金华南货场	5013	200	1500	200	13.3
25.湖州西铁路货场	126350	14000	14000	14000	100.0
26.连云港至盐城铁路	2572958	2317300	230000	230000	100.0
27.皖赣铁路芜湖至宁国段扩能改造	904226	640000	120000	120000	100.0
28.九景衢铁路	700862	620000	60000	60000	100.0
29.上海至南通铁路	3523900	2600000	680000	680000	100.0
30.青岛至连云港铁路	54706	44000	14000	14000	100.0
31.杭州至黄山铁路	3262975	2780000	700000	700000	100.0
32.庐江至铜陵铁路	526200	510000	45000	45000	100.0
33.商合杭铁路	8375874	4310000	1950000	1950000	100.0
34.连云港至镇江铁路	4368400	2410000	900000	900000	100.0
35.衢州至宁德铁路	1448705	746000	340000	340000	100.0
36.徐州至淮安至盐城铁路	3940500	2050000	1060000	1060000	100.0
37.金华至台州铁路	1969680	750000	500000	500000	100.0
38.宁波穿山港铁路	413310	226000	150000	150000	100.0
39.郑州至周口至阜阳铁路	959241	380000	300000	300000	100.0
40.合肥至安庆铁路	3075500	871622	600000	668622	111.4
41.连云港至徐州铁路	2817000	205000	200000	200000	100.0
42.合肥至福州铁路	4292936	4420678	208188	261460	125.6
43.安庆至九江铁路	1601900	10000	10000	10000	100.0
44.南京至安庆铁路	3288825	3230000	100000	100000	100.0
45.金华至宁波铁路	2900000	20000	20000	20000	100.0
46.盐城至南通铁路	2384675	50000	50000	50000	100.0

【建设项目新开工】 2017年，上海局集团公司有5个项目新开工建设，分别为安九高铁、甬金铁路、苏州西货场扩能改造、湖州西铁路货场、金华南货场改造工程。

12月18日，新建安庆至九江铁路（安徽段）开工。线路起于安徽省安庆市，经安庆市所辖怀宁县、潜山县、太湖县、宿松县至皖鄂交界。正线全长102.667公里。新设新安庆西、潜山南、太湖南、宿松东站4个车站。另包括新安庆西站至安庆站联络线长27.467公里，其中右线5.120公里；合安上行联络线4公里，合安下行联络线2.773公里。

12月，金甬铁路开工。线路西起浙江省中西部中心城市金华市，途经金华市所辖义乌市和东阳市、绍兴市所辖嵊州市和新昌县、宁波市所辖奉化市，向东延伸至宁波市。金甬铁路运营长度258.965公里。可研批复建设工期48个月，总投资290亿元。金甬铁路义乌至云龙段设义乌、苏溪、东阳、虎鹿（预留）、南山湖、嵊州、新昌、溪口、奉化、云龙站10个车站，其中既有车站3个（义乌、云龙、奉化站），最大站间距28.15公里（新昌至溪口），最小站间距14.8公里（东阳至虎鹿），平均站间距21.022公里。新建正线建筑长度185.399公里。新建桥梁53座54212.53延米，占线路长度的29.25%，隧道49座99462.85延米，桥隧总长153.675公里，桥隧比82.91%。金华（义乌）地区配套工程，包括既有沪昆铁路鹤田线路所至东孝段按增设CTCS–2级列控系统进行适应性改造工程。宁波枢纽配套工程，包括新建宁波动车所、宁波东客车技术整备所改造工程、北仑港站增设车辆装卸检修所工程。主要技术参数：铁路等级Ⅰ级，正线数目双线，路段旅客列车设计行车速度160公里/小时（预留200公里/小时），建筑限界满足开行双层集装箱列车条件。先期开工段范围位于宁波市和绍兴市境内，金甬铁路溪口站至新昌站区间

【更新改造项目投资完成】 2017年，上海局集团公司国铁运输设备更新改造计划投资11.61亿元，完成投资11.55亿元，占年计划的99.4%。合资铁路更新改造计划投资15.13亿元，完成投资11.80亿元，占年计划的78.0%。

（三）客货运输

【旅客列车开行】 2017年，上海局集团公司结合客流变化，围绕新线开通、新设备设施启用等挖掘运输潜力，先后对旅客列车运行图进行了15次优化调整。至年末，日开行图定旅客列车928.5对（动车组列车668对、普速列车260.5对）。其中直通580对（高速动车组列车267对、动车组列车91对、直达特快列车42对、特快列车27对、快速列车148对、普快列车5对），管内348.5对（高速动车组列车226.5对、城际列车37对、动车组列车38.5对、市域列车8对、特快列车9对、快速列车29.5对）。自局担当旅客列车538对。

【年旅客发送量首次突破6亿人】 2017年12月14日，上海局集团公司旅客发送量突破6亿人，成为全国铁路第一个年发送旅客跨入6亿人的铁路局集团公司。年内，先后对旅客列车运行图进行15次优化调整，调整运力安排120次，动车组开行占比71.9%。快捷售票推出移动支付、自主选座、中转换乘等新功能，自动售取票机增加到2074台，互联网售票占比73%，同比上升8.7%。至年末，完成旅客发送量6.28亿人，同比增长11.1%。其中动车组发送46692万人，同比增长15.4%，占比74.3%。上海市内车站旅客发送量11617万人，同比增长9.5%。

【“复兴号”动车组列车在京沪高铁以350公里/小时达速运营】 2017年9月21日起，全国铁路实施新的列车运行图，G1/G2、G3/G4、G5/G6、G7/G8、G10/G9、G13/G14、G17/G18次7对列车统一使用“复兴号”——CR400BF中国标准动车组车底，在京沪高铁350公里/小时达速运行，为世界高铁商业运营最高时速。其中G9/G10次为北京南—南京南G205/G206次延伸至上海虹桥终到始发后的更改车次，G2/3次、G14/17次、G8/5次、G10/9次4对由上海客运段担当乘务。

【上海（直属）站年旅客发送量突破1亿人】 2017年12月4日，上海（直属）站旅客发

送量突破1亿人次，为全国铁路第一个年旅客发送量超过1亿人的直属站。上海（直属）站含上海站（新客站）、上海南站、上海虹桥站3个大型客运站及上海西、南翔北、安亭北站3个高铁中间站。至年末，日到发图定旅客列车499对，其中上海站（新客站）133对，上海南站95对，上海虹桥站271对。日均发送旅客29.64万人次。年平均旅客满意度83.62%，同比上升3.13%，保持集团公司管内领先。实现无铁路交通事故8528天。完成运输收入174.77亿元，完成旅客发送量10819.05万人。

【节假日旅客运输】 2017年，上海局集团公司元旦（2016年12月30日—2017年1月2日）旅客发送量727.3万人，同比增幅4.6%，最高日发送旅客204.6万人。春运（1月13日—2月21日）旅客发送量6690.4万人，同比增幅10.6%，最高日发送旅客198.8万人。清明节（4月1—4日）旅客发送量957.5万人，同比增长14.3%。最高日发送旅客263.2万人。五一劳动节（4月28日—5月1日）旅客发送量1021.3万人，同比增长7.1%，最高日发送旅客282.8万人。端午节（5月27—30日）旅客发送量904.7万人，同比增长10.3%，最高日发送旅客251.5万人。暑运（7月1日—8月31日）旅客发送量11806万人，同比增长11.8%，最高日发送旅客227.1万人。中秋节（10月4日）旅客发送量225.5万人。国庆黄金周（9月28日—10月8日）旅客发送量2537.1万，同比增长6.5%，最高日发送旅客281.2万。

【客运服务功能增加、质量提升】 2017年，上海局集团公司开展服务质量贯标年活动，从“厕所革命”等入手改进基本服务。先后增加相关售票服务新项目：5月起，对管内98个高铁车站或地级市以上车站137台自助售票机加装专用证件识读设备，实现香港、澳门、台湾居民持带有电子芯片的卡式台湾居民来往大陆通行证、卡式港澳居民来往内地通行证、中华人民共和国护照直接在自助售票机上办理购取票业务；上半年完成对管内148个车站售票窗口和自动售票机支付宝主动“扫码支付”功能添加；10月12日起，推出动车组列车“自主选座”服务，以及“接续换乘”方案推荐；11月起，组织开通支付宝被动“扫码支付”、微信主动和被动“扫码支付”功能，逐步实现车站自助售票机微信、支付宝主动“扫码支付”以及车站售票窗口微信、支付宝主动和被动“扫码支付”功能全覆盖。同时拓展旅客列车微信“扫码支付”功能，实现列车上在线查票、核验、无现金补票等服务。12月20日起，推出“铁路畅行”常旅客会员服务，年末累计激活注册会员16.5万人。年内，上海局集团公司客服中心“021-12306”电话呼入数11003753个，其中人工接听服务5002357个，电话人工平均接通率99%。受理网络邮件20502件，处理20502件；受理旅客遗失物品查找196160件，查找成功85090件；受理重点旅客服务申请8934次，提供服务10006人。

【年货物发送量同比增长】 2017年，上海局集团公司通过合理安排客货列车开行方案挖掘运能，推动大宗货物产运需衔接，稳定大宗货物运量，突出保障重点物资运输和军运、专特运、抢险救灾物资运输。拓展集装箱多式联运，年内发送集装箱123.5万TEU、同比增长48.3%，集装箱装车占比17.8%、同比提高5.2%。服务“一带一路”建设，开行中欧班列1072列、同比增长40%。开发适应市场的新业务，年内发送商品车70.5万台、同比增长70.6%，发送冷链货物15万吨、同比增长40%，并超额完成铁路总公司下达的“双十一”电商黄金周运输任务。加强物流基础建设，开展标准化货场创建，年内完成新建及改造物流基地项目8个、新开工3个。至年末，先后完成列车运行图调整21次，图定日开行货物列车1235对。货物发送量自2013年以来首次实现年度同比增长，为1.86亿吨，同比增长1.2%。其中上海市内车站货物发送量472万吨、同比增长2.5%。

【货运班列分类开行】 2017年，上海局集团公司以保证供应、提高效率为原则，按照160 、120、80公里/小时3个速度等级设计开行6类41个流向的快运货物班列。其中160公里/小时特快班列两趟，与顺丰、京东合作电商物流为主；120公里/小时快速货物班列12趟，客车化模式开行，辐射沈阳、哈尔滨、长春、乌鲁木齐、成都、重庆、昆明等东北、西北、西南主要城市；120公里/小时多式联运快速班列7趟，以集装箱货源为主；中欧班列8趟、中亚班列6趟，到达亚欧14个国家24个城市，为“一带一路”建设和外贸经济发展提供有力支撑；两趟80公里/小时普快班列、1趟80公里/小时多式联运普快班列，满足不同层次客户的不同需求。

【（中欧）上海—莫斯科集装箱班列首发】 2017年12月1日，上海货运中心、中铁集装箱上海分公司、上海车站海关在杨浦站举行（中欧）上海—莫斯科集装箱班列首发仪式。14：00，列车一声长笛，缓缓驶出。此趟班列编组44辆，装载有生物显微镜、真空气泵、净水器、LED灯泡等高附加值物品，经二连口岸过境，终到莫斯科沃尔西诺站，全程8400多公里，全程运行时间12天左右。

【货运电子商务】 2017年，上海局集团公司电子商务完成客户注册43774家、全路排名第一，店面展示10292家、全路排名第一，挂单21573单、全路排名第五。应单8187单、全路排名第六，成交金额203.86亿元、全路排名第十四。选择铁路物流的运量有1504.99万吨，全路排名第十三。

【货物保价运输】 2017年，上海局集团公司办理货物保价运输249.7万批，占货物总发送批的66.3%，同比减少3.1%；发送保价货物13610.3万吨，占货物总发送吨的73.1%，同比减少3.6%。至年末，货物保价运输收入9558万元（不含税），为年度任务的108.6%。保价货物损失赔付率1.5%，同比减少0.7%。

【“1·5”运行图调整】 自2017年1月5日起，沪昆高速线贵昆段开通，调整列车运行图。

1. 增开旅客列车两对：上海虹桥—昆明南G1375/G1374次1对，南京南—昆明南G1379/G1380次1对。

2. 延伸旅客列车运行区段5对，其中上海虹桥—怀化南G1371/G1376次1对延伸为上海虹桥—昆明南；上海虹桥—长沙南G1343/G1358次1对延伸为上海虹桥—昆明南，同时车次改为G1373/G1372次；南京南—贵阳北G1325次0.5对延伸为南京南—昆明南，贵阳北—上海虹桥G1324次0.5对延伸为昆明南—南京南，G1325/G1324次车次改为G1377/G1378次。

3. 增开直通旅客列车6对，其中增开上海虹桥—萍乡北G1367/G1368次1对，经沪昆高速线运行。

4. 停运直通旅客列车两对，其中停运上海南—韶关东K181/K182次1对。

5. 调整直通旅客列车运行区段17对，其中沈阳北—上海虹桥G1226/7G1228/5次1对延伸为沈阳北—苍南；贵阳北—南京南G1322次0.5对缩短运行区段为贵阳北—上海虹桥；汉口—上海虹桥D3088/5次0.5对延伸为驻马店西—上海虹桥，车次改为D3085/8/5次，上海虹桥—汉口D3086/7次0.5对由汉口改武汉终到；上海虹桥—汉口

D3094/5 次 0.5 对延伸为上海虹桥—驻马店西，车次改为 D3094/5/4 次，汉口—上海虹桥 D3096/3 次 0.5 对由汉口改武汉始发；上海虹桥—龙岩 D3141/4D3143/2 次 1 对延伸为南京—龙岩；长春—上海 K518/5K516/7 次 1 对延伸为吉林—上海；郴州—上海南 K760 次 0.5 对缩短为衡阳—上海南；南京—保定 K850/1/0K849/52/49 次 1 对延伸为上海—保定。

6. 上海虹桥—怀化南 G1373/G1374 次车次改为 G1369/G1370 次。

7. 停运管内旅客列车 3.5 对，其中停运上海虹桥—苍南 G7343/G7344 次 1 对。

8. 调整管内旅客列车运行区段 6 对，其中南京—上海 G7033 次 0.5 对缩短为无锡—上海；上海虹桥—南京 G7128 次 0.5 对缩短为上海虹桥—苏州；上海—阜阳 K8362/3K8364/1 次 1 对运行区段改为上海南—阜阳，与上海南—襄阳 K1127/6/7K1128/5/8 次套跑；上海—淮北 K8432 次 0.5 对延伸至徐州终到。

9. 管内高峰线列车调整，其中上海虹桥—铜陵 G9236/7G9238/5 次高峰线 1 对延伸为上海虹桥—池州；上海虹桥—温州南 G9301/G9302 次高峰线 1 对改日常开行，车次改为 G7325/G7326 次。

【“3·20”运行图调整】为满足通勤、商务及旅游客流需要，自 2017 年 3 月 20 日起，对列车运行图进行微调。

1. 增开旅客列车 9 对，其中上海—南京南 G7096 次 0.5 对、上海—南京 G7100/G7099 次 1 对、南京南—上海虹桥 G7127 次 0.5 对、上海虹桥—芜湖 G7148/9 次 0.5 对、芜

2017 年 12 月 1 日 14:00，上海货运中心上海—莫斯科中欧班列在杨浦站首发　（陈　蕾 / 摄）

湖—上海虹桥G7150/47次0.5对、上海虹桥—芜湖G7152/3次0.5对、上海—苏州G7214/G7213次1对、芜湖—上海G7220/17次0.5对、上海—芜湖G7286/7G7288/5次1对、上海虹桥—义乌G7347次0.5对、丽水—上海虹桥G7348次0.5对。

2. 停运旅客列车5.5对，其中停运杭州—上海虹桥G7306/G7307次1对、上海—南京G9240/G9239次1对（高峰线）、南京南—上海虹桥G9241次0.5对（高峰线）、上海虹桥—芜湖G9242/3次0.5对（高峰线）。

3. 调整旅客列车运行区段6对，其中上海虹桥—苏州G7128次0.5对延伸为上海虹桥—常州；无锡—上海G7033次0.5对延伸为常州—上海；上海—南京南G7060次0.5对延伸为上海—芜湖，车次改为G7272/3次；南京南—上海G7041次0.5对延伸为芜湖—上海，车次改为G7274/1次；上海—苏州G7212/G7211次1对延伸为上海—常州；上海虹桥—杭州G7303/G7310次1对延伸为上海虹桥—宜兴，车次改为G7317/20G7319/8次。

4. 调整旅客列车车次2.5对，其中上海—合肥南G7272/3次车次改为G7222/3次，上海虹桥—合肥南（六安）G7286/7G7288/5次车次改为G7196/7G7198/5次。

【“4·16”运行图调整】 根据客货运输市场变化，发挥运行图对运输供给侧结构性改革的推动作用，自2017年4月16日起调整列车运行图。

1. 增开直通旅客列车6对，其中上海—成都东D952/3D954/1次1对、上海—重庆北D956/7D958/5次1对。

2. 停运直通旅客列车15对，图定停运直通旅客列车7对，淡季停运直通旅客列车8对，图定停运上海局担当在外局套用旅客列车两对，其中图定停运上海南—深圳东Z115/Z116次1对、重庆—上海南K1249/52K1251/0次1对；淡季停运怀化—上海南K534/K533次1对。

4. 变更直通旅客列车运行区段13.5对，其中上海虹桥—萍乡北G1367/G1368次1对改为上海虹桥—黄山北，车次改为G1519/8G1517/20次；南昌西—上海虹桥G1390次0.5对延伸至萍乡北始发；南昌西—上海虹桥G1386/G1391次1对延伸至常州北终到始发；上海虹桥—成都东D2206/7D2208/5次1对改为成都终到始发。

5. 增开管内旅客列车10对，其中增开金山卫—上海南C3640次0.5对、车墩—上海南C3642次0.5对（日常线），增开上海—淮北K8428/K8427次1对。停运管内旅客列车5对，其中停运上海虹桥—蚌埠南G7168/G7167次1对。

6. 调整管内旅客列车运行区段经由4.5对，其中阜阳—上海K8365/8/5次0.5对延伸至亳州始发，上海—亳州K8366/7/6次0.5对缩短至阜阳终到。

【“7·1”运行图调整】 徐兰高速线宝鸡南至兰州西段开通，自2017年7月1日起调整列车运行图。

1. 上海虹桥—西安北G1912/3G1930/27次1对延伸运行区段为上海虹桥—兰州西。

2. 淡季停运列车恢复图定开行5对，其中恢复开行怀化—上海南K534/K533次1对。

3. 调整直通旅客列车运行区段7.5对，其中哈尔滨—上海Z174/1Z172/3次1对改哈尔滨西始发终到。

4. 新增直通高峰线两对，其中济南西—上海虹桥G4965/G4966次1对。

5. 调整管内旅客列车运行区段2.5对，其中上海—合肥南G7222/3次0.5对改为合肥终到，亳州—上海K8365/8/5次0.5对缩短至阜阳始发，上海—阜阳K8366/7/6次0.5对延伸至亳州终到。

6. 自7月2日起，常州北—南昌西

G1391/G1386 次 1 对延伸至九江，萍乡北—上海虹桥 G1390 次运行区段改为南昌西—上海虹桥。

【"9·21"运行图调整】自 9 月 21 日起，京沪高铁达速运行、武九客专开通，调整列车运行图。

1. "复兴号"京沪高铁 350 公里 / 小时达速运行，G1/G2、G3/G4、G5/G6、G7/G8、G10/G9、G13/G14、G17/G18 次 7 对列车统一使用"复兴号"——CR400BF 中国标准动车组车底。其中 G9/G10 次为北京南—南京南 G205/G206 次延伸至上海虹桥终到始发后的更改车次。

2. 武九客专开通，增开武汉—温州南 G2035/8/5G2036/7/6 次 1 对，经武九客专、昌九城际、沪昆高速、金华南联络、金温线运行，武汉局担当；温州南—武汉 D332/3/2D331/4/1 次 1 对庐山至武汉间由武九线改经由武九客专线运行，同时调整等级为高速动车组列车，车次改为 G2040/1/0G2039/42/39 次。增开南昌西—南京南 G1496/G1495 次直通高速动车组列车 1 对，停运九江—杭州东 D83/2D81/4 次 1 对。

3. 调整旅客列车运行区段 4.5 对，其中北京南—南京南 G205/G206 次 1 对延伸至上海虹桥终到始发，车次改为 G9/G10 次；上海虹桥—青岛 G222/3G236/3 次改为上海站始发终到；上海虹桥—南昌西 G1393 次 0.5 对延伸至九江终到，车次改为 G1393/6 次。调整旅客列车车次 5 对，其中上海虹桥—兰州西 G1912/3G1930/27 次，车次改为 G1970/1G1972/69 次；上海虹桥—西安北 G1916/7G1934/1 次，车次改为 G1974/5G1976/3 次。淡季停运旅客列车 6 对，其中停运怀化—上海南 K534/K533 次 1 对。

4. 宁启线管内动车组列车日常开行 11 对，其中南京—南通动车组列车 10 对，南京—扬州 D5562/3D5564/1 次 1 对。高峰开行 13 对。调整旅客列车运行区段 5.5 对，其中南京—上海 G7037/G7030 次 1 对改南京南始发终到，上海—南京 G7068 次 0.5 对改南京南终到，上海—南京南 G7096 次 0.5 对改南京终到，南京—上海虹桥 G7103 次 0.5 对改南京南始发，南京南—上海虹桥 G7107 次 0.5 对改南京始发，上海虹桥—温州南 G7339 次 0.5 对延伸至苍南终到，上海虹桥—义乌 G7347 次 0.5 对经延伸至金华南终到，上海虹桥—苍南 G7521 次 0.5 对缩短至温州南终到。高峰线列车调整方案，其中上海虹桥—合肥南 G9254/5G9256/3 次由高峰线改日常线，车次改为 G7164/5G7166/3 次。

【"12·28"运行图调整】自 12 月 28 日起，淮萧联络线、衢九线、渝贵线等新线开通，调整列车运行图。

1. 淮萧联络线列车开行方案：淮萧联络线初期开行旅客列车 6 对，包括增开 1 对、调整运行区段 5 对。其中上海—徐州东 G7294/G7291 次 1 对经徐兰高速、淮萧联络线延长运行区段为上海—淮北，车次改为 G7292/3G7294/1 次；上海—徐州东 G7296/G7297 次 1 对经徐兰高速、淮萧联络线延长运行区段为上海—淮北，车次改为 G7296/7G7298/5 次。

2. 衢九线旅客列车开行方案：衢九线初期安排旅客列车 15 对，包括增开 4 对、调整运行区段 1 对、调整运行经由 9 对、调整高峰线 1 对。其中武昌—上海南 Z25/8Z27/6 次 1 对瑞昌至衢州间改经由武九、衢九线运行；信阳（平顶山）—上海南 K752/3/2K751/4 次九江至衢州间改经由衢九线运行，九江调向；上海南—襄阳 K1127/6/7K1128/5/8 次 1 对运行区段改为上海南—襄阳东，同时衢州至瑞昌间改经由衢九、武九线运行。

3. 增开旅客列车 14.5 对，其中增开徐州东—上海虹桥 G7175/G7176 次 1 对、上海虹桥—南京南 G7180 次 0.5 对、上海—芜湖

G7218/9次0.5对、南京南—上海G7229次0.5对、溧阳—上海虹桥G7307/6次0.5对、上海虹桥—温州南G7461/G7462次1对。

4. 停运旅客列车9对，其中停运南京南—上海虹桥G7177次0.5对、上海虹桥—温州南G9303/G9304次1对（高峰线）、上海虹桥—蚌埠南G9410/G9409次1对（高峰线）、上海虹桥—南京南G9412/G9411次1对（高峰线）。

5. 调整旅客列车开行规律3对，其中上海虹桥—北京南G118/G149次1对由日常线改周末线，上海虹桥—北京南G120/G151次1对由周末线改日常线。

6. 调整旅客列车运行区段17对，其中上海—青岛G222/3次0.5对缩短运行区段为上海—青岛北；青岛—上海虹桥G228/5次0.5对缩短运行区段为青岛北—上海虹桥；贵阳北—上海虹桥G1330/G1323次1对经渝贵线延长运行区段为重庆西—上海虹桥，车次改为G1339/8G1337/40次；上海虹桥—西安北G1974/5G1976/3次1对经西成客专、成渝高速线延长运行区段为上海虹桥—重庆西；上海虹桥—汉口D3026/7次0.5对经宁蓉线延长运行区段为上海虹桥—宜昌东；汉口—上海虹桥D3054/1次0.5对经宁蓉线延长运行区段为宜昌东—上海虹桥；鹰潭—上海K784/1K782/3次1对延长运行区段为萍乡—上海，萍乡—上海K784/1次经沪昆、京九、昌九城际、铜九、芜铜、宁芜、京沪线运行，上海—萍乡K782/3次经京沪、宁芜、芜铜、铜九、京九、沪昆线运行；遵义西—上海南K831/4次0.5对缩短运行区段为贵阳—上海南，车次改为K834次；上海虹桥—南京南G7178次0.5对经京沪高速线延长运行区段为上海虹桥—徐州东；上海虹桥—宁波G7507次0.5对经京沪高速线延长运行区段为南京南—宁波，客运担当调整为南京客运段。

7. 调整旅客列车车次：（1）徐州东—上海G7295次车次改为G7299次。（2）上海—徐州东G7298次车次改为G7300次。

【南京长江大桥公路桥施工分号运行图】2017年3月6日—9月7日，南京长江大桥公路桥施工，实行分号运行图。1. 调整15列直通旅客列车停站及时刻。2. 临时停运管内高峰线1对：3月6日—9月7日始发站起，南京—泰州D9492/3D9494/1次1对（非施工日图高峰线）停运。

【昆明南—杭州东G1422/G1421次自3月8日起开行】自3月8日始发站起开行昆明南—杭州东G1422次，自3月9日始发站起开行杭州东—昆明南G1421次，列车使用CRH380A型动车组运行。

【常州、六安、宁波东、青龙山站站改运行图调整】常州、六安、宁波东、青龙山站站改施工，调整部分列车运行。1. 常州站：2017年10月10日至2018年1月20日始发站起，部分列车在常州停办客运业务，涉及列车40列。2017年10月9日至2018年1月19日始发站起，上海—常州G7212次缩短至苏州终到；2017年10月10日至2018年1月20日始发站起，常州—上海G7211次缩短至苏州始发。2. 六安站：2017年10月11日至2018年1月20日封锁六安站6、7道进行施工，六安站临时取消办理客运业务30列。3. 宁波东站：宁波市轨道交通3号线盾构下穿宁波东站西咽喉区站改施工，由始发站自2017年10月10日起至12月14日止，亳州—宁波K8563次缩短至杭州站终止。由始发站自2017年10月11日起至12月15日止，宁波—亳州K8564次缩短至杭州站始发。4. 青龙山站：自2017年10月20日始发站起，徐州—江山K8371次、江山—淮北K8372次、淮北—黄山K8409次取消青龙山站办理客运业务。（孔令贵）

PART EIGHT Ⅸ

民用航空

CIVIL AVIATION

（一）综述

2017年，上海民航两个机场（虹桥国际机场、浦东国际机场）共完成旅客吞吐量11188.5万人次（含过站人数），同比增长5.1%，其中虹桥国际机场完成旅客吞吐量4188.4万人次，浦东国际机场完成旅客吞吐量7000.1万人次；全年两场完成货邮吞吐量423.2万吨，同比增长9.4%，其中虹桥国际机场完成货邮吞吐量40.7万吨，浦东国际机场完成货邮吞吐量382.4万吨；2017年两场共起降飞机76万架次，同比增长2.5%，其中在虹桥国际机场起降26.4万架次，在浦东国际机场起降49.7万架次。

分航线看，2017年两场共完成国内航线旅客吞吐量（不含地区航线，下同）7394.2万人次，占全年旅客吞吐量的66.1%，同比增长5.7%，其中虹桥国际机场为3865.6万人次，浦东国际机场为3528.6万人次；完成国际航线旅客吞吐量2968.9万人次，占全年旅客吞吐量的26.5%，同比增长4.6%，其中虹桥国际机场为125.2万人次，浦东国际机场为2843.8万人次；完成地区航线旅客吞吐量825.4万人次，占全年旅客吞吐量的7.4%，同比增长1.8%，其中虹桥国际机场为197.6万人次，浦东国际机场为627.8万人次。

分航线看，2017年两场共完成国内航线货邮吞吐量77.6万吨，占全年货邮吞吐量的18.3%，同比减少5.1%，其中虹桥国际机场为37.7万吨，浦东国际机场为40万吨；完成国际航线货邮吞吐量297.7万吨，占全年货邮吞吐量的70.3%，同比增长14.8%，其中虹桥国际机场为1万吨，浦东国际机场为296.7万吨；完成地区航线货邮吞吐量47.9万吨，占全年货邮吞吐量的11.3%，同比增长4.7%，其中虹桥国际机场为2.1万吨，浦东国际机场为45.8万吨。

截至2017年底，与上海通航有50个国家和地区的139个通航点（含香港、澳门、台湾）和国内的158个通航点。有29家国内航空公司和81家国际及地区航空公司开通了上海的定期航班。

基地设在上海的运输航空公司有8家：中国东方航空股份有限公司、上海航空有限公司、春秋航空股份有限公司、上海吉祥航空股份有限公司、金鹏航空股份有限公司、中国货运航空有限公司、国航上海分公司、南航上海分公司。小型航空器商业运输运营人有3家：东方公务航空服务有限公司、上海金鹿公务航空有限公司、星联商务航空有限公司。

（二）航空运输与通用航空

【概况】2017年，华东地区完成旅客吞吐量3.33亿人次、同比增长12.9%，货邮吞吐量668.1万吨、同比增长9.3%，飞机起降274.9万架次、同比增长10.7%；通用航空完成飞行9.7万小时，同比增长2.9%，完成起降24.2万架次。

【优化航线网络，提升枢纽效益】不断完善“宽准入、重监管、严退出”的国内航线经营许可管理方式，降低准入门槛，加强后续监管，全年审批国内定期航线经营许可543条，不予许可27条，注销196条；主动融入国家战略，支持航空公司在“一带一路”、长江经济带沿线新开或加密航线；继续鼓励航空公司间加强干支航班衔接和进行代码共享，引导航空公司通过现有干线经停或延至支线机场，提升支线机场通达性；成立上海枢纽机场集散功能专项工作协调小组，进一步提升上海枢纽机场集散功能；支持航空公司进行航线结构调整，着力培育具有国际竞争力的大型网络型航空公司。

【提高运行效率】充分发挥整体组织和协调处置的优势，在上海两场成立由相关驻场单位组成的“运行协同管理委员会”，作为航班正常协同指挥平台；进一步优化CDM（民航协同决策系统）运行机制；加快机坪运行管理移交，提升地面协同效率和运行品质；修订完善《华东地区时刻协调机场航班正常管理措施》，对放行正常率低于75%且排名后5位的时刻协调机场给予处罚，对23家航空公司的104个航班进行了通报，其中3家航空公司的3个航班因整改无效被取消航班、收回时刻。制定华东地区“民航服务质量规范”专项行动临时事项监管清单，重点解决行李运输、餐饮质量、残疾人航空运输等问题。

【改善通航环境】成立华东通航试点工作领导小组，制定下发《华东通用航空管理服务平台试点项目实施指导意见》，稳步推进华东通航服务中心建设；制定下发《华东地区通用机场分类管理实施细则》，为建设和管理通用机场提供了具体实施方式；制定下发《通用航空器年检远程检查试点实施指南》，充分利用科技手段将远程检查作为航空器现场检查的替代方式之一，在降低企业成本的同时提高监管效能；探索无人机监管新路径，成立无人机运行安全管理领导小组，协调军地各方，在上海市青浦区划设专门空域设立了我国首个民用无人机试飞运行基地，对社会公众开放运行；审议通过《民航华东地区无人机物流配送应用试点实施方案》，正式启动江西赣州市南康区无人机物流配送试点项目；成功举办第二届华东通用航空发展论坛暨华东通航服务与保障展；积极发挥行业政府引领作用，推动地方成立通用航空行业协会，搭建通航交流平台，以行业协会的形式进行资源整合，共享发展。截至2017年底，辖区共有通航企业80家，非经营性通航单位8家，在册通用航空器数量407架。

【做好重大保障】中国商飞、华东空管局、浦东机场等相关单位大力协同、密切配合，在局方指导下周密制订方案，建立起基于风险评估的试飞保障长效机制，成功保障了C919两架飞机在浦东机场的23次中高速滑行、首飞和检查试飞，并最大限度地减少试飞活动对浦东机场航班正常运行的影响。巴厘岛火山喷发后，东航、厦航等公司积极协助2000余名滞留旅客回国；东航还完成了多米尼克飓风灾区381名中方人员的紧急转移。

（三）航空安全监管

【概况】2017年，华东地区实现安全飞行319.4万小时，同比增长约14%。共发生通用航空事故1起，同比减少1起。发生责任原因事故征候15起，同比减少34.8%，其中，运输航空严重事故征候两起，同比持平；人为原因运输航空一般事故征候3起，同比减少4起，万时率0.009，同比减少62.5%。未发生运输航空事故和空防安全事故。

【抓实“三基”建设】持续推进航空公司、机场、空管单位安全管理体系（SMS）效能评估工作，完成上海虹桥、南京、济南、合肥、南昌等15个运输机场和浙江、温州、厦门、福建、青岛等10个空管分局（站）以及东航的评估工作，有力推动了SMS理念和管理方式落地生根；开展“严守诚信红线，筑牢规章底线”安全主题宣讲活动，基本实现对飞行、空管、维修、运控人员的全覆盖；开发华东地区航空安全管理平台（EASP）、维修关键岗位人员资质考试平台等，从基础着手提升监管效能。

【强化安全监管】 组织开展3次行业安全大检查，对发现的17项问题进行挂牌督办，浙江桐庐导航台超期服役重大安全隐患等14项问题已通过整改验收。开展为期3个月的机坪运行安全专项整治工作，有效遏制了机坪刮碰事件多发态势。召开华东地区运输航空器SDR（使用困难报告）管理交流和技术分析研讨会，密切关注飞机重大和多发故障，加强飞机技术状态管控。完成华东地区运输航空公司运控风险管控系统建设，初步实现运行控制风险管理由事件管理向数据驱动型的转变。严肃惩处各类违章行为，全年共作出行政处罚57起，罚款金额58.41万元，没收违法所得10万元。

【推进新技术应用】 成功组织中国民航首次IIIA类运行验证试飞，建立浦东机场IIIA类运行保障能力，并形成可推广复制的工作经验；在运输机场全面实施PBN（基于性能导航）运行。完成东航、长龙航部分机型HUD运行补充审定工作；组织协调吉祥航、华东空管局、虹桥机场等完成了中国民航首次基于ADS-BIN技术的目视间隔进近（VSA）演示飞行。完成11家航空公司共453架飞机加改装QAR（无线快速存取记录器）的验收工作。全面推进“空中交通管制人员（ATC）安全防护系统”的研发和使用。推进跑道防侵入技术应用，在浦东机场开展技术试点；推进机场A-CDM（协同决策系统）建设。

【狠抓空防安全】 贯彻民航局公安局对空中安全的“六严”要求，开展“平安民航”考核和航空安保审计，组织安检示范班组评选，推动平安航班、平安货运、控制区安保测试、消防整治等专项工作；开展空防安全隐患排查治理，将空防安全隐患整改情况纳入机场新增航线评估、航班时刻申请、飞机引进评估等工作中，成效明显；严厉打击扰乱航空秩序行为，抓好毒品查缉、缉枪治爆等专项工作，进一步夯实空防安全基础。

【加强应急演练】 加强应急处置协调联动机制建设，联合东海救助局在浙江舟山开展了2017年度华东地区航空器搜救暨事故调查联合演练，联合上海市公安局警务航空队在上海龙华直升机场组织开展了特大型城市中心城区应急处置响应飞行演练，在烟台和无锡组织了两期应急处置专题演练和培训。此外，辖区有18个机场完成了综合应急救援演练，还有部分航空公司和机场分别组织或参与了相应科目的应急演练活动，进一步锻炼和提升了应对突发事件的快速反应、应急指挥、组织动员、协调联动和事故调查能力。

【推动绿色发展】 完成编制并正式下发《华东地区民航发展“十三五”规划》，为华东民航实现全面、协调、可持续、高质量发展绘出清晰路径；综合运用财经政策，落实12家机场贷款贴息3.49亿元、28家中小机场

补贴2.44亿元，落实30家通航企业专项资金补贴6669万元、17家运输航空公司支线航空补贴2160万元，有力支持和促进了行业整体发展；配合民航局深入推进长三角民航协同发展，制订长三角交通合作工作计划；组织召开由“三省一市”发展改革委、交通厅（委）参加的长三角城市群民航协同发展座谈会，协助民航局起草《关于共同推进长三角地区民航协同发展努力打造长三角世界级机场群的意见》。贯彻落实民航局节能减排工作要求，将绿色发展理念融入日常监管工作，在项目审批、审查中把好绿色环保关，提高机场桥载设备的使用率，加快机场车辆“油改电”工作；参与上海市清洁空气行动计划，配合开展第二次污染源普查。

【完善基础建设】全年共组织行业验收项目22个，审查通用机场场址14个、机场总体规划8个、初步设计44个；对厦门机场金砖会晤保障飞行区整修及相关设施设备更新改造工程、机场运行保障方案和跑道不停航施工安全等进行现场督查；完成上饶三清山机场验收并颁发使用许可证；推进青岛新机场、浦东机场三期、宁波机场三期、温州机场等新建和扩建工程建设；顺利完成新建芜宣机场可研、菏泽机场立项等前期工作，完成新建丽水机场、亳州机场、蚌埠机场、瑞金机场和迁建潍坊机场、济宁机场、连云港机场等项目可研（预可研）评审。加强机场净空管理，重点完善施工塔架管控措施；会同东部战区空军对井冈山、连城、泉州和安庆机场开展军民融合督查。

【提升审定能力，圆梦国产民机】开展对ARJ21-700飞机的生产许可审定和证后管理工作，审查批准质量保证手册及190余份质量控制程序，并签署生产许可证；大力支持国产民机C919的试飞和首飞工作，编制《C919大型客机浦东试飞联合保障工作手册》；审查签署DA42系列飞机的生产许可证，这是我国完成的第一个海外设计与国内制造分离的生产许可证项目。此外，还完成了8个项目的型号合格证证后管理、9项补充型号认可，开展了1项超轻型自转旋翼机的型号认可和155次特许飞行证颁发前的适航检查。

【提升行业治理】2017年1—11月，华东局共修订、下发行业管理规范性文件16件，做出行政许可70619件，实施计划内行政检查8135次、其他行政检查2718次。另外，承担了涉及全行业的重大改革事项7项。

【提高空域使用效率】实施空域精细化改革，成立长三角地区空域精细化管理改革试点工作领导小组，配合东部战区完成长三角空域精细化改革方案，增开12条临时航线、9个等待空域，细化了分级响应机制，着力缓解军民航快速发展带来的飞行矛盾；依托长三角地区民航协同发展机制，深入了解机场和航空公司的空域使用需求，积极与军方沟通，协调推动地方政府参与改革试点。

（四）航空公司

【东方航空】2017年，中国东方航空股份有限公司及上海航空公司的旅客运输量为11081.14万人次，同比增长8.9%；货邮运输量为143.94万吨，同比增长3.2%。该公司在上海地区的旅客运输量为4537.05万人次，其中：国内旅客运输量为3351.75万人次，国际旅客运输量为964.23万人次，地区旅客运输量为221.06万人次；在上海地区的货邮运输量为89.36万吨，其中，国内货邮运输量为29.89万吨，国际货邮运输量为48.67万吨，地区货邮运输量为10.79万吨。截至

2017年底，该公司共开通航线1033条，拥有飞机636架，全年平均客座率为81.1%。

【中货航】2017年，中国货运航空有限公司的货邮运输量为54.5万吨，同比增加7.23%。该公司在上海地区的货邮运输量为54.5万吨，其中，国内货邮运输量为0万吨，国际（地区）货邮运输量为54.5万吨；截至2017年底，该公司共开通航线15条，其中地区航线两条、国际航线13条，拥有飞机9架。

【金鹏航空】2017年，金鹏航空的旅客运输量为146.82万人次，同比增长139%；货邮运输量为16.19万吨，同比减少11%。公司在上海地区的旅客运输量为42.95万人次。其中国内旅客运输量为42.95万人次，国际（地区）旅客运输量为0万人次；在上海地区的货邮运输量为7.32万吨，其中国内货邮运输量为5.41吨，国际（地区）货邮运输量为1.91万吨。截至2017年底，共开通航线65条，拥有飞机28架，全年平均客座率为87%。

【吉祥航空】2017年，吉祥航空公司的旅客运输量为1366.18万人次，同比增长17.81%；货邮运输量为6.79万吨，同比增加0.43%。我公司在上海地区的旅客运输量为1021.90万人次，其中国内旅客运输量为877.19万人次，国际（地区）旅客运输量为144.71万人次；在上海地区的货邮运输量为5.57万吨，其中国内货邮运输量为5.08万吨，国际（地区）货邮运输量为0.49万吨。截至2017年底，公司共开通航线150余条，拥有飞机67架，全年平均客座率为85.76%。

【春秋航空】2017年，春秋航空公司的旅客运输量为1,716.91万人次，同比增长20.67%；货邮运输量为5.03万吨，同比增长13.41%。该公司在上海地区的旅客运输量为1009万人次，其中国内旅客运输量为737万人次，国际（地区）旅客运输量为272万人次；在上海地区的货邮运输量为2.08万吨，其中国内货邮运输量为1.77万吨，国际（地区）货邮运输量为0.31万吨。截至2017年底，该公司共开通航线159条，拥有飞机76架，全年平均客座率为90.56%。

2017年基地设在上海的航空公司基本情况

航空公司	东航（包括上航）	中货航	春秋航空	吉祥航空	金鹏航空
旅客运输量(万人次)	11081.14	—	1711	1366.18	146.82
比上年增长(%)	8.9	—	19.65	17.81	139
在上海地区(万人次)	4537.05	—	1009	969.8	42.95
占上海民航两个机场旅客运输量(%)	40.55	—	9.02	8.67	0.38
货邮运输量(万吨)	143.94	54.5	4.92	6.79	16.19
比上年增长(%)	3.2	7.23	13.56	0.43	11
在上海地区(万吨)	89.36	54.49	2.08	5.52	7.32
占上海民航两个机场货邮运输量(%)	21.15	12.88	0.49	1.30	1.73
航线	1033	15	157	155	65
拥有飞机(架)	636	9	76	67	28
年平均客座率(%)	81.1	—	90.52	85.76	87

说明：1.航线条数统计规则为按照民航局航权进行统计，即航线AB—C与航线A—B、B—C、A—C各统计为1条。2.虹桥、浦东统计为同一始发机场。3.来回程统计为1条航线。

2017年上海新开通的部分国内航线

航空公司	航 线	开通日期	航班号	机型	出发机场	班 期
上海航空	上海—烟台—丹东	7月25日	FM9573	738	虹桥机场	周二、四、六
上海航空	上海—郑州—鄂尔多斯	7月7日	FM9577	737	虹桥机场	周一、三、五、七
上海航空	上海—郑州—兰州	7月8日	FM9579	737	虹桥机场	周二、四、六
上海航空	上海—郑州—吐鲁番	10月30日	FM9389	738	浦东机场	周一、三、五
春秋航空	上海—安顺	7月1日	9C8677/8	A320	浦东机场	周二、四、六
春秋航空	上海—石家庄—承德	10月29日	9C8903/4	A320	虹桥机场	每天
春秋航空	上海—乌鲁木齐—莎车	9月7日	9C8685/6	A320	虹桥机场	周四
吉祥航空	上海—博鳌	1月13日	HO1065/6	A320	浦东机场	每日
吉祥航空	上海—长沙—茅台	11月1日	HO1123/4	A320	虹桥机场	每日
吉祥航空	上海—南昌—南宁	10月31日	HO1127/8	A320	虹桥机场	周二、四、六
吉祥航空	上海—昆明	11月3日	HO1099/20	A320	浦东机场	周一、三、五、六

2017年上海新开通的部分国际及港澳台地区航线

航空公司	航 线	开通日期	航班号	机 型	出发机场	班 期
东方航空	上海—雅加达	8月11日	MU5069	33H	浦东机场	周一、三、五
东方航空	上海—克拉克	10月18日	MU5045	320	浦东机场	每天
东方航空	上海—西安—布拉格	10月29日	MU785	33H	浦东机场	周四、七
东方航空	上海—宿务	10月18日	MU5023	320	浦东机场	每天
中货航	上海—哥本哈根—阿姆斯特丹—天津—上海	3月26日	CK 215/6	77F	浦东机场	周三、五、日
春秋航空	上海—胡志明市	4月28日	9C8667/8	A320	浦东机场	周一、三、五、七
春秋航空	上海—金边	3月28日	9C8533/4	A320	浦东机场	周二、四、六
吉祥航空	上海—札幌	4月1日	HO1381/2	A320	浦东机场	每日
吉祥航空	上海—宿雾	10月31日	HO1391/2	A320	浦东机场	周二、四、六
吉祥航空	上海—卡利博	10月31日	HO1395/6	A320	浦东机场	周二、四、六
金鹏航空	浦东—郑州—阿姆斯特丹—天津—浦东	3月26日	Y87481/97/98/79/80	747	浦东机场	周二、六、日
金鹏航空	浦东—西安—阿姆斯特丹—西安	4月13日	Y8 7471/72	747	浦东机场	周四
金鹏航空	浦东—西安—哈恩—鄂尔多斯—浦东	8月28日	Y87453/54	747	浦东机场	周一
金鹏航空	浦东—郑州—哈恩—天津—浦东	12月1日	Y87481/93/94/82	747	浦东机场	周三、五

2017年上海取消的部分国内航线

航空公司	航 线	取消日期	航班号	出发机场
东方航空	上海—昆明—迪庆	10月29日	MU5812	虹桥机场
东方航空	上海—安庆—成都	10月29日	MU2219	虹桥机场
春秋航空	上海—烟台	10月30日	9C8609/10	浦东机场
吉祥航空	上海—乌鲁木齐	6月30日	HO1257/8	浦东机场
吉祥航空	上海—北京	10月29日	HO1253/4	浦东机场
吉祥航空	上海—深圳	3月26日	HO1155/6	浦东机场
吉祥航空	上海—温州	10月29日	HO1101/2	虹桥机场
金鹏航空	浦东—泉州	3月26日	Y87521/2	浦东机场

2017年上海取消的部分国际及港澳台地区航线

航空公司	航 线	取消日期	航班号	出发机场
东方航空	武汉—上海浦东—济州	5月3日	MU2543	武汉机场
中货航	上海—西安—阿姆斯特丹	5月31日	CK203/4	浦东机场
中货航	上海—哥本哈根—阿姆斯特丹—天津—上海	5月3日	CK 215/6	浦东机场
春秋航空	上海—旭川		9C8571/2	浦东机场
金鹏航空	浦东—安克雷奇—芝加哥—布鲁塞尔—慕尼黑—天津—浦东	2月1日	Y87485/86/88	浦东机场
金鹏航空	浦东—郑州—阿姆斯特丹—慕尼黑—天津—浦东	5月30日	Y87481/51/52/53/54	浦东机场
金鹏航空	西安—浦东—安克雷奇—芝加哥—安克雷奇—天津—浦东	12月30日	Y87477/92	西安机场

PART NINE X

邮政事业

POSTAL MANAGEMENT

（一）综述

2017年，上海市邮政管理局全面贯彻党的十八大和十八届三中、四中、五中、六中全会以及党的十九大精神，统筹推进“五位一体”和“四个全面”战略布局，按照国家邮政局“打通上下游、形成产业链，画大同心圆、构建生态圈”的总要求和年度工作总部署，主动适应经济发展新常态，坚持“稳中求进”工作总基调，坚持转型升级，坚持抓总、总抓，加强公共服务，确保运行安全，聚焦重点，破解难点，加快“十三五”规划落实，为圆满完成“十三五”目标任务奠定了扎实基础。

2017年，上海市邮政行业业务收入（不包括邮政储蓄银行直接营业收入）累计完成935.6亿元，同比增长22.2%；业务总量累计完成711.9亿元，同比增长26.2%。快递服务企业业务量累计完成31.2亿件，同比增长19.7%；业务收入累计完成868.9亿元，同比增长22.5%。

民营快递企业市场份额优势明显。2017年，国有快递企业业务量完成1.7亿件，实现业务收入30.8亿元；民营快递企业业务量完成27.9亿件，实现业务收入786.2亿元；外资快递企业业务量完成1.6亿件，实现业务收入51.9亿元。国有、民营、外资快递企业业务量市场份额分别为5.3%、89.7%和5.0%，业务收入市场份额分别为3.5%、90.5%和6.0%。2017年，上海市年人均快递使用量为129件，年人均快递支出约3600元。

（二）规划和政策

【概况】2017年，上海市邮政管理局积极推动各类规划出台。组织印发《上海市邮政业发展“十三五”规划》《上海市邮政业中长期规划》，并认真组织宣贯。受国家局委托，会同江浙两省编制《长江三角洲地区快递服务发展“十三五”规划》并联合召开新闻发布会印发实施。作为《上海市城市总体规划2017—2035年》28个市级层面专项规划之一，积极修订完善《上海邮政专项规划》并进入收尾阶段。

积极争取地方政策红利。协调推动上海市政府出台《关于促进上海市快递业健康发展的实施意见》并做好督办分工落实工作。制定并颁布实施《关于加快推进邮政业供给侧结构性改革的意见》，积极推动本市邮政业提质增效、转型发展。推动将祝桥国际现代快递物流园区建设、浦东机场FedEx国际快件和货运中心投运纳入上海国际航运中心2017年重点工作；将快递末端体系建设纳入2017年上海市电子商务重点工作；将寄递渠道纳入上海市危化品综合治理政策体系，实现了多部门联防共治和协同监管。FedEx浦东国际快件和货运中心基本建成；顺丰浦东机场国内分拨中心正式投入运营；南通机场口岸首条国际全货机航线正式开通，上海航空快件枢纽建设的对外辐射带动作用显现。青浦全国快递行业转型发展示范区建设持续推进，2017年快递行业获青浦区现代服务业发展专项资金共计1052万元，获批商业用地128亩。

【上海局召开专题会议宣贯上海邮政业“十三五”规划】2017年1月19日，上海市邮政管理局召开专题会议宣贯《上海邮政业发展“十三五”规划》组织实施。会议全面解读《规划》出台背景、编制过程、规划衔接和主要内容，并对《规划》组织实施和推动落实提要求做部署。

【《长江三角洲地区快递服务发展“十三五”规划》发布】2017年3月30日，受国家邮政局委托，上海市邮政管理局、江苏省邮政管理局、浙江省邮政管理局三家在上海联合召开新闻发布会，发布《长江三角洲地区快递服务发展"十三五"规划》。会议介绍了《规划》的出台背景、编制过程和主要特点，对《规划》进行解读，并回答媒体提问。

【末端配送体系建设纳入 2017 年电子商务重点工作】2017 年 4 月，上海市委常委、常务副市长周波主持召开 2017 年全市电子商务发展联席会议。快递末端体系建设已纳入 2017 年上海市电子商务重点工作中，具体内容为：积极培育电商末端配送服务主体和新业态新模式，共同构建布局合理、功能完善、智能规范的快递末端配送体系，建设一批集约式的快递配送综合服务站，布设智能快递柜。

【上海市快递业发展实施意见出台】2017 年 4 月 14 日，上海市政府正式印发了《关于促进上海市快递业发展的实施意见》（沪府发〔2017〕21 号），这是继 2012 年之后，市级层面第二次出台促进快递业发展的专项政策文件。《意见》明确了培育壮大快递企业、推进"互联网 +"快递、完善快递服务网络、衔接综合交通体系、推动产业协同发展和加强安全监管 6 个方面的重点任务。提出了推进简政放权、加强规划建设衔接、加大财税金融支持、提供便利通行条件和加大人才队伍建设 5 个方面的保障措施。

【持续推进国际航空快递枢纽建设】2017 年 6 月 22 日，上海市邮政管理局积极会同市交通委、商务委和上海机场集团，持续关心浦东机场航空快件枢纽和绿色通道建设，并积极争取将行业相关需求纳入自由贸易港区规划中。

【促进跨境电子商务与邮政业协同发展】2017 年 7 月，上海市跨境电商工作领导小组办公室正式印发《上海市跨境电商发展 2017 年工作要点》，涵盖邮政业多项内容，全力支持跨境电子商务与邮政业协同发展。《工作要点》指出：一是要积极创新邮路监管模式，推进邮政快件进口系统与公共服务平台数据对接，实现邮政企业开展跨境电商直邮进口试点，增强邮政互换局对于出口业务的监管能力；二是要全面提升物流服务，完善推进跨境电商仓储物流中心和集中监管场所建设，加强航空、海运、铁路等多种运输方式的对接和运能保障，鼓励企业设立口岸仓、海外仓和境外服务网点；三是要支持本地物流企业与跨境电商企业携手"走出去"，合作开展全球业务布局，建立跨境物流分批配送和服务体系。

（三）邮政建设

【概况】2017 年，上海邮政以加强邮政普遍服务建设为中心，围绕经营发展、企业管理、创新转型等工作重点，优化投资结构，提升网点服务能力，推进科技信息化建设，增强内部生产处理能力，提高邮政向社会提供公共服务、均等化服务的水平，夯实邮政普遍服务基础。通过加大投资力度保障基础性业务和重要竞争性业务发展需求，为企业改革和发展提供有力支撑。

【浦东邮件处理中心（北楼）工艺改造工程竣工】浦东邮件处理中心（北楼）工艺改造工程于 2016 年 7 月 8 日进场施工，10 月 15 日投入试生产，2017 年 4 月 27 日通过初步验收，10 月 26 日通过中国邮政集团公司组织的竣工验收。该工程包括 1 套环形双层包件分拣机、1 套胶带传输系统、41 台伸缩胶带机等工艺设备，同时配套安排现场管理系统等信息化改造。工程总投资 7421.07 万元，试生产期间单日最高分拣量38.2万件，平均识别率为95%。工程投入使用后，浦东邮件处理中心实现全流水化作业，并通过散件卸车、直连发运等形式，实现出口、转口包裹邮件“不落地”，邮件处理速度进一步加快。

【浦东邮件处理中心二期主体建筑工程通过验收】上海浦东邮件处理中心二期工程位于浦东新区龙东大道原邮件处理中心用地范围内，建于一期处理中心主楼南侧49米处，与一期通过一条长49米、宽6米的连廊连接。该项目总建筑面积43760.7平方米，其中地上建筑面积34689.3平方米，地下建筑面积9071.4平方米。项目自2016年5月18日开工，主体建筑工程于2017年11月15日通过市质安监总站验收。项目投产后，邮件处理能力大幅提升，对国际、国内、同城、仓储等多领域的寄递翼业务发展起到支撑作用。该项目先后获得上海市绿色施工样板工地、上海市文明工地、上海市优质结构工程、上海市“白玉兰”奖（市优质工程）等奖项。

（四）普遍服务

【概况】2017年，上海市邮政管理局着力加强普惠邮政建设。积极做好新修订的《邮政普遍服务标准》宣传贯彻，上海市邮政管理局领导做客上海电台“政风行风热线”节目宣传新标准，并与听众现场互动答疑解惑；督促企业对照新标准查漏补缺，开展自查自纠，全市各邮政支局自2017年2月23日起全面实行新的普通包裹投递标准，普通包裹投递到户。开展邮政普遍服务达标情况督查专项行动，共实地检查75个邮政营业场所，56个邮政投递场所、106个建制村，对发现的问题及时责令整改并印发情况通报。开展日常检查，实地检查277处邮政普遍服务营业场所，下发责令整改通知书10份，立案处罚一起。开展了上海市市内普遍服务邮件时限测试工作。加强无着邮件销毁处理监管，严格确认资料和程序，共监督销毁30249件平常信件和平常印刷品、51174件挂号信件和挂号印刷品。做好邮票销售监督检查，共监督检查428个销售网点。开展邮政专用标志车辆监督检查，完成1795辆邮政专用标志车辆备案信息系统录入。启用行政审批系统开展普遍服务“两项”行政审批及相关备案工作。对邮政机要通信检查实现了营业场所和交接转运场所100%覆盖，发现隐患3处并责令整改。邮政特邀社会监督员开展社会监督活动524人次，走访用户864人，监督邮政服务网点274个。积极督导落实“十三五”邮政普遍服务和机要通信基础设施和大型居住社区配套邮政服务设施建设项目。开展邮政服务跨境电商、服务3.0版上海自贸区发展、服务“一带一路”贸易方式转变专项调研。积极做好“扫黄打非”工作，印发3500份禁寄宣传警示标语，与中国邮政集团公司上海市分公司及17家快递总部企业签订“扫黄打非”责任书。上海市邮政管理局普遍服务处荣获“2016年度上海市重大工程城市综合管理立功竞赛优秀团队”称号。

【试行新《邮政普遍服务标准》】国家新发布的《邮政普遍服务标准》于2017年3月1日起实施。新标准与旧标准相比，最主要的变化是提升了普通包裹的投递深度。为顺应标准变化，上海邮政在全国率先响应，对标准涉及的新的普通包裹投递要求专门下发通知，明确提出从2月23日起，全市范围内全面实行普通包裹新的操作标准。对于中心城区、城郊结合部及县级城区范围的普通包裹全面实行投递上门服务，具体投递深度及投递要求与快递包裹投递要求一致。上海邮政各单位根据要求，立即着手布置相关工作，在新标准正式实施前，提前实行普通包裹上门投递工作。

【推广“滴滴运邮”模式】为应对竞争性业务邮件量的几何级增长趋势与可用生产车辆结构性配置不足、老化问题突出形成的矛盾，上海邮政试点推出“滴滴运邮”方案，以投递作业和邮政所邮件出口作业为切入点，利用滴滴打车企业版软件，通过呼叫社会车辆进行运输。在先期以金山石化支局为试点单位的基础上，年初，挑选出黄浦丽园路支局为市区试点对象。经过对郊区、市区运行特点的分析比对，根据地域特色，对“滴滴运邮”模式进行优化后，向全市推出推广标准。7月，各区分公司启动样板支局建设。全年共计使用“滴滴运邮”4126次，行驶总公里数为2.43万公里。

【推进智能包裹柜建设】为配合建设智能化城市，方便市民收取包裹，上海邮政将智能包裹柜建设工作作为改革投递作业方式的一项重要战略部署，是优化投递工作“最后一公里”的重要措施。2017年，上海邮政共计完成756个包裹柜的建设，其中住宅小区409个、大专院校38个、写字楼99个、机关企事业单位及部队大院210个，格口数达到25973个，日均格口使用率逐步提升。

【全国“扫黄打非”第一督导检查组调研上海邮政业“扫黄打非”工作】2017年5月16日，由全国“扫黄打非”工作小组专职副组长李长江带队的全国“扫黄打非”第一督导检查组赴上海就邮件、快件寄递安全及邮政报刊亭接办销售管理等工作进行调研指导。上海市新闻出版（版权）局局长徐炯，上海市邮政管理局党组书记、局长夏颐参加调研。调研组听取了上海市邮政管理局关于上海邮政业发展情况、寄递渠道安全形势及“扫黄打非”工作情况汇报，并听取中国邮政集团有限公司上海市分公司、中国邮政速递物流股份有限公司上海市分公司关于邮件、快件寄递安全及邮政报刊亭接办销售管理等工作的汇报。听取汇报后，李长江肯定了上海邮政业“扫黄打非”工作，希望邮政企业发挥国家队的作用，继续努力把工作做好，严把寄递渠道和邮政报刊亭接办销售管理两大关口。

（五）快递服务

【概况】2017年，上海市快递服务企业业务量累计完成31.2亿件，同比增长19.7%；业务收入累计完成868.9亿元，同比增长22.5%。2017年，上海市年人均快递使用量为129件，年人均快递支出约3600元。民营快递企业市场份额优势明显。2017年，国有快递企业业务量完成1.7亿件，实现业务收入30.8亿元；民营快递企业业务量完成27.9亿件，实现业务收入786.2亿元；外资快递企业业务量完成1.6亿件，实现业务收入51.9亿元。2017年拥有快递营业网点4276处，拥有各类汽车20980辆，其中快递服务汽车18956辆。快递市场集中度有所提高。全年快递服务品牌集中度指数CR8为86.0，较上年上升0.7。

【上海市快递协会荣获2016年度突出贡献奖项】2017年2月，上海现代服务业联合会对2016年度为推动现代服务业发展做出贡献和取得优良成绩的会员单位进行表彰。上海市快递行业协会荣获“上海现代服务业联合会2016年度突出贡献奖”。上海市快递行业协会紧密结合行业实际，出色做好了五项有特色、有成效的工作，得到了国家邮政局、中国快递协会和上海市邮政管理局的好评和会员单位的欢迎，为上海快递业乃至全国快递行业的健康、快速发展起到了较好推动作用。

【《上海市促进快递业发展的实施意见》获审议通过】2017年2月20日，上海市委副书记、市长应勇主持召开市政府常务会议，研究部署贯彻落实《国务院关于促进快递业发展的若干意见》精神，审议并原则通过《上海市促进快递业发展的实施意见》。应勇指出，快递业作为现代服务业的重要组成部分，是推动流通方式转型、促进消费升级的现代化先导性产业。他强调《实施意见》出台很有必要，并就《实施意见》的贯彻执行提出三点要求。

【召开2017年上海快递行业职业技能鉴定工作会议】2017年2月21—22日，上海邮政行业职业技能鉴定中心和上海市快递行业协会联合举办"2017年上海快递行业职业技能鉴定工作会议"。会议回顾总结2016年上海快递行业职业技能鉴定工作情况并部署2017年工作任务。

【上海局召开快递"上车"工程座谈会】2017年3月28日，上海市邮政管理局组织召开上海市快递"上车"工程座谈会。上海局市场监管处相关负责人以及上海邮政速递、中铁快运、申通、圆通、中通、韵达、顺丰、国通共8家国营、民营企业有关负责人参加座谈，就如何实施快递"上车"工程、如何利用铁路资源进行快件运输进行了探讨。

【上海市《快递揽投专用电动自行车》试用车在宝山正式上路】2017年7月24日，一批有统一标识的快递揽投专用电动自行车试用车在上海市宝山地区正式上路，这标志着上海地区为解决快递最后一公里投递车辆难题的工作有了新的突破。在"上海市'快递揽投专用电动自行车'试用车交车仪式"上，上海市邮政管理局副局长周德刚、上海市快递行业协会会长沙剑湧出席交车仪式并讲话。

【中通快递获评5A级物流企业】2017年8月22日，中通快递获评全国第二十四批5A级国家物流企业。5A级物流企业是国内物流企业评估的最高标准，也是最具权威性的行业资质。

【举行“聚焦快递绿色环保” 2017 上海快递论坛】2017 年 10 月 12 日，由上海市邮政管理局指导、上海市快递行业协会主办、上海韵达货运有限公司承办，主题为“聚焦快递绿色环保”的 2017 上海快递论坛召开。

【韵达快运业务上线运营】韵达旗下快运业务于 2017 年 10 月正式运营，发展速度迅猛。截至 2017 年底，韵达快运已开通网点 2737 家，市级覆盖率达 96%，场地面积 15 万平方米，开通线路 257 条，为顾客提供电商大件、小票零担和惠至达等产品和服务。

【搭建“快递 e 哥”同城即时递平台】上海邮政结合“互联网 + 众包抢单”模式，通过与爱会客及旗下快速递公司合作，搭建覆盖上海全境的“快递 e 哥”同城即时递平台，30 分钟内完成取件，10 公里内 150 分钟完成妥投，满足中高端商务客户紧急寄递需求。2017 年 11 月 1 日，“快递 e 哥”即时递寄递平台正式启动。截至年底，平台注册人员共 2347 人，累计业务量 11.3 万件，形成业务收入 96.5 万元。

【第二届中国（杭州）国际快递业大会召开】2017 年 11 月 24 日，由国家邮政局、浙江省人民政府、中国快递协会共同主办的第二届中国（杭州）国际快递业大会在快递之乡浙江桐庐召开，国家邮政局局长马军胜、浙江省副省长高兴夫出席并致辞。会上，国家邮政局和浙江省人民政府签署战略合作协议，国家邮政局副局长刘君和高兴夫分别代表双方签字。上海市邮政管理局局长夏颐以“对标世界、创新发展，全面提升上海快递业国际化水平”为题进行交流发言。

（六）精神文明和科技文化

【概况】2017 年，上海市邮政管理局统筹兼顾，文明创建有序开展。召开全市快递行业精神文明创建工作会议，贯彻落实国家邮政局、上海市文明办和市建设交通文明委有关会议精神，研究部署 2017 年上海快递行业精神文明创建工作。印发全年工作目标及责任分解，抓好城市文明进步指数测评、文明单位创建、企业诚信创建、最美快递员评选等重点工作推进。分管局领导带队赴各大品牌快递企业开展专题调研督导，深入贯彻落实全国邮政管理工作会议精神，强调精神文明建设工作目标任务。2017 年 11 月 17 日，上海市邮政管理局荣获第五届全国文明单位称号，这是上海局首次获此项殊荣。成功举办上海市快递行业“携手创文明 · 共筑快递梦”喜迎党的十九大文艺会演，上海市快递行业干部职工欢聚一堂，充分展示上海市快递行业精神文明创建成果，展现上海快递人团结进取、奋发向上的精神风貌。

【上海邮政公司开展企业文化宣贯活动】2017 年 1 月，上海邮政在全公司范围内开展中国邮政企业文化宣贯活动，将中国邮政“一三五”企业文化体系内容融入党委中心组学习、基层党支部书记轮训课程。利用中邮网院组织开展企业文化网上学习培训，从理论识别、行为识别、视觉识别全方位开展宣贯推广。分层分类组织开展领导干部、内训师、小教员等企业文化集中培训，通过小教员将企业文化输送到日常生产经营管理中。开展企业文化示范点建设，两家单位获评集团级企业文化示范点。

【上海局召开市快递行业精神文明创建工作会议】2017 年 2 月 21 日，上海市邮政管理局组织召开全市快递行业精神文明创建工作会议，贯彻落实国家邮政局、上海市文明办和市建设交通文明委有关会议精神，研究部署2017年上海快递行业精神文明创建工作。上海市邮政管理局党组成员、纪检组长、副局长周德刚出席会议并讲话。会议解读了2017年全市快递行业精神文明建设重点工作，并就上海城市文明进步指数测评情况和企业诚信创建工作作了进一步部署。

【自主研发国际小包前置处理“增强小包”系统】为适应上海国际口岸跨境电商出口物流的品质升级需要，2017年3月，上海邮政推出通达德国、新西兰和中欧五国的“增强小包”业务，并配合业务自主研发国际小包前置处理“增强小包”系统。该系统使用特定的条码规则和交易代码，在扫描称重环节，对条码识别、邮件种类等进行功能区分，不与平包、挂包混合处理，可对“增强小包”业务进行独立统计。该项技术的开发大幅度增强了相关国际包裹流向的服务水平，全面提升了上海邮政在国际物流业务上的竞争力。

【圆通速递客服中心等11家集体获评上海市青年文明号】2017年3月，上海市团市委发文命名“2015—2016年度上海市青年文明号”，圆通速递客服中心等11家上海市快递企业青年集体获评上海市青年文明号。此次EMS、圆通、顺丰、中通、韵达、国通、天天等11家快递公司青年集体获评市级青年文明号，是上海市快递行业单独作为评选条线后首次获评市级青年文明号。

【上海邮政蝉联市文明行业称号】2017年4月18日，上海精神文明建设工作会议举行，会议宣读并表彰2015—2016年度上海市文明行业、单位。上海邮政连续五届蝉联“上海市文明行业”称号，26家二级单位获评上海市文明单位。多年来，上海邮政按照市委市政府总体要求，在市文明办、市建交党委关心指导下，以践行社会主义核心价值观为主线，以“夯实创建工作基础、营造浓郁创建氛围、打造邮政创建特色”为重点，推动文明创建工作迈上新台阶，企业转型发展取得新成效。

【国通快递员邱礼礼荣获好人好事提名奖】2017年5月，上海市精神文明建设委员会印发文件，表彰2016年度上海市社会主义精神文明好人好事。全市共表彰好人好事10件，提名20件，国通快递上海宜川网点负责人邱礼礼荣获提名奖。2016年7月12日，正值2016中国杭州G20峰会前期，邱礼礼按规定严格执行收寄验视三项制度，对快件进行开箱验视，发现寄件人所寄物品为“仿真枪支”，便立即联系警察，并与寄件人斗智斗勇，最终协助警方破获了这起贩卖违禁枪支大案。

【申通快递宝山罗泾公司荣获第十八届上海市文明单位称号】2017年5月31日，上海建设交通行业精神文明建设工作会议上传出喜讯，申通快递有限公司宝山罗泾公司作为全市唯一一家民营快递企业荣获第十八届上海市文明单位称号，受到大会表彰。会上，市建设交通工作党委领导向宝山罗泾公司负责人授牌。

【研发GIS邮编批注信息系统】2017年6月，上海邮政研发的GIS邮编批注系统成功应用于娱乐行业从业人员培训合格证同城配送业务，在满足收件人身份证验视等个性化需求的同时，解决收件地址不规范等难题。该系统开发项目主要包含培训合格证配送、面单打印设计、揽收收寄、封发、投递、退件、资费计算等功能及相关流程的信息处理规范。身份证信息采用AES算法进行明文加密，保证系统稳定运行、传输无误及信息安全。通过推荐客户使用“渐进式提示地址录入插件”和首次应用的“GIS邮编批注功能”，纠正不规范地址，使邮编匹配准确率从原先的70%提升至95%以上，大幅降低基层投递配送环节中因邮编错误导致的退转件工作量。

【拓展微信订报功能】2017年9月，上海邮政2018年度报刊大收订工作启动，继2016年推出报刊专用单微信激活功能后，2017年上海邮政进一步拓宽微信订报功能，推出全国首创的订阅服务创新载体——订阅通知单，方便用户了解当年订过的各类报刊并提供扫码支付一键续订，免去重复填单等烦琐流程，借助这个创新手段实现报刊收订模式转型。

【参加“双创”活动周主题展示】2017年9月15日，2017全国“大众创业、万众创新”活动周主题展示在上海市杨浦区“长阳创谷”举办。上海邮政在活动期间，以图文+视频+互动体验方式，介绍邮政企业云创平台等内部双创机制，展出邮政无人机、智能机器人等代表邮政先进技术的展品，无人机已在浙江安吉部分地区试用；智能机器人在应用中不仅会唱歌跳舞、端茶送水、与客户对话，还能辅助大堂经理开展业务咨询、营销宣传、客户接待、引导分流、互动交流等工作。当天，现场还提供个性化明信片打印机供参观者体验。

【上海局荣获第五届全国文明单位称号】2017年11月17日，全国精神文明建设表彰大会在北京举行。上海市邮政管理局荣获第五届全国文明单位称号，这是上海局首次获此项殊荣。11月21日，上海召开全市精神文明建设工作座谈会，上海局党组书记、局长夏颐参加座谈会并受到市委书记李强和市委副书记、市长应勇接见。

【召开2017年度上海邮政业科技标准工作会议】2017年12月13日，上海市邮政管理局组织召开了2017年度上海邮政业科技标准工作会议，会议传达了国家邮政局科技标准工作会议精神，回顾总结了上海市邮政业2017年度科技和标准工作，初步部署了2018年科技标准重点任务，解读了《上海市快递末端网点通用规范（意见征求稿）》，着力推进上海市邮政业科技创新能力上新水平。会上，市邮政企业、圆通快递和韵达货运等参会企业代表做了经验交流，上海市邮政管理局党组成员、副局长周德刚出席会议，并提工作要求。

（王晓挺）

PART
TEN

XI

海洋海事

OCEAN MARITIME

（一）海洋管理

【概况】2017年，注重发挥合署办公体制优势，海洋综合管理水平不断提高。完成上海市无居民海岛基础调查，重点对本市23个无居民海岛及周边区域开展水下地形测量与地质勘查。完成大金山岛保护与开发利用示范项目和金山城市沙滩西侧湿地生态修复工程，加强海洋生态环境综合评价。5月，发布《2016年上海市海洋环境质量公报》。推进海洋生态红线划示工作，组织开展各类海洋环保公益活动。海洋经济工作取得新进展，浦东新区成功申报“全国海洋经济创新发展示范城市”，正式启动上海市第一次全国海洋经济调查，举办“世界海洋日暨全国海洋宣传日活动”、临港海洋节开幕式及“上海海洋论坛”，完成“上海参与‘21世纪海上丝绸之路建设’专项研究”。

（张时立　陆凌　张妙）

【2017年海洋环境监测】2017年，开展近岸海洋生态环境监测、海洋环境监管监测、公益服务监测、海洋生态环境风险监测、海洋资源环境承载力试点监测等工作。监测要素包含水文气象、海水、沉积物、海洋生物等百余项。监测海域覆盖本市海域及邻近区域，面积逾1.72万平方公里，共布设水质站位354个，沉积物、生物站位各206个，采集样品1.1万余个，获取监测数据12万余个。

（陆凌　倪周晶）

【上海海域海洋环境质量状况】2017年，本市海域水质状况有所改善，符合第一类和第二类标准的海域面积占总海域的22.5%，比2016年增加5.3%；在四个季度分别对本市海域海水、沉积物、生物等要素进行采样分析，结果表明，劣于第四类海水水质标准的要素主要为无机氮和活性磷酸盐，沉积物环境质量状况总体良好，海洋生物多样性状况一般；夏季开展长江口生态监控区生态监测，分别评价区域内海水富营养程度、沉积环境、生物多样性情况等指标，认为长江口生态监控区处于亚健康状态。

（李丕学　倪周晶）

【完成陆源入海污染源排查工作】2017年8月24日，市水务局市海洋局按照“存在即排查”的原则，采取“现场踏勘、资料收集和补充调查”相结合的手段，组织市海洋环境监测预报中心开展本市沿岸区域陆源入海污染源排查工作。经排查，在本市海洋功能区划范围内，陆源入海污染源共148个，其中，入海排污口45个，排涝泄洪口102个，其中含38个涵闸，入海河流1条为黄浦江。掌握本市陆源入海污染源的类型组成、位置分布以及主要污染物种类等基本情况。

（陆凌　李丕学）

【海域使用管理】2017年，共计完成10宗新增用海审批，面积415.3247公顷；注销两宗用海，注销面积3.8183公顷；全市共计征收海域使用金31471.67万元，其中含浦东新区征收的159.09万元；全年审批减免6宗用海海域使用金，减免金额11831.02万元。

（张时立　倪周晶）

【废弃物海洋倾倒情况】2017年，1月按照《国务院关于第三批取消中央指定地方实施行政许可事项的决定》要求，上海市海洋局完成与国家海洋局东海分局倾废许可证签发工作的移交，不再受理相关申请。1月底，上海市海洋局签批倾倒许可证正本17份，疏浚物总量约38.83万立方米。

（徐建成　陆凌）

【举办"世界海洋日暨全国海洋宣传日活动"、临港海洋节开幕式及"上海海洋论坛"】2017年6月8日，"世界海洋日暨全国海洋宣传日活动"、第三届临港海洋节开幕式及"上海海洋论坛"在临港地区举行，该活动由上海市海洋局、浦东新区人民政府、上海市临港地区开发建设管理委员会主办。市海洋局局长白廷辉、临港管委会党组书记陈杰、浦东新区副区长王靖、上海海洋大学校长程裕东等出席活动。上海市海洋局、国家开发银行上海市分行、临港地区管委会、浦东新区海洋局、上海科技创业投资（集团）有限公司、上海浦东科创集团有限公司6家单位共同签署《关于共建上海海洋经济开发性金融综合服务平台的合作框架协议》。举办"2017·上海海洋论坛"，主题为"创新驱动海洋经济，科技引领海洋未来"。论坛邀请国家海洋局科技司副司长辛红梅、上海海洋大学教授崔维成等6位专家围绕论坛主题进行交流发言。

（张呈　张妙）

【海洋执法】2017年，开展"碧海2017"专项执法和"海盾2017"专项执法；对无居民海岛开展23次船舶巡航和登岛检查，做到全覆盖；完成本市管辖水域沿线码头疏浚倾废作业专项执法，年内共检查码头85个；完成海底光电缆管道保护专项执法，9月首次查处侵害海底设施安全的违法行为。

（李俊前　倪周晶）

（二）海事管理

【概况】2017年，上海海事局以深入开展"平安交通"专项整治行动为主线，围绕辖区重点水域、重点船舶、重点时段，采取针对性措施，不断完善监管体系。上海辖区全年进出港船舶146.52万艘次，同比上升25.96%，发生一般及以上等级水上交通事故23起，沉船5艘、死亡失踪17人、直接经济损失6694.50万元，未发生重特大事故，辖区水上交通安全形势保持稳定。

不断加大对长江口、吴淞口、长江上海段等重点水域以及客船、危险品船、砂石船、易流态化固体散装货物运输船舶"四类重点船舶"的安全隐患排查及水上交通监管。深入开展船舶载运危险货物安全综合治理等各类专项整治。全面推进内河船舶非法从事海上运输常态化治理。建立船载烟花爆竹安全运输监管长效机制。落实事故调查闭环管理。拓展海事实验室功能，开展24次电子证据分析和事故仿真模拟试验。成功查获"翔舟"轮碰撞沉没事故肇事船舶。推动诚信管理，落实企业主体责任，实施公司审核137家、船舶审核227艘。

综合运用科技信息手段掌控船舶动态，实施船舶进出港报告制度，实施进出口岸查验41531艘次，开展PSC检查664艘次、FSC检查3262艘次、船检质量检查761艘次。实施船舶防污染检查8829艘次、集装箱开箱检查396次。VTS提供信息服务43.25万次，交通组织3799次。巡逻艇现场巡航6.54万小时、41.04万海里，固定翼飞机空中巡航123架次、244小时。

修订《上海海上搜救应急预案》《上海海上船舶污染事故专项应急预案》，由上海市政府办公厅印发施行。完成搜救行动237次，成功救助遇险人员1818人次，搜救成功率达97.48%。加强海上搜救志愿者队伍建设，不断扩大规模和影响。推动"落水集装箱应急示位标"装置开发，努力提升落水集装箱搜寻打捞应急能力。中国船舶油污损害赔偿基金首次办理赔付有主船舶油污损害赔偿案件。

举办"世界海员日"上海地区庆祝活动。建立劳工公约履约响应机制，完善海上劳动关系三方协调机制。开展典型事故案例进航运公司、进船员培训机构活动。自编完成《典型事故案例集》《船员综合素质教材》并试点使用。组织各类船员考试评估36686人次，办理各类船员证书23397本，签发海员证9940本，受理回复船员咨询服务1300余次。

根据国务院要求取消和调整7项行政审批事项。充分考虑辖区特点和监管需求，调整局执法事权，6大类16项海事执法事权下放相关分支局，实现执法重心下移。开展“放管服”改革专项督察，落实执法责任。开展文件清理，废止海事规范性文件22件、内部执法程序类文件11件，制度体系进一步完善。

实施并联审批、合卷办理，行政审批效率明显提升。改版门户网站、升级网上政务中心、丰富官方微信功能，一站式移动办公窗口基本形成。推进船员证书申办无纸化，海员证无纸化申报率达89.26%。开立港口建设费三方监管自动收款账户。推广海事规费征稽平台（一期）。推广运用船舶防污染作业报告系统。

积极探索水运供给侧结构性改革措施，利用长江口深水航道边坡自然水深破解大型船舶超宽交会难题取得重大成果，成功组织开展3次实船试验，经交通运输部批准，长江口深水航道利用边坡实施超宽交会由80米增加至90米自2018年1月1日起试运行。修订《长江上海段船舶定线制规定》，由交通运输部印发施行。制定《长江口深水航道通航安全管理办法（试行）》《长江口深水航道船舶超宽交会应急预案（试行）》等文件。完成实体航标调整和AIS虚拟航标设置。推动《特定航线江海直达船舶船员培训考试和发证办法》及过渡期管理办法出台。研究长江上海段河口水域航区划分，推动临港码头及附近水域纳入江海直达特定航线。

上海港国际航行船舶联合登临检查工作机制全面开展，全年实施21艘次。上海口岸国际航行船舶口岸查验海事相关业务100%通过“单一窗口”办理，便捷高效达到“秒

放”效果，得到各方广泛认可。出口岸许可证电子证书使用率进一步提高，签发电子证书10712艘次，签发率达51.33%。持续推行邮轮“五优先”“3A工作法”，推出“七心”管理品牌，保障邮轮安全准点。配合做好洋山四期码头开港相关工作。主动担当、靠前站位，积极探索助力上海自由贸易港建设举措。

配合上海市有关部门圆满完成黄浦江上游196台浮吊清理，促进转型升级、环境治理得到上海市政府高度肯定，5名同志被授予“杰出贡献奖”，22名同志被授予“优秀贡献奖”。修订《上海黄浦江通航安全管理规定》，由交通运输部印发施行。配合黄浦江两岸贯通工程，全力支持浦江游览改革发展。落实船舶排放控制区方案，促进航运绿色发展，相关工作在2018年全国交通运输工作会议上做经验交流。联合质监部门专项监管船用燃油供油质量，开展黄浦江核心区段船舶排放控制专项整治。落实泊岸转油措施，实施相关检查4085艘次，燃油取样送检541次，查处使用燃油硫含量超标案件48起。主动服务黄浦江昆阳路越江隧道工程、横沙东滩圈围八期消纳建筑渣土工程等重大项目。

完成“雪龙”号首航北极西北航道航海保障工作。推动南极建设航海保障设施，实施海道测量和海图编绘。《南中国海至马六甲海峡航行指南》中文版、《台湾海峡航标助航指南（2016）》出版发行。北斗导航民用分理服务管理中心项目通过预验收。洋山港E航海示范平台进入建设快车道。维护管理东海海区航标6508座、沿海AIS岸台86座、内河AIS基站134座。完成测量22771.19换算平方公里，发行纸海图123978张、电子海图524976幅/次。播发海上安全信息5059份，处理DSC信息90.74万余次、遇险通信3254次、重大海上通信4件。

组织开展IMO海员考试评估区域培训、中国—东盟国家海上搜救协调员培训、国际航标管理人员培训、东盟国家海事主管机关人员培训、东京备忘录第25届亚太地区港口国监督研讨会、中国—丹麦海事调查研讨会、IMO船旗国和港口国监督检查官区域培训等国际交流与合作项目。赴德国汉堡开展海事交流与磋商。派17批次19人次参加国际海事会议，接待外事来访20批次。向IMO、东京备忘录等国际组织提交提案15篇并被采纳。与上海海事大学、上海航运交易所签订新一轮战略合作框架协议，与江苏海事职业技术学院签订战略合作协议，与江西地方海事局签订“结对子”协议。

【有效处置“顺港19”轮集装箱落江重大险情】 5月10日夜间，“顺港19”轮航行至吴淞口警戒区时37个集装箱翻倒落江。上海海事局有效应对、高效处置，25小时扫清航道，有力保障了长江口深水航道畅通。截至5月21日15:00，共打捞35个落水集装箱。

【最大集装箱船“东方香港”轮首航靠泊上海洋山港冠东码头】 5月22日22:29，目前世界最大集装箱船“东方香港”轮首航顺利靠泊上海洋山港冠东码头。

【中国（上海）自由贸易试验区首家外商独资海员外派机构获批】 5月24日，中英中船船舶管理（上海）有限公司领取海员外派机构资质证书，成为中国（上海）自由贸易试验区内第一家外商独资海员外派机构。这是交通运输部海事局、上海海事局服务中国（上海）自由贸易试验区建设的重大成果，将促进更多中国海员走向世界，同时带回国际先进经验，实现企业自身发展和自贸区建设的共赢。

【开展入厦船舶专项安全监管工作】 6月1日至9月5日，上海海事局开展入厦船舶专项安全监管工作，共办理入厦船舶专项信息报送65艘次，船员信息报告65艘次，实施入厦船舶专项安全检查28艘次、保安专项检查20艘次。

【中国(上海)海员薪酬指数发布】6月25日，上海海事局、上海市交通委、上海海事大学、上海航运交易所、上海船员服务协会联合举行“世界海员日”上海地区庆祝活动。其间，上海海事局、上海航交所联合首次发布中国（上海）海员薪酬指数，填补了全球海员薪酬指数的空白，将有助于提高行业薪酬透明度，推动海员劳务市场有序发展，提升我国在国际海员市场的影响力和话语权。

【中国船舶油污损害赔偿基金首次赔付“有主”船舶油污损害案件】7月6日，崇明区海塘管理所及两家清污单位总计获得1508万元的船舶油污损害赔款，其中1100余万元用于环境修复项目。这是中国船舶油污损害赔偿基金建立以来最大一笔赔付款，也是首次赔付存在明确肇事船舶的“有主”船舶油污损害案件。

【首批获批免税进口的中资“方便旗”船首次在上海落户登记】7月26日，中波轮船股份公司“乾坤”轮在上海海事局完成船舶所有权登记，这是财政部、海关总署、国家税务总局《关于中资“方便旗”船回国登记进口税收政策问题的通知》（财关税〔2016〕42号）发布实施以来，首批获批免税进口的中资“方便旗”船首次在上海落户登记。

【“2017年度黄浦江水域观光游轮碰撞事故处置市级综合演练”成功举办】8月2日，2017年度黄浦江水域观光游轮碰撞事故处置市级综合演练成功举行。上海市副市长、上海海上搜救中心主任时光辉担任演练总指挥，上海市人民政府副秘书长、上海海上搜救中心常务副主任黄融担任演练常务副总指挥，上海海事局局长陆鼎良、上海市政府办公厅副主任盖博华、市应急救援总队张兴辉、市应急联动中心陈昌俊担任演练副总指挥。参演船艇共30余艘、直升机3架，参演人员500余人。本次市级综合演练提升了黄浦江水上涉客类船舶突发事件的应急处置能力，为实现黄浦江滨江贯通，提升黄浦江旅游功能打好安全基础。

【长江口深水航道大型邮轮与大型重载集装箱船超宽交会试运行】8月26日、8月31日、10月11日，上海海事局组织开展三次长江口深水航道超宽交会实船试验，大型国际邮轮与重载集装箱船舶的交会宽度之和最大达88.85米。交通运输部何建中副部长、上海市政府时光辉副市长等领导现场观摩第三次试验。经交通运输部批准，长江口深水航道利用边坡实施超宽交会由80米增加至90米自2018年1月1日起试运行。长江口深水航道利用边坡自然水深提升通航效率是推进水运供给侧结构性改革、服务上海国际航运中心建设的重要举措。

【《上海海上搜救应急预案》《上海海上船舶污染事故专项应急预案》印发实施】2016年开始，上海海上搜救中心在上海市应急办的指导下对《上海海上搜救和船舶污染事故专项应急预案》进行修订，将原《预案》细化为《上海海上搜救应急预案》和《上海海上船舶污染事故专项应急预案》两项专项预案，形成以“一个管理办法”（《上海海上搜寻救助管理办法》）、“两项专项应急预案”为框架的上海海上搜救工作主要制度体系。新修订的《上海海上搜救应急预案》（沪府办〔2017〕21号）和《上海海上船舶污染事故专项应急预案》（沪府办〔2017〕63号）分别于4月13日、11月6日由上海市人民政府办公厅正式印发执行。

【黄浦江上游浮吊整治工作圆满完成】 黄浦江上游浮吊整治作为上海市委、市政府2017年的重点工作之一，是上海彻底消除城市安全重大隐患和饮用水源污染风险的重大举措，自2016年12月30日开始，2017年4月30日结束，取得了圆满成功。上海海事局在此次专项工作中，成立了以局领导为组长的浮吊专项整治机构，动员全局力量，积极配合上海市有关部门开展浮吊清退工作。整治期间，共出动海事巡逻艇778艘次，执法人员2655人次，检查大型砂石料船舶858艘，劝离大型砂石料船舶712艘，查处违法船舶129艘，为经由长江驶往江苏、安徽方向的193台次撤离浮吊实施安全护航。

【上海港国际航行船舶联合登临检查工作机制全面开展】 根据《交通运输部公安部海关总署质检总局关于建立国际航行船舶联合登临检查工作机制的通知》（交海发〔2016〕234号）要求，2017年4月20日，上海海事局、上海出入境边防检查总站、上海海关、上海出入境检验检疫局联合发布《关于公布〈上海口岸国际航行船舶联合登临检查工作机制〉的通知》（沪海船舶〔2017〕137号），标志上海口岸国际航行船舶联合登临检查工作机制正式建立。截至2017年底，上海口岸查验单位对国际航行船舶开展联合登临检查21艘次。同时，上海国际贸易“单一窗口”国际航行船舶联合登临检查工作模块研发上线，进一步提高了工作效率。

【上海口岸国际航行船舶口岸查验海事相关业务100%通过“单一窗口”办理】 2017年3月15日起，上海海事局全面停止通过原口岸查验EDI申报系统接收国际航行船舶口岸查验申请信息，统一通过上海国际贸易“单一窗口”平台受理相关申请，实现上海口岸国际航行船舶口岸查验海事相关业务100%通过“单一窗口”办理。

【《上海黄浦江通航安全管理规定》印发实施】 随着黄浦江两岸45公里岸线贯通和浮吊整治结束，黄浦江通航环境和通航秩序发生了很大变化。为进一步规范船舶在黄浦江的航行、停泊和作业行为，上海海事局推进《上海黄浦江通航安全管理规定》修订工作，研究制定黄浦江水上交通安全监管和环境保护限制性措施。经修订的《上海黄浦江通航安全管理规定》（交海发〔2017〕204号）于2017年12月15日由交通运输部印发实施。

【《台湾海峡航标助航指南（2016）》出版发行】 2017年8月，我国第一本航标助航指南——《台湾海峡航标助航指南（2016）》出版发行，该《助航指南》集专业性、工具性、资料性于一体，图、文、表并茂，重点介绍了台湾海峡西侧水域东西向的内、中、外航路和南北向的海坛岛、兴化湾等区域航道。

【《南中国海至马六甲海峡航行指南》出版发行】 2017年11月，由交通运输部海事局组织编制的中文版《南中国海至马六甲海峡航行指南》正式出版发行，该《航行指南》涵盖了南中国海至马六甲海峡水域的地理环境以及水文、气象、碍航物、航路分布、助航设施、港口服务等航行保障资料，以及相关的国际公约和沿岸国的相关法律法规等，具有较高的参考价值，可为航经该水域的船舶特别是我国船舶提供航行参考。

（陈希）

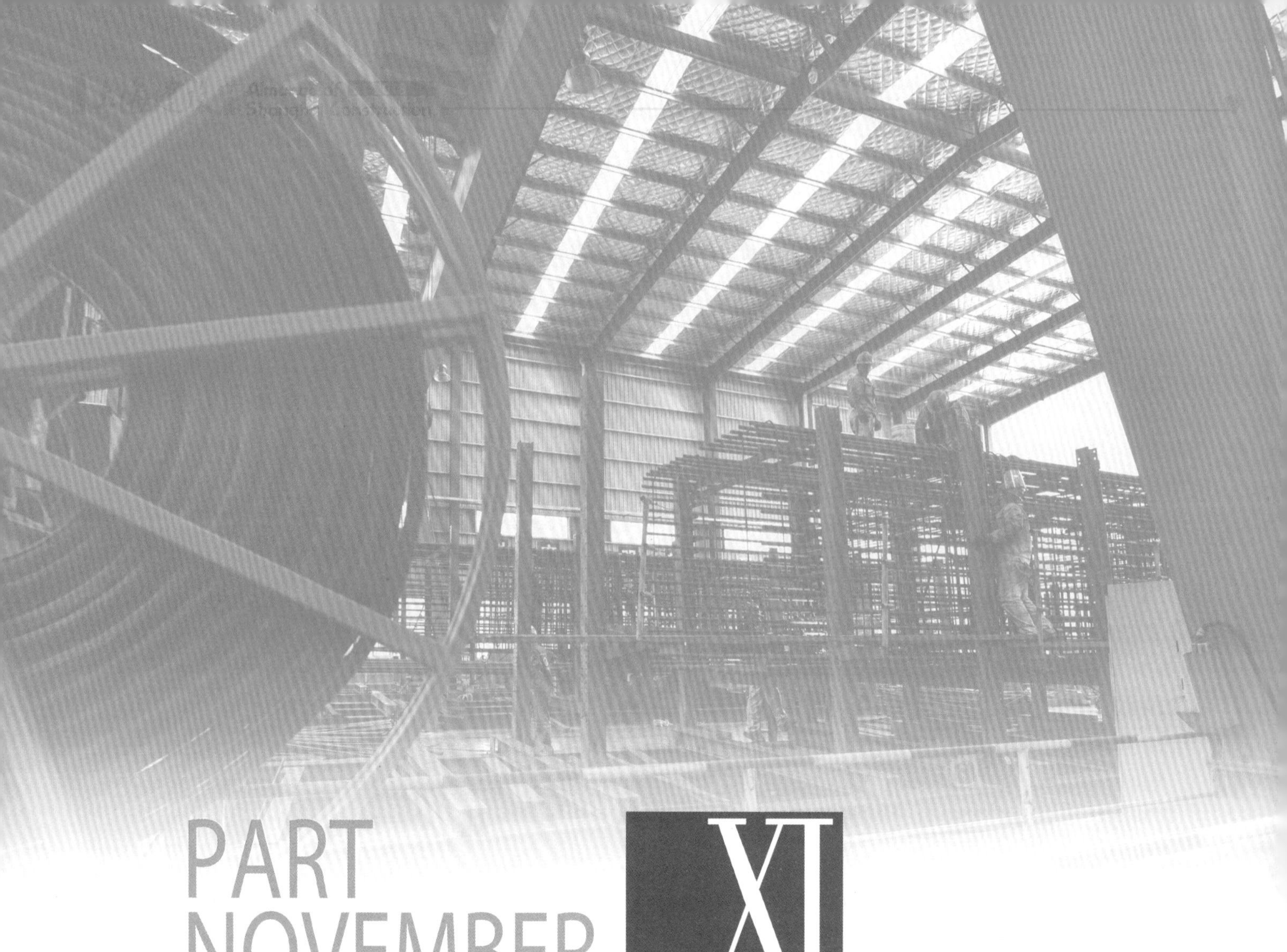

PART NOVEMBER XI

建筑建材业管理

CONSTRUCTION BUILDING MATERIALS INDUSTRY MANAGEMENT

- 综述
- 招标投标管理
- 行政审批业务
- 设计文件审查
- 建筑信息模型技术应用推广
- 工程质量安全监管
- 标准定额造价管理
- 节能建材管理

（一）综述

2017年，本市建筑市场呈现总体平稳发展态势，建筑业的整体优势得到发挥，核心竞争力有所增强，市场秩序日益规范，对落实城市战略定位、完善城市核心功能、提升城市空间品质发挥了应有作用。据统计，截至2017年底，全市在建工地数8536个；共有勘察、设计、施工、监理等企业16090家，其中本市企业10758家，其他省市进沪企业超5332家；建筑师、建造师、监理工程师等各类注册执业人员约11万人；安全员、质量员等各类持证管理人员共计19万余人；实名制系统登记的现场作业人员540061人。

加快推动本市建筑业改革发展意见出台。按照应勇市长在国务院办公厅《关于促进建筑业持续健康发展的意见》上批示精神和时光辉副市长赴我委调研时的指示要求，牵头相关处室和部门，在充分借鉴国际发达城市有关经验的基础上，结合本市建筑业管理实际，研究起草了《上海市关于促进建筑业持续健康发展的实施意见》，并专报时光辉副市长审阅同意，由市政府办公厅于2017年9月发布执行。

加快推进行政审批制度改革。进一步持续深化建筑业“放管服”改革，在行业行政审批改革和社会投资项目行政审批改革方面不断加大推进力度。颁布出台《上海市建设工程招标投标管理办法》及其实施细则，并于2017年3月1日正式实施。《办法》强调了“分类监管、放管结合；简政放权、提速增效；明确责任、阳光操作；诚信竞标、低价中标”的原则。牵头研究起草“153548”社会投资项目审批改革目标和相关改革举措，得到市委、市政府主要领导的肯定，下一步将在全市尽快试行。

加大BIM技术应用推广力度。截至2017年底，本市应用BIM技术的项目数量达686个，超过2016年全年，占全市新增报建项目数的16%。其中，符合应当应用BIM技术条件的项目（《指导意见》中明确的达到2万平方米建筑面积或者1亿元投资额等规模以上的项目）中实际应用的为617个，占应当应用项目总数的87%。上海中心、国家会展中心、北横通道等重大项目通过应用BIM技术，实现了项目建设过程中的多专业协同、建设管理产业链的信息共享，提升了业主方的投资管控能力。申通、城投、申迪、申康等大型国有企事业单位在其投资或者代建的项目建设中初步实现了BIM技术应用的全覆盖。今年起市级保障房项目在建设阶段也将普遍应用BIM技术。

积极推动行业生产组织方式创新。根据住建部的要求，积极推行工程总承包、建筑师负责制和全过程咨询服务等工程建设管理模式的创新试点，促进行业向国际化、现代化、专业化发展。制定出台了本市《工程总承包试点项目管理办法》及其实施要点等，并同步起草了《工程总承包项目评标办法》（草案）；另一手抓试点推进，确定了浦东、杨浦、普陀、松江4个试点区，28家试点企业和15个试点项目。初步建立了与工程总承包方式相配套的招标投标、施工许可、分包管理、工程造价、竣工验收等管理制度和配套流程。同时，组织开展建筑师负责制试点评估工作，抓紧编制本市全过程咨询服务试点方案。

加强建筑行业诚信体系建设。招标人可根据不同的施工评标办法，分别将投标企业的信用评价结果作为入围条件或者折算成信用分（满分为5分）纳入总分计算。招标人依法可将信用分作为投标筛选条件，信用管理的威慑作用进一步增强。通过制定信用评价标准和应用规则，委托第三方征信机构对在沪210家工程监理企业开展信用评价，在约3000个监理公开招标项目中应用。通过对企业的信用评价和应用，规范了企业市场和现场行为，促进企业树立守法诚信意识。

努力服务重大及民生实事工程。通过参加各类项目专题会或协调会，为轨道交通、体育文化、大型居住区、虹桥会展、综合管廊、迪士尼、世博后续发展等重大民生工程提供了服务保障。针对城市更新过程中新出现的诸如既有住宅加装电梯、旧住房拆除重建、二次供水设施改造等特殊工程，努力创新审批方式，优化审批流程，提高审批效能，在保证工程质量安全受控的前提下，最大限度地方便管理相对人。

加强劳务用工管理和建筑市场执法。截至 2017 年底，已实行实名制台账登记管理的工地 4948 个，涉及用工单位 3739 个，目前在场人数 540061 人，总登记人数 1421871 人，已实行人工费支付台账登记工地数 1127 个，已实行工资支付台账登记工地数 1088 个。共处理农民工欠薪投诉处理 2779 起，涉及人数 51494 人，涉及金额 110016.0036 万元，已解决金额 96476.8058 万元，解决率 87.7%。全市针对建筑市场的违法行为检查项目次数共 4564 次，发现存在违法发包行为 63 个，违法分包行为 19 个，其他违法行为 274 个，累计罚款金额 5501.6797 万元。

（二）招标投标管理

【概况】2017 年，全年市管建设工程招标项目共完成：勘察 112 个，投资额 583.82 亿元；设计 177 个，投资额 573.26 亿元；施工 633 个，工程造价 807.72 亿元；监理 499 个，工程造价 1024.23 亿元；勘察设计一体化 100 个，投资额 544.68 亿元；设计（勘察）施工总承包 123 个，投资额 223.66 亿元。

【推动《上海市建设工程招标投标管理办法》出台实施】《管理办法》出台和实施，标志着本市建设工程招投标制度重大改革的推进。加强《管理办法》宣贯，会同市建设工程咨询行业协会连续举办四场面向各层面人员的培训大会。起草《管理办法》实施细则，同步做好招投标监管信息系统及暂估价招标平台的建设。牵头组织编制水利、公路、园林绿化等专业工程招标文件示范文本，完成建设工程勘察、设计、监理、施工招投标《房建市政招标文件示范文本》《办事指南》《业务手册》的修订工作，确保《管理办法》于 3 月 1 日顺利实施。密切跟踪、及时协调解决存在问题，促使新老办法平稳过渡，新办法贯彻落实情况较好。

【招投标监管模式改革取得一定成效】根据招投标改革要求，按照分类监管、事中事后监管、赋招标人责权、简化流程等原则，调整全市招投标监管模式。制定《上海市建设工程招投标重要环节监管要点》，启用《上海市建设工程招投标监管工作规程 2017 版》，统一监管操作口径。配合委市场监管处起草《上海市建设工程总承包评标办法》，推进一体化招标规范化和工程总承包试点。同时，进一步强化对招标代理的监管，完善并实施招标代理行为记录办法，对诚信扣分超出规定的招标工程师采取管理措施，引起业内震动。

【电子化招投标工作取得实质性进展】全力以赴推动电子化招投标，编制发布《上海市建设工程监理电子招标投标文件数据标准（2017 版）》《上海市建设工程监理电子招投标应用指南》。12 月 15 日起，在市管监理项目中全面推行电子招标投标。同时，起草《上海市施工招标文件电子应用文本》和《上海市施工电子招投标应用场景》，为全面推行施工电子招标投标作准备。

【重大工程监管服务有序推进】主动对接水利、公路等重大工程招标人及行业主管部门，完成本市城乡建设中小河道综合整治招投标工作，3批次累计1810条河道。完成上图东馆、上博东馆等一大批文化设施项目的设计、施工招标。做好金砖银行上海总部、苏州河深层排水工程（试验段）、区区对接道路等重大工程的服务工作，确保重大工程按期实施。

【评标专家管理水平全面提升】适应招投标监管新模式下更加多样化的项目评标需求，完善不同项目的专家评委确定流程，更新专家抽取通知系统设备，改进专家抽取规则。年内，先后有3批次市级领导现场察看了系统随机抽取评标专家的过程，并给予充分肯定。改进专家招聘模式，增设“装配式建筑经验选项”，新聘专家448名，水运、水利等紧缺专业专家队伍不断壮大。加强对专家库的统计分析，形成紧缺专业情况分析和专家评标活动参与率情况分析报告，为更好地挖掘专家库潜能提供决策依据。印发《上海市建设工程评标专家技术委员会工作制度和职责的通知》，充分发挥技术委员会和监督员队伍作用。完善专家继续教育管理模式，教育的针对性和有效性明显加强。

（三）行政审批业务

【概况】2017年，全市建设工程全年报建项目数5774个，同比2016年上升3.44%，总投资额8482.58万元，同比下降14.51%，总建筑面积6412.31平方米，同比上升19.62%。全市全年竣工验收备案次数3997次，备案单位工程数14862个，备案总建筑面积22060.32万平方米。全市建设工程全年勘察发包价3.21亿元，同比2016年下降19.95%，设计发包价45.02亿元，同比下降4.38%，施工发包价2976.5亿元，同比上升7.32%，建立发包价39.98亿元，同比下降9.51%。全市全年建设工程从业企业数18367家，同比去年上升20.97%，其中本市企业11992家，同比上升11.87%，外省市企业6375家，同比上升42.84%。全市全年建设工程执业注册人员93879人，同比去年上升3.52%，外地进沪备案人员22433人，同比去年下降24.6%，施工管理人员持证148376人，同比下降49.8%。其中，因新资质政策出台后，原协会所发放的证书失效，管理部门清理了失效证书，造成自今年9月起原施工管理人员持证大幅减少。全市全年行政处罚立案数1076件，同比去年下降8.11%，处罚数825件，同比下降8.74%，中止案件数91件，同比上升46.77%，结案数1264件，同比上升0.96%。

【坚持服务为本，擦亮行政服务窗口】改进窗口服务水平，落实“三个标准”建设。按照市审改办要求，制定服务标准，明确工作人员着装要求、服务用语、服务技能和服务内容。完成受理服务大厅和办公场所标准化建设，完善标志标识指向导引，向社会公示工作时间，升级排队取号系统，增设取号排队短信提示，添绿增亮，更换座椅，改善行政相对人排队等候环境。编制36项建设工程企业资质申请事项“图解指南”，编制建设工程项目网上申报填表说明和示范文本，制作企业资质类和注册人员类网上申请提示卡片，采取提前预约、集中受理的方式，在注册人员办理事项中，为企业提供专人专窗服务。利用微信公众号，推出“微信面对面”咨询服务，帮助企业多渠道、快速地解决问题。同时，为真心诚意听取行政相对人意见和建议，在值班长窗口设立“有问题请您来吐槽”专窗。

【完善信息系统，加快推动政策落地】优化调整项目流程类系统、企业资质类系统、人员资格类系统，开发完成其他相关系统。2017 年 9 月启动网上收费系统开发工作。完成电子签署云平台、电子招投标交易虚拟化桌面、监理电子招投标等系统开发。完成上海市住建委网上办事大厅与中国上海办事网厅的登录系统整合。发布《上海市建设工程监理电子招标投标文件数据标准(2017 版)》，2017 年 10 月，开展监理电子招投标试点工作。

【推进网上办理，提升政务服务能力】一是减少收件材料。2017 年 10 月 15 日起，新建、改建、扩建项目工程报建使用项目代码，通过数据交换，企业在办理报建手续时，无须再提供发展改革委、经信委立项批准文件原件。在与相关建设管理部门信息平台数据共享的基础上，施工许可申请环节，纸质收件材料由 8 项减少到 6 项，中标通知书和施工图设计文件审查合格证明实现数据共享，审批时限由法定的 15 日减少到 5 日。竣工验收日期在 2017 年 1 月 1 日以后的，不再收取“上海市气象局出具的建设项目防雷工程竣工认可文件”。二是减少申报材料。2017 年 4 月 14 日、5 月 15 日、11 月 10 日起，分别对招标代理、工程造价咨询、工程检测资质实行电子化申报和审批。自此，本市审批的七类资质已全面实现电子化申报和审批。2017 年 5 月 15 日起，企业在办理安全生产许可证时，仅须提供安全生产许可证申请表，三类人员信息和安全生产考核评估信息通过数据交换获取。根据住建部《关于修订印发注册监理工程师注册管理工作规程的通知》要求，2017 年 11 月 1 日起，全面实施注册监理工程师注册审查电子化，注册申报材料进一步简化。三是推行自助变更。“建设工程项目负责人登记变更”，由企业网上填写登记变更信息，自行完成。自此，五方责任主体项目负责人变更均实现网上自助办理。承发包单位通过数字证书网上申请，自行完成合同信息报送单位名称变更。

【深入贯彻放管服，强化事中事后监管】一是开展动态核查。对 2016 年 11 月 1 日前申报建筑工程、市政公用工程总承包一级资质的 7 家外省市企业、4 家本市企业的业绩进行核查。撤回 2016 年动态监管不达标的 318 家企业、496 项资质。二是做好注册建造师、注册监理工程师个人信用档案工作。将注册人员注册信息、项目信息、行贿犯罪记录、行政处罚信息等纳入信用档案。充分利用“诚信上海”App，解决个人身份认证。完成“失信被执行人”相关行政许可限制制度设计。

(四)设计文件审查

【概况】2017 年，本市设计文件审查工作以加强勘察设计质量监管为主线，以深化设计文件审查改革为重点，较好完成了年度工作任务。

【分层次加强勘察设计质量检查】一是组织施工图设计文件技术抽查。2017年共组织了6次集中技术抽查，共检查122个项目，建筑面积约177.5万平方米，项目类型包括工业厂房、商办、住宅、学校、市政工程等。检查涉及19家审查机构、107家勘察设计单位，检查重点为装配式建筑、保障性住宅、市政工程等，涉及建筑消防、绿色建筑、主体结构及地基基础安全等方面。对34个项目出具了质量问题整改通知单，对9个项目进行了全市通报批评。二是开展勘察设计单位质量管控情况检查。组织开展勘察、设计单位内部质量管理体系落实情况检查，特别是校审工作落实情况检查。共检查项目36个，涉及22家设计单位、7家勘察单位。检查面积约60万平方米，项目类型包括工业厂房、办公、商业、住宅等房屋建筑，检查共对10个项目出具了整改通知单。

【多举措完善检查监管手段】一是切实落实“两随机一公开”制度。制定了《上海市建设工程施工图设计文件质量检查管理规定》，规范检查行为，统一检查流程，努力做到被查项目与检查专家的双随机，检查结果及时公开，使图纸抽查工作真正体现监督作用。二是建立适度的检查专家竞争制度。制定了《上海市建设工程施工图设计文件质量检查专家管理办法》，对专家库进行了完善，梳理并提升专家配置，最终确定296名专家，其中审图机构专家130名。着力解决在勘察设计质量检查过程中可能存在的不按规定对违规项目开具整改通知单、市区各级监管方式及要求不统一等现象。三是探索盲审制度。针对技术抽查过程中出现的抽查专家缺乏应有的工作压力、检出率不尽如人意等现象，探索利用数字化审图系统盲审功能，删除图纸上的项目、单位等图签信息，消除抽查中的情面因素。四是研究勘察工程信息化监管系统开发建设工作。针对勘察行业野外作业长期存在的弄虚作假、钻孔数量不足、深度不够等顽症，在完成“上海市岩土勘察工程数字化监管信息系统”课题研究基础上，申报了住建部“勘察质量管理信息化试点”，会同勘察设计协会岩土分会与上勘院共同研究推进系统的开发建设工作。

【深化施工图审查改革】一是取消了施工图审查抽取选定制度。出台《关于取消本市房屋建筑工程施工图审查抽取选定制度的通知》。二是完善配套管理办法。制定了《上海市房屋建筑工程施工图审查机构任务比例上限扣减办法》，对各家审图机构任务量及所占比例计算、超过任务比例上限处置等问题进行了明确。三是调整备案信息修改权限。为保证审图机构任务量计算的准确性，对审图项目建筑面积等备案数据修改权限进行了调整，由市审查中心严格按照工作流程和文件依据进行修改，维护了施工图审查备案的严肃性。经过各方面的共同努力，取消抽取选定，改由建设单位自主选择审图机构后，审图市场平稳有序，体现了适度竞争的原则，得到建设单位、设计单位、审图机构和管理部门的普遍欢迎。

【完成审图机构重新认定工作】发布《关于开展新一轮审图公司认定工作的通知》，同时，根据市审改办的要求重新修订了《认定办事指南》和《认定工作手册》，简化了申报材料，加快了申报速度。经本轮重新认定，共认定房屋建筑施工图审查机构19家、市政基础设施施工图审查机构4家、基坑施工图审查机构两家、轨道交通1家。

【坚持建设单位自行征询与并联服务并行】

2017 市级征询服务平台共完成总体设计文件征询 119 个（其中并联服务项目 91 个、自行征询项目共 28 个，自行征询项目占比 23.5%）。区、特定地区管委会共完成总体设计文件征询 627 个（其中自行征询项目共 202 个，占比 32.2%）。与上年度基本持平，无明显变化。

【提高总体设计文件征询效率】坚持做好总体设计文件征询各相关部门用时统计通报工作。按季度对相关管理部门征询用时情况进行统计并发文通报，起到了较好的促进作用。2017 年全市总体设计文件征询平均用时 19 个工作日，最短用时 14 个工作日，较上年有所减少。

【推进落实总体设计文件征询分类服务】加大总体设计文件征询分类管理的力度，根据每个项目的性质、规模、前期意见或批文等情况，实行差别化管理。对于技改项目，予以免征或减少征询部门；对于开工日期有明确要求的重大项目及特殊项目，采取建设单位承诺的方式，先汇总发出部分管理部门的征询意见，以便于桩基工程先行审图和施工；对于区和管委会立项但管理权限在市级的产业项目，依申请和实际情况下放，明确管理责任。

（五）建筑信息模型技术应用推广

【概况】2017 年，本市 BIM 技术应用政策和市场环境进一步完善，BIM 技术应用由试点转向面上推广。通过加强过程监管、完善标准体系、试点示范引路和重点企业聚焦效应，本市 BIM 技术应用的成熟度和效益不断提高。据统计，2017 年全市共有 615 个建设项目采用 BIM 技术。

【继续完善配套政策环境】在已有政策文件的基础上，市住房城乡建设管理委、市规划和国土资源管理局出台《关于进一步加强上海市建筑信息模型技术推广应用的通知》，将 BIM 技术纳入土地出让、建设管理、竣工验收备案等各环节的全过程审批监管体系。根据《招标投标法》《合同法》等法律法规和相关先行的招标及合同示范文本，制定了《上海市建设工程设计招标文件编制中涉及建筑信息模型技术应用服务的补充示范条款（2017 版）》《上海市建设工程设计合同编制中涉及建筑信息模型技术应用服务的补充示范条款（2017 版）》等 6 项涉及建筑信息模型技术应用服务的补充示范条款，为应用 BIM 技术的企业编制建设工程设计、施工、监理的招标文件和签订合同提供依据。修订出台《上海市建筑信息模型技术应用指南（2017 版）》。

【全市 BIM 技术应用推广力度继续增强】BIM 技术应用纳入“上海市重大工程立功竞赛建筑市场分赛区”评定范围。本市政府各部门、行业协会、大型企业通过举办 BIM 大赛、技术与管理论坛、试点项目交流会、多层次 BIM 培训等方式，加大 BIM 技术宣贯和 BIM 人才培养力度。

【初步实现 BIM 技术的全面应用和全生命周期应用】2017 年，上海市规模以上、满足应用条件的项目中，BIM 应用项目数量为 615 个，应用率为 88%，覆盖房建、市政、水务、水运、交通运输等各项目类型，99% 为跨设计、施工、运营（可含）全生命周期应用。与 2016 年的应用情况相比，2017 年本市在 BIM 应用数量、应用率及应用广度上均有较大突破；其中，规模以上的 BIM 应用项目数量增长了 136%，应用率增长约 200%，政府投资与社会投资项目的 BIM 应用项目数增长率分别达到 158% 和 123%。2017 年本市规模以上满足BIM应用条件的建设项目中已初步实现BIM技术的全面应用和全生命周期应用。615个应用BIM技术的项目中，跨设计、施工和运营应用BIM技术的项目数量达439个，占比71%；跨设计、施工阶段运用BIM技术的项目数量为174个，占比28%；仅设计阶段应用BIM技术的项目数量只有两个，占比不到1%。由此看出，2017年超过99%的项目跨阶段应用BIM技术，这一比例比2016年的57%大幅提高。

【BIM技术应用深度进一步拓展】BIM技术应用已在建设项目全生命周期广泛开展建模、性能分析、方案模拟、项目管理、工程量计算、协同平台等应用。设计阶段以碰撞检测及管线综合、净空优化应用为主，施工阶段以施工方案模拟、虚拟进度与实际进度对比应用为主，运维阶段BIM应用集中运维模型构建和运维管理方案策划方面。以各专业模型构建应用率最高，达84%，碰撞检测及三维管线综合、建筑结构专业模型构建、净空优化、建筑结构平立剖面检查、施工方案模拟的应用频率分别为78%、73%、65%、62%和56%。在协同管理平台方面，以业主的协同管理平台应用最为广泛，应用率达到30%。

【BIM技术应用价值进一步得到认可】通过缩短工期、节约成本、提高质量、提升管理效率、提高安全性和盘活数据资产等方面来体现项目BIM应用价值，且获得了普遍的认可。调研数据表明：提高质量、提升管理效率、节约成本三个方面的应用价值居前三位。88%的项目认可BIM技术有助于提高质量；82%认可提升管理效率，77%认为可以节约成本。

（沈琼）

（六）工程质量安全监管

【概况】2017年全市建设工程规模基本持稳。截至2017年底，全市建设工程在建工地数8675个，同比上升了6.0%；在建单位工程数33712个，同比下降了5.7%；在建建筑面积1.536亿平方米，同比下降了7.2%。全市在建工程建筑面积按环线分布梯次明显。其中外环外在建工程建筑面积为9020.1万平方米，占全市在建工程建筑面积的64.2%，同比下降了5.55%。

全市整体建筑规模增速同比放缓，其中工程建筑面积连年以较大比例下降。建设工程累计新增工地数5562个，同比上升了2.3%；新增建筑面积3123.4万平方米，同比下降了27.1%。

全市累计完成工程建筑面积6419.8万平方米，同比下降了9.4%，其中住宅建筑面积3143.8万平方米，同比上升了0.87%。

【工程质量管理】 落实工程质量提升行动工作要求，注重提高工程内在质量，开展本市钢筋工程施工质量专项治理。针对常见多发钢筋工程质量顽症，从自查组织、整改落实到抽查方式各环节，着力落实企业主体责任。作为本市工程质量安全提升行动的主要内容，此项专项治理和2018年开始的混凝土工程质量专项治理将贯穿三年提升行动全过程。

【出台《上海市建筑工程施工质量标准化管理评价细则》】通过试点总结，在原“机构、技术、材料、分包、施工、验收”6项评价模块基础上，融入委发文件的8项重点工作（组织机构、负责人带班、质量承诺、技术交底、材料标识、样板引路、工程影像留存、信息化等），出台《上海市建筑工程施工质量标准化管理评价细则》，进一步完善了建筑工程施工现场日常质量管理工作的检查与评价标准，并同步建设完成信息系统，为本市全面开展施工质量标准化管理夯实基础。

【工程安全生产管理】 制定《装配整体式混凝土结构工程施工安全管理规定》（沪建质安〔2017〕129号）。针对装配整体式混凝土结构工程施工实施"深化四项制度一项推进"（深化施工设计制度、专项施工方案论证制度、吊装令制度、持证上岗制度、推进BIM技术应用）等监管措施。同时，界定建设单位、设计单位、施工总包单位、监理单位、预制混凝土构件生产单位、作业人员等参建各单位及个人相关职责，明确从管理行为到现场实物的监管重点。

在开放建筑起重机械检验检测市场的要求下，制定《上海市建筑起重机械检验检测管理规定》（沪住建规范〔2017〕11号），对建筑起重机械安装监督检验、在使用过程中监督检验实施使用事先登记与事中事后动态监督管理相结合的监管方式，并对建筑起重机械设备检验检测机构和人员的检验检测活动实施信息化监督管理。

针对钢结构组合式平台用作塔机基础在上海市建设工程较为普及但其基础设计、加工制作及现场技术、安全管理存在不规范的问题，制定《关于加强塔式起重机钢结构组合式基础平台安全管理要求的通知》（沪建质安〔2017〕1066号），明确相关管理、制作质量、现场使用等环节的监管重点，加强安全管理监管要求。

【综合管理】 全面推进全市施工企业项目经理记分工作，建立了记分信息系统，推进各区在监督执法过程中开展项目经理工作。并按规定对超过限定分值的项目经理进行了培训和暂停执业资格。

在综合、专项等类别的执法检查中采取"双随机一公开"的方式，即在监管过程中随机抽取检查对象，随机选派执法检查人员，抽查情况及查处结果及时向社会公开，为受监单位提供了公开、公平、公正的竞争环境，为科学高效监管提供了新思路新方法。

全面落实推进行政执法重大事项法制审核工作，按照委相关要求，对处罚额度达到听证以上的案件开展行政执法重大事项法制审核工作。

【建设工程安全态势依旧严峻】截至2017年底，全市建设工程累计发生因工死亡事故18起，死亡19人，与去年同期（29起36人）相比，死亡事故发生起数下降了37.9%，死亡人数则下降了47.2%。发生的18起安全事故中，高空坠落有10起，占安全事故总量的55.6%；其次是起重伤害3起、机械伤害两起、坍塌两起及触电1起。

【工程质量状况整体稳定】 2017年全市建设工程质量事故上报零起。建材检测数据2203923个，合格2199503个，平均合格率99.80%，比去年同期上涨0.06个百分点。检测工程数据2344113个，合格2339105个，平均合格率99.78%。

（张文义）

（七）标准定额造价管理

【概况】 认真贯彻市建设交通党委、市住房和城乡建设管理委员会的部署安排，提高要求，紧抓落实，全面推进本市工程建设标准、定额、造价管理等相关工作，服务国家和本市相关重点工作，持续稳步推进标准定额管理工作，不断完善政策法规，出台更新重点领域标准，完善建设工程计价依据，促进本市建筑市场健康有序发展。

【《上海市建设工程竣工结算文件备案管理办法》修订发布】 为持续推进“三价公开”工作，营造出公平、公正、公开的建筑市场环境，对实施满两年的《上海市建设工程竣工结算文件备案管理办法》（试行）（以下简称《办法》）文件进行了修改发布，鉴于实际备案情况，《办法》将备案范围进行了调整，将原文“本市行政区域内建设工程的竣工结算文件备案、管理及监督，适用本办法”调整成“本市行政区域内使用国有资金投资的建设工程竣工结算文件备案、管理及监督，适用本办法”。为加强事后监管，在《办法》第九条中新增第二款条文，“将《上海市建设工程竣工结算文件备案表》作为项目决算的基础资料”。截至 2017 年 12 月底共有 6397 个建设工程项目进行了“二价公开”，“竣工结算文件备案”项目网上已申请备案项目 499 个，符合三价公开的项目 58 个。

【进一步完善工程建设地方标准体系】 2017 年，全年共完成了 44 部上海市工程建设标准和图集的制修订。全年聚焦装配式、住宅性能、绿色建筑、海绵城市建设等政府关注、社会关心的重点领域的标准编制，如《住宅室内装配式装修工程技术规程》《预制混凝土夹心保温外墙板应用技术规程》《地下空间 BIM 应用标准》《海绵城市建设技术标准图集》《保障性住房设计标准》《民用建筑外窗工程应用技术规程》《公共厕所规划和设计标准》等，加大标准编制力度，陆续发布了《公路工程装配式施工质量验收评定标准》《住宅工程套内质量验收规范》《民用建筑外窗应用技术规程》《绿色建材评价通用技术标准》《建筑节能工程施工质量验收规程》《绿色建筑工程验收标准》《透水人行道技术规程》等重点领域标准，充分发挥工程建设标准对工程安全质量和行业转型发展的技术支撑作用。

截至 2017 年底，上海市现行工程建设标准规范 354 项，标准设计（图集）33 项。标准、图集涵盖了房屋建筑、市政、轨道交通、水务、园林绿化等城市建设各专业领域，涉及勘察、设计、施工验收、运营维护管理等建设工程全寿命周期，为确保建设工程质量安全提供重要保障，推动上海建筑业转型升级、促进企业技术进步、切实提高城市建设和管理水平，与国家、行业标准形成有效互补。

根据《上海市住房和城乡建设管理委员会关于开展 2017 年度上海市工程建设规范复审工作的通知》（沪建标定〔2017〕562 号）的文件要求，对新编或修订实施后已满 3 年及复审后列入“继续有效”满 3 年的 44 项本市现行工程建设规范进行复审。经审核，其中 21 项为继续有效、19 项应予修订、4 项予以废止，其中对《既有住宅建筑光纤到户改造工程技术规范》《建筑外立面附加设施设置安全技术规程》《城市轨道交通信号系统技术规范》《排水泵站自动化系统设计规程》等复审项目进行了同类标准整合，最终复审结果以发文形式（沪建标定〔2017〕954号）向社会公布。同时，根据上海市工程建设的实际需要，制定出具有地域特色、突出资源禀赋和民俗习惯的地方标准；通过合理界定各领域、各层级标准的制定范围，形成完整的标准体系。发布了2017年度第二批上海市工程建设规范、建筑标准设计制修订计划，共计6项，其中新编5项工程建设规范，修订1项建筑标准设计。发布了2018年上海市工程建设规范、建筑标准设计编制计划，共计53项，其中新编26项工程建设规范，修订26项工程建设规范，新编1项建筑标准设计（图集）。

【2016版预算定额全面实施】按照原上海市城乡建设和交通委员会《关于同意修编〈上海市建设工程预算定额〉的批复》（沪建交〔2012〕1057号）的文件精神，历时4年多的《上海市建设工程预算定额（2000》修编工作全面完成，新定额于2017年6月1日起全面开始实施。为了更好地服务社会，2016版定额的电子版在市住建委网站免费公开，同时纸质版也已由同济出版社发行销售。为确保新编定额的顺利实施，加强大家对新定额的理解，提高定额的执行力，在5月25日召开了《上海市建设工程预算定额（2016）》宣贯大会，本市建设、勘察、设计、施工、造价咨询、招标代理等200余家企业专业人员参加了大会。

【《上海市绿色建筑工程预算定额》开始实施】为更好地推进本市绿色建筑工程发展，为本市绿色建筑工程建设投资控制提供依据，根据国家标准《绿色建筑评价标准》和上海市《绿色建筑评价标准》的要求，围绕节地、节能、节水、节材四大方面以及环保所需特有技术的内容展开，编制了《上海市绿色建筑工程预算定额》（以下简称《定额》），《定额》在项目设置上打破了传统定额按专业设立章节划分的编制惯例，而与绿色建筑评价标准相衔接，并重点围绕体现绿色建筑关键技术增量部分编制子目。《定额》于2017年5月12日批准发布，于6月1日起开始实施。

【定额体系不断完善】为促进本市装配式建筑发展，满足装配式建筑工程概算编制的需求，开展了《上海市建筑和装饰工程概算定额（2010）装配式建筑补充定额》（以下简称《补充定额》）的编制工作，《补充定额》已于12月25日批准发布，于2018年1月1日起开始实施。

为合理确定和有效控制上海市海绵城市建设工程投资费用，依据“关于开展本市海绵城市建设工程投资估算指标编制工作的签报”内容，启动了“上海市海绵城市建设工程估算指标”编制工作，该指标已完成报批稿评审工作，待编制单位修改完善后报批发布。

为进一步完善本市定额体系，满足城市建设运营全过程的计价需求，积极推进养护定额编制工作，完成了《上海市市政养护》和《公路养护定额》的2017年度现行价单位估价表编制工作，启动了《上海市城市道路交通管理设施工程养护维修预算定额》《上海市城市道路掘路修复工程预算定额》《上海市建筑物构筑物拆除工程预算定额》《上海市房屋建筑工程养护维修估算指标》《上海市园林绿化工程养护维修预算定额》和《上海市环卫作业养护预算定额》的编制工作。

依据《上海市建设工程定额体系(2015)》，随着《上海市建设工程预算定额（2016）》的批准发布，启动了《上海市建设工程概算定额（2010）》的修编工作，截至12月底，完成了《上海市建筑和装饰工程概算定额》《上海市安装工程概算定额》和《上海市市政工程概算定额》的编制大纲和评审工作。

【组织开展重点标准的宣贯培训活动】 为进一步提高标准的执行和影响力，上海市住房和城乡建设管理委员会会同相关行业协会、标准化专业技术委员会组织开展重点标准的宣贯培训活动，对现行的12项重点及新编标准进行了15场次的宣贯培训，其中涉及的强制性地方标准5项、强制性国家标准1项、推荐性地方标准6项，具体标准有《民用建筑电气防火设施规程》《预应力混凝土结构设计规程》《装配整体式混凝土结构预制构件制作与质量检验规程》《建筑信息模型应用标准》《公共厕所规划和设计标准》等涉及绿色建筑与建筑节能、BIM技术应用、装配式建筑等城市建设相关标准，累计参训人数近3000人，通过培训提高了从业单位和从业人员的标准化意识，促进工程安全、质量水平的进一步提高。

【检查工程建设强制性标准执行情况】 为进一步加强对本市工程建设规范强制性条文执行情况的监管，11月中旬，会同市安质监总站对《建筑节能工程施工质量验收规范》《临时性建（构）筑物应用技术规程》等工程建设强制性标准执行情况进行检查。检查范围覆盖本市各区，以施工单位为重点，配合项目现场进度，对各项目市场行为（项目部人员配置）、建筑节能质量（材料质量）、安全（临时性建构筑物）等方面进行抽查。此次检查未发现违反强制性条文的情况，但从节能工程施工质量、材料安全性能等方面来看，还存在标准实施不到位的现象，相关情况也已由市安质监总站开具整改单，要求企业限期整改落实。

【规范造价行为】 为进一步促进本市造价咨询行业的长远健康发展，规范本市建设工程造价咨询行为，依照国家规范、结合本市实际，对原《建设工程造价咨询标准》进行了修编，使本标准更好地体现实效性、先进性、科学性和可操作性，体现上海地区造价在全国范围的先进水平。标准涵盖项目建设造价咨询各阶段，包括决策阶段、设计阶段、施工发承包阶段、施工阶段、竣工阶段，充分体现和贯彻“动态、全方位、全过程”的理念，并注重各阶段造价咨询工作的衔接。

组织开展了造价咨询企业咨询质量与计价行为专项检查。随机抽检了62家造价咨询企业，并对抽检的138份咨询成果文件进行打分评价，其中62份咨询成果文件符合现行咨询成果文件质量评价标准，有3家造价咨询企业的咨询质量不符合专项检查要求，4家造价咨询企业未上报自查报告，最后均要求上述企业提交了整改报告。

【稳步提升造价管理工作】 一是完成了《上海市人工、材料、机械设备数据标准》（以下简称《数据标准》）送审稿的评审工作，目前《数据标准》已在《上海市建设工程预算定额（2016）》上得到全面应用，填补了上海市建设工程人工、材料、设备、机械统一数据编码的空白，为进一步推进工程造价信息化系统建设，为建设工程人工、材料、设备、机械价格信息大数据统计与分析打下坚实基础。二是继续开展《上海市建设工程计价应用软件数据交换标准》的编制工作，规范建设工程造价数据形式、统一各计价软件数据交换格式、实现建设工程造价电子数据的共享与利用，实现造价标准化、规范化、科学化管理。三是启动了《上海市建设工程指数指标分析》工作，对以往指数指标方面长期积累的数据进行总结和提炼，形成规范化的数据架构与表式。四是开展了定额评估工作，根据上海市住建委发布的《上海市建设工程定额管理实施细则》（沪建标定〔2016〕384号）文件要求，对本市定额体系中实施满五年以上的建设工程定额进行适用性评估，提出是否需要修订的意见。市住建委标准定额处通过统计梳理，共有27本定额须进行评估，主要涉及房建、市政、公路、水利、园林绿化及民防工程。通过评估，有14本定额须进行全面修编，13本定额须进行局部修编，评估结果以发文（沪建标定〔2017〕1116号）的形式向社会公布。

【持续提高造价信息服务水平】 持续完善收集、整理和编制“建设工程要素价格信息”工作，每月在上海市住房和城乡建设管理委员会门户网站上向社会动态发布各专业上海建设工程造价信息的人工价格、材料价格和施工机械价格等信息，以满足建筑领域各方的需求，每月约有8000条信息向社会发布。当建材价格发生突变时，发布了《关于近期建筑工程基础性建筑建材价格大幅波动的预警及对策建议》，提醒建设市场各方主体注意应对。

为贯彻装配式发展理念，落实绿色建筑和装配式建筑造价指标编制，精选了数个典型建筑工程项目，其中涉及医院、教学楼、办公楼、住宅、保障房等项目，并于12月发布了预制率40%的装配式保障房工程造价指标分析，供建设各方主体参考，提升造价定额的公共服务水平。

【进一步推进信息化建设】 一是继续完善上海市工程建设标准体系查询系统，实现标准编号、标准类型、标准状态等多维度检索。加强工程建设标准体系动态管理，建立动态更新机制，定期对体系表中相关信息进行更新调整。二是继续推进科研管理信息化。建立上海市建筑建材业科研项目网上申报系统，搭建科研成果网络展示平台，以提高建筑建材业科研项目的影响力和管理效率。实时发布标准行业动向、传达国家和本市相关政策、交流行业领先技术，进一步提升标准宣传应用的便捷性，扩大标准的社会影响力。三是继续完善工程建设标准信息反馈平台应用，通过设立团体标准管理平台、意见反馈专用邮箱、“上海工程建设标准化”微信群，收集整理建设活动各方责任主体、管理部门和社会公众对标准实施的意见建议，定期梳理汇总，拓宽沟通渠道。四是全面实现上海市建设工程计价依据解释与争议调解网上预约服务，目前系统运行情况良好，对切实维护建筑市场各方主体的合法权益起到了积极作用，2017年全年计价依据解释和争议调解登记窗口共受理并处理了50件计价依据解释和争议调解，累计接待共计200多人次。主要涉及建筑、装饰、安装、市政和费用等专业，目前该登记窗口有注册人员600名。五是“上海造价”微信公众号继续发挥政府服务能力，截至2017年底，全年平台共发布图文信息22条，图文阅读人数79091，累计关注人数13684人。

（朱迪）

（八）节能建材管理

【概况】 2017年，上海绿色建筑发展能级不断提升。全市新建民用建筑全部执行绿色建筑标准，低碳发展实践区、重点功能区域内新建公共建筑按照二星级及以上标准建设的比例不低于70%。截至2017年底，上海绿色建筑总量已达1.15亿平方米，其中482个项目获得绿色建筑标识（建筑面积4138万平方米），二星级以上占比超过80%，5个项目获得全国绿色建筑创新奖。装配式建筑步入快速发展轨道，产业链培育成效显著。符合条件的新建建筑项目原则上实施装配式建筑，预制率不低于40%或装配率不低于60%。全年经营性土地出让落实装配式建筑1641万平方米（地上计容面积），通过施工图审查1162万平方米，累计装配式建筑落实总量已超4000万平方米。预制构件产能持续增加，已有本地企业36家、外地企业15家，设计产能达到1500万平方米。建材使用监管机制进一步完善。有序开展重要结构材料和使用功能材料登记备案，参与备案企业数达3195家，共核发3801张备案证。

【绿色建筑规模化发展路径基本形成】进一步完善《关于推进本市绿色生态城区建设的指导意见》《上海市绿色生态城区评价标准》，成立绿色生态城区评价专家委员会。浦东、普陀、宝山等区已启动绿色生态城区试点创建，北前滩、桃浦科技智慧城、新顾城等集中开发区域正在编制绿色生态城区专业规划。

【健全绿色建筑全过程把关机制】发布《绿色建筑工程验收标准》。建立绿色建筑标识申报信息系统，切实提高标识评价水平。加快绿色建筑立法进程，进一步完善《上海市绿色建筑条例（草案）》，启动绿色建筑运行管理推进、高能耗建筑用能监管等机制研究。

【推进崇明世界级生态岛建设】完善崇明区绿色建筑管理制度，形成《崇明区绿色建筑管理办法（草案）》。突出崇明区绿色发展高站位、高起点、高标准，结合其气候、资源特点，对崇明区绿色建筑、全装修住宅、可再生能源、建筑能耗监测等专项工作提出了更高的指标要求。鼓励崇明区在绿色建筑运行管理、低耗能建筑等领域开展先行先试，为全市绿色建筑发展提供经验样本。启动编制《崇明绿色生态城区建设导则》，明确崇明“1+4”生态岛建设模式。城桥镇率先启动绿色生态专业规划编制，力争创建崇明第一个绿色生态试点或示范城区。

【实施大型公共建筑能耗监测】推进国家机关办公建筑和大型公共建筑能耗监测平台建设，截至2017年底平台共覆盖1592幢楼宇，建筑面积7430万平方米。开展建筑能耗监测平台数据应用研究，发布《2016年上海市国家机关办公建筑和大型公共建筑能耗监测及分析报告》。修订《公共建筑能耗监测系统管理办法》，聚焦职责划分、长效机制建立、强化运行管理等方面，不断提高楼宇端管理水平。

【推进国家公共建筑能效提升重点城市建设】市住建委会同上海银监局编制《公共建筑能效提升重点城市建设方案》《公共建筑能效提升重点城市基本情况表》，提出结合《上海市节能和应对气候变化“十三五”规划》《上海市建筑行业转型发展“十三五”规划》《上海市绿色建筑“十三五”专项规划》；结合市委、市政府重点工作目标以及年度节能减排和应对气候变化任务；结合城市更新要求；结合上海市科创中心建设，开展能效提升工作。发布实施《关于印发50栋超大型公共建筑节能降耗工作任务分解目标的通知》。

【推进既有公共建筑节能改造】按照新版地标《居住建筑节能设计标准》《公共建筑节能设计标准》，全面执行65%的节能设计要求。2017年新增节能建筑面积4864万平方米，累计节能建筑面积54908万平方米。持续推进既有公共建筑节能改造，2017年落实公共建筑节能改造任务255万平方米。发布《建筑节能工程施工质量验收规程》，自2017年10月1日起执行。

【建筑节能和绿色建筑示范项目实行在线申报公示】截至2017年12月，全年共使用建筑节能专项资金约4638万元，其中补贴示范项目2727万元，开展建筑能耗监测系统建设1368万元，实施能源审计543万元。

【举办 2017 上海绿色建筑国际论坛】 市人大常委会副主任薛潮、市人民政府副秘书长黄融、市城乡建设和交通工作党委书记崔明华、市住房城乡建设管理委员会副主任裴晓出席。论坛以“城市有机更新”为主题，探讨了上海市城市建设的发展方向，分享了城市有机更新的技术手段、成功案例、理论支持等。上海市住房和城乡建设管理委员会副主任裴晓，百殿建筑设计咨询有限公司(BDP)上海公司总监 Peter Marshall，上海市黄浦区人民政府副区长洪继梁，上海市普陀区建设和管理委员会书记、主任彭波，上海市建筑科学研究院（集团）有限公司总裁朱雷，伯克利加州大学环境设计学院副院长 Renee Y.Chow，华建集团华东建筑设计研究总院院长、总建筑师张俊杰，就创建生态城市、城市有机更新、可持续发展城市、老城厢更新、老工业基地更新等的成功案例及区域性绿色建筑发展经验做了深入分享，并正式发布了《上海绿色建筑发展报告（2016）》。

【上海获评全国首批装配式建筑示范城市】 11 月 9 日，住房城乡建设部发文，认定包括上海在内的 30 个城市为第一批装配式建筑示范城市，华东建筑集团股份有限公司、上海城建（集团）公司、上海城建建设实业集团、上海建工集团股份有限公司入选全国首批装配式建筑产业基地。

【加大全装修住宅推进力度】 自 2017 年 1 月 1 日起，外环线以内城区和崇明区新建商品住宅实施全装修比例达到 100%，其他地区达到 50%；奉贤、金山实施全装修比例为 30%，至 2020 年达到 50%；公租房、廉租房实施全装修比例达到 100%，实施要求已纳入土地出让征询系统把关。完善全装修住宅标准规范体系，编制《上海市新建全装修住宅建筑工程设计文件编制深度规定》《居住建筑室内装配式装修工程设计规范》《全装修住宅工程监管要点》。在毛坯交付的保障性住房中率先推行“大开间”的设计理念，编制《装配式保障房标准房型及通用构件图集》。

【探索装配式建筑科技创新】 发挥示范项目引领作用，发布《上海市装配式建筑示范项目创新技术一览表》，推广装配式减隔震技术、住宅大开间可变房型设计、高精度自适应一体化测控技术、配式建筑精益建造可视化管理平台等 13 项新技术应用。申报装配式建筑示范项目并获得扶持资金须采用两项或以上创新技术。推动装配式建筑与信息技术深度融合，在装配式建筑设计、施工过程中，鼓励采用 BIM 技术。在三维可视条件下建设标准化预制构件和部品数据库，开展模拟拼装、部品部件协调检查、工程量数据分析等工作，提高施工图设计精度和施工效率，降低工业化企业生产成本。2017 年，上海共有 7 个项目入选全国装配式建筑科技示范目录。

【提升装配式建筑产业发展水平】 推动产业链又好又快发展，开展装配式建筑质量大检查。加大装配式建筑培训力度，依托行业协会、产业联盟建立装配式建筑专项设计、施工技术基地，定期举办管理和技术人员培训，切实提高施工人员的实操能力。组团参加第十六届中国住博会，举办上海城博会、绿色建筑国际论坛、装配式建筑论坛等平台活动，全面展示上海装配式建筑发展成果，促进国内外先进技术交流。发布《上海市装配式建筑发展报告（2016）》《上海市全装修住宅发展报告（2016）》，为本市装配式建筑产业链发展提供依据。

【2018 年起全面实行重要建材信息报送制度】 健全建材监管信息平台功能，统一建材监管信息系统编码，发挥社会监督作用，扩大建材备案信息公开类别。开展施工现场建

材使用登记试点，第一轮试点19个项目，第二轮在虹口、浦东新区选取18个项目开展重要建材供应信息报送压力测试。12月27日，市住建委发布《关于在本市建筑工程开展重要建材供应信息报送的通知》和《施工现场建材使用信息登记管理工作指南》。《通知》要求，自2018年1月1日起本市新办理施工许可证的新建、改建和扩建房屋建筑工程，实施重要建材信息报送制度。2018年4月1日起，本市所有新建、改建和扩建房屋建筑工程，实施重要建材信息报送制度。

【强化重要建材备案管理】12月15日，市住建委发布《关于进一步完善本市建设工程材料备案管理的通知》。《通知》要求一是完善装配式建筑混凝土预制构件的备案管理，细化构件备案受理工作，确保灌浆套筒和灌浆料匹配使用；二是完善外墙保温系统的备案管理，建立节能系统部品件供应商库，开展外墙内保温系统备案；三是完善墙体材料备案管理，实施新型墙体材料负面清单制度；四是开展钢结构用钢备案；五是要求根据同类产品累计不合格率实施备案动态管理，并及时公开备案信息。

【建立绿色建材发展推进机制】9月18日，市住建委联合市经信委发布《关于开展上海市绿色建材评价标识试点工作的通知》，自2011年11月1日起，上海预拌混凝土、预拌砂浆、砌体材料、建筑水性涂料、建筑节能玻璃等相关建材生产企业，按自愿原则，可向评价机构申报绿色建材评价标识。组织编制上海《绿色建材评价通用技术标准》，成立绿色建材评价标识工作专家委员会。建立绿色建材标识网络申报和评审信息系统，完成本市绿色建材评价机构备案。

【鼓励建材行业科技创新】完善新型建设工程材料认定制度，修订发布《上海市新型建设工程材料认定管理办法》，由政府承担评审评估费用。深化建材行业行政审批制度改革，取消新型墙体材料认定，实行负面清单管理制度。充分发挥市场主体自治作用，指导相关协会制定了《上海市水泥类企业合格经销商行业自律办法》《上海市混凝土预制构件企业质量公约联盟》等文件；鼓励制定团体标准，督促相关协会出台了《全装修房用合成树脂乳液内墙涂料》《全装修房用水性木器漆涂料》和《全装修房冷热水用无规共聚聚丙烯（PP-R）管道系统》等团体标准。发布《2016年度建材行业发展报告》，介绍上海建材发展现状、政策和工程实践，为企业和从业人员提供全面参考。

【推进建筑废弃混凝土资源化利用】结合《上海市建筑垃圾处理管理规定》，修订《上海市建筑废弃混凝土回收利用管理办法》。持续推进粉煤灰、脱硫石膏综合利用，2017年上海建设工程商品粉煤灰使用量为137万吨（含外省市），用于混凝土和砂浆后可替代水泥约113万吨（约89万吨水泥熟料），节约原材料成本约1.63亿元；可少消耗石灰石125万吨、黏土29万吨、标煤15万吨；向大气少排放二氧化碳96万吨、二氧化硫0.19万吨、氮氧化物0.38万吨。2017年度全市10家燃煤电厂脱硫石膏总排放量64.58万吨，综合利用量63.25万吨，综合利用率97.95%。

（张倩）

PART NOVEMBER Ⅻ

城市综合管理

INTEGRATED URBAN MANAGEMENT

（一）综述

“补短板、治五乱”工作扎实推进。继续巩固去年已治理的1265个单元，全面推进今年1636个单元（占三年任务总量的50%）的治理工作；制定了“五乱”治理的标准和要求，下发《上海市市政市容“补短板、治五乱”工作要求指导手册》；开展了全市“补短板、治五乱”第三方测评工作。督办了面上新查找1261个问题；聚焦“乱占道”和“乱张贴”专项治理，制定了《关于加强互联网租赁自行车街面秩序管理工作的通知》《本市开展占道亭棚综合治理的工作方案》，重点督促林海公路“三乱”治理，专题研究违规道路指示牌、废弃电线杆等占道设施治理工作。截至目前，累计整治取缔东方书报亭、彩票亭、售货亭等各类亭点2102个，整治跨门经营16.4万余处，规范非机动车停放24.2万处，清理乱张贴、乱悬挂869.6万余处。

无序设摊治理工作继续加强。注重巩固已完成治理的200个无序设摊聚集点的治理成效，坚决遏制无序设摊回潮。基本完成42处无序设摊中度污染点治理。继续加强临时管控点、疏导点日常管理，改善硬件设施，坚决杜绝活禽交易，全面做好点位信息排摸、梳理、核实工作。根据市民投诉、媒体报道、巡查测评、夏令热线等信息，对易出现反复的问题点位进行踏勘，现场督办近20处，开具督办单近40份。开展全市无序设摊第三方测评工作，及时发现问题、强化督办、推动治理。

市容环境卫生责任区管理工作持续深化。以“五个一”工程为重点，继续开展市容环境卫生责任区管理示范道路（街区）创建，申报创建200余条段，新组建责任区管理自律组织282个，培训责任人17.7万余人次、培训管理人员1.6万余人次。强化“一店一档”工作，责任区信息档案管理系统进一步完善。开展了责任区管理办法施行两周年专题宣传活动，全市累计达百余场。注重总结经验，收集、汇编、推广各区典型案例，努力提升责任区管理制度的知晓率、落实率和覆盖面。

户外广告和景观管理工作稳步实施。本市违法户外广告设施专项整治以来，共拆除违法户外广告设施5000余块，属于重点督办任务的2100余块。其中2016年重点督办的“3+1”区域违法广告及郊环线内违法高立柱广告整治任务已完成超过92%，2017年市重点督办整治任务完成超过70%。积极推进各区、各单位编制辖区内的户外广告设施设置阵地实施方案，目前除黄浦外其余各区、单位实施方案均已完成公示，进入方案审核阶段。强化各类户外设施的安全管理。进一步加强“迎接党的十九大”及重要节点期间景观保障工作。

“三重”保障工作全面落实。聚焦“重大活动”“重要节点”和“重点区域”，推动全市面上的市容环境治理。通过提升区域市容景观品质、强化基础管理、推动综合治理、落实应急保障和安全值守等工作，圆满完成了党的十九大、中国国际技能大赛和国际技能研讨会、环崇明岛国际自行车联盟女子公路世界巡回赛、环球马术冠军赛、上海国际半程马拉松赛、国际田联上海黄金大奖赛、2017年上海车展等重要赛事和活动的市容环境保障工作；切实做好元旦、春节、清明、五一、端午、两会、党代会、国庆等重要节点期间的市容环境保障，加强问题发现和督办，落实问题整改330余起，营造了和谐温馨的环境氛围；注重强化90条主要道路和26个景观区域等重点区域的环境综合治理，全市总体保持良好水平。

其他重点工作助力提升。不断完善统筹市政市容联办协调机制，继续做好市、区、街镇三级市政市容工作综合协调平台，推进落实工作例会制度、信息沟通制度、巡查督办制度。各单位也充分结合其他相关重点工作的治理，努力提高环境精品化建设水平。如，结合全国文明城区的复审、创建和国家卫生区的复审，全市各区全力改善居住小区环境、街面环境秩序、集贸市场管理等工作，强化环境卫生短板治理。嘉定、闵行等区结合京沪高铁沿线市容环境综合整治，在做好违法用地、违法建筑、违法经营清理的同时，开展京沪高铁沿线1千米范围环境治理工作；徐汇、长宁等区结合历史风貌保护区专项治理，强化重点区域容貌更新和风貌塑造。黄浦、静安等区结合道路交通治理，加强共享单车文明停放的管理、宣传、引导工作；静安、长宁、金山等区结合城区短板治理，摊亭棚整治取得一定成效。

（二）城管执法

【概况】2017年，全市城管执法系统认真贯彻落实党的十八大、十八届历次全会和十九大精神，以习近平新时代中国特色社会主义思想为指导，深入落实市委、市政府工作部署，坚持依法行政、开拓创新，着力加强城管执法科学化、精细化、智能化、法治化建设，明显改善了城市环境面貌和管理秩序，有效提升了市民群众满意度和获得感，全面完成了年度工作目标和任务。经市局年终综合考评，2017年度获得中心城区组优秀的为长宁、虹口、徐汇、杨浦、静安区局，良好的为黄浦、浦东、普陀区局；获得郊区组优秀的为闵行、宝山、嘉定、奉贤、松江区局，良好的为青浦、金山、崇明区局。浦东新区局执法支队第一大队、第三大队建成了标准化大队，闵行区浦锦街道中队等19个中队建成了示范中队，奉贤区局大居中队等4个中队建成了规范化中队。

【推进城管执法精细化】认真贯彻落实习近平总书记指示要求和市第十一次党代会精神，加快推进城管执法方式转变，探索推进城管执法精细化。研究制订《关于加强本市城管执法精细化三年行动计划（2018—2020）》，对如何提高城管执法精细化水平进行系统性、前瞻性思考，确定未来三年城管执法精细化管理工作的总体目标、工作思路和主要任务。推动全系统彻底改变固有的粗放式执法理念，树立系统治理、源头治理、综合治理理念。坚持标准化、信息化、系统化路径，按照标准化要求，借助信息化手段，实现系统性的城管执法工作升级，全方位改造和重塑城管执法工作。加快执法模式优化，着力实现“三个转变”，变被动处置为主动治理，优先突出市民群众需求迫切的问题，汇聚各方力量主动开展执法整治；变零星处罚为综合治理，对问题集中区域整体启动治理；变单一执法为系统治理，充分发挥社区自治组织、社会公众和第三方服务企业等各方力量的作用，切实提升执法实效。召开现场会，总结推广虹口区违法违规经营专项治理、宝山区张庙街道住宅小区综合治理、闵行区建筑垃圾整治、长宁区街面环境整治先进经验，以先进典型带动全系统精细化执法水平提高。

【全力推进拆违工作】全市共依法拆除违法建筑10279.15万平方米，完成年度计划（5000万平方米）的205%。徐汇、宝山、嘉定、青浦、奉贤等区局拆违力度大，成效显著。一是聚焦“22+308”个市区两级生态环境综合治理重点地块，严厉查处违法建筑、违规户外广告、乱设摊等违法行为，积极配合相关部门推进违法用地、违法经营、违法居住、违法排污等违法行为治理。2017年以来，全市共拆除重点区域内违法建筑3402万平方米。长宁、虹口、闵行、金山等区局牵头相关部门，主动担当，充分发挥攻坚主力军作用，率先完成市级地块整治。二是聚焦存在黑臭问题的中小河道，积极配合相关部门分批推进1864条河道两岸环境专项治理工作，顺利完成黑臭河道年度拆违任务。2017年以来，共拆除河道沿岸违法建筑587.75万平方米。静安、杨浦、浦东、松江等区局不断拓展执法整治范围，按照“一视同仁、一个标准”的要求，全面推进河道沿岸违法建筑整治。三是聚焦沿线（高压线、高架桥线）、沿路（高速公路、铁路）、沿河及城郊结合部等重点领域拆违执法，有力推进全市面上拆违工作。

【推进住宅小区环境治理】 主动把城管执法工作融入社区、融入群众。依托街镇组织协调优势，整合房管、居委、物业等管理资源以及广大市民群众自治力量，系统推进住宅小区环境治理工作，及时有效查处市民群众关注的违法搭建、破坏承重墙、居改非、破墙开店、占绿毁绿等违法行为。2017年以来，全市依法拆除小区违法建筑360.7万平方米；查处破坏房屋外貌（破墙开店）案件786起，整改恢复11744处；查处损坏房屋承重结构案件705起，整改恢复2193处；查处毁绿占绿案件282起，整改3766处。

【推进户外广告治理】 推广运用户外广告设施监管信息系统，与绿化市容部门实现网上“信息共享、案件移送、挂牌督办、办结反馈”，提高执法管理效能。重点推进中环以内屋顶、高架沿线、主要道路两侧违法户外广告执法整治工作，加大全市范围内违法高立柱广告执法整治力度。会同绿化市容、网格化等部门加强日常巡查管控，坚决遏制新增违法户外广告，提升城市景观面貌。开展违法户外广告专项执法整治，2017年以来，共依法查处违法户外广告案件1165起，拆除违法户外广告2015块，完成年度计划任务（800块）的252%。长宁、宝山、崇明、杨浦、虹口等区局全部完成了市级督办清单任务。

【推进建筑、生活垃圾治理】 加强建筑垃圾治理，认真贯彻实施新修订的《上海市建筑垃圾处理管理规定》，保持高压态势，依法从严从重查处偷乱倒建筑垃圾等违法行为。推广运用建筑工地安装视频监控等信息技术手段，督促建设单位、承运单位自觉规范处置建筑垃圾，提高源头监管能力。加大生活垃圾分类执法力度，促进生活垃圾减量化、无害化、资源化处置。2017年以来，全市共依法查处相关违法案件5020起，依法暂扣违法违规运输车辆964台；青浦、金山、宝山、奉贤等区局加强与司法部门的行刑衔接，对46名违法嫌疑人依法实施了刑事措施。

【推进违法违规经营行为专项执法】 各区认真贯彻落实市政府关于违法违规经营治理工作的部署，加大对“破墙开店”“居改非”占道设摊、跨门经营等违法违规经营行为的整治力度，提升了城市环境源头治理、系统治理水平。全市共依法查处非法小广告案件4100余件，捣毁非法小广告窝点29个，移送公安部门处理案件16起；依法查处无序设摊案件4.9万起，取缔乱设摊13.6万处，罚款519.7万元；依法查处擅自改变物业使用性质（含居改非）案件236起，罚款20.4万元，整改恢复2218处。金山、奉贤、青浦、嘉定等区局会同相关部门捣毁了10余个食品生产加工“黑窝点”，从源头上遏制了违法违规经营食品摊点现象。

【推进食品安全执法整治行动】紧紧围绕“建设市民满意的食品安全城市”的目标，按照“四个最严”（最严谨的标准、最严格的监管、最严厉的处罚、最严肃的问责）的工作要求，加强食品安全执法整治工作，依法从严查处违法违规经营早点摊、夜排档、烧烤摊、盒饭摊、贩卖活禽等行为。加大餐厨垃圾、废弃油脂执法整治力度，坚持严惩重罚，坚决避免违法违规收运、处置餐厨垃圾和废弃油脂现象，努力提升市民群众安全感和满意度。

【推进街面环境秩序执法整治】 扎实推进街面环境秩序执法整治三年行动计划，聚焦市民群众关注的“破墙开店、无序设摊、跨门经营、占道堆物、占绿毁绿、占道亭棚”等街面环境突出问题，注重“调查摸底、建档建库，联勤联动、齐抓共管，系统治理、整体推进”。积极探索实践门责制、路长制、路管会等工作机制，提升街面环境精细化管控水平。制订下发《街面环境秩序执法整治三年行动计划（2017—2019）》，明确未来三年全市重点道路整治任务。2017 年以来，共完成 1501 条重点道路整治，有效改善了街面环境秩序。

【加强执法管控】 聚焦春节、五一、国庆等重要节假日，聚焦“两会”、市第十一次党代会等重大活动，聚焦外滩、人民广场、陆家嘴等景观区域、商业街区，积极创新执法方式和管理机制，加强街面巡查管控。2017 年以来，全市城管执法系统共教育劝阻相对人 136 万余人次，巡查道路、景观区域、商业街区、建设工地等 215 万余次，开展违法违规经营、建筑垃圾等专项执法整治行动 1.29 万次，依法查处各类违法违规案件 13.71 万余起，有效维护了城市环境秩序。奉贤、青浦、嘉定等区局办案力度大，人均办理一般案件超过 15 件。机场执法支队、自贸区综合执法大队深入开展两大机场、自贸区等重点区域专项执法整治行动，维护了上海国际大都市的文明形象。市水管处全面加强水域环境综合治理工作，进一步营造了“水清、岸洁、景美”的水域环境。

【健全制度规范】 配合修订《上海市拆除违法建筑若干规定》，夯实了拆违工作法律基础。制定发布《重大行政执法决定法制审核办法》《行政处罚裁量基准（四）》和《行政处罚裁量基准（五）》等文件，促进了城管执法法制化、规范化。制定《关于规范本市城管执法勤务辅助人员管理的意见》等文件，提升规范管理和使用辅助人员的水平。修订课题管理办法，加强城管执法重大问题研究，完成城管执法行刑衔接机制研究、住房城乡建设领域行政处罚权集中行使研究等 10 个课题。制定《关于开展对街镇城管执法工作评议的指导意见》，强化区局的业务指导和考核监督职能。举办四次城管执法系统法治论坛，编制发布《城管执法法律适用指南》《“以案释法”实务手册》，开展优秀案例评选，加强对一线执法工作的指导。

【提升执法信息化水平】 加快推进城管执法信息化建设，完善网上办案系统流程，完成拆违案件标准化流程改造；有序推进网上勤务、网上考核、网上督察等核心业务系统建设；完成城管执法电子政务平台、城管执法综合业务平台、城市管理车辆作业监管平台等项目建设，试点并推广诉件管理系统建设与运用；推进城管执法全过程记录后台管理系统建设，提升执法透明度；进一步完善市局指挥监督信息中心功能，加强区局指挥中心建设；建成市、区两级城管执法视频会议系统；加强办案、市民投诉受理等数据的归集，健全城管执法数据库，提升全系统大数据分析应用水平。制订《城管执法信息化三年行动计划（2018—2020）》《上海市城管执法系统信息化项目建设管理办法》等文件，加强信息化建设的顶层设计规划。虹口、闵行区局的信息化水平在全系统处于领先地位，静安区局不断加快核心业务系统建设，成效明显。

【提高队伍装备水平】 加强城管执法车载装备、单兵执法记录仪和手持执法终端等装备配置，推进全市城管执法车辆北斗卫星定位系统更新和维护；指导区局配置无人机、便携式打印机等装备，提升城管执法装备现代化水平。建立以自建车载和街面监控视频为主，涵盖公安、网格等其他部门视频监控资源的视频监控体系，提升全系统统一指挥、全程监管能力。按照住建部关于城管执法车辆标识的规定，开展城管执法车辆新标识喷涂工作，确保执法车辆标识统一规范。

【加强协调联动】明晰市、区、街镇三级执法权限划分，进一步理顺区局与街镇的关系，巩固和完善执法“重心下移、力量下沉”工作机制。加强管理和执法职责界限研究，推动建立执法与管理部门间信息互通、资源共享、协调联动的工作机制。充分依托城管综合执法联席会议平台，加强与相关职能部门双向协作，加大城市管理难题顽症联合执法力度，有力提升执法效能。加强与公安、检察院等司法机关的执法协作，建立“两法衔接”机制，从严惩处污染环境、危害公共安全等违法行为。加强与市征信平台、市法人库沟通协作，对违法违规当事人实施信用惩戒，以信用管理促使企事业单位和市民群众自觉遵法守法。研究制定重点区域、次要区域、一般区域分级管控标准，探索建立差别化、精细化勤务管理机制。

【完善市民诉件办理机制】加强信访业务工作培训，完成信访处理案例汇编，指导各级城管执法部门进一步强化法律意识、责任意识、规范意识，提高信访工作法制化、规范化水平。健全信访工作机制，制定《法定途径分类处理城管执法信访投诉请求清单》，明确信访与诉讼、复议等法定途径的受理界限，提升信访工作处置效率。加强与12345、12319热线对接，强化市民诉求数据应用，进一步改进优化投诉受理处置机制。

【严格队伍管理】积极推行执法类公务员分类管理改革，指导督促各区局完善职务晋升、绩效考核等配套制度，推动“两倾斜、两挂钩”改革要求落到实处；在嘉定、杨浦区局和市局执法总队进行试点，实施职务晋升考核、考试、体测相结合的多元评价机制，提高晋升工作科学性。贯彻住建部要求，在全系统组织开展“强基础、转作风、树形象”专项行动，徐汇、闵行、虹口、浦东等区局在专项行动中表现突出，获得住建部表彰。加强基层城管队员行为规范督察，从严落实责任追究，2017年以来共发出督察单7037张，检查发现并督促整改行为规范问题33人次。市局执法总队、杨浦、静安、黄浦、松江等区局有力开展专项督察，有效发挥了督察在队伍管理中的重要作用。

【创新便民服务机制】深化“城管进社区”，2017年以来新建1496个社区工作室，全市目前已建成4000个。加强城管社区工作室建设，构建“一居村一工作室”服务网络体系，实现全市居村城管社区工作室全覆盖；完善城管社区工作室“定人、定时、定点”服务机制，充分发挥其密切联系群众、及时解决群众诉求的作用。支持居村委会、物业企业等力量，推动弄管会、睦邻理事会、居民议事厅等社区自治组织建设，有力推动社区共治自治。完善政府购买市容环境公共服务制度，吸引社会力量参与城市管理执法工作。开展社会满意度测评，精准掌握市民群众对城管执法工作的总体评价。开展全市城管执法系统“公众开放日”活动，以现场执法、群众体验、法制宣传、面对面宣讲等形式，积极向社会公众展示城管执法新形象。

【加强社会宣传】定期召开媒体记者通气会，加强与新闻媒体的沟通合作，强化城管执法正能量宣传。2017年以来，上海电视台、广播电台、《新民晚报》《解放日报》等主流媒体正面报道城管执法工作100余次。中国上海门户网站录用市局报送信息2165篇，录用率全市第一，录用信息量前三位的是奉贤、宝山、闵行区局。充分发挥新媒体作用，加大“上海城管”微信公众号推送力度，进一步丰富宣传形式。开展市、区城管执法局长做客《民生访谈》”、接听12319热线等活动，提高社会各界对城管执法工作的知晓度和支持率。与《中国建设报》开展深度合作，推出6期“上海城管专版”，扩大了上海城管执法在全国的影响。

【培育行业文化】根据《城管执法系统职业道德建设三年行动计划》，认真调查研究，广泛征求意见，发布了“崇法善治、忠诚为民、公正清廉、砥砺奋进”16字城管执法行业精神，推进全系统公务员职业道德养成，提升城管执法队伍的向心力和凝聚力。结合统一换装，组织开展行业文化展示活动，展示新时代新城管的新风貌。开展立功竞赛和“双十佳”评选表彰活动，在全系统营造学习先进、赶超先进的良好氛围。

（侯帅）

（三）12319热线

【概况】2017年1月1日至12月31日，12319热线共受理住建与交通行业相关市民诉求75.5万件，其中咨询39.2万件、占53%，投诉23.6万件、占32%，报修5.5万件、占7%，举报3.3万件、占4%，建议2.5万件、占3%，表扬0.4万件、占1%。对市民诉求开展回访，共计回访5.5万件，有效回访3.3万件，市民满意率86.8%。全年市民诉求的特点较为突出。一是市民诉求受理总量历年最高，涉及交通板块市民诉求所占比重逐年上升。2017年受理住建与交通行业相关市民诉求75.5万件，为历年最高，较2016年上升11.3%。涉及交通板块共57.5万件，也是历年最高，较2016年上升14.8%，占住建与交通行业受理总量的76.2%。二是关注热点基本不变，市民就新问题积极建言献策。2017年市民投诉、举报类诉求前十位问题与2016年相比基本不变，包括违法建筑、出租车拒载、流动设摊等。除此之外，2017年三类新问题备受关注，主要包括“共享单车”管理服务、71路中运量公交车运营管理、交通App上线运营等，市民对此积极建言献策。三是12345热线转派工单量逐年上升。全年12319热线共计受理12345热线工单13.2万件，较2016年上升40.4%。其中市交通委受理11.0万件，占83.3%；市住房城乡建设管理委受理2.2万件，占16.5%；市城管执法局232件，占0.2%。

【“拆违热线·攻坚战进行时”活动】2017年，市委市政府重点民生工程——“五违四必”区域环境综合整治进入了“攻坚战关键年”。4月18—28日，“拆违热线·攻坚战进行时”活动在12319热线举办，共受理市民关于违法建筑的诉求2104件。副市长陈寅，市建设交通工作党委书记崔明华，市住房城乡建设管理委主任顾金山、副主任邓建平，市城管执法局局长徐志虎等领导出席开线，并接听了市民电话；各区分管副区长、拆违办主任轮流值守12319热线，倾听民意、直面呼声，就群众关心的违法建筑问题进行沟通交流，各级领导共接听市民举报违法建筑电话221个，12319热线则将跟踪督办的情况撰写成专报。上海新闻广播海波热线每日上午10:00与全市各区的副区长进行了现场连线，《新民晚报》、上视新闻综合频道等媒体对本次活动全程进行深入报道，取得了良好的社会反响，得到市、区两级领导的赞誉。

【“夏令热线”活动】7月7日至8月9日，由市建设交通工作党委、市住房城乡建设管理委、市交通委等部门与新民晚报社、上海广播电视台共同主办，市建设交通研究院等单位承办的2017年“夏令热线”活动举行。副市长时光辉同志、市建设交通工作党委、市住房城乡建设管理委、市交通委以及国网上海市电力公司等部门和单位领导参加接电活动。活动期间，市建设交通工作党委秘书长袁筱英慰问了委接电干部，建设交通工会主席刘选游慰问了12319热线工作人员。活动期间共受理建设交通行业相关信息7.4万件。经第三方测评，市民满意度达85.93%。“夏令热线”市民诉求呈现出“三升三降”的特点。“三升”表现在：一是空调使用问题诉求升，活动期间共接报市民关于空调在使用、安装、维修等方面的诉求1000余件，同比增长近一倍；二是电梯故障报修升，受理相关诉求100余件，同比、环比分别上升50%和140%；三是市民表扬件升，共受理市民表扬件380余件，较去年上升幅度并不明显，但今年市民表扬件涉及的行业部门较多。“三降”表现在：一是垃圾管理投诉降，共受理177件，同比下降67%，尤其是焚烧垃圾的投诉量由去年的171件下降至今年仅19件；二是流动设摊投诉降，共受理1779件，同比下降40%；三是违法建筑举报降，共受理3932件，同比下降10%，中心城区举报量下降幅度达18%。

【加强督办与推进处置】 一是做好疑难问题的分析研判与协调处置。针对疑难问题，加强对法律、法规的业务学习与讨论，全年协调处置疑难案件24件，办结率100%。二是做好重点案件的督办工作。“夏令热线”“拆违热线”等专项接电活动期间，市政府、市住房城乡建设管理委多位领导走进12319热线接听市民来电，这些来电的处置全部纳入重点督办。12319热线召集相关部门商讨，会同处置部门赴现场100余人次，共计督察督办重点案件238件，办结率98%。三是做好市民不满意件、重复件的催、督办工作。对12537件回访不满意诉求件进行了催办，办结12480件，办结率达到99.5%。另外，针对217件重复投诉进行督办，办结205件，办结率94.5%。四是做好应急资金项目实施的协调和成效跟踪。首先是督促、协调黄浦区桥蒙小区生活水泵房综合改造工程，该工程于2017年4月完工，并组织了竣工验收，解决了整个小区居民的用水问题；其次是对普陀区甘泉新村和杨浦区延吉三村“小包围、强排水”工程，做好台风和大暴雨期间小区排水情况的跟踪了解，及时掌握情况，检验工程实施的效果，经验证两个小区在经历多次台风和大暴雨后都未出现积水。

【第六届“城建杯”业务技能竞赛】 12319热线根据上海市城乡建设和交通工会要求，承办第六届“城建杯”业务技能竞赛，赛前做好活动方案的策划、组织、协调、培训等工作。12319热线选拔出6名选手参加此次竞赛，与绿化市容热线、物业热线等共7支热线代表队同场竞技。此次竞赛共分为两个阶段：第一阶段为“热线有我，青春无悔，上海市建设交通行业服务热线职工风采演讲比赛”，绿化市容热线、12319热线选手分获一、二等奖；第二阶段为“倾听与归纳，上海市建设交通行业服务热线职工综合技能比武”，市建设交通工作党委副书记田赛男出席竞赛，12319热线选手包揽团体、个人一等奖。通过此次竞赛，各热线共同展示了风采，提升了技能。

【抓好数据分析研判】 近年来，市建设交通工作党委持续运用行业热线数据进行社情民意大数据分析工作，推动窗口行业文明创建水平不断提升。年内，12319热线提供数据6万余条，并以此为契机，依托本单位的年报、通报、周报、专报等平台，不断抓好数据分析研判。一是抓好热点问题分析。挖掘来电受理信息，对非营业性客车额度拍卖新规、网约车新政、交通卡优惠充值、71路中运量公交营运、燃气器具报修、共享单车乱停放、违法建筑、路灯报修、新建商品房预售等市民反映集中的热点问题进行专题分析，为管理部门提供了参考。二是抓好典型案例分析。在做好数据工作的同时，梳理重复诉求，促进城市管理“补短板”。如杨浦区宁国路229弄破坏房屋外貌、浦东新区宣桥镇张家桥村违法建筑两个重复百次以上诉求案例，通过专报、通报等方式呈送市住房城乡建设管理委领导，受到高度重视，促进了问题的解决。

（刘臣）

（四）网格化管理

【概况】2017年本市网格化管理系统共计立案14073393件。其中，标准类一般流程案件立案3645679件，其他案件立案10427714件；部件立案809331件，结案767173件，事件立案13264062件，其中标准类立案9604963件，结案9546052件。

部件立案列前三位的是各类井盖189707件、废物箱（桶）123428件、行道树41089件，分别占23.4%、15.3%和5.1%。事件立案列前三位的是“三乱”2803950件、暴露垃圾1891499件、机动车乱停放877644件，分别占29.2%、19.7%和9.1%。

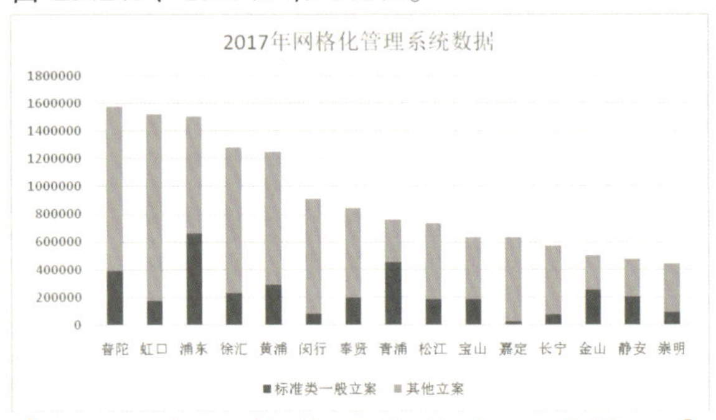

【12319与网格化平台信息互动情况】2017年由各区平台派送市级平台转市级相关职能单位处置的案件29924件，结案26408

件，结案率 88.25%；部件主要包括各类井盖 8135 件、消火栓 3444 件、电力设施（设备）2803 件；事件主要包括架空线坠落乱设 1868 件、道路破损 846 件、暴露垃圾 237 件。12319 热线转网格化平台 4022 件，主要是：井盖问题 888 件、路灯 797 件。

【网格化管理市级督查】2017 年市级督察发现问题共计 7857 件，其中部件 3448 件、事件 4409 件。经比对反馈，区先发现数为 2288 件，先发现率 29%；市先发现数 5569 件，实际结案率为 88.51%。发现前三类问题分别是部件：井盖类问题 1004 件、行道树 314 件、雨水篦子 288 件，分别占发现部件总数的 29%、9%、8%。事件：暴露垃圾 1324 件、道路破损 732 件、架空线坠落 717 件，分别占到发现事件总数的 30%、17%、16%。

（周虹）

（五）专项治理

【概况】2017 年，认真按照市委、市政府对城市综合管理工作的要求，着力补齐城市管理短板，推进顽症难题治理，创新城市管理方式，各项工作取得了积极进展和阶段性成效，社会市民满意度明显提升。

【推进区域生态环境综合治理】全面完成 22 个市级地块治理任务，共拆除违法建筑 1252.6 万平方米，消除违法用地 8231 亩，整治污染源 1336 处，消除消防安全隐患 3565 处、生产安全隐患 1475 处，关闭无证及淘汰企业 3889 家，查处违法经营企业 2444 家；308 个区级地块内共拆除违法建筑区级地块拆违 1216.3 万平方米。全市在 2015 年 7 月至 2017 年 9 月间，经过三轮整治，达成了“五违”问题集中成片区域基本消除的总体目标。根据各区统计，9 个郊区腾出土地约 86 平方公里，六成多已经或即将用于生态修复，近四成可用于开发建设；7 个中心城区腾出的 4.56 平方公里土地中，已补绿 15.28 公顷，推动完成旧改 4.3 万户。

【加大违法建筑治理力度】2017 年 1—11 月全市累计拆除违法建筑 10082.44 万平方米，比去年同期增长 103.7%，其中存量 10032.33 万平方米、在建 50.11 万平方米。开展中小河道两侧违法建筑治理专项工作，累计拆除河道沿岸违法建筑 580.96 万平方米。会同上海铁路局、嘉定区、闵行区等相关部门开展京沪高铁沿线环境综合整治工作，确立由市、区、街镇、上海铁路局组成的联络员制度和“双段长”责任制度，完成了京沪高铁保护区、控制区（100~200 米）范围内 8 个点位的隐患排查工作，并全面整治了嘉定区安亭镇曝光点位，拆除高铁沿线违法建筑 8.1 万平方米。配合部队停止有偿服务工作，会同市规土局（执法总队、不动产管理局）、市高院（民庭、行政庭）及各区相关部门以联合会商方式，启动对警备区提供的 181 个项目的合法性审核。全面启用无证建筑管理信息系统。围绕违法建筑治理各项工作要求，组织开展违法建筑治理工作专项培训。

【推进市政市容管理】继续巩固 2016 年已治理的 1265 个单元，全面推进今年 1636 个单元（占三年任务总量的 50%）的治理工作；制定了“五乱”治理的标准和要求，下发《上海市市政市容“补短板、治五乱”工作要求指导手册》；开展全市“补短板、治五乱”第三方测评工作。督办面上新查找 1261 个问题；聚焦“乱占道”和“乱张贴”专项治理，制定《关于加强互联网租赁自行车街面秩序管理工作的通知》《本市开展占道亭棚综合治理的工作方案》，重点督促林海公路“三乱”治理，专题研究违规道路指示牌、废弃电线杆等占道设施治理工作。聚焦“重大活动”“重

要节点”和“重点区域”，推动全市面上的市容环境治理。

【深化城市网格化综合管理】2016 年 10 月至 2017 年 9 月（2017 考核年度），全市各级城市网格化综合管理部门共计立案 1407.34 万件，同比增加 88%。一是以提升城市管理效能为目标，完善工作机制。强化综合考评，健全市级督查制度，建立重点工作协同机制，重点关注新增违法建筑、“三无”船舶、偷乱倒垃圾渣土、违规设置广告牌、河道污染、违规装修破坏承重结构、群租等重点难点问题。二是以深化基层社会治理为原则，拓展管理内容。与市编办联合印发《关于落实街道综合管理权的实施办法》，与市政法委、市禁毒办联合印发《关于社会面吸毒人员网格化服务管理工作的实施意见》，与市民政局联合印发《关于规范居村功能、畅通为民服务的指导意见》。三是以落实长效管理为要求，完善考核办法。调整完善考核办法，深入分析网格化管理日常工作数据提升考核评价的客观性和公正性。四是以推进规范化为目标，加强队伍建设。组织专项培训，向国家人力资源部申报了“城市网格化管理监督”专项职业能力项目，在市城建学校青浦校区建设了城市网格化综合管理实训基地，编制专项培训教材。五是以加强城市管理精细化为契机，开展大数据分析运用。完善网格化基础数据库，组织开展管理数据分析。

【推进城管综合执法体制改革】资源整合，城管综合执法的效能得到提升。执法力量下沉后，城管执法队伍成为街镇城市管理一线工作的主力军，是街镇可依赖的主体执法力量。攻坚克难，破解城市管理难题顽症的能力得到提高。城管综合执法在城市管理“补短板”工作中发挥了重要作用，部分难题顽症得到有效遏制，为营造安全有序干净的城市环境提供了有力保障。规范提升，执法水平得到提高。推行执法全过程记录、“双随机、一公开”等执法监管模式，严格执行执法公示、重大执法决定法制审核等制度，执法规范性得到明显提升。建立城管执法系统公职律师队伍，市、区两级城管执法局基本建立了政府法律顾问制度，为依法行政提供了有力保障，办案质量和水平不断提高。

【系统开展城市管理标准体系建设】 城市综合管理标准编制完成年度工作任务。《上海城市综合管理标准体系目录清单》已编制完成，确定“8+1+1+1”的整体架构，并按管理空间和突出事项分为 11 大类，即工地管理、房屋管理、地下空间管理、市政交通设施管理、交通运行管理、城乡河道管理、城市景观空间管理、村镇管理，以及数字化管理、城市管理薄弱区域和城市重要区域管理，共计 56 部标准。完成市政府重点工作中要求的 13 部标准的编制。

【加强建筑垃圾和工程渣土管理】 会同市绿化市容局等单位制定《关于进一步规范拆房（拆违）垃圾和装修垃圾收运管理工作的通知》，全面加强和改善拆房（拆违）垃圾和装修垃圾的管理，联合市绿化市容局等单位完成对各区拆房（拆违）垃圾清运工作的检查。会同市绿化市容局等单位制订《关于加快推进本市建筑垃圾处置工作的实施方案》，对临时堆放处置点、建筑废弃混凝土等工作提出具体要求。配合市政府法制办完成《上海市建筑垃圾处理管理规定》(市政府 57 号令)的修改工作，对各类建筑垃圾的管理职责进行了新的分工。配合市绿化市容局等单位做好中央环保督察涉及我委的相关工作。

【参与环境治理工作】 按照三年环保行动计划年度项目计划目标，积极协调督促推进固废组、大气组等相关项目，重点推进闸北环卫基地、老港工业固废填埋场（二期）、内河船舶生活垃圾收运处置、青浦工业园内危险废物区域收集平台等项目。根据项目进展实际情况，协调调整相关项目的节点要求。协调落实大气污染防治计划、水污染防治行动计划和土壤污染防治行动计划中涉及我委的相关项目，做好项目的跟踪推进和进展报送等相关工作；并协调开展对各区 2016 年度清洁空气行动计划实施情况的考核评分工作。

【推进无障碍环境建设】 协助市政协筹备全国政协赴上海市调研无障碍环境条例贯彻落实情况的接待工作，编写年度 1—3 期无障碍环境建设简报，参与推进 1000 户农村困难残疾人家庭无障碍改造，配合做好上海市残疾人小康状况监测指标的统计和汇总，组织各区开展无障碍环境建设情况的专项自查。

【推进“居改非”整治】制订下发《关于加强本市住宅小区内“居改非”整治工作的实施方案》，全面推进整治工作，并取得实效。

（戚艳平）

（六）设施管理

【概况】 持续推进燃气管理市区两级分工，进一步加强燃气行业监管，落实燃气行业市、区两级管理体制。继续推进道路和公共区域照明管理体制改革，完成嘉定区、青浦区、松江区、奉贤区、金山区、崇明区道路照明设施移交管理各项工作，确保过渡期间各项工作不断不乱。加强地下管线管理水平，完善规范性管理文件，发布了《上海市城市道路架空线若干规定》《上海市城市地下管线保护规定》。综合协调地下空间安全使用管理工作，先后组织召开2017年上海市地下空间管理联席会议及2017年上海市地下空间管理联席办公室联络员会议。

【发布《上海市燃气发展“十三五”规划》】2017年6月，会同市发展改革委印发《上海燃气发展“十三五”规划》，进一步阐明本市燃气行业在“十三五”期间的发展方向、规划目标和任务。根据规划，预计“十三五”末本市天然气供需规模达到95亿~115亿立方米，天然气在一次能源消费结构中的比例上升到12%，应急保障天数达到20天以上，燃气事故死亡率下降至0.075人/万户/年以内。

【发布《上海市地下综合管廊专项规划（2016—2040）》】为进一步强化规划引领作用，会同市规划国土资源局，开展全市综合管廊规划研究，报请市政府发布了《上海市地下综合管廊专项规划（2016—2040）》，形成了“主干管廊+重点建设区”的总体布局，明确近期建设规模约100公里，远期建设规模约300公里。

【发布《上海市道路和公共区域照明专项规划（2017—2040）》】结合本市2040城市总体规划，发布《上海市道路和公共区域照明专项规划（2017—2040）》，提出了本市道路和公共区域照明发展目标、分类分区规划指引、照明信息化建设、照明设施综合利用等任务和计划，确保本市道路和公共区域照明更具有前瞻性、规范性和系统性。

【编制《上海市黄浦江两岸智慧照明及灯光综合利用专项规划》】立足于黄浦江两岸“百年大计、世纪精品”及“以人为本、造福于民”的宗旨，牢固树立和贯彻落实创新、协调、绿色、开放、共享的发展理念，组织编制《上海市黄浦江两岸智慧照明及灯光综合利用专项规划》，通过规划引领，推进道路照明设施的开放和共享，助推新型智慧城市基础设施建设。

【加强规范本市燃气安全管理】会同相关职能部门，有针对性地开展市区两级执法联动，共计开展各类执法410次，出动人员1911人次，取缔窝点202个，收缴非法液化气钢瓶6048个，共计罚款20万元，90名违法人员被移送公安部门，查扣涉案机动车13辆。组织各区燃气管理部门和燃气企业对重点区域、重点用户开展用气安全检查，积极消除隐患。加强对燃气用户安全用气知识的宣传教育和指导，提高安全意识，减少因使用不当造成的安全事故。

【加强监督地下空间日常安全使用管理】印发《2017年上海市地下空间安全管理联合监督检查计划》，组织市地下空间管理联席会议成员单位开展3次联合大检查。会同市综管中心组建地下空间日常安全工作抽查小组，检查各区地空联办日常工作和75个地下空间，出动120人次，发现问题隐患135个。

【开展外环线以外地下管线普查工作】组织召开本市外环线以外地下管线普查工作启动会，明确了工作任务和时间节点。会同市有关部门，明确了市对区补贴流程。指导各区开展本区范围内地下管线普查工作方案编制，并对各区方案进行审核，明确普查范围、资金补贴、工作节点安排及其他工作要求。为进一步加大地下管线普查推进力度，开展普查进度双周报工作，各区均按照年底前完成实地探测的目标推进。

【地下综合管廊建设】2017年，在建地下综合管廊工程约31.55公里；到2017年底，形成廊体10.1公里，累计完成投资12.5亿元。新开工建设地下综合管廊38.16公里，其中，干线及支线管廊开工建设24.25公里，涉及松江、闵行、普陀三区；缆线管廊开工建设13.91公里，涉及杨浦、浦东、徐汇、黄浦4个区。

2017年9月，《上海市地下综合管廊专项规划（2016—2040）》经市政府同意，正式发布。专项规划明确了“主干管廊+重点建设区”的总体布局，确定了近、远期建设规模，明确到2020年前建设地下综合管廊100公里，到2040年管廊总规模达到约300公里。

市住建委、市规土局、市交通委三部门联合印发了《关于本市地下管线纳入地下综合管廊的若干意见》（沪建联〔2017〕267号），确定了管线敷设的严控区和控制区，明确了管线纳入地下综合管廊的工作要求。

【推进“三表集抄”及“三单合一”实事项目】 为实现社会资源综合利用，提升公用事业管理服务水平，联合市发展改革委、市经济信息化委、市水务局、市质监局印发了《关于2017年本市居民用户电、水、气“三表集抄”及“三单合一”试点工作实施方案》，完成改造31万户。

（欧阳雁）

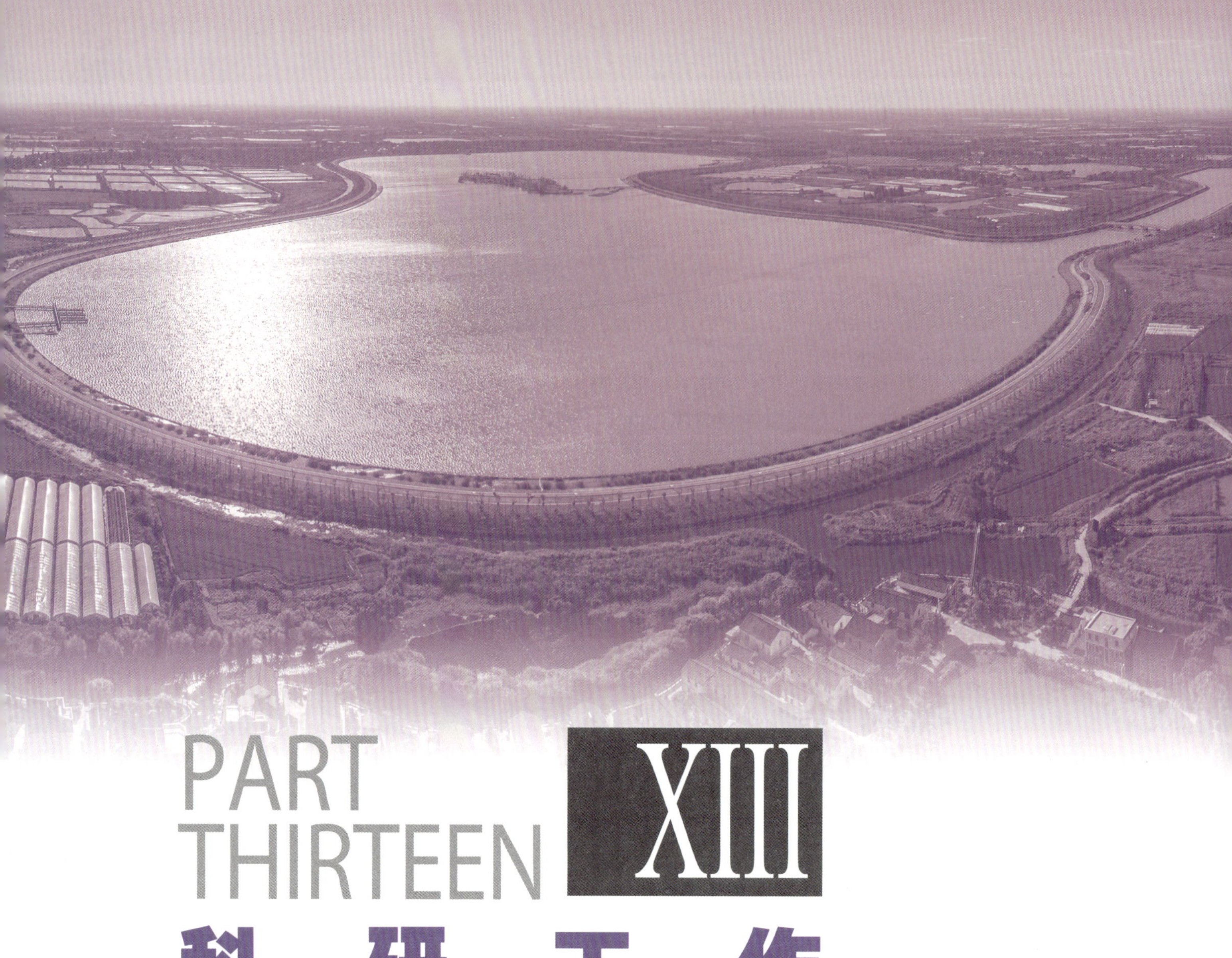

PART THIRTEEN XIII

科 研 工 作

SCIENTIFIC RESEARCH WORK

- 综述
- 科研项目预研究
- 课题研究
- 重大科研项目进展
- 科研项目管理和服务
- 获奖科技成果

（一）综述

2017年是党的十九大、市十一次党代会胜利召开的重要一年。在两委的关心领导下，深入学习贯彻党的十八大以来历次全会精神、十九大精神和习近平总书记治国理政新理念新思想新战略，以习近平新时代中国特色社会主义思想为指导，紧紧围绕市委市政府以及两委中心工作，积极开展政策研究、文稿起草等各项工作，为城市管理精细化、完善房地产供应体系、建筑业发展改革以及委机构改革等重点工作的平稳有序推进提供了有力支撑。

2017年是《上海市住房和城乡建设管理委员会关于推进本市住房和城乡建设管理领域科技创新的若干意见》实施的第一年，也正处于城市建设管理向精细化转型的阶段，上海市住房和城乡建设管理委员会立足行业实际，开展了一系列科研工作。依据《若干意见》，2017年上海市住房和城乡建设管理委员会以科技创新需求为导向，针对行业创新引领不够、技术储备不足等问题，组织开展了战略规划、政策制度设计、重大科研布局、工程技术储备、产业创新引导等相关的预先性、前瞻性、储备性研究工作，并颁布了《上海市住房和城乡建设管理领域科技创新预研究项目管理试行规定》(以下简称:《管理规定》)，对上海市住房和城乡建设管理领域科技创新预研究工作的定义、研究范围、管理部门、研究主体、项目管理、经费管理、成果应用等进行了明确的阐述，以规范项目的实施与管理。

（周君俊）

（二）科研项目预研究

【概况】为贯彻落实《上海市住房和城乡建设管理委员会关于推进本市住房和城乡建设管理领域科技创新的若干意见》，按照市住房城乡建设管理委工作部署，2017年开展了科技创新预研究工作。依据《上海城乡建设和管理“十三五”科技发展规划纲要》，结合委中心工作热点和难点，通过召开行业科技创新发展战略研究专家沙龙以及各学科中心工作会议等，听取相关专家和行业企业的意见，最终研究讨论形成2017年预研究项目。

【上海超低能耗建筑节能发展方向与技术需求研究】研究拟从上海市建筑用能的实际情况及标准执行的可操作性出发，采用最新先进的建筑节能理念，梳理上海市建筑节能工作开展以来存在的问题与矛盾，构筑新型上海市建筑用能需求的节能技术发展方向及路线，确定今后3~5年内的重点攻关内容，形成以建筑能耗限额指标为导向，以建筑能耗优化整合设计为目标，充分发挥“被动优先、主动优化”技术优势的技术路线框架，实现上海市建筑节能工作在新形势要求下再上新台阶。

【上海老旧建筑综合性能提升与绿色改造技术发展研究】既有建筑特别是老旧建筑的改

2017年预研究项目一览表

1	上海超低能耗建筑节能发展方向与技术需求研究
2	上海老旧建筑综合性能提升与绿色改造技术发展研究
3	上海中心城区排水系统功能升级战略研究
4	地下空间智能建设及管理的技术需求分析研究
5	面向智能交通管理服务的智慧设施建设技术发展研究

造利用会带动上海建筑业的转型升级，成为解决当前资源与环境问题的关键环节，并将有效缓解节能减排潜力日益缩减的困局。老旧建筑保护与利用研究主要围绕老公房改造利用研究和历史建筑保护与适应性利用研究两个方向开展。研究内容主要包括：结构性能提升与建筑功能改善一体化协同改造技术研究、既有老公房适老性改造再生设计方法及其关键技术研究、既有老公房改造为高舒适度低能耗健康建筑技术的研究、基于“最小结构处理”原则的历史建筑改造技术研究、既有工业建筑改造为绿色民用建筑关键技术研究、基于健康可持续理念的优秀历史建筑运营维护关键技术研究等。技术难点需求的解决，将形成老旧建筑综合性能提升与绿色改造的系统性解决方案，为城市的可持续健康更新发展做出贡献。

【上海中心城区排水系统功能升级战略研究】以《上海市城市总体规划（2016—2040）》为指导，集水务行业科技资源，进行上海中心城区排水系统功能升级战略预研究。“十三五”期间重点开展上海中心城区排水系统防涝体系构建和标准提升研究、开展中心城区排水系统智慧调度和预测预警技术研究、开展上海中心城区片区排水干管布局优化及互联互通布局研究、开展基于污染物控制的污水处理收集系统功能升级技术对策研究、开展污水处理发展需求与功能升级技术研究。科学合理地利用已建城市排水设施，支撑中心城区排水一体化、上海市中心城区排水系统规划布局完善，为后续工程建设和运行管理提供前瞻性、战略性支持。

【地下空间智能建设及管理的技术需求分析研究】随着上海地下空间不断向深层化、大型化、网络化方向发展，地下空间开发利用面临的挑战日益增加。面对越来越复杂的工程地质情况和越来越高的环境保护和资源可持续开发利用要求，如何在保障安全、质量、工期的基础上实现地下空间的智能、绿色、可持续开发，是未来 3~5 年上海地下空间开发利用需要重点解决的关键问题。而地下空间建设体量越来越大，已建成地下空间设施越来越多，数据采集和汇总的系统越来越完备，相应的数据、信息也越来越多。通过开展地下空间智能建设及管理的技术需求分析研究工作，提出如何深度挖掘现有数据，提取出有工程应用价值的信息，指导未来地下空间规划、设计、建设和运营；如何形成智能监测、预警、突发灾害响应平台，保障人民生命财产安全；如何将各方资源衔接共享，协同解决地下空间开发利用中的重大问题等成为未来上海地下空间开发利用的重点研究方向。

【面向智能交通管理服务的智慧设施建设技术发展研究】随着城市机动车保有量持续飞速增长，城市出行安全、交通拥堵、能源短缺及环境污染等问题日益严峻。本研究面向未来城市发展需要，对国内外城市和交通发展趋势进行系统分析，面向智慧城市建设和智能交通管理与服务需求，借鉴先进的交通设施建设理念，研究面向智能交通管理服务的智慧设施建设技术发展研究，为智慧城市建设和智慧管理提供战略规划指导。

（三）课题研究

【概况】2017 年，委政策研究室全面参与，多方谋划，认真组织开展政策研究工作。一是牵头组织本市垃圾综合治理调研工作。二是积极参与推进本市城市管理精细化实施意见制定工作。三是认真做好本市房屋管理重要举措的研究工作。四是主动聚焦工作重点开展专题研究。五是认真组织建设交通系统政策研究例会的平台优势。委科技委办公室在2017年重点强化智囊参谋作用，做好政府决策咨询工作，充分发挥专业委员会集成优势，加强问题梳理和课题研究。围绕“地下空间开发”“高层建筑外围护坠落安全”“建筑工业化”“特大城市快速路安全”“公有房制度改革”等方面，开展5个专项课题，完成了科技委专业委员会软课题研究项目3项。

【牵头组织本市垃圾综合治理调研工作】 按照市委、市政府关于“破解难题、补上短板”的总体要求，会同相关处室，与市绿化市容局、市发展改革委共同牵头，组织13个管理部门和部分区开展本市垃圾综合治理专题调研工作。以问题为导向，走访了本市及外省市相关管理部门，从事垃圾收运、处置、利用的相关企业以及相关居委会、社会组织和志愿者个人，同时系统梳理了境内外垃圾治理先进经验，在充分分析问题现状的基础上研究形成调查报告。

【积极参与推进本市城市管理精细化实施意见制定工作】 为贯彻落实习近平总书记提出的“城市管理应该像绣花一样精细”的指示精神，根据市委、市政府的部署，会同有关委、局及相关处室共同完成《关于加强本市城市管理精细化工作的实施意见》，并以市委、市政府名义发文。同时，积极参与城市管理精细化三年行动计划方案的研究工作，推进相关配套政策落实。

【做好本市房屋管理重要举措的研究工作】 严格按照习近平总书记“房子是用来住的，不是用来炒的”的定位和我市“留改拆并举，以保留保护为主”的发展要求，深入研究完善房地产市场和住房保障两个体系、稳妥推进“类住宅”整治、积极培育房地产租赁市场、城市更新等重要内容，配合相关部门修改完善《上海市住房发展“十三五”规划》《关于加快培育和发展本市住房租赁市场的实施意见》和《关于坚持留改拆并举，深化城市有机更新，进一步改善市民群众居住条件的若干意见》等一系列重要文件。参与房办下沉、区属房管集团转型发展、市房屋管理局成立、房科院职能转变等体制机制改革工作。

【聚焦工作重点开展专题研究】 围绕房屋使用安全管理主题，全面梳理本市房屋使用安全状况，分析存在的问题，提出对策建议，形成住房城乡建设部《调查与研究》专题研究报告供国务院以及相关部委领导参考。围绕区域环境综合治理主题，在对各区以及街镇针对性调研的基础上，充分总结三轮整治行动取得的成果和经验，分析仍然存在的问题，探索研究建立根除环境脏乱差、保持良好生态环境的长效机制。

【组织建设交通系统政策研究例会的平台优势】 经过若干年的坚持，建设交通系统政策研究例会已经成为沟通系统内政策研究力量的重要平台。通过定期召开例会，邀请市委市政府研究室、市政府发展研究中心、市规土局和系统内相关单位的研究部门共同参与，沟通领导关注、社会关心的热点问题，交流彼此近期重点工作，形成合力，提高政策研究质量和水平。今年已完成4次政策研究例会，每次例会结束后依惯例形成会议记录签报委领导。

【修订并实施两委调研课题管理办法】 以“两强化、两优化”为管理目标，修订形成《市建设交通工作党委、市住房城乡建设管理委调研课题管理办法》。强化经费使用管理，明确外包课题的劳务费发放范围，明确委属行政事业单位承接课题的经费使用执行标准，明确专家组成员为外单位人员。强化落实课题牵头处室责任，要求课题牵头处室深度参与课题调研，负责研究大纲的起草。优化过程管理和后评估管理，引入分类分批组织课题开题的方式，中期评估采取专家评估和书面评估相结合的方式，并对后评估办法进行了细化、完善。

【部分课题纳入市政府决策咨询课题】 围绕两委中心工作，研究确定11个重大调研课题（党委2项、行政9项），报送市政府发展研究中心，与其联合发文，将该11个课题列为市政府决策咨询课题城乡建设管理专项，成为市级层面课题。

【推动课题研究与专题调研工作相结合】 将“上海超大型城市综合管理难点问题研究”的研究重点聚焦到区域环境综合整治长效机制上来，先后走访黄浦、静安、普陀、浦东、闵行、宝山、奉贤、金山、虹口等区和街道、镇，充分听取基层工作的成效和经验、面临的困难和问题以及对下一步工作的建议。将“深化城市管理与执法衔接机制研究”课题与城市管理力量下沉评估调研相结合，实地调研浦东、黄浦、闵行、宝山、金山等区和街道、镇，充分听取城市管理执法力量下沉后基层实际工作运行情况和问题反馈，在充分调研的基础上提出相关政策建议。

【有序推进各项资料编写工作】 一是完成了相关行业发展报告的编纂工作。为进一步加强对本市建筑业行业发展的指导，继前两年编制《上海市建筑业行业发展报告》2015年版和2016年版以来，今年继续编制《上海市建筑业行业发展报告（2017年）》。编制过程中，通过向相关行业协会、政府管理部门、委属事业单位等广泛收集素材，校核分析多来源数据，召开专家咨询会听取意见，采访重点企业，报告对行业发展现状、特点及发展趋势进行了描述和分析研判，出版发行后在行业内引起积极反响。同时，《上海房地产业发展报告（2016）》定稿出版，完成《2017上海服务业发展报告（房地产业篇）》的编写工作。

二是继续推进《建筑业分志》和《城乡建设分志》的编纂工作。今年以来，主要开展了相关资料收集、长编编纂和初稿试写工作。《建筑业分志》和《城乡建设分志》“综述卷”资料长编基本完成，汇编成册；《建筑业分志》和《城乡建设分志》“综述卷”“道路卷”大部分篇目完成初稿撰写，预计年底可完成全部初稿。《城乡建设分志》“房地产业卷”撰写了总述等内容，并根据二轮、三轮反馈意见，历经多次修改后形成了房地产业卷内部评议稿。

【2017年度调研课题优秀成果名单公布】 经专家委员会评议，委领导批准，市建设交通工作党委、市住房城乡建设管理委2017年度调研课题优秀成果予以公示。

一等奖（1项）	优化重大工程前期审批工作研究
二等奖（2项）	党委推进加强“市区联动”增强城市建设综合管理合力的研究 深化城市管理与执法衔接机制研究
三等奖（3项）	加强世界城市日平台建设研究 深化落实党风廉政建设主体责任研究 保障性住房使用现状调查与政策完善研究

【优化市重大工程前期审批工作研究】 为贯彻落实国务院关于加快推进重大工程推进力度、简化项目审批核准程序等要求，以及简政放权、转变政府职能需要，本课题在总结上海市重大工程建设前期审批改革工作的基础上，主要研究梳理政府投资的重大工程前期审批手续及有关问题，并借鉴国内外项目审批的经验和做法，提出进一步改进和优化

上海市重大工程前期审批工作的措施，调研形成制度性政策组织实施。

本课题总结了近年来上海市重大工程前期审批工作的经验，主要有：设计勘察招标提前启动、土地和规划并行审批、审批要件标准统一、土地问题后台处理等。存在的不足：专项规划编制滞后、土地权属调查较慢、占补平衡难度增加、土地房屋征收难、标准化审批需要加强等。经过梳理和分析，提出进一步改进和优化上海市重大工程前期审批工作的思路，即建立“一库、二计划、五优化”工作机制。“一库”即建立“市重大工程政府投资项目建设规划储备库”，切实提高项目建设规划方案成熟度，提升重大工程建设水平；“二计划”即编制“市重大工程建设项目前期推进三年计划”和“市重大工程建设项目年度建设计划”，完善市重大工程项目生成机制，加快推进项目前期研究和征收腾地工作；“五优化”即加快项目审批办理，优化项目启动、立项、规划土地、招投标、施工许可等环节，采取提前、交叉、并联等方式，力争项目尽早开工。本课题研究完成后，已形成政策性文件，2017年11月，以上海市人民政府办公厅名义印发《关于进一步改进和优化市重大工程建设项目前期工作实施意见的通知》，将课题成果贯彻落实，指导工作实践。

【深化城市管理与执法衔接机制研究】按照2017年全国“两会”上，习近平总书记提出的“城市管理应该像绣花一样精细”的总体要求，为提高上海城市科学化、精细化、智能化、法治化管理，努力提升城市治理能力和增强社会发展活力，课题组以此为题目立项研究。

研究认为：突出精细化导向是上海城市管理与执法衔接的出发点和落脚点。城市治理就是要在“精”与“细”上做文章，精是精准、精益求精；细是细致、全面详细，可以体现为：执法精准、管理精致和协调精湛。从厘清管理与执法的边界，到管理与执法对接、管理与执法互动等，具有具体、清晰、可操作的规范化要求和标准化规定，实行全过程精湛协调，以达到城市治理的精准执法及精致管理。强化法治化理念是上海城市管理与执法衔接的根基和立足点。要善于运用法治思维和法治方式解决城市治理顽症难题，形成城市综合管理法治化新格局。针对城管综合执法边界不清、权限划分不科学、随意选择性授权等问题，要积极推动地方立法的完善，实现科学立法、严格执法、公正司法、全民守法，更好发挥法治的引领、规范和保障作用。创新政府治理模式是上海城市管理与执法衔接的关键点和核心内容。创新政府治理模式关键就是转变政府管理职能，厘清政府与市场、政府与社会、政府纵向上下级及横向各部门之间的权责关系，积极打造服务型、法治型政府。提高智能化手段是上海城市管理与执法衔接的有效方式和手段。紧密相扣运行顺畅的工作流程，促进管理和执法的有效衔接，提高执法效力和城市管理效率，实现城市精细化管理目标，彻底改变当前政府部门之间信息孤岛林立、数据碎片化现象，有利于促进社会公众参与和监督城市管理工作。

亮点和创新点：直面上海实施“管执分离”模式后，管理部门与执法部门工作界面不清、衔接不畅的问题，如过度强调行政管理目标快速实现、以罚代管现象突出、行政管理部门对城管执法部门支撑不够、城管执法信息反馈不及时影响管理部门前端决策和管理实效等。提出了这些问题存在的症结乃是体制机制方面的障碍。深入基层部门实地调研，着重针对垃圾处理、户外广告集中治理、旧校区环境综合整治等全面走访了解，在整理资料的基础上，将鲜活的案例补充纳入课题研究报告中作为今后全市推广的整治方案。有针对性地对衔接不畅问题提供相应解决对策和路径，如加强城市管理顶层设计，形成管理与执法衔接的制度化安排；构建信息共享平台，促进管理部门与执法机构互联互通；优化管理标准与流程，制定公布城市管理与执法的权责清单；实现信息超前反馈，建立预警预报机制；理清管理与执法工作的配合内容，建立常态化协作清单；健全评价考核标准，激发管理和执法衔接协同合作的积极性；以党建为引领，建立市民、社会组织等多元化协调共治机制；坚定实施人才战略，建设专业化监管执法队伍。

【加强世界城市日平台建设研究】 习近平总书记在党的十九大报告中指出："构建人类命运共同体，建设持久和平、普遍安全、共同繁荣、开放包容、清洁美丽的世界。中国将继续发挥负责任大国作用，积极参与全球治理体系改革和建设，不断贡献中国智慧和力量。""世界城市日"是中国参与全球城市治理改革的一个典型案例，也是首个由中国政府在联合国推动设立的国际日。

研究进行了大量相关访谈和调研，调研对象主要为世界节日案例和国际城市做法经验案例以及联合国机构等。课题组还走访了联合国开发署、联合国粮农组织、联合国环境署、世界卫生组织、世界气象组织、联合国工发组织、金砖银行、经合组织、国际能源署、国际能源论坛等国际机构在华办事处或者前高官。课题组还访谈了外交部条法司、科技部、环保部相关官员。课题组进行了大量相关的纸质版和电子版文献资料、相关的网站信息、数据资料及研究报告的收集和梳理，世界节日案例和国际城市做法经验案例收集及整理。主要完成数据采集、翻译和初步编辑工作。在案例资料整理和对比研究阶段，课题组进行细致深入的比较研究，总结已经收集的世界节日案例和国际城市做法经验案例的特点及适用范围；总结了联合国机构和相关外交外事部门的建议，对国内外主要案例进行比较研究，比较的重点为各国如何构建自身的世界节日长效机制。课题组还多次就世界城市日中心和相关专家召开项目座谈会议，不断完善案例编写。

研究共分为五个部分，囊括了课题研究意义，"世界城市日"的背景、意义和现状，国内外相关平台建设比较研究，"世界城市日"活动实践回顾及调研问题综述，办好"世界城市日"的思考与建议等。

本研究在研究内容、研究视角和研究方法上都进行了重要的创新，其研究创新点和重点方向分为以下四个方面：

（1）从世界城市日平台建设理论研究出发，本项目把握全球城市、世界城市、城市网络等新兴城市研究的前沿，结合世界节日案例和其他国际城市的做法经验，为案例研究和平台建设提供扎实的理论基础。

（2）以宏观、中观、微观相结合的视角，选取有代表性的世界节日案例和国际城市最优经验案例进行比较，提炼出可复制、可评估、可推广的世界节日平台构建经验和模式。与此同时，把握世界节日平台建设在全球化背景下的趋势和特征，特别是在中国代表的发展中大国全球地位上升背景下，深入探讨新兴发展中大国城市如何通过打造品牌性的世界性节日平台来为配合国家发展战略和总体外交的高度从而适应全球政治经济变革，并且通过世界城市日平台建设研究来确立上海在国际城市可持续发展议程和行动领域的主导权。

（3）发挥上海国际问题研究院高层次、宽领域、广覆盖的优势，通过与相关国家政府部门、研究机构以及国际组织开展合作调研，实地访谈，了解全球性城市在打造世界节日平台建设方面的发展态势和战略布局趋势。

（4）基于对上海世界城市日平台建设的理论与实践的研究，对比发达国家和发展中国家城市在世界节日案例中的最优实践并进行评估，为城市的品牌性国际交流平台构建提供评价依据，构建相关世界城市日平台建设的公共政策决策方向、依据和路径研究。

【深化落实党风廉政建设主体责任研究】习近平总书记在党的十九大报告中指出，全面从严治党永远在路上，一个政党、一个政权，其前途命运取决于人心向背。落实党风廉政建设主体责任是全面从严治党的重要工作内容之一。在推进党风廉政建设主体责任落实过程中，建设交通系统面临着诸多困境，如廉政风险大，党员作风建设要求高；归口管理的机构数量多，属性复杂；党组织设置多样，工作部署中要兼顾共性需求与个性发展等。为摆脱困境，市建设交通工作党委探索形成了落实主体责任工作体系、制定了落实党风廉政建设主体责任的相关文件、建立了党风廉政建设的交流平台、强化了“关键少数”的管理、以项目化的形式推动落实了主体责任、学习借鉴中央和市委巡视工作制度建立了巡察制度等。市建设交通工作党委下属党组织明晰并落实各层各级党员干部的职责；建立和完善各项制度以保证主体责任落实到位；抓思想教育，形成良好的党风廉政建设文化氛围；重视选拔和任用干部，加强干部的能力培养；丰富监督的措施和手段，加大风险防控力度。

然而，建设交通系统党风廉政建设主体责任落实过程中仍然存在诸多问题，如对党风廉政建设的认识不足，作风建设有待加强；体制衔接不顺，机制灵活性不足，不能完全适应全面从严治党的要求；党务工作队伍的人员数量、质量不能满足党风廉政建设的需求；一些党组织党风廉政主体责任落实形式主义严重，创新性和实效性不足；党务工作与行政工作欠协调，带来党风廉政建设工作虚化。

为了进一步落实党风廉政建设主体责任，建设交通系统应从思想政治、责任落实、队伍建设、制度建设、监督问责5个方面展开。具体而言，建设交通系统应当落实16项措施：一是突出政治建设和意识形态工作；二是树立学习典型，重教育实效，形成良好的党风廉政文化氛围；三是实现作风建设常态化；四是打造服务型党组织；五是梳理项目，编制清单；六是再造流程，细化落实主体责任；七是积极探索，形成责任联动机制；八是完善选人用人标准，形成正向激励机制；九是采取专题立项的方式，调配系统内人力资源；十是开展交互式任职，定期举办专题化培训，提升干部能力；十一是推进信息化建设，运用“互联网+”思维和大数据分析思路，优化工作方式、方法；十二是以积极性态度推进体制创新；十三是探索、打造实效机制，增强制度执行力；十四是推进党务政务公开化运行，强化廉政风险防控机制；十五是实施常态化巡察，强化成果运用；十六是坚持问责从严，推进管党治党主体责任有效落实等。

【保障性住房使用现状调查与政策完善研究】课题组通过问卷调研和召开座谈会的形式对保障性住房的使用现状进行了了解。问卷调研涉及四个基地2000多户保障家庭。本次调查内容分为三部分：调查对象的基本信息情况、供后使用管理以及满五年上市意愿调查。课题组召开了宝山、青浦、杨浦和虹口等区配建房源负责人座谈会，对保障性住房的配建情况进行了调研。主要调研内容包括：所在区配建房源的总体情况，配建房源用于保障房的情况（公共租赁住房和共有产权保障住房）；配建比例和实践中的配建方式；配建房源的移交，实践中遇到的问题；配建房源转化的构想，转化后资金可能的使用安排；配建的保障性住房的运营管理和相关优惠政策等。课题组在闵行区浦江镇博雅苑、宝山罗店大居、青浦华新大居基地，对共有产权保障住房的供后管理情况进行了调研，主要针对供后管理现状及存在的问题进行调研。

课题报告主要观点：1. 通过对2000多户保障家庭的调查，结果显示，保障对象对目前的居住现状表示认可，对基层监管机构的职能完善和供后管理工作内容的完善都提出了建议。希望基层管理部门能进一步加强职能的履行，同时希望在生活配套设施、环境卫生、治安等方面能有所改善。

2. 针对配建情况的调研了解到，从配建政策实施以来，通过配建方式筹集的保障性房源已有一定规模，但配建比例低导致配建房源无法单独设计适用于保障需要、配建的房源因相关因素影响不适配、移交中遇到的税收问题导致配建房源无法及时到位等原因，使得在实际中配建房源使用率不高。由此课题提出通过适当提高配建比例、异地补偿等方式提高配建房源的适配性、明确无偿移交的相关税费问题、实现配建的共有产权保障住房与区属征收安置房转化的机制提高配建房源的适配性，充分体现其住房保障的功能。

3. 针对大居供后管理情况，课题组提出供后管理模式机制完善的相关建议：建立选拔党组织书记机制，加强队伍建设；规范基层购买服务机制，弥补编制不足；进一步促进政企分离，优化运作机制；深化自治机制，形成共治合力；建立健全稳定的资金筹集机制。

4. 对于共有产权保障住房进一步发展提出政策建议。一是建议建立5年后上市房源的二级市场，该市场为一个封闭式的市场，愿意上市的房源在该市场中在原保障对象和新保障对象中进行交易，这样既减少了政府回购的资金压力，增加了保障性房源的有效供应，也便于政府的集中管理。但也存在房源量小的缺点。二是在本市共有产权保障性住房小区供后管理模式的探索方面，建议在满足相关条件的基础上，由以政府为主体的管理模式向以社区为主的管理模式转变，并逐步完善管理机制，使得保障房小区的管理通过相关部门的通力合作，形成共治的工作机制。三是建议保障范围向符合上海发展需要的引进人才扩展。四是制定相关实施细则，将管理办法落到实处。五是适时建立准入标准动态调整机制。

5. 针对其他三种保障房提出了相应的对策建议。廉租住房方面，主要是建立准入标准和租金补贴标准的动态调整机制，严格控制实物配租保障对象的范围。公共租赁住房方面：一是实物房源定向供应重点单位，二是推进实施公共租赁住房货币补贴政策，三是加大社会资源用于公共租赁住房（人才公寓）工作力度，四是扩大“先租后售”公共租赁住房试点范围。征收安置房体现为：落实市属房源供应配比和鼓励货币化补偿安置机制。

课题成果亮点和创新点：1. 课题提出了共有产权保障住房5年后上市房源建立一个封闭的二级市场。在这个市场上，采取评估的定价机制，建立封闭市场内的转售机制。2. 课题提出了共有产权保障住房的保障范围向符合上海发展需要的引进人才扩展，这符合上海建设“五个中心”对人才需求的要求。3. 课题还对共有产权保障性住房小区供后管理模式进行了探索，建议保障性住房小区供后管理的基本模式应适时由政府主导模式向社区自治与共治模式转型，并建立导入区和

2017年科技委办公室结题的软课题项目一览表

1	工业化建筑实施全过程管理研究
2	城市超深地下空间开发工程试验基地研究
3	上海既有高层建筑外围护坠落安全问题研究

导出区的联席会议机制，发挥小区志愿者组织的作用，做好业委会和居委会的工作分工和协作。

【工业化建筑实施全过程管理研究】 课题对目前上海地区工业化建筑全过程实施存在的问题进行全面、系统调查，准确了解现在存在的问题和隐患，通过有针对性的技术分析和专题研究，提出上海工业化建筑全过程监督流程的调查研究和改进建议。研究成果对"十三五"阶段上海地区装配式建筑的实施提供技术指导和调研数据，有效建设并提升行业企业相关能力发展及政府监管能力，切实有效推进上海市装配式建筑能力建设。

【城市超深地下空间开发工程实验基地研究】 课题初步研究了建设地下工程实验基地的方案选址，为下一步具体方案的落实创造了条件，也为上海地下空间开发技术的突破创新及地下空间综合利用奠定了坚实的基础。

【上海既有高层建筑外围护坠落安全问题研究】 课题通过对高层建筑外保温及饰面坠落问题进行全面、系统的调查，了解现存的问题和隐患，通过技术分析和专题研究，提出上海既有高层建筑外保温及饰面监测、检测，以及标准与规范的改进建议。研究成果对未来上海既有高层建筑的安全维护提供前期技术储备，为保证上海既有高层建筑外保温及饰面的安全使用、防范坠落风险提供依据，具有良好的实用价值和现实意义。

（四）重大科研项目进展

【城镇污水处理厂污泥高效低耗深度减量与资源化技术研究】 该项目是本市"科技创新行动计划"企业间国际科技合作课题。借鉴国际上先进的污泥高效低耗深度减量与资源化处理处置技术与理念，从污泥脱水、污泥干化、厌氧消化和土地利用等方面全面开展关键技术研究、集成和再创新，开发出适合我国污泥特性的减量化和资源化技术，实现污泥高效低耗深度减量和资源化利用。

在污泥高压压榨深度脱水技术方面，从提高压榨压力和优化调理剂配比两方面开展研究，考察了压榨压力、压榨时间、调理剂种类和投加量等工艺参数对污泥脱水效果的影响，并针对不同污水处理厂污泥进行中试试验。对于常规污泥，采用铁盐和高分子药剂调理，泥饼含水率可降至60%左右，药剂成本160~380元/t DS；对于石化PTA污泥，采用液体铝盐调理，泥饼含水率可降至75%以下，药剂成本265元/t DS。研发了污泥变容板框脱水装置，与低压压榨相比，采用高压压榨可以将整个工艺流程时间缩短50%，同时具有化学调理剂添加量少、避免滤板变形等特点。

在污泥太阳能干化技术方面，以学习引进国外污泥太阳能干化技术、提升国产太阳能干化的技术水平为目标，对国外污泥主流太阳能干化工艺进行了调研和总结，明确了各工艺的特点及优缺点。重点以德国HuberSRT等为对象，对国外太阳能干化的关键技术环节的原理和特点进行分析和提炼。结合我国特点分析了气候、暖房、泥质、翻抛、温控、泥层厚度等因素对污泥太阳能干化的影响，并基于国际设计方法和关键设备运行进行要点总结。

在污泥与有机废弃物厌氧共消化技术方面，针对污泥厌氧消化产酸环节，开展了生物强化产酸试验研究，采用菌株C. freundii与剩余污泥联合厌氧发酵，能够提高VFA产量，优化厌氧发酵途径。采用β-环糊精与碱处理相结合的方式，促进厨余与剩余污泥联合发酵产酸，在初始pH 10及0.2 g/gTSS β-CD投加条件下，最大VFA产生量为 8631.7 mg/L，蛋白质和多糖水解速率提升至 0.032 和 0.038。同时，考察了污泥和厨余的混合比例对产甲烷效率和产酸发酵类型的影响，从代谢角度建立有机物资源化回收VFA、产甲烷和产氢气的转化机制。

在高压压榨脱水污泥资源化利用技术方面，鉴于高压压榨脱水压滤压力高、化学调理剂添加量少、无须石灰投加等特点，其产生的脱水污泥具备土地利用、焚烧、建材利用等多种途径资源化利用的潜力，具体还须考虑污泥中的重金属含量，土地利用还须考虑污泥的无害化问题。从污泥施用地点、污泥施用时间、污泥施用量和施用年限、污泥土地利用监测等方面进行了污泥土地利用技术总结，为提升我国污泥土地利用的可操作性、可监控性和安全性提供了技术支撑。

【超深大基坑顺逆作同步交叉实施的关键设计及监测技术的研究与应用】该项目以上海国际金融中心基坑工程为背景，通过现场和室内试验及全过程监测等，对超深大基坑顺逆作同步交叉实施的关键设计及监测技术进行了研究，形成以下创新成果：

（1）提出了复杂地质条件和敏感环境条件下超深大基坑“前阶段整体逆作，后阶段塔楼先顺作、纯地下室后逆作”的顺逆作同步交叉实施总体设计方法，并提出了短地下连续墙外侧设置超深 TRD 工法等厚度水泥土搅拌墙作为悬挂隔水帷幕的方案，显著加快了工程工期并节省工程造价，综合效益突出。

（2）通过现场和室内试验揭示了上海地区典型软土的小应变特性规律，提出了上海地区典型软土 HS-Small 小应变本构模型全套参数实用确定方法；建立了能考虑土小应变特性及土体与结构共同作用效应的三维精细化有限元模型，成功模拟了基坑开挖全过程力学行为，现场监测数据验证了其有效性。

（3）建立了高效快捷的四维在线实时监测信息化平台，其考虑了超深大基坑监测信息量大和复杂的特点，综合集成了大数据、物联网和智慧工程技术，并将海量监测数据与数值模拟及反馈分析相结合，全面揭示了顺逆作同步交叉实施超深大基坑工程的受力和变形性状。

研究成果直接指导了上海国际金融中心超深大基坑工程的设计和施工，明显缩短了工期，降低了造价，确保了工程安全。研究成果已获授权专利 5 项、发表论文 12 篇，主要成果已纳入上海市规范。

（五）科研项目管理和服务

【概况】2017 年管理科研项目 112 项，验收各类科研项目 12 项。其中验收重要项目 6 项、重大立项两项。

【金茂大厦、上海环球金融中心和上海中心大厦桩基长久稳定性研究】该项目拟采用共同作用时变效应分析方法，对超高结构共同作用进行分析，通过现场实测数据研究超高层建筑的沉降、倾斜与时间关系，综合分析超高结构的稳定性及长久性。并通过实测与理论分析研究，进一步探讨评价超高层建筑的稳定性和长久性，提出针对超高层建筑结

2017年立项的比较重大科研项目一览表

序号	项目名称	牵头单位
1	金茂大厦、上海环球金融中心和上海中心大厦桩基长久稳定性研究	同济大学
2	既有地下空间立体化改建工艺研究	上海建工集团股份有限公司

构的长期稳固措施，项目预期成果将对同类建筑设计、施工有重要借鉴作用。

【既有地下空间立体化改建工艺研究】围绕我国大中型城市核心区土地资源稀缺、地下空间开发利用率较低及开发水平不高等瓶颈难题，重点开展基于充分利用既有结构的既有地下空间立体化改建工艺、既有地下空间立体化改建施工微扰动控制技术、既有地下空间立体化改建施工降防水及绿色施工技术研究。首先以理论分析为基础，在前期资料准备及施工经验总结归纳的基础上，探索既有结构与改建新结构的连接、对接或连通工艺，探索新型支护体系下土方开挖、出土外运及内部结构施工工艺。通过三维数值化模拟技术，研究既有地下空间立体化改建过程中的变形及应力情况，进行动态施工方案比选及优化，探索新型施工风险预测及控制技术。通过系统集成研究，进行既有结构立体化改建过程中地下水水位的自动化监控信息管理平台开发，探索新建结构与既有地下结构连接的防渗漏水措施及其永久结构的防水处置技术。在此基础上探索新型工程废弃物无污染处置技术，真正实现地下空间改建过程中的绿色施工。

【高速公路大修后预防性养护技术研究】3月27日，由上海嘉浏高速公路建设发展有限公司等单位承担的“高速公路大修后预防性养护技术研究”科研项目通过市住房城乡建设管理委验收。项目以大修后的嘉浏高速公路为工程背景，通过现场调研、理论分析、数值模拟、跟踪观察和室内外试验，取得了以下研究成果：1. 系统地调查分析了嘉浏高速公路大修后路面性能变化状况，对嘉浏高速路面大修工程的设计工作进行了系统的后评价工作，证实了大修整治方案的适宜和合理。2. 通过理论分析、APT试验和现场实测数据总结了上海地区重载高速公路车辙发展规律；建立了基于驾乘人员主观感受的车辙主观影响模型，提出了适合上海地区重载高速公路车辙预防性养护的标准。3. 抓住路面渗水对道路结构危害关键点，通过渗水对路面温度影响的理论分析、数值模拟与室内外试验，提出了利用红外热差仪器检测路面渗水的精细化检测方法、指标和标准。课题成果“一种沥青路面结构层温度实时监测系统”申请实用新型专利已获受理。4. 通过对上海嘉浏高速公路预防性养护效果跟踪评价和经济性分析，提出了基于早期损害特征的上海地区重载高速公路预防性养护决策方案的建议。

【国际大都市体育产业发展与城市空间机构重构机制研究】9月25日，由上海市城市规划设计研究院承担的“国际大都市体育产业发展与城市空间结构重构机制研究”科研项目通过住建部验收。项目全面系统地梳理了体育产业的相关概念和理论，搜集和总结了全球体育产业发展特征，聚焦纽约、伦敦、东京等国际大都市体育产业，分析了我国体育产业的发展现状和趋势。应对体育产业对

2017验收的比较重大科研项目一览表

序号	项目名称	牵头单位
1	高速公路大修后预防性养护技术研究	上海嘉浏高速公路建设发展有限公司
2	国际大都市体育产业发展与城市空间机构重构机制研究	同济大学
3	转型期大都市跨行政区空间规划干预制度创新研究	上海同吉建筑工程设计有限公司
4	中等规模低碳宜居城市智能交通系统规划及应用示范	上海市城市规划设计研究院
5	城镇污水处理厂污泥的热处理技术研究及示范	上海市政工程设计研究总院（集团）有限公司
6	缓黏结部分预应力混凝土梁的静力性能及疲劳性能的研究	上海市建筑科学研究院（集团）有限公司

于城市空间在总体层面和社区层面的影响，项目展开创新性思考，掌握发展规律，预测发展趋势，优化城市空间布局。项目从宏观层面提出大型赛事选址建设的城市更新模式和扩展模式。微观层面项目通过问卷、访谈、实地调研等方法进行研究，通过数据剖析了市民需求与行为特征和体育设施配套方面的不适应性。提出老龄化社区、高收入和外籍人士集聚社区、商业复合社区、中心城老社区等有针对性的体育设施规划布局模式。研究体系完整，内容全面，成果创新。项目以上海市为实证案例，研究成果探讨了体育专项规划的编制和体育相关标准，有利于完善城市规划方法和体系，填补体育专项规划方法的空白。

【转型期大都市跨行政区空间规划干预制度创新研究】9月26日，由上海市城市规划设计研究院承担的“转型期大都市跨行政区空间规划干预制度创新研究”科研项目通过住建部验收。在国家治理体系现代化和建设法治社会的背景下，顺应大都市发展转型需求，针对既有相关规划干预制度已经难以满足大都市跨行政区协同诉求的情况，从专业理论、统计学和空间范围三个层面梳理并厘清了大都市相关空间概念，提出了中心城区、行政区和大都市区三个规划空间层次，并系统性论证了我国大都市的空间层次及城市政府的空间干预效力与西方城市的差异。定义清晰、准确。项目从空间规划、行政区划多个维度开展研究；系统梳理了历史发展脉络；结合从全国到城市再到具体项目三层次实证案例，分析了当前我国大都市空间发展态势与干预诉求，研判了既有干预制度与实际需求之间的落差；总结了世界大城市的相关客观发展规律；结合我国国情提出了针对性的创新建议。项目的技术路线合理、研究资料翔实、分析研究充分。项目提出倡导“多元”“善治”的区域治理、大都市空间干预应该通过完善空间规划体系而非行政区划调整、干预内容应有重点和针对性、将大都市区和中心城区空间评估纳入城市总体规划优化内容、建立完整的大都市统计系统等对策建议，具有针对性、前瞻性和创新性。

【中等规模低碳宜居城市智能交通系统规划及应用示范】6月2日，由上海市城市建设设计研究总院（集团）有限公司承担的“中等规模低碳宜居城市智能交通系统规划及应用示范”科研项目通过住建部验收。该项目针对中等规模低碳宜居城市智能交通系统（ITS）的建设需求调查及预测框架、评估指标体系和辅助决策支持系统框架展开研究，构建了城市ITS需求调查问题库，提出ITS需求度评估模型和迫切度排序模型，并开发了软件，成果具有创新性，为城市ITS规划的编制提供了科学的技术支撑。项目面向大数据在城市ITS中的应用，研究了数据资源目录共享、数据交易、多边交换等多种数据服务模式，制定了大数据背景下城市交通数据资源共享及管理办法，可为推动城市交通数据资源的优化配置和增值利用提供保障。研究成果对中等规模低碳宜居城市ITS的需求调查、评估分析、资源共享、规划编制等具有指导意义和推广应用价值。

【城镇污水处理厂污泥的热处理技术研究及示范】12月14日，由上海市城市建设设计研究总院（集团）有限公司承担的“城镇污水处理厂污泥的热处理技术研究及示范”科研项目通过住建部验收。该项目通过污水处理量等数据以及相关的政策分析，研究了污泥产量及其增加趋势，完成了在两台75t/h的循环流化床锅炉上进行200t/d污泥掺烧的研究及示范，设计了一套新型的干化污泥输送系统，系统长期运行效果良好，且有效避免了输送过程中扬尘及臭味的散发。通过检测烟气中SO_2、NO_X、颗粒物浓度和二噁英等的含量，分析了掺烧污泥后对锅炉污染物排放的影响；在污泥及煤的灰成分分析及 HGI 等各种判别指数的分析计算的基础上，结合设备长期运行后的磨损等情况，掌握了污泥电厂掺烧工艺的特点，对其实际工业应用具有指导意义。

【缓黏结部分预应力混凝土梁的静力性能及疲劳性能的研究】12 月 21 日，由上海同吉建筑工程设计有限公司承担的"缓黏结部分预应力混凝土梁的静力性能及疲劳性能的研究"科研项目通过住建部验收。项目综合运用实验实测、理论推导、分析模拟等手段，提出了张拉适用期内的缓黏结预应力筋的摩擦系数值；总结出缓黏结部分预应力混凝土梁的抗裂性能和极限承载能力与有黏结部分预应力混凝土梁相近；基于刚度退化的部分预应力混凝土梁疲劳损伤变量，利用试验数据对刚度退化函数进行了优选和参数拟合，得到了部分预应力混凝土梁的刚度退化计算公式；利用统计学方法提出了一个用荷载循环次数比 n/N 表征的增大系数表达式，以此来考虑循环次数 n 和疲劳寿命 N 的影响，进而描述疲劳裂缝发展的"三阶段"规律。项目对后张缓黏结的共张预应力混凝土叠合梁进行了研究，就先张法对预制梁施加预应力、预制梁一阶段受力、后张法对叠合梁施加二次预应力以及叠合梁整体受力这四个阶段进行了相关力学性能的研究，并据此申请了多项发明专利和实用新型。该项目在缓黏结预应力混凝土结构计算理论设计方法与技术方面取得了一系列原创性成果，具有重大的理论意义和应用价值，促进了土木工程结构领域的科技进步。

（六）获奖科技成果

【概况】2017 年度，住建领域获得市科学技术奖的科技成果共 33 项。其中，28 个项目获得科技进步奖，5 个项目获得技术发明奖。获奖名单如下表所示。

序号	奖项等级	项目名称	完成单位	完成人
1	技术发明一等奖	污水厂污泥高效生物稳定化处理与资源化利用关键技术研发及其应用	同济大学 上海市政工程设计研究总院（集团）有限公司 上海交通大学	戴晓虎 戴翎翎 董 滨 张 辰 谭学军 袁海平 薛勇刚 段妮娜 张 栋 王逸贤 院士杰 王 磊 李 宁 陈思思 许 颖
2	技术发明一等奖	城市地下基础设施全寿命安全状态快速采集与设备研发	同济大学 上海同岩土木工程科技股份有限公司 上海地铁维护保障有限公司	李晓军 刘学增 朱合华 李家平 朱爱玺 武 威
3	技术发明奖二等奖	软土深大基坑微变形控制工艺技术体系创新及成套装备	上海建工集团股份有限公司 上海城建市政工程（集团）有限公司 同济大学 上海建工七建集团有限公司 上海建工一建集团有限公司 上海建工五建集团有限公司	顾国明 葛以衡 廖少明 崔晓强 陈立生 彭芳乐 刘冬华 顾晓强 钟 铮 郑 杰
4	技术发明奖三等奖	混凝土结构预警防护一体化技术	上海交通大学 山东高速青岛发展有限公司 上海碧绵实业有限公司 中国联合工程公司 上海巨一科技发展有限公司	方从启 寇新建 郭保林

续表

序号	奖项等级	项目名称	完成单位	完成人
5	技术发明三等奖	海绵城市集成技术研发与工程示范	上海市城市建设设计研究总院（集团）有限公司 上海砼仁环保技术发展有限公司 上海佳长环保科技有限公司	张显忠 黄　瑾 钱卫胜 娄　锋 纪莎莎 张　杨 毛　峰
6	科技进步一等奖	新型预应力混凝土结构关键技术及工程应用	同济大学 华东建筑设计研究院有限公司 上海建筑设计研究院有限公司 上海建工集团股份有限公司 中冶建筑研究总院有限公司 上海市隧道工程轨道交通设计研究院 上海同吉建筑工程设计有限公司 上海市建筑科学研究院	熊学玉 尚仁杰 陈文艳 李亚明 王美华 周建龙 顾　炜 苏小卒 周建民 张德锋 高文伟 包联进 高　峰 李晓峰 苏朝阳
7		基于膜分离的废水深度处理和资源化关键技术与工程应用	同济大学 浙江伟明环保股份有限公司 同济大学建筑设计研究院（集团）有限公司 上海市城市建设设计研究总院（集团）有限公司 上海中耀环保实业有限公司	夏四清 刘新超 王荣昌 张志强 项鹏宇 胡　龙 魏宏斌 陈煜南 刘　赫 张显忠 章建科 戴栋超 许晓天 王　伟 陈辉洋
8		复杂环境条件下软土盾构隧道结构安全评价与控制	同济大学 上海地铁维护保障有限公司 上海市政工程设计研究总院（集团）有限公司 上海市基础工程集团有限公司	张冬梅 王如路 张东明 黄宏伟 闫静雅 朱　妍 官林星 谭　勇 薛亚东 樊振宇 邵　华 肖同刚 龚金弟 黄　强 黄忠凯
9		沥青路面无损评价与高性能常温再生关键技术	同济大学 江西赣粤高速公路股份有限公司 北京盛广拓公路科技有限公司	孙立军 谭生光 刘黎萍 叶轩宇 孙　斌 江　涛 吴后选 许　严 陈　长 李　莉 王　慧 刘辉明 黄卫东 董文龙 臧国帅
10		核电站关键混凝土结构的破坏分析与灾害控制	同济大学 中国电力工程顾问集团华东电力设计院有限公司 上海核工程研究设计院 中国能源建设集团广东省电力设计研究院有限公司 浙江大学 华中科技大学 上海同岩土木工程科技股份有限公司	顾祥林 林　峰 林　涛 葛鸿辉 汤东升 朱爱玺 金贤玉 张伟平 宋晓滨 赵挺生 刘立威 程书剑 严　炜 田　野 陈　涛

续表

序号	奖项等级	项目名称	完成单位	完成人
11	科技进步一等奖	城市再开发场地土壤污染控制与修复关键技术及应用	上海市环境科学研究院 上海岩土工程勘察设计研究院有限公司 华东理工大学 宝武集团环境资源科技有限公司 上海环境保护有限公司	黄沈发 罗启仕 许丽萍 杨 洁 王 敏 李青青 胡双庆 李 辉 李 文 吴 健 李 韬 李忠元 曹卫承 黄波涛 喻 恺
12		异形断面隧道掘进机系列化产品自主研制及应用	上海隧道工程有限公司 宁波市轨道交通集团有限公司 上海盾构设计试验研究中心有限公司 上海交通大学 宁波大学	朱瑶宏 张闵庆 黄德中 石元奇 林 平 顾建江 朱雁飞 肖广良 刘喜东 黄 健 黄 圣 庄欠伟 陶建峰 黄 毅 李 刚
13	科技进步二等奖	深开挖卸荷条件下软土桩基新理论、新工艺及应用	同济大学 上海建工七建集团有限公司 上海建工四建集团有限公司 华东建筑设计研究院有限公司 浙江理工大学 山东大学 开普天（上海）岩土科技有限公司	钱建固 崔晓强 孔德志 吴江斌 俞 峰 张乾青 木林隆 卢礼顺 张陈蓉 目玺琳
14		基于BIM的复杂项目集成建设管理关键技术及应用	同济大学 同济大学建筑设计研究院（集团）有限公司 上海建工四建集团有限公司 上海同筑信息科技有限公司	王广斌 曹冬平 谭 丹 陈继良 余芳强 赵 越 张 峥 张云超 方 瑾 刘 欢
15		铝合金结构创新技术与工程应用	华东建筑设计研究院有限公司 同济大学 上海通正铝合金结构工程技术有限公司 中国建筑第八工程局有限公司 上海建工五建集团有限公司 上海建筑设计研究院有限公司	李亚明 张其林 欧阳元文 孙晓阳 崔家春 李 琰 王平山 罗晓群 吴明儿 张雪峰
16		上海轨道交通12号线工程关键技术研究与应用	上海申通地铁集团有限公司 上海市隧道工程轨道交通设计研究院 上海隧道工程有限公司 上海市基础工程集团有限公司 中铁一局集团有限公司 中铁二十四局集团有限公司	毕湘利 高英林 陆 晨 陆渭歧 李文勇 杜 毅 杨立兵 陆 静 龚 毅 王超群

续表

序号	奖项等级	项目名称	完成单位	完成人
17	科技进步二等奖	绿化土壤功能提升关键技术及工程应用	上海市园林科学规划研究院 上海申迪建设有限公司 上海辰山植物园 上海市绿化和市容（林业）工程管理站 上海临港漕河泾生态环境建设有限公司 上海园林（集团）有限公司 常州市摩奇园林有限公司	方海兰 徐 忠 梁 晶 金大成 郝冠军 伍海兵 周建强 彭红玲 柏 营 王宝华
18		基于环境安全的中心城区软土地层超深地下结构高效建造关键技术	上海建工集团股份有限公司 上海市基础工程集团有限公司 上海轨道交通十三号线发展有限公司	王美华 张云海 吴小建 罗云峰 王新新 尤旭东 钟 铮 邹 铭 程子聪 董 锋
19		复杂地质与环境条件下沉井施工控制关键技术	上海市基础工程集团有限公司 上海交通大学	李耀良 王建华 王 涛 陈永飞 张海锋 罗云峰 黄 磊 李伟强 王理想 刘桂荣
20		城市轨道交通隧道掘进施工安全控制技术研究与应用	上海隧道工程有限公司	张 亮
21	科技进步三等奖	城市生活垃圾填埋处理二次污染微生物控制技术	华东师范大学 上海环境工程技术有限公司	谢 冰 陈浩泉 黄 健 苏应龙 崔玉雪 高 乐 武 冬
22		超大面积大跨双向预应力混凝土楼盖体系施工关键技术	中国建筑第八工程局有限公司	陈新喜 沈 健 陈 华 危 鼎 张晓勇 王 欣 田惠文
23		长江口水源地突发水污染预报预警业务化平台	上海市环境科学研究院 上海市水务规划设计研究院	卢士强 徐贵泉 邵一平 陈义中 林卫青 唐迎洲 余 江
24		上海市综合管网全生命周期管理关键技术与应用	上海市测绘院 上海市浦东新区规划和土地管理局	陈 相 吴张峰 蔡赞石 胡 敏 严 竣 杨 珩 吕艳红
25		城市缓流河道生态治理技术与效果评价体系研究与应用	上海海洋大学 上海市水利管理处 上海勘测设计研究院有限公司 上海水生环境工程有限公司	王丽卿 魏梓兴 朱雪诞 王 晖 卢智灵 徐后涛 卓元午
26		上海城镇建筑综合能效提升关键技术与应用	上海市建筑科学研究院 同济大学建筑设计研究院（集团）有限公司 上海市房地产科学研究院 华东建筑设计研究院有限公司 上海新型建材岩棉有限公司	徐 强 范宏武 邱 童 车学娅 潘 黎 陈 易 寇玉德

续表

序号	奖项等级	项目名称	完成单位	完成人
27	科技进步三等奖	大宗建材绿色制造与应用关键技术及产业化示范	上海市建筑科学研究院 上海市建筑建材业市场管理总站 上海城建物资有限公司 同济大学 上海良浦新型墙体材料有限公司	
28		上海市供水输配管网数字水质关键技术研究与应用	上海城市水资源开发利用国家工程中心有限公司 上海交通大学 上海市供水管理处 上海市供水调度监测中心	孟明群 舒诗湖 白晓慧 张立尖 张　东 乐　勤 戴雷杰
29		典型污染河流湿地净化与河岸带生态修复关键技术及应用	上海植物园 上海大学 同济大学 上海上房园艺有限公司	赵广琦 杨长明 梁　霞 何池全 张　婷 奉树成 王育来
30		既有建筑结构整体置换关键技术	上海建工四建集团有限公司 上海建工五建集团有限公司 上海建工一建集团有限公司 上海建工二建集团有限公司 上海建工七建集团有限公司	谷志旺 吴　跃 王学军 席金虎 梁　军 张伟平 连　珍
31		复杂地貌条件下市政基础设施及综合管廊建造关键技术研究与应用	中国二十冶集团有限公司 同济大学 中冶集团武汉勘察研究院有限公司	谢　非 曹　杨 肖时辉 秦夏强 成继红 冯世进 许海岩
32		基坑工程新型绿色围护成套技术与装备研发及应用	上海城地建设股份有限公司 上海建工集团股份有限公司 同济大学 上海交通大学 上海建工一建集团有限公司	周玉石 谢晓东 钟　铮 赵　程 谢曙东 李明广 赵兴波
33		超深埋超大直径盾构隧道技术创新及应用	上海隧道工程有限公司 上海黄浦江越江设施投资建设发展有限公司 上海市城市建设设计研究总院（集团）有限公司 上海市地下空间设计研究总院有限公司 上海大学	刘　涛 李章林 李　林 宁佐利 何国军 宋丽妹 姜　弘

【新型预应力混凝土结构关键技术及工程应用】该项目针对新型预应力混凝土结构大跨、超长、重载、约束复杂等特点，在设计方法、施工工艺、材料及设备等方面取得了新的突破：

（1）新型预应力混凝土结构设计关键技术。创立了约束次内力方法，并首次在国家行业标准中建立了全面考虑次内力的计算公式；提出了预应力型钢筋混凝土结构、缓黏结预应力混凝土、体外预应力结构等多种体系的设计方法；进行了系列预应力梁、节点及框架试件的抗震性能研究，提出了抗震设计方法。

（2）新型预应力混凝土结构施工关键技术。结合结构约束及分布特点进行了优化，实现裂缝控制；形成了智能张拉设备与预应力施工控制相结合的测控一体化技术；实践形成了缓黏结筋及环氧涂层钢绞线的施工技术措施。

（3）新型预应力筋制品及智能张拉设备。研发缓黏结预应力筋，主编相关产品的国家行业标准；研发了环氧涂层钢绞线，主编相关产品的国家行业标准；开展了基于物联网的智能预应力张拉设备与软件的研发。

项目成果整体处于国际先进水平，共获专利31项，其中发明专利13项。主编、参编国家或地方标准17项，包括首本《预应力混凝土结构设计规范》。成果在大型会展、体育场馆、工业厂房、交通枢纽等建筑中得到应用，如上海国家会展中心、光谷网球中心、凌空SOHO、苏州火车站等。研究成果已成为行业共有技术，工程应用近三年经济效益195643万元。

【城市再开发场地土壤污染控制与修复关键技术及应用】 该项目属于环境领域土壤污染防治技术。针对城市转型发展过程中工业企业关闭搬迁后，遗留场地污染风险的科学诊断和有效管控问题，历经十余年创新研发与工程实践，形成创新成果如下：

（1）融合环境与岩土专业技术，创新研发复杂场地土壤及地下水污染扫描诊断与快精准调查技术体系，解决了传统监测布点代表性差的难题，提升了调查采样效率。

（2）首次建立化工行业场地特殊污染物毒性鉴别评估技术方法；创新提出场地概念模型多阶段构建技术方法，率先建立风险评估参数数据库；构建潜在污染场地排查技术方法与风险分级管控体系，建成国内首个城市污染场地风险管理系统。

（3）创新研制天然矿物改性重金属稳定化材料、亚纳米级零价铁修复材料、基于活性炭活化氧化材料三类绿色高效修复材料；创新研发强化气相抽提和多相抽提两项原位修复技术，突破了软土地质条件污染物难以抽出的瓶颈。成功研制车载式模块化自动拉制集成污染土处理大型装备、污染土修复多功能集成机械斗、双泵式原位多相抽提处理系统三套修复工程专业装备。填补国内空白，突破国外技术壁垒实现国产化。

参与制定国家行业标准20项、上海地方标准规范11项，获授权发明专利15项、实用新型专利21项，发表论文81篇（SCI/EI收录26篇），建成省部级科技研发平台3个，有效推动了该领域的科技创新、学科发展和人才培养。成采相继集成应用于上海世博会、迪士尼等污染场地治理修复，取得了显著的社会经济和生态环境效益。

【异形断面隧道掘进机系列化产品自主研制及应用】 该项目属土木工程领域。与传统圆形隧道相比，异形断面能节约35%以上隧道空间并可实现浅覆土施工，但由于缺乏异形断面的隧道掘进机，该类型的隧道在世界范围内非常稀少。随着城市地下空间日渐紧缺，这一矛盾日益突出。

该项目历时十余年产学研联合攻关，自主研制了适应于人行、轨交、城市道路三大类异形断面隧道掘进机系列化产品，具备曲线及长距离施工能力，地层适应能力强，实现切削全断面化、控制智能化，在国内多个城市完成了30多条异形隧道施工，主要创新成果包括：

（1）创新研制了异形全断面切削隧道掘进机系列化产品，断面覆盖28~77平方米，包括世界最大断面的10.4×7.5米矩形顶管和11.83×7.27米类矩形盾构。

（2）全面攻克各类异形掘进机的刀盘全断面切削技术，首创了平面相交双刀盘+偏心刀盘等多种组合刀盘，突破了多刀盘同

步防干涉和协同控制瓶颈。

（3）首创异形断面管片及中立柱一体化拼装技术，发明了串联环臂式管片拼装机，可规划管片运行安全裕量最优轨迹，实现高精度三轴联动和轨迹自动跟踪，适应于褊狭异形空间内的高精度一体化拼装。

（4）全面提升了各类异形隧道掘进机的安全施工能力。首创可调更换式铰接密封等多项装置，实现了高精度沉降控制、350米小曲率转弯及覆土1米超浅层施工，经工程验证沉降控制在2厘米以内。

该项目成果达到国际领先水平，并获得国家工信部首台（套）重大技术装备认定。获授权发明专利16项软件著作权4项，发表论文24篇；近三年新增产值10.67亿元，取得了显著的经济和社会效益，推动了我国异形隧道掘进装备制造业的科技进步。

【基于膜分离的废水深度处理和资源化关键技术与工程应用】 该项目属于能源与环境技术领域。城镇污水厂排放标准逐渐提高，垃圾焚烧厂渗沥液难以处理，特殊行业废水资源化应用标准要求严格，膜分离成为关键处理战术环节。攻克了膜技术应用于三种废水处理的共性问题和特性问题，主要创新成果如下：

（1）首次采用Microarray技术强化MBR的生物降解，解决了城镇污水深度达标处理的问题。确立了优势菌群培养的操作条件，揭示了猝灭QS减缓MBR膜污染的机理，有效控制了膜污染，膜使用寿命由传统的3~5年延长到6年以上；优化了倒置A/A/O+MBR工艺并采用Swing优化微生物功能；发明了侧向配水MBR、多级多点回流反硝化MBR技术降低能耗。

（2）垃圾渗沥滤液有机物浓度极高并且难以生化降解，厌氧发酵最佳适宜温度难维护、氨氮浓度过高。创造性提出采用发电余热控制UASB温度，串联多级A/O强化生物处理工艺，进一步降低了膜分离负荷，实现垃圾渗沥液达标排放，并使超滤、纳滤膜的使用寿命提高一倍。

（3）针对化工、电子等行业废水的深度资源化面临的特殊问题，研发了特殊行业废水深度处理回用的耦合技术。开发高氟低氮集成电路废水特殊氧化处理技术；采用专利产品ZYZX系列载体富集微生物提高煤化工废水处理效果，减轻后续膜污染，实现生物处理与膜分离的深度耦合。

研究成果获发明专利20项、实用新型专利10项，发表论文102篇，其中SCI论文56篇。培养17名博士、20名硕士，引进两位国际知名学者；成功应用多项环保工程，为企业提供了优质回用水，推动了该领域的技术进步，取得了显著的环境、经济和社会效益。

【复杂环境条件下软土盾构隧道结构安全评价与控制】

该项目属隧道工程技术领域。软土盾构隧道结构体系敏感，内外环境复杂多变，结构性态难以准确评价、预测，缺乏合理控制措施，导致隧道结构安全事故频发。该项目研究成果可大幅提高隧道结构安全、降低运维成本、保障运营安全。创新成果如下：

（1）复杂环境条件下软土盾构隧道结构安全性态演化分析理论。提出隧道局部渗水精细模拟方法，建立隧道渗水影响评价指标及控制标准；构建渗漏水与列车振动耦合分析方法，揭示循环荷载作用下隧道结构长期性态发展规律。

（2）软土盾构隧道结构易损性评价方法及诊断模型，确定隧道结构安全评价指标体系和四级定量评价标准，制定隧道结构养护标准；考虑评价指标相关性及病害等级分布，提出隧道结构易损性评价方法；构建隧道病害原因诊断和预测模型，建立隧道结构重点养护目标确定方法。

（3）软土盾构隧道结构修复与安全控制关键技术。提出控制参数优化模型，实现隧道横向变形和沉降修复及土体加固双重目的，形成修复与控制成套技术；提出随道结构修复优化方法。

授权发明专利13项、实用新型8项；发表学术论文150篇，其中SCI收录41篇，EI收录41篇，共被引用826次；出版专著3部，参编行业规范5部，主编指南1部，部分成果编入行业技术规范。

成果应用于国内20余条隧道结构安全评价、80余项邻近施工对隧道影响预测、60余项隧道沉降和横向变形修复与控制项目，实现经济效益约5.6亿元，取得了良好的经济和社会效益。

【沥青路面无损评价与高性能常温再生关键技术】

该项目属交通运输工程领域。我国在旧沥青路面评价、常温再生结构设计、材料设计和再生设备方面均未形成完整、专业、可靠的技术。引进的国外技术不能满足当前高等级公路沥青路面大修改建工程的需要。该项目首次提出并建立了一整套领先的旧路面无损评价、结构设计及新一代高性能常温再生技术及装备，形成了完整的技术—产业链，取得了如下创新成果：

（1）发现了旧料再生机理，发明了常温再生新技术。发现了常温再生混合料在上覆热拌混合料作用下产生被激复活现象，提出了再生材料的常温捽和、常温摊铺、受热再生的新机理；建立了考虑被激复活和二次压密机制的新一代常温再生混合料设计方法；发明了专用的高性能常温再生沥青乳化剂；发明了采用芳烃油 + 专用再生沥青化剂的复方常温再生技术，大大改善了再生混合料的性能。

（2）自主研发了路面检测车，首次建立了旧路面无损评价及再生结构设计方法，提出了 6 类适用于不同等级公路路面大修改建的典型结构模式。

（3）首创了成套常温再生生产设备，解决了大规模施工的设备难题。发明了全套高效率、高精度、双拌式常温再生设备，建立了再生混合料的生产工艺流程和质量标准，首次形成了全产业链工业化技术。

项目成果获发明专利 16 项、国际专利 1 项，发表论文 104 篇，出版英文专著 1 部，并列入了交通运输部科技成果推广计划、国家重点节能技术推广目录和交通运输部节能减排示范项目，在全国推广应用里程已达 1270 公里，使用时间最长的已超 10 年，获工程经济效益 11.09 亿元，节约废料占用土地 1080 亩。相关研究成果被交通部采用，并已形成国家线工法 1 项、地方规范两部。

【核电站关键混凝土结构的破坏分析与灾害控制】该项目属于土木工程防灾领域。核电是优质高效的清洁能源，核电对我国经济社会的发展意义重大。核电站关键混凝土结构的安全性仍是世界性技术难题。针对裂缝防治、倒塌预测和次生灾害控制难题，围绕“早龄期混凝土材料性能时变规律、混凝土结构跨尺度破坏机理、结构倒塌触地振动多介质传播机制”三个关键科学问题，进行了 10 余年的科学研究、技术开发和工程实践。取得了如下创新成果：

（1）基于混凝土结构早龄期性能演化分析的裂缝控制。实现了考虑多尺度变形约束的混凝土结构早龄期开裂预测和混凝土结构早期裂缝防治。

（2）基于混凝土结构多尺度破坏分析的倒塌控制。实现了混凝土“材料—构件—结构”多尺度、高精度的破坏过程分析。以结构倒塌过程模拟和结构优化为手段，实现结构倒塌模式控制。

（3）基于大型冷却塔倒塌触地振动分析的次生灾害控制。实现次生振源准确预测和次生灾害的有效控制。

（4）关键混凝土结构安全风险监测、预警与管控。保证地震时核电站尽早自动停堆，避免核事故发生。

成果应用于秦山一期 / 二期 / 三期、筹建中内陆第一座核电站—桃花江核电站、巴基斯坦恰西玛核电站 C3/C4 机组、巴基斯坦卡拉奇核电站 K2/K3 机组与阿尔及利亚比林试验堆等 14 个核电站。核电站地震监测报警系统实现了从震后分析报警到震时分析报警，为核电站的应急处置时间争取了一次地震波的提前量（10 秒左右），保障了 200 亿美元核电站相关投资的安全。

（崔严慧）

PART FOURTEEN

区域建设

DISTRICT CONSTRUCTION

- 黄浦区
- 静安区
- 徐汇区
- 长宁区
- 虹口区
- 普陀区
- 杨浦区
- 浦东新区
- 宝山区
- 闵行区
- 金山区
- 松江区
- 嘉定区
- 青浦区
- 奉贤区
- 崇明区

（一）黄浦区

黄浦区建设和管理委员会

2017年，区建管委（交通委）在区委、区政府的坚强领导下，以迎接党的十九大召开为契机，全面贯彻党的十八届六中、七中全会，党的十九大、十届市委十四次全会，以及黄浦区2017年工作务虚会精神，以“稳、破、立”为工作主线，按照区委重点督查事项和区政府系统运行管理的节点要求，攻坚克难推旧改、坚持不懈惠民生、改革创新求突破、从严从实抓党建，全力以赴，狠抓落实，各项工作取得良好成效。

一、旧区改造取得积极成效

按照“三个保持”（保持一定规模、保持较高质量、保持社会稳定）和“两个推动”（推动货币安置、推动项目收尾）的总体原则，坚持“留、改、拆”多策并举，统筹推进全年任务计划，超额完成签约5000户和收尾5个项目的年度目标任务，老西门新苑（1-4、1-5）、118街坊、尚文路拓路、198/199/200街坊、21街坊北块5幅地块顺利收尾。546地块、南浦地块、亚龙西块3个项目以较高比例通过两轮征询；福佑北块、高福里、72街坊、547地块等项目完成一轮征询，前期准备工作全面推进；西藏南路1335~1381号、浙江南路22~28号及30弄1~2号等久拖未决的历史遗留项目顺利启动，其中浙江南路22~28号及30弄1~2号已完成收地。稳妥做好历史遗留矛盾化解工作和党的十九大会议期间等敏感节点的稳控工作。排摸全区动拆迁遗留信访矛盾共520件，锁定需要化解的对象共354个，今年完成化解33个。

二、重大工程建设进展顺利

滨江公共空间建设成效显著。全面打通11个断点，率先实现滨江公共空间贯通开放。十六铺二期工程、南外滩滨水区北段960米改造工程、外马路综合整治、世博黄浦体育园、苗江路公共绿地、卢浦大桥断点贯通工程、复兴1-5库灯光改造、远望1号亮灯等一批项目顺利竣工并对外开放，景观品质有效提升。设立遮阳设施、饮水点、冲淋房、停车场、公共卫生间等一系列便民设施，配套服务设施不断完善。成功举办七一健身跑、八一军民跑、文化周周演、浦江生活节、上海国际马拉松赛等多项大型活动，功能和吸引力持续提升。制定《黄浦滨江公共空间综合管理试行办法》，建立健全管理体制机制，滨江公共空间保持安全有序。

重大建设项目平稳推进。完成南浦大桥W3匝道改造，中山南路地下二层主通道顺利通车，14号线黄浦区段“三站一井”完成了居民房屋征收顺利腾地。重点功能区南外滩594地块、复兴地块、65街坊北块、179街坊等项目完成节点目标，年竣工面积达到40万平方米。

三、城市建设管理水平全面提升

2017年，切实按照打造“标杆”、实现“前列”的要求，在做好建筑、市政、交通等行业日常行政管理的同时，重点加强体制机制创新，提升城市管理精细化水平。

1. 完善综合交通管理

一是强化行业监督管理。积极缓解“停车难”问题，净增泊位4136个，建设充电桩290根。完成公共停车场（库）经营备案65项，在册备案公共停车场（库）达196库、泊位30727个。新增设道路停车场5条，在册备案道路停车场127个路段、泊位2243个，道路停车收费上缴财政达6000万元。二是强化停车资源共享利用。聚焦医院、学校、旅游景点、小区周边等停车矛盾突出区域，积极探索停车资源共享利用新模式，制订《黄浦区停车资源共享利用工作方案》，完成文化广场、宏慧盟智园等5个停车共享示范项目，设立共享泊位450个，超额完成市政府下达的任务。三是推动信息化建设。全面推进停车诱导二期建设项目、道路收费与征信系统试点工作。实时发布全区50个泊位以上的公共停车场库使用情况，合理引导停车分流。四是补齐交通管理短板。从政策层面创新突破，开展“特殊道路交通管理属地化相关政策研究”“临时性停车场库设置标准白皮书”课题调研。主动承担全市道路停车征信管理和长期占用停车泊位车辆拖离试点工作，力争率先走完整治违法顽疾“最后一公里”。五是加强执法联勤联动。与公安、城管、市容、市场监管等职能部门密切配合，强化齐抓共管，及时有效处置媒体曝光的违法停车、外滩出租车拒载等突出问题。

2. 加强建筑业市场管理

一是强化事中事后监管。积极服务滨江贯通、东方证券等市、区二级重点工程建设推进，形成规范高效的绿色受理通道和监督管理体系，保障各工程项目顺利开展。规范窗口服务，创新服务方式，提升窗口形象和服务效能。以《上海市建设工程招标投标管理办法》实施为契机，探索改革后招投标监管模式。严把资质复核关、招标公告报名条件关、招标文件否决条款关，依法推进项目招标。严格市场准入和清除制度，抓好企业资质清查审批工作，完善信用信息平台应用，实现优胜劣汰。强化项目事中事后监管，确保招标项目与施工项目的一致性，依法合规推进全区招投标工作。二是提高信息化现场监管水平。开发“黄浦区建筑工地远程监控系统”，在董家渡外滩金融城、99街坊商办项目、复兴地块3个工地试点，实现工程现场全过程远程监控，为现场执法和领导决策提供第一手信息资料。搭建“建设工程信息平台”，严格管理施工过程各项档案资料，确保问题可追溯、责任可绑定。三是推进新技术手段应用。全面做好区域内装配式建筑的地块落实、规划审核和工程建设推进工作，积极申报99街坊商办项目参与上海市和住建部的装配式示范项目。出台《绿色建筑和节能专项扶持办法》，印发《关于进一步加强建筑信息模型技术推广应用的通知》，做好新建建筑BIM技术应用推广工作。

3. 强化市政基础设施建设

一是切实落实民生实事工程。完成86万平方米老式居民住宅二次供水设施改造（其中30万平方米老式居民住宅二次供水设施改造工程为市政府实事项目）。完成3.9万户居民电能计量表前供电设施改造更新。南京东路、永安路、新永安路道路积水点改造工程顺利竣工。16条街坊道路排水系统修缮工程全面完成。二是建立区级河长制管理体系。印发《关于黄浦区推进河长制的实施方案》，成立区级和街道两个层面的河长制管理体系，成立黄浦区河长制办公室，建立“会议、信息、督查和问责”4项制度，明确落实全区两条市管河道、1条跨区河道、9条其他河湖和16处小微水体的分级分段河长。三是有序推进市政设施日常管理养护。按照文明城区创建工作的更高标准，加强日常巡查和动态管理，逐步形成常态化、规范化的养护管理机制。完成道路养护维修26.22万平方米，路名牌保洁3.32万块次，新装、调换隔离设施近1.19万米，隔离设施保洁近4500米，保养人行天桥、地道3500多座次。疏通下水管道55.11万米，清捞进水口、检查井14.97万个次，清除管道污泥8500多立方米，拆排下水管道800多米。针对上海旅游节、上海国际马拉松赛等重大节庆赛事活动，做好沿线道路保障工作，加强巡视检查，及时整改问题，满足节庆赛事的人行通车安全需要。四是配合推进老城厢生态环境综合治理。56条道路修缮改造和下水道改排工程全面完成，架空线缆及进户线翻新改造顺利实施，配合推进复兴东路404弄城市更新项目、和顺街18号改建项目，区域内市政基础设施得到进一步改善。

4. 推进文明城区创建

成立区建管委创建文明城区领导工作小

组，对照责任项目指标，认真落实相关工作。完成27个市政道路专项整治和41处工地围墙整治，整改各类问题200余处，有效改善市容环境。强化长效管理，形成常态化、规范化的市政管理和养护机制。在区内197家公共停车场（库）和126条道路停车场库开展广告宣传工作。

5. 深化依法行政工作

一是做好行政应诉、审批、处罚等工作。受理办结行政审批事项1342件。针对无证施工、工程未招标、工程未组织竣工验收等违法违规行为执法立案19件，结案17件，罚款133.4万元。完成行政复议答复1件，参与行政诉讼一审案件1件，申请再审案件1件，处级领导干部参加旁听审理5次。根据“四张清单”公开目录，完成行政权力库备案，审定完成第四版行政审批事项目录。二是自觉接受人大政协监督。办理人大代表建议和政协委员提案29件（市4、区25）。提高解决采纳的实效性。认真向区人大专题汇报黄浦滨江公共岸线贯通工程建设情况和《上海市道路交通管理条例》贯彻落实情况等工作，并在区人大指导下改进、提升相关工作。三是认真办理群众来信来访。受理信访件1731件，其中来信546件、来访742批次、来电443次，做到初次信访件受理告知率、按时办结率、市网上信访公开回复率均达100%，完成区分级分责督办信访事项3件，处理区稳控例会信访事项5件，信访总量保持连续5年下降趋势。做好初信初访的矛盾化解，认真落实处级干部、第三指挥部、区重大办信访大厅接待制度。处理12345市民服务热线3436件，办理政府信息主动公开107件，依申请公开271件，舆情处置22件。

四、城区运行安全常抓不懈

牢固树立安全底线意识，始终绷紧安全生产和社会稳定之弦，全面开展安全生产巡查、重大活动安全保障、信访维稳等工作，确保城市运行管理万无一失。

1. 安全生产工作坚持“全覆盖、全过程”

认真贯彻国务院、市委、市政府关于安全生产工作的重大决策部署。7—10月开展为期4个月的安全生产大检查工作，聘请上海市建筑科学研究院机械检测中心对全区12个工地34台施工塔吊开展第三方检测，严查严处存有重大安全隐患的工地。共检查工地83个次，查出一般隐患204条，重大隐患47条，开具整改单18份，暂停施工指令单1份，处罚企业两家，处罚金额2.9万元。深入开展市政设施、燃气使用、停车场库以及在拆基地等重要区域的安全检查，持续加强对重要节点和重大危险源的隐患排查和整改。检查公共停车场（库）581库次、道路停车场273条次。制定《黄浦区在拆基地综合管理办法》（试行），坚持每周两次到在拆基地检查巡查，核发3份整改通知书，对检查中发现的问题及时督促整改，全年在拆基地未发生安全责任事故。

2. 建筑业市场管理做到“严管理、快查处”

开展多部门联合执法巡查，对本区建设工程的市场行为、安全质量、消防管理、人员管理和扬尘噪声监控等方面进行全面检查，共抽查工地39个，开具整改指令单22份、暂缓施工指令书1份。以“严管、严查、严处”的高压态势，重点查处无证施工、肢解工程、任意压缩工期、超低价中标、工程挂靠、违法转包分包、劣质材料、瘦身钢材等违法违规问题，切实把安全隐患彻底消灭在萌芽状态。

3. 防台防汛工作突出“早启动、早部署”

汛期前，以地下空间、堤防岸线、老旧房屋等安全隐患突出区域为重点，组织开展防汛安全专项大检查共10次，及时发现整改各类隐患。汛期，根据气象预报，及时对各专业部门、各街道防汛值守、应急力量等进行指挥部署，成功抵御16场暴雨和1次台风外围影响，确保城区在汛期安全运行。

五、工会工作取得良好成绩

服务职工工作有新举措。完成工会换届选举工作，产生第二届工会领导班子。建立职工书屋，引导全体员工开展读书活动。提升职工之家建设品质，把职工之家建设成为思想交流、弘扬正气、文化传播的平台。蒋昭瑜劳模工作室被评为“市级劳模工作室”。组织机关干部参加上海市第36届军民迎八一长跑活动。

建设工程工会建设有新突破。举办黄浦区第六届农民工运动会，开展了以“我运动、我健康、我快乐”为主题的系列体育活动，评比产生了100名标兵能手。组织全区17个建筑工地800名农民工健康体检。高温时期对全区19个工地2900个农民工进行高温慰问。春节期间，慰问留守农民工。

黄浦区绿化和市容管理局

2017年，区绿化市容局认真贯彻执行党的十八届六中全会和十九大精神，积极践行创新、协调、绿色、开放、共享五大发展理念，全局上下紧紧围绕区委、区政府年度工作目标，统一思想、细化方案、分解部署、落实责任；紧紧围绕打造“四个标杆”、实现“四个前列”的目标要求，补齐短板、治理顽症；为加快黄浦区建设世界最具影响力国际化大都市中心城区不断努力。重点聚焦“十三五”实施、聚焦短板难点、聚焦重大项目、聚焦基层基础，圆满完成了2017年度各项目标任务。

一、年度重点工作推进情况

超额完成全年绿化建设任务。2017年计划绿化项目4万平方米建设任务，实际完成绿化建设总面积6.1万平方米，其中公共绿化2万平方米、专用绿化2.1万平方米、立体绿化2万平方米，超额完成建设任务。

稳步推进垃圾分类减量。一是强化居民生活垃圾源头分类。继续推进和提升垃圾分类、绿色账户工作，年内推进1.6万户家庭实施垃圾分类，垃圾分类覆盖户数超过16万户，实现全区可分类小区垃圾分类“全覆盖”目标；开展多种形式绿色账户培训和宣传活动400余次，绿色账户累计开通数量突破14.6万户；开展绿色账户积分兑换活动，参加人员1万余人次，累计消纳积分295.29万分，全年收集湿垃圾31056.59吨、有害垃圾43.3吨、玻璃895.4吨、废旧衣物塑料废旧金属等可回收物23.5吨。二是扎实推进生活垃圾无害化处理。进一步规范黄浦区生活垃圾运输处置，加大装修垃圾、酒瓶、花泥等分类处置力度，日均分类处置179.33吨（其中，装修垃圾172.54吨/日，酒瓶5.89吨/日，花泥0.9吨/日）。同时，强化渗滤液排放，严格作业车辆渗滤液排放登记考核制度，同步加大中转站渗滤液二次排放，做到应排尽排，日均排放渗滤液35吨左右。全年收运、处置生活垃圾31.21万吨。三是逐步推进落实单位生活垃圾强制分类。制作发放《单位生活垃圾分类责任告知书》《单位生活垃圾强制分类实施方案》宣传手册600余本，发放张贴强制分类海报30余张；联合相关执法部门上门执法7次，出动40余人次，对发现的问题单位责令整改。

淮海路灯光景观改造方案基本形成。为了全面提升淮海路及周边地区灯光景观的规范性、舒适性、文化性、艺术性、时尚性，区绿化市容局结合淮海路区域经济发展方向，研究市容环境面貌综合提升需求，联合相关高校、协会及国内外知名设计师等，对淮海路灯光景观进行了前瞻性、可行性规划设计。目前已完成设计方案的编制，与沿线商家、业务和居民的沟通工作以及国泰电影院等六处建筑物和特色路灯灯具的打样试灯工作，年内完成了试验段改造工程。同时，还将选取支马路的部分店招开展优化试点，进一步提升淮海路整体市容水平。试点工作已取得初步成效。

全力做好滨江贯通配套工作。滨江贯通

是上海市政府实事项目，在区滨江办的统一指挥下，区绿化市容局积极做好绿化、环卫、灯光等配套工作。一是因地制宜规划设计好绿化布局，高质量、高标准地组织建设施工任务，形成“一带三道七园”的绿化格局，打造了七个不同植物主题的专类园，得到了专家及市民的一致好评，成为黄浦江沿线亮丽的绿色风景线。二是积极做好环卫码头拆除后黄浦区粪便水运改陆运工作。通过现场勘探研究、完善收运作业流程、主动协调对接，从4月1日起，会馆街环卫码头正式关闭，原黄浦区域的粪便全部实行陆运模式。三是协助完成“远望一号”功勋测量船的景观灯光打造工作，使之成为浦江沿线又一意义非凡的夜景亮点。

二、绿化建设挖掘增量潜力

积极配合重大工程建设，做好绿化配套工作。一是全力做好老城厢生态环境整治工作。老西门地区改造是生态环境整治市级重点改造区域。区绿化市容局以“老街变绿街”为主要目标，对行道树、街头绿地等绿化进行综合整治，已完成区域内50株行道树的补充和复兴东路沿线望云路、光启南路、虹桥弄三座口袋公园建设，在市级区域内补种行道树50株，目前正在建设南张江弄临时绿地。二是配合轨道交通建设做好绿化搬迁工作。经过多次协调和现场踏勘，定下了借用延中公园面积最小、影响最小和对市民游园影响最小的借用方案，广场公园L7地块、音乐广场、古城公园均已完成搬迁。三是配合北横通道建设做好绿地借用搬迁工作。北横通道建设需要借用黄浦区九子公园部分绿地，因工程调整重新办理审批手续，区绿化市容局积极配合施工单位做好市政府实事工程的推进工作，确保市政府重点工程不受影响，同时实时监控工程进展情况，适时做好绿化恢复工作。

举办各类花展，迎重大节日花卉布置。在南园滨江绿地（公园）、外滩、淮茂绿地举办黄浦区郁金香展示活动。在人民公园举办海棠、荷花展示活动。参加2017年上海国际花展，以“静谧的海风”参展，获得了展会最高奖——铂金奖。人民公园“蝶恋花”、复兴公园沉床花坛、古城公园花坛等花坛、花境参加春秋两季上海市花坛花境评比，均取得较好成绩。为迎接党的十九大胜利召开，重点围绕人民广场等9个重点区域和延安路等9条重要线路进行花卉景观布置，主推红色系、黄色系等明快颜色的花卉品种，共计布置花卉110万盆，打造8个主题景点、1893个组合花箱，布置花坛花境24285平方米，全力营造喜庆、祥和的节日氛围。

努力做好夜公园开放后的持续管理工作。在2016年完成全部12座公园“夜公园”延长开放后，区绿化市容局深入调研，加强夜间值班，开展阶段性总结工作，不断完善夜公园设施，增设电子显示屏动态播报公园游客量状况、创建文明城区宣传口号和社会主义核心价值观。加强视频监控管理，及时修缮公园设施设备，对公园设施设备进行维修更新、完善便民措施，加大保洁力度和保安强度，为今后“夜公园”长效管理工作打下坚实基础。经过努力夜公园管理被区财政列入绩效考核项目，大大提升了后续管理的力度。

积极开展特色街区创建和花园社区建设。积极与街道社区联动，开展特色街区创建和花园社区建设，年内启动了新天地区域创建工作，联合新天地管理办公室、街道绿委共同推出新天地街区“最美绿色商家”评选活动，通过对商家店堂内外绿色植物的创新布置评选，形成新天地绿商融合的时尚氛围。推荐黄浦区“田子坊”参加“花香艺境”创意评选活动，“田子坊”获得最佳艺境奖。积极发掘社区自主建设、自主管理优势，组织推荐和指导合和坊以及教师公寓开展小区绿化居民自治活动，打造花园社区示范点，并请社会公益组织会同居委指导小区居民开展各类绿化互动活动和绿化知识普及讲座，提升了小区环境，以点带面推进全民爱绿护绿热情。

精心筹划“植树节”系列活动。以3月12日植树节系列宣传活动为契机，圆满完成四套班子领导和各界人士参与的“敬业林”全民义务植树活动。同时，在蓬莱公园、人民公园举行大型绿化宣传活动，开展以“园艺进家庭，绿化美生活”为主题的绿化宣传活动，举办绿化大讲堂，市民绿化节“绿化大篷车，园艺园区行”活动，区绿委办别出心裁地利用园艺大篷车，将大篷车开进了创业园区和特色街区，开展了4次进园区活动，为园区的白领和沿江的市民游客提供绿色园艺服务。在现场举办了园艺植物、插花培训班，设立了绿化展示销售点和绿化专家咨询点，开展面对面的交流与互动。组织黄浦区市民插花爱好者参加“博大园艺杯”市民插花花艺大赛，在全区范围营造了社会各界关注，全民自觉参与植绿、爱绿、护绿的良好氛围。

积极开展古树名木、绿地树木的认建认养活动。近年来，随着市民对绿化认建认养活动的关注度和热情度不断攀升，为方便市民咨询和报名，在传统电话、短信平台外，今年利用新媒体服务平台，新增设网站、微信等认养渠道。同时，继续推出复兴公园、广场公园、世博林绿地、丽园公园、广场公园三期和蓬莱公园6个认养点，共计可认养绿地面积6.58万平方米，可认养树木约3000棵。继续推出复兴公园、黄浦公园、江西中路和广场公园内的近40棵古树名木和后续资源供社会认养。全年区绿委办共接受单位57家、个人327人参与绿地、树木的认养活动。

充分发挥公园阵地作用，举办公益性文化活动。积极举办各类公益性活动，积极投入全国文明城区提名区创建工作，让公园成为建设精神文明的重要基地。全年共举办各类公益性活动100场（次），放映露天电影8场，以宣传、市民健康保健、为民服务等为主要内容。积极配合文广局等部门举办春、夏、秋季草坪音乐会。全年举办广场草坪音乐会51场。利用人民公园阵地开展了17场园艺大讲堂活动，协助市风景园林协会开展“专家面对面”南园滨江绿地导赏活动，在“绿色上海”“上海花讯”等微信平台接受报名，共吸引600余名市民参加活动。

集中整治人民公园相亲角黑中介泛滥问题。在区政府的指导下，对人民公园相亲角牵头进行集中整治巩固工作，在周末，联合广场派出所、区民政局、妇联、城管大队、街道对黑中介进行监控，集中公园保安力量对征婚人群和设摊摊主进行劝阻工作，努力使上述人群在指定区域内进行活动，并通过公园志愿者做工作，积极进行宣传，最低限度保证不扩散、不蔓延，争取缩小范围，使相亲角管理工作常态化，目前黑中介基本绝迹，现场次序和风气大为好转。

做好公园、公共绿地、行道树的日常养护。要求各养护作业单位强化计划性、预见性养护作业，做到月度计划、季度计划养护内容有重点、关键技术有监控。邀请行业协会、公园协会专家参与考评，引入第三方评价机制。按照行道树冬季修剪、春季剥芽技术标准，开展行道树规范化养护，对约3500株悬铃木进行冬季适当修剪；对区内8000余棵行道树进行防台防汛修剪，对3800余棵树木进行加固。新创1条林荫道，自2011年以来，黄浦区积极推进林荫道创建工作，全区共有17条（段）道路被命名为“上海市林荫道”。

三、环卫保障突显常态长效

圆满完成“双创一迎”工作。为了确保任务圆满完成，区绿化市容局建立“双创一迎”环卫保障组，明确分工，细化目标，合力抓好创建工作。具体落实好以下四项措施：一是开展自查自改，夯实创建基础。对照测评内容和标准，每周组织一次自查。检查内容包括全区道路、公厕、清运车辆、垃圾箱房。发现问题223个，均及时整改，整改合格率达到100%。二是开展三级检查督导。组织先期检查和定期抽查16次，发出问题整改324条，有力促进作业质量提升；局质监中心检查队伍，全区域、全覆盖、全天候开展零容忍、高标准的检查，督促整改问题512条次，问题整改时效明显提升。环卫作业企业开展内部自查，重点检查人员在岗率、问题处置率、成果巩固率、服务满意率4个核心指标，变被动为主动，有效控制问题发生率。三是开展专项治理。开展道路洁净工程，每天增加两次人工普扫、38个机械化清扫班次、21个机械化冲洗班次，确保全区道路始终干净整洁见本色；强化清运规范化作业服务，每天增加作业31班次，严格做到"三同时，一手清"，确保日产日清。同步严格落实建筑装潢、大件垃圾迎检时间托底机制，累计清除建筑装潢、大件垃圾10.85万吨；开展公厕保洁服务专项治理，进一步推广人性化服务，落实"四件套，三步法"等保洁服务模式，开展除异味、除蚊蝇专项治理，安装空气清新装置26处，投放空气清新剂356瓶、杀虫剂341瓶，全面提升公厕保洁服务水平；开展环卫设施专项治理，整修垃圾箱房67处，维修作业车辆73辆次，更换垃圾方桶3800个，废物箱179个，每天延长环卫设施看管时间两小时，确保环卫设施周边整洁无污染。四是建立迎检三项机制。建立重点区域驻守机制，落实专人定点固守，共安排驻守人员2537人次，明确保洁责任、时段、标准，确保不失分；建立沿线快速整改处置机制，组成巡查小分队反复循环巡视，发现问题利用微信平台，要求5分钟内必须快速整改；建立面上全面保障机制，安排作业公司道路保洁人员全部放弃休息累计17天，全面实行并班作业，累计出动保洁人员66272人次，出动作业车辆2295车次，实现保洁力度最大化。风景区、主干道路垃圾暴露时间做到了零容忍；中小道路、背街小巷垃圾暴露时间控制在10分钟以内；生活垃圾无满溢，建筑装潢垃圾无积压。

继续做好"1+10+X"综合整治。在总结2016年泛东街综合治理区域环卫设施配套和环卫作业的基础上，主动谋划2017年市级整治区域综合整治的环卫设施配套及作业流程、作业标准的完善调整，同步配合做好10个街道的其他整治相关工作。完成了现场勘查移动环卫设施，根据勘查情况制订了移动环卫设施摆放工作方案。同时，并根据现场勘查清道和清运作业情况，完成了环卫清道和清运作业班次调整工作。

圆满完成各项重大保障任务。牢牢抓住节前整治、节中保障、节后巩固"三个环节"，不断完善保障预案，合理部署保障力量，全力以赴做好党的十九大环境卫生保障工作和一大会址周边保障工作，圆满完成上海国际马拉松赛、上海旅游节、七一滨江贯通、上海生活节等重大保障任务，先后完成了元旦、春节、五一、国庆等节日保障任务，展示了黄浦整洁的环境面貌。全年重大节庆（活动）保障累计37次，共51天，全局共增加保障人员累计143521人次、车辆累计7122车次，公厕延长开放时间累计231座次，清除暴露垃圾累计3469.15吨，应急处置各类事件累计61件。重大节庆（活动）期间市容环境水平始终保持优良状态。

积极开展道路扬尘污染控制。继续把扬尘防治工作列入业务重要工作，以进一步提升道路洁净度为抓手，充分发挥环卫作业优势，着力抓好道路扬尘防治工作，全区环境监测指标继续向好，完成了市政府下达指标。一是加大全区道路保洁冲洗力度。明确全区一级、二级道路实现机械化清扫、冲洗全覆盖，确保每天3遍以上；其他道路实现人工冲洗全覆盖，确保每天一遍。二是增加重点区域保洁频次。国家级监测点区域（鲁班路—斜土路—制造局路—中山南路）确保机械化清扫、冲洗每天5遍；市级监测点区域（思南路—淮海路—重庆路—复兴路，九江路—黄陂路—人民大道—西藏路）确保机械化清扫、冲洗每天4遍；市渣土污染重点整治道路〔河南南路（复兴路-陆家浜路）〕根据要求，定时、按需加强机械化清扫和冲洗作业，确保扬尘监测达标；出土工地周边道路每天增加1次人工冲洗。

加快推进环卫设施设备更新升级。更新生产车辆62辆、完成区建筑垃圾整治环卫装备34辆/台采购。推进落实年度计划中13座普通公厕、环保公厕及移动公厕的大修改建和9座道班房、6座压缩站改建的实地查勘工作，完成18处倒粪站除臭装置维修维护，在老城厢市级重点整治区域进一步完善环卫设施配套，积极推进改建公厕1座、整修环卫五小设施19处。同时，积极完善全局信息化建设，验收车载指挥调度与监控全覆盖系统，基本实现全局环卫作业车辆实时监管到位，做到同步指挥功能的实现。

四、灯光景观管理提升亮点

规范灯光景观审批。落实审批流程、安全告知和批后监管等工作措施，督促申请方及时做好维护和安检工作，提升商家安全意识和社会责任感。全年共受理审批户外广告6处、户外招牌170处。

高效做好日常监管。继续保持灯光景观管理高压态势，确保日常巡查频率、广度和深度，发现问题及时督促整改；继续保持与城管执法部门间的双向互通，违规户外设施及时移交进入执法流程；继续保持更新户外设施信息，完善基础台账，落实精细化管理举措。积极推进户外广告专项整治。2017年完成市绿化市容局督办整治设施86块，拆除违法户外广告设施76块，完成率100%。全面参与“1+10+X”重点区域环境综合整治工作，共拆除了问题招牌设施178块、走字屏8块、招幌及其他设施31块，整治完成存在问题的户外招牌设施634处，为后续立面改善打下基础。

多措并举保障安全。为应对日益严峻的户外设施安全问题，尤其是世博600天期间政府代为设置的户外招牌设施陈旧老化等情况，区绿化市容局多措并举落实安全保障工作，积极开展书面安全告知书发放及户外招牌设施工程性隐患排查，共发放安全告知18000余份，排查户外招牌设施3100余块；对全区近400处景观灯光设施落实日常安全检查和重大节点突击抽查，发现、排除各类问题92处；同时落实了三支共30余人的应急保障抢险队伍，定期开展设施、设备、备用材料等的检查和人员队伍的安全培训、应急演练，确保关键时刻能够及时响应、保障到位。

五、社会管理不断完善

进一步研究完善绿容所下沉街道后的工作机制。根据街道绿容所下沉后工作机制不畅的情况，以各管理所领导为基础，成立了6个调研小组，进一步明确管理所下沉街道后的各项工作职责；编写下沉后绿容所工作手册，进一步细化街道绿容所工作职责；在实地走访调研的基础上，结合局党委中心组学习课题调研，形成专题调研报告。

加快推进“两网融合”试点工作。联合区商务委在南东、瑞金、豫园、老西门、淮海和半淞6个街道范围内引入3家试点企业，精心挑选15个机关企事业单位和7个垃圾分类小区开展“两网融合”工作，逐步探索建立“两网融合”工作从源头到末端的分类回收体系，推动实现资源增量与垃圾减量。

做好餐厨废弃油脂监管工作。牢牢把握以创建“食品安全平安城区”为抓手，向全区大中型餐厨废弃油脂产生单位发放申报告知单3000余份。全年共收集餐厨垃圾25440.54吨、废弃油脂2846.64吨，其中老油745.61吨、地沟油2101.03吨。联合区市场监管、区城管组织开展餐厨垃圾、废弃油脂专项执法检查行动80余次，出动人数近

420人次，严控收运市场，杜绝餐厨垃圾、废弃油脂流入非法市场。

强化环境卫生责任区管理工作。统一制作安装不锈钢门责告知书3000余份；进一步完善责任区信息库建设，全年基本完成区内各道路门责单位“一点一档”的信息归集工作。积极贯彻落实“五个一”工作要求，基本完成年市容环境卫生责任区管理示范道路创建工作（每个街道各1条），指导建立责任区自律组织50个，结合各街道“五违四必”拆违等整治行动对示范道路沿街店铺进行门责宣传和指导。按照《上海市查处乱张贴乱涂写乱刻画乱悬挂乱散发规定》相关要求，继续开展“小三乱”整治工作，对辖区内190条道路共清除各类“三乱”案件近138万件。

规范渣土运营管理。针对违规运输渣土和装修垃圾事件高发态势，区绿化市容局相关部门定期走访中标企业，监督检查相关情况，同时加强与城管、交警等部门的沟通联系，重点打击渣土运营车辆超载、扬尘等现象。今年，黄浦区共有出土工地10个。全年网上受理渣土申报91次、装修垃圾申报170次、工程泥浆申报1次。其中，工程渣土出土总量668000吨、装修垃圾网上申报总量674450吨、泥浆5000吨。受理零星装修垃圾申报约3500次，零星装修垃圾申报总量合计约166863吨，核发处置证约7954张。

投诉受理注重解决实效。全年共受理信访件246件，其中：信访来信120件，国家信访局系统来信106件，市巡察组交办件3件，中央环保督察组交办件回头看3件，市、区信访办交办件18件。局处级干部信访接待67次280人次，市局接待1次23人次。认真做好市民投诉受理工作，区绿化市容局共受理各类投诉、咨询、求助2146件，其中12345转来1170件，12319转来142件、市绿化市容热线转来245件、其他渠道转来66件。所有诉件均按照投诉受理“3个2”及“1515”的工作要求进行受理、处置，“3个2”即20分钟内移送办理、2小时内到达现场了解情况、24小时告知反馈处理意见。“1515”即1个工作日内联系投诉人、5个工作日内办结、15个工作日作为最后办理期限。投诉处理整体满意率达80%以上。

（二）静安区

静安区建设和管理委员会

2017年，区建管委紧紧围绕“中心城区新标杆、上海发展新亮点”的目标定位，牢牢把握“提升城区品质”的工作总基调，稳步实施“十三五”规划，扎实推进“旧区改造、重大项目、安全管理”3个方面重点工作，着力改善民生，促进社会发展，保障城区安全。

（一）迎难而上，坚定不移推进旧区改造

静安区启动7块旧改基地（中兴城8.9.10、昌平路桥、中心医院西块、91街坊、永兴路649弄、北站新城、南北通道二期），完成旧改受益居民6015户，共实现7块（103地块、80街坊、晋元、银邦、91街坊、59-2地块、66街坊）基地收尾。

今年，旧改政策发生重大变化，新基地启动时间普遍晚于往年。一是旧改观念发生转变。以“留改拆并举，以留为主”的旧改新理念为指导方向，注重保护历史建筑，传承历史文脉，对50年以上的房屋必须经过甄别后才能拆除，影响新基地的拉开时间和结转基地收尾。二是居民安置方案发生转变。由之前的实物安置为主，调整为“一证一套，实物与货币安置保持合理”为主。目前，安置房源价格将逐步按照市场价格提供，并且规定只能一证一套。同时，为了控制成本，市里明确要求降低货币安置比例，要求实物与货币安置保持合理。

面对旧改新形式，一方面，科学制订征收安置方案，合理设置货币和实物安置比例，在实践中不断完善安置方案，力求速度、成本、稳定相统一。另一方面，积极筹措房源。抓紧与市相关部门商洽推进市区联手土地储备项目，积极与开发商接洽合作开发事宜，加强区区对接工作，多措并举推动基地顺利启动。

（二）合力攻坚，全面推进重大工程项目

2017 年，区重大工程以区“十三五”规划纲要为基础，以“补短板、重生态、促发展”为工作主线，除房建项目，还与区市政道路指挥部、区河长办形成合力，将区重点道路建设、中小河道整治工程一并纳入工作范围内。

一年以来，除个别房建项目，各项重大项目按计划实施推进，总体情况平稳有序。一批增进民生福祉、促进经济社会发展的项目陆续建成，居民文化休闲场所不断增加，城区经济活力潜能逐渐释放。

1. 积极推进重点道路建设，居民出行更加便捷

2017 年，各项道路建设工程推进蹄急步稳，路网密度不断增加，道路行驶环境不断改善，居民出行更加便捷。北横通道稳步推进，中兴路下匝道年底通车，区属市政道路则实现 7 项完工、5 项开工、两项推进建设。

其中，区重点道路南北通道一期（北段、南段）全线通车，区区对接任务广灵四路桥、恒通路已全线通车，江场三路、山西北路（北段）、文安路也相继建成；裕通路、长安路、云照路、江场路、昌平路桥陆续开工；曲阜西路、山西北路（南段）推进施工中。

区政府实事工程中，完成 16 项道路大修项目和 10 项道路中修项目。共和新路（交通路—共康路）综合整治工程大修主体工程完工。45 条小市政道路路灯安装工程已完成，实现本区小市政道路路灯全覆盖的工作目标。5 项交通缓拥堵点工程已于 8 月完成，提前完成市交通委任务。

2. 大力推进中小河道综合整治，坚持绿色开放共享理念

2017 年，市政府要求基本完成黑臭水体治理工作，消除黑臭河道。随着静安区黑臭水体整治工作不断开展，全区中小河道综合整治纵深推进，河长工作机制已建立，河道整治项目稳步推进，河道水质情况不断改善，河道环境面貌持续提升。

一是建立河长工作机制，明确落实各方责任。上半年成立河长办公室，出台河长制实施方案，并通过政府公众微信号公布各街镇、部门三级河长名单，相关区级河长会议制度、考核问责制度等工作机制也配套建立，明确落实河道保护各级各部门责任，长效保障河道生态建设。

二是推进中小河道整治，提升滨河两岸景观。两项黑臭水体整治工程（夏长浦，东茭泾—彭越浦、西泗塘—俞泾浦、走马塘黑）已全部完工，完工后第一次公众测评工作已结束，公众满意度全部超过 94%；目前，列入黑臭水体名录的 5 条河道，徐家宅河、夏长浦水质达到地表五类水，彭越浦—东茭泾、走马塘、俞泾浦—西泗塘等河道从 9 月以来的 3 个月水质监测数据判断已不属于黑臭水体，后续会持续监测水质质量，确保整治效果。完成苏州河四期直流整治方案编制。

此外，根据力争在 2020 年前使静安区内河道水质常态达到地表 V 类水标准的要求，区建管委编制《静安区中小河道综合整治三年行动计划（2018 年—2020 年）》，明确未来三年河道整治目标与计划。

三是开展河道保护宣传，让绿色发展理念深入人心。静安区先后开展多种多样的宣传和科普活动，例如“3·22”世界水日、“6·5”世界环境日主题日活动，“河河美美”卡通人物形象征集的评选和发布工作等，树立绿

色、开放、共享理念，为公众测评打下群众基础。其中，组织策划的静安区首届中学生水环境治理科普活动，在团市委、市教委等主办的“上海市高中阶段学生社会实践项目大赛”中荣摘桂冠；在由市水务局发起的最美小河评选中，静安区夏长浦河道获得了“最美河道景观”奖。

3. 着力推进房建类工程项目，促进经济社会发展

年初，区委、区政府确定重大工程年度目标为开竣工160万平方米。今年以来，各项竣工项目按计划推进，部分开工项目受房地产政策变化等原因影响进展晚于计划。

截至12月31日，25个项目实现开工，总开工面积163万平方米，实现年度计划开工面积的102.36%；27个项目实现竣工，总竣工面积为160万平方米，实现年度计划竣工面积的100%。

为确保各重大项目顺利开竣工，区重大办一是加强统筹协调，每个项目形成例会制度，并指派专人跟进，及时掌握项目进度，落实各项任务。二是形成合力，与区发改委、区规土局形成每月一次的定期对接机制，对接各审批部门，定期对表，确保完成各项目的审批节点。三是加强催办督办，督促各审批部门做好前期审批的指导和服务工作，加快内部流转，在最短的时间内核发批文。目前，总计发出催办单37分，督办单3份。

（三）居安思危，持续保障城区建设管理安全

1. 深化建筑业管理，严守安全质量风险

一是加强服务与简政放权并重，强化事中事后监管。继续放开市场准入，放开社会资本投资项目监管的属性，重点落实政府投资项目监管，引导招标人切实履行好相关法定职责，为招投标市场把好关正本清源。

二是严守安全质量风险关。全面落实五方责任主体项目负责人质量终身责任。在日常监督中增加对监理行为的检查和处罚比重，迫使监理单位真正起到监管部门助手的作用。

三是推动区域绿色建筑发展。严把设计审查关，对总体设计文件审查阶段，按照现行规范要求，完成专项设计。目前已推动80号地块新建静教附校工程落实绿色3星级实施，并采用装配式建筑和BIM建模技术施工。

2. 创新管理方法，提升停车管理能力

一是机动车停车管理。根据市交委年初下发的机动车停车管理任务目标，静安区已提前完成各项任务，并且部分项目超前超额完成目标。其中，停车资源共享利用完成泊位数560，完成率140%；公共停车场（库）点在收费系统改造任务完成率100%；在上半年就实现内环内道路停车POS机全覆盖，超前完成任务。同时，制定《桥荫桥孔停车场管理办法》及《桥荫桥孔停车整治工作方案》，正在待上报批准后实施。

二是非机动车停车管理。通过组织开展14个街镇道路非机动车专项整治，约谈共享单车企业规范管理，制定《静安区共享单车管理九大管理措施》等措施，全区非机动车管理水平走在全市前列，目前非机动车乱停放现象已有所改善。市交通委高度认可静安区在非机动车管理探索的管理经验和整治效果，并得到媒体多次报道，浦东新区、普陀区等兄弟区也来静安区学习交流相关管理经验。

3. 落实安全监管责任，全面开展燃气安全管理

自今年对接落实区级燃气安全监管责任以来，静安区配合消除安全隐患，积极建立相应制度，落实各方责任，未发生重大燃气安全事故。

一是全面铺开瓶装液化气配送工作。静安区于今年3月全面铺开液化气配送工作，区域内两个瓶装液化气供应站于3月25日停止门售，其中武宁南路站已停站歇业，消除市级安全危险源。

二是对接落实燃气下沉管理。根据市住建委要求，对接落实区级燃气安全监管责任，探索成立静安区燃气管理工作联席会议制度，明确各相关部门和街道的职责，推进燃气安全监管规范化、法制化，防止和减少燃气安全事故。前三季度，区建管委积极做好区燃气管理联席会议办公室牵头工作，先后牵头区安监局、区消防支队、区市场监管局、区城管执法局以及相关街道开展3次燃气联合执法，重点检查燃气商业用户，并对辖区内4家在营液化气加气站进行全面检查。

4. 消除防汛安全隐患，安全平稳度过汛期

在区防汛指挥部、各街镇防汛指挥部以及各成员单位的共同努力下，今年汛期平稳度过，全区范围内未发生大面积积水现象，经受住汛期几次大暴雨的考验。

一是加强汛前检查工作。3月下旬，完成区级防汛防台专项应急预案修订工作，落实抢险队伍车辆和物资，组建区级专业抢险队伍。完成龚家宅路，芷江西路150弄，天潼庵路42号易积水道路下水管的改造工程。组织开展防汛安全大检查工作，排摸隐患和问题，消除各类防汛安全隐患。

二是做好汛期值班。入汛以来，区防汛成员单位安排人员进行24小时防汛值班，保持通信畅通。在预警信号发布后，各级防汛指挥人员及时进岗到位，处置好险灾情，做好信息报送。

静安区绿化和市容管理局

2017年，静安区绿化市容局以创建复评全国文明城区和“美丽城区”建设为抓手，全力打造“环境宜人、发展宜业、生活宜居”的高品质城区，努力改善城区面貌，提升城区环境品质。

一、深化“美丽城区”建设，提升城区管理水平

建设项目不断深化。2016年项目各街镇综合整治路段151段，已建成道路149段、完成率98.68%；在建2段道路。2017年项目总立项数510个。各街镇综合整治路段191段，立项数371个，完成262个。开工路段数191段。专业部门立项数139个。

市容环境综合管理。全年整治无序设摊7247次、占道堆物14720次，跨门营业10128次，非机动车乱停放114441次，清理占道亭棚36处，清理户外广告设施4448处，整治店招店牌3446处，治理毁绿占绿现象1408处等。

二、完成绿化建设任务，展现良好环境面貌

指标任务圆满完成。建成各类绿地13.42万平方米、立体绿化3万平方米、绿道5.03公里。完成彭越浦楔形绿地一期、苏河湾地区公共绿地、南北通道及S湾绿化建设。推进万荣绿地及地下市政工程。

绿化建设管理提高。完成北京西路（成都北路—江宁路）和阳泉路（场中路—汾西路）的林荫道创建。完成南京西路嘉里中心绿化特色片区建设，形成整街区优美绿化空间，打造城市绿化精品。

公园绿化改造提升。完成区内岭南公园、广场公园、交通公园、大宁公园等12座公园延长开放工作。推进西康公园和闸北公园改造，实施“动、静”活动区域分区，满足生态、健身等需求。

三、以“补短板”为着力点，落实市容环境治理

“五乱”治理专项协调。牵头协调城管、市容、市场监管、派出所、交警等力量治理“乱设摊、乱占道、乱设广告、乱张贴、乱抛物”点位共220个单元，提升机扫与人机结合的清扫效率。

责任区管理成效凸显。巩固11条市容环境卫生责任区示范道路，推进建设16条示范道路，建立44个自律自治组织。组织教育培训180余人次，开展责任单位门责管理培

训 1.4 万余人次。

水域责任区管理创新。开展水域市容环境卫生责任区自律组织成立工作，彭浦镇成为全市首家成立自律组织的街镇。组织街镇积极开展月度水域市容环境卫生质量检查样本点检查评价工作。

四、坚持改革创新发展，推进环卫管理工作

垃圾分类持续推进。全区日均分出湿垃圾 191 吨，其中居民区及菜场日均分出湿垃圾 104 吨，餐饮单位日均分出餐厨垃圾 87 吨。绿色账户新增 30000 余户，累计办卡达 26.81 万户。

道路“一体化”保洁实行。4 月 1 日起全面对城区道路、绿地、市政设施等实行“一体化”综合保洁，新增（含更新）车辆 114 辆、新增电动作业机具 105 辆、新增人员约 750 人。

餐厨、建筑垃圾管理落实。将餐厨垃圾收运处一体工作延伸至北片宝山路、天目西路和大宁等街镇。规范粤秀路 580 号中转分拣场地，对现场分拣、装车质量、车容车貌等进行实时监管。

五、整治违法户外广告，打造景观灯光亮点

户外广告整治加强。全区总计拆除违法户外广告设施 564 块，完成率 99.64%。拆除 2017 年市局督办违法户外广告设施 241 块完成率 99.18%（2 块历年督办尚未完成）。拆除其他违法户外广告设施 323 块，完成率 100%。

景观灯光亮点纷呈。制订“一轴三带”景观灯光实施方案，落实南北高架沿线建筑亮化项目。启动南京西路景观灯光项目提升项目。编制“全区夜景灯光规划”，实施南北第二通道和临汾路景观灯光项目。做好石门二路、恒丰路地区灯光工程实施工作。

（三）徐汇区

徐汇区建设和交通委员会

2017 年是“十三五”规划实施承前启后的关键年，是全面落实区第十次党代会精神的起步之年。区建交委在区委、区政府和建交党工委的正确领导下，全面贯彻落实党的十八大和十八届三中、四中、五中、六中全会精神，聚焦“四个徐汇”战略框架，加大推进重大项目、旧区改造、基础设施和城区服务管理等方面的工作，努力成为城区服务管理的标杆，基本完成了确定的年度各项目标任务。

一、全力以赴，持续推进重大项目建设

今年市、区重大工程共计 40 项。其中，市重大工程 11 项，区重大项目 29 项。

1. 重点推进市重大工程。今年市重大工程共计11项，其中9项正式项目，两项预备项目。轨道交通15号线腾地任务已完成，华一制针厂开始拆房，推进罗秀路大华医院、百色路华一制针厂、桂林路航天八局等结建工作；金海线已建成通车；区区对接道路（断头路）华发路、武宣路基本竣工；滨江贯通工程基本完成；梦中心B地块正负零零结构基本完成、滨江部分已实现贯通；华泾西泵站正常推进，目前沉井作业已完成；音乐学院歌剧院目前处于结构施工阶段，C单体结构已封顶，A单体舞台区正负零零施工已完成；复旦大学内涵提升项目西区已竣工使用，东区正在施工过程中。龙泉电站配套工程因客观原因进度滞后于原定目标，正抓紧推进。预备项目中，宛平剧场电力切换及原变电站拆除工作已完成，开始进行桩基施工。越剧院目前正在开展土地用地预审工作，由于建设单位准备工作开展较晚，项目进度滞后于原定目标。沪剧院1号楼白公馆已取得区文化局文物立项批复，文物保护方案已报审，修缮工程年内已开工。京剧院1号楼年底完工，2号楼明年春节完工，3号楼明年开工。话剧艺术中心已完成设计施工一体化、财务监理、工程监理、项目管理等采购招标。体育公园更新项目4号区域及东亚大厦已开工，3号区域争取年内开工。

2. 有序推进区重大项目。29个区重大项目中，竣工6项，8条黑臭河道的治理任务已完成，仪电1号地块已完工，武康路100弄已完成外立面整修，永嘉路492弄已完成修缮，嘉会国际医院已开业，凌云社区服务中心已完成竣工验收；顺利推进19项，徐家汇地区徐家汇中心一期办公部分已对外运营，二期结构已封顶，预计2018年6月竣工，三期、四期已开工建设；天桥连廊一期工程、教堂广场等项目正按计划有序推进。滨江地区西岸传媒港、龙华地区综合改造、民航四大中心、滨江城开中心、跑道公园、龙华港一河两岸等项目均顺利推进。滞后于原定目标4项，分别是徐汇中城等工程。

3. 强化重点环节协调。重点推进华发路、武宣路等区区对接道路、断头路建设，推进风貌保护道路的修缮，继续推进滨江开展综合管廊、海绵城市试点工作。加强矛盾协调，南部医疗中心、华发路中学等项目开工矛盾协调，确保项目推进和周边稳定。

4. 建立健全工作机制。坚持每周工作例会制度和信息快报制度，做到信息定时互通，项目有效反馈，问题迅速反应，矛盾及时化解。区财政性投资的重大项目中加大探索机制，进一步发挥代建单位在全过程管理中的作用。

二、创新突破，着力开展旧区改造工作

完成8个地块平地任务，完成旧改签约259户，提前完成年度目标。

1. 推进零星地块旧改工作。2017年是旧改政策变化的一年，从拆改留到留改拆，对徐汇区新启动零星拔点影响较大，尤其风貌保护区内的拔点工作，区政府也对零星旧改的启动进行了调整，年内启动了龙华港一河两岸及温莎酒店的改造。此外，推进c单元旧区改造购买服务，作为全市试点地块，更好地发挥旧区改造的优势。

2. 加快平地收尾工作。已平地8块，分别是左村、永嘉路309—317弄（单号）、南朱家宅、北滩、黄家里、姚家塘集土、乌鲁木齐南路378—386号、长桥南街，提前完成年度平地目标；年底争取在完成两块平地任务，分别是华泾453和杨家桥，目前裁定书已发，计划12月强制执行。截至目前，组织实施完成强制执行6证。

3. 全面做好配套商品房建设管理。一是重点推进华悦家园10号楼的竣工交付工作，确保完成市委、市政府在外过渡3年的回搬工作，统筹全州路北侧公建项目的进展。二是提升信息化管理平台，加强结算模块的设置。三是梳理研究房源库内房源使用及处置方案。做好配套商品房办公室日常工作，组织召开1次配套商品房领导小组会议。

三、完善功能、稳步推进市政基础设施建设

更加注重区域系统性、综合性和前瞻性工作和项目推进，打造功能化、网络化、智能化的基础设施建设和管理体系，年内计划开工的财政性投资市政基础设施项目已经全部开工。

1. 把握节奏，稳步推进市政道路工程建设。田林下穿中环线新建工程已进入管幕顶进阶段，预计2018年底竣工通车。区区对接道路（断头路）华发路基层施工已完成，即将实现主体贯通；武宣路正在实施现场下水道及公用管线施工，预计年内竣工。景洪路、景东路华济路均完成立项批复、选址意见书批复、工可批复，招投标工作已完成。风貌保护道路岳阳路提标已完成，正在推进新乐路、延庆路等8条道路的建设，乌鲁木齐南路、襄阳南路等8条道路抓紧推进前期手续。

2. 完善配套，加快推进“四站”配套设施建设。积极完成泵站工程建设任务。华泾西泵站年初完成腾地工作，目前项目主体正在抓紧施工，预计明年汛期前投入使用。全面推进110KV变电站建设任务。恭城、上澳、新梅陇变电站按照年度计划稳步推进；加快百色、双峰、东兰变电站相关程序办理，力争年内完成建设任务。推进消防站建设任务。南站消防站主体竣工；机场消防站已完成项目立项，明年抓紧推进。

四、落实长效，扎实推进水环境治理工作

1. 积极探索，建立河道长效管理机制。为全面贯彻落实本区水污染防治行动计划，加快推进水环境治理、水面积控制、水资源保护、水生态修复等各项工作，建立健全河道保护责任，根据市委、市政府文件精神，研究制订了徐汇区河长制实施方案。区委、区政府主要领导、分管领导担任总河长、副总河长，多次视察中小河道整治情况并专题研究，各级河长切实履责，确保治理工作取得实效。

2. 一河一策，积极推动黑臭河道整治工作。一是河道清淤疏浚全部完成。今年完成西新港、龙华港以及塘湾河敞开段河道疏浚及清淤。二是通道拆违任务全面完成。拆除违建94处，拆除违法建筑面积3万平方米（计划内2万平方米、计划外1万平方米）、围墙栏杆640米。三是沿河污水直排口完成截污纳管。累计完成今年考核河道排口封堵92处，排管长度近5公里，基本实现纳入考核的中小河道污水零直排。四是生态修复处于收尾阶段。今年7月完成北潮港生态治理，9月完成西新港、东新港生态治理。目前，塘湾河、东上澳塘、梅陇港、蒲汇塘、漕河泾港—龙华港、华泾港等生态修复施工已进入收尾阶段，正进行补种水草、水质调整等工作。五是加快推进截污改造。龙漕路污水管新建工程二期项目建设抓紧推进，目前完成施工图审图和深基坑评审，年内开工，预计明年建成通水。分流制排水系统雨污混接调查全面启动，已完成7个，正在实施10个。市政管道混接改造同步推进，完成康健、漕溪、桂平、长桥、石龙及二客站5个系统市政混接改造方案编制。6个区管泵站污水截流改造工作全面开工，康健泵站污染物削减试点已经开展，预计年内完成。

3. 加快二次供水设施改造，确保年度改造任务完成。徐汇区二次供水设施改造工作在2016年基础上，今年目标任务：一是完成去年遗留项目收尾，二是启动并完成区府实事600天改造项目和新一轮260万平方米改造计划。目前600天改造项目已完工。260万平方米设施改造项目抓紧推进，计划年底全面竣工。

五、精细管理，确保城区运行安全有序

1. 抓长效，确保城区安全运行。全面落实市、区关于城区安全运行管理的要求，严守安全底线，继续以高压态势加大对建筑工地、桥荫桥孔、在拆基地的安全管理和巡查工作。推进燃气管理，完成区内液化气全配送工作；制订区燃气事故应急预案，整治非法无证燃气站点；配合市燃气处开展执法行动两次，对燃气企业、站点、终端用户等开展燃气日常检查9次，参与街镇集中整治3次，组织区内13个街道（镇）开展燃气管理培训45人次。制订2017年防汛预案，强化责任制；推进滨江地区防汛实战演练，提高实战能力；加强薄弱点重点布控，预备抢险队伍，增强了防灾抗灾处置能力。汛期共发布防汛预警16次，成功应对5次暴雨侵袭，确保了徐汇区人员及财产安全。

2. 加力度，持续提升市政日常养护管理水平。认真做好创全保障工作，对辖区内13个街道、14条重点道路及背街小巷开展全面自查和集中整治。推进中山医院周边“五横二纵”七条路市政道路环境进行综合整治，包括道路翻挖新建、铣刨加罩、窨井整治、雨水口整治、翻排侧平石、更换隔离护栏等项目。今年完成道路铣刨加罩72341平方米，沥青补坑41271平方米、灌缝42300米、彩板修复113790平方米。累计疏通各类排水管道676.837公里，清捞窨井雨水口17.865万座，调换窨井盖座2892个。

3. 提能效，推进区域交通体系建设。推进静态交通规划管理。启动“静态交通专项规划”修编工作；编制《徐汇区停车资源共享利用实施办法》，以公共停车信息平台为技术支撑，借助互联网平台，提高停车资源集约利用效率，实现停车规范有序；完成徐家汇商圈诱导系统方案编制设计工作，通过可变信息标志手段，发布路况、公共停车泊位使用情况等信息，实现停车诱导；推进中山西路高架下停车场项目，已完成方案评审；桂江路停车场项目已完成规划执行程序；小闸镇停车场项目完成方案编制。增加停车泊位，全年新增公共泊位3699个，公共充电桩272个，共享413个泊位（3个市级共享停车示范点）。推进慢行交通规划。编制了《徐汇区非机动车（含共享单车）道路停放点设施专项规划及设置方案》，落实“一街镇、一方案”的非机动车停放点规划布局及设置方案；完成了风貌区骑行线路方案，结合风貌区景点，设置风貌区骑行线位、站点，并完善配套工程性措施，引导方案、停放点设置等细化研究；牵头制定《徐汇区非机动车（含共享自行车）规范化管理实施意见》，明确部门职责分工，加强非机动车，尤其是共享单车监管力度，规范引导车辆有序停放。与共享单车企业签订“共管共治”协议，督促企业加强管理，规范运营。完善公共交通，推进1210路延伸、763路增设站点，研究推进胸科医院门口、五官科医院门口港湾式车道方案，推进二次过街局部改造。探索交通信息化，完成交通综合信息平台二期项目，推进行政服务中心大屏展示系统开发；汇总交通信息，编制交通年报。

4. 强监督，规范建筑业行业管理。精细管理。落实《上海市建设工程招标投标管理办法》，开展建设工程质量安全巡查；推进《关于进一步引导和规范徐汇区重点区域建设工地围墙管理的指导意见》《关于加强徐汇区建设工地扬尘污染防治工作的通知》等方案，加强对徐家汇中心等项目围墙审核及工地扬尘控制。推进建筑新技术的应用推广。2017年对徐汇区新建民用建筑全部提出装配式要求，已完成龙华街道N14-03等地块装配式要求出让；绿色建筑全面实施，推动BIM技术在徐汇区多个大型公建和市政工程中得到应用。做好节能工作。2017年共完成公共建筑节能改造项目8个，建筑面积15.21万平方米；可再生能源建筑一体化运用建设项目1个，建筑面积2.81万平方米。公共建筑能耗公示项目5个。

在全面完成年度工作的同时，工作推进中也有值得总结的方面：一是要积极转变观念，尽快适应李强书记、应勇市长对城市建设服务管理提出的新理念、新要求，寓管理于服务之中，以服务来强化管理，提升城市服务管理和安全运行的精细化水平。二是要进一步提升项目管理的科学化水平，对项目启动的成熟度、工程进度、预算执行安排要有更加科学的分析和安排。三是进一步加强研判，尽早启动项目建设的前期程序，部分项目由于前期程序时间较长，导致后期建设时间非常紧张，要在明年的工作中予以完善。

徐汇区绿化和市容管理局

2017 年，徐汇区绿化和市容管理局工作秉持创新、协调、绿色、开发、共享发展的指导理念，按照市、区两级领导的统一部署，以“美化”“净化”“精细化”作为局总体工作目标，结合创全，坚持生态文明建设，着重做好区域环境治理、绿化建设养护、市容规范整治、环卫保洁等各方面工作，基本完成了年初制定的各项工作任务。

一、聚力区域“五违”环境综合治理工作，整治再提速，凝心聚力，排除万难完成全年攻坚任务。

年初制定的“2+2+2”的成片地块拆违整治目标：两个市级重点（西岸滨江地块、万体馆地块）、两个区级重点（华泾工业园区、南站 8 号地块），以及两亩以上环境脏乱差地块及 2 亩以下沿街破旧违法建筑。

截至目前，在区委、区政府领导的关心下，在各相关职能部门的大力配合和支持下，全区共拆除违法建筑约 110 万平方米。其中：

1. 市级重点西岸滨江地块已整治的区域占地面积约 10 平方公里，涉及三个街道、一个镇，拆除点位 71 处。地块内涉及多种企业形式的租赁企业及商户 4196 家，违法居住人口约 1.2 万人，违法排污企业 92 家，消防安全隐患 170 处，生产安全隐患 39 处，违法生产经营企业 1141 家，违法建筑面积 49.8 万平方米。现已全部整治完毕。

2. 市级重点万体馆地块已完成违法建筑拆除约 1 万平方米，调整拆除规划非保留建筑东亚展览馆和奥林匹克宾馆，面积 27800 平方米。同时，大力开展有证商户清退工作，区域内共有有证经营商户 138 家（东亚和奥宾直接签订合同的共有 98 家，另有转租户 40 家）。通过多部门联合开展集中整治行动 86 次，发现解决各类问题 38 个，化解各种途径的居民信访 58 起。在妥善做好区域维稳工作的同时基本顺利完成商户清退工作。

3. 区级重点南站八号地块已拆除违法建筑面积 19.4 万平方米，华泾工业园区地块已拆除违法建筑面积 12.9 万平方米，街镇级 2 亩以上环境脏乱差地块已完成拆除 23.4 万平方米，中小河道整治工作完成拆除 3.5 万平方米。

“五违四必”工作开展以来，区域内违法建筑大大减少，违法经营企业随之关闭，“脏地”变绿地，群众健身休闲多了新去处，切实提升了百姓的满意度和获得感，城市也获得再发展空间。

二、多新出精，巩固提升绿化覆盖率、绿地亮点、景观精品，美化生态环境

今年绿化建设工作重点围绕新建绿地、区域特色景观提升开展落实。

1. 新建绿地：截至目前共计完成新建绿地 34.85 公顷，其中由区绿化市容局作为建设主体的中环绿廊续建项目（共计 11.23 公顷）：桂江路中房地块绿地建设（三期）的 7.6 公顷目前已进入施工后期阶段，已完成乔木大观亩种植 85%；道路、广场地形等基础工程已经完成，年底基本完成工程施工。桂江路绿地临时四期 3.6 公顷已进场施工，目前在进行湖面开挖、基础地形等施工；该项目由于前期工地交地过程有些滞后，影响到施工进度，预计明年上半年完成工程施工。

由西岸集团作为建设主体的徐汇滨江绿地建设项目（共计 22.5 公顷），其中：跑道公园已完成 4.58 公顷；滨江公共开放空间南

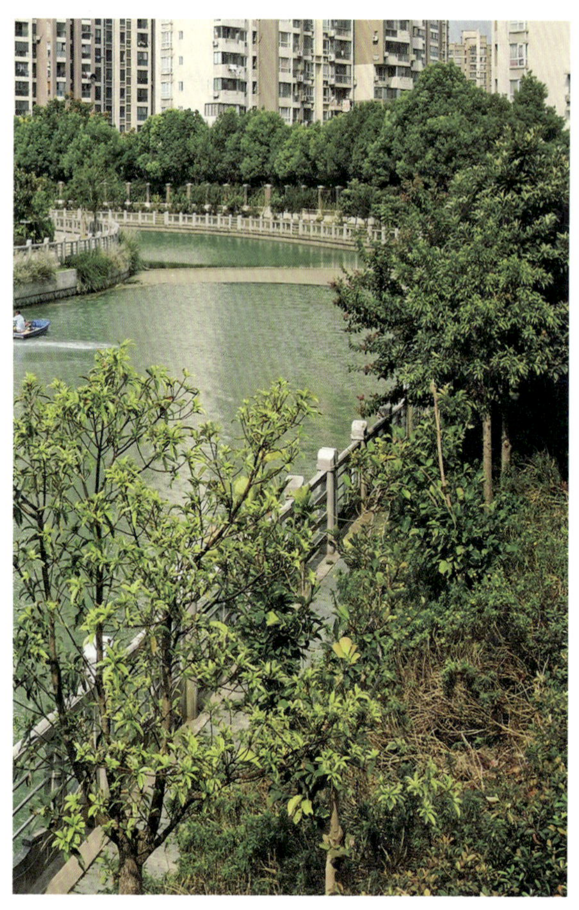

段预计年底能完成9.4公顷；滨江地区公共开放空间综合环境建设工程（一期）样板段调整增加油罐区工程，已完成3.22公顷；同时，徐汇滨江区域龙腾大道延伸段完成道路绿化1.1公顷。预计至年底共计完成18.3公顷。其他居住区集中绿地和零星扫盲绿地已完成2.12公顷。

2. 区域特色及景观提升项目：今年，区绿化市容局积极推进绿化特色街区的创建工作，配合街道和漕河泾开发区推进关于漕开发宜山路桂菁路区域特色绿化街区的创建；以徐家汇商业中心和衡复历史风貌保护区景观绿化提升工作为抓手，努力打造绿化特色景观，提升区域内小绿地的景观面貌和功能。目前初步概念方案通过设计招标，落实了设计单位，正在进行审计方案优化和深入设计。

3. 持续推进城市绿道建设和立体绿化建设工作。今年，新建和完善城市绿道5公里，包括年初已建成并向市民开放的2.02公里长的徐家汇公园绿道、结合黄浦江45公里贯通工程的徐汇滨江公共开放空间综合慢行道绿道3公里。徐汇区绿道规划专项在上半年完成初步成果的基础上，完成了绿道规划编制项目的中期成果评审。立体绿化目前已经完成南洋中学、徐汇中学、区政府3号楼、上师大一附小、汾阳中学等处立体绿化建设3万平方米。

三、规范管理精细化，不断提升城区市容管理水平，实现视觉净化

以“创建全国文明城区”为工作重点，以“整洁、有序、美观、平稳”为目标，紧密结合服务民生，注重整体与重点相结合，从区域环境综合治理和深化门责管理入手，结合广告专项整治，精心安排完善方案，明确分工任务落地，注重整改切实到位，使徐汇区的市容环境水平得到较大提升，连续3次荣获全市市容环境卫生市民满意度测评中心城区第一名。

1. 围绕规范，推进违法户外广告整治工作。依据《上海市户外广告设施设置阵地规划（修编）》，会同规土、工商、城管等相关部门完成修编《徐汇区户外广告设施设置实施方案》。目前处于市局方案复审阶段。通过方案修编，规范窗口。同时，编制完成《徐汇风貌区户外招牌设置导则》，积极推进衡复风貌区户外招牌改造提升工作。依据《关于开展2017年本市违法户外广告设施整治的通知》相关指示精神，按照“从严、从速、从广、从深”的原则，牵头制定《关于开展2017年徐汇区违法户外广告设施整治的实施意见》。根据方案，今年须整治违法户外广告191块（市督办94块、区督办97块）。截至目前，已顺利完成7处7块2016年市督办任务收尾工作，2017年市督办任务已拆除86块，完成率91.48%；2017年区督办任务已拆除91块，完成率93.81%；累计拆除177块，完成率92.67%。

同时，为切实加强户外设施日常监管，

确保市容环境整洁美观，加强户外广告巡查，今年共计发现新设违章户外设施13处，督促自行整改5处，移交城管部门处置8处。停止临时性电杆商业迎风旗受理审批，多次组织力量拆除擅自挂放的迎风旗。

2. 品质化推进景观灯光的监督建管工作。“创全”期间，积极配合区文明办、区商务委，在徐家汇商圈港汇恒隆广场、中心绿地、人行天桥两侧进行灯光造景宣传，弘扬社会主义核心价值观。在衡复风貌等重点区域，结合公共绿地改造工作，配套建设景观灯光小品。积极参与徐汇滨江西岸传媒港景观灯光设置导则、方案的编制和评审工作。国庆期间，在徐家汇商圈绿地草坪上铺上了满天星灯，行道树上架设了流星灯，为商圈及周围辐射区整体营造了良好的景观效果和商业效应。重大节假日期间，排班轮流出动工作人员20余人次，确保18条主要道路沿线建筑物和26块绿地景观灯正常开放。

加强日常巡查，做好景观灯光的日常维护和修复工作。通过每一季度、每周三次、一次三班的夜间巡查和日间的整改工作，目前已完成对区域内景观灯光300多处的管线老化和180多处楼宇、绿地等灯具的整改修复工作。完成上海南站南北广场320个草坪灯综合设施的检查和维修工作。并对地面8处大电箱、210处分箱电表进行偷漏电现象的排摸。针对河道（三段）景观灯光和30块绿地景观灯光进行了“地毯式”的安全排摸。结合河道改造，整改了旧灯具，提升了现有居民休息锻炼场地的景观环境。针对区域内350幢楼宇景观灯光和8处景观灯光监控点，分区域进行设施、设备的清洁保养。全年共处理了450起景观灯光的隐患与投诉问题。

3. 深化门责，引导自治。顺利完成责任区街道（镇）达标和示范街道创建工作。以巩固市容环境卫生责任区达标街道、争创示范街道为抓手，进一步强化门责管理工作。在去年建成田林路、华发路等8条段市容责任区管理示范道路的基础上，今年继续推进13个街镇开展桂林路、天平路等11条段示范道路的创建工作，涉及道路总长8000千余米、责任单位630余家。依托“徐汇区市容环境责任区管理系统”，积极推进13个街镇信息平台市容管理、环卫和城管部门之间的资源共享。在加强责任区信息档案建设的同时，狠抓社会自律组织建设和责任区管理人员、责任人的专题教育培训，不断夯实市容环境责任区管理工作基础。今年以来累计对责任区管理人员培训720余人次，对商家责任人上门告知、宣传教育5300余人次。

4. 围绕民生、安全和重大活动保障，开展各类专项和综合治理工作。为整体提升中山医院周边市容面貌，切实提高人民满意度，在中山医院周边整治工作领导小组的领导下，区绿化市容局积极推动中山医院周边市容环境整治以及街面形态优化工作。在前期整治过程中，共排摸商铺、摊亭棚168家，其中关停及封门无证无照、破墙开店、违法搭建等店面103家，关闭拆除书报亭、彩票亭、蘑菇亭9家，责令停业调整业态14家，规范经营42家，砌围墙390米，拆除违章70多间，1200余平方米，新增绿化520平方米，重塑了城区形象，切实提升了居民群众的满意度和获得感。后期建设阶段区绿化市容局邀请专业设计单位编制《中山医院周边街景整治方案》。重点对“五横二纵”道路沿街建筑立面（色彩、材质、附属物构件）、围墙、店面、店招牌、绿化等方面做了重新设计。目前区绿化市容局承担的中山医院周边市容环境及绿化改造项目已获得发展改革委立项批复，预计于年底启动项目施工。

根据市、区重大活动市容保障的总体要求，依托区市政市容管理联席会议平台，协调区相关部门和有关街道，相互协助，各司其职，实地踏勘进行地毯式排查，牵头开展市容环境综合整治，提升市容环境品质。圆满完成了春节、国庆、上海国际马拉松赛、国际技能大赛、中欧高级人士会议等市重大活动期间市容环境综合保障工作，重点对沿街围墙、工地围栏、店招店牌、户外广告和道路招风旗等设施逐一进行检查，对于破损及不符合规范的设施，协调相关责任部门进行及时的修复或拆除，加强绿地、围墙垂直绿化和盒景鲜花养护，确保美化效果。牵头开展专项整治行动，加强对易发路段的管控和遏制，重点治理对渣土运输散落、无序设摊、跨门营业、乱堆物和乱晾晒等难点问题，有力促进相关地区和重点区域市容景观出亮点、出水平、出成效，重点区域市容环境水平明显提升，城区景观更加和谐温馨。

制订2017年防汛防台工作计划和应急预案，落实各项责任制，进一步完善防汛抢险工作机制，组织街镇两次发放《防汛告知书》共计3万余份。同时，根据《上海市户外招牌设置管理办法》加强政府对公共安全监管，结合市里对安全防控的要求，加强行政公共安全监管，落实区政府对隐患排查全覆盖的要求，重点对位置高、体量大、设置年限长、人流密集场所、高楼间受风口等店招牌等设施进行重点检查和防控，委托有资质的检测单位对店招牌设施隐蔽钢结构开展安全检测，加强对公共安全隐患店招牌设施的纠查，协调各街镇采取“拆、改、加固”等措施，截至11月底共检测1200余家店招牌设施并进行整改和加固，拆除有严重公共安全隐患店招牌设施60余块并督促商家规范设置。做到防患于未然，确保公共安全。今年，在市局组织的店招店牌、户外广告设施安全生产检查中，徐汇区被抽查的店招、广告良好率100%，遥遥领先其他区，居全市第一位。

四、结合创全工作，全覆盖、分区域完成辖区内环境保洁工作

今年，区域内环卫保洁工作以创全固卫工作为主线，坚持以问题为导向、以实效为目标，调整工作方式方法，补齐日常环境卫生管理短板。

1. 全区75%的市政道路实施5:00—21:00“两班制”保洁，天平、湖南、徐家汇街道“两班制”保洁全覆盖。组织环卫企业“送饭到路、岗上用餐”，确保道路上不脱岗、不缺人。除了日常巡查、第三方专业检查，系统职工“承包”重点点位，进行巡查督促与自查自纠。加强机械化保洁力度，重点针对龙吴路等重污染道路，每日冲洗次数不少于6次，确保道路无明显污染。

2. 反复强调实效，调整作业方式。要求每个职工减少普扫、加强捡拾。加快工作节奏、提高工作效率，包头垃圾滞留道路时间限制在10分钟内。要求清道职工提着畚箕快步走，巡回保洁电瓶车带着火钳慢速行，相互协作配合。废物箱每班次擦洗1遍，不出现满溢情况。同时做好后勤保障。为各作业班组配发小扫帚、小畚箕、火钳等劳动工具及口罩、手套等劳防用品。加强逐级培训，落实到人、到岗，克服挥舞大扫把普扫、将保洁重点聚焦在沟底的惯性思维。

3. 条块联动，紧密配合。不定期组织开展市容环境面貌综合治理行动，解决沿街商铺包头垃圾乱扔、污水乱倒等管理短板和顽疾顽症。环卫部门加强上门收集服务，加强与餐饮单位的协调，减少垃圾偷乱倒及垃圾桶游街现象。同时做好菜场垃圾收集工作，确保日产日清，环境整洁。市容部门加强责任区管理的宣传、指导与督查。城管部门开展针对性的现场执法。对治理成效各部门联合复查，使管理、执法、作业三位一体，进一步紧密衔接、加强联动。

五、落实生活垃圾处置渠道，抓好装修垃圾清运时效

1. 根据“大分流、小分类”原则，目前本区日产生活垃圾近1100吨、装修垃圾1000吨、餐厨垃圾65吨、湿垃圾近35吨、各类残渣近300吨、粪便近60吨。本区生活垃圾通过徐浦中转码头船运至老港处置。装修垃圾通过关港H4-7地块分拣场所分拣后

陆路直运至奉贤区柘林塘卸点处置、分拣残渣则运至老港处置。餐厨垃圾陆运至嘉定环兴公司处置。湿垃圾在徐浦中转码头就地预处理，残渣纳入生活垃圾处置体系同样运至老港末端。粪便陆运至长宁田度中心临时应急处置。全区各类垃圾均得以无害化处置。

2. 抓好装修垃圾清运。一是落实清运承诺。关港 H4–7 地块分拣场所装修垃圾分拣能力提升至 1000 吨 / 日，峰值能力提升至 1300 吨 / 日。装修垃圾清运车辆实行“人停车不停”，不推诿、不找借口，加班加点抢抓装修垃圾清运进度。日清运量保持在 900 吨以上。公开清运预约电话，发放通知书。创全迎检期限，对创全迎检小区承诺接到需求后当天上门清运，其他提出清运需求的小区三天内清运。二是加强源头管理。制订与落实《关于进一步加强本区装修垃圾处理的工作方案》，强调部门联动与属地管理。街道、居委督促物业服务企业落实规范堆放，在预约清运时间提前进行宣传告知，规范小区停车，确保清运通道畅通。三是完善快速响应机制。对每日偷乱倒的以装修垃圾为主的暴露垃圾、道路上突发污染要求快速响应。要求清运班组 4:00 上岗，5:00 前完成菜场垃圾清运，8:00 前完成道路上暴露垃圾清运，确保道路通行安全、路面整体整洁。同时注意避免扰民，6:00 后进小区清运，7:00—9:00 和 16:30—18:30 机扫及冲洗车避高峰。

3. 落实工程渣土源头管控，加强运输车辆管理，强化企业自律。定期召集渣土运输企业召开工作例会，布置近期工作重点，每两月走访一次运输企业，对运输企业的内部台账记录进行检查，督促企业树立自律意识，规范内部管理、强化责任意识。在今年的 2 月、7 月和 8 月、10 月对渣土企业、分拣场站、中转码头进行了安全生产专项检查。要求运输企业台账要有安全例会制度及安全教育台账、建立车辆维修保养制度及台账，按期进行车辆年检；分拣中转点对装修垃圾规范分拣、分类堆放；转运码头使用船舶符合交港、海事相关管理要求，无安全隐患。备案手续齐备，不接纳无处置证副本车辆。

通过“公务车 + 助动车”的模式，开展对本区出土工地、主要运输路线的全覆盖检查，对检查中发现的外区车辆立刻驱离并网上锁定相关车辆，对本区车辆无证运输立即要求停止作业并开具整改通知书，约谈总包及运输车队，同时配合相关执法部门，对工地进行相关宣传教育，使工地管理水平不断提高，1—10 月共出动检查人员 1400 余人次，检查各类工地、卸点、码头 2500 余个次，开具整改通知书 65 份。此外，还连同城管、环保、交警开展各类联合执法 40 余次，共计出动 200 余人次，发现问题 150 余个。

做好中转码头管理，确保去向可查：按照徐汇区滨江地区开发进度安排，徐汇滨江原水泥厂码头在春节后已关闭，目前徐汇区仅宏安干方码头一个渣土中转码头。在日常的监管中，对现有的宏安码头要求码头负责人落实冲洗场地和设备，增加冲洗保洁人员，对卸料后的渣土车进行冲洗和保洁，驶离渣土码头的车辆未冲洗的，限制驶出码头。在转运建筑垃圾作业过程中，通过洒水等方法，防止扬尘污染。同时要求码头经营单位，一旦船舶或者卸点信息有变动，需及时更新备案申请。截至 10 月底，共受理码头备案 4 次。此外，还认真做好每日数据的上报工作。要求码头经营单位每日上报作业情况，将使用船舶信息、转运量、最终卸点等信息每日登记汇总，并与申报信息实时核对，及时上报市废管处，保证了徐汇区渣土的处置去向可查证。

六、其他各项日常监督管理工作稳步推进落实，确保全年工作顺利完成

1. 公园绿地、行道树、花卉景观等日常养护管理工作。坚持“三位一体”机制，同时结合创全迎检训督查工作，针对发现的问题责令养护部门立即整改，进一步提升了区

域绿化景观面貌。继续在南站试点绿化养护监理制，同时继续加强古树名木和古树后续资源后续保护工作。认真落实绿化有害生物防控工作。

肇嘉浜路沿线绿地景观综合提升试点项目从“新优植物的应用、观花植物的适时修剪、植物复壮施肥、覆盖物的应用以及花卉布置、行道树设施维护”等方面，提升整个肇嘉浜路沿线的绿化景观面貌。

结合五一、国庆、党的十九大召开等重大节庆活动，在徐汇区重点区域、重点道路花卉景观项目通过主要路口的4544平方米绿地花坛花境、2196个/组/米的组合容器、5处主题景点等植物景观的营造，全年景观花卉用花量超过170万盆，确保重要节点的景观面貌；通过在景观道路漕溪北路、肇嘉浜路沿线及徐家汇商圈绿地中对洋水仙、郁金香等“种球类花卉”的应用以及南站景点中“多肉植物”的应用，增加了街头绿地中花卉材料的应用范围。

有害生物防控工作做得有声有色，管理责任层层落实。坚持以防为主、联防联治的原则，与绿化养护企业签订《绿化重点有害生物防控目标责任书》，层层落实防控工作要求，明确主要责任人；依托市级“三防”体系，坚持“硬件、软件”两手抓，全面增加市级、区级监测点的设备投入和人员配备；1个“三防”测报点、3个市级监测点以及12个区级监测点全面覆盖了公园、绿地以及行道树；专门制订了《徐汇区美国白蛾处置应急预案》，确保在突发情况下的及时响应和各项工作有效落实；重点区域内“两病两虫”等重点有害生物防控效果显著，无成灾发生，有效保障了区域内的绿化景观面貌；全区绿化有害生物成灾率在3‰以下，无公害防治率达到95%以上，预测预报准确率达85%以上。

2. 野生动植物保护。在市局野保处、市野保站关心指导下，组织协调野生动植物保护志愿者和专业执法部门，做好野生动物保护宣传和联合执法等工作。全年利用“爱鸟周”“烈焰行动”等节点，指导樱花园小学、益思幼儿园、田林二中开展野生动物保护知识竞赛，取得了较好的宣传效果；其间，还组织公安、工商对云州商厦、龙华古玩市场等开展执法检查，共收缴非法经营野生象牙制品53件，拒捕2人，进一步营造徐汇区的野生动物保护氛围；指导钦青疫源疫病防控点做好监测及野生动物收容救护工作，全年共收容救护狐狸、鹦鹉等12只。

3. 加强绿化宣传、服务和技术指导，夯实街镇层面的绿化管理基础。结合市局市民绿化节活动，组织绿化法律法规、绿化知识、园艺欣赏、插花、树木认建认养等宣传和培训工作；按照市绿办要求，开展居民自治组织和公益性社会组织参与社区绿化服务，已在“梅陇三村”“田林十二村”开展此项工作，为居民提供绿化知识讲座、绿化养护指导，居民的爱绿护绿意识明显提升。

积极组织和指导绿地缤纷城等单位参与参加“绿色星梦想”第3季“花香艺境”创意评选活动，选择绿化装饰、花艺布置得当、富有创意的公共场所，将相关图片、文字资料报送绿化指导站，配合上海广播电视台融媒体中心“人新闻坊”对绿地缤纷城的立体绿化进行宣传。在“绿色上海”“新闻坊”微信公众号上进行宣传、投票。经过专家评选，绿地缤纷城被评为最佳“花香艺境”。组织市民参加“上海市民海派插花花艺大赛”培训及区级预赛，进过专家评选进入市级复赛及决赛，徐汇赛区的两位选手获得金奖，两位选手获得银奖。在华鑫置业园区、各街道（镇）组织开展了各种形式的绿化宣传18次，1820人次；全年“进社区、进学校、进机关”等宣传绿化法律法规12次，参加人数达到600人次；当年新增认建认养树木100棵，金额约15690元。

同时对各街镇基层的绿化专管员进行专

业辅导和培训8次，确保将街镇层面的绿化监管工作落到实处。

组织对区域内花园单位普查和登记工作。参加市绿办组织的单位绿化网上平台操作培训，对全区66家“花园式单位”的续评工作进行指导及网上平台操作培训，按规定要求、时间节点进行申报，区绿办工作人员进行资料审核，并到现场核查评定。

对居住区绿化、单位绿化相关投诉和咨询，会同相关部门到现场踏勘，给予绿化行业指导。和物业、居委、业委沟通，协调处理解决树木影响居民通风采光及安全隐患问题。

4. 古树名木及后续资源保护工作。全年对区域内278株古树名木及古树后续资源进行巡视，完成巡视1305株（次），其中一级古树93株（次）、二级古树962株（次），三级古树250株（次）。完成桂林公园、宋庆龄故居、丁香花园老干部大学等单位、个人的764株（次）青枫、五针松、黄连木、黄荆、桂花、龙柏、广玉兰、香樟、银杏等古树树身清腐、消毒、涂抹防腐剂、菌根菌等复壮、施肥、白蚁天牛煤污病等病虫害防治、排水设施维修、树穴覆盖、支撑更换、工作，成立由徐汇园林发展有限公司技术骨干组成的古树应急抢救队伍，落实桂林公园香樟、岳阳路145号五针松、吴兴路81号五针松等濒危、倒伏古树的保护和抢救工作。

5. 公园创建管理工作。完善公园、社区、志愿者“三位一体”的管理模式。整合共享社会资源，推进社区和公园共建共管的管理机制，全年共接待服务游客26453685人次。全力以赴创全迎检工作：改造、调整八公园绿地7500平方米；栏杆油漆550平方米，木质油漆1100平方米；围墙粉刷8850平方米；道路、地坪改造维修230平方米；共布置宣传牌3430块，取缔聚众打牌点25处，做好近百人次聚众打牌的劝导工作。加强公园绿化养护，不断提升景观效果。对各公园的绿地及设施进行日常改造和维修。改造、调整徐家汇公园、漕溪公园、康健园、桂林公园等绿地3200平方米，对七个公园建筑、道路、地坪、构架等零星设施进行改造和维修。徐家汇公园上水系统改造3600米，八公园竹篱笆大修1100米，更新制作安装徐汇区各公园植物铭牌1000块，各公园栏杆油漆3000平方米，各公园道路、地坪改造维修1000平方米，围墙粉刷6500平方米，制作修理金属栏杆200米，修理灯具250盏，园椅修理油漆355张，垃圾箱维修100个，漏电开关维修18个，调换窨井窨沟盖150块，修补不锈钢盲道条180根，电子显示屏检修8台，水泵修理3台，屋面筑漏500平方米。

另外顺利完成了徐家汇公园儿童乐园的大修工程。完成上海植物园花展布展项目，并获得2017年上海花展景点金奖。在市绿化市容局、公园行业协会举办的“2017年上半年公园行业园艺展示活动评比”中，东安公园获花坛展示和花境布置艺术三等奖，襄阳公园获花坛展示三等奖，徐家汇公园获花境布置艺术二等奖。

全区8个公园经过复评全部获得市文明公园称号，徐家汇公园、桂林公园、漕溪公园、东安公园、襄阳公园、光启公园和康健分别保持五星至二星的星级公园称号。

6. 做好清洗场站管理工作，开展车容车貌检测。开展清洗场站试点管理：根据《2017年上海市机动车辆清洗保洁管理工作要点》和《关于开展机动车辆清洗场（站）综合治理试点工作的通知》要求，制订了徐汇区机动车辆清洗场（站）综合治理试点工作方案，明确了目标任务，完成了康健、田林两个试点街道的全面排查工作，与街道辖区的市容所和城管中队一起进行了联合巡查执法，为其中符合备案条件但尚未备案的机动车辆清洗场（站），积极上门提供备案服务，指导企业准备备案材料。全面消除了占路洗车的情况。还推举了两家规范服务示范清洗场站，已接受了市清洗管理处的检查，获得了较好的评价。此外，每个季度对区内29家有效备案清洗场站进行一次全覆盖检查，并对20余家未备案的机动车辆清洗场（站）派发备案告知单。从7月开始聘请第三方机构对徐汇区4类车的车容车貌进行检测。分别在徐浦大桥（龙吴路徐梅路）对环卫车辆、龙吴路A20跨线桥对工程车辆、漕溪路公交枢纽（漕溪路93号）对公交车辆、中山南二路龙吴路对出租车辆进行检测，引入第三方机构极大弥补了质监人手不足的情况，获得了较为客观和全面的车容车貌检测数据。

（四）长宁区

长宁区建设和交通委员会

2017年是实施“十三五”规划的重要一年，是贯彻落实区第十次党代会精神的起步之年，是迎接国家文明城区和卫生城区复评大年，也是市政建设推进之年。区建交委在区委、区政府的坚强领导下，认真贯彻落实党的十八大和十八届三中、四中、五中、六中全会，深入学习贯彻党的十九大精神和习近平新时代中国特色社会主义思想，结合推进“两学一做”学习教育常态化制度化工作，按照王为人书记年初调研区建交委时的要求，对照市、区重点工作目标，坚持党建引领、目标管理，进一步聚焦重点、攻坚克难，进一步细化任务、狠抓落实，不断提升城区管理效能，基本完成年初预定目标。现将工作推进情况总结如下。

一、党建引领，贯彻落实新思想新要求

（一）突主线，加强思政建设

一是深入推进“两学一做”学习教育常态化制度化。发挥党工委统筹作用，制订《长宁区建交党工委“两学一做”学习教育常态化制度化实施方案》，针对推进落实情况对各党委（党组）开展专项检查，通过明责、督责、述责、评责、问责“五个责”工作链，形成责任落实的压力传导机制，从严从实抓好学习教育。邀请区委常委、副区长陈华文上了一次专题党课，全系统领导干部讲党课30人次，各党委党组中心组开展专题学习讨论45次，基层党支部开展主题当日活动335次。二是做好党的十九大精神的学习。制定《建交党工委关于学习宣传贯彻党的十九大精神实施意见》，做好部署、明确要求、突出重点，通过中心组联组学习、处级干部研讨班、专题讨论、系统理论报告会、支部组织党员集中学习等方式进行深入学习，及时传达、宣传解读、学深悟透党的十九大精神，进一步领会精神实质和丰富内涵。三是做好党风廉政宣传工作。邀请区纪委信亚东书记为系统党员干部上党风廉政教育课，组织建交委机关干部收看《巡视利剑》《迷失与警醒之二》《迷失与警醒之三》等电视专题片，开展“学准则条例、做勤廉表率”反腐倡廉警示教育月活动，组织开展警示教育专题报告，做到警钟长鸣，强化纪律规矩。

（二）强基础，夯实组织建设

一是从严抓好党的组织生活制度。严格落实“三会一课”制度、民主生活会、组织生活会制度和谈心谈话制度，全面部署党组织书记抓党建工作述职，进一步规范党组织生活，抓实做好基础性工作。二是强化对基层党组织建设的指导督查。着重抓好党建七项重点工作落实，严格党员发展管理，落实党组织、党员信息采集工作，开展党员队伍思想状况调查。系统无失联党员、无明显软弱涣散基层党组织，本年度应换届基层党组织均按要求开展换届。三是持续深化区域化党建工作。进一步拓展党建服务面和服务内容，以持续性的组团式服务进工地形式，提高行业管理服务惠民的有效性，着力打造“凝聚力工程学习城建专委会”“建筑工地流动党员驿站”等行业党建服务品牌。

（三）重人才，强化队伍建设

一是做好干部选拔任用工作。坚持以五条好干部标准和“三严三实”的要求作为干部工作基本导向，严格执行选人用人有关程序规定，突出加强干部队伍建设。今年共提拔机关公务员两名、直属事业单位领导1名，对4名2016年提拔的事业单位领导干部进行了试用期考察。二是加大人才培养力度。加强编制使用管理，重点引进专业技术型人才，建立适应城区建设管理发展要求的人才队伍。今年对机关5名青年同志进行轮岗交流，通过推荐、考察共选拔出5名机关处级后备干部、3名事业处级后备干部以及6名优秀青年干部。继续坚持建交委机关“青年团队”定点联系街镇的制度，进一步帮助青年干部增强群众观念和服务为民的综合能力。三是加强干部日常监督管理。严格执行机关及事业单位领导职务出国（境）证照管理、个人有关事项报告制度，同时针对科级及以下干部经商办企业等情况开展专项检查。

（四）聚合力，助推群团建设

坚持党建带群建，充分凝聚工会、共青团等群团组织，发挥其引导、服务和维权等方面的作用。一是立足岗位建功，在创先争优的氛围营造上求突破。开展水务系统职业劳动技能竞赛、道路清扫及公厕保洁技能比武等技能竞赛活动，组织专业课程授课、爱心捐赠、朗读者比赛等主题活动，举办第七届职工文体节活动，提升职工职业素质和创新活力。二是立足凝心聚力，在服务职工需求上求突破。加强帮扶维稳工作，由建交工会组织发起慰问困难职工共计约400人次，对建交系统企事业单位进行全覆盖高温慰问，按文件要求组织基层员工、基层优秀职工代表、系统内劳模分别赴苏州西山、江西庐山、哈尔滨进行疗休养。多层次关爱外来务工群体，组织150名工地管理人员参加专题培训，高温慰问47家会员单位、370名外来建筑务工人员，向来自9家建筑工地的外来建筑务工人员发放电影观摩券300张。三是注重团组织建设。认真开展“一学一做”学习教育，开展主题团课，加强理论学习。深化拓展基层团组织发展脉络，形成“一点一线”工作法，推进“网格化团建”，开展富有行业特色的志愿者服务活动，凝聚青年力量。

（五）严治党，抓牢廉政建设

一是认真落实党风廉政建设责任制。积极落实“两个责任”，对照党委落实主体责任27项任务、纪委落实监督责任17项任务的工作清单和具体内容，下达党建（党风廉政建设）目标责任书并签订承诺书，明确“一岗双责”要求。落实全面从严治党主体责任督责述责工作，抓好监督、述责述廉及约谈提醒工作，梳理建立12名干部的廉政档案。二是落实中央八项规定精神，进一步纠正“四风”。严格控制和压缩“三公经费”的支出，逐一全面自查，加强监督检查，建立长效机制。继续执行“三重一大”备案制度，截至10月底，建交委共上报“三重一大”有关事项78项，基层单位共上报重要事项27项。修订公务用车管理办法，强化机关公务用车监督管理。三是努力推进机关干部作风建设。开展机关作风满意度测评，积极走访基层，把解决群众“三最”问题作为政风行风建设的重点。加强窗口服务建设，提高干部职工为民服务意识。

二、聚焦重点，全面提升城区形态功能

（一）全面完成市、区重大工程建设任务

市重大工程是必须倾全区之力确保完成的首要工作目标。2017年共有9项市重大建设任务，为近年任务之最，按照区委、区政府提出的长宁不拖全市重大工程后腿的要求，经过全区上下共同努力，目前，已全面完成年度任务，并得到市重大办的肯定。其中，北横通道建设已完成征收腾地任务，正在重点推进江苏路匝道的优化调整、落实水上派出所的规划选址和永久安置。目前，北横主线盾构从中江路至中山公园段长3.3公里已贯通，北横中环立交已全面进入桥梁结构施工，西南匝道已于上半年建成通车。轨交15号线建设完成征收腾地任务，3座车站已开工建设，正在重点协调推进车站与上盖、周边地块的复合使用和综合建设。其余列入的市重大工程均按计划进度有序推进。涉及区域经济社会发展和民生工程共22项建设纳入区重大工程管理范畴，总投资约217.85亿元（区级财力132.23亿元）。在区属重大项目协调推进过程中，注重社会事业项目的统筹和整合，充分发挥重大办综合协调的职能，主动跨前，及时协调解决项目推进过程中的难点和瓶颈问题，并探索建立区重大工程前期工作的绿色通道，尤其是从立项到规划用地许可（黄卡）阶段的流程再造，一批区属重点项目实现了当年申报预安排计划、当年完成立项、规划用地和拆迁腾地。已完成15处楼道扶手和15处坡道施工等无障碍设施建设。

（二）顺利推进经济载体建设

开工项目1个，为文化大厦项目，项目总建筑面积110196平方米，于8月24日取得桩基部分施工许可证，顺利开工。竣工项目5个。至年底，98街坊商办楼、新虹桥俱乐部、临空11-3地块、临空10-1地块、网电大厦5个竣工项目均顺利完成竣工目标，总建筑面积为520323平方米。在建项目13个，总建筑面积1332852平方米。至年底，各在建项目进展基本有序。

（三）积极推进慢行系统建设项目

完成紫云路北段、仙霞路和遵义路地道装修工程，积极协调周边商家探讨地道托管方式，核算落实地道管理费用，分别在4月底和9月底全面实现三条地道的开通试运行。推进紫云路南段地道建设工作，协调沟通尚嘉中心、上海南丰城等商家矛盾，实施绿化、管线搬迁和施工临时交通工程，及时有效协调解决相关工程问题和周边居民矛盾。启动苏州河慢行系统工程一期建设，围绕上海花城段居民矛盾化解工作，实施保护性施工，全长3.7公里的健身步道年底前建成开放。全力以赴做好中山公园一号门地下空间二期项目建设，与市区绿化管理部门协调绿化搬迁事宜，与北横通道对接协商施工场地和施工工期等事宜，调整完善施工方案，年底前完成绿化搬迁，2018年底正式开工建设。

（四）大力完善市政基础设施

确保市政基础设施按“建成一批、开工一批、启动一批、研究一批”的原则，按节点全力有序推进。一是建成一批，围场路、空港八路已建成通车，东航路完成桥梁结构施工，已竣工建成。二是开工一批，开工建设通协河、朱家浜、纵泾港三座景观桥梁，通协河和朱家浜桥年内取得施工许可证，纵泾港桥取得初步设计审批。推进临空慢行系统桥隧建设，北翟路跨线桥年底前取得规划许可证，天山西路地道正在进行规划许可证报批。东片区的联虹路道路工程已开工，已完成污水管道建设，绥宁路已提前实施配套污水管道建设。三是启动一批，启动开展古北路、种德桥路、哈密路、幸福路、凯田路、白玉路6条道路的前期工作，其中古北路、种德桥路、哈密路年内完成工可报批。完成水城路三个路口拥堵点改善项目，并已通过竣工验收。临空可变车道项目，于12月15日正式开通。万航渡路拓宽改造工程于12月29日完成。临空核心四街坊地下勾连工程已全面施工，年内实现交通翻交进行主体结构施工。C型天桥年内完成50%的管线搬迁。安西路（延安西路—云阳路）年内提前开工。四是研究一批，编制通协—北翟—福泉路地下通道、外环线提升等总体布局规划。

三、攻坚克难，持续用力“补短板”

（一）加大“五违四必”区域环境综合整治力度

今年本区生态环境综合治理工作重点聚

焦“1+4”区块整治，即1个市级重点区块，北新泾区块；4个区级重点区块，分别是天山五村区块、徐虹支线区块、中山公园区块和杨宅路区块。今年上半年，“1+4”区块整治工作已全面完成，整治范围面积达819亩，实际共拆除违法建筑约6万平方米；消除生产和消防安全隐患786处；取缔违法经营企业162家，区域“五违”问题基本消除，市容环境面貌明显改善，小区整体环境和服务设施功能进一步提升。长宁也成为全市率先完成市级地块整治的区。启动“三亭”整治工作，2017年6月初至8月10日，长宁区拆除全部60个福彩亭、13个体彩亭、34个福彩体彩合一亭，拆除存在脏乱差问题的电信亭156个（全区共512个）；2017年底至2018年初，长宁区完成全部116个东方书报亭的拆除任务。

（二）提升城区水环境治理水平

推进河长制工作。一是根据区委、区政府对“河长制”的工作要求，今年初出台《关于长宁区推行市、区两级河道“河长制”的实施方案》（长府办〔2016〕62号），明确工作目标和任务，公示本区32条河道的一、二级河长名单，实现本区河道的河长全覆盖工作。二是成立长宁区河长制联席会议，下设办公室，完善组织构架和职责，明确工作要求和内容，并根据市河长办的要求，印发了六项配套制度，建章立制、细化流程。三是设立监督机制，将962347作为区河长制24小时监督电话；开展联合执法，拆除新泾港沿线违建6处，拆违面积1375平方米。

治理重点河道。遵循“先截污、后治理”的河道整治思路，推进景观河道建设。外环西河南延伸等河道工程于11月通过工程竣工验收，联虹路—南夏家浜生态景观工程已于11月开工。南午潮港等河道疏浚工程正在进行施工前期准备工作。实施水污染防治行动计划专项整治工程二期，目前已经完成主体工程，正在进行水生植物种植。开展许浦港整治工程，已进入施工阶段，年底前完成主体工程；周家浜整治主要是对河道箱涵桥孔采取疏浚工程，目前已进场施工，年底前完成。

消除黑臭河道。长宁区共有3条河道纳入全市1864条黑臭河道整治名录，经过生态治理，采取综合施策，水质已消除黑臭。其中，新渔浦河道平均水质已达到四类水标准。新泾港河道沿线5座市政雨水泵站的泵前截污功能已于6月底全面发挥作用，河道生态治理已完成主体工程，目前已消除黑臭，平均水质已达到五类水标准。机场河整治全力推进，8月底，沿河79个疑似排污口全面整改完成，杜绝晴天排污现象；9月22日，机场河沿线两岸10米范围内约9000平方米违法建筑全部拆除，76项整治任务清单包括河道（涵管）疏浚全面完成，目前已达到消除黑臭的目标。九条国考断面水质全部达标，基本实现河道景观水标准。

四、防控结合，全力保障城区运行安全

狠抓质量安全，排摸安全隐患。今年重点抓好质量安全和文明施工工作。一是制订印发《长宁区工程质量安全提升行动实施方案》，继续开展区域建设工程质量安全巡查，全年共巡查项目20个。71街坊项目顺利通过住建部工程质量安全提升行动督查。二是全年开展农民工工资清欠、节后复工、在建深基坑工程等质量安全专项检查，开展“安全月”“质量月”活动。古北5-2项目成为市级综合观摩工程主会场，得到市住建委、区政府等各方领导和观摩者的肯定。开展区建设工程日常监督检查，全年共检查工地636个次，开具安全监督停工指令单两份、安全隐患局部暂缓施工指令书54份、安全隐患整改通知书153份。对“三类人员”扣分2人/4分，建造师扣分6人/6分。行政处罚累计结案27起，结案案件共计罚款额91.88万元。查处“六无工程”17起。三是积极开展文明施工管理，加强扬尘防治。目前区建筑工地11个项目安装扬尘在线监管系统13个，应装尽装率100%，全年无扬尘监测数据超标现象。今年，长宁区建筑工地安全生产总体可控，在建工地共发生安全生产死亡事故1起，死亡1人。

做好防汛防台，加强应急处置。编制形成《长宁区2017年防汛防台专项应急预案》，全面加强防汛检查督查，多次组织开展全区防汛准备和安全专项检查工作，及时落实隐患整改。做好区域建筑玻璃幕墙安全防范工作，共抽查既有玻璃幕墙建筑142栋，开具整改建议书10份。扎实做好汛期迎战工作，开展培训演练，提高防御能力。推进2017年长宁区防汛主要问题（隐患）清单整改工作，落实应急预案和措施，加大监管力度，实现“不死人、少伤人、少损失”的工作目标，确保安全度汛。今年6—10月，根据市防汛指挥部发布的防汛防台预警，长宁区共启动了四级应急响应行动11次、三级应急响应行动7次。

加强燃气管理，形成联动监管。一是开展液化气打非治违，开展专项监督检查及整治工作，及时消除安全隐患，加强管理体系建设。二是开展液化气安全隐患排查，建立完善相关工作网络，落实全配送工作。开展百日安全生产大检查，进行联合督导督办，整治安全隐患。三是落实属地化责任，建立联络网，形成基层联动机制，强化燃气监管。

化解信访矛盾，维护社会稳定。依托重大工程市、区、街道（镇）矛盾化解联合工作机制和建设项目社会稳定风险评估预警机制，有力地保证了社会的稳定和建设项目的有序推进。全年重点协调处理新华路街道地块基坑连续施工问题，配合做好周边居民矛盾化解，顺利按计划提前完成基坑底板浇筑；协调北横通道建设、轨道交通建设、淞虹路建设、中环线引发的群体性矛盾等。认真做好信访件答复处理，全年共收到网上信访件230件，信访办转来信访件16件（其中查办件4件），处置率和答复率均为100%。

五、提升效能，落实城区精细化管理

城市更新有序推进。制订《长宁区2017—2021年城市更新总体方案》和《长宁区城市更新2017—2018年行动计划》，并由两办发文实施。3月30日，区委、区政府召开了区城市更新推进大会，正式向社会公布长宁的城市更新战略，成为上海首个发布城市更新方案的区。两年行动计划明确了29个项目，目前，愚园路历史风貌区更新等28个项目均按节点有序推进，其中，到今年底苏州河健身步道（一期）和全部7个微更新项目能够完成，天空公园示范段项目仍在研究阶段。

“双创双复”圆满完成。一是加强信息沟通，巩固优化巡查制度。建立健全问题发现、处置、督办的快速反应机制，建立有效的工作网络，创建微信群，确保各项创建任务及时传达落实。二是开展工地围墙公益宣传。对区域内89个工地（含空地）开展地毯式排摸，落实25个申报点位“一围墙一方案”，实现公益宣传上墙覆盖率基本达到100%，并及时做好自查修补。三是加大公交站点、轨交枢纽的迎检配合力度。积极发挥青年团队的桥梁纽带作用，加强与巴士集团、地铁公司的联系，对涉及的17个公交始发站、300多个途经站、3个轨交枢纽点位等加强沟通对接和日常巡查。

城区道路升级改造。一是实施“养护大会战”。对全区道路、下水道及各类市政附属设施进行网格化普查，制订相应方案，集中养护整治车行道约55万平方米、人行道约7.5万平方米，基本消除常见问题，一些已十年未大修的道路（如虹桥路、天山路）路况明显改善。加强应急抢修力量，新建市政巡视队伍。二是开展工程建设大会战。精细化打造愚园路景观工程和天山西路道路中修工程。协调推进武夷路、新华路、法华镇路三条景观道路及虹桥路道路整治工程，年底前均已完成主体工程。三是做好半程马拉松赛道路保障，重点对茅台路、北翟路、广顺北路、绥宁路车行道进行专项整治，并加强日常养护。

共享单车综合整治。面对今年的共享单车数量爆炸式增长所带来的乱停放城市顽症，会同区交警支队等部门制订工作方案，主动约谈企业，制定长宁区共享单车停放告知清单，牵头各街镇、临空办开展二轮集中清理整治行动。全区累计收缴违规停放共享单车3.6万辆，其中第一轮整治行动扣押单车已陆续交还企业，第二轮整治行动收缴单车约1.2万辆目前仍在暂扣状态。

智能交通持续发展。一是根据市交通委要求，做好充电桩及共享车位工作，为各方搭建联系平台，共同分析利弊。今年9月底共完成共享车位360个，累计完成充电桩650个。二是在市交通委的支持下，协调巴士公司，通过剑河路天山西路南侧增设双向停靠站，解决北新泾地区居民赴同仁医院就医的公交出行问题。三是全面落实公共停车场库电子收费系统改造工作，与市级层面做好信息联网，通过手机“上海停车App”即时反映数据传输。做好道路停车设施维护管养，加大道路停车电子收费终端（91台手持POS机和20个咪表）覆盖面。

长宁区绿化和市容管理局

2017年以来，区绿化市容局以区第十次党代会精神为指引，围绕创建时尚活力、创新驱动、绿色宜居的国际精品城区目标，聚焦年度重点工作，实施城市更新战略，攻坚克难补短板，创新驱动求发展，精雕细琢塑造城区形态品质，精益求精提升城区管理水平，全面提升绿化园林、市容环卫、景观灯光、党风廉政等方面建设管理水平，促进城区环境品质进一步提升，圆满完成长宁区半程马拉松市容环境保障任务，长宁区市容环境社会公众满意度测评成绩位列全市第二，各项工作迈上了一个新台阶。

一、着眼"绿色宜居"目标，全力推进绿化项目建设

一是全力推进西部四公园建设。截至年底，西部四公园年度建设目标全部完成。临空一号公园完成总工程量70%；400米林带绿化工程完成80%，总工程量完成90%；中新泾公共绿地二期完成所有建筑结构及装饰，绿化进场；苏州河50米绿带完成11-2、11-3地块，11-1地块正在协调环卫码头拆迁，相关审批手续办理中，安置完毕后实施滑板公园建设。

二是加快推进全区绿道建设。依托现有绿带林带、水道河网、景观道路等自然和人工廊道建设，编制《长宁区绿道建设总体规划》，规划方案优化稿完成报批。对照市区两级2017年5公里绿道签约目标，完成玛瑙路0.8公里、外环林带1.6公里。加快推进外环林带生态绿道建设，一期工程年内力争完成绿道主线贯通，二期工程绿化已进场施工。

三是大力提升林荫道和立体绿化建设。在已建成8条市级林荫道的基础上，今年成功创建林泉路（可乐东路—北虹路）为市级林荫道。全年共计完成立体绿化3.0016万平方米，其中含14919平方米屋顶绿化。

四是圆满完成结转公共绿地项目建设。针对去年结转公共绿地项目，科学计划，协同推进，督查督办，确保质量，御豪置业IV-R-01绿地、丝绸厂公共绿地一期和二期、中新泾公共绿地一期、北翟路中环线东南角绿地、虹桥交通枢纽动迁基地北块公共绿地等项目，顺利通过竣工验收。全年公共绿地共计完成17.2245万平方米。

二、围绕"城市更新"项目，大力实施城市景观提升

一是积极推进示范道路创建。巩固去年创成13条市级责任区管理示范道路成果，继续申报创建24条示范道路。通过强化宣传告知、巡查管理、指导示范、上门收集等一系列举措，积极引导沿街责任单位从被动接受管理向主动参与管理转变。结合国际精品城区目标定位，深入挖掘武夷路文化特色及历史底蕴，在武夷路景观道路更新项目中体现城市有温度、建筑可阅读。聚焦华山路区区交界重点区域，完成华山路1555~1635号沿街立面整体景观提升。

二是精心打造绿化特色街区。围绕城市特色商业、休闲娱乐、民俗风情、历史文化等主题，综合运用垂直绿化、容器花卉、园艺小品、围墙透绿等形式，打造黄金城道绿化特色街区。已建成的黄金城道绿化特色街区累计布置容器花钵126个，悬挂花器大小129个、造型花箱20个，合计使用各类花卉3.52万盆，实现城市绿色空间的有机更新和提升，受到市民好评。

三是全面实施绿地景观改造。完成延虹绿地、水霞公园、海粟绿地、景观改造等项目，办理北横通道中山公园工作井绿化搬迁、大树搬迁、管线搬迁及恢复项目，完成中运量延安西路和虹桥河滨公园绿化回迁工程。海粟绿地电站拆站建绿项目完成设计施工招标，电力公司完成交地后进场施工。

四是完成虹桥商圈景观照明提升。精心做好虹桥商圈景观照明提升方案设计、施工及亮灯调试工作，通过"五彩行道树""灯

光走廊”“创意投影”等多种形式灯光，将尚嘉中心、金虹桥中心、百盛优客城市广场、虹桥南丰城等多家商场串联，实现商圈内绿化景观照明和大型商业购物中心户外照明相结合，进一步提升了商圈夜间景观效果和商业氛围。

五是全力拆除违法户外广告。积极推进全区户外广告实施方案修编工作，确定33幢商办型楼宇纳入户外广告阵地规划范围。目前，修编后的长宁区户外广告实施方案已经市绿化市容局批准同意。大力加强违法户外广告设施整治力度，10月底，全区列入市级督办清单的18处28块以及匹配的16处28块违法户外广告设施已全部整治完毕，在中心城区率先完成年度目标。同时，对全区店招店牌进行安全隐患排查，今年锁定286处年久失修并存在安全隐患的店招店牌，改造完毕后，通过签订三方协议，明确店招权属及管理责任。

三、突出“两网协同”试点，推进生活垃圾分类减量

一是试点创新“两网协同”一体化机制。在全区推进50个“两网协同”点位，进行垃圾箱房改造并挂牌。按照“依托街道、人员合一、落实责任、清单管理、考核奖惩”的原则，在仙霞和程家桥街道47个点位全面实行垃圾箱房“两网协同”一体化试点，试点垃圾箱房1:1配置管理人员，经专业培训后独立承担箱房管理、箱房保洁、箱房小维修、干湿垃圾分类、低价值可回收物分类、绿色账户刷卡积分、基础台账、延伸至定时定点投放8项职责。在4个小区同时推行定时定点投放，委托第三方同步开展对试点点位垃圾分类质量日常检查，并分类清运垃圾、规范末端处置，实现垃圾减量、资源增量。

二是组合推进单位生活垃圾强制分类。在全区公共机构和企事业单位推行垃圾强制分类，建立健全单位垃圾分类责任人制度，制定单位生活垃圾强制分类推进工作流程和“不分类、不收运”收运作业制度，重点试点“临空经济园区”、教育系统、党政机关区域。各成员单位梳理出各自条线内单位共385家，其中，临空区域单位生活垃圾强制分类第一批涉及35家单位72栋楼宇，配送2189个分类垃圾桶，共收回告知书回执和单位承诺书417份。中山国际广场和联强国际广场垃圾分类减量成效初显，中山国际广场日产垃圾量从原来的20桶减至14桶，联强国际广场日产垃圾量从原来的25桶减至13桶。

三是实现新增“绿色账户”全覆盖。2017年“绿色账户”新增覆盖13万户，居民申领、持有“绿色账户”卡达到总户数的80%以上，累计达到27万户全覆盖。开展“绿色账户”社区宣传505场，积分兑换142场。此外，今年还创建垃圾分类示范居住区31个小区16586户，达标居住区47个小区25211户，示范集贸市场3座。

四是全面建成建筑垃圾分拣中心。根据中央环保督导组要求，及时关停双流路建筑垃圾中转站，全面启动长宁区建筑垃圾分拣中心建设。建成后的分拣中心，具有装修垃圾分拣中转、整治垃圾中转、大件垃圾和绿化垃圾处理等功能，解决了扬尘、噪声、交通拥堵和分拣品质不高等问题，杜绝了建筑垃圾偷乱倒和非法外运等非法处置现象，提升了分拣效率和质量。2017年共分拣可回收垃圾1.63万吨、生活垃圾1.42万吨，合计运送建筑垃圾17.99万吨，全部符合奉贤消纳点分拣品质要求。

四、聚焦“双创双复”工作，攻坚克难补齐各项短板

一是巡查督办，强化责任。确定全区150个重点区域，会同文明办对全区道路保洁质量开展督查。逐级签订“军令状”，层层落实责任。全局上下一心，每天6:30全员上岗，局领导以上率下，亲自带队深入一线巡查，各科室负责人轮值参加，市容管理服

务中心随机督查，各环卫公司管理科室全部下沉一线，城区管理辅助队员循环轮动、定点固守，对全区市容环境开展无盲点巡查，实现无缝衔接。

二是试点推进，奖惩并举。在新华街道试点推行道路人工保洁和绿地保洁委托监管，委托街道监管考核第三方绩效，实行奖优罚劣，并在全区范围内复制推广。开展环卫保洁“蓝色飓风行动”，按照“定等级、定数量、定标准、定人员、定经费、定考核”要求，进一步规范道路保洁作业，强化作业纪律，对督查发现的到岗不符合要求、作业质量不达标、工作纪律散漫等问题即刻通报，并与单位和个人绩效奖惩直接挂钩，全年共扣除三个公司养护经费412.6万元，并对违反作业纪律的511人次进行了相应处理。

三是多管齐下，补齐短板。针对环卫、绿化保洁和市容管理等方面的短板和顽症，以解决问题为先，主动跨前一步，更新环卫车辆83辆、废物箱1192个、垃圾桶5195个，改造道板房4座、公厕6座、小压站4座、垃圾箱房76处，环卫条线主动延长作业时间、增加保洁频次，配合街镇及时清运售后公房小区装修垃圾和道路无主暴露垃圾。绿化条线对公园绿地开展自查自纠，维修公园设施，开展公共绿地垃圾深度清理，完成对破损严重的8042个树穴盖板的更换养护工作。建立公共绿地养护保洁公示挂牌制度，为全区85万平方米公共绿地挂上166块“身份牌”，强化养护责任，接受社会监督，杜绝失管失养。

四是信息监管，即查即改。利用“沿街商家门责一店一档系统”，建档全区覆盖，联网即可查询，巡查实时上传，工作留存痕迹，商家信息共享，部门联勤联动。率先引入中国电信GPS定位“可视化对讲调度”信息管理系统，随时查询城区管理队伍工作时间、到岗情况、巡查轨迹等，对突发情况及时对讲调度，方便应急处置，提高工作效率。探索并推行市容环境综合管理“路长制”，建立“一线化、联动式、全覆盖”处置机制，打破各支队伍之间的体制障碍，畅通信息共享渠道，创建文明测评工作微信群，有效提升处置效率，持续优化城区环境品质。“双创双复”期间，长宁区市容保障反馈情况良好，位列全市前列。

五、强化“从严治党”责任，提升党建科学化水平

一是强化班子和干部队伍建设。将“两学一做”教育常态化作为加强党的思想建设工作的首要任务，把学习贯彻习近平系列重要讲话精神和党的十八届六中全会、党的十九大精神作为教育培训重点，深入开展“领导干部上党课”活动，广泛开展“党徽戴起来、形象树起来”活动，通过参观中共二大、四大会址、举办“两学一做”学习教育暨干部能力提升培训班、事业单位新进人员培训班、领导与青年对话等活动，把学习教育真正落到实处。坚持公平、公正、公开原则，科学调配、任用干部，严格贯彻干部选拔任用规定，遵守选人用人的规范流程，从严监督管理干部形成常态。

二是深入推进党风廉政建设。第一，着力构建“四责协同”机制，局属各党支部签订《落实全面从严治党责任书》《党支部书记履行全面从严治党责任承诺书》，局系统中层以上干部签订《廉洁自律承诺书》，做出廉洁自律承诺。第二，举办廉政专题报告会，广泛开展廉政谈话，组织旁听朱启珩案件庭审宣判，观看警示教育片《迷失与警醒之三》，推送廉政宣传短片等，用身边事教育身边人，营造不敢腐、不能腐、不想腐的浓厚氛围。第三，持之以恒纠正“四风”，对局属8家企事业单位，全覆盖开展贯彻执行中央八项规定精神专项督查，完成对废管所、景观所、结算中心的内部审计调查，坚决守住底线，防止“上紧下松”，防止不正之风反弹回潮。第四，进一步加强廉政风险

防控，坚持以问题为导向，围绕廉政风险防控重点环节，督促局系统各单位建立健全可操作、可执行、可检查、可监督的制度和操作规程，制定《政府投资项目（50 万元以上）廉政风险防控回访备案办法》，推进局属 3 家环卫企业规章制度的统一梳理，完善权力运行制约和监督机制。

三是提升服务群众能力。积极探索信息化管理模式，按照区信息化建设顶层设计要求，全面梳理局系统信息化建设需求，筹备新建绿化信息管理系统、户外广告管理系统，升级市容门责管理系统。推进服务型窗口建设，深化网上行政服务大厅的建设，开通 30 项审批事项网上预约功能，探索开通快递服务，减少申请人上门次数。妥善处置群众诉求，进一步规范信访投诉各项流程，重点加强信访问题的实际解决，提高群众满意度。全年共接收各类信访件 50 件，已全部办结；市局转发投诉件 1187 件（其中 12345 市民热线诉求件 893 件），目前已处置 1180 件，处置率 99.4%。加强安全管理教育，开展安全知识培训，开展“安全宣传月”活动，做好防汛防台工作，全年安全生产无事故。

四是加强行业文化建设。第一，加强工会班组建设，培训企业班组长 139 人次，深入开展劳动技能竞赛活动，8 名职工荣获市职业技能等级证书，4 名被评为先进个人，并获清道清厕优胜团体二等奖。成立“陈豪杰劳模创新工作室”，组织工会干部参观学习普陀、虹口区劳模创新工作室，与一线环卫职工面对面沟通交流，激发职工创先争优热情。第二，新建局工会“会员之家”，举办“绿容有约”专题特色讲座，开展“小小农学家”亲子活动，组织手机摄影、家庭急救、瑜伽健身等文体活动，打造工会特色服务品牌，参加市局“劳动者风采”多媒体朗诵演讲比赛荣获三等奖。第三，做好关爱帮扶工作，聚焦困难职工群体，加大精准帮扶力度，开展“捐一日工资，献一份爱心”活动，为困难职工筹集捐款 19300 元。制定助困助老专项基金管理办法，帮助困难退休职工 67 人，发放慰问金 78000 元。局领导带队走访慰问劳模、困难职工和农民工，发放慰问金、慰问品 14200 元，高温送清凉 48720 元，切实将组织的关爱送到他们心坎上。第四，以“学习总书记讲话，做合格共青团员”主题教育为重点，开展团员青年教育服务工作，积极打造“一团队一品牌”，广泛开展号、手、队创建。

（五）虹口区

虹口区建设和管理委员会

2017 年，区建管委全面贯彻落实党的十八大、十八届历次全会和十九大精神，认真学习贯彻习近平新时代中国特色社会主义思想，在区委、区政府的领导下，按照“实施高标准管理，实现高水平发展，打造高品质生活”的要求，坚持有序、快速、高效推进各项工作，并取得了较好的成绩。

一、全力推进各项重点工作

（一）重大工程建设完成“两个 100 万”的目标

2017 年虹口区重大工程正式项目共有 50 项，总投资约 1000 亿元（含土地及动迁成本）。其中结转项目 37 项，新增项目 13 项。50 项重大工程中包括功能性项目（商办楼宇）14 项、市政基础设施 18 项、公共服务配套项目 11 项、保障性住宅 4 项、商品住宅 3 项。同时还安排了预备项目 6 项。

截至 2017 年底，实现开工项目 14 项，分别为滨江虹口段公共空间贯通工程、新建路东长治路绿地项目、邯郸路产业园区一期、江湾街道 A06-02 地块等，开工总建筑面积 102.65 万平方米；实现竣工项目 9 个，分别为白玉兰广场、金融街项目、66 街坊综合开发地块（一方大厦）、彩虹湾商业项目、第一人民医院改扩建项目等，共计竣工总建筑面积 116.85 万平方米。

星港国际中心已结构封顶，计划 2018 年竣工；中美信托金融大厦地下结构施工中；89 街坊桩基施工；周家嘴路 901 地块地上结构施工；瑞虹 10 号地块桩基施工；邯郸路产业园区一期桩基施工；海伦路拓宽工程道路施工；上外附中（东部）校区地上结构施工中；提篮桥消防站结构封顶；彩虹湾三期、四期地上结构施工；黄浦路 229 号地块方案调整中；92 街坊方案报批中；公平路拓宽工程初步设计审批中；平凉路 / 杨树浦路拓宽取得施工许可证；第一人民医院眼科医学中心可研审批；澄衷高级中学改扩建初步设计文件审批中；瑞虹 1 号地块方案深化中；中皇广场二期规划方案审批中。

（二）实现滨江（虹口段）基本贯通

滨江（虹口段）按照市委、市政府提出的“百年大计、世纪精品”的原则，以“贯通断点、完善功能、提升品质”为工作思路，目前已基本通达，并完成了国航中心中东西区绿地提升改造、高阳路人行景观连廊、码头文化露天博物馆、海鸥饭店景观平台等 17 个建设项目，建成各类步道（漫步道、跑步道）7.4 公里、骑行道 4 公里，建成人行景观连廊一处，新增滨江一线景观平台两处共 4170 平方米，新建和提升滨江绿化总面积 13.7 万平方米，滨江开放总面积达到 30 万平方米，滨江 2.5 公里岸线基本通达。7 月 1 日正式对外开放后，得到社会各方及市民的一致好评。

（三）顺利完成河道整治年度计划

建管委（区河长办）按照河长制工作“实施方案到位、组织体系到位、制度措施到位和监督考核到位”的总体要求，落实本区河长制各项工作。完成虹口港水系（包括江湾市河、南泗塘、俞泾浦、沙泾港）约 16.5 千米的疏浚，土方量约 14.9 万立方米。在江湾市河、南泗塘铺设 592 套绿植浮床和 14 套曝气复氧装置进行水生态修复。加大引清调水力度改善内河水质。组织河道沿线拆违，累计拆除沿河 10 米范围内违法建筑 205 处，约 2.1 万平方米，基本实现全区沿河零违建。完成区内纳入调查任务的 6 个排水系统约 143 千米市政管网雨污混接调查工作。配合市排水公司完成武进、广中等泵站设施改造。完成江湾市河、南泗塘黑臭河道整治任务，并通过市防汛办验收。

（四）稳步推进市政水务工程建设

市政水务项目建设：完成大名路、旅顺路、乍浦路拓宽工程。完成新辟衡水路工程、水电路大修工程、汶水东路大修工程、北宝兴路大修工程、广粤路大修工程、万安路积水点改善工程、四川北路公园周边人行步道改造工程以及虹口港水系疏浚工程。推进岳州路拓宽、唐山路拓宽、海拉尔路拓宽、平凉路拓宽工程开工。启动并持续实施中山北一、二路大修工程，四平路地下人行通道工程、虹口港防汛墙综合改造工程。启动东体育会路、欧阳路、新市南路等道路大修以及车站北路、青云路、武进路等 13 条道路中修工程。

区区对接道路建设：区区对接项目三季度考核全市第二名，衡水路道路已打通并开放交通，衡水路为今年全市第一条完成的区区对接道路。三门路已竣工通车（区房管局实施），天潼路拓宽工程、平凉路 / 杨树浦路拓宽工程房屋征收中。

重要项目前期研究：北横通道（虹口段）目前方案调整中。南北通道前期研究中。海伦路—海伦西路项目已列入市专项资金补贴项目并完成估算总投资评审，同时规划红线已调整，已启动立项。同步跟进虹控公司曲阳路、公平路相关前期进展。北外滩综合交通规划已完成中期评审。开展北外滩全要素市政市容景观功能提升一期工程前期研究。

二、抓好行业管理工作

（一）市政水务管理

一是发现道路病害6005处，修补车行道21634平方米、人行道10104平方米，更换侧石934米，更换（补缺）下水道井盖1004处，更换各类道路隔离护栏1400米；疏通下水道总管550885米，疏通连管362344米，清捞窨井47494座，清捞雨水口71479个，清捞污泥量1821吨；开展河道巡查养护，出动保洁船3827艘次，打捞河道垃圾1855吨，修复河道附属设施64处。二是开展北外滩区域道路全要素设计研究。进一步细化道路建设标准，整体提升区域道路品质。三是制定印发《虹口区水利设施日常养护操作技术规程》《虹口区水利设施运行养护管理考核办法》等文件。四是组织开展“世界水日”“中国水周”的宣传工作。五是完成审批大型掘路20件、小型掘路65件、临时占路85件，掘路抢修1093件、夜间施工备案122件，双向告知30件。

（二）建筑业管理

一是开展建筑工地、市政工程、装修工程安全质量检查，截至目前，抽巡查工地1918个（次），综合检查3次，开具谈话通知单71份、建设工程质量安全监督整改指令单653份、局部暂缓施工指令单62份、停工指令单28份。二是引入第三方服务试点对工地进行专业监督。三是制定并印发了《限额以下小型建设工程监管实施意见》，并明确了区内100万元以下小型项目的安全管理由街道负责。四是提高标准，从制度上推进区级文明施工管理水平，制定并出台《虹口区市政工程文明施工导则》。五是持续推动新技术应用，如海绵城市建设、BIM技术、装配式建筑、建筑节能等。六是进一步规范建筑业市场管理。

（三）静态交通管理

一是进一步增加停车共享资源，完成17个停车场（库）错时停车，并向市里推荐了6个示范项目，涉及居住区、医院等重点服务对象线上、线下共567个泊位的共享利用。二是累计完成813个公共充电桩（2017年计划任务为410个）。三是研究欧阳路四达路港湾式站台建设，协调推进彩虹湾公交引入工作。四是完成瑞虹2号地块、彩虹湾居住区二期动迁安置房项目、江湾镇A06-05、中西医结合医院4个配建项目停车场库验收。五是推进非机动车停放管理，完成区979处非机动车停放点标线重新划示工作。六是率先在黄浦路试点完成道路智能停车管理系统（地磁感应）。

（四）公共事业管理

一是积极配合做好水、电、气协调工作。二是强化燃气用户终端安全隐患的发现和安检不合格用户的协调督促整改工作。三是协助燃气企业推进老式小区燃气明支管安全改造，努力消除老旧非标燃气管道泄漏风险隐患，完成年度10公里的改造任务。四是协调做好燃气管道违章占压的防范整治工作。五是扎实开展燃气安全执法检查。六是强化燃气安全教育宣贯，提高用户安全隐患识别能力和安全用气意识，开展燃气安全进社区等大型宣传活动5次，专门编印了《液化石油气安全使用手册》1万册，并组织街道发放到每一个用户手中。七是做好特殊家庭的不安全燃气器具淘汰更新工作。自2013年开始，每年对虹口区使用非安全燃气器具的以高龄独居老人、特困人群和军烈属等为主的居民用户家庭，联合开展不安全燃气器具淘汰更新专项整治工作，今年共淘汰更新399台。八是进一步规范液化石油气供应的统一配送，积极开展“打非治违”工作。

三、维护城市安全运行

（一）全面完成年度防汛防台工作

今年汛期（6—9月）共启动防汛防台应急响应16次，其中Ⅳ级响应9次、Ⅲ级响应7次；汛后10月还启动了两次Ⅳ级响应，全部按照应急响应制度和预案要求启动应急响应。成功抵御了9月24—9月25日大暴雨，18号台风“泰利”外围影响、20号台风“卡努”倒槽影响，以及多次局部暴雨的侵袭。完成虹口港泵闸养护维修招标工作，建立虹口港泵闸管理制度。完成甘河路积水点改造工程、安国路积水点（实事项目）改善工程。推进虹口港（汉阳路—东大名路）防汛墙改建工程。

（二）开展“百日巡查”工作

委机关全体处级领导和三个中心负责人带领委系统青年干部分成10个小组，对全区在建工地安全、质量、文明施工等方面进行“百日巡查”，发现并整改了一批在建工地文明施工薄弱点和安全隐患点，截至2017年底，百日巡查共开展六轮，巡查工地96个次，巡查人数256人次，开具告知单81份，排查涉及安全、文明施工、人员履职等各方面问题387条。

（三）确保城区燃气安全

根据市区两级燃气管理体制调整要求，加强建章立制工作，积极履行日常管理职责，对区内液化瓶装气配送储配站（汉阳路供气站）、配送企业的配送供应服务行为进行日常安全检查和监督，按液化气用户5‰的比例对配送情况进行抽查，并约谈了4家整改未到位的企业。结合“打非治违”工作，会同市燃气处、街道等部门进行专项检查5次、综合联合执法12次，共收缴违规液化气钢瓶126个。

（四）妥善处置各类突发事件

2017年，区内发生了数起突发事件，包括燃气火灾事故、燃气泄漏、自来水爆管、房屋开裂等事件，区建管委均积极应对、稳妥处置，并积极做好突发性、灾害性事件的善后工作，确保了城市运行安全。同时，建管委还在处置过程中深刻总结经验教训，为进一步提高突发事件的应对效果，降低事件对百姓生活的影响打好基础。

四、推进依法行政工作

（一）做好信访接待、12345市民热线、网格化等工作

做好来信来访、市民热线、网格化管理等日常工作，处理来信来电网信108件，来访45批；处理市民热线3533件，及时回复率100%；处理网格化13021件。主动公开政府信息149条，公开率达75.2%；依申请公开政务信息41件。行政许可、行政处罚已全公开，共171条。

网上政务正按区审改办要求，逐步落实，2017年完成了“三个一批”事项梳理，并向市级提出4项备案改当场办结建议，区级“三个一批”正在落实中，补缺行政审批指南要素5项。建管委行政审批已实行网上办理，区事中事后监管平台已试运行。全年共完成行政审批事项1365件，都能在承诺期内办理完毕；共处置本区建筑工地违法、违规立案45起，目前已结案24起。按照行政许可行政处罚“双公示”信用信息的要求，全部上网公示。

（二）认真开展法治教育培训

邀请华东政法大学教授做了“法律控制下的行政权运行”法治专题教育讲座；邀请市三中院第二行政庭长做了“坚持依法行政，提高诉讼能力”专题讲座；组织系统“法治论坛”活动，共同探讨区建管委的法治建设工作。按照“谁主管谁负责”“谁审批谁监管”“谁执法谁宣传”要求，认真做好法制宣贯进工地进企业，为虹口建筑企业提供法律服务。为新进执法人员开展法律专业法培训，办理执法证36张，增强行政执法的力量。

（三）推进矛盾化解工作

认真落实信访工作各项制度和规定，初次信访件解决率和群众满意度不断提升，努力化解历史遗留矛盾，梳理的三件化解矛盾两件已解决，一件拟进入司法途径。积极会同街道参与维稳和防控工作，保民村拆落地方案正在抓紧推进中。积极维护农民工合法权益，减少农民工欠薪纠纷的发生。

（四）深化行政审批改革

区建管委认真梳理了涉及本部门的行政

审批事项，把4项备案类行政许可事项建议改为当场办结服务事项；按行政权力事项编制数据清单71项。按照加强事中事后监管工作要求，完成向事中事后监管平台“一单两库”数据推送，并在年内完成两次“两随机一公开”平台操作试运行。

五、推进高标准管理工作

组织开展城建部门“处级班子中心组联组学习”活动；建管委制定了《虹口区城市管理导则》和《虹口区建设和管理委员会高标准管理要求》，同时坚持理论联系实际，将高标准管理转化为做好各项工作的强大动力，在精细化管理、规范化执行、常态化运作的基础上，强化监督检查，始终保持强烈的紧迫感和责任意识。

六、完成“两会”件办理工作

2017年区“两会”期间，建管委共收到人大代表建议和政协提案共58件。在办理过程中，建管委严格遵照办理规定，积极主动走访联系人大代表和政协委员，其中主办件的走访率100%，态度满意率100%。截至4月底，建管委在今年“两会”期间所收到的书面意见和政协提案均答复完毕，并按要求将办理结果提交至办理平台。

虹口区绿化和市容管理局

2017年，在区委、区政府的正确领导下，区绿化市容局以实施高标准管理、实现高水平发展、打造高品质生活为主要目标，把迎接党的十九大胜利召开和学习宣传贯彻党的十九大精神贯穿全年工作始终，坚持稳中求进工作总基调，坚持问题导向、目标导向，按照补短板、防风险、保安全总体要求，以生态文明建设新要求为动力，继续提升绿化市容环境水平，推进环境优美、生态宜居的城区环境建设。

一、对标先进城区，加强调研落实高标准管理

按照区委、区政府调研课题的部署，区

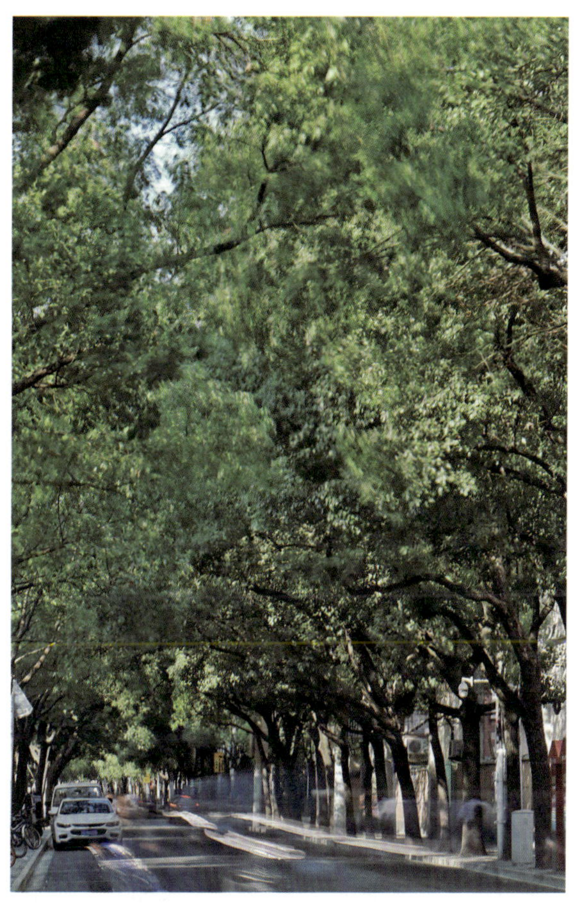

绿化市容局围绕“三高”标准，就着力提升城区品质，重点对绿化建设和养护水平、城区环境保洁水准开展了调研工作。局领导和各条线业务骨干多次赴静安和徐汇绿化市容局实地考察、交流学习，对标中心城区中市容环境面貌较好的区域，了解工作制度、管理方法、工作经验。调研课题整个框架以虹口区目前市容环境存在的短板为导向，制定出《新建公园绿地建设标准》《新建和改建道路行道树种植标准》《街道绿地、行道树养护管理标准》《街道绿地、行道树养护考核标准》《各等级道路保洁作业规范标准》《重点景观区域环卫作业规范考核标准》等精细化管理标准，解决城区环境中最迫切、最重要的薄弱环节，为实现城区环境和城区品位的提升奠定基础。

二、大力发展市容绿化景观建设，市容生态环境进一步改善

一是景观道路建设全面推进。2017年开

工建设新建路、西安路、旅顺路、黄浦路、天宝西路、飞虹路、欧阳路、祥德路、曲阳路、东体育会路、大连路、溧阳路12条景观道路的改造工作。其中新建路、黄浦路、西安路等10条景观道路已经竣工。

二是加快景观灯光建设。启动编制了虹口区景观照明总体规划和控制性详细规划。建成了广中路景观灯光、大连路景观灯光项目。吴淞路、中环线沿线和北外滩第二层面的景观灯光项目已动工。

三是绿化建设稳步推进。全年新增公共绿地28671平方米，调整优化绿地19925平方米，完成立体绿化30002.5平方米。建成的北外滩滨江绿地及2.5公里滨江区域步道，被市民誉为最美步道。密云路（大连西路—四平路）被命名为市级林荫道。在五一、十一、市第十一次党代会、全国第十九次党代会等节庆时段，打造特色花卉景观，形成亮点烘托节日气氛。

四是高标准建设4座星级公厕。公厕附带香氛功能的新风系统、背景音响、呼叫按钮和自动感应垃圾桶，并设置第三卫生间与母婴设施，被市民誉为“五星级公厕”。

三、推动环卫高标准服务，环卫作业水平进一步提高

一是以抓垃圾厢房管理与道路综合化保洁为抓手，加强环卫作业服务管理，形成了以点带面的辐射效应，使区域内市容环境面貌显著提高。

二是在全局系统内开展“提素质、树形象、讲规范、求优质”劳动竞赛活动。局属环卫作业企业加强职工培训，将法律法规、职业道德、行为规范、交通安全常识等列为培训内容，以训促管，有效推进环卫保洁工作的高水平发展。东虹保洁公司、虹远保洁公司以“打造精品立标杆、典型引领做示范、带动全局出成效”为目标，打破框框，大胆试点，勇于创新，分别重新调整组建综合保洁队，提高了工作效率，北外滩、多伦路及周边、鲁迅公园周边、瑞虹月亮湾周边等重点区域城区面貌显著提升，得到了周边市民的高度肯定。

三是加强一级道路的机械化清扫水平。今年区绿化市容局对一级道路开展“一车一档”管理，科学排定机扫、冲洗、清运作业路线，确保重点道路每日机扫、冲洗次数。

四是加强建筑垃圾处置管理。全年共清运五大类建筑垃圾200余万吨。全区与环卫作业单位签订了居住区装修垃圾的处置合同的总体签约率为82.7%。

四、深化市容精细化管理，城市管理水平进一步提升

一是促进责任区管理的规范化。坚持不懈推行《虹口区市容环境卫生责任区责任人记分管理办法(试行)》，促进责任区管理的规范化、科学化、精细化。

二是大力推进门责管理“五个一”工程。在各街道的配合下，推荐上报创建8条示范道路24个门责自律组织。完成培训责任人(包括面对面教育）1万余次、门责管理人员近300余人次，完成全区1万多家责任人的信息建档工作，在上报创建示范道路的路段，开展垃圾定时定点上门收集工作。

三是积极推进“补短板、治五乱”工作。按照三年行动计划组织实施，按时间节点完成了80%的治理任务。

四是加强户外广告管理。根据市委、市政府的统一部署，全年完成34块违规广告整治任务。根据调整后的《上海市户外广告阵地规划》，对虹口区户外广告阵地规划实施方案进行修编。强化对户外设施的安全检查，全年共检查和检测户外招牌1479块，对存在问题的设施及时督促整改，保证了户外设施的安全有序。

五是积极推进垃圾分类工作。全年新增绿色账户62191户，累计完成187805户，垃圾可分类居住区覆盖率实现100%，可分类居住区推进绿色账户基本实现全覆盖，单

位强制分类收运单位已达245家。全年生活垃圾日均量为687.71吨，实现不超过695吨的指标。严禁生活垃圾与建筑垃圾混装现象，严格实行不分类不清运，全年开具整改单69张，已整改55件。

六是开展渣土专项整治行动。重点检查建筑垃圾运输车辆违法违规行为。针对街面暴露垃圾滞留影响市容的顽疾，进一步完善绿化市容、街道、城管等部门的快速联动机制，全年清除暴露垃圾47吨，开具暴露垃圾处置移送四联单8张。积极推进居住区装修垃圾管理工作，全年全区与环卫作业单位签订居住区装修垃圾处置合同的总体签约率为82.9%。

五、加强机关作风建设，服务市民能力进一步加强

全面加强机关作风建设，打造廉洁高效队伍。加强党风廉政宣传教育工作，加强重点工作的监督和对廉政风险点的排查，增强干部职工的防范意识和工作责任心。组织落实党风廉政责任项目专项检查，从岗责、防控、监督的环节入手，把责任落到实处，把风险降到最低，把追责提到事先。进一步明确大额资金的使用额度和规范，完善区绿化市容局重大决策、重要人事任免和奖惩、重大项目安排等事项的讨论决策程序。

同时加强服务窗口的建设，做好行政审批和“双公示”工作。推进行政审批公开高效，积极落实行政审批事项网上全过程办理及当场办结，提前服务事项工作。

加强协调沟通，以提高满意率、解决率为工作目标，认真做好党代表、人大代表、政协委员的建议、提案办理工作。全年共办理党代表及两会书面建议、提案46件。

坚持以人民为中心的思想，全力做好市民热线处置工作。全年共受理各类12345市民服务热线投诉863件，通过网格化平台受理网格案件31767件，解决率和满意率与去年相比均有明显上升。

（六）普陀区

普陀区建设和管理委员会

2017年是“十三五”规划落实的关键年，区建管委（交通委）全面落实党的十八届六中、七中全会精神，认真学习领悟党的十九大会议精神，在区委、区政府的正确领导下，紧紧围绕服务“科创驱动转型实践区、宜居宜创宜业生态”建设，结合区域“五违四必”“双创一巩固”等工作，聚焦重点目标任务，对标对点抓进度，全力以赴补短板，推进城区建设和管理工作向科学化、精细化深入发展，助力城区转型升级。

一、营造水清岸美的生态环境

（一）围绕消除黑臭河道的目标，推进河长制落实和中小河道综合整治

1. 全面推进和实施河长制。强化属地河长责任，在全市率先完成新槎浦“三无”居家船的整治工作，重点推进排放口截污纳管、沿河拆违等工作成果的维护工作。推进河长制全覆盖工作，确定名录内水体和自管河道、小微水体河长名单，并向社会公示。更换河长公示牌，公开河长姓名、24小时监督电话等信息。组建区级、街镇级河长制办公室，完成河长会议、信息报送、督查考核等制度设计并实施运作。强化督查考核，联合区监察局对区河长办签发的督办事项加大工作力度，定期了解落实进度。加强信息报送及宣传引导，市级主流媒体及市行业新媒体采用35篇，区级新闻媒体20篇，运营微信公众号“普陀河长”。发动群众参与，开展“河美瞬间同心普陀”2017年“普河杯”摄影比赛活动，在普陀河长微信公众号开展互动，有12394名热心市民参与，本次活动收到224名摄影爱好者投稿作品1600余幅，通过专家评分、大众投票结合的方式评选60幅优秀作品。

2. 有序推进水环境项目建设。协调推进沿河拆违、截污纳管等基础性工作，全面推进全区中小河道综合整治。普陀区纳入黑臭河道考核的桃浦河、西虬江、横塘河、大场浦等4条河道三季度已完成整治，并于2017年10月通过了公众满意度测评。28条河道生态治理工程完成工程性措施，目前正处于水质调试维护阶段，修复完工后的河道已开始逐步呈现水质净化效果。真如港红旗村段综合整治、桃浦河防汛墙护岸改建、桃浦河疏浚3个市水利专项工程已完工。桃浦智慧城水系（一期）、真如港（除红旗村段）等4个市水利专项工程前期工作正在有序推进。完成曹杨环浜、大场浦、真如港、朝阳河、南北厅5个市考断面的水质达标。

3. 提升区域滨河环境品质。结合河道水环境治理打造高品质的滨河景观带。真如港红旗村段、朝阳河滨河步道建设已完工，水清岸秀的滨河景观初步形成。其中，朝阳河实现沿河全线贯通，沿岸颜值得到较大提升。真如港红旗村段拓宽河道、新建生态驳岸，并新增水域面积11364平方米。桃浦河人行景观桥新建工程完成桥台及桥墩浇筑，彭越浦西岸景观改造工程基本完工。推进曹杨环浜水利基础设施微更新项目前期工作，年内已开工建设。

4. 开展雨污混接排摸改造工作。推进“13+2”个分流排水系统雨污混接调查，完成一期真如等4个排水系统和二期真南、交通南等9个排水系统及三期新杨工业区、西北物流两个排水系统的雨污混接调查工作。完成2个系统的雨污混接改造工程。

5. 河道养护保洁及其他工作。以“两个全覆盖、两个常态化”为目标，开展河道长效管理。对26座泵闸、3座套闸、61台机泵设备进行全面排查和梳理。根据生态修复工程特点，有针对性地完善调水引清方案。

（二）围绕消除积水隐患的目标，全力确保城市运行安全有序

1. 推进工程项目建设。完成同普路苏州河防汛墙达标性改造工程、祁连山路云岭西路路口路面整体抬高工程、云岭西地区西南片区积水综合治理工程、西乡路积水点改善及道路大修工程。开展祁安路、李村路、梅岭北路、梅岭南路等积水点项目方案研究。

2. 落实防汛防台工作。严格执行汛期各项应急值守、信息报送、突发险情灾情报告等制度。持续开展防汛薄弱环节及隐患排查整改，对防汛墙、下立交、地下空间、二级以下旧里、高空构筑物、建筑工地等进行密集检查，整改落实25处安全隐患。组织开展4次防汛专业知识培训，开展6次行业、地区防汛演练，落实好应急队伍人员、防汛物资设备等工作，确保安全度汛。

二、打造畅通的道路设施

（一）8个市重大工程项目扎实有序推进。轨道交通14、15号线项目在普陀区内的各站点主体腾地工作全部完成，进入站本体土建施工阶段。轨交15号线8个站点出入口方案及附属设施方案确定，祁安路站、武威东路站完成结构封顶；轨交14号线中宁路站已完成结构封顶，真如站完成部分违章建筑拆除工作，进入站本体土建施工阶段。北横通道（普陀段）项目东段范围内汉庭酒店征收工作于11月圆满完成，同步开展房屋拆除工作。武宁快速化改建项目完成曹杨八村36家门面房清退工作，以及曹杨八村二楼39间违章搭建拆除工作，同时协助建设单位重点推进项目沿线涉及12家单位的借地工作。苏州河深层调蓄隧道（试验段）项目于2017年6月底正式开工，云岭西排水系统项目于2017年8月底获取施工许可证，目前均按时间节点要求正常推进。综合管廊项目（两个）：真如地区综合管廊项目累计完成综合管廊1918米，桃浦地区综合管廊项目累计完成综合管廊1215米。

（二）7个区区对接道路项目完成一批、推进一批。3条道路顺利建成打通，其中吉

镇路桥8月31日建成打通，新会路、延平路9月28日提前建成打通，连亮路10月30日建成打通。4条道路稳步有序推进，桃浦西路、真光路、花家浜路和金昌路一标段（金迎路—景泰路）、二标段（景泰路—真华路）均已取得施工许可证，顺利完成市交通委年度考核任务。其中，金昌路正在进行管线、绿化搬迁工作，桃浦西路（北段）及花家浜路均已开工，真光路开展办理集体土地征收事宜。

（三）11个新改建道路项目加快手续办理和工程实施。积极推动新改建道路项目的实施，其中：规划宁川路正在施工，石泉路至南郑路段已完成，南郑路至铜川路段做好开工前各项准备；静宁路（礼泉路—真华路）新建项目已取得施工许可证；武威路改建工程及静宁路（武宁路—铜川路）、永登东路、桃清路新建工程已获初步设计批复；永登路改扩建工程、常和路改建工程进入工可评审阶段；真华路新建工程正在调整规划设计方案；宜君路新建工程已上报工可，泸定路新建工程已获工可批复。

（四）5个道路大修项目视情优化方案同步推进。甘泉路、桃浦路已竣工，昌化路已开工，莫干山路正在办理施工许可证，真南路跨线桥大修工程进入初步设计评审阶段。

（五）市政养护管理加大巡查、维修和托底保障力度。结合“双创一巩固”测评工作，加大道路、桥梁的巡查力度、日常养护管理。做好道桥管网养护维修、桥荫桥孔、堤防与泵站养护管理及“四类设施”维修管理。做好无主架空线托底处置、各类管线检查井盖应急处置及其他应急保障类管理工作。

三、提供便捷的交通出行条件

（一）完成区绿色交通规划编制。完成《普陀区绿色综合交通规划》编制，对标上海卓越全球城市的目标，立足普陀区交通现状，规划绿色交通综合体系，致力于实现区域静态交通、公共交通和慢行交通均衡发展。目前正在将绿色交通规划中涉及的各项任务按年度进行项目化分解。

（二）着力缓解停车难问题。制定《促进本区停车资源共享利用的实施意见》，建立区级停车资源共享协调制度，完成停车资源共享利用项目10个、共享泊位597个，完成全年指标的149%。推进电动车分时租赁建设，安装充电桩385个，分时租赁泊位91个；增加停车设施供给，新增备案公共停车场（库）10个、公共停车泊位1401个，增设路内停车点位12个、停车泊位337个。

（三）协调公交线路优化调整。完成193路公交线路调整。加强公交薄弱区域“最后一公里”建设，针对目前部分短驳线路服务半径小、客流单一等问题，设计完成跨街镇，接驳多条轨交线路站点的“上海西站—曹杨新村—长风商务区”社区巴士方案，该线路已于2017年12月28日试运行，将有效缓解曹杨、长风、真如等地区居民的交通出行难问题。

（四）加强非机动车停放管理。在轨交3、4号线金沙江路地铁站开展共享单车综合管理停放试点并在全区推广，初步形成“企业主体、政府监管、多方参与”的社会治理体系，共同推进区域轨道交通站点、大型商业与办公区等公共场所周边共享单车有序停放，全年共整治违停非机动车（共享单车）约6.7万辆。

（五）完成其他交通管理工作。推进停车信息化建设，完成公共停车场（库）收费改造176个，改造率达到100%，数据上传率达到92%。在泸定路桥和同普路建设两两块停车信息指示牌，覆盖7个停车场（库）、2000多个泊位。推进完善区域国防交通全面建设，指导和协调区域铁路道口管理和春运工作。

四、提高建设行业科学化管理水平

（一）加强建设行业全生命周期管理。为实现对建设项目的全生命周期管理，按照建设系统行业特点，开展建设工程项目全生命周期管理手册的编制，对市政道路、房建、水务等工程项目全生命周期管理流程分门别类进行全面梳理和整合，作为推进工程项目管理的重要参考依据。

（二）为加快城区转型升级夯实基础。积极贯彻落实区委十届三次全会精神，牵头落实城区转型8个项目三年行动计划的制订，主动做好各单位的联络、沟通和对接。同时，重点推进区建管委（交通委）所涉“普陀区城市管理导则、水环境三年行动计划”以及“区重大项目跟踪推进机制改革”等项目计划的制订。其中，《水环境三年行动计划》已完成定稿，《区重大项目跟踪推进机制》在进一步审议和落实中，《普陀区城市管理导则》已通过区委常委会审议，管理导则以及“市政基础设施、建设工地、河道水环境”三个管理单元的细则也已编制完毕。

（三）做好规划建设管理工作。严格把好设计审查关，完成初步设计审查10项，总体设计文件审查7项，施工图审查备案14件。积极推进装配式、绿色建筑及BIM技术实施应用，落实装配式建筑地块4处，绿色二星级建筑地块两处、绿色三星级建筑地块两处，实施应用BIM技术5个项目。全面推进建筑节能工作，完成公建改造25万平方米、可再生能源一体化应用8万平方米、能源审计既有大型公建5栋、能耗公示5栋，以及2栋试点楼宇的水、燃气计量安装工程。完成5个新建项目的无障碍设施验收。配合教育部门认真做好教育公建配套的建设工作。

（四）强化行业安全生产管理。2017年建筑行业安全形势总体平稳可控。积极落实监管责任，层层签订生产安全及消防安全责任书，建立了责任清单和权力清单。明确企业安全主体责任，细化落实参建各方工作职责，对建筑行业各单位落实安全责任制的情况进行定期考核。严格巡查监管，年内共组织检查1540人次，检查单位2262家次，发现896处隐患均已整改。针对大型机械、桥荫桥孔、模板支撑等项目开展了专项检查。进一步修订系统应急预案，提高应对防台防汛、道路坍塌等突发事件的应急处置能力。加强培训演练，年内共组织5678人次参加安全宣传教育，多次组织开展各类安全、消防应急演练，如协调区内51家大型公共停车场（库）开展了应急演练活动。

（五）积极推进燃气管理工作。成立普陀区燃气管理领导小组，编制完成区燃气事故应急处置预案，建立应急响应联络机制和燃气设施保护联络机制。加强燃气设施占压处置，2017年共发现并整改违法占压7处。积极推进液化气统一配送工作，对实施配送的车辆进行备案管理。为优化液化气供应站点布局，协调关闭了岚皋路和杨家桥两处供应站，完成了白玉路供气站点许可证续期工作。及时参与区内燃气爆燃事故的处置。

（六）严格落实文明施工管理。结合区“双创一巩固”创建活动，在真如副中心、长风生态商务区等重点区域，引导施工单位推广景观式围墙。根据市里有关文明施工标准规范及普陀区域实情，制定普陀区建筑工地文明施工导则，严格实施工程开工前的现场条件审核，全面推进扬尘在线监测系统和渣土排放视频监控系统，对现场扬尘及噪声数据实施24小时监控，做到及时发现、及时处置。

五、切实抓好党风廉政建设和信访稳定工作

（一）扎实开展党风廉政建设工作。认真贯彻落实党风廉政建设和反腐败工作要求，为城区建管工作提供坚强的纪律保证。一是坚持把党风廉政建设贯穿全年工作始终。按照党风廉政建设、惩防体系建设及“四责协同”机制建设的总体要求，完善党风廉政建设目标，通过年初签订责任书，层层压实责任，逐级传导压力，确保党风廉政建设主体责任和监督责任不折不扣落实到位。二是坚持从严从紧落实中央八项规定。把执行中央八项规定作为改进党风政风的一项经常性工作来抓，年初和年中分别对直属各单位落实中央八项规定执行情况进行监督检查。同时以案释纪，对系统内发生的违纪情况，及时进行通报，分析违纪原因，做到引以为戒、警钟长鸣。三是坚持规范执行“三重一大”事项决策制度。进一步完善《关于建管委执行“三重一大”制度的实施细则》流程管理，明确会议决策主体和内容。涉及“三重一大”事项，根据不同情况分别由党工委会、党政联席会、行政办公会等会议集体讨论决策，严格执行集体研究，民主决策。四是坚持开展党风廉政宣传教育。通过专题讲座、“三会一课”、组织生活会等形式，组织党员干部深入学习十八届六中全会精神，开展廉洁自律准则、纪律处分条例等党内法规的宣传教育。同时围绕增强党员领导干部廉洁从政意识这一主题，结合“两学一做”学习教育，开展多种形式的党风廉政教育活动，进一步统一思想，增强纪律意识和规矩意识。

（二）协调完成信访稳定各项任务。进一步强化法治思维理念，坚持迎难而上，将信访稳定工作做深、做实、做细，为区域和谐稳定提供有力支撑。1—12 月区建管委（交通委）共登记、受理各类来信 194 件、来访 1263 件、网信 102 件，接待上访群众 1265 批 /2153 人次（其中集访 150 批 /750 人次）。今年共办理市、区“两会”代表建议、政协委员提案 25 件，办理结果满意率 100%。另外，还积极做好重要节点的稳控工作，在元旦、两会、国庆、党的十九大等重要节庆及重大政治活动期间，提前预警，滚动排查，积极开展稳控疏导并做好信息反馈和相关处置工作。

普陀区绿化和市容管理局

2017 年，区绿化市容局在区委、区政府的领导下，以“创新、协调、绿色、开放、共享”五大发展理念为引领，对标上海有温度的卓越全球城市建设，围绕“科创驱动转型实践区、宜居宜创宜业生态区”和“一轴两翼”功能布局，扎实推进“两学一做”学习教育常态化、制度化，结合业务工作，落实巡察整改，积极投身创城固卫各项工作，全力提升区域绿化市容环境水平。2017 年，完成主要工作如下：

一、增质创品，持续提高绿化建管水平

1. 有序推进绿化建设。2017 年，完成新建绿地 80.52 万平方米，完成立体绿化 3.28 万平方米，完成绿道 7 公里，种植行道树 1013 株。绿化覆盖率为 28.11%。从项目开展情况来看，完成南大绿地 6 万平方米和生态专项 6 万平方米。长风 5A 绿地开展环评，确保年内开工建设。启动曹杨环浜沿线公园绿地更新改造工程。启动长风 6A 绿地、金泸绿地、万泉绿地、静宁绿地、金昌绿地等项目前期手续。配合桃浦智创城公司办理中央绿地各项建设手续。研究并逐步实施长风地区、长寿地区绿化提升方案。

2. 切实加强公共绿地、行道树管理。成功创建桃浦路（祁连山南路—定边路）、骊山路（华阴路—延长西路）等两条市级林荫道，全区林荫道累计 21 条。成功创建以月季为主题的泸定路（云岭东路—金沙江路）和以紫薇为主题的新村路（真华路—真南路）等两条绿化特色道路。对长风生态商务区光复西路“花径”等项目开展景观提升，完成公共绿地调整 10.07 万平方米。加大科研力度，获得国家知识产权局授予的 3 项发明专利、1 项实用新型专利以及 1 项外观设计专利。此外，积极配合轨交 14 号线、15 号线，武宁路快速化改建工程等市、区重大工程，严格按照行政审批流程，共计动迁绿地 2.46 万平方米，动迁行道树 749 株。完成建德滨江绿地 1.2 万平方米等的绿化恢复工作。

3. 不断提升公园管养水平。继续打造一园一品，实施公园植被改造和景观提升，以及各类花展、线上线下民俗文化体验活动，进一步深化梅川公园的梅花特色、海棠公园的海棠特色、真如公园的腊梅特色等特色公园的内涵。全力推进长风公园综合管理标准化体系建立，顺利通过上海市公园管理综合标准化试点项目验收。提升为民服务，组织开展园艺大讲堂12期，在公园举办学雷锋志愿者服务、露天电影、龙舟赛等各类为民服务和公益活动76场次。加大社会共管力度，聘请特保协助管理，有效控制残疾车、公园噪声、不文明游园等扰民问题。同时进一步扩大夜公园开放范围，累计开放夜公园17座。

二、突出重点，有效提升市容环境管理

4. 持续推进责任区管理。开展《责任区管理办法》实施两周年系列活动，广泛宣传责任区制度。开展“洁净普陀行动”，有效提升责任区管理实效。制订2017年全区市容环境卫生责任区管理工作方案，全年培训各类人员10320人次，年内创建11条（段）市容环境卫生责任区管理示范道路，筹建30个社会自律自治组织。继续强化“一店一档”工作，全区沿街商铺总量减少为12114家，删减1222家。制订《普陀区强化市容环境卫生责任区管理三年行动计划》，进一步提升全区的责任区管理水平。

5. 有力开展市容环境治理。积极推动“补短板治五乱”专项行动，治理并巩固全区245处点位。拆除不规范设置的大型指示牌76块、广告牌148块、破损对旗横幅334处、超大广告布1块、坏灯箱3座，确保全区空间市容环境整洁有序。继续开展无序设摊综合治理，对全区的3处设摊管控点和两处设摊疏导点做到规范管理。同时，指导街镇进一步完善工作机制，迎接市容环境综合管理“达标街镇”复查。甘泉、长风、真如、长寿4个街道已顺利通过复查。

6. 继续推进市容景观建设。为进一步打造普陀区域景观风貌，制订《普陀区景观道路建设2018—2021行动计划》。全年累计整治各类影响空间市容整洁和存在安全隐患的店招店牌822块，在子长路和汉阴路建设景观围墙3015平方米，粉刷平利路等道路沿街立面围墙2150平方米。根据沪户外广告整治联办〔2017〕2号文的要求，有序推进违法户外广告整治。全面完成2017年督办清单中的59块和2017年自查清单任务中的87块违法户外广告的整治拆除任务。同时，继续做好灯光设施集中检修和日常巡查维修养护，确保全区灯光设施牢固、安全、功能完好，确保开灯期间的亮灯率达到98%以上。

二、做精做实，不断提高环卫作业质量

7. 环卫作业打造精品区块。在长寿浜南区域、长风生态商务区、真如区府周边3个区域试点环卫作业精品块，以更强设备、更优模式、更全监督，使精品块的道路保洁作业质量、环卫设施管理水平全面提升。制订年度道路扬尘污染控制方案，道路机扫、冲洗长度在原有基础上增加30%，对重要路口、工地周边，以及空气质量监测国控点、市控点、区控点共26个点位，开展巡回保洁。进一步规范居民装修垃圾、大件垃圾清运管理，制订《普陀区居民装修垃圾和大件垃圾及时清运管理流程和常态长效工作方案》。开展“破难题，补短板，固形象”垃圾箱房及垃圾清运专项整治行动，切实提高垃圾清运管理水平。

8. 环卫设施改造扎实开展。配合“同心家园”建设，完成区政府实事项目24座生态垃圾房的建设。继续加大对老旧垃圾压缩机房、小区垃圾房、环卫和绿化道班房、社会公厕的升级改造，今年新建公厕1座、垃圾压缩房1座、环卫道班房1座。有效整合绿化、环卫资源，通过立体绿化建设，美化公厕环境，打造城市名片，完成公厕升级改建11座，其中富水路“樱花主题公厕”，被网友评为“最美公厕”。对82座环卫公厕进行“智慧公厕”改建。对12座垃圾压缩房、3座环卫道班房、8座倒粪站小便池进行修缮。继续推进普陀区湿垃圾处理中心项目，配合区规土局做好民意咨询等各项工作。

9. 渣土全程监管卓有成效。创建渣土专营企业内部管理微信群和渣土车出场维护台账，落实垂直管理。排摸运输车辆，在出土工地新安装视频监控18个，全区在网监控共26个，做到源头追溯。对渣土专营、泥浆、建筑垃圾承运企业，进行安全大检查，开展全区渣土运输驾驶员的培训，杜绝安全隐患。联合区城管、交警开展联合整治，全年组织开展联合整治25次，出动管理执法人员431人次，执法车辆130车次；暂扣和处罚车辆21辆次；处罚案件38起，处罚金额20.34万元；清除偷乱倒垃圾150吨。

10. 收费管理主动跨前。根据收费目标计划，排摸底数，按实签订单位生活垃圾和餐厨垃圾清运合同。跨前服务，主动协调生活垃圾的清运工作。加强政风行风建设，虚心听取服务单位的意见督促环卫作业企业及时清运垃圾。严抓进度落实，确保服务单位资金到账。2017年全年，共计完成收费3636万元，完成既定指标的118%。

四、夯实基础，拓展服务民生能力

11. 生活垃圾分类减量不断深化。完成新建绿色账户7.59万户，新增生活垃圾分类户数5.13万户。有力推进单位生活垃圾强制分类工作，9—10月联合区城管进行专项执法检查12次，检查单位95个，收处罚金1万元。继续在长征、真如、桃浦3个街道开展再生资源回收与生活垃圾清运体系“两网融合”试点工作，提高生活垃圾资源化利用比例。

12. 各类诉求快速处置。区绿化市容局共收到区两会代表建议等10件，其中区人大代表建议3件，均为会办；区政协提案两件，主办1件，会办1件，两代表一委员建议5件，目前均已办复，委员满意率或理解率达100%。共收到各类来信来访150件，目前处理完毕141件，办结率94%。受处理各方市民诉求、咨询件1955件，满意率84.34%。圆满完成今年“夏令热线”市民诉求处理和“政风行风”市局局长接听保障任务，及时解决市民急难愁问题，树立行业良好形象。

13. 宣传模式逐步拓展。加强社会宣传，丰富活动形式和内容，扎实开展宣传报道工作，全年向中国上海、市绿化市容局、上海普陀门户网站持续投稿，被中国上海录用信息168篇，市局门户网站录用信息178篇。抓好传统宣传阵地，向《新普陀报》供稿录用27篇，在知名市级媒体如“看看新闻网”、东方卫视《大爱东方》栏目、《解放日报》《新闻晨报》《文汇报》等发布的新闻报道6篇。加强新媒体宣传，共计推送微信208篇、微博32条，其中微信51篇被绿色上海、上海普陀转发。

五、全力以赴，完成创城固卫各项工作

14. 明确责任，宣传动员。制订印发局《关于创建全国文明城区（提名区）工作方案》和《关于开展迎接巩固全国卫生区复审工作的实施方案》，成立领导小组，责任分解到人。发放宣传海报、宣传台卡、易拉宝等，在公园自制宣传版面、安装宣传刀旗，营造局系统浓厚的创城固卫宣传氛围。

15. 重点区域，巡检保障。建立机制，长效巩固，开展6：00—9：00和19：00—22：00两个时段的巡查、检查。对长风生态商务区、区政府周边等15个重点区域实施“定点、定时、全覆盖”检查，全年投入巡检近5000人次。以问题整改为导向，始终坚持环卫问题不隔夜，绿化问题不隔天。建立重大活动环境保障指挥体系，做好各项重大活动、赛事、节假日的保障，应对突发事件及灾害性天气，启动环卫应急保障28次。

16. 巩固落实，常态长效。结合创城固卫工作，运用路长制以及“片区”综合管理等工作机制，认真梳理问题，开展综合治理，确保相关点位市容治理的长效常态化管理。使用垃圾定时定点收运电子标签智能监管系统，实现全区道路定时定点收集全覆盖。落实建筑垃圾源头申报，规范属地分拣，强化过程监督，实现全程管控。

在过去的一年中，绿化、市容、环卫三大板块业务有序推进，在取得成绩的同时，也清醒地认识到绿化市容环境的品质、城市管理水平的精细化程度与群众的期待、国际化大都市中心城区的标准相比还有差距。2018 年，区绿化市容局将进一步提升城市管理精细化水平，乘势而上、攻坚克难，不忘初心、牢记使命，促使普陀区绿化市容环境更上一层楼，为在新时代建设“美丽上海、魅力普陀”谱写新的篇章。

（七）杨浦区

杨浦区建设和管理委员会

按照区委、区政府的总体部署和要求，围绕建设杨浦“三区一基地”目标和“十三五”规划任务，聚焦 2017 年全区重点工作，全力以赴推进落实以基础设施补短板、河道综合整治为重点的建管工作，全委干部职工凝神聚力，锐意进取、攻坚克难，全面完成 2017 年各项目标任务。

1. 推进“双十”建设，区基础设施能级持续改善

（1）年度“双十”建设任务全面完成。继续坚持七个“抓”的措施，即“抓方案，抓腾地，抓稳控，抓程序，抓现场，抓交通”，全力推进“双十”建设。截至目前，10 项竣工项目中，关山路交通改善和杨树浦港—虬江—东走马塘水系治理、双辽路积水改善工程 3 项分别于 5 月、6 月、10 月底竣工，杨树浦港样板段景观工程一期、政通路拓宽一期、锦州湾路拓宽、眉州路交通改善 4 项 11 月底竣工，丹东、松潘、民星南排水泵站 3 项年底前建成。10 项开工项目中，淞沪路桥、区区对接国权北路小吉浦桥、纬三河新建 3 项已开工；7 项工程正加紧推进前期工作，其中兰州路、市光路、顺平路、爱国路 4 项 11 月内开工，剩余杨树浦路综合改造、丹东松潘支管工程、黄兴变电站 3 项年底前开工。

（2）重大续建工程推进顺利。轨交 18 号线杨浦段 8 个站点前期征收基本完成，各站点已全部或部分交地，计划至年底基本完成腾地。8 个站点均正在施工，10 月 31 日浦西段首个开工站点江浦公园站主体结构封顶，18、12 号线两站体结构顺利无缝连接，实现结构贯通。轨交 10 号线二期国帆路站在站本体二次结构施工，区间盾构施工已完成。周家嘴路越江隧道完成浦西工作量 82%，已在敞开段结构施工。江浦路越江隧道完成浦西码头区域改造，浦西工作井、暗埋段进入桩基及地基加固施工；江浦路 104 弄保护建筑平移方案基本稳定，计划 12 月初正式启动签约。北横通道建设方案进一步优化调整，杨浦区积极做好前期征收和风塔设置等工作；隆昌路下立交范围完成公用管线第一阶段改排和排水施工，已启动两侧结构施工。军工路快速路工程已完成工程初步设计编制并上报了规划设计方案，杨浦段前期征收量已基本确认，年内实施管线搬迁；为确保该工程与嫩江路越江隧道、嫩江路衔接，开展了配套工程的研究，提出配套建设嫩江路跨铁路下立交的方案已得到市交通委、市规土局等部门的支持。淞沪路—三门路下立交管线工程完成 80%，主体工程进入地下围护结构施工，C3 段基础基坑开挖，侧墙、中隔墙主体结构施工。嫩江路辟通工程完成排管、电力架空线搬迁、路基施工和道路附属工程（信号灯、路灯），已在种植绿化。军工路大修工程已完成第三阶段翻交。政云变电站已进入主体工程建设阶段，杨树浦变电站结合 40 街坊开发，正施工工程桩。

（3）开展前期规划研究和技术储备。

配合市交通委开展了隆昌路越江隧道前期研究，预计年内完成专项规划和项建书上报。完成了《杨浦区地下综合管廊专项规划》的编制，开展《杨浦区海绵城市专项规划》和《杨浦滨江地区公共交通规划》研究，编制《杨浦区建管委加强精细化管理三年行动计划（2018—2020）》。

（4）推进新江湾城市政设施建设和管理。对部队已经移交杨浦区的市政设施全面检查摸底、汇总，为下一步整改奠定基础。协调部队按接管要求做好老干部建设区域绿化工程的整改。协调市城投推进新江湾城B区道路建设，正办理前期手续。

2. 水务工作取得良好工作成效

（1）河道综合整治工作完成既定目标

一是河长制得到全面落实。进一步健全完善了由区主要领导、分管领导担任区第一总河长、总河长、副总河长，街镇党政主要领导担任辖区河道二级河长的组织体系，成立区、街镇河长办，实现区河长制全覆盖。在全区河道旁竖立26块河长公示牌。制定了河长制相关配套制度。

二是水岸联动、综合施策的治理举措取得成效。结合“五违四必”“三违一堵”专项整治，区相关部门、街镇联动执法，3月底完成全区河岸79个点位30330平方米拆违目标任务。6月底完成杨树浦港—虬江—东走马塘水系治理工程。完成大武川、国权北排水系统市政雨污混接改造，对46个住宅小区雨污混接完成查勘、设计并已在办理施工招投标；完成民星、嫩江等6个排水系统雨污混接调查，计划春节前基本完成改造工程，相关小区混接改造同步开展。与市排水公司签署了“泵、管、河”联动协议书，对10座市政泵站开展了改造和运营优化，完成国和泵站回龙水设施改造和佳木斯泵站功能性报废，大武川泵站调蓄池建设工可技术评审已完成。对调查发现的沿河排放口93处，实施封堵作业70处，保留排放口23处。实施复兴岛运河“三无”船舶专项整治，拆解“三无”船舶7艘。市、区、校联手开展了虬江箱涵开盖方案的研究比选等前期工作。今年8、9两月黑臭河道水质监测数据显示，嫩江河、虬江、东走马塘、小吉浦4条河道均已达到不黑臭标准，公众满意度测评分别为98%、95%、96%和92%。嫩江河在全市各区河道整治成果公众推选中获得了“最佳智慧”治水奖的荣誉。

三是以人为本，增强市民对治河成果的获得感。杨树浦港样板段景观一期工程正在施工，计划年底前建成。对虬江、东走马塘拆违后释放的空间，及时规划实施滨水公共绿地，使群众对治河成果有更大的获得感。开展军地联手绿地共建，新建小吉浦河北段东岸河岸绿地2431平方米。纬三河新建项目于10月开工，将新增河道面积约2万平方米。

四是探索完善长效管理工作机制。坚持条块结合，多方联动，立足街镇，立足社区，探索创新常态长效化工作机制，坚持开门治河、问计于民，营造全民参与、全民共治的氛围。区12个街道（镇）已全部建立河道巡查、义务保洁、宣传告知等志愿者队伍，形成了市—区—街镇—社区四位一体的河道共治模式。

（2）全区安全度汛。落实防汛安全责任制，开展汛前调研，切实抓好设施检查、物资储备、培训演练等各项防汛准备工作。完成防汛应急预案修编，按照“六不放过”的要求，排查汛前和汛中二轮“一区一清单”安全隐患21项并完成整改。新建“小包围”泵站3座。对辽源新村、杭州路沿线12个街坊易积水点翻排管道2897米。完成2016年黄浦江（杨浦段）防汛墙专项工程，改造加固堤防（防汛墙）418.5米。完成民兵炮库防汛仓库接收。举办了专项培训和16支应急抢险队伍参加的防汛防台演练。汛中，区精心组织，合理调度，全力以赴迎战多次暴雨台风侵袭，确保了全区安全平稳度汛。

（3）进一步推进积水点改善。除列入今年“双十”竣工计划的两项积水改善工程，今年新增的沙岗路和平凉路两项积水点改善工程已完成初步设计评审，正在进行施工和监理的公开招标。

（4）依法做好水务行政审批。受理17件（临排15、封堵3），办结19件（临排14、河道范围2、封堵3）。

3. 大力推进综合交通管理

（1）推进交通规划方案研究。完成了《杨浦区停车设施专项规划（2017—2020）》《杨浦区慢行交通专项规划》《杨浦区电动汽车充电设施专项规划》等编制。

（2）加强停车场（库）建设和管理。按标准和设计规范，完成20个建设工程项目配建机动车停车场（库）的行政审批。落实市政府实事项目停车资源共享利用示范项目工作，完成8个项目465个泊位共享。扩大了区停车收费价格调整试点范围。建成关山路国定东路、长阳路宁国路立体停车库两个，设置4条临时道路停车路段和4条夜间停车道路。加强公共停车场（库）的监管，开展了全覆盖专项整治，至10月底，新增公共停车场（库）经营备案17家，新增泊位5813个。完成道路停车协管单位市场化招标工作，强化管理责任。

（3）推进绿色交通和完善公交线路。完成区政府实事项目新建电动汽车充电桩281根。开通1255路、1256路新江湾城订制巴士，设置8个招呼站，便利市民公交出行。

（4）加快交通管理信息化建设。104家停车场（库）完成电子收费系统改造并通过验收。上海智能交通管理中心杨浦分中心二期建设完成交通平台中交通指数、拥堵排行、设施设备、文件系统、公共交通5个板块的展示工作和数据优化、校核以及查询功能软件的开发，初步实现对道路建设、交通管理的辅助支撑作用。

（5）加强非机动车停放管理。治理共享单车乱停放，加快推进共享单车电子围栏建设，督促、指导运营企业建立信用积分制度，完善用车规则。抑制共享单车过度膨胀，会同有关部门、街镇开展了共享单车集中清理整治行动。

（6）加强网约车管理。做好网约车属地化管理工作，办理网约车驾驶许可事项1376个。

4. 建筑业管理取得新成效

（1）建设工程安全质量总体受控。一是进一步落实安全生产主体责任。开展大型机械、防汛高温、火灾隐患、临时用电等各类安全大检查和专项检查，委托第三方专业机构采取“专家+信息化”的方式对全区深基坑工程实施技术监督、检查。组织开展对全区980幢玻璃幕墙的自查、巡查。印发《关于进一步加强本区建设工程安全生产监督管理工作的通知》，建立了建筑业诚信激励和失信惩戒机制的信用体系，对失信行为以黑名单形式两次通报。二是加强工程质量监管。创新建立了工程质量“双随机、一公开”的巡查模式，严格执行“抽检分离、盲样检测”，从源头把关工程质量，建立健全建材质量追溯机制，以大型土建、保障性住宅、装配式项目为重点，开展设计结构专项检查，切实整治质量通病。三是加强文明施工监管。结合创全工作，开展工地围墙、围挡整治，美化工地围墙31个，面积2.2万平方米。推进扬尘污染防治，在46个大型工地安装扬尘污染在线远程监控。四是加大执法力度。继续保持监管高压态势，严肃查处违法违规行为，签发整改通知书216份，暂缓施工指令单26份，行政处罚37起，金额386.22万元。全区建设工程安全质量总体受控，两个工程被评为国家优质工程，7个工程被评为市级优质结构工程，两个工程荣获白玉兰奖，1个工程荣获申安杯，5个工程创市级文明工地。

（2）深化行政审批制度改革。贯彻落实“放、管、服”的要求，梳理权力清单，行政权力由原来的116项调整为411项。开展了行政审批制度改革和加强事中事后监管工作情况的专项调研。从完善监管流程、加强宣传培训、推进总承包招标试点3个方面，积极主动做好建设工程招投标监管的重心从事先向事中事后的转变。进一步优化审批流程，加强业务培训，增强服务意识，行政审批的效率不断提升，截至10月底，共受理建设工程项目报建190个、总投资154.44亿元，发放施工许可证156张，办理竣工验收备案57个，审批施工企业资质17项，完成招投标监管项目247项。

（3）积极推进BIM技术应用示范区建设。制订了《2017年杨浦区BIM技术应用行动计划》，升级完善区BIM技术应用数据平台。扩大BIM技术试点范围，试点项目已达25个。探索长效跟踪管理机制，在滨江路网一期等市政项目中探索应用基于BIM的三维GIS片区技术，力求在深度、特色、效益上提升BIM应用成效。加强对BIM专家平台的分类管理，充分发挥专家的作用。召开了区BIM技术暨绿色建筑应用和推广论坛，进一步扩大了杨浦区在全市中心城区率先推进BIM技术应用示范区建设的影响，得到市住建委的肯定和支持。

（4）继续推进建筑节能工作。开展新建建筑能耗监测系统联网，升级分项计量平台，实施区级能耗分项计量数据质量管控工作，组织对全区联网的大型公共建筑分项计量系统进行核查、整改，增强了分项计量系统的可靠性和稳定性，提升了区级平台数据的优良率。截至10月底，已上传能耗数据的公共建筑91幢。继续加大绿色建筑创建和可再生能源应用，并通过政策奖励，促进绿色建筑运行标识的发展。

5. 市政维护和管理工作取得成效

（1）推进设施维修。2016年度续建的大中修11项和桥梁维修5项全部竣工。今年大中修11项已完成3项，军工路大修已完成主线4车道的翻建，目前正在进行辅道、人行道和非机动车道施工。桥梁维修5项已全部完成。完成四平路中山北二路下立交大修和唐家塔地区市政道路整治。完成黄兴路宁国路、政立路淞沪路、关山路3项“缓拥堵”工程，政通路交通改建在建，年内竣工。

（2）养护管理注重精细化。加强养护管理，采取巡视专职化、巡路智能化、道路预养护等手段，提高巡查、养护的规范化、制度化、信息化程度。将精细化养护管理的内容、要求等落实于新一轮养护市场化的合同签订及日常养护中，提高管养水平和成效。截至10月底，修复车行道38742平方米、人行道34655平方米，护栏调换、新装5833米，路名牌调换24套。疏通排水管道1344711米，清捞各类窨井16711个次，清捞进水口31798个次，调换井盖座1584个次，运输污泥5347立方米。

（3）依法做好行政审批工作。截至10月底，受理掘路许可128件，发证127件，受理占路许可52件，办结73件。受理夜间施工备案98件，办结232件。

6. 建立健全燃气管理的长效机制

（1）加强对燃气管理的组织领导。充分发挥区燃气管理工作联席会议作用，明确职责，理顺关系，完善机制，将燃气安全管理工作纳入区安全生产考核体系。根据“安全为先、街镇为主、网格监管”的原则，细化理顺各街镇与条块关系责任清单。印发了《杨浦区防范治理违法占压燃气管道长效管理办法》。

（2）建立健全执法检查机制。推行街镇属地化、网格化排查整治工作机制，加强联合、联动执法，开展了居民小区户外燃气管道安全隐患、经营行为等专项检查、整治，清理燃气管道占压、圈围10余处。

（3）建立政企协作联动机制。进一步推进液化钢瓶统一配送工作，配合完成改造超龄管近8万米，调换智能表22948台，加

装阀门6000个，更换腐烂支管756米，更换改造地下燃气支管1997根、近12000米，配合拆违（遮挡物）33次，印发了《杨浦区用户端安全隐患整治工作的通知》，做好宣传告知、送达签收等工作，开展了"燃气安全进社区、燃气安全进学校"等宣传、培训活动。

7. 信访矛盾得到有效稳控化解

落实维稳责任制，坚持"一岗双责"和领导包案制，认真梳理各类矛盾，对重大工程建设、轨道交通沿线房屋受损、房屋质量投诉三大类13项群体矛盾和区领导包案的9项群体矛盾，逐一分析，研究制订方案对策，坚持市区联手，坚持搭建属地化解平台，坚持对话沟通，妥善处置、稳控化解武川路222弄财大职工宿舍、政本路350弄、上海大花园、辽海小区等群体矛盾。维护了本地区的和谐稳定，确保了党的十九大、双创活动周等重大会议、重大活动期间杨浦社会的稳定有序。截至10月31日，处理市民来信来电1001件、来访35件、其他平台交办件6511件、12345热线1245件，办结率100%。办理两会书面意见、提案共60件。

杨浦区绿化和市容管理局

2017年，在区委、区政府的正确领导下，在市绿化市容局的指导下，区绿化市容局党委认真贯彻落实党的十九大和市委、区委全会精神，团结带领绿化市容系统广大干部职工，紧扣杨浦"三区一基地"建设目标，围绕全国双创活动周、"五违四必"补短板和创建全国文明城区等中心工作，始终坚持目标导向、问题导向，始终坚持对标一流、对标先进，全力抓推进、抓落实、抓突破，不断提升市容环境卫生状况公众满意度和绿化市容系统党建科学化水平，全面完成了年度确定的目标任务。杨浦区上半年的市容环境卫生状况公众满意度位列全市16个区的第五位，管理等级处于“良好”水平。

一、以服务民生为宗旨，实事项目建设管理任务全面完成

一是提前完成社区公园改造。截至10月底，完成四平科技公园、民星公园两个社区公园改造，提升公园绿化景观特色。二是超额完成年度立体绿化建设指标。今年以来，建成立体绿化3.17公顷，占年度计划的106%。三是按期完成5公里绿道建设，有效改善城区生态环境。四是环卫公共设施建设力度持续加大。新建改造环卫公共设施31座，完成年度计划的100%。五是生活垃圾分类减量深入推进。截至10月底，绿色账户新增15万户，全区绿色账户覆盖总户数达15.3万户，引导更多市民参与垃圾分类，践行绿色生活。

二、以“双创”和文明创建为契机，城区环境品质进一步优化

（一）全力做好全国双创周长阳创谷主会场及周边环境建设保障。会同区建管委、区城管执法局等相关部门与大桥街道、控江街道等属地街道，合理规划、精心布置，自6月15日至9月22日，以长阳路、黄兴路、周家嘴路、临青路及眉州路为重点道路，全面完成市容空间环境整治、生态环境品质提升、景观氛围营造等环境建设工作，并积极落实日常市容环境常态长效管理，为展现高品质双创成果和杨浦亮点元素营造热情、祥和的迎宾氛围。一是增质提效打造生态环境品质。共新建绿地12727平方米、改建绿地894平方米、补种绿化4000平方米、更新长阳路花箱455组、增设周家嘴路机非带花箱200组、增设马鞍式花箱900组、增设悬挂花钵200组、摆放屋顶盆栽绿化80组、新建垂直绿化671平方米，突出时节与“双创”特色，增强道路沿线绿化观赏性。二是突出主题营造景观氛围。在长阳创谷周边打造与绿化环境相呼应的景观灯光、设置宣传广告，在黄兴路高架下方搭建了6组景观小品，依托长阳路临青路112街坊公共绿地等立面空间布置“双创促升级，壮大新动能”大型宣传广告，在长阳路、周家嘴路中央隔离带等沿线安装LOGO“众”与吉祥物“壮壮”的装饰物，烘托“双创周”活动主视觉，展现长阳创谷风采。三是以更高标准做好环卫保障。在以长阳“创谷”为核心的周边主要道路上延长保洁时间，强化巡回保洁力度和频次，截至9月21日晚，共清运大件毛垃圾13车次、生活垃圾33车次，未出现垃圾箱房满溢现象，对长阳创谷内场垃圾做到“日产日清”。

（二）城区生态绿化建设持续推进。一是公共绿地建设持续深入。截至10月底，已建成绿地13公顷，完成计划的108%，其中公园绿地7.89公顷，单位附属绿地2.69公顷，其他绿地2.4公顷。二是创智天地绿化特色街区基本建成。已建成蔷薇植物园、禾本园等7座风格各异的街心花园及政学路银杏大道、伟德路樱花街等5条以彩叶树种为特色的道路，新建168平方米锦建路紫藤墙，种植日本长穗紫藤74株，在市绿委办、市绿化市容局和上海电视台联合举办的“花香艺境”创意评选活动中荣获“最佳花香艺境奖”。三是街头绿地建设持续推进。年初计划新建改建街头绿地18块，截至10月底，已建成11块，另有7块正在抓紧施工中，当年11月底前全部完成。四是生态综合整治有序开展。截至10月底，已完成4处生态综合整治项目，唐家塔地区绿化改造当年年底前完工；已完成8处河道绿地建设，另有3处预计11月底前完工。五是林荫道和绿化特色道路创建深入推进。成功创建政化路（国定路—国权路）、江湾城路（殷行路—清波路）为市级林荫道，其中江湾城路为全市首条以晚樱命名的林荫道，进一步丰富了杨浦区林荫道的树木品种。抓紧实施邯郸路（国权路—国宾路）特色道路建设，当年11月底完工。

（三）社会绿化事业稳步提升。组织开

展2017年杨浦区全民义务植树活动，配合市绿委做好第三届市民绿化节开幕式暨“绿化大篷车进园区”发车仪式，启动“鸡冠花争冠”活动，分别进园区、社区、校区发放鸡冠花苗230份，制作发放2017杨浦绿化导赏地图等宣传资料650份；在黄兴公园开展“和谐·年轮”树木认建认养活动，在四季广场开展“园艺进家庭、绿化美生活”活动等，大力营造爱绿、护绿、关注生态环境的良好氛围。

（四）“三区一基地”建设市容环境保障进一步加强。围绕财大100年校庆、同济大学110年校庆等活动，以五角场城市副中心、国定东路安波路实训基地、长阳谷创新创业基地、环上海理工大学创业创新街区等区域和周边道路为重点，实施国定路（邯郸路—政立路）、军工路（佳木斯路—顺平路）以及同济大学周边区域市容环境品质提升项目，展示杨浦市容建设和管理的创新成效，营造浓厚的创新创业氛围。配合滨江公司完成4000余平方米围挡绿化建设，进一步提升滨江公共岸线的绿量，丰富了景观层次。城区景观灯光和户外广告设施管理不断强化，完成政院信息化大楼、内环（松花江路—周家嘴路）沿线平改坡和上海兴荣温德姆大酒店景观灯光大修，新建长阳谷、区少年宫、滨江围挡绿墙等景观灯光，打造夜景灯光亮点。提前完成市局挂牌督办的10块及区自排自报的15块违法户外广告专项整治工作。加强对临时对旗广告的监督管理，截至10月底，拆除违规广告设施48块，拆除违规的临时广告（对旗、横幅）87块、指路牌104块，整治店招店牌114处。积极推进《杨浦区户外广告设施设置阵地实施方案》修编工作，预计年底前完成。

三、以对标补短为立足点，市容环境更加整洁有序

（一）深化落实责任区管理制度。制定杨浦区关于进一步深化推进市容环境卫生责任区管理工作的实施意见，以开展《上海市市容环境卫生责任区管理办法》实施两周年宣传活动为契机，加强社会宣传动员，营造“我的门前我清洁，我的区域我负责”的舆论氛围，责任区管理“26211”工作任务全面完成。截至10月底，指导街镇推进20条（段）责任区管理示范道路创建和60个自律组织实体化运作，培训各类人员16899人（其中责任人14316人、管理人员2583人），推进102条道路实施沿街商铺生活垃圾定点投放、定时上门收集。健全责任单位（人）信息档案，开通“杨浦绿化市容”微信平台的门责自律承诺签约栏目，完善“一店一档”信息数据，目前全区建档率达到100%。

（二）持续推进市容环境专项整治。一是市政市容管理“五乱”治理取得阶段性进展。牵头相关部门和街镇，强化固守已完成的45个任务单元的整治成果，防止问题反弹；强化行业指导，规范管理措施，完成年度190个整治任务，确保“五乱”问题治理到位。截至10月底，共整治取缔“三亭一牌”60处，规范“三亭一牌”14处，整治跨门营业和非机动车乱停放2947处，规范店面设施279处，清除“乱张贴”15092处，进一步改善城区市容环境面貌。二是生态环境综合治理协同推进。根据市委、市政府“五违四必”整治工作总体部署和区委、区政府关于生态环境综合治理和中小河道治理工作统筹推进的工作要求，以唐家塔市级生态环境综合整治区块为重点，聚焦“2+14+9”个既定区块，积极对接相关街镇和部门，通过清除占道乱堆物，整修粉刷和美化围墙外立面，增设部分隔离护栏等措施，合力整治环境脏乱差现象，压缩“五违”现象返潮空间，提高群众对市容环境的满意度。三是无序设摊治理持续加强。对照《杨浦区无序设摊2014—2017年计划任务书》，制订实施本区调整无序设摊控制点设置方案，坚持“分类管理、堵疏结合”的原则，进一步加大无序设摊治理力度，设置大桥街道113A街坊临时菜场，既

解决蒋家浜周边居民“买菜难”问题，又进一步缓解无序设摊对市容环境面貌的影响。加强与街镇、城管的工作衔接，坚决防止产生新的设摊集聚点，做好集聚点、控制点取缔后的固守，规范管理入场入室疏导点，防止马路设摊回潮。四是指导开展市容环境综合管理新一轮达标街镇复查申报工作。对照《上海市市容环境综合管理达标、示范街道考评办法》，指导定海、大桥等8个街道拾遗补缺，提高区域市容环境综合管理水平。

（三）多举措做好市容环境保障。一是建立健全区市政市容管理联席会议制度。为进一步顺应城区转型发展大局，落实全市市容环境管理工作要求，对接市市政市容联席会议办公室工作职能，今年5月将区城管委更名为区市政市容联席会议，将区相关委办局和街镇纳入成员单位，对接市政市容联席会议，更好地整合管理资源，形成管理合力，加强城市科学化、精细化管理。二是做好重要节日和重大活动市容环境保障。全力做好元旦、春节、全国两会期间、“上海之春”国际管乐艺术节、新江湾半程马拉松等重大节日和重大活动的市容环境保障工作，展示杨浦良好形象。三是进一步加强市民服务热线、来信来访、两会办理受理处置。今年前十月共受理处置绿化、市容、环卫问题11835余件，受理率、处置率、办结率均为100%；受理处置各类来信来访40件，办结率100%；今年区绿化市容局承办两会提案意见共27件，答复率、办结率均为100%。四是不断深化安全生产和防汛防台工作，深入组织开展安全自查，出动人员40人次，整改隐患40余条，落实防汛防台和安全值班100余人次。

四、以提质增效为目标，环境卫生管理更加精细化

（一）生活垃圾分类减量持续深入。组织开展“垃圾分类校园行”主题宣传，倡导绿色低碳的生活理念，引导中小学生积极参与垃圾分类投放及绿色账户活动，覆盖全区幼儿园至高中近百所学校，参与人数约6万人，得到较好的宣传效果。认真实施生活垃圾分类品质提升项目试点，在新江湾城街道尚浦名邸、政民路711弄小区推进品质提升工作，不断优化居住区生活垃圾分类的宣传、管理模式，显著提升居民参与率和分类准确率。积极推进单位生活垃圾强制分类，编制《杨浦区单位生活垃圾强制分类实施方案》，稳步推进对全区公共机构和企事业单位上门宣传告知工作。截至10月30日，全区共589家单位落实分类工作。进一步加强生活垃圾分类收运体系建设，严格按照垃圾分类要求，合理优化作业班次，做到专车专用，分类收集，严禁混装混运。

（二）建筑垃圾清运体系进一步完善。从源头申报、中转分拣、物流管控、属地消纳等方面着手，进一步完善建筑垃圾管理体系，实现全程管理及闭环运作。实现小区装修垃圾的全额申报，加大对运输企业的日常管理，确保运输过程规范、有序；加强与市局的沟通协调，畅通建筑垃圾外运处置渠道。加快以区环发公司为主体的装修垃圾清运队伍建设，有效提升装修垃圾外运处置运能。不断加强与区城管执法、交警部门等的工作衔接，保持高压态势，有效遏制辖区内的装修垃圾非法运输行为。

（三）加强环卫作业监管。积极开展道路扬尘治理，根据“一点一策”“一路一策”整治方案，继续保持对杨树浦路、军工路等污染突出路段的道路保洁力度，坚持每天保洁6次以上，每周开展两次环境集中整治，确保重污染路段的道路扬尘污染得到有效控制。进一步增强机械化作业能级，提升区域道路保洁水平。进一步加大环卫保洁力度，做到“延时延伸”保洁，即在时间上，延长保洁时间，增加作业班次，确保每天道路保洁时间不少于18小时；在空间上，进一步扩大保洁范围，在保障好主要道路和重点区域

的同时，强化中小道路及背街小巷的作业保障，做到无死角、无盲区。

五、以转变职能为导向，部门执行能力进一步提升

（一）不断强化规划引领作用。一是完善年度建设、管理项目计划编制。编制完成今年绿化市容建设和管理项目实施计划，确保项目落地、有序推进。二是关注并积极配合杨浦区重大项目建设，围绕全区中心工作和区内重大市政基础设施建设，主动介入、提早谋划、加强跟踪，保障绿化市容规划指标落地，绿化市容建设同步实施。

（二）行政审批制度改革进一步深入。动态调整局行政权力目录，明确179项行政权力。加强事中事后监管，深入开展行政审批“双随机、一公开”工作，进一步增强政府部门监管合力，提升综合监管水平。扎实推进“互联网+政务服务”建设，以“全网通办”工作为契机，进一步优化梳理审批、监管、服务等事项目录，细化办事指南，通过区网上政务大厅公开发布，提高行政效能。

六、以从严从紧为出发点，党建基础不断夯实

（一）“两学一做”学习教育常态化制度化有序推进。一是加强组织领导。制订《“两学一做”学习教育常态化制度化实施方案》和6期《“两学一做”学习教育常态化制度化工作提示》，部署工作要求，明确分阶段学习重点，确保学习成效。二是开展分层学习。统筹兼顾“两学一做”学习教育工作要求及局行政重点工作推进，截至10月底，开展党委中心组学习20次，“绿化市容学习课堂”6次，落实“一线工作法”，深入基层单位做专题党课，着力拓展学习内涵。三是突出示范引领。通过督促36名党员创建“党员示范岗”“党员先锋岗”，建立5个“党员责任区”及申报3个“党支部建设示范点”等工作，发挥示范引领作用，不断把创先争优活动引向深入。四是强化为民服务。充分利用区域化党建平台，组织党员参与信访体验日、延吉街道交通文明志愿者服务、“微水洗车”进社区等系列为民服务活动或志愿行动，树立党员良好形象。

（二）管党治党责任高效落实。一是层层传导责任压力。全面梳理巡查督导、廉洁风险点排查、问题线索等工作中发现和群众反映强烈的问题，签订“第一责任人”“一岗双责”和“岗位责任书”共计133份，逐步形成责任协同落实体系。二是主动履行监督责任。以区纪委年中调研督导为契机，系统内全面开展“两个责任”推进情况自查自纠，组织干部群众对落实“两个责任”满意度开展民主测评，年末开展党建和党风廉政建设检查，以述责评责确保“五环闭合”。并强化干部队伍监督管理，在党员干部选拔、评优等工作中如实反馈党风廉洁意见96份，先后组织两批新提任的科级干部共12人开展任前廉政谈话。三是制度建设不断完善。着力加强制度建设，完善“三重一大”、党务公开、领导干部谈心谈话等工作制度，开展软弱涣散党组织排查等工作，扎实开展主题党日活动，增强党组织的凝聚力和战斗力。四是国企党建切实加强。指导区环发公司健全完善党总支、行政工作规则，设立专门党务工作机构，配备专职党务工作者，充分发挥公司党组织领导核心和政治核心作用，促进党的优势与公司治理优势的有机融合。

（三）干部成长路径持续完善。一是紧抓党员教育管理。高度重视党员培养、教育和管理工作，转正4名党员，新发展1名，组织10名预备党员、9名入党积极分子参加培训，集中采集、复核党员信息，教导党员干部深化网上群众路线。二是推进干部蓄水池培养计划推进。建立系统干部内训管理工作机制，选派8名干部参加市区培训，开展2017年绿化市容系统党务群团干部专题培训班，完成1名新提任处级干部试用期满考核，1名处级副职后备干部被提任为区管干部，5

名干部提任、13名干部的岗位调整，探索市场化选聘、契约化管理机制，为区环发公司招录6名中高级管理人员，优化公司管理层人员结构。三是干部管理监督从严从紧。落实因私出国境证件集中管理，做好干部提任、推荐评优前干部人事档案审查工作，在党员干部选拔、评优等环节如实反馈党风廉政意见79份。

（四）党建服务品牌释放活力。一是拓展政务“双微”。以“双微”移动互联网模式开展社会动员，坚持原创首发，组织12场线下活动以及17场线上活动，“杨浦绿化市容”微信公众号推送信息397条，局政务微博发布信息877条，持续打造“绿化市容进社区2.0”版，提升行业关注度，凝聚正能量。二是丰富绿化行业党建联盟活动载体。通过健全完善联盟协商机制，丰富结对共建内容，组织联盟党员实地参观学习，开展形式多样的交流活动，依托12345市民服务热线，共同为民排忧解难，构建行业良好关系，整合行业资源，促进绿化事业发展。三是深化“做一天环卫工人”关心关爱活动。组织机关、企业、社区志愿队开展环卫体验活动，在12个街镇社区党建服务中心成立新一批“环卫爱心接力站”，开展“环卫工人日”主题活动，宣讲事迹，倾听心声，选树身边先进典型，着力营造关爱环卫工人的良好社会氛围。

（五）监督执纪问责执行到位。一是实施专项巡查督导。积极发挥巡查督导作用，重点把握“切口小、查得深、动作快”三个特点，紧抓基层党组织领导班子集体决策机制、组织生活相关制度、党务公开制度等“五个重点”的执行情况，开展个别访谈68人次、发现问题30条、提出整改意见20条。及时反馈问题，明确整改时限，以“回头看”倒逼系统基层党组织党风廉政建设责任有效落实。二是强化权力运行监督。制定《杨浦区单位生活垃圾处理费收费员管理有关事项的通知》，开展收费员专题培训，明确对长期在一个单位收费岗位的收费员有计划地进行轮换工作制度，打造一支廉洁、高效、文明的收费员队伍。三是巩固作风建设成果。持之以恒深化“八项规定”和“五个严禁”要求，重要节日前正式发文、严明纪律、自查自纠。落实区纪委行政监察工作机制“一台三柱”要求，每月对12345市民服务热线反复投诉件和不满意件开展电话回访抽查，每季度开展现场督查。并积极搭建平台，配合区政府完成了蒋家浜地区22名局属职工旧改征收工作。

（六）关心服务职工聚力暖心。对生活困难及患重病、大病的职工以及农民工开展帮困慰问送温暖，并组织优秀职工参加市级行业技能竞赛及各类先进荣誉评选活动，树立标杆，激发广大职工赶学先进。积极参加“我的青春我的梦——学习总书记讲话做合格共青团员”主题征文活动，组织“立足岗位挥洒青春”座谈会，积极参与团区委“号、手、队”创建，各有1支队伍分别获评市局青年突击队、区青年文明号、区青年安全生产示范岗，展示杨浦干部的精神风貌。

（八）浦东新区

浦东新区建设和交通委员会

即将过去的2017年，建设交通系统在区委、区政府的坚强领导下，紧紧围绕新区“2+2+2+1”总体布局，按照优化结构、转换动能、补齐短板、提质增效的总体思路，抓项目促发展、推改革增后劲、优服务惠民生、重管理保稳定，较好完成全年目标任务，各项工作迈上了新台阶。

——服务大局的贡献度不断提高。聚焦国家战略，145项市、区重大工程有力推进，完成工作量164亿元。新增道路40公里、道路绿化71公顷，建成公交枢纽4座；开工

（筹措）保障房192.2万平方米、竣工107.9万平方米；完成征收动迁7552户、清盘82个，在稳增长、调结构、惠民生中发挥了积极作用。

——转型升级的支撑度显著增强。房屋征收、保障房新体制建立健全；重大基础设施、社会投资项目审批制度改革形成可落地成果；建筑业、人防国家级综合改革成效明显；“六个双”审批监管改革实现全领域全覆盖，行业进入提质增效新阶段。

——管理驱动的精细度持续深化。住宅小区综合治理全市考核优秀，“公交城区”完成创建，互联网租赁自行车在规范中快速发展，安全生产死亡事故控制在指标范围内并同比下降，节能减排与绿色发展取得新进展，行政诉讼零败诉，行业管理的有效性和规范性不断改进。

——服务对象的满意度较快提升。146件“两会”建议提案，办理态度、结果“双满意率”达到90%；19848件热线网格工单，回访满意率同比提升19个百分点（达到79.11%）；4148件信访事项，按时办结率同比提升22个百分点(达到99.58%)；街镇反映的95个突出问题，逐一形成解决方案；行政诉讼案件同比下降38%；逾期回搬等突出矛盾得到化解或缓解，工作态度、服务成效改善较为明显。

一年来，区建交委重点做了以下工作：

1.突出量增质提，基础设施建设有力推进。始终把重大工程建设摆在重中之重，全面完成投资计划和形象进度计划。

一是提高技术研究深度。“十三五”综合交通规划出台发布，三年实施计划（2018—2020）完成制订，综合交通体系规划（2016—2040）形成总体成果，在建轨交线配套公交枢纽专项规划通过专家评审；外高桥集疏运体系、道路成网成体系、城乡一体化发展（基础设施部分）课题研究完成。“十三五”综合交通项目前期研究提速，30个2016年储备项目列为新开项目（26项获工可批复），70个2017年储备项目56个获立项批复。杨高路世纪大道天桥等7个工程技术方案优化完善；海绵城市、地下管廊等“四新”技术在张家浜楔形绿地、科苑路等重大工程中推广应用，初步设计完成审批52项。

二是保障建设推进进度。建立跨部门月度例会，建成重大工程信息管理平台，有效突破手续办理、动迁腾地、社会维稳等瓶颈。全年筹措安置房源45万平方米，完成“五违”整治4.8万平方米，实施应急处置6次。实现市政基础设施项目开工建设20项、竣工建成18项、基本完成10项，完成施工招投标22项；实现轨交站点全部腾地16个，沿江通道隧道、大芦线、赵家沟、11个轨交站点前期腾地基本完成；东西通道主体结构完成90%、地面道路完成70%，杨高路改建工程主体结构完成70%；曹路公交停车场、泥城公交枢纽建成投用。

2.突出有居宜居，居民居住条件不断改善。健全“四位一体”住房保障体系、完善购租并举住房市场体系，分层次多渠道提升居住生活品质。

一是加快保障房建设。市属惠南民乐大居K05-01等4个地块清盘、D09-01等两个地块开工，区级征收安置房开工（筹措）172.44万平方米、竣工107.93万平方米，公租房开工（筹措）19.8万平方米，下达一级开发计划731.37万平方米、二级开发计划238.6万平方米。纳入市政府考核的20966户在外过渡动迁居民全部实现回搬。

二是严格房地产市场监管。“类住宅”整治基本完成，摇号公证选房落地实施，地下车库出售价格、租赁价格销售备案审批启动实施，房地产交易登记完成765万平方米，房屋权属调查完成实测1308万平方米。高度重视租赁住房发展，专项规划、建设机制、配套政策同步研究制定。房地产市场平稳运行。

三是改善既有住房居住条件。统筹美丽家园建设，贯彻落实“留改拆并举，以保留保护为主”原则。全面完成住宅小区综合治理5类30项任务，市级三类修缮完成33.6万平方米，区级旧住房综合整新完成100万平方米。加强旧区改造，15个经市里认定的“城中村”改造地块，启动动迁13个，完成居民和企业搬迁2388户；中心城区和郊区城镇二级旧里以下房屋完成改造8.2万平方米，受益居民691户。

3. 突出通达畅通，交通运输服务能级进一步跃升。充分利用交通基础设施建设成果，紧密结合综合交通补短板，更多地向运行要效率。

一是优化公共交通服务。推动解决公交公司历年政策性亏损，研究明确长效发展机制（“1+1+X”补贴方案）。调整公交线路72条，完成黄浦江东岸贯通、轨交9号线公交配套，探索“一路一骨干”浦东南路试点。举办首届浦东交通论坛，每季度编制新区交通运行状况评估报告。扩大公交运营信息实时发布，建设“亭牌合一”候车亭350座、太阳能电子站牌1000根，实现内环内全覆盖。更新纯电动公交车397辆（占更新总数的62.52%），“桩等车”布局初步形成。

二是规范水陆运输秩序。开展内河老码头综合整治，规范港口经营许可换证，清退港口企业133户。鼓励和规范互联网租赁自行车发展，控制总量、优化设施、开展整治，有效减少无序投放、乱停乱放现象。落实“网约车”管理新政，妥善化解非沪籍“网约车”矛盾。优化停车管理，推进停车资源共享，利用合理空间建设停车场，新增及释放各类停车位30750个。

4. 突出系统集成，改革创新成果丰富。贯彻落实统筹核心发展权、下沉区域管理权改革要求，深化推进“放管服”改革，提高改革含金量、市民群众获得感。

一是实现重点领域体制机制整体转换。完成保障房建设管理体系调整，确立一、二级联动开发机制，落实区属国企主力军地位，建成房源统筹运行平台。完成房屋征收体系调整，细化建交委行业监管责任、企业集团征收操作责任、街镇协调推进责任、职能部门联动协作责任，落实“机器管人”，推动“速度、成本、稳定”辩证统一。国家级人防改革试验区3类12项试点任务全部完成，完成人防建设工程安全质量管理职责承接。研究提出综合交通体制、房屋管理体制改革方案，36个房屋管理办事处下沉街镇稳妥完成。

二是推动关键环节堵点痛点有效突破。行政审批改革加快推进。基本完成审批事项、审批人员“两个集中”；形成重大基础设施项目前期审批优化办法、企业投资建设工程前期审批优化流程、保障房竣工验收指导意见，对标先进压缩审批时限、缩短建设周期。“六个双”事中事后监管初步建立。14个领域22个事项全部在新区事中事后综合监管平台上贯通运行。建筑业综合改革示范区创建不断深化，浦东美术馆等7个项目落实建筑师负责制，不同资金来源项目实行差异化招投标，上海飞机制造公司浦东基地宿舍楼等6个项目开展工程总承包试点，27个标段试点保证保险制度。“美丽家园”围墙内设施设备改造统筹实施新机制基本确立，旧住房修缮标准提升取得阶段性研究成果。

一年来，区建交委坚定不移地落实管党治党主体责任，把全面从严治党要求融入深入各项工作全过程，贯穿落实到党的建设各方面，为中心工作顺利完成提供了有力的思想政治保证和组织保证。

一是思想政治建设常抓不懈。深入学习党的十九大精神，举办报告会等系列宣讲活动，用习近平新时代中国特色社会主义思想武装头脑、指导实践、推动工作，引导党员干部进一步增强“四个意识”、坚定“四个自信”。推进“两学一做”学习教育常态化制度化，突出委党组中心组示范带动作用，处级以上领导干部带头讲党课53次，全面完成规定动作，丰富拓展自选动作。

二是干部队伍建设不断加强。践行新时期“好干部”标准，健全选拔、任用、考核机制，7名处级以上干部得到提拔、3名正处级干部完成交流、3名副处级干部通过试用期考核。重视中青年干部培养，遴选15名干部到重点岗位挂职锻炼，选送13名干部参加党校主体班培训。开展“建设先锋、服务标兵”主题活动，推动党员亮身份、做承诺、当表率。

三是党风廉政建设深入推进。压实党委主体责任、纪委监督责任，细化责任清单，逐级签订目标任务书，全面传导压力。突出纪检组织主责主业，配合完成区委专项巡察，落实保障房审计问题整改、开展延伸监督；加强执纪监督“四种形态”运用，处置举报件6件（谈话函询两件、初核初查4件，组织处理干部1起1人、立案调查干部1起1人），做好市纪委8宗案卷问题线索专项检查，加快落实“双零驱动”。

四是基层党的建设逐步夯实。深刻领会习近平总书记“党的一切工作到支部”要求，做好基层党组织按期换届工作。推进基层党建项目化，明确7类23项任务，严格执行“三会一课”等各项规定。举办基层党支部书记培训班，落实党组织书记第一责任人责任，抓细抓实基层党支部分类定级、晋位升级，强化考核作用。

浦东新区环境保护和市容管理局

2017年，新区环保市容局在区委、区政府的坚强领导下，全面贯彻党的十八大、十八届历次全会和十九大精神，按照“五位一体”总体布局和“四个全面”战略布局，坚持创新、协调、绿色、开放、共享的发展理念，全面落实党中央、国务院关于生态文明建设的决策部署，落实中央“四个新作为”和市委“四个走在前列”的新要求，以建设“开放、创新、高品质”浦东的奋斗目标为指引，围绕新区“2+2+2+1”中心工作，推动生态环保、市容环卫、水务防汛、绿化林业、市政道路、公用事业等各项工作取得新进步。

一、推进生态文明建设

（一）配合中央环保督察

制定《浦东新区贯彻落实中央环保督察反馈意见整改方案》和《整改措施清单》，成立整改工作领导小组，完成中央环保督察明确的13项整改任务。清理整治6111个环保违法违规建设项目，淘汰关闭率54.77%；跟踪落实督察组交办的415件信访件；监管一类污染物企业，海滨污水处理厂出水重金属（镍）实现稳定达标；整改140家责停未停企业、22家危险品仓储企业；纠正违规核发排水许可证；整治临港大道垃圾违规倾倒点；完成临港和海滨两座污水处理厂提标改造、3个市政雨水泵站旱流截污改造工程；推进污泥处置等环境基础设施。

（二）整治城乡中小河道

推进1622条段1275.3公里污染河道整治。市考555条段黑臭中小河道全面竣工，水质达标率100%；区考1020条段整治任务全部开工，总体进度达76%；区考47条段骨干河道，15条段已开工，32条段完成工可编制。完成555条市考河道周边1248家工业企业整治、4050户农村生活污水治理，36艘“三无”居家船舶、2538艘“三类船”的整治，98家机关事业单位雨污水分流改造；调查建立河湖数据库，成立河长制办公室，全区1331名干部担任各级河长，实现河长责任全覆盖；建立全区水务信息共享云平台、河道长效管理系统和浦东河长App，制定“1+3”河道管理养护考核体系，在全市率先应用河道养护信息化考核监管平台。

（三）深化大气污染治理

围绕能源、产业、交通、建设、农业、生活和保障7大领域，完成市下达浦东2017年大气污染防治43项重点任务，包括65家名单外企业VOCs治理、1421家汽修企业的整治、427家餐饮企业高效油烟处理装置安装、16台大型集中供热锅炉清洁能源替代。创建南汇新城镇等7个“市级扬尘污染控制区”，$PM_{2.5}$年平均浓度同比下降14.29%。

（四）推进土壤污染防治

制订《浦东新区土壤污染防治工作方案》。初步建立新区土壤污染防治相关数据库，形成潜在污染场地清单、土壤污染重点监管企业名单、疑似污染地块名单。调查174个场地环境，治理修复世博金砖银行、周家渡、祝桥、孙桥社区4个地块，规范“198”减量化地块水土监测，调查并试点治理修复青四电镀厂污染地块。

（五）推动绿色发展

完成浦东新区第六轮环保三年行动计划111个项目；完成19个工业园区规划环评，核发火电、造纸、钢铁等15个行业排污许可证共计20家，核准污染物总量指标项目68个，审核评估重点企业清洁生产13家、验收16家、启动25家；建设完成外高桥空气辐射环境自动监测站点，形成覆盖全区的空气辐射环境自动监测和应急预警网络，开展各类企业现场检查500余家次，辐射安全“零事故”；新增12家区级环保诚信企业、1家区级环境教育基地、3家区级绿色小区。

二、补齐城市管理短板

（一）打造市容景观亮点

完成469个任务单元的“五乱”专项治理；创建30条示范路段，新增54个自律组织，培训责任人和管理人员4万人次；拆除户外广告643块；固定公厕大中修24座，增设第三卫生间8间，浦东公厕管理社会公众满意度测评位居全市前三；新增传统机扫车217辆、新型保洁车14辆，全区道路机扫率总体水平达97.7%；开展道路保洁、垃圾清运、公厕服务文明行业创建，文明班组创建率100%，示范班组创建率18.7%。

（二）加强垃圾综合治理

严格落实“小分类、大分流”，累计分流集贸垃圾3.66万吨、居民厨余果皮17.87万吨、单位餐厨垃圾8.45万吨、有害垃圾6.90吨、废玻璃178.63吨、整治垃圾2.84万吨、大件垃圾1.32万吨、装修垃圾46.75万吨。单位生活垃圾强制分类，建设集中交投点，分类单位达到737家。周浦镇、上钢街道开展生活垃圾收运处一体化综合单价方案试点；建立建筑垃圾消纳处置临时堆点26个；基本建成装修垃圾资源化利用中试项目，共接收装修垃圾2.47万吨；共处理生活垃圾约230.7万吨。

（三）破解道路管养难题

编制《重点区域重点道路综合改造规划和道路综合提升三年行动计划》；引入智能化手段，加强养护企业监管考核；形成“四个统一”制度，加强道班房规范化管理；整治顽疾专项，消除井盖井框差5000个，清理中环内各类非法指示牌近1600块，维修和更换各类护栏30024米；规范治理“共享单车”，平整自行车停放场地面积约7.5万平方米，漆划非机动车停放点位222个、标线20421米、地标681个；研究小陆家嘴地区路灯合杆，治理外环线土方污染；道路白改黑11.17万平方米，改造16处农村公路下立交，整改13座病害桥梁；城市道路维修率3.9%，道路综合完好率达90%。

（四）推进绿化林业建设

完成绿化建设368.5公顷，落实造林面积802.4公顷，建设绿道32.8公里、立体绿化5.5万平方米。实施古钟园、华夏公园等6座老公园改造；创建碧波路、洪山路两条林荫道；创建花木联洋“绿化特色街区”、浦兴路街道“园林街镇”，建设3个“街心花园”，夜公园开放数量增至16座。

（五）保障城市安全运行

修订和落实防汛防台预案，组建防汛抢险队伍50支，海塘巡查11.57万公里，防汛墙巡查7.12万公里，快速修复黄浦江11米受船舶撞损防汛墙（南滨江富都世界段），经受了两次大暴雨、14次暴雨、8次天文大潮等灾害的考验。完成《浦东新区突发环境事件应急处置预案》《浦东新区处置核与辐射事故应急预案》《浦东新区空气重污染应急工作预案》《浦东新区处置燃气事故应急预案》《浦东新区大面积停电事件应急预案》《浦东新区处置供水行业突发事件应急预案》区级备案，编制《局应急抢险救灾工程管理办法》，开展突发环境事件处置、核与辐射事故处置应急演练，共处置各类突发公共事件33起。

三、完善基础设施布局

（一）实施市区重大工程

老港固废基地周边防护林（一期）工程6331亩造林任务基本完成，合庆郊野公园1290亩完成作业设计，大治河生态廊道1800亩造林项建书报批，新场镇大治河生态片林建设工程居民动迁签约率98%，完成滨江森林公园二期94公顷、南汇生态专项工程6公顷、开天窗补绿6公顷。完成外环运河（周邓公路—六灶港）、人民塘随塘河（北横河—三灶路港）、外高桥内河港池工程施工监理招标；沈沙港、三林基地芦胜河、周邓公路污水干管完善工程已开工；长界港（南六公路—三新河）初步设计已批复；张家浜地区雨水排水系统提标改造工程、张江中南片区门户景观项目、华夏中路南侧高压走廊下绿带项目工可已批复；陈行生活垃圾分流转运中心项目工可报批；实施张江地区5条道路景观提升工程，金科路、科苑路、锦绣东路、张衡路、华东路已基本建成。

（二）完成实事项目工程

37公里慢行步道完成建设；绿色账户新增28.5万户，累计覆盖约54万户；惠南镇荡湾地区积水点改造工程的进度达80%；御桥、南新绿川、新塘桥、张家浜、殷家浜雨水泵站主体工程完工，金光（云台）雨水泵站整体进度约45%；中心城区老旧小区二次供水设施改造1127万平方米，其中新开项目628.14万平方米；35处公交站港湾式改造全部完工。

（三）推进生态基础工程

完成张家浜楔形绿地40公顷、森兰楔形绿地18公顷、三林楔形绿地6公顷、川杨河河滨绿地33公顷、黄浦江滨江绿地10公顷、大居结构绿地16公顷，鹤鸣楼修缮施工招标。完成19公里污水管网、19个地表水预警监测站点建设；完成252公里中小河道

轮疏、8个海塘专项、13个水闸专项、34个排水专项、7个河道专项、114个道路大中修专项、21个雨污分流改造工程；10个镇农田水利配套设施工程总体进度55%，周浦污水泵站及通沟污泥项目完成工可编制，华东路通沟污泥项目已完成方案编制，严家港泵闸已开工，赵家沟东泵闸工可报批，张家浜东泵站专项规划待批复。8条道路路灯增装项目开工。合庆生活垃圾中转站工可报批，高行、高桥、新场等生活垃圾中转站、三林建筑垃圾中转站落实规划选址，北片建筑垃圾资源化厂选址获批，北片湿垃圾（二期）项目完成用地专项规划编制。

四、推进政府职能转变

（一）推进行政审批改革

受理行政审批事项4139项，承办建设项目设计方案征询214项、土地招拍挂意见征询52项；实现局3个市场准入审批事项“网上通办、一次办成”，72个审批事项在新区政务大厅全过程流转审批；推进“从事城市生活垃圾经营性清扫、收集、运输许可”实施“单窗通办”；完成黄浦江东岸贯通建设项目中24个景观提升改造工程的初步设计审批工作，保障上图东馆、上博东馆等市重大文体设施建设。

（二）加强事中事后监管

建立局7个行业、12个事项涉及“六个双”监管机制；推进“全域共享”，2500万余条数据资源交换到新区共享交换体系，日均交换量约8万条；推进政务公开“标准化规范化”，梳理完成324项权力清单、104条服务事项，共2387份材料清单。

（三）落实机构改革

按照新区“统筹核心发展权，下沉区域管理权”的改革部署，完成105名人员及绿化市容相关职责下沉街镇，开展下沉业务培训；配合区城市运行综合管理体系建设，在原环境信息中心基础上成立环境综合协调管理中心，增设网格化管理、热线处置工作职能。

（四）夯实基础管理

修订局各行业管理制度20项，形成《局各行业政策法规制度汇编》《局内部管理制度选编》。实施中期财政规划管理，建立工程性专项三年滚动储备计划，实现网上三联单专项审批，加快执行进度。通过各级媒体报道宣传题材68篇，报送政务信息153篇，推送政务微信174篇；完成31个科研（课题）项目研究。承办“两会”书面意见和提案101件，办理领导批示件169件。清理整改出租出借房、闲置房、福利房112处，完成率达100%。主动公开政府信息988件。受理各类来信来访729件，按时办结率100%。受理市相关职能部门和区城运中心工单48690件，结案率97%。

五、强化党建引领作用

（一）思想政治建设

开展中心组学习12次，学习贯彻党的十九大、上海市十一次党代会及新区第四次党代会精神，市委及区委重要会议精神，推进“两学一做”学习教育常态化制度化，用习近平总书记系列讲话精神武装头脑、指导实践、推动工作。开展新区“三好两满意”、局“五好两满意”评选工作，产生5个“好班长”、10名“好干部”、5个“好团队”和4个“好班组”。

（二）党的作风建设

强化书记第一责任、领导班子集体责任和“一岗双责”，完善基层党建工作机制和制度，召开党工委会13次，基层书记例会4次；落实“三会一课”，基层书记上党课48次，开展参观红色革命教育基地、观影、志愿服务等主题党日活动；制定6项党风廉政重点责任项目，完成首轮全覆盖执纪问责巡查；编制廉洁从政“口袋本”，征集廉政格言79条；开展“两学一做、重拾信心”征文活动，共征文39篇；梳理排摸意识形态阵地近30个，建立阵地管理制度。策划“挽救生命之源”“最美环卫工人”“河道整治周周道”“美丽浦东”等一系列专题宣传；妥善处置舆情76件，舍弗勒事件的舆情处置被市委宣传部纳入舆情处置优秀案例。法制专题培训两次，处置行政复议及行政诉讼案件40起，行政复议纠错率为零，诉讼案件零败诉，行政机关负责人出庭率达到100%。

（三）干部队伍建设

提任3名优秀中青年干部充实基层事业单位班子，组织150余人次后备干部赴20个综合养护点位体验，选送28名优秀干部开展岗位挂职锻炼，落实17名干部的主题培训，组织38名后备干部素质拓展培训等。获得市区级以上荣誉的先进集体23个、先进个人20名。

（九）宝山区

宝山区建设交通委员会

2017年是“十三五”的关键年。区建交委紧紧围绕区委区政府年初确定的任务，抓重点、补短板、强管理。全年重大工程推进有力，行业监管安全有序，居民出行日益便捷，很多历史结转遗留问题得到解决，为“魅力滨江、活力宝山”建设提供坚强保证。

（一）全面学习贯彻党的十九大精神，不断增强“四个意识”

全年区建交委以学习宣传贯彻党的十九大、市第十一次党代会精神为主线，以增强政治意识、大局意识、核心意识、看齐意识为重点，严格落实党要管党、从严治党的要求，把管好干部、带好队伍作为工作的坚强保障去抓，全面推进机关党的建设。

一是政治建设突出“四个意识”。坚持把政治建设摆在首位，把不断增强“四个意识”作为首要任务去抓，做到逢会必谈，谈必强调。同时，通过开展“基层目标管理调研”“民主生活会座谈”等，确保全委党员群众政治方向和立场坚定正确，确保局部和整体协调一致，确保团结和集中统一，确保队伍整齐有力。

二是制度建设突出严格全面。汇编形成三册《制度汇编》手册，涵盖党建、行政、业务等10类共77条制度。其中，重点修订完善《三重一大》议事决策制度，统一实行主要领导“末位表态制”“票决制”等制度，形成副职分管、正职监管、集体领导、民主决策的权力运行机制。完善党委中心组学习制度，特别重新规定学习时间、学习次数和学习方式。严格按照规定程序开展干部选拔任用工作外，注重干部人事档案审核，逐一审查针对拟提拔干部“三龄两历一身份”等关键点。

三是干部队伍建设突出德才兼备。把管好干部、带好队伍作为工作的坚强保障去抓，坚持正确选人用人导向，注重培养锻炼优秀年轻干部。全面梳理处级正副职后备干部、优秀青年干部后备梯队及处级正副职后备备案人选名单，集中排查和补漏信息档案，完成个人重大事项报告。严格按照规定程序选拔任用干部，共选拔委属事业单位副职5名，行政执法类单位职级晋升9名；开展机关及事业单位科级领导职数核定和配备自查。组织实施交通执法大队全体执法人员分类改革。组织全委36名优秀年轻干部开展三天专题培训班。认真做好离退休干部工作。

四是党组织建设突出提升强化。围绕贯彻落实党的十九大精神和推进“两学一做”学习教育常态化制度化要求，积极开展基层党组织建设。开展“喜迎十九大，相聚在党旗下——培育选树宝山好党员、好支部”主题教育活动，共向区委组织部推荐选送好支部两个、好党员3人。通过集中与分散相结合、线上与线下相结合的学习教育，增强党员干部理想信念和宗旨意识，不断建设成为宣传党的主张、贯彻党的决定、团结动员群众和推进改革发展的坚强战斗堡垒。

五是纪律建设，突出从严治党。委班子严格落实“党要管党”“从严治党”的要求，严守政治纪律和政治规矩。深入学习强化政治纪律意识，坚决维护执行党的政治纪律，切实履行全面从严治党的政治责任。开展廉政专题教育12次，组织开展3次专项检查，办结信访件3件，27名领导干部建立岗位廉政责任风险清单，制定防范措施147条，着手建立43名科级领导干部廉政档案。

（二）对照目标管理“三张清单”，冲刺完成年度目标

今年区建交委继续实行目标管理考核，将所有考核项目分为“三张清单”，采取“周报、月督、季警”的工作模式，压实目标管理责任，确保目标推进落实。

重大工程清单：全年共有30项51个，项目数量位居全市第二。预计除S7一期罗店段、轨交15号线南大路站等个别节点（不影响年度考核），其余均可按既定年度计划完成（根据市重大办反馈信息，今年考核排名全市前三名）。其中康宁路全线完工、泰和污水厂开工、杨南路获泾桥矛盾化解等取得突破性进展。2017年新增道路14.45公里，全区道路总里程达到836.65公里，路网密度由3.08提升至3.13公里/平方公里。此外，3项市政府重点工作任务中小河道整治、地下管线普查以及4个拥堵节点改造等预计全部完成年度目标。1项区政府实事项目淞南、共康地区21238户老公房燃气内管改造工程10月17日提前完成。

区政府目标管理清单：区委、区政府下达的涉及区建交委目标管理任务清单共7项36条（17条同时列入重大工程任务清单），预计全部按时完成年度目标。其中，无证码头整治、共享停车位项目等3条已提前完成全年目标，新辟调整公交线路、充电桩建设等5条超额完成年度目标。

委系统目标管理清单：在区政府确定的目标管理清单基础上，年初区建交委系统细化形成55大类220项396条具体工作内容，全部列入目标管理考核。220项工作按目标节点推进，预计92.8%能按时完成全年目标。

（三）全力推进重大工程建设，部分项目取得突破进展

今年市、区重大工程共有30项51个，全部列入区政府考核。除S7公路一期、轨交

15 号线南大路站、富长路（S20—金石路）3 项节点有所滞后，其余均完成年初目标。铁路轨交中，轨交 15 号线丰翔路站、锦秋路站、顾村公园站完成交地，南大路站“老钉子户”富扬浴室、新大化工厂等完成腾地；轨交 18 号线长江南路站临时公交枢纽 9 月 23 日建成启用；沪通铁路完成宝钢果园公寓底楼商铺装修评估工作。市级快速路中，G1501 越江隧道完成腾地；G1501A 段完成与上港瑞泰划拨协议签约；江杨北路等绿地搬迁已完成；S7 公路顾村段基本完成拆迁腾地，罗店段完成全部企业签约，苗圃搬迁全部完成，重点区域已移交施工。区区对接及断头路中，月罗公路、嘉盛公路主体、康宁路等全部完工；国权北路完成施工、监理招投标，并于 10 月 31 日绿化搬迁开工；陆翔路—祁连山路管线搬迁招标完成，11 月 26 日管线施工进场。大居外配套道路中，宝安公路除明煌照明厂节点外，道路全线开放交通；杨南路完成荻泾桥矛盾化解，荻泾桥桥面铺装完成，沪太路交叉口正式贯通；潘广路红阳花木城成功“拔点”，沪太路半幅搭接完成；陆翔路北段（美兰湖路—鄱阳湖路）明确跨 G1501 方案，罗店段已启动居民签约；陆翔路南段（宝安公路—沙浦河）办理施工许可，祁连山路北段（锦秋路—塘祁路）启动绿化搬迁。区级主要道路中，富长路部分路段开放交通，练祁河大桥顺利合拢，月浦镇腾地段沥青正在施工；锦秋路启动各类管线搬迁；南大路启动施工招标；祁连山路（普陀区界—丰翔路）开始桥梁施工；丰翔路具备施工进场条件。重点基建项目中，国考项目泰和污水厂正式开工，全部集体土地和中山出租“硬骨头”拆除腾地，东海舰队置换土地协议正在部队内部流转，经过区领导沟通，11 月 29 日已同意城投水务先行进场所开展各项施工前期工作。区委党校会议中心交付使用，城市规划展示馆竣工验收完成，淞沪抗战纪念公园二期完成初步设计评审。罗店大居（33 项目）中，20 条道路完工部分、5 所学校及 1 个社区服务中心全部完成临时移交接管。

（四）坚持规划引领，开展道路技术储备研究

推进 S7 公路一期全线设置地面道路前期工作。争取菊联路—宝安公路段、宝安公路—潘广路段、美兰湖路—月罗公路段均列入工可及初设调整，地面辅道结合 S7 公路建设同步实施；同时研究 S7 配套道路与周边道路的对接，优化区域交通，推进协调架空线入地方案，架空线由原先长江西路中央迁移至道路南侧电力隧道。推进长江西路快速路项目。协调完成长江西路快速路—逸仙路高架—军工路快速路立交方案优化，将长江路上的北向西、西向北的高架匝道移到军工路—逸仙路交叉口，合并设置一个立交，改善交通环境，减少社会矛盾。推进长江西路快速路、军工路快速路、轨交 18 号线二期同步施工。完善沪太路—长江西路—军工路中心城北部地区快速路网，均衡快速路网流量。协调沪通铁路涉及宝山部分道路节点方案。协调解决了陆翔路上跨 G1501 与沪通铁路的节点问题；协调确定了联杨路穿越 G1501 与沪通铁路节点的上跨方案；对江杨北路与 G1501 交叉点南侧沪通铁路净空高度的问题和敞开段南侧的交通便道的问题，进行了技术研究。完善邮轮港交通疏解综合方案。研究滨江—双城路地下专用快捷通道方案，形成“1 主 2 辅”疏解通道体系。固化 G1501B 段“分系统硬连接”方案，对富长路节点进行优化，增加比选方案。主动对接罗蕰河前期摸底，推进跨河交通方案研究。工程跨河交通共新改建桥梁 14 处，对新改建桥梁两侧辅路、接线道路和横向道路交通组织了深入研究，基本稳定总体方案。

（五）聚焦区域协调发展，加强道路交通综合管理

除上述列入重大工程任务清单项目外，通过开展重点区域交通组织研究、交通专项

整治10项措施等，补齐交通短板，构筑畅达便捷综合交通体系。

一是持续优化公共交通网络。新辟1条、优化调整11条公交线路，超额完成年度任务，公交线网密度达1.62公里/平方公里。新辟宝山30路，解决万业紫辰苑的公交出行矛盾；延长宝山86路至盛桥，服务北部地区；调整151路走向，解决三花现代城出行，填补公交空白。结合宝杨路公交专用道启用，优化、调整了宝山29路、宝山5路、宝山2路，形成了宝杨路东西公交走廊；延长宝山93路、1607、1606首末班车时间并增加运能，服务罗店大居；1605路增设站点1个;1602路、1604路增加运能，提高乘客获得感。

二是加大微循环道路推进力度。推进今年区政府考核6个微循环项目和历年结转9个项目，形成微循环月报制度，重点督促节点滞后的镇（园区）倒排节点。截至目前，4个项目已竣工，7个项目已开工建设，其余4个项目前期手续办理，列入目标管理考核的6个微循环项目全部完成。

三是不断改善静态交通环境。协调完成大华虎城嘉年华停车场、淞桥停车场、三水停车场与周边小区共享项目11个，新增480个共享泊位，提前并超额完成市实事工程7个项目350泊位的指标，缓解大华地区、吴淞地区停车矛盾；进一步规范和完善道路停车收费管理机制，新增22条收费路段、835个收费道路停车泊位；全年新增公共充电桩1962个、Evcard网点134处（总量已达169处）。

四是进一步规范内河港航管理。制订《码头和船舶污染专项治理方案》，上半年完成全部36户无证码头整治，关闭34户，纳管两户；加强船舶调度管理，发放240个生活垃圾回收设施，油品抽样检测30份，回收船舶油污水14.36吨。

五是探索建立共享单车管理机制。制定共享单车管理办法，利用“群管理”规范区域停车秩序，落实企业主体责任；同时，开展无车日文明骑行宣传活动，引导市民群众文明使用共享单车。

（六）转变作风、提高效率，切实提升行业管理水平

一是加强公路市政道路行业管理。牵头完成罗店大居、住宅配套等52条48.2公里道路接管养护。推进实施23项道路公路大中修工程，改善吴淞工业园区周边、大场等地区道路通行环境。制定“四类设施、交通标志标线实施意见”，推进宝山区道路标志标线养护工作，逐步消除道路失管失养现象，确保设施正常运行。

二是强化建设交通行业安全监管。健全“党政同责、一岗双责、齐抓共管”工作机制。开展各类安全检查，加大处罚力度。共出动各类执法人员16401人次，开展检查活动1420次，出动执法车辆2094辆次、巡逻艇2328艘次。检查企业2007户、船舶4084艘次（其中检查危品船舶42艘次）。行政立案1481起，行政处罚（含一般程序和简易处罚）839起，处罚金额766.88万元。以购买第三方服务的形式开展以大型机械、模板和脚手架为主的专项检查，共检查工地74个，开具建筑工地各类整改单824个。做好国务院安委会第七巡查组巡查、第十督察组来宝山开展安全生产督察检查、国务院安委会安全生产大检查第十八综合督查组来沪督查活动。

三是持续强化扬尘污染防治工作。制定《扬尘污染防治工作方案》《宝山区建设工程文明施工管理办法》，明确施工现场各项措施的落实和管理要求，明确企业主体责任，形成长效机制。开展工地、码头和混凝土搅拌站扬尘污染专项整治活动，以“按日计罚”和“双罚制”为抓手，提高联合执法力度和处罚力度，切实保护和改善环境空气质量。

四是有序推进装配式建筑和BIM技术发展工作。以土地供应环节为抓手，严格落

实出让地块的装配式建筑和绿色建筑要求，加强建筑施工许可、日常监督和竣工验收等环节的监管。截至目前，2017年在全区面积57.59万平方米的出让土地中，落实装配式建筑面积104.11万平方米，落实比例为99.9%。其中顾村镇N12-1101单元06-01地块商品房项目等单体预制率达到45%，荣获“上海市装配式示范项目”称号。同时，积极搭建平台推进BIM技术在工程项目的应用，组织协调吴淞口国际邮轮码头船舶交通管理中心项目申报市BIM试点（示范）项目，以示范引领推进宝山区BIM技术发展。

五是持续推进“放管服”改革，转变作风、提高效率、服务基层。疏通“绿色通道”，落实“容缺”机制，确保容缺不容断。制定服务基层提升审批效率的实施意见，全面落实“一门式受理”。理清前置条件，优化审批流程，凡重点建设项目，全部实施“容缺机制”快速审批。累计“容缺”受理97个项目，为企业节约了办理时间，受到建设各方的广泛好评。

六是服务群众，信访热线工作取得明显成效。建立12345市民热线二级平台，处理各类热线工单量2525件，其中被派遣区12345热线工单1103件，正式受理901件，实际解决率、满意率分别为39.1%、55.1%，其中满意率已达标，两率整体呈上升趋势。累计受理民工工资信访投诉236起，涉及金额1.058亿元。形成市政公路行业事转企职工688人上访专项方案，并报区政府审核通过，成功化解罗店大居E2农民工工资信访等信访群访。

宝山区绿化和市容管理局

今年以来，在宝山区委、区政府的正确领导下，宝山区绿化市容局以党的十九大精神为指导，坚持“绿水青山就是金山银山”的发展理念，按照“管住最脏的，呈现最美的，治理最头疼的”工作要求，以问题为导向，以机制创新为动力，以队伍建设为保障，进一步优化绿色生态环境，进一步维护市容管理秩序，进一步推动固废处置管理，做好“五违”整治、创卫复评、市“补短板”现场会等重大任务的保障，圆满完成了全年各项工作任务。先后荣获：“垃圾分类专管员黄马夹队伍”荣获中国城市环境卫生创新银奖，后工业景观示范园项目荣获国家住建部“中国人居环境奖”，吴淞炮台湾湿地森林公园创建为国家级湿地公园。先后创下：绿道建设全市第一，“五违”整治建筑垃圾资源化处置全市第一，垃圾分类全市第二，户外广告整治全市最快，顾村公园单日客流历年最高。

（一）全面完成各项建设任务

1. 完成年度新增绿地建设任务。完成新建绿地 128.55 公顷，其中公园绿地 25.18 公顷，外环生态专项绿地 61 公顷、大居绿地 4.43 公顷、其他绿地（居住区、单位和道路附属绿地）37.94 公顷，立体绿化 3.01 万平方米。

2. 推进“五个一百”绿色生态建设。完成公园绿地新增 7 座，改造 3 座，总数达到 95 座；街心花园新增 6 个，改造两个，总数达到 88 个；景观林荫大道改造培育 13 条，总数达到 46 条；城市绿色步道完成 43 公里，总量达到 103 公里；古树名木新挖掘 4 株，总数达到 88 株。走马塘绿地 A 块工程荣获上海市“园林杯优质工程金奖”。

3. 推进“五违”整治垃圾资源化利用。建设三处“五违”整治建筑垃圾资源化处置中心：北京建工建筑垃圾资源化处置中心 11 月中旬带料试运行，12 月中旬投入生产；上海庆龙机械施工有限公司建筑垃圾资源化处置中心已投入生产；宝武集团建筑垃圾资源化处置中心已投入试运营。“五违”整治建筑垃圾资源化处置工作获得市住建委高度评价。

4. 推进环卫设施设备建设。江杨北路建筑垃圾分拣场完成设计、施工、监理、设备招标，于 10 月底进场施工，预计 2018 年上半年完成。顾村四高小区环卫停车场完成施工招标，已经进入施工阶段。南大整治区环卫停车场已经完成土地平整。罗店大居环卫停车场由区房管局作为建设主体，目前还处在前期阶段，预计 2018 年可以开工。执行环卫专用车辆更新计划，全区环卫公司新购 114 台，报废 23 台，转籍两台。

5. 推进景观灯光建设。新建牡丹江路、逸仙路同济路景观灯光，共计布置楼宇灯光 139 栋、绿地灯光 6 处，喜迎国庆，献礼十九大。正式启动滨江带等 5 条道路景观灯光建设项目，涉及楼宇灯光 185 栋、绿地灯光 6 处、河道灯光 1 处，将于 2018 年正式施工并亮灯，逐步完善宝山城区夜景观体系。对已建成的 127 幢楼宇灯光和 10 余万平方米绿地灯光进行了高质量的维护，全年亮灯率继续保持 99% 以上。

（二）切实落实各项管理工作

1. 加强生活垃圾分类。建立垃圾分类“宝山模式”，成立了垃圾分类“黄马夹”专管员队伍共 306 人，“黄马夹”试点小区共 107 个，改造小区垃圾箱房 751 间。通过“黄马夹”宣传引导，确保完成今年市各项约束性指标。截至 11 月 30 日，宝山区外运处置生活垃圾 1688.8 吨 / 天（低于市局 1700 吨 / 天的指标）。湿垃圾日均处理量 242.67 吨，绿色账户开卡数 31.62 万户，完成全年目标 110.4%。经过近一年的试运行，居民针对小区垃圾箱房的投诉明显减少，湿垃圾分拣量明显增加，生活垃圾产量得到有效控制。同时，完成 1794 家单位分类责任告知书发放，培训推进单位相关人员 350 人次，组织宣传活动 5 次，累计完成强制分类单位共计 1168 家，对 47 家被查单位开出了《生活垃圾分类整改通知单》。

2. 加强“四清”作业管理。严格按照《上海市道路保洁导则》和《上海市公共厕所管理导则》，一级道路机扫 3 遍，二级道路机扫两遍，巡回保洁控制在 20 分钟以内。中心城区、重点区域道路保洁时间16小时，一般区域达12小时。完善了公厕管理台账，做到做留痕迹、查有依据。推行“标准化+”模式，加大科学管理水平，通过在作业车辆上安装GPS监控和车载视频监控系统，实现了环卫作业实时监控；通过分析数据，不断优化车辆运行路线，降低运行成本；通过实时影像，随时掌控重点部位的作业、安全等情况，及时发现问题隐患。

3. 加强建筑垃圾处置。今年，宝山区建筑垃圾产生量约为970万吨，其中工程渣土489万吨，“五违”整治垃圾400万吨，工程垃圾、装修垃圾81万吨。通过多种渠道，积极推进建筑垃圾的处置。全区设置10处建筑垃圾临时堆放场地，8个装修垃圾临时中转场所。纳入本区工地三通一平、顾村公园二期、外环林带、道路两侧绿化等建设项目资源化利用消纳727万吨，通过3个渣土码头转运消纳73万吨，“五违”整治垃圾存量170万吨。

4. 加强小区综合治理、群众绿化工作。开展“上海市花园单位”创建工作，建立街镇、园区绿办网络群和园林式居住区网络群，开展居住区绿化自治试点工作。开展了“绿色人生、绿色守望、绿色家园、同创共建”全民义务植树和绿化宣传活动、“园艺进家庭、绿化美生活”“市民绿化节”系列活动，在“上海市民海派插花花艺大赛”和“绿色星梦想——花香意境”评选活动中，1人获银奖、4人获铜奖，区绿化建管中心获得优秀组织奖。积极推进绿化“六进”服务活动，指导社区有限空间绿化布置，开展绿化大篷车园区公益行、社区绿化板报大赛、园艺课堂进驻爱心暑托班、樱花节市民观展、插花花艺课堂、秋季义务植树、上海大学花灌木修剪比武大赛、“绿化爱心大放送六一关爱智障儿童”等活动。

5. 加强公园、绿地养护管理工作。全年公园内共调整各类绿化近19300平方米，考核绿地面积达1149公顷。成功拆除友谊、永清、月浦公园不规范小型游乐设施27个，规范办理小餐饮经营项目注册登记工作。成功申报祁连公园、菊盛公园为市级公园；成功创建共江路为市级林荫道，友谊西路为绿化特色道路。稳步推进炮台湾国家湿地公园、淞沪抗战纪念公园二期、庙行公园、颐景园4座公园特色改造工作。完成占用、借用绿地行政许可项目53项。

6. 加强市容环境综合治理。市容环境公众满意度在全市16个区中继续保持排名第7；并有两个镇处于优秀行列，5个街镇处于良好行列，优良率达到58.3%。开展责任区管理办法施行两周年主题宣传活动，开展本区“三乱”专项治理行动，持续强化无序设摊治理。“五乱”三年计划治理任务点197个，已治理达标169个，占比85.8%；计划外面上督办点位129个，整改达标87个，整改达标率67.4%；合计任务总量326个，治理达标256个，达标率78.5%。启动了本区占道亭棚三年专项治理工作，重点聚焦摸排了全区111个亭棚清单，截至11月，已拆除亭棚73个，待拆除亭棚18个，须保留并加强管理、提升容貌亭棚20个。

（三）着力夯实各项工作基础

1. 抓好各项制度建设。修订了《局小型建设项目管理办法》和《项目采购管理办法》，制定了《生产车辆管理办法》。完善了《公园绿地建设和养护招投标管理办法》，制定了《宝山区公园游乐设施管理办法》《宝山区公园管理办法》《15%公园养护资金使用办法》《公园绿地行道树信访投诉、网格化案件处置管理办法》《行政许可后启动项目实施管理办法》，探索《宝山区绿道建设和管理实施意见》《宝山区立体绿化养护管理办法》。

2. 抓好行政许可审批。截至12月21日，绿化市容审批窗口共受理各类审批860件，其中绿化类407件、广告类55件、渣土类

208件、环卫类190件，全部办理完毕。绿化行政收费共计63件，金额3657万元。窗口共收到表扬信两封、锦旗1面，获得行政服务中心二季度“示范窗口”称号，4人获得季度“先进个人”称号。

3. 抓好各类投诉处置。截至11月，平台共接到市、区两级上级部门转来的各类投诉、建议和咨询件共计5994件，核实退单2911件，受处理3083件，比去年同期增加890件，增幅超40%。热线接单及时率100%、退单准确率99.5%、先行联系率100%、按时办结率100%、实际解决率93.8%、不满意率1.81%，各项数据均高于局年度考核指标要求。局平台前三季度在区委办局中排名第二。受处理区网格化案件1456件，比去年同期增加1203件，增幅4.7倍。受理信访件59件，全部按时限和要求办结，做到了网上受理、流转和信息公开。在区府网格化管理四季度工作会议上，区领导对区绿化市容局的热线工作给予了充分肯定。

4. 抓好安全生产管理。认真执行宝山区关于贯彻落实《上海市建立“党政同责、一岗双责、齐抓共管”安全生产责任体系的暂行规定》的实施意见，自上而下层层签订了安全生产责任书，签约率为100%。针对区绿化市容局列入区行业领域高风险点，定责任，定措施，定时间；严格落实“党政同责”“一岗双责”安全生产责任制、目标考核责任制和“一票否决制”。坚持班前三分钟安全教育制度，积极开展“安全生产月”“安全生产万里行”等宣传教育活动，营造良好安全生产氛围。

（四）积极配合整治督查开展

1. 做好各项督查工作。配合做好中央环境保护督查整改，对主办、协办件进行认真地梳理，并开展好“回头看”工作。针对重点督办件，积极推进落实，并按照市局要求，配合做好顾村滩地修复整治工作。配合做好中央土地督查工作，完成迎接国务院安全生产巡查工作督查，全局系统未发生较大以上安全生产事故。积极做好中央海洋督查配合工作，按照时间节点，做好炮台湾公园湿地保护材料上报工作。

2. 加强户外广告综合整治。完成《宝山区户外广告设施设置方案》修编工作，提前完成市重点督办整治任务，拆除市督办违法户外广告设施32块；按照“尽发现、尽拆除”的整治原则，不断自我加压，区督办整治任务由年初的36块增至53块，已全部拆除。实施常态化和制度化的监管，组织集中整治行动数十次，拆除道路两侧各类指示牌50余处、违法对旗500余组、墙面贴纸两处，修复破损广告两处，以及大量的临时条幅。

3. 积极投入创卫复审、创全迎检保障工作。坚持以问题为导向，主动对接，聚焦特定区域、重点任务开展专项整治，做到“三个到位”。成立了局领导小组，并下设办公室，及时与区爱卫办、区文明办进行信息沟通，按照复审、检查工作要求，确保组织领导到位，各项创建指标完成。建立局创建工作微信群，拟定了任务清单和职责分解表，落实各项整治任务，把创卫复审、创全迎检工作与年终考核挂钩，确保工作措施到位。组织召开了工作动员会，定期召开迎评工作会议，确保工作推进到位。

4. 扎实开展市“补短板”综合治理现场会的保障。成立局现场会保障工作领导小组，并下设4个工作组，即道路保洁组、绿化养护组、建筑垃圾管理组和市容管理组，推进此项工作实施。采取超常规保洁模式，累计出动作业1460人次，质监460人次；累计机扫冲洗面积为520万平方米，人工冲洗面积为82.8万平方米；外运整治垃圾量为1344吨，短驳拆违垃圾量为2000吨。在沿线区域开展绿化带补种、修剪、清理整治等工作，共计实施绿化整治10207平方米，挡土墙及侧石修复、新砌1121米，鹅卵石翻新492平方米，树穴增加鹅卵石65吨。落实“五违整治”堆放点建筑垃圾网布覆盖工作，避免扬尘污染，切实做好保障。

（五）深入推进基层党的建设

1.强化理论学习教育。制订下发了《“两学一做”常态化制度化实施方案》，明确了55项基层党建任务清单，积极抓好推进落实，修订完善了党委中心组学习制度。认真开展“争当双好，扮靓宝山”和“喜迎十九大，岗位建新功，党员见行动”主题活动，开展了演讲比赛和图片摄影展。其中，张庙公司丁春香同志拍摄的《清淤排涝——青年党员奋战在一线》摄影作品被区委组织部评为一等奖。编印了《岗位建新功，党员见行动——宝山区绿化和市容管理局“两学一做”学习教育巡礼》一书，宣传展示“两学一做”成果。“七一”期间，开展了纪念建党96周年“八个一”系列活动。组织党员认真学习汪泓书记做的主题党课；参观了《逐梦新时代——上海2012—2017图片展》，观看了“军旗为什么这样红”系列军史讲座和红色电影《建军大业》《战狼2》。党的十九大召开后，又认真制订学习宣传贯彻党的十九大精神的实施计划，明确了“九个一”的学习任务。

2.强化巡察整改落实。将区委巡察工作作为一项政治任务，切实把思想统一到市委和区委的要求上来，积极配合做好巡察工作。巡察意见反馈后，以高度的政治责任感和使命感，把整改工作摆到重要位置，列入重要议事日程，真正做到认识、措施、工作三到位。对区委巡察反馈意见层层传达、领会落实。坚持以问题为导向，逐项进行研究梳理，逐条制定整改措施，制定好巡察整改方案和整改任务清单，明确了责任领导、责任部门和时间节点。各部门、各单位认真对照检查，落实整改措施，确保反馈问题和事项件件有着落、事事有回应，不折不扣地抓紧抓实抓好巡察整改工作。共列出“即知即改项目”4个问题14项具体表现、“立即整改项目”5个问题10项具体表现，并围绕巡察反馈的3方面9个问题，提出了28条具体整改措施，进一步梳理完善局“三重一大”集体决策制度。

3.强化干部队伍建设。认真完成局基层支部和工会换届选举，对机关和基层20个空缺岗位，开展了干部选拔任用工作，同时完成了5名科级干部任职试用期满考核，开展了新一轮科级后备干部选拔。认真落实新任干部任职谈话和廉洁谈话制度，对新任干部进行集体谈话。举办了党政干部培训班、局第五期中青年后备干部培训班。切实履行“两个责任”，层层签订党风廉政责任书，组织机关、企事业单位处科级干部70人梳理了廉政责任风险119项，制定相应工作措施520条，做到从严抓业务，从严带队伍。

4.强化精神文明建设。进一步关心关爱职工，开展好慰问帮扶、法治宣传、劳动竞赛等工作，积极参加“尊法守法·携手筑梦”普法教育系列活动，组织参加区“幸福宝山路，文明修身行”主题健康走活动，丰富职工文体生活。开展了“我的青春我的梦”征文活动，集中拍摄了7部以“青春喜迎党的十九大不忘初心跟党走”为主题的视频作品，展现了绿容青年奋发进取的精神风貌。认真开展好党员好支部培育选树主题活动。年内，共宣传了15个好党员、好支部先进典型。顾村公园公司党支部被区委评为“好支部”，海淞公司曹献章被区委评为“好党员入围奖”。积极开展“人人做好人、人人评好人、人人赞好人”活动，海淞公司曹献章同志被评为第二届宝山好人。6家单位荣获“2015—2016年度上海市文明单位”，4家基层单位荣获“2015—2016年度宝山区文明单位”，东晨公司“陈霖道路保洁创新工作室”被命名为第六批“上海市劳模创新工作室”，陈霖同志成为首个绿化市容行业“创新工作室联盟”的盟主，大场公司与上海大学的合作共建项目荣获市局“十佳社会共建案例”，局市容管理科王忠明获评上海市五一劳动奖章，东晨公司彭景国被评为上海市“十佳城市美容师”。积极参加区“相约宝山，党辉闪耀”系列支部主题党日活动。编辑、创作了《平凡岗位上的坚守》的动漫作品，推进局系统党风廉政文化建设。

（十）闵行区

闵行区建设和管理委员会

2017年，区建管委根据区委、区政府重点工作部署，围绕建设“生态宜居现代化主城区”总体目标，持续强化建设领域安全质量监管，引导促进建筑行业转型升级，不断提升城市综合管理能力，扎实推进闵行区城市建设和管理工作取得新成效。

一、总体情况

截至2017年12月，本区区级监管房屋在建工程213个，建筑面积1093万平方米；街镇监管限额以下小型建设工程1180个，建筑面积123万平方米。

办结建设工程项目报建532项、施工许可证426项、竣工验收备案252项、企业资质类审批175项、安全生产许可证审批110项，完成初步设计文件审批94项、总体设计文件审查63项、抗震审查120项、施工图审图管理113件。

建设工程承发包总计664项，其中公开招标430项、邀请招标106项、非招标128项，累计承发包金额295.8亿元。

二、主要工作

（一）恪守底线，强化建设领域质量安全管控

1. 提升安全文明管理层级

2017年，区建管委根据闵行区建设领域安全生产总体形势，结合行业“创全”部署，制定领导干部分片联系工地制度。委党政领导共带队巡查、调研工地275批次，对监管范围内的在建工地做到全覆盖。委领导班子通过深入对接施工现场，及时研究解决工地管理中存在的问题，落实安全文明管理党政同责，进一步提高行业管理和服务的针对性、有效性。

2. 夯实质量安全管理基础

根据国家住建部、市住建委工程质量安全提升行动工作方案的要求，制订并实施《闵行区建设工程质量安全三年提升计划》。组织召开建筑行业安全生产暨创全工作大会、闵行区建设和管理工作大会，全区建筑行业管理部门、相关职能单位、行业协会、参建企业负责人等共计800余人参会。以“全面落实企业安全生产主体责任”为主题，持续开展“安全生产月”系列活动。通过制订计划、会议部署和活动宣传，全面促进建设工程参建单位主体责任和政府部门监管责任落实。

3. 深入推进综合监督执法

在浦江综合监督试点的基础上，将全区在建工地划分为4个片区，分别设立综合监督分支机构，全面深化、铺开建设工程综合监管模式。通过优化资源配置，下沉执法重心，强化工地对接，提升服务能力，有效拓宽了监督执法工作的深度和广度，提升了建筑工地综合治理效率和水平。同时，建立综合监督机构与街镇建设管理部门协作联动机制，完善限额以下小型建设工程属地化管理效能。综合监督模式的全面推行，获得了各参建单位和街镇相关部门的广泛好评。

4. 狠抓安全隐患专项整治

深刻汲取以往事故教训，开展大型机械、深基坑、特种设备、临时用电、高空作业、防台防汛等安全生产专项执法检查。

紧扣关键时间节点，开展“岁末年初安全生产大检查”和“创全”安全综合大检查。同时，持续开展建筑工地“安全生产月”系列活动，确保工地安全生产形势稳定可控。

稳步推进安全生产标准化建设，建立重大风险源评估制度，健全企业安全生产信用

记录，加强安全生产动态考核，落实建筑企业三类人员安全生产管理。

针对支撑坍塌、火灾、触电等建设领域高发事故，组织开展专项培训和应急演练，提升参建单位工地安全风险管控水平，提高在建项目突发事故处置能力。

5. 确保工程建筑建材质量

深入推进工程现场质量管理标准化建设，制订质量标准化三年行动计划，对全区6个质量标准化试点项目开展专项检查。实行工程实体及桩基质量检测，进一步明确抽检的内容和范围，共对61个实体结构、20个桩基项目进行了质量监督抽检。持续推进住宅项目分户验收第三方复核制度，全面防治质量通病，分户验收合格率和相符率均达90%以上。通过强化巡检，确保工程质量平稳可控。

6. 全面增强行政执法力度

全面加大对建设违法违规行为的稽查和处罚力度，提升监管实效。2017年，针对违法违规建设行为共开具执法类文书（整改通知单、局部暂缓施工指令书、项目停工指令书）321份；立案处罚125起，同比去年增加37.4%；共处罚金1157.7万元，同比去年增加71.2%；截至12月，本区在建工程发生安全生产事故12起，死亡12人，同比去年降低25%；下半年违法提前开工项目数量大幅减少。行政执法震慑效应初步显现。

（二）完善机制，提升建筑行业服务管理水平

1. 推进行政审批制度改革

根据住建部、市住建委、区审改办相关要求，推进建筑行业“放管服”改革。改革施工图审图、总体设计文件征询模式，优化部分道路修缮、简易构筑物、企业技改项目等的审批流程，全面提高审批效率。全力服务区重点产业项目建设，实行“项目预审”和“并联审批”双轨制，以及部分审批资料告知承诺制，落实施工许可底线管理，提升建设审批服务质量。

2. 优化企业资质管理模式

梳理企业资质申报材料的核查、受理、审查、公示、审批流程与权限，落实对企业资质申报材料的减量化管理，避免申请材料的重复提交。全面推进企业资质全流程网上审批，对所有申报材料实行电子化申报，实行电子审批系统自动比对，减少人为因素干预，进一步提升审批服务效能。

制订并实施《闵行区建设工程企业资质动态监督管理方案》。以近年来新办资质和无业绩的企业为核查重点，以相关资质人员的到位情况为核查内容，启动企业资质动态核查。结合网上诚信信息进行跟踪考核，全面加强企业资质审批事后监管。

3. 维护建筑市场交易秩序

健全对围标串标、虚假招标行为的发现机制，加强对投标价格、社保信息的核查研判，拓宽线索来源，加大对违法违规行为的查处力度。2017年，共计对40家涉嫌违规的投标企业开展警示谈话；暂停5家企业投标资格；对25家围标串标企业实行行政处罚，共处罚金55.8万元。

强化招标市场与施工现场联动、招标工作与审计工作联动的“双联动机制”。2017年，共计抽取30个项目开展标后监管专项检查，通过强化事后监管，进一步规范市场各方主体行为，维护招标投标工作成果。

4. 强化限额以下小型项目管理

制定并实施《闵行区限额以下小型建设工程施工承发包简易程序操作办法》，进一步明确小型建设工程承发包管理流程和操作规则。

开展限额以下小型建设工程专项检查，聚焦美丽乡村、美丽家园和采用承发包简易程序的小型工程，随机抽取项目12个，对各街镇（工业区）配套性制度制定情况、小型工程承发包程序执行情况、工程建设资金开支情况等进行全面排摸。通过专项检查，进

一步规范承发包各方行为，促进提升监督管理水平。

（三）深化改革，促进建筑行业转型升级发展

1. 深入开展行业发展调研

2017年，区建管委由党政领导带队，对国内先进地区、各街镇和工业区、具代表性的参建企业等共开展30余次行业调研。交流探讨促进行业改革发展的相关政策和举措，实地考察具代表性的装配式建筑项目、BIM应用项目、高星级绿色建筑实例，深入研究建筑与文化、生态、民生等领域的融合案例。通过深入调研，汲取先进经验，广泛听取意见，为推进闵行区建筑行业转型升级发展夯实基础。

2. 推进建筑装配式生产

2017年，闵行区符合条件的56个新建项目全部实施装配式建造，建筑面积379万平方米。除市住建委批准项目，其余项目建筑单体预制率均不低于40%或单体装配率不低于60%。在全面推进装配式建筑实施的基础上，积极开展专项检查和调研，初步编制完成闵行区装配式建筑发展计划、管理办法和工程监督要点。

3. 推进BIM技术应用推广

引入专业技术力量，协同推进BIM技术应用推广，开展多次建设和管理领域BIM技术宣贯，提高全行业对建筑信息化生产、运维和管理工作的认识。对全区在建项目BIM技术应用情况进行了全覆盖排摸，对其中11个项目开展重点调研。在此基础上，初步编制完成闵行区推进BIM技术应用发展规划和管理办法，积极沟通协调有关职能部门和企业，选定BIM技术监管和运维试点项目，推进建筑全生命周期BIM技术应用。

4. 推进行业绿色节能发展

进一步推进绿色建筑、可再生能源一体化应用、分项计量等工作，稳步推进建筑行业绿色节能发展。开展绿色节能材料、建筑用能分项计量和能效测评等专项检查，启动绿色建筑专项验收工作。组织开展建筑节能宣传周活动，加强对优质节能工程、新型材料、先进技术与工艺的宣传推广。2017年，共计推进绿色建筑项目71个，总建筑面积501万平方米，其中绿色二星建筑项目20个，建筑面积148万平方米；完成可再生能源与建筑一体化应用建筑面积15万平方米；安装用电分项计量项目15个。

5. 推进工程总承包试点

积极探索建设工程生产组织模式改革。根据市住建委首批工程总承包项目试点工作要求，主动对接相关职能部门和项目建设单位，协同突破项目申报资料、前置条件、审批系统等瓶颈环节，于7月办结项目桩基施工许可证，于9月办结全市首张工程总承包施工许可证。同时，总结梳理行政审批资料清单和办理流程，为建立健全本市工程总承包管理体制机制积累宝贵经验。

6. 提升监管信息化水平

大力推进“智慧工地”建设，在工程监管领域引入可视化技术，推进并落实12个试点项目远程视频监控。对工地主要出入口、重点区域进行实时动态监管，提高了违法违规建设行为的预防、发现能力。

全面推进信息化管理平台建设。开发完成“闵行区建设工程综合管理系统”，并于12月上线试运行，该系统提供项目GIS地理坐标展示、短信平台推送、监督执法存档、信访管理汇总、执法数据统计、“智慧工地”实时视频监控等功能，全面提升了行业信息化管理水平。

进一步推广施工现场在线扬尘、噪声监测系统，实现新开工的达标项目设备安装全覆盖，对工地周边状况实施不间断监测。

（四）协调治理，全面提升城市综合管理能力

1. 强化城市架空线治理

全面排摸全区须整治架空线及占道立

杆，对各管线进行权属确认，明确协同处置原则，制定架空线及立杆的处置标准。排摸全区重点区域，制定架空线入地管理机制。

针对架空线及立杆的断头、拖地悬空和无序缠绕问题开展专项整治，完成对全区440处架空线及立杆的处置。

针对突发事件，整合街镇力量，引入第三方专业机构，快速启动应急机制，提高处置效率。2017年处置结案平台投诉共计264起。

2. 狠抓地下空间安全管控

进一步完善区地下空间管理组织架构。健全分级管理制度，与各街镇形成联合协调、联合检查、联合执法的“三联合”工作机制。

提高日常巡查、专项检查强度与频次。针对地下空间安全管理的重点区域、薄弱环节开展联合专项检查和整治。2017年，共计抽查区域内地下空间1001个，发现并整改安全隐患335项。

选定试点区域，启动闵行区地下空间智能化系统试点，探索地下空间智能化管理模式。

3. 规范液化气安全管理

完善闵行区城镇液化气管理体系，联合各街镇力量，全力打击非法兜售液化气行为。2017年，共计收缴非法液化气钢瓶48批次1786个，处置液化气投诉27件。

开展今冬明春燃气安全专项检查，对9个液化瓶装站、4个加气站和1个液化气储备站进行了全面排摸。会同区发展改革委、莘庄工业区开展了打击“黑气”联合执法，共计暂扣非法液化气钢瓶68个、非法配送车1辆。

4. 推进综合管廊建设研究

明确浦业路综合管廊建设责任分工和时间节点。根据闵行区推进综合管廊建设专题会议精神，对接市相关职能部门，积极协调管廊建设范围内的架空线入地。启动闵行区综合管廊专项规划编制工作。

三、面临的主要问题

（一）建筑市场方面

建筑行业审批改革面临瓶颈，审批上下游部门间存在信息孤岛现象，流程优化难度不断增大，行业服务水平有待提高。市场交易秩序有待规范，规避招标、围标串标、转包挂靠等现象时有发生，严重扰乱了建筑市场环境。

（二）质量安全监管方面

工程现场监管方式仍比较粗放和传统，信息化、智能化手段应用不多，监督管理人员不足、专业能力不强的问题比较突出。小型工程违法违规行为相对隐蔽，街镇属地化管理力量较为薄弱，违法违规行为的前端发现和后续处罚机制仍不够完善。

（三）创新驱动方面

目前，闵行区建筑行业新技术、新工艺、新材料的应用均按市有关要求稳步推进。但对标国内先进地区和国际先进标准，行业转型升级步伐仍相对迟缓，政策引导和宣传推广力度有待加强。对于提高区域建筑设计品质，须着力研究探索。

（四）综合管理方面

闵行区地下空间、城镇燃气、架空线等安全隐患不容忽视，综合管廊建设面临瓶颈，城市综合管理协调、应急处置难度较大。区建管委承接此类职能时间不长，权责清单仍须梳理，界限划分仍须厘清，管理队伍仍须锻炼，跨部门、跨领域的协同管理机制亟待健全。

（十一）金山区

金山区建设和管理委员会

2017年是贯彻落实党的十九大、市第十一次党代会和区第五次党代会精神的重要一年，是金山“联合建政、撤县建区”20周年。区建管委在区委、区政府的正确领导下，坚持以马克思列宁主义、毛泽东思想、邓小平理论、“三个代表”重要思想、科学发展观、习近平新时代中国特色社会主义思想为指导，认真学习宣传贯彻党的十九大和市第十一次党代会精神，顺利完成全年工作目标，为加快打造“三区”“五地”，全面建设“三个金山”做出积极贡献。

一、着力补齐发展短板，生态环境治理工作取得实效

（一）“五违四必”圆满收官。一是今年5月提前完成了全市22个重点整治区域的山阳镇“490”区域整治任务。二是全年确定的21个区级重点整治区域按时全部完成。三是到今年8月底，全区实际拆除存量违法建筑总面积568.88万平方米，其中：完成市拆违办库内考核核销面积542.01万平方米，完成市级考核任务（214万平方米）的253.28%；完成金山区考核目标（497.2万平方米）的109.01%，在全市综合考评中排名第三。四是从“五违”整治转为“无违”创建。无违建居村（街镇、工业区）创建工作已全面启动，并形成三年实施方案，明确了2017—2019年创建工作目标，2017年居村创建目标为20%以上。

（二）污染防治全面加强。协同区绿化市容局，科学规划布局渣土消纳点，以区重大工程实事项目为抓手，建立渣土平衡管理长效机制，切实加强建筑工地渣土管理和扬尘控制。大力推进噪声扬尘在线监控系统，2017年新增9个在线监控系统，全区共21个建筑工地和12个混凝土搅拌站在线监控系统运行中，做到对施工现场全方位监控。2017年，金山区建筑工地扬尘平均浓度为0.131毫克/立方米，混凝土搅拌站扬尘平均浓度为0.130毫克/立方米，扬尘污染控制排名在全市分别位列第二和第三。

（三）建筑节能技术进步。绿色建筑方面，土地出让建设征询阶段要求所有公共建筑按照绿色一星级及以上标准建设，并对13个项目提出绿色建筑二星级要求，总建筑面积172.8万平方米，绿色建筑比例明显提高。装配式建筑方面，33幅地块的项目全部落实装配式建筑标准，并按照预制率不低于40%或装配率不低于60%的要求实施。

二、统筹城乡一体化发展，金山新型城镇化建设加快实施

（一）重大工程实事项目加快建设。继续加大重大工程实事项目推进力度，充分发挥重大工程实事项目对完善城市功能、改善民生、促进经济社会发展的带动作用。57个重大工程实事项目中：32个项目已完工，25个项目进入建设阶段，顺利实现“双百”目标。涉及动迁的18个重大项目计划今年完成拆迁2519户，年内完成2283户（约占总量的90.63%），总体进展情况远好于去年，确保了重大工程顺利实施。

（二）农民集中居住持续推进。漕泾、山阳、金山卫三镇防护林项目共涉及集中居住安置2924户，签约完成超过90%。安置地块方面，N地块、G7地块和G8地块动迁安置基地已全部完成认定，土地出让程序已启动。提前启动2018—2020年农民集中居住工作，围绕“十三五”重大项目及历史“三高”（高速、高铁、高压线）沿线，根据搬迁需求迫切程度统一编制实施方案，并分年度逐步推进农民集中居住工作。

（三）海绵城市建设有序实施。共对11幅地块提出了海绵城市建设要求，分别位于金山新城、枫泾镇及工业区产业新城，总建筑面积125.1万平方米。本年度海绵城市建设试点项目为金山新城老红旗港滨水绿地项目，该项目于6月开始施工，年内完成建设。联合区发展改革委、财政局、规土局、水务局等部门召开了金山区海绵城市建设规划编制研讨会，确定了金山区海绵城市规划的框架及思路。

（四）农村低收入户危旧房改造提前完成。今年实际完成农村低收入户危旧房改造

92户（含上年度未补贴9户），其中重点补助对象（五保户、低保户、残疾人低收入户）69户，占总户数的75%。共完成翻建20户，完成修缮72户，均于10月完成工作任务。

（五）地下管线普查工作全面开展。成立金山区地下管线建设管理工作领导小组，加强金山区地下管线统筹管理。做好地下管线普查项目，已累计完成5970公里管线探查，完成总目标工作量的102.93%，外场作业基本完成，全部数据已提交监理单位进行审核。

三、强化城市安全监管，保障城市运行平稳有序

（一）三大行业监管更加有力。着重加强对建筑业、燃气业、地下空间三大行业安全监管，全力确保金山区城市运行平稳有序。建筑业加大对施工现场的安全和质量进行监管，累计出动执法检查人员1888人次，巡查检查工地472个次，发现各类安全隐患1778条，开具整改通知书232份、局部暂缓施工指令书39份、全面停工指令书1份。约谈项目管理人员127人次，不良行为记分处理51人次，今年金山区未发生在建工地安全生产死亡事故。燃气业持续保持安全运行，对区域内重要燃气设施开展行政检查64次，出动执法人员205人次，查处问题隐患28处，开具责令整改通知书4份，全年未发生重大或衍生燃气安全事故。今年，着重要求全区所有非居用户安装可燃气体泄漏报警仪，安装率超过95%。8月起在山阳镇部分区域试点液化气全配送工作，有效解决老城区液化气用户换气难问题。地下空间使用安全管理不断加强，强化落实属地政府监管职责，组织公安、消防、安监及各街镇（工业区）开展防汛安全、消防安全、违法违规使用等专项检查，共开展联合检查4次，发现隐患问题53条，均落实整改。

（二）城市运行安全体制机制建设不断完善。强化风险意识和底线思维，聚焦城市运行重点领域和薄弱环节，建立全覆盖安全责任体系，构建区、镇、村三级监管责任体系，严格落实企业和关键岗位从业人员安全生产主体责任，强化属地责任。在建筑行业、燃气行业、地下空间等重点行业、重点环节加强安全生产监管，与安全生产第三方签订技术服务合同，补充了金山区行业监管技术力量。

（三）行政执法能力不断提升。建筑行业行政处罚案件共计52起，已全部结案，处罚金额共329.04万元。通过对案例和法规的不断学习，特别是在竹本油脂和日立工程建设重大处罚案件的办理过程中，委系统相关工作人员积极寻求市安质监总站、区法院、区政府法制办等部门和法律顾问的指导，不断完善和提升案件办理水平。

（四）信访维稳工作稳妥推进。将农民工欠薪问题的预防和处置贯穿于建设工程的监管全过程中，有效避免了因欠薪问题导致的群访、闹访及群体性讨薪事件的发生，今年农民工欠薪矛盾控制稳中向好。加大对12345市民热线办结力度，全年共受理各类信访116件/214人次，较去年同期减少5件，信访按期办结率100%。

四、常学常抓，有力推进“两学一做”学习教育常态化制度化

（一）以党的十九大精神为引领，做好十九大精神学习宣传贯彻

一是围绕“不忘初心、牢记使命，贯彻落实党的十九大精神”主题，及时制订了《区建设管理委系统学习宣传贯彻党的十九大精神的工作方案》，形成“10项主要任务+8项学习内容+12项学习安排”的实施方案。二是按照市委关于“大兴调查研究之风，在全市开展一场调查研究活动”的要求和区委工作安排，形成区建管委《关于学习贯彻十九大精神进一步深入联系基层加强调查研究活动的实施方案》，组织全委干部职工开展下基层大调研，确定调研的6方面内容和16个调研课题。三是在学习中，委党委召

开了党委中心组学习会，班子领导带头学习交流党的十九大精神，并邀请党的十九大党代表罗开峰进行党的十九大精神集中宣讲辅导。四是开展学习宣传贯彻党的十九大精神主题征文和“城市管理精细化”建言微征文活动，并开展了专题组织生活会分享学习体会，形成上下联动、学用结合、共谋发展的良好氛围。

（二）积极部署落实，打牢“学”的基础

一是认真研究制定《金山区建设和管理委员会推进“两学一做”学习教育常态化制度化的实施办法》，形成党组织、党员、党员领导干部“40+9+9”三张任务清单共58项内容，并下发各党支部贯彻落实，指导各党支部建立“一支部一方案”，细化工作任务，形成任务清单。二是进一步深化“补短板先锋行动”，推动“两学一做”学习教育常态化制度化，继续深入开展“旗桥水”工程，制定区建管委“补短板先锋行动正负面清单”，部署落实到各基层党支部和全体党员。三是结合“两学一做”学习教育常态化制度化，制订党委中心组学习计划，创新学习形式，举办专题讲座、开设微党课、参观红色教育基地、组织结对单位联学、开展“公益众筹”献爱心等活动。结合纪念建党96周年，委党委书记围绕“学习贯彻市第十一次党代会精神”上专题教育党课，以“党课+分层逐级谈话”的模式，体现“两个抓”（抓全体党员、抓关键少数），力求全委干部职工教育全覆盖。四是着力开展分层分类学习，做到“四级联动”学习全覆盖。即委党委在党委会上做专题学习，委各基层党支部召开支委会进行学习交流，各党小组以“微党课”形式开展学习讨论，全体党员通过微信群、政务平台等形式加强日常学习。

（三）不断深入推进，注重“做”的关键

一是深入学习调研，坚持学做结合。有针对性地组织区建管委领导干部到地下管廊、海绵城市发展较快的松江区等地区考察学习，坚持把“两学一做”学习教育常态化制度化与金山区的具体实际、当前的中心工作和存在的短板问题联系起来，先后形成了近10篇有质量的调研报告，有效提高了党员干部的工作水平和实践能力。二是深化党员岗位行动，不断拓展志愿服务。区建管委行政审批窗口根据自身实际，积极开展窗口单位服务行业“岗位建新功，党员见行动”活动，在原先“四个标准化”建设基础上，完善服务措施，设置党员示范岗、党员先锋岗、党员责任区；制作宣传栏、宣传牌等，营造良好氛围。开展志愿服务“五进”，燃气安全宣传进社区、进农村、进家庭、进学校、进非居用户等主题活动，建管所支部组织法制宣传进工地、电影进工地、医疗进工地等志愿服务活动，确保工地文明、安全稳定、有序发展。三是开展谈心谈话，真诚贴近群众。党员领导干部深入开展联系群众谈心谈话活动，截至目前，委党委的4名班子成员以及区建管所两名事业副处级领导干部，以普通党员身份与党员群众开展谈心谈话约90人次，充分听取基层党员意见建议。

五、加强党风廉政建设，不断营造风清气正工作氛围

（一）全面贯彻党委主体责任

努力构建全面从严治党长效机制，力促党风廉政建设无死角、全覆盖。深化委系统党建“廉建”，以制度建设为保障，进一步强化“党政同责、一岗双责”，履行好党委的主体责任。年初，分别与建管所党支部、委机关党支部签订《2017年党风廉政建设工作责任书》，与各基层单位签订《2017年度工作目标责任书》，年中对各基层单位贯彻落实党风廉政建设两个责任及中央八项规定精神情况开展专项检查。下半年着手在基层单位开展廉政风险点排查工作，形成廉政风险排查及防控措施风险等级评估表。

（二）认真落实纪委监督责任

委纪委于年初制定了年度纪检监察工作要点，召开2017年党风廉政建设工作会议，从5个方面13项任务布置委系统全年纪检监察工作，并结合工作实际，每半年向党委会进行专题报告。在基层推行主要负责人党风廉政建设责任制清单制度，按照同部署、同检查、同考核原则，建立履责双报告制度。推行廉政谈话制度，落实党委书记带头与各支部书记、各班子领导开展廉政谈话；班子领导与各自分管业务条线的主要负责人开展廉政谈话，均做到了至少谈话一次的制度要求，确保在谈话中了解掌握班子成员、业务主要负责人的思想动态。

（三）深入研究工程建设领域预防职务犯罪课题

2017年，区建管委在区纪委牵头下，主笔金山区工程建设领域预防职务犯罪课题，通过课题研究，制定和完善了《金山区关于规范小型建设工程承发包活动的管理办法》《金山区建设领域黑名单制度管理办法》《金山区建设工程质量安全巡查管理办法》等6个管理办法，通过各种手段，积极整合资源，为金山区建筑行业党风廉政建设工作及行业良性发展提供了坚实的基础。

（四）不断营造廉政文化宣传氛围

积极拓展廉政文化与廉政教育的切入点和结合点，通过“共浴清风”微信群、廉政文化屏保图片等手段，以及结合廉政教育个人自学与集中学习、专题辅导和组织研讨相结合等方式，认真组织学习上级有关党风廉政建设的规定、讲话及会议精神，不断提高党员干部的廉洁从政意识。

六、抓实基层党建工作，推动全面从严治党

（一）严格各项工作制度，切实规范党务管理

一是规范党委按期换届工作，圆满完成了委党委、纪委的换届选举工作。二是规范党费收缴和管理工作。委党委会同组织人事部门认真学习领会《通知》精神，确保了全体党员认识到位、行动到位。同时，今年创新缴费模式，实现在手机App上缴纳党费，确保委系统党费按月足额缴纳。三是规范党务公开工作。开展机关“支部亮牌”，在委机关办公走廊设置党务公开栏，区建管所党支部通过电子显示屏、公开栏、宣传栏等，不断加强党务公开软硬件建设。窗口单位党员亮牌上岗，每位党员自觉佩戴党徽，表明党员身份，接受群众监督。四是组织开展基层党建工作述职评议考核。今年起进一步明确了基层党支部书记既要在党委扩大会上进行述职，又要在本单位向党员进行述职并接受现场测评的要求，不断强化支部书记履行第一责任人职责的意识，层层传导压力，层层担起责任。

（二）立足岗位争先创优，发挥支部战斗堡垒作用

强化委系统“旗桥水”工程的“三争先”理念，积极培育系统内先进典型。机关支部积极创建文明机关，建管所支部积极创建“金山区党支部建设示范点”，对照标准补短板，整合力量创氛围，充分发挥了基层党组织的战斗堡垒作用。建管所支部先后荣获上海市建设交通行业“建设先锋”服务型党组织示范点，区先进党支部称号，市文明单位称号，市、区巾帼文明岗和区三八红旗集体，市、区平安示范单位等荣誉称号。

（三）积极组织各类培训，加强党员教育管理

今年先后邀请了原区委党校常务副校长张汉为、市建筑建材业市场管理总站副站长马燕、上海亚太EAP中心特聘讲师潘继东、党的十九大代表罗开峰等领导、专家、学者、党代表来区建管委做专题讲座，特别是区委常委、区纪委书记陈祥钧同志做的“党风问题与思考”专题报告，对加强区建管委党风廉政建设起到了重要的指导作用。通过多种

学习形式，引导广大党员干部深刻理解党在新时期的路线方针政策，正确把握建管事业的发展方向。

金山区绿化和市容管理局

2017 年，区绿化市容局以党的十九大精神为指引，按照区委、区政府的总体部署以及“三化一同步”工作要求，紧紧围绕打造“城市生态滋养地”“宜居宜游优选地”的战略目标，突出工作重点，夯实行业发展，不断“强基础、补短板、求突破、出亮点”，深入推进生态环境建设，提升市容环境总体水平，圆满完成全年各项工作任务。

（一）围绕中心，专项整治工作有序推进

一是完成区域环境综合整治任务。根据 2017 年区环境综合整治项目（任务）清单要求，完成 19 个绿化项目建设（2 块公共绿地、4 条林荫道、4 条防护林带、7 条道路绿化和 2 个河道绿化项目）。

二是推进全国文明城区创建工作。按照区创城工作专题会要求，牵头推进市容环境组各项创建任务，细化指标、分解任务，明确责任、强化监督，开展巡检、落实整改。同时，建立工作例会制度，每月召开一次市容环境组工作例会；建立信息报送制度，要求成员单位每周报送工作动态，每月报送工作小结；建立工作联系制度，建立市容环境组微信工作群，加强工作联系，快速处置突发问题，全力确保各项创建任务顺利完成。

三是落实中央环保督查整改工作。按照《上海市环境保护督察反馈意见》金山整改工作任务清单，制订涉及本区垃圾治理的 7 个整改问题的专项方案。同时，针对存在问题，积极研究对策，补齐管理短板，完善长效机制，持续对整改事项进行逐项复核，顺利完成相关销项工作，进一步提升本区垃圾综合治理管理水平。

四是推进全区棚亭整治工作。牵头开展全区棚亭整治工作，成立专项工作领导小组，明确各职能部门职责，按照“属地监管、堵疏结合、入室经营”的工作原则，开展全区范围内金山蓝亭、彩票亭、便民服务亭、治安亭、停车收费亭和其他类自制棚亭的综合整治。全年共拆除 203 个，完成率 99%，基本完成整治任务。

五是开展违法户外广告设施整治行动。牵头召开违法户外广告设施专项整治工作推进会，要求各街镇（工业区）积极争取自拆，做好安全拆除工作，关注维稳工作。截至目前，共拆除 2017 年市督办任务 133 块。2017 年区对应自拆任务 212 块，2016 年市督办任务 21 块全部完成。

（二）打造亮点，生态环境质量持续提升

一是绿化项目建设有序开展。松金公路（龙航路—镇界）道路两侧绿化项目、杭州湾大道（金山大道—G15 高速北出口）两侧绿化调整工程、老龙泉港滨水绿地及相关绿道建设顺利完成。全年完成各类绿化建设 53.2 万平方米（其中公共绿地 19.5 万平方米），绿道建设 16 公里，立体绿化 10498 平方米（其中屋顶绿化 6272 平方米、其他立体绿化 4226 平方米）。

二是绿化景观亮点层出不穷。以城区“三纵三横”主要道路为重点区域，完成主题花卉景点布置 8 处，改造大型花坛 1 处，维护更新大型花坛 3 处，全年更换各类草花约 95 万盆。推进绿地优化提升工作，打造小型组合景点，完成补植乔灌木 435 株、地被 39658 平方米、草皮 15250 平方米、色块 2900 平方米。大堤路成功创建为全区首条市级绿化特色道路。新城路成功创建为“上海市林荫道”。同时，加大新优植物品种引进工作，共引进美人梅、帚桃、日本红枫、多花紫藤、美国紫薇、园艺八仙等多种新优园林植物 1105 株，分别应用于前京大道绿地、临桂路绿地、山阳广场绿地等，为金山绿地增添亮丽风景。

三是科技兴绿工作稳步推进。树枝废弃物循环利用项目不断拓展，共生产粉碎发酵废弃物产品 1000 立方米，用于林地绿地覆盖、花坛土壤改良和盆花基质，实现资源化利用目标。植物二维码铭牌应用范围不断扩大，在前京大道、滨海公园等安装 320 块植物二维码铭牌，满足市民对绿化的科普需求。

四是绿化管养质量不断提升。结合“创城”工作，加强绿化三级巡查，对全区 18 个公共绿地点位和 77 个居住区点位进行指导考核。推进“两病两虫”监测预警工作，发送病虫害预警信息（“金山区绿化植保快讯”）24 期，共计 240 份。做好古树名木保护工作，完成市级技措项目 3 个、区级技措项目 6 个。

（三）突破难点，垃圾治理取得积极进展

一是开展垃圾末端处置设施建设。完成金山区炉渣填埋场（炉渣综合利用、湿垃圾处置）项目土地农转用手续办理等前期准备工作，明确湿垃圾处置工艺。推进建筑垃圾资源化利用项目建设前期准备工作，在沪杭公路 5989 号、5999 号设置装修（拆房）垃圾资源化利用的中试项目，为建设区级装修（拆房）垃圾资源化利用项目做好技术支撑。

二是推进生活垃圾分类减量工作。启动农村生活垃圾分类工作，对全区 124 个行政村开展分类知识的宣传、告知和培训，推进 13 个分类示范村创建工作，发放分类容器 9452 个。全面铺开绿色账户工作，完成第三方服务招投标工作，深化与中国银行金山支行合作，扩大活动效应。全年，金山区绿色账户已覆盖约 15.8 万户居民，完成率 100%，开设绿色账户卡 13.4 万余张，累计积分总计超过 6000 万分，开展绿色账户兑换积分活动 400 余次。推进单位生活垃圾强制分类工作，制订《金山区单位生活垃圾强制分类实施方案》，向全区所有企事业单位发放宣传告知书，其中 842 家单位已开展生活垃圾分类收运。

三是开展非正规垃圾堆放点排查工作。根据《关于本市贯彻住房城乡建设部、环境保护部、农业部、水利部等四部委办公厅要求开展非正规垃圾堆放点排查工作的通知》精神，牵头相关职能部门开展前期排查摸底工作，完成网上信息录入并上报市住建委。

（四）细化管理，市容环境总体整洁有序

一是深化市容环卫长效管理。加强餐厨垃圾及餐厨废弃油脂监管，与1275家企业签订废弃油脂收运协议，与755家企业签订餐厨垃圾收运协议，共回收废弃油脂(含水量)2658吨。加强建筑渣土申报管理，共受理报监审批53家，申报量72.33万吨，发放处置证377张，申报规范率100%。做好景观灯管日常监管，完成8处景观灯光设施大修工作，确保景观灯光设施开灯完好率达到98%以上。

二是强化市容环境责任区管理工作。在巩固2016年5条责任区管理示范道路的基础上，全年完成22条示范道路(路段)创建工作，完成30个自律组织建设，责任区管理信息系统建档率90%。在石化街道开展特色主题宣传活动，进一步深化市民“我的门前我清洁，我的区域我负责”的责任意识。

三是做好环卫设施更新改造。制订《新增道路保洁机械装备的采购方案》，经区政府同意后转发各镇（工业区），完成23辆环卫专用车辆、49辆道路保洁车辆的采购工作。同时，完成石化城区84个废物箱、814个垃圾桶的更新工作。

（五）注重实效，行业改革工作持续深化

一是开展行业专项规划修编。完成《上海市金山区生态空间规划(2015—2040)》《金山区户外广告设施设置阵地实施方案》编制工作。开展行业“打造宜居宜游的优选地”“打造城市生态的滋养地”“金山新城建设与管理工作”等课题研究，取得阶段性成果。

二是深化本市城市养护作业领域市场化改革工作。根据《本市进一步深化绿化市容养护作业市场化改革的实施方案》文件精神，不断完善第三方考评机制，成立应急保障队伍，对新增养护项目全部采用政府采购公开招投标。同时，建立行业养护经费逐年增长机制，制定《2017年度区级绿化、环卫行业执行市最低保障标准经费安排》，落实经费保障，加快养护作业市场化进程。

三是推进行政审批改革。不断规范审批程序、优化审批流程，共办结行政审批事项393件，其中园林绿化类105件、市容环卫类288件，均在相关承诺时限或法定时限内办结，未发生不满投诉和行政复议情况。同时，梳理局系统行政权力120项，并及时进行网上公布。

（六）关注民生，行业服务质量有效提升

一是意见诉求工作处置得力。根据区级层面办理工作具体要求，强化沟通走访，注重办理实效，落实跟踪督查，9件人大代表建议、批评和意见及政协委员提案、5件党代表意见全部办复。不断加强局系统投诉受理平台建设，共受理各类诉求620件，其中：绿化条线171件，群众满意率97%；市容条线449件，群众满意率96%。电话回访市民1800余人次。

二是行业宣传力度不断加强。开展“市民绿化节”“园艺大讲堂”、绿化认建认养等特色活动，普及绿化知识。完成《绿化市容行业“十二五”回顾“十三五”展望》宣传片制作，提升行业影响力，倡导“创新、协调、绿色、开放、共享”的发展理念。开展全民义务植树系列活动，共计种植各类乔灌木1600余株，绿化面积达21000平方米，累计参与人数1250余人，发送宣传资料2600份，赠送盆花7720盆。

三是文明行业创建再上台阶。依据行业管理服务标准和要求，进一步强化公厕管理，深化“文明公厕”创建工作，加强公厕设施的日常监管和维护。推进“第三卫生间”改建工作，改建“第三卫生间”11座，完成市绿化市容下达考核指标。严格落实行业考核指导机制，细化目标，落实责任，推进道路保洁文明行业创建工作，全区51个班组成功创建为文明班组，5个班组创建为示范班组。

（十二）松江区

松江区建设和管理委员会

2017年以来，区建管委围绕区委、区政府的决策部署，紧紧围绕“一个目标、三大举措”战略布局，坚持规划引领，改革创新，唯实唯干，克难奋进。工作中打破常规、打通结点、打开思路，较好地完成了各项任务。

一、积极主动，重点项目建设推进常抓不懈

1. 突出重点，市、区级重大项目稳步推进。2017年承担嘉闵高架等市重大工程11项，市目标任务8项全面完成，其中市承建项目5项，已全面完成市重大办年初下达的目标任务。区实施项目6项，3项已全面完成市目标工作任务，其余3项中12子项完成了市目标任务、46子项正常推进过程中。区级重大工程建设项目79项（113子项），已建成24项，已新开19子项，截至12月底，在建45子项。

2. 精准发力，区政府年度督查任务有序完成。区建管委承担三项工作，一是全力保障全区燃气供应和使用安全，二是浦南地区以及小昆山天然气管网建设按计划推进，三是“科技影都”二期管廊如期开工，均按照节点目标全面完成。

3. 合力攻坚，实事、民生工程超额完成。根据区委关于政府建设动迁安置房小区天然气入户情况“摸清底数、制订方案、专题研究、尽快解决”的指示，本着“新账不欠，老账逐年还清”的原则，逐步推进政府安置房天然气接装工程。2017年原计划政府动迁安置房天然气接装12294户，实际全区共完成了12945户动迁安置居民的天然气通气工程，超额完成年度目标。

4. 诚心务实，党代会党代表提案、人大政协议提案工作回复到位。均已按照区四套班子的统一部署，以科学发展观为指导，坚持规范运作，突出重点，讲求实效，扎实有序开展办理工作，提前完成所有24件议提案当面答复办理。

二、精心部署，试点项目开展有条不紊

1. 拓展资源，推进地下综合管廊建设。地下综合管廊一期工程已全面进入施工阶段，预计2018年6月交付使用。二期工程已完成工可批复，进入实质性启动阶段，2017年12月25日已正式开工。

2. 关注生态，打造海绵城市试点。松江区三个重点建设区域海绵城市建设有序推进，并在今年的区重大工程58个旧街坊改造工程中，融入了海绵城市设计元素。泗泾镇江川二村打造成为全区唯一一例“海绵小区”。《松江核心区域海绵城市建设专项规划》目前初稿已基本编制完成，预计年底前完成报批和发布工作。

三、全力以赴，城市安全运行切实保障

1. 建章立制，长效管理，逐步健全城市安全体系。拟定《松江区应急抢险救灾工程建设管理实施办法》《松江区处置建设工程事故应急预案》《关于进一步规范松江区招投标市场准入机制的若干意见》《松江区重大工程建设管理考评办法》及《关于进一步明确和加强本区小型工程、天然气工程、地下管线、地下空间安全监管的意见》5项制度，逐步形成有效监管的制度体系。构建燃气安全监管平台，燃气设施集中管理；运行“燃气安全3G网络视频监控系统”，提高燃气应急处置能力；加大巡查，加强执法，确保全区70多万燃气用户3000多公里天然气管道安全。成立综合管理事务中心，接收原市管松江区域内5.5万盏路灯维护工作，对松江城区五个街道的4500公里地下管线开展普查，做到底数清、情况明，为城市基础设施常态、长效管理奠定基础；拟建立"松江区城市基础设施综合管理信息平台"，对接市地空联办，建成覆盖全区的综合性管理平台。

2.全面覆盖，狠抓落实，建筑市场秩序进一步好转。全区受监在建建筑工地255个，建筑面积929万平方米，工程货币量341亿元，不断加大对各类工程监督执法力度，实现工地监督覆盖率100%。2017年，对各类违法违规行为实施处罚110例，其中处罚单位93家，处罚个人17例，处罚金额共计1250.0143万元，处罚力度处各区前列。9月1日起历时四个月开展全区建筑市场专项整治工作，严厉打击围标串标、无证施工等各类违法违规行为，逐步形成公开平等、竞争有序、诚实守信的建筑市场环境。对全区608个各类在建项目检查782个次，出动检查2471人次，发现各类违法违规行为为410个，签发各类整改通知单209份、局部暂缓施工指令书34份，立案查处38例，处罚金额305万。严查严处，专项整治始终处于高压状态，建筑市场质量安全问题和乱象得到有效遏制，建筑市场管理的体系、制度得到了进一步的完善和健全，促进了松江区建筑市场秩序持续向好发展。

四、服务转型，城市服务水平全面提高

1.高效审批，促进G60科创项目早开工早竣工。遵循"对口负责、谁审批谁负责、限时并联审批、先期收件、后续补充、建设与前置单位共同承诺"原则，实现审批流程再优化、再提速。积极配合推进G60科创走廊建设，根据"四个一"即"一项目、一方案、一领导、一抓到底"的要求，按照急事急办、特事特办的原则，有效帮助G60科创项目提早拿到批文。积极服务日播、邦中高分子、淘米无线、天臣投资、华星机械、科大智能等一批项目确保如期开工。

2.加强监管，招投标工作营造良好政府服务形象。一是严把招投标市场准入。结合全区建筑市场专项整治，严厉打击围标、串标、虚假招标、转包、违法分包行为，推动建筑市场规范运行、健康发展。二是加强事中事后监管。事中抓程序监管，对进入流程的政府、国有企业投资类项目全程跟踪、核查和处理，事后加强标后监管，加强市场、质量、安全等建筑市场各环节信息互通。三是服务重点工程。积极对接区重大办摸排全区重大工程，努力确保政府投资类项目推进有效。

3.全面推广，装配式建筑按要求积极落实。遵守新建建筑项目100%实施装配式建筑、5000平方米以上的公共建筑居住建筑和2000平方米以上工业建筑实施装配式建筑，并且单体预制率不应低于40%或单体装配率不应低于60%的要求，积极推广落实。

松江区绿化和市容管理局

今年以来，区绿化市容局以创新、协调、绿色、开放、共享为发展理念，按照市、区两级工作总体部署和要求，围绕确定的年度"五化"工作思路和目标，积极主动作为，把握大势、真抓实干、补齐短板，坚决有力地完成了全年各项工作任务。松江区作为全国首批垃圾分类示范区，今年又被列为全国100个农村生活垃圾分类和资源化利用示范区创建之列。松江区市容环境质量综合考评成绩位列全市之首，并连续12年保持郊区第一。松江区连续两年荣获市废弃物管理综合评估现场检查实效郊区第一。全区有199座公厕被评为"上海市文明公厕"，有24个环卫作业班组被命名为"上海市道路保洁和垃圾清运文明班组"、7个环卫作业班组被命名为"上海市道路保洁和垃圾清运示范文明班组"，全区道路保洁、公厕管理实效全市第一。全年超额完成新建绿地、立体绿化、绿道建设任务指标。有两条河道的责任区管理被评为“三最”示范道路。局荣获市市容环卫行业技能比武公厕保洁工优胜团体二等奖、道路清扫工优胜团体三等奖，局工会荣获区职工劳动竞赛优秀组织奖，区园林绿化管理中心被评为市绿化市容行业劳动竞赛先进集体，区市容环卫管理中心被评为质监规范化劳动竞赛活动示范集体，区市容环卫管理中心党支部荣获全区“党支部建设示范点”称号，方塔园党支部荣获全区“党员示范岗”称号。方塔园、醉白池公园参加上半年上海市公园园艺展示分别获花坛、花境展示二等奖。主要工作及成效体现在以下“五个围绕、五个推进”上：

一、围绕优化城乡生态功能，推进绿色建设发展

一是绿化品质不断提升。新建绿地76.04万平方米、立体绿化15163平方米、绿道13.2公里，超额完成市区两级任务指标。累计完成36家“上海市花园单位”复评工作。新增人民北路、园中路两条特色道路。创建新宾路、九亭大街两条林荫道和园中路特色道路。改造完成人民路东侧等5处1.4万平方米街心花园，并对部分老绿地进行升级改造，让市民“走得进、待得下、玩得动”。其昌公园、市民广场、中央公园三期、中央公园四期和思鲈苑5块公园绿地纳入上海市公园名录预备名单。

二是深入开展群众性绿化。组织开展上海市民绿化节相关公益活动，开展“九科绿洲”春季义务植树等群众性绿化活动，共种植树木40743棵，绿化认建认养树木共33棵。

三是重点项目进展顺利。协同完成广富林郊野公园部分区域建设任务，配合“创全”环境综合治理，完成绿地整治2.8万平方米。嘉松公路西侧和油墩港沿河休闲绿地两处区政府投资项目建设竣工并通过验收。

四是科技兴绿水平不断提高。组织治理柳絮1000株，引种新优植物14种、共计1000余株新优苗木，完成中央公园和其昌公园无公害防治示范区建设，建立滨湖路、西林路等病虫害防治示范点。实施完成4个古树保护项目建设，巡查古树名木1325株次，后续资源597株次。

二、围绕区域垃圾消纳处置，推进管理和设施建设

一是农村垃圾综合治理成效明显。有序推进全国农村生活垃圾分类和资源化利用示范区创建工作，全区7个涉农镇77个行政村已基本完成既定任务，其成效多次得到上级主管部门肯定，并通过国家级中期评估。

二是各类垃圾处置管理有力。巩固生活垃圾分类全国示范区的成果，新建居住小区垃圾收集亭360个，新推进定时定点投放小区54个，完成市局下达的39.5万户绿色账户覆盖指标，进一步深化生活垃圾分类减量和末端处置工作，建立生活垃圾分类信息化管理平台，全面推进党政机关、企事业单位生活垃圾强制分类全覆盖工作。截至12月，全区处置生活垃圾日均量1094吨（除整治垃圾）、日均处置装修垃圾1002吨、餐厨垃圾95吨、绿化垃圾41吨、废弃油脂10吨、湿垃圾日均265吨。建成建筑垃圾信息化管理平台，全区18个街镇均已设立装修垃圾分拣站，全面实现属地管理，初步实现了建筑（装修）垃圾全过程监管；基本建成资源回收和有害垃圾单独收运体系，已建成1座区级中转站和13个集收集、运输、暂存于一体的镇级有害垃圾交投站，17个街镇建立了废品回收交投站（开发区无居民小区）。持续加强对天马垃圾焚烧厂的监管，确保焚烧厂的稳定营运。

三是基础设施建设稳步推进。3个“十三五”垃圾处置资源化利用建设项目方案基本确定，松江区生活垃圾卫生填埋场2号和4号单元封场、低价值可回收仓储物流中心项目竣工结算，新滨垃圾转运站项目竣

工验收。

三、围绕提升市民感受度，推进市容环境综合治理

一是责任区管理规范到位。积极推进门责制度“一店一档”信息档案，探索形成的“1+2+3”综合评价体系（1个评价办法、两种考核方式、3份情况通报）以及“四位一体”检查监督网格（区镇两级质监队伍专项检查、社会第三方实效检查、党员志愿者不定期巡查、居委会满意度测评）基本做法，得到上级部门肯定。全年门责单位累计建档完成1.8万家，自律组织累计达76家，责任区管理在全市保持领先水平。

二是精细化管理水平不断提升。推进“五个一点”作业法，修订完成绿化养护属地化管理考核办法，开展技术培训，强化服务指导，提升全区绿化管养水平。开展纪念环卫工人日“关爱环卫工人”主题系列活动，建立政府关爱一线环卫工人长期保障机制，举办劳动技能竞赛，提升环卫保洁水准。指导街镇开展市容环境综合管理“示范街道”“达标镇”创建工作，广富林街道、九亭镇创建工作成效明显。泖港镇在三季度全市市容环境实效检查中获得第一，九亭镇市容环境公众测评满意度得到提升，九里亭街道摘掉了末位的帽子。全区38条路段实施道路扬尘污染控制，道路保洁水平得到明显提升。推行快速保洁、“黄金六小时”保洁、换岗在路段的无缝式城市清扫保洁全覆盖，确保机械化清扫率达到92%，道路机械冲洗率达到70%以上。垃圾上门收集累计达175条段，基本实现全区商业路段垃圾上门收集全覆盖。完成清洗备案企业48家，完成全年指标的218%，完成4家示范清洗场站的创建工作。打捞水生植物71585吨、水域垃圾38185吨，确保水域整洁安全。

三是专项治理有力有效。全面实施店招广告治理和绿化美化景观灯光工程，5个街区市容市貌环境逐步显现示范效应。“五乱”治理完成率超过80%，无序设摊治理第三方实效测评达到“优秀”。拆除市级违法高立柱广告设施125座，完成市级重点督办任务的70%；拆除高速沿线屋顶广告设施33块，完成市级重点督办任务42.9%；拆除各类违法户外广告3098块；完成141处商业路段7633块户外店招店牌整治。启动重点区域景观灯光的规划建设，检查摸排全区36处景观灯光点；开展每日不少于两小时GPS监测渣土运输车辆约4980台次，查处渣土车各类违规行为4692起（其中偷乱倒52起、超载374起），处理渣土相关诉求49件。

四、围绕提升公共服务管理能力，推进保障服务规范高效运行

一是推进政务公开。建立健全政府信息公开制度，加强门户网站、政务微博、绿化市容小报建设，搭建和畅通政府信息公开的平台、渠道，确保政府信息公开内容的及时性和准确性。全年共发布政府信息9199条，其中单位门户网站3413条，政务微博发布5697条、粉丝数3444人，公文类信息89条、全文电子化率达100%。档案管理、保密工作扎实规范。

二是畅通行政审批渠道。行政审批标准化、规范化、便民性进一步增强。配合各部门、各地区所需，畅开行业行政审批绿色通道，以G60科创走廊、区重大产业、民生等项目建设为重点，加快渣土、绿化、环卫等手续的办理速度。“绿色通道”审批全区各类公益宣传广告2.3万多幅。

三是呼应民生诉求。重视做好综治信访、安全生产等工作，及时认真处理领导批示件和上级督办件共39件，高标准办理区人大和政协议提案34件、党代表联系社区收集意见16件。积极化解市民急难愁，截至12月底，共接受来电、来访咨询2267次，受理12345、12319和其他各类绿化市容热线诉求件共3102件，处置率100%，回复率100%，反馈及时率为98.1%，满意率为

97.8%。

四是高标准完成市容环境保障任务。全力做好元旦登高、佘山“5·24”专项工作、龙舟赛、啤酒节、“五违四必”整治、创全、国家卫生区复审、全域旅游、市领导来松视察等重要节日、重点区域、重大任务、重大活动期间，尤其是迎接党的十九大召开的各项市容环境服务保障工作。累计全区巡查26次，发现市容环境问题140多个，第一时间反馈相关部门予以整改。

五是围绕中心服务大局。协调解决用于G60科创走廊宣传高立柱广告39块。采取自排压力、缺补平衡的办法，让绿于健身步道、自行车道、公共停车位、通信基站等民生项目建设之需。提升行业服务功能，全区累计完成新(改)建公共厕所共28座，改造完成“第三卫生间”19座；下发有关户外广告招牌的专项整治方案、管理意见、暂行办法等文件，形成了专项整治材料汇编，加强自治管理，共同推动区域治理，为全区文明指数测评、国家卫生城区复审等提供标准依据。公园主题文化活动丰富，便民利民措施和机制不断完善。

五、围绕落实全面从严治党新要求，进一步深化党建和党风廉政建设

一是不断夯实基层党建工作基础。落实党风廉政建设“两个责任”和“一岗双责”，召开党建和党风廉政建设大会，初步形成“一级抓一级，一级带一级”齐抓共管的党建工作责任体系。积极推进党员干部联系困难家庭工作，党政领导在春节和“七一”前夕，带队对局系统老党员和困难党员进行上门慰问，并组织机关党员干部开展帮困结对村“双千”走访联系活动，共慰问困难家庭11户。持续抓实党建工作项目，以“晋位升级创三型，服务群众当楷模”为主题，强化机关服务基层干部和群众、基层服务社会市民和行业的工作主线。

二是扎实推进“两学一做”学习教育常态化制度化。巩固和深化“两学一做”学习教育，研究下发了《绿化市容局推进“两学一做”学习教育常态化制度化实施意见》，明确了6个方面共50项工作任务，推动全面从严治党向纵深发展；党委班子制订了《“两学一做”学习教育常态化制度化工作计划方案》，不断加强履职能力建设。完善了党委中心组理论学习“四个一”机制、各党支部理论学习融入“三会一课”等组织生活制度，增强党支部解决自身问题的能力。认真抓好了《条例》《准则》的学习教育，党员参与率、通过率均为100%。

三是严格落实意识形态工作责任制。把意识形态工作纳入绩效考核重要内容，与党建工作、业务工作同部署、同落实、同检查、同考核，并着力围绕迎接党的十九大胜利召开和宣传贯彻市第十一次党代会精神，围绕区委提出的“一个目标、三大举措”，做大做亮正面宣传，严防意识形态事件的发生。加强了局系统干部职工的“四个意识”教育，确保系统内意识形态安全，营造良好的思想舆论氛围，并建立了绿化市容网评员微信工作群，以及一支16人的绿化市容局舆情工作队伍，及时参与敏感时期的舆情管控。同时，配合做好了区经济责任审计和区委巡察工作，重新修订完善了《落实“三重一大”制度实施细则》《主要会议议事规则》等相关规定，进一步规范工程项目建设和经费使用流程。

（十三）嘉定区

嘉定区建设和管理委员会

2017年，区建管委（交通委）按照区委、区政府的工作部署，注重规划研究编制，稳步推进重大工程和基础设施建设，强化建筑业和交通港航运输行业监管，不断提升城市

管理水平，较好地完成了全年工作任务目标。

一、专业规划科学编制，引领作用进一步显现

专业规划编制：组织编制公路和城市道路、公共交通、静态交通、内河航道和运输中长期发展以及有轨电车等规划。完成了《嘉定城市建设和综合管理规划研究》《嘉定区综合交通优化策略研究（含嘉定区路网规划）》和《嘉定城市停车系统综合评估及老城停车系统实施方案深化研究》等，深化梳理了嘉定新城总部园区、国际社区及远香湖、郊野公园等海绵城市建设试点区域规划方案成果；完成了《嘉定环城绿带环通设计方案》，继续推进S5沪嘉高速公路沿线路网提升（横仓路、彭封路、嘉新公路、叶城路）和嘉闵高架联络线的前期规划研究落地工作。完成吴淞江行洪工程沿线桥梁实施及红线专项规划梳理工作；配合区规土局完成嘉定区2040总体规划《综合交通规划》专项的规划编制；确定2018年市政基础设施专线规划编制计划，上报市交通委。

老城建设改造：2017年老城发展建设项目资金安排了西门风貌区及法华里地块动迁腾地和安置基地建设、已腾空房屋看管和维护、环城河两岸城市设计及步道贯通工程、老城主要街道景观提升专题研究等资金预算，合计4亿元，年内执行完成。西门历史风貌区和州桥法华里地块动迁腾地工作顺利推进；西门风貌区控规已经调整完成，护国寺启动区、法华里项目已进入方案设计阶段；环城河步道贯通工程于11月15日正式启动。

二、重大工程扎实推进，骨干道路建设进展顺利

重大工程建设：2017年初，共安排产业发展、社会事业、综合交通、资源环境、断头路五大类重大工程项目37个，完成投资64.15亿元。截至12月底完成投资65.3亿元，占全年计划的101.8%。新开工项目方面：云计算研发用房、第一社会福利院二期、中心医院改扩建、行政服务中心等14个项目已开工建设。目前，云计算研发用房3号楼已结构封顶，1~2号楼主体结构施工至3层；第一社会福利院二期主体结构已完成，水电安装及装饰装修施工中；中心医院改扩建地下二层底板浇筑已完成，主体结构完成40%；行政服务中心桩基施工已完成，基础垫层浇筑中。建成或基本建成项目方面：再生能源利用中心于7月建成投运；盘安路、墨玉北路、陈家山路于10月建成通车，南翔污水厂、污水厂提标改造（安亭、北区、大众污水厂）、中科院上海实验学校已基本建成，8英寸MEMS中试研发线已提前实现基本建成目标。在建项目方面：整体进展较为顺利，基本达到年度工作目标，嘉北郊野公园一期已于9月23日开园试运营；沪通铁路一期蕰藻浜下行双线特大桥已完成；嘉定印象城A区一、二、三道支撑浇筑完成；陈翔路地道S5沪嘉高速节点施工完成，累计完成工程总量的62%。

区区对接（断头路）建设：今年区建管委（交通委）牵头实施的区区对接道路、断头路项目共10个，分别为陈翔路下穿S5地道、裕民南路下穿G1501地道、临洮路跨吴淞江桥、于田路涉铁节点、于塘路涉铁节点、外青松公路涉铁节点、百安公路涉铁节点、安虹北路涉铁节点、春浓路涉铁节点、和裕路涉铁节点。目前，于田路机动车道已通车，陈翔路、裕民南路、外青松公路均已开工在建，其他道路正在抓紧办理前期手续。此外，为配合上汽大众安亭基地及周边区域转型升级，区建管委（交通委）积极推进米泉路穿越铁路工程建设，分两期实施，其中铁路黑线内按照应急工程程序，已通过上海铁路局和区政府批复，目前正在进行施工准备，铁路黑线外待道路规划红线落实后按照区政府投资项目正常程序推进。

大居外配套道路建设：今年全区须推进大居外配套道路3条，其中陈翔路地道为区

区对接（断头路）项目；和宁路（汇旺东路—树屏路）已完成全部企业动迁，正在抓紧剩余1家农户动迁腾地和前期手续办理；陇南路（嘉松北路—盐铁塘、春浓路—翔江公路）已完成项目建议书批复，正在工可报批阶段。

道路拥堵点改造：为缓解老城区交通拥堵，区建管委（交通委）积极与交警部门沟通协调，结合道路大中修，通过局部路段改造、加强路口渠化、完善交通标志标线等，提升道路通行能力，特别是交叉口的通行能力。2017年，区建管委（交通委）实施了嘉定区“缓拥堵”道路整治养护维修工程，包括3项子项目，分别是对墅沟路（区政府3号门—博乐南路）进行渠化改造，增设一条左转弯专用道和一条右转弯专用道；对博乐南路（叶城路—墅沟路）人非车道进行改造，增设一条右转弯车道；对塔城路/沪宜公路东进口进行渠化改造，增设一条左转弯车道。三处改造已于今年上半年全面完成。

此外抓紧推进4个区管公路打通断头河路改桥项目，目前3个已经完成通车，1个在抓紧落实前期腾地工作。涉及徐行镇红星村、华亭镇金吕村的村庄道路改造项目分别处于办理施工许可证和招投标阶段。

三、建筑市场健康有序，产业转型升级发展

招投标管理：全面贯彻落实新版《上海市建设和工程招投标管理办法》，进一步完善了现有配套制度并确保落实到位，同时探索研究小型项目评标办法，牵头拟定《嘉定区小型建设工程承发包活动管理办法（试行）》并联合区发展改革委、区财政局上报区政府，以促使竞价趋于理性，更好地维护市场秩序。

安全质量及市场监管：落实建设工程质量安全巡查制度，加强行业监管。对建设程序和承发包活动、项目组织管理、质量安全、市场经营行为、劳务用工等方面存在违法违规行为的进行整治，今年以来巡查36个工地，开具整改通知书32份，局部暂缓施工指令书8份，对4起涉嫌违法违规行为立案调查处罚8.5万元，并已责令有关责任单位限期整改并回复。推进78个工地安装扬尘污染在线监控系统，促进建筑工地文明施工监管。

建筑节能及产业化：加强供地源头把控和建设过程监管，全面推进绿色建筑及装配式建筑发展。全区新建民用建筑全部执行一星级及以上绿色建筑节能标准，符合条件的新建建筑全部实施装配式建筑，单体预制率达到40%以上或装配率达到60%以上。今年共计落实绿色建筑83.3965万平方米，落实装配式建筑面积81.562万平方米。推进可再生能源一体化应用，可再生能源应用面积19.58万平方米。推进国家机关建筑和大型公共建筑能耗监测系统建设，实施了8栋既有公共建筑分项计量装置改造，实现区级能耗平台联网70栋公建，市级平台联网60栋公建。实施了5栋区属公共楼宇能源审计、10栋区属公共楼宇的能耗公示。推进既有公共建筑节能改造，总计完成节能改造建筑面积5.64万平方米。大力推进BIM技术在建设工程中的应用。

四、公交改革不断深化，交通行业管理持续加强

公交改革：制订年度公交新辟、调整计划，并于6月1日上网公示。全年新辟嘉定21路、嘉定20路、嘉定126路3条公交线路，调整嘉定11路、嘉定102路等11条公交线路。统一区域公交票价及线名。已于4月完成全区65条区域内公交线路票价及线路名调整工作。协调推进公交基础设施建设。10月底前全部完成200座公交候车亭的年度建设任务，改善了市民公交候车条件；协调推进南翔镇雅翔路公交首末站建设，明年建成启用；协调推进马陆停保场、上海汽车城站公交枢纽建设。协调公交车辆更新及充电桩建设。完成购置公交车349辆采购任务，其中105辆纯电动车、179辆插电式混合动力车，占采

购车辆数的81%，超指标完成新能源公交车购置任务。配合新能源车的购置，同步推进南门公交站、平城路公交站、外冈车站、公交马陆站、公交嘉定新城站、江桥万达公交站、真新车站6个公交站点充电桩设施建设，至目前除嘉定新城站在建，其余5个站点均已基本建成。继续推进嘉定公交信息化二期项目建设，逐步加大集群调度系统应用范围。推进首末站站点通建设及部分站点电子站牌建设，完成嘉定公交现有79条公交线路（不含五角场定班车）实时数据与市交通信息中心的对接，实现全区公交线路手机App实时查询，并试开通嘉定公交门户网站，为市民出行提供信息服务。

道路运输：制订《嘉定区交通行业2017年安全生产工作计划》，细化工作措施，确保任务落实到位，进一步健全交通行业安全生产组织管理网络和责任体系，认真落实“党政同责、一岗双责、齐抓共管”责任制，形成了职责明晰的组织架构和工作机制。全面开展2017年嘉定交通行业“安全生产月”活动，组织行业管理单位开展“6·16”安全生产宣传咨询行动。做好元旦、春节、春运、清明、五一小长假、十一长假、“一带一路”高峰论坛和党的十九大期间等重要时间节点行业安全生产各项工作，确保嘉定区交通行业在此期间安全无事故。加强“两客一危一重载”源头管控，加大长途客运站、主要公交枢纽和辖区轨交车站隐患排查和现场管理力度，制定实施《嘉定区轨道交通车站应对大客流“四长联动”应急处置工作实施意见》，在嘉定区辖区轨交11号线和13号线的13个轨交车站，联合申通公司、轨交派出所、车站所属街镇和车站所属派出所，开展轨交各站“四长联动”应急处置演练。落实《关于严格落实交通运输工具驾驶人吸毒筛查等有关措施的通知》的工作要求，启动嘉定公交公司公交车驾驶员吸毒筛查工作，未发现一例吸毒情况。

水上运输：清理取缔“三无”船舶。制订并经区政府批转下发了《嘉定区清理取缔“三无”船舶工作方案》。在各相关部门、街镇的配合下，通过调查摸底，宣传发动，联合整治，全区共清理完成“三无”居家船舶51艘，取缔非居家“三无”船舶319艘，整治工作取得阶段性成效。积极编制专业码头规划，全力推进内河码头整治和换证，有效改善内河港口码头整体环境，实现嘉定区内河港口转型升级。年底共完成内河港口岸线换证15件，港口经营许可证换证31件。

静态交通建设：制定《嘉定区停车资源共享利用实施办法》，累计实施停车资源共享利用项目5个，共享泊位共有273个，嘉定体育中心停车场和工人俱乐部停车场（临时）两个项目被市交通委、市路政局确定为全市停车资源共享利用示范项目。今年完成备案登记公共停车场41户、泊位11754个，面积394083平方米。完成建设项目配建机动车停车场（库）竣工验收82件，核定泊位21691个；推进建设公共充电桩884个。

非法客运整治：依托区联席会议平台，积极联合公安交警、特警、派出所等部门，实施不间断整治行动，始终保持对非法客运高压严打态势，严查网约车、四轮机动车、克隆出租车等非法客运违法案件；支持属地政府加强属地管理，强化源头管控，巩固整治成果，保障属地交通客运秩序平安。截至12月底，共开展四轮机动车非法客运整治行动428次，出动执法人员2887人次，警方配合1428人次，出动各类车辆1086辆次，立案414起。

五、文明城区创建圆满完成，城市管理不断精细化

道路及客运创城：进一步完善道路创城工作机制，制订《“道路（主次干道、商业街、背街小巷）”专项整治行动方案》，对全区71条区管道路和113条区管城市道路实施片区分组管理，加强日常巡查，积极协调市、

区、街镇道路管理部门督促落实整改，共处置道路问题整改单335件次，全部按时间节点及时整改到位。同时对管辖区域内的市政设施等开展定期检查，共计完成区管道路横线等复线9879平方米，分道分向线复线89公里，修补箭头662个，校正更换各类标志标牌103处。同时，落实公交公司和场站公司加强对客运站点的环境设施、候车秩序、车容车貌等的管理，增派志愿者和导乘人员，加大创城宣传力度。行业管理部门加大督查力度，每周轮流对嘉定区各公交客运枢纽站进行现场检查，发现的问题及时报送责任单位，按照创城要求落实整改。

建筑工地创城：围绕“十清”行动开展督查整改。一是落实巡查机制。对上师大二附小、信业购物中心等17处在建工地开展巡查，发现施工铭牌破损、围墙黑广告等问题后立即督促整改。二是将创城工作贯穿于项目建设始终。从项目首次交底会到日常监管，实施全过程创城工作介入，做好工地宣传培训工作。三是积极与街镇创城办对接，落实工地围墙公益广告设置比例要求。

桥孔管理：加强道路下立交防汛管理，与各街镇签订了《2017年嘉定区道路下立交防汛防台工作责任书》，开展了全区下立交防汛专项检查，发现问题后及时通知权属单位落实整改，确保了安全度汛。

地下管线普查：对嘉定镇街道、新成路街道、菊园新区、真新街道、嘉定工业区（南区）、嘉定新城（核心区）6个区域约2684公里地下管线开展外业普查探测。目前，嘉定区地下管线普查工作已进入数据核对阶段，提交审核的地下管线长度为3100公里，已完成全部地下管线外业普查任务。

地下空间管理：扎实开展区地空联办工作，拟定并由区政府及其办公室印发了《关于调整嘉定区地下空间管理联席会议组成人员名单的通知》（嘉府任〔2017〕1号）和《关于印发嘉定区地下空间管理联席会议各成员单位职责分工的通知》（嘉府办发〔2017〕15号）文件，进一步明确职责、落实责任。在各街镇的积极配合下，摸清了地下空间底数。嘉定区已建成地下空间共有1123个，总建筑面积约467万平方米。针对面广量大的地下空间，我们联合消防、水务、民防、安监、房管等部门就冬令防火、汛期防汛等工作开展了4次联合检查，发现42个隐患及时督促整改到位。

燃气管理：积极落实两级管理，制定了燃气行政审批《指南》和《手册》，梳理了《事中事后监管事项》等。认真做好配送准备，通过召开座谈会，了解企业诉求，征询部门意见，拟订配送方案。加强用气安全监管。组织开展燃气供应站安全检查，开展打非治违专项整治行动，积极推进燃气用户安检工作。

六、服务意识不断增强，意见提案办理圆满完成

意见提案基本完成：全年共收到两会期间书面意见、提案91件，其中主办件72件、会办件19件。意见提案的内容主要涉及路网规划、道路建设、公共交通、静态交通等方面。我们通过“分解任务，落实责任”“上门走访，听取意见”“汇总梳理，沟通协调”等措施，顺利实现代表、委员对区建管委（交通委）办理态度和办理结果的100%满意率。荣获区政协提案承办先进单位称号。

信访工作规范有序：严格落实“分级分责、一岗双责”的要求，跨前一步协调处理，做到件件抓落实、件件有回音，全力解决群众的合理合法诉求。2017年全年，委机关共接到信访件5118件（其中：国家信访系统上海分系统220件、市住建委信访系统27件、市交通委热线平台3150件、区联勤网格化信息系统1696件，社会舆情25件）。

嘉定区绿化和市容管理局

2017年以来，区绿化和市容管理局在

区委、区政府的正确领导下，在各部门、各街镇的大力支持下，在全局上下的共同努力下，攻坚克难，开拓进取，不断完善绿色基础设施，全力保障市容环境整洁有序，努力为城市美化净化提供良好的生态环境和运行保障，较好地完成了全年各项工作任务。

一、推进生态环境建设，持续优化绿色基础设施体系

加快推进生态建设项目。全年新建绿地45.2公顷，新增林地68.5公顷，完成立体绿化1.5万平方米，建成区绿化覆盖率达到38.52%，人均公园绿地面积达到17.7平方米，全区森林覆盖率达到14.01%。13公里绿道、嘉闵高架绿色廊道基本建成，京沪高铁绿色廊道、吴淞江北岸景观整治项目和外环林带建设工程稳步推进，配合实施环城河绿带贯通工程。嘉北郊野公园一期在三季度试开园迎客。

培育生态景观亮点。举办“市民绿化节”系列主题活动，指导公园随季节流转变化主题布景，3月开展牡丹展，4月开展紫藤节，圆满完成紫藤盛花期游园保障工作，11月举办汇龙潭菊花展暨园艺交流活动，开展30期园艺大讲堂。启动建设2.23公顷的紫藤文化园。紧密对接“五违四必”区域环境综合治理，在重点整治地块播撒草花种子。全年共推广各类草花品种17种，种植面积达9万平方米，有效提升了区域环境美观程度。

强化森林资源保护。充分利用林业“三防”体系，开展森林防火检查、林地有害生物普查、迁徙候鸟保护等专项行动。实施经济果林“双增双减”，重点抚育质量较差的林地，全面推广林木新品种；加强森林资源动态监管，准确掌握森林资源消长动态。做好林业有害生物监测防控，确保林业生态安全。开展野生动物疫源疫病监测防控，严防禽流感等疫情发生。加快推广彩叶树种普及种植，截至目前已经推广栎类等彩叶树种6000余株。

二、狠抓薄弱环节治理，整治市容顽症问题

落实市容环境责任区管理工作要求。推进博乐路、墨玉路等20条道路创建市容环境责任区示范道路，全区已签订市容环境卫生责任区告知书14896家，签约率98.5%，全部录入“一店一档”基础数据库。组织各街镇在重点路段开展“社会市民看门责”活动，倡导社会单位和广大市民自觉参与责任区自律自治，共同创造更有序、更安全、更干净的城市环境。

推进“五乱”专项治理。结合“创城”工作要求锁定126个脏乱点位的治理，1—12月，共清理乱设摊23693次，乱占道亭棚67个，乱设广告2793块，乱张贴及乱设广告（乱涂写、乱刻画、乱悬挂）190832处。

开展违规户外广告专项整治。拆除G1501外侧200米以内的违法高立柱广告设施98座，其余各类违法户外广告设施284块。严格按照“零高炮、零屋顶”原则，充分听取各部门意见建议，组织编制《嘉定区户外广告设施设置阵地实施方案》并获批，自10月9日起恢复户外广告行政审批。

改造提升重点区域景观灯光。完成州桥景区一、二期景观灯光设施改造工程项目、环城河沿岸景观灯光设施建设（二期）项目、城中路景观灯光改造工程、嘉定百联周边道路景观灯光设施建设工程，提升老城区环境品质，为市民提供漫步休闲的好去处。

三、加快补齐短板，深化垃圾综合治理

继续扩大垃圾分类覆盖区域。2017年新增分类居住区84个计5.8万余户，居住区分类覆盖率累计达到90%，绿色账户新增覆盖7.5万余户，累计覆盖18.6万户。试点推进14个村开展农村生活垃圾分类，3000余家重点企事业单位实施单位生活垃圾强制分类。

垃圾末端处置体系平稳切换。区再生能源利用中心于7月顺利投产，平稳运营，保障本区生活垃圾100%无害化处置。积极拓

展资源化利用途径，湿垃圾资源化处置量达112吨/日。

落实中央环保督察整改。按照中央环保督察要求推进有关垃圾处置项目的整改，关停安亭生活垃圾综合处理厂，对厂区环境开展彻底整治。完成嘉定区残渣垃圾填埋场的渗滤液处置提标改造。

从严开展建筑垃圾综合治理。拓展拆房垃圾多元化渠道处置消纳，做好稳定处置和平衡利用，确保稳定度过拆房垃圾集中增量阶段。全年共计消纳处置近800万吨拆房垃圾。指导安亭、马陆等街镇试点开展拆房垃圾和装修垃圾资源化利用，实现资源循环利用。

四、全力以赴投入创城，提升环境卫生面貌

狠抓问题发现和整改。全体干部职工全力以赴投入创城迎检工作。机关科室、3个基层站、所100多名干部职工每天不间断在公园里、道路上、公厕和垃圾厂、垃圾站周边巡查，发现问题立刻协调解决，“登高”迎检期间共整改问题1043件。同时，建章立制、修订考核标准，把创城要求充分贯彻到行业管理要求中，提升管理能级。

牵头开展创城“十清”行动。组织开展“垃圾箱（站）大清洁行动”“公共厕所大清洗行动”“道路绿带清垃圾行动”，形成一专题一方案，明确目标、措施和责任，全面加强宣传动员，各街镇、各部门积极响应，路面及道路沿线城市环境显著改善，公厕保洁和服务质量大幅提高。

提升主干道及公园绿地管理水平。针对主干道沿线乱堆物、乱张贴以及偷倒垃圾现象，牵头开展“5+15”重点道路环境整治行动，明确按照道路红线落实责任分工。针对部分公园绿地精细化养护欠缺的问题，以新一轮区级绿化养护招投标为契机，编制《2017年嘉定区公园、街道绿地及行道树养护考核实施细则》，重新修订绿化养护考核制度，进一步增加第三方专业机构和社会公众测评权重，实行末位淘汰机制，倒逼养护公司全面落实责任，提升绿化养护日常管理水平。

五、依法行政，规范行政权力和诉求处置

提高诉求处置质量。全年共受理投诉事项1217件，办理满意率90.2%。涉及本行业的舆情热点问题共达35项，全部按照一事一报要求上报工作报告。办理人大、政协提案共23件。

规范开展行政许可工作。共办理配套绿化审核意见81件、绿化竣工验收113件。办理占用林地审批40件、临时使用林地审批20件。办理建筑垃圾处置证84件，公厕及配套环卫设施竣工验收67件。办理木材出省运输及林业植物调运检疫许可共计4.5万余项。

（十四）青浦区

青浦区建设和管理委员会

2017年是实施“十三五”规划的重要一年和推进供给侧结构性改革的深化之年。在区委、区政府的正确领导下，区建设管理委把“全面建成更高水平的小康社会，基本建成生态宜居的现代化新青浦”作为总体目标，立足全区工作大局，紧紧围绕“一城两翼”发展格局，着力推进公路市政、建筑建材、交通运输、海事航务、燃气等行业的规划、建设、管理和执法工作，扎实做好民生工程，较好地完成了年度各项目标任务。

一、注重党建和党风廉政，推动干部职工树立新形象

（一）抓落实，继续推进“两学一做”学习教育。制订下发《推进“两学一做”学习教育常态化制度化实施方案》，开展“观影谈体会”—2017我的电影党课主题活动，“晒出微感悟”—优秀微感悟征集活动，“学

树好典型”—学习廖俊波、黄大年先进人物及“党支部建设示范点”“三好党员”推荐命名等活动。举办“两学一做”学习教育党员全员培训。设立党员示范岗、党员先锋岗、党员责任区，深入开展“四亮、四比、四承诺”活动。

（二）严要求，加强党员干部队伍建设。制定下发《区建设管理委党委关于党费收缴、使用、管理的实施细则》，对党费收缴、管理和使用情况进行自查。严格发展党员工作，2017 年预备党员转正 4 名，计划发展党员 4 名。牵头编制《区建管领域人才工作三年行动计划》。向区委组织部推荐两名领军人才。按照《干部任用条例》，对海事处 1 个副科级岗位进行任职推荐，对建管所、海事处、燃气中心科级干部进行转正考察。对干部兼职（任职）情况和选人用人等情况开展自查和检查。成立区建设管理委“七色堇”志愿服务联盟，共有志愿服务小队 7 支，志愿者 213 名，组织开展各类志愿活动。

（三）强措施，加强基层党组织建设。继续推进区域化党建工作，建管委党委与卫计委党委、盈浦街道党工委签订 2017 年度共建协议书。与练塘镇党委、上海城投航道建设有限公司党支部共同组成长湖申线航道整治工程党建联盟领导小组。要求每位党员开展“亮岗位、亮职责、亮承诺”主题活动。确定本年度党建课题为“如何加强服务型党组织建设”，各基层党组织分别制定子课题并推进落实。继续开展组团式联系服务群众，完成第二轮、第三轮走访联系工作，收集典型案例 7 个。制订组团式联系服务企业工作方案。借助微信、政务网等平台，加强机关党支部建设。

（四）重监督，推进党风廉政建设。聚焦纪检监察主责主业，抓好监督、执纪、问责工作。加强问题线索管理，提高谈话函询和初核工作质量，处置问题线索 6 件，其中初核 5 件、谈话函询 1 件。召开党风廉政建设责任制专题会议，加强对基层党组织执行政治纪律和政治规矩、落实党风廉政建设责任制等情况的监督检查。加强廉政思想教育，开展“保持纯洁性、发扬先进性，为青浦城市建设保驾护航”主题教育活动，组织党员干部集中观看《打铁还需自身硬》《身边的警醒》等廉政教育片。

二、注重规划引领，推动建管行业发展迈上新台阶

（一）基本完成新城路网规划研究。在《青浦区公路与城市道路“十三五”规划》《青浦区建设和交通发展“十三五”规划》成果的基础上，着力开展专项课题研究，其中青浦新城规划路网梳理研究为 2017 年区政府重点项目，取得显著成果。启动开展青浦中运量示范线工程研究、青浦区新城公交专用道网络布局与近期建设方案研究、青浦区骨干路网规划与近期建设方案研究等专项课题研究，已完成青浦中运量示范线工程研究、青浦区新城公交专用道网络布局与近期建设方案研究终期成果并通过专家评审，基本完成青浦区骨干路网规划与近期建设方案研究终期成果，下阶段将组织召开专家及部门评审会，通过后形成最终成果。这些研究成果将为青浦区下阶段的道路、公交专用道、中运量示范线的规划建设奠定基础。

（二）开展各类交通专项规划研究。深化《青浦区综合交通专项规划》《海绵城市专项规划》。加强青浦区轨道交通及相关配套规划研究。根据机场、铁路、华为、乐高等新的重大基础设施规划要求，对青西地区路网进行重点研究梳理。根据通用机场选址工作进度，启动通用机场配套交通规划研究，形成初步成果。编制崧泽高架西延伸电力设施调整专项规划。推进道路专项规划编制工作，《高泾路专项规划》已完成并报市规土局审批，目前正推进东航路、白鹤镇道路（胜利路、外青松公路、启圣公路）、莲金支路、青浦大道、山周公路—G2 高速立交、秀横

路、G15 抬升及辅道等道路项目的专项规划编制。开展青浦区新能源汽车充电桩设施布局研究。

三、注重责任落实，推动安全生产工作打开新局面

（一）严格落实行业监管责任。与委属 7 家基层单位签订安全生产和消防工作责任书、安全生产承诺书。部署“安全生产月”、夏季消防、“平安交通”、安全生产大检查、重大节假日及重要会议期间安全生产工作，在全委系统开展专项隐患排查。梳理工作台账，迎接国务院安委会督查。7—10 月，在全委开展安全生产大检查。委党政班子领导分组带队开展安全生产大检查督查工作，选取部分建筑施工现场、交通企业、液化气站等听取汇报、查阅台账、实地查看。落实行业监督管理责任，传递企业安全主体责任，按照“签约、检查、培训和奖惩”四步工作法的要求有序开展公路市政、建筑建材、燃气行业、交通运输、海事港航、地下空间等行业监管。

（二）强化建筑行业生产安全。相继开展春节后复工安全大检查、建设工程安全生产专项整治、建筑节能工程专项检查、防台防汛专项检查和消防火灾隐患专项检查、绿色施工专项检查等系列检查，开展“安全生产月”“建设工程质量月”系列活动，组织施工现场观摩会，建设工程消防及防汛防台安全演练，开展安全生产专项整治大检查和大型机械专项检查、建设工程质量大检查等。截至目前，开具《整改通知单》276 份、《局部暂缓施工指令书》68 份、《暂停施工指令书》8 份、《行政处罚建议书》16 份、项目经理记分 8 起共 44 分，总监理工程师扣分 6 起共 11 分。建立建设工程质量安全巡查制度，截至 9 月，共巡查 63 个项目，建筑面积 467 万平方米，涉及工程造价 117 亿元。开展农民工安全生产基础知识培训，覆盖一线农民工 8439 名。修订《青浦区建设工程安全生产、文明施工承诺书》，与全区所有施工工地签约。

（三）确保交通港航领域安全。陆上，针对公交、出租、省际客运、危险品运输、汽修、停车等行业开展安全监督检查，主要检查企业安全生产管理制度健全落实、安全生产作业规范、教育培训开展和应急处置预案完善等情况，确保道路交通运输行业安全形势平稳可控、运营规范有序。水上，开展港航企业 2017 年“安全生产月”和“3・25”安全警示日活动、“打非治违”安全宣传、“平安交通”建设、安全隐患排查治理等工作，确保辖区水域安全。与区内道路运输企业、港航企业开展安全责任书签约。

（四）提升燃气行业监管水平。引进第三方专业机构，对所有燃气站点进行安全检查，共检查 69 批次，出动执法人员 310 人次，发出责令整改通知书 11 份。督促企业开展液化气行业自查自纠。根据新修订的《上海市燃气管理条例》，推进瓶装液化石油气用户一年一次的入户安检工作，督促管道天然气企业两年一次入户安检工作。修订《青浦区处置燃气事故应急预案》。与本区 11 家燃气经营单位签订安全生产责任书，落实企业安全生产主体责任。

四、注重城乡建设，推动重大项目建设展现新亮点

（一）加快道路建设工程

1. 市政府重点工作：区区对接道路（断头路）：目前，华志路（G15 跨线桥—闵行区界）、汇龙路（双联路—闵行区界）、青昆路（G50—青浦区界）、复兴路（沈砖公路—G318）正在施工，外青松公路已完成施工并通车。计划华志路 2018 年 10 月完成；汇龙路 2018 年 9 月完成；复兴路 2018 年 12 月完成；青昆路年内完成半幅通车，全线 2018 年 7 月完成。断头河整治配套项目：目前，华徐公路—三观堂河处于工可阶段，崧泽高架—张港于 7 月 28 日开工。计划华徐公路

2018年9月开工，2019年12月完成；崧泽高架西延伸于2019年12月完成。

2.区政府重点工作：推进盈港路二期（漕盈路—汇金路）、四期、五期（嘉松公路—汇金路）。目前，二期（道路）、四期、五期正在施工；计划二期年内基本贯通，四期、五期年内基本完成。启动崧泽高架西延伸建设，计划2019年12月完成。启动G318跨嘉松路桥建设，计划年内完成全线桥梁上部结构贯通，2018年6月完成。省市对接道路盈淀路目前正在施工，计划2018年9月完成。推进嘉松公路（沪青平公路—嘉定区界）改扩建工程，计划2020年6月完成。推进山周公路（沪青平—嘉定区界）新改建工程。

（二）完善道路桥梁管养

1.区管道路日常养护：区管公路养护管理：2017年区管公路养护计划总投资13347万元，其中日常养护4200万元、大中修7179万元、管理项目1968万元。2017年大中修项目共16个，6个结转项目已全部完工，8个新开项目预计于12月底完工，两个新开项目计划12月底分别完成70%和30%工作量。区管公路养护方面，预计至12月底，完成白石公路、赵重公路、沈砖公路等公路的小修。市政道路养护管理：2017年市政道路养护计划总投资6224万元，其中日常养护3422万元、大中修2567万元、小专项235万元。2017年大中修项目总计7个。2016年结转1个项目，已竣工；2017年新开工6个。四类设施管养：城区内增设了华科路/外青松公路、华科路/华青路等14个交叉口的行人等待区。2017年是农村公路四类设施纳入养护计划的第一年，对全区部分农村公路标志、标线进行养护，10月底全部完成。

2.农村公路行业管理：农村公路养护：2017年农村公路养护维修计划23235万元，其中日常养护12405万元、大中修工程10002万元、管理项目828万元。2017年农村公路大中修项目共10项，预计至12月底，完工4项，4项完成60%，两项完成10%。农村公路养护方面，全年共实施小修项目8项，至9月底全部完成。委托专业单位对全区下立交开展了汛前安全检查。薄弱村道路建设：2017年薄弱村道路建设项目共4项，总投资2071万元，年度资金安排600万元，预计至12月完成20%。

3.桥梁管理：公路桥梁：定期检查总投资200万元，已全部完成。区管公路桥梁共238座。市政桥梁：市政C类桥梁维修，总投资299.73万元。市政桥涵116座。农村公路桥梁：除做好日常养护常规性养护工作外，完成一年一次的定期检查，投资380万元，继续开展三类桥梁维修，共完成维修三类桥梁14座。农村公路桥梁共1067座。

4.桥下空间管理：开展市管公路桥孔禁入栅安装维护、监控安装及垃圾清理等整治，已全部完工。区管公路桥孔禁入栅维护及香花桥街道新胜路S26跨线桥禁入栅安装也已全部完工。

（三）推进项目实施落地

1.抓紧落实在建交通项目。目前，金商公路（沪青平—陈新路）、漕盈路北段（天辰路—香大路）、香花桥枢纽停保场、轨交17号线东方绿洲站P+R停车场、轨交17号线赵巷P+R站停车场、练塘中心渡撤渡建桥、商榻南新渡撤渡建桥等正按年初既定计划稳步推进。香花桥枢纽、轨交17号线东方绿洲站P+R停车场、轨交17号线赵巷P+R站停车场计划年内完成，练塘中心渡撤渡建桥、商榻南新渡撤渡建桥2018年完成，金商公路、漕盈路2019年完成。

2.做好新开工项目前期准备。目前，青浦大道新改建工程、汇金路（上达河—北青公路）改建工程、华青路（公园路—崧泽大道）改建工程、崧建南路（新泾浜桥—崧泽大道）新建工程、赵重公路（沪青平—镇中路）改建工程、香大路（漕盈路—外青松公路）改建工程、华徐公路（华隆路—华腾路）

改建工程、青松路（城中东路—外青松公路）改建工程、高泾路（松江区界—沪青平公路）改建工程、蟠龙路（盈港东路—沪青平）改建工程、新城一站停保场、百聚桥项目已完成项建书，计划2018年开工。

（四）大力改善城乡面貌

1. 推进“城中村”改造。青浦区“城中村”改造包括徐泾罗家小区地块，盈浦街道俞家埭1、2、3等地块，徐泾老集镇地块，重固新联村、毛家角村地块4个市级试点项目及徐泾蟠龙古镇1个待批地块，共涉及动迁农户2221户、企业113家。目前，累计完成农户签约1102户，企业签约68户。徐泾镇罗家小区地块涉及动迁户413户，已全部完成签约并拆除，并形成净地。盈浦街道地块涉及动迁户288户，已完成签约农户246户。徐泾老集镇地块涉及动迁户1005户，企业28家，处于动迁前期调查摸底阶段。重固镇新联村、毛家角村地块涉及动迁农户280户、企业57家，已完成签约农户212户、企业47家。徐泾镇蟠龙古镇地块共涉及动迁农户235户、企业28家，已完成签约农户231户、企业21家，该地块“城中村”改造实施方案已报市房管局审批。

2. 开展农村危旧房改造。2017年农村低收入户危旧房计划改造29户（修缮28户，翻建1户）。目前，13户已完工，其余16户年内完工。今年，抽取了历年危旧房改造的10户农村家庭，针对房屋改造后的使用情况、质量及满意度等方面进行了入户调查，抽中家庭均对危旧房改造结果及使用情况表示满意。

3. 强化地下空间管理。年内，开展地下空间联合检查3次、专项检查3次；街镇自查189个地下空间，专项检查17个，日常检查6次，发现安全隐患及时整改。多措并举加强地下空间日常管理，开展地下空间防火疏散演练，印制《地下空间安全使用手册》，拍摄宣传公益片，开展地下空间工作人员安全管理培训，开展地下空间信息普查。

4. 推进道路设施改造。继续开展《青浦城区交通“排堵保畅”三年行动计划》，2017年项目主要为浦仓路交叉口渠化改造和盈港路中央隔离栏安装，总投资749.05万元。浦仓路交叉口渠化改造已完成，盈港路中央隔离栏安装已进场施工。

5. 加快公共充电桩建设。根据上海市公共充电桩建设计划，2017年青浦区建设指标为建成公共充电桩450根（含2016年建成充电桩），目前已建成公共充电桩数量724根，超额完成2017年任务。

6. 完成道路照明设施移交。7月1日开始接收市住建委下放至青浦区的道路照明设施管理工作，共接收管理道路照明设施数量约3.5万盏（具体设施数量市住建委暂未确定）。另有存量工程66户，设施量5156盏，已逐步开展接收管理。目前，正在拟定《青浦区公共区域和道路照明设施管理办法》。

7. 开展地下管线摸排。6月底，启动地下管线普查工作，涉及11个街镇，道路长度577公里，管线长度6347公里。已完成普查道路327公里、管线3204公里。第一批外业采集的管线资料已进入管线权属单位核对状态，预计将于12月底完成外业采集工作。

8. 开展历史文化名镇名村和传统村落保护与更新利用。练塘镇、金泽镇、朱家角镇总体规划已报市规土局审批。青西地区总体风貌规划研究方案正在基础调研阶段，淀山湖地区历史文化名镇联动开发建设总体方案初步成果已形成。组织相关街镇开展申报第五批中国传统村落工作，练塘镇东厍村、叶港村、泖甸村以及朱家角张马村申报资料已报市住建委审批。

五、注重绿色节能，推动建筑行业监管实现新突破

（一）推进建筑节能工作。编制《青浦区建筑节能管理若干规定》。加大建筑节能宣传推广力度，举办了四期专项建筑节能培

训，引导企业主动采用节能措施，营造BIM技术、装配式建筑、绿色建筑等节能措施协同推进的氛围。采用在土地出让合同中明确最低创建绿建星级等措施，确保新建民用项目100%创建绿色建筑。区内新完成供地14个地块，均100%实施装配式建筑。区内17个实施可再生能源建筑一体化应用项目完成建筑节能竣工备案工作。

（二）加大建筑工程监管。强化日常监管，深入开展各类专项检查，定期开展建设工程巡查。突出对隐蔽分项工程、关键部位的督查，加大工程现场建材质量、实体质量监督抽检力度，对发现的问题督促相关单位落实整改到位。加大执法力度，1—9月查处违规工程131起，罚款金额1390万元。及时处置各类纠纷、投诉，民工工资纠纷与2016年同期相比增加，主要发生在元旦、春节前后和开学前夕，1—9月受理接待拖欠外来民工工资纠纷226批次，涉及人员5104人次，涉及金额12419万元。接待协调各类信访投诉775件，做到回复率100%。加强文明施工监督，深入落实文明施工责任制。至9月底，全区在建工程253项，建筑面积988.3万平方米，工程总投资383.1亿元，其中保障性住宅7项，建筑面积49.1万平方米，工程总投资14.3亿元。积极推进创优工作，组织评审区级优质结构工程25个、区级文明工地15个，推荐市优质结构工程9个、申安杯1个、白玉兰5个。

（三）做好建筑行业项目受理。办理各类行政审批事项：项目报建378个，总投资372.33亿元，总建筑面积258.05万平方米。较去年同期项目数减少158个，同比减少29.48%，总投资减少279.02亿元，同比减少42.84%，总面积减少138.78万平方米，同比减少34.97%。总投资超过10亿元的项目有11个。勘察、设计、监理、施工直接发包情况：勘察受理项目37个；设计受理项目81个；监理受理项目48个；施工直接发包交易量35个。施工许可166个，总建筑面积277万平方米。专业类交易17个。竣工备案107个项目。新申请资质审批64家企业，截至目前，注册于本区的施工企业共481家，同比增加84家。包括市管一级企业32家、市管二级及不分级47家、区管企业402家。办理安全生产许可证新申请发证32项，变更7项，正常延期27项。

（四）加强建筑市场监管。推进施工公开招投标工作，继续加大招投标监管，确保小型建设工程承发包平台正常运行。施工招标：施工公开招标241标段，同比减少14.24%；中标价97.06亿元，同比增加97.06%；建筑面积93.36万平方米，同比减少15.26%。施工邀请招标22标段，同比减少15.39%；中标价26.09亿元，同比减少48.59%；建筑面积65.81万平方米，同比减少63.71%。小型项目招标：200万元以下小型招标项目86标段，中标价0.7197亿元，抽签项目的平均中标概率6.28%。项目数同比减少78.61%、中标价同比减少83.5%。开展“加强建筑市场全过程管理，提高项目建管水平”课题研究。加强墙材革新和散装水泥业务工作和市场指导。加强区内建材企业日常监管指导、培训工作，开展专项检查。自今年4月起，全面取消新型墙体材料专项基金预缴，及时做好清算工作。

（五）开展建设项目审批。初步设计文件审批：共受理项目54个，审批办结共56个(2016年结转16个)。总建筑面积25.672万平方米，道路总长31.228公里，拆渡改桥总长0.9公里，城市维护道路总长13.127公里，各类管线总长44.179公里，总投资142.76亿元。总体设计文件审查：1—9月，共受理项目18个（其中4个是市批项目），意见汇总16个，其中工业项目4个，总建筑面积21.3万平方米，商业建筑项目3个，总建筑面积9.3万平方米，房产项目9个，总建筑面积55.7万平方米。网上施工图备案

107个。总体设计自行送审项目33个。抗震设防审查：共受理项目104个，已审查办结108个（2016年结转项目7个），其中涉及应进行专门研究和论证项目13个、应进行超限高层建筑抗震设防专项审查项目两个。

六、注重民生需求，推动道路运输管理实现新提升

（一）深入创建公交城区。新辟青槅定班线、白鹤7路、1507路3条公交线路，调整线路走向及站点设置35条，完成“村村通”公交定时服务5条。完成《轨交17号线公交配套方案》，计划新辟公交线路21条，调整公交线路47条，撤销公交线路6条。会同区发展改革委、区国资委和区财政局等单位对《青浦区公共交通政府补贴管理办法》进行修订。推进新能源公交车的推广使用，2017年新增及更新185台纯电动公交车，完善充电设施建设布局。

（二）深化静态交通管理。目前，完成配建停车场设计审核65件，竣工验收65件。新增学校周边临时道路停车场17个，停车泊位340个。在2016年试点4家机关事业单位专用停车场向周边小区居民错时开放的基础上，推进青浦体育中心、青浦大厦两个停车场向周边新村居民共享开放试点，实现共享停车位140个。年内，实现总计6个停车场203个泊位的资源共享。加强道路停车场日常管理，处置各类道路停车违规行为，对12个路段46个私设或不规范泊位进行清除。更新维护道路停车收费价目牌4块，停车泊位复线568处。

（三）推广慢行交通项目。为解决城区部分新建小区和商业区市民出行需求，在城区建设自行车服务二期项目，设置站点40个，投放自行车1000辆。二期项目年内将完成建设、投入运营。二期项目与一期项目实行并网运营。指导练塘镇公共自行车项目前期调研设计。

（四）提升行业监管力度。路政行政许可审批22件，赔（补）偿57件。开展路政执法检查，每周至少三次开展联合治超，参与每月至少一次的全市范围联合治超行动，全年共出动执法人员920余人次，检查车辆163部，路政处罚18辆。城市路政审批掘路31件，临时占路9件。对公交、出租、货运行业开展安全检查；对区内9家危险品运输企业进行全面检查，对外省入沪危险品运输企业及车辆开展安全检查；对从事渣土、混凝土等大型工程车运输企业进行上门监管；对汽修行业、停车行业进行安全监管等。依托区联席办平台，加强非法客运整治，做好网约车监管及维稳工作。目前，开展日常执法稽查488次、专项检查180次，查获行业各类违章938件，其中非法客运案件539件。完成国家会展中心展会期间周边交通保障工作。巩固交通大整治成果，贯彻落实《上海市道路交通管理条例》新规。

七、注重水域整治，推动航道工程建设取得新成果

（一）加强海事巡航救助。严格执行网格化巡航制度，加强巡航检查安全管理工作。加强取水口、渡口、危品、水上旅游等重点航段和水域的日常巡航监管。截至9月底，网格化巡航累计8922.8小时，出动海巡艇5575艘次，执法人员15917人次，检查船舶8862艘次，查处各类违章船舶1124艘次，抢险救助21次，未发生人员伤亡事故。

（二）开展专项整治工作。开展黄浦江上游浮吊整治工作，截至3月20日，完成全区25艘浮吊船的清退签约工作，自行退出率100%，成为全市首个提前完成整治任务的地区。配合全区黑臭河道专项整治，对全区无证码头开展专项整治行动。目前，105座无证码头完成签约腾退工作，完成年初锁定数的129%（年初锁定数为81座，新增45座），整治率83%。开展码头（堆场）生态环境治理清洁空气行动，计划年内完成全区所有港口企业的扬尘治理任务。

（三）严格行政审批管理。截至9月底，累计受理审批桥梁建设、通航水域堤岸维护、航道疏浚等各类区管通航水域施工作业许可4件，初审市管通航水域施工作业许可13件。为34家码头单位发放“上海港口岸线临时使用证”，为23家码头单位发放“中华人民共和国港口经营许可证”。开展码头基本情况调查、船舶流量定期监测和船舶检验等工作。

（四）推进航道工程建设。完成2016年朱泖河航道标准化建设工程主体工程，开展西大盈港航道标准化建设工程，启动2018年航道标准化建设项目前期研究。为确保长湖申线（上海段）整治工程顺利实施，配合城投航道公司协调前期征地动迁工作。

八、注重惠民工程，推动燃气长效管理取得新进展

（一）做好燃气销售服务。全区天然气用户新增23098户，现有天然气用户217318户；液化气用户新增3489户，现有液化气用户298860户；天然气累计销售量8648万立方米，同比减少30.6%；液化气累计销售量11677吨，同比减少16.9%。

（二）实施燃气进户工程。继续推进天然气入户三年行动计划2017年项目。目前，天然气入户项目塔湾已完工。夏阳街道项目施工招投标手续完成，已进入施工阶段。练塘镇项目扩初文本编制完成，办理施工招投标手续中。赵巷镇、金泽镇、白鹤镇、华新镇项目扩初文本编制中。研究青浦区液化气全配送实施方案，推进液化气用户实名制。9月出台《青浦区液化气统一配送实施方案》，10月开始在白鹤镇、赵巷镇部分村（居）开展试点工作，逐步在全区推广全配送工作。

（三）开展燃气专项整治。完成燃气管道占压整治。引进第三方专业机构，开展站点安全检查，共检查69批次，出动执法人员310人次，发出整改通知书11份。配合区公安部门查获各类液化气类违法案件15起，查收钢瓶180个，公安部门行政拘留15人，遏制非法经营液化气行为。年内发生3起因

第三方施工损坏天然气管道造成天然气泄漏事件，对事故责任方开具责令整改通知书。

同时，年内还完成了全国文明城区创建、国家卫生区复审以及宣传、统战、工青妇、老干部、人事劳资、财务、行政审批、法规、信访、市民热线、网格化、信息化、档案、保密、人大代表建议和政协委员提案办理等各项工作，为单位的中心工作发挥了有力保障作用。

青浦区绿化和市容管理局

2017年青浦区绿化市容局党政班子在区委、区政府的坚强领导下，在市局关心指导下，认真学习贯彻党的十九大精神，全面落实市十一次党代会和区第五次党代会部署，坚持“双城”目标定位，围绕“更整洁、更有序、更美观、更安全”的行业要求，用绣花精神推动城市精细化管理，重点抓好党的建设、环境卫生管理、市容环境长效管理和生态系统建设等各项工作，不断提升绿化市容工作实效和社会公众满意度，圆满完成全国文明城区创建（提名）、国家卫生区复审等重点工作任务，营造了“想干事、能干事、干成事”的工作氛围，推动全年各项工作顺利完成。

一、2017年以来，局党政班子重点推进四项工作

1. 深入学习贯彻党的十九大精神。以学习宣传贯彻党的十九大精神为主线，坚持在学懂、弄通、做实上下功夫。定期召开党委（扩大）会，制订学习培训计划、专题研究和部署学习宣传贯彻工作；开展“不忘初心、牢记使命，贯彻落实党的十九大精神”专题学习实践活动，利用“三会一课”、主题党日、微信公众号等载体，开展全覆盖的学习宣传教育。结合谋划2018年工作，坚持问题导向、需求导向和目标导向，把绿化市容各领域中群众最盼、最急、最忧、最需的问题作为调研重点，认真分析研判，抓紧制订2018年重点工作和整体推进计划。

2. 推动“双创”工作圆满完成。发挥全市容环境指挥部牵头部门作用，制订专项工作方案，分解落实指标任务，牵头实施顽症治理、管理提升、专项行动等工作，为青浦区在全市7个申报创建区中总成绩排名第二做出了应有的贡献。发挥区巩固办的作用，制订第三轮国家卫生区复审工作方案，完善日常巡查和专项检查通报、整改机制，共下发督查通报28期、整改通知15期，发现问题点位2368处，拍摄问题照片3407张，整改率达96%，有效提升了工作实效。在国家级和市级层面的暗访中，取得了14个复审区得分均位列第一的成绩。

3. 坚持生态发展优势。促进“绿地、林地、湿地”三地融合发展，林地资源进一步丰富，绿色空间进一步拓展，建立完善适应绿色青浦的生态环境发展模式。全年共完成各类绿地建设面积67.56公顷、新建生态绿道15.5公里、各类立体绿化近1.56万平方米，建成区绿化覆盖率40.97%，人均公园绿地面积6.9平方米（按青浦常住人口统计口径）；全年新增造林面积3500亩以上，森林覆盖率达16.2%（陆域）。

4. 规范垃圾全过程管理。深入开展12个垃圾分类样板居住区、3个样板村、16个示范村创建，全力推进495个重点单位生活垃圾强制分类，宣传培训、责任告知、设置配置、分类收运逐步完善；强化建筑垃圾全过程管理，推行自治和共治相结合的办法，健全双向告知和检查通报制度，实行企业诚信承诺制度，地区环境安全整体可控。

二、2017年以来，局党政班子主要落实三项举措

（一）全面落实从严治党要求

1. 切实抓好“三个责任制”落实，加强干部队伍建设。局党委聚焦主责主业，加强基层党建、党风廉政建设和意识形态责任制建设，强化“四责协同”，制定责任制，优

化责任清单、工作清单，梳理廉政风险责任项目，签订目标责任书，层层压实责任。坚持好干部标准，规范科级干部选任工作程序和纪实，选优配强基层领导班子，加强各级后备干部培养、使用，加快人才队伍建设，出台机关事业单位工作人员分类管理、考核办法等，进一步压紧压实各级责任，打造一支干净、忠诚、有担当的干部队伍，为青浦跨越式发展、市容环境精细化管理提供坚强组织保证。

2. 扎实推进“两学一做”常态化制度化，深化城市基层党建工作。加强党章党规和习近平总书记系列重要讲话精神的学习，切实改进短板问题；强化党支部规范化建设，落实“三会一课”制度，开展主题党日等活动，规范发展党员、党费收缴，完成党员信息化建设。今年区绿化市容局收到党员上缴党费共计37881元，其中上缴22961.3元；积极参与“上善先锋行”，开展“凝聚新力量，我为绿容添光彩”主题实践活动，深化“双结对、双报到、双报告”和组团式联系服务机制。据统计，组团联系服务街镇群众共67人次，收集涉及行业诉求16条次，形成任务清单5条，已解决4条，正在解决1条；组团联系10家区重点企业，形成工作台账16份、工单3份，解决平台转来工单两份；下半年，党委牵头业务部门与城区街道村居书记面对面，直接解决群众关注的8个方面18个具体问题和诉求，打造党建服务品牌，引导党员立足岗位建功立业。

3. 努力提升依法行政效能，践行为民服务宗旨。推进信访窗口标准化建设和12345热线平台规范化建设，坚持以人民满意为宗旨，加大依法处置力度，提升处置率和满意度，年度12345热线主办件132件，满意率38.6%，基本满意率25.6%，未做评价31.1%；网格案件1886件，先行联系率100%，及时处置率96%以上；优化依法行政的流程，制定服务指南，规范行政审批事项评价体系，实行诚信承诺机制，加强事中事后监管平台应用。

（二）全面提升城市环境卫生实效

1. 固化更整洁安全的环境管理。全面完成市政府下达的各项任务指标，垃圾分类“绿色账户”累计覆盖11.3万户，垃圾分类样板居住区、样板村、示范村创建不断深入，单位生活垃圾强制分类不断拓展；餐厨垃圾、餐厨废弃油脂申报管理及专业收运处体系不断健全；建筑垃圾和工程渣土产出申报、中转分拣、专业收运、规范处置有效运行，双向告知、检查通报制度逐步完善，严管严查严惩要求进一步夯实；环卫保洁作业“属地化、差别化、一体化”有效落实，机械化清扫、冲洗作业和巡回保洁能力不断增强，道路环境质量管控实效明显，社会公众满意度稳步提升。

2. 营造更美观有序的市容环境。发挥市政市容联席会议平台作用，提前完成“治五乱”187个点位整治、持续开展“小三乱”及乱占道专项治理工作，巩固提升“特定区域”和无序设摊治理成果；深化市容环境卫生责任区制度，完成25条示范道路创建；依法加强户外广告管理，完成2016年市政府督办的违法户外广告整治任务；推进朱家角镇、夏阳街道创建市级市容环境综合管理示范街镇和香花桥街道创建市级市容环境综合管理达标街道工作。

3. 打造更有效完善的环卫基础设施。西虹桥生活垃圾转运站项目全面动工建设，青西地区生活垃圾转运站明确选址，启动前期手续办理，垃圾处理厂300吨湿垃圾处理能力改造项目获批实施，垃圾转运站香花基地设备更新改造全面完成；《青浦区环卫专项规划》编制实现中期成果目标，《建筑垃圾专业规划》完成编制；集镇地区环卫设施达标建设全面完成，环卫道班房建设有序推进，公厕、垃圾箱房等环卫硬件设施质量和服务水平不断提升。

（三）全面建设绿色生态环境

1. 生态建设持续推进。编制完成《青浦区林地建设专项规划（2016—2018年）》，突出重点区域、重点项目、重点街镇推进造林，围绕青东农场二号厂区、练塘镇“198”减量化地块等市级重点环境整治区域生态廊道建设，美丽乡村、农林水项目等生态公益林建设，加大造林力度，认真开展青松生态走廊前期准备工作。市局下达青浦区2016—2017年造林指标任务6060亩，青浦区落实造林面积6319亩，已经完成造林3500亩以上；正在实施造林和办理招标程序的2800余亩，走在全市郊区造林工作前列。同时，通过编制《青浦绿地系统专项规划》，以规划引领绿地建设，重点协调推进环城水系公园一期、蟠和绿地等建设；以政府推动为主导，社会建设为补充，完成建行青浦支行、西郊农产品中心等立体绿化建设项目，丰富了城市空间景观；以生态性、易达性和便利性为目标，完成九洲生态带、淀山湖（西岑段）等绿道建设，串起集休闲健身于一体的生态活动空间。

2. 管养能级积极提升。制定并完善《青浦区园林绿化一、二、三级养护质量标准》《青浦城区绿化养护管理办法》等标准体系，出台《青浦区林地市场化管养的指导性意见》《青浦区林地生态补偿工作考核办法》《青浦区湿地生态补偿工作考核办法》等一系列指导性意见，完善三级巡查机制，实施“差别化、一体化”管理要求，提高管养水平。引入第三方评价机制，形成绿地林地养护质量考核结果运用与管养资金拨付相挂钩的机制。

3. 生态效应逐步显现。深入开展群众绿化，巩固推进“古镇新绿”“最美楼道”等群绿项目，以“绿化走近你我，绿色改变生活”为主题，广泛开展绿化服务“六进活动”，以插花花艺课程、园艺大讲堂等为内容，为市民群众提供展示自我和交流经验的平台。不断完善公园绿地建设，协调青西郊野公园运行管理，积极实施南菁园老公园改造，加强社区公园指导服务和管理，悦盈路、华青南路被命名为林荫道和绿化特色道路，使绿地景观面貌有所提升，市民生态获得感不断增强。

4. 林业体系不断完善。不断强化“三防”体系建设，切实加强林地资源生态管理，推进森林防火、林业有害生物监测、野生动物保护监测体系建设。完成年度隔离网、隔离道路等林地基础设施建设面积3000余亩。努力做好有害生物监测与防治工作，完成11个林业有害生物监测点建设，协调推进区“三防”分中心建设。大力推进野生动物保护工作，完成大莲湖蛙类野生动物、张马虎纹蛙等野生动物重要栖息地建设项目验收，提升了生物多样性。

（十五）奉贤区

奉贤区建设和管理委员会

2017年，奉贤区建设和管理委员会（交通委员会）在区委、区政府的正确领导下，紧紧围绕打造“上海高原”上的“奉贤高峰”的工作目标，全面贯彻落实党的十九大会议精神，深入贯彻习近平总书记系列重要讲话精神和党中央治国理政新概念新思想新战略，积极推动奉贤区城乡建设发展，聚焦城市精细化管理，持续深化改革，努力提升人民群众幸福感。

一、推进基础设施建设

一是加快“1517”工程建设。其中市属项目闵浦三桥和奉浦东桥动迁已全部完成；G228动迁于2016年10月启动，目前已完成民房动迁255家，完成率97%，企业动迁33家，完成率48%。区建项目20项，工可批复全部完成，2017年年内均已开工。二是加快“四连通”工程建设。完成新林路贝港桥、环城东路狄家港桥、环城西路张翁庙机口河桥3座桥梁建设；完成全区10个街镇（社区、开发区）乡村公路连通工程79条，共计31公里道路；完成区管公路路灯546盏、乡村公路路灯3478盏的安装。

二、研究解决交通短板

1. 优化公交线网。2017年度公交线网调整共涉及9条线路，其中新辟两条；做好“轨交5号线”“BRT”开通后公共交通接驳线路的规划及“南团快线”规划落地。

2. 加强公交站点的建设。完成南桥汽车站站体功能的调整，同时启动BRT南桥首末站的建设。完成对南桥汽车站长途始发功能剥离，同浦江长途站合并，实现区内长途两站合一；完成对南桥汽车站北广场10条公交线路整体迁进南广场。

3. 缓解老城区静态交通矛盾。结合居民实际出行习惯，调整限时停车可停时限。加快推进停车共享项目建设，完成5个停车资源共享利用项目、186个共享泊位。

4. 完善公共自行车网络。全区共计建设公共自行车网点159个，安装锁止器3682个，投放公共自行车3000辆，市民办理自行车租赁卡3万余张。同时鼓励共享单车企业在奉贤投放适量车辆作为公交及公共自行车的补充。

三、加强行业管理工作

一是工程监督又上新台阶。依托微信公众号，构建集合施工现场安全隐患监控、关键岗位人员考勤、危大工程统计等功能的安全监控平台，通过购买服务委托第三方对危大工程检查，工程质量安全事故显著减少。二是优化交通执法勤务模式。通过优化勤务模式，成立“拍案说法”案件质量交流平台，促进办案质量提升，执法案件立案数同比提升30%，全年共开展行动53次，开展检查次数532次，立案1289件，处理违章1156件，结案率89.68%，罚款501.950万元。三是加强燃气市场安全管理。推广安装燃气泄漏报警器，重点对政府机关、学校、医院、养老院、宗教场所、农家会所、餐饮等燃气用户推广安装燃气泄漏安全保护装置，累计安装1649户，安装率为92%。

四、深入开展党的十九大精神学习活动

一是坚持党委中心组学习。紧紧围绕党章党规和习近平总书记系列讲话精神等内容，结合区建管委实际工作，认真制订学习计划，有计划、分重点、重实效地组织开展理论知识学习，全年党委中心组学习共12天。二是丰富学习模式。采取领导导读、班子成员主题宣讲、专题联组学习、行业法律法规专项学习等形式，多维度齐抓，有效提高学习质量。2017年，委领导班子成员到基层开展理论宣讲9人次，完成专题调研文章11篇，对行政工作起到了积极的促进作用。

五、树立行政审批服务品牌

紧紧围绕“我服务您放心”的工作理念，充分利用“互联网+”深化行政审批服务内涵，创新服务工作模式，为优化奉贤区“迎商”环境出力。一是首创审批事项“零上门”服务方式。推行建设工程施工许可全程网上审批模式，申请人不再重复提交材料，真正变“群众跑腿”为“信息跑路”，做到了审批服务智能化、便捷化，增强企业和群众满意度。二是开展“倒叙审批”模式。对已取得土地预审指标的产业项目，在事前征得市级相关部门支持、企业承诺原有设计不修改的前提下，提前预审，如无问题待项目进入正式流程时，当场办结。最大限度节约了时间和效率，让企业早开工早投产。

六、加快推进各类事实工程

一是有序推进液化气规范统一配送工作。采取“先试点、再推广”的方法，3家液化气企业完成了配送信息平台建设，全区基本实现液化气统一配送。二是牵头推进危房改造工程，改造农民居住条件。牵头组织区民政局、财政局研究编制全区年度农村低收入户危旧房改造计划，协调组织各镇、社区、开发区、街道，加强农村低收入户危旧房改造工作，共完成了全区96户低收入户危旧房改造。

奉贤区绿化和市容管理局

2017年，区绿化市容局深入贯彻习近平总书记系列重要讲话精神，以“十三五”规划为引领，切实按照区委、区政府提出的“强化生态文明建设，争创国家生态园林城区”的目标和工作部署，以创国家生态园林城区、全国文明城区复检为契机，勇于担当、砥砺奋进，扎实推进全区绿化建设、市容景观、农村垃圾分类试点等多项重点工作，区域生态环境不断改善，绿化环境面貌不断优化，城市及农村市容环境面貌不断提高，人民的幸福感不断增强。

一、扎实推进全区绿化建设，提高绿化管养水平

1. 大力开展绿化建设，均衡区域生态布局。全区新建各类绿地162.07公顷，立体绿化建设完成16618.7平方米，全区绿化覆盖率达到30.95%。以绿化三年行动计划为抓手，加快推进“万顷林地、千里绿廊、百座公园”建设，改善区域环境面貌。2017年31个政府性投资项目（续建项目10个、新建项目21个）全部开工。打造奉贤新城生态核心，重点建设田字绿廊绿化建设工程（今年计划启动的7个项目已全部进入施工阶段，完成后可新增绿化面积52公顷）、“上海之鱼”配套公园绿地、启动中央生态林地改造工程。积极推进百座公园建设，今年新建18座公园绿地，完工11座。做好重大项目绿化配套工程，年底完成轨交5号线延伸段绿化配套工程，基本完成农艺公园试验段和入口段绿化建设工程。

2. 提高绿化管养标准，提升绿化景观品质。以点带面，逐步推进镇级绿化养护市场化改革，采取三级巡查方式（养护企业自查、街镇定期巡查、区级督查）推动行业管理全覆盖。完善直管绿地长效管理机制，深化三评考核机制（市民评判、社会评价、专业评定），强化三级巡查制度（养护企业自查、专管员周巡查、绿化所月考核），固化“定人定岗”制度，确保绿化养护常态长效。做好抗旱保绿、防台防汛、土壤改良及专项整治工作，共安装护树桩630套、加固更新绑扎带2530套、追施有机肥3163吨，并对7处共计1.65公顷失管失养绿地进行整治。规范行道树养护，更新树穴盖板2500套，补种断档行道树229株，育秀路和人民路成功创建为上海市林荫道路。

3. 积极开展群绿工作，发动社会共建共享。积极组织全民义务植树活动，活动参与约1185人次，种植树木6121株，种植面积达12.61公顷，认养绿地3260平方米，72人次参加树木认建认养。启动“绿色上海”专项基金，开展捐赠活动，共筹得企业捐资195万元、个人捐资7241.26元。积极开展单位绿化（居住区）创建工作，6家学校参加市花园单位创建，全面开展我区绿化合格单位和园林式居住区创建评定工作，截至目前，共32家单位参评。

二、全面启动国家生态园林城区创建工作

1. 建立创建组织架构。成立奉贤创建国家生态园林城区领导小组，下设办公室，明确内设机构和职责分工。各街镇、开发区和社区以及相关责任单位也成立了创园工作领导小组，负责本地区、本单位的创建工作。与各街镇及区相关部门签订了生态园林城区创建目标责任书，要求各地区各单位按照责任书要求，对标生态园林城区指标要求，结合各自职责，推进本地区本单位的绿化建设和管理工作。

2. 有序推进指标达标工作。制订了《奉贤区创建国家生态园林城区实施方案》，完成《奉贤区总体规划2017—2040年》（草案），

开展《奉贤区公园体系规划》和《奉贤区绿道系统规划》编制工作。对照差距较大的三个否决项绿化指标，对绿林建设任务进行了进一步的梳理，针对集建区规划公园绿地、防护绿地、闲置土地和生态廊道造林空间挖掘潜力，找寻绿林建设空间，确保建设任务能够有效落地。成立工作联络组，每周下基层指导工作，定期召开工作例会，交流推进情况，项目化推进重点指标达标工作。结合生态村组、和美宅基、中小河道整治等工作，加大苗木配送力度，充分发动基层植树造林积极性，截至目前，共配送苗木37万株。

3. 研究制定配套政策。进一步优化流程，制定了本区绿林建设工程监理服务库和工程招标代理服务库建立和管理办法。通过政府集中采购方式确定入库单位，需要时通过随机方式抽取。初步拟订了见缝插绿方案。研究制订零星补绿第三方服务方案，通过政府采购方式，建立第三方服务库，实施零星补绿，提高工作效率，节约建设成本。初步拟定绿林补贴政策，最大限度整合现有政策，研究新政策，助推全区绿林建设。研究公园投资多种方式，目前根据投资方式，初步将公园分为纯公益类公园、半公益类公园、纯私营类公园和公建民营类公园四种类型，建立吸引多元投资的机制，鼓励社会资本参与到绿化建设中来。

4. 发动社会参与。制订三级联创实施方案，奉贤区创建成为“国家生态园林城区”，五年内各镇、街道、社区、开发区创建成为市级园林城镇；各村创建成为市、区级生态村，各村结合生态村组、和美宅基创建，全面实施村内绿化和市政基础设施建设、村庄环境综合整治等。制订并下发（居住区）单位创建工作方案，按照创建指标要求，开展区级园林式居住区和绿化合格单位的评选活动，通过创建，进一步提高市民和社会参与绿化建设和管理的积极性。

三、加强各类垃圾管理，优化垃圾处置手段

1. 逐步完善垃圾收运处管理体系。一是对生活垃圾清运及中转系统各环节进行无盲区实时监控，逐步完善小型移动压缩站建设，确保设施设备安全有效，生活垃圾日产日清；二是加强生活垃圾末端处置中心管理，制订相关应急预案，妥善处置突发事件，截至目前未发生重大事故和群体性事件；三是推进基础环卫设施建设，城镇化地区11套湿垃圾末端处置设备和农村156套农村垃圾处置设备正常运行。全区共建分拣点250座，购置分类转运车338辆，发放分类桶24.7万个。目前，全区每日可减量垃圾250吨。

2. 重点推进生活垃圾分类减量工作。一是着力推进绿色账户创建工作，通过对居民日常投放进行积分奖励，正确引导生活垃圾源头分类，提升市民知晓率、参与率。截至目前累计完成161277户，提前超额完成任务。二是全面推进单位生活垃圾强制分类工作，对单元开展“强制分类”上门宣传指导工作，推进“不分类不收运”制度，目前已覆盖893个单位。三是大力推进农村生活垃圾分类全覆盖，制定《奉贤区农村垃圾分类减量工作实施意见》，成立由区长为组长、分管副区长为常务副组长的工作领导小组，建立联络员等工作制度，划片包干，每周至少下镇一次现场指导推进工作，召开一次进展情况汇报会。在25个试点村顺利推进的情况下，全区156个行政村落全面实施农村生活垃圾分类工作，目前已全部达标并通过住建部督导。四是加大宣传力度，丰富宣传形式，扩大宣传覆盖面，依托教师和大学生在暑假期间对全区各单位和社区进行垃圾分类宣传，运用新媒体、宣传手册和编排分类小品等多种形式，拓宽宣传渠道，努力营造生活垃圾分类的浓厚氛围。

3. 进一步规范建筑垃圾收运处置。制定出台《奉贤区拆房垃圾和装修垃圾处置管理实施细则》，进一步规范拆房垃圾和装修垃圾的收运、分拣、运输、中转、消纳等工作。推进全区装修垃圾分拣场所建设，年内可完成设置10个装修垃圾分拣场所，4台大型粉碎设备正式投入使用。加强柘林塘应急卸点管理，对入塘建筑垃圾品质实行严格监管，禁止不符合要求的建筑垃圾进入柘林塘。截至目前，柘林塘累计消纳处置179余万吨拆房垃圾、148余万吨工程渣土。推进建筑垃圾资源化利用项目，制订方案，基本确定项目处置工艺与流程，目前正在选址中。完成2017—2018年度奉贤区建筑垃圾专营招投标工作，全区渣土专营单位共7家。

4. 优化餐厨垃圾处置。建立健全了本区餐饮单位“一户一档”管理，确保产生单位纳入合法收运渠道。加大宣传告知力度，并开具书面合同签订单，要求其在规定的时限内予以申报。扩大了餐厨垃圾的收集范围，与各食品加工、餐饮服务、单位食堂等签订餐厨垃圾处理合同。加大对餐厨垃圾收运单位的监管力度，确保收运单位及时收运，餐厨垃圾“日产日清”。

四、加强城市精细化管理，着力提升市容景观面貌

1. 加强景观灯光、店招店牌管理。预计年底完成轨道交通5号线沿线景观灯光工程。定期对区管景观灯光点位进行远程控制专项检查，通过专项检查与日常巡查相结合、管理单位监督与维护单位自查相互补，对区管景观灯光点位进行专项检查，目前，共完成灯光设施维修421处。定期开展店招店牌安全检查，排除安全隐患，及时开展隐患店招的应急抢修工作，确保防台防汛期间安全。

2. 推进市容环境管理工作。一是努力推进户外广告整治工作，今年计划拆除72座户外违法高立柱广告、两座跨线桥违法户外广告，已完成年内任务。二是扎实推进店招店牌管理工作，定期开展安全检查，发现问题及时告知并督促整改。上门告知商户647户，拆除存在安全隐患店招数共66户，面积为182平方米。三是推行保洁一体化工作，编制了《关于进一步深化本区环卫作业一体化、市场化工作指导意见》，整合交通、水务、绿化、环卫等保洁作业职责，打造“水、路、绿”三位一体全覆盖的环卫保洁模式，年内已完成梳理核定属地化后保洁作业量，制定《奉贤区环卫保洁一体化项目资金分配方案和管理办法》《奉贤区环卫作业一体化、市场化管理暂行办法》《奉贤区环卫一体化考评暂行办法（试行）》等规范性文件，统一作业标准、资金预算和监督管理，为2018年全区所有街镇全面实施一体化作业打下良好的基础。四是深化示范道路（街区）建设，今年本区共创建市容环境责任区管理示范道路（街区）13条，已经全部完成（待市局考评）；创建市容环境责任区管理自律自治组织12个，已经全部完成（待市局考评）。五是加强机动车辆清洗保洁管理，开展占路洗车摊点综合治理和机动车辆清洗场（站）综合治理试点工作。

3. 加强公厕建设和管理。继续加大对老旧公厕的改建力度，2017年计划新(改)建公厕36座(其中16座公厕为区府实事工程)，已全部完成。深化便民服务，继续强化“一人一厕”、日志制度，专人管理公厕免费提供厕纸、洗手液（肥皂）、便民服务箱等，制作无障碍卫生间标识贴和温馨提示贴，落实专人保洁，延长保洁时间。

五、增强为民服务能力，提高市民满意度

一是认真落实12345市民服务热线处置要求，严格按照《上海市绿化和市容行政事务受理处置办法及绩效考核办法》处置各类案件，积极对接12345、大联动平台、市局行政服务中心等各类市民服务热线，截至目前，共受理处置各类诉求2904件，其中绿化1631件，市容879件，路长上报处置337件，各类信访57件。二是走进公园、学校、机关及企事业单位开设园艺大讲堂活动共计

14场，参与400多人次，赠送盆栽约450份，宣传爱绿护绿种绿的生态理念。三是发挥好古华公园服务社会的能力，开展第二届奉贤荷花（睡莲）主题展、盆景展、中秋游园会、露天电影进公园等各项工作。

（十六）崇明区

崇明区建设和管理委员会

2017年，在区委、区政府的正确领导和各乡镇的大力支持下，区建设管理委贯彻落实党的十八届六中全会，市委十四、十五次全会和区委全会精神，结合崇明撤县设区契机，紧紧围绕“创新驱动，转型发展”的总体要求，继续坚持“以人为本、安全为先、管理为重”的方针，以安全生产质量管理、行政服务效能提升、重大工程项目推进、民生实事工程建设、城乡环境秩序进步和城乡环境景观改观为抓手，稳步推进各项工作，助力崇明生态岛建设和“创城”工作。主要开展了以下五个方面的工作：

一、全面加强了行业质量和安全生产管理

吸取各类重大安全事故的教训，全面排查安全隐患，切实抓好行业质量安全监管。一是不断强化安全生产责任制的落实。为做好委系统的安全生产工作，委主要领导与5个基层单位负责人分别签订了安全生产责任书，下发了年度安全生产工作计划，对安全事故控制目标、安全生产管理目标、专项整治工作目标等进行逐级分解。同时，根据年初制订的工作计划和区安委办的工作部署，开展了安全生产大检查，顺利通过了国务院安全生产督查，保障了行业安全生产稳定可控。二是加大对建筑市场的监管力度。共巡查了56个工地，开具问题整改单25份，局部暂缓施工指令12份，立案1起，对项目经理、总监进行了记分处理，有效加强了对参建各方质量责任落实的监督，确保崇明区建设工程质量受控。此外，区委巡察组委托区建管委牵头相关部门对共计10个乡镇、委局、区直属单位的小型项目工程建设管理情况进行了巡察，对发现的问题提出了整改意见，切实规范崇明区建设工程项目管理。同时，委相关管理部门分别与燃气、环卫、绿化养护企业及公园签订了安全生产责任书，进一步明确各自的安全责任和工作职责。三是加大燃气安全检查和宣传力度。深化安全生产隐患排查治理，和燃气企业一道，加强对餐饮场所、公共服务场所、人员密集型场所和地下空间等区域的燃气安全检查，确保崇明区燃气安全稳定受控。燃气单位用户安检率为100%，管道气居民用户安检率完成年度计划的90%，中低压管道压占仍为“零”。液化气居民用户入户安检5万多户。调查处理的燃气事故共10起，无人员死亡；认真开展以“进村居、进学校、进机关和养老机构”为主要内容的“三进”宣传服务活动。深入走访宣传边远农村和社区居委42个，帮助村民发现和解决安全隐患90多个，并为20多个机关和养老机构以及部分学校提供宣传教育和服务指导，深受当地群众的欢迎，取得了很好的社会效果。四是加强重点领域安全监管。公园管理方面，加大安全养护经费投入，新城公园、堡镇市民公园、瀛洲公园每年投入安全养护经费约123万元，其中公园维修费约100万元、技防维护费23万元。同时全面推进公园管养专业化、精细化，建立健全安全管理制度，完善突发事件应急处置机制和安全督查机制，开展公园内举办大型活动或设置游乐项目安全风险评估。户外广告设施管理方面，加快推进户外广告整治，完成110处废旧灯光广告设施拆除工作、市级督办39处高立柱广告拆除任务、33处46块区级整治拆除工作。深入推进户外广告、店招牌等景观设施安全管理，结合防汛防台安全工作要求，共计检查户外广告设施8900余处，发现问题70处，整改完成70处，整改完成率100%。地下空间安全管理方面，召开崇明区地下工程信息核查更新工作培训暨地下空间安全使用管理工作会议，确保保质保量完成地下工程信息核查更新工作。开展地下空间违规使用专项整治，分三个阶段，对本区地下空间落实各项安全防范制度措施情况进行检查。建立区地下空间管理工作联络机制，及时通过微信工作群发布动态信息。

二、大力推进了重大工程项目建设

按照年初的目标任务，创设条件、攻坚克难、突破瓶颈，各项目建设成效显著。一是推进立体绿化及公共绿地、绿道建设。完成1万平方米立体绿化、30公顷公共绿地和31.6公里生态绿道建设任务。二是推进花村花宅项目建设。根据市政府专项目标（世界级生态岛）涉及崇明区的项目以及《关于崇明世界级生态岛及“海上花岛”2017年建设管理目标任务分解的通知》要求，崇明试点推行“花村花宅”建设，今年计划试点5个乡村，目前共有7个乡镇完成初步方案，并邀请市绿化园林专家对方案进行了三轮的调整优化，现已将相关方案上报市绿化市容局审核。三是开展大树资源第三轮普查登记工作。排查范围涵盖前两轮未列入范围的区内公园、道路、堤防等国有资产林权区域。通过前期排查，全区新增国有集体产权大树资源39652株。其中公园类大树资源13692株中，包括金鳌山公园89株、怡沁园4200株、东平林场8773株、瀛洲公园630株；公路署上报大树资源1048株；堤防站普查大树资源24912株。全区共发现大树资源41342株。四是全面开展生活垃圾分类减量工作。一方面组织开展生活垃圾分类专项培训。共培训395批次，发放宣传告知书835731张，培训村（居）以上管理人员8324人次，垃圾收集员4738人次、村（居）民786200人次。另一方面加快推进设施设备建设。完成17座湿垃圾处理站选址、用地等手续建设，12月开始运营。共配置分类投放桶241070个、分类投放存储架120535个、240升转运桶5936个。新建和改建湿垃圾储存点193座、餐厨垃圾转运点10座。新增湿垃圾专项收集车337辆。全区初步建立“户分户投、村收村拣、镇运镇处”工作体系。此外，推进1882家机关单位签订生活垃圾强制分类告知书，与区教育局联合编制生活垃圾分类实验教材发放至全区各学校开展教学。五是推进崇明固体废弃物处置综合利用中心项目建设。一期工程完成了项目立项、招投标等手续，于4月底完成绿化廊道工程绿化种植。二期工程完成方案设计和调整，完成项目建议书的编制工作。六是推进现有建筑节能改造工作。确定新海镇行政中心办公楼、原武装部办公楼等6幢建筑为改造对象，改造完成建筑面积1.06万平方米。另外1万平方米的改造任务已在上海交通大学医学院附属新华医院崇明分院改扩建工程中落实。七是推进海绵城市建设。崇明区在陈家镇生态实验社区北部（东至涨水洪、西至北陈公路、北至东滩大道、南至琵鹭河南岸）总面积约为2.03平方公里的范围内进行海绵城市建设试点。截至年底生态实验社区4号公园试点项目已开工建设，完成整体进度的95%。《崇明陈家镇国际实验生态社区海绵城市建设规划》已完成规划初稿编制，待陈家镇总体规划、控详规划调整完成之后继续深化完善。同时启动了《崇明区海绵城市建设规划》的编制工作，已委托专业机构编制了规划方案，并正在进行深化。八是发展绿色建筑和装配式建筑。新建居住建筑全部按照绿色建筑二星级及以上标准建设，新建公共建筑全部按照绿色建筑三星级标准建设。共完成初步设计审批或总体设计文件审查的新建民用建筑项目3个，总建筑面积6.43万平方米。同时，按照新建总建筑面积5000平方米以上的民用建筑及2000平方米以上的工业建筑全部实施装配式建筑的强制性要求，根据2017年崇明区装配式建筑实施计划方案，在项目推进过程中落实装配式建筑的实施要求。截至年底已有3个项目在工可批复或项建书中落实了装配式建筑的实施意见，可建总建筑面积3.07万平方米，目前这些项目尚处于前期准备阶段。九是推进城市基础设施智能化建设改造。一方面根据市住建委相关通知要求，制订了《崇明区地下管线普查工作方案》，并报市住建委审批通过。在崇明区地下管线普查一期项目中，已完成城桥镇、堡镇区域地下管线普查共计1052公里，相关数据已提交地下管线普查监理单位进行审核，监理单位将随机进行抽检，确保数据的准确性。崇明区地下管线普查二期项目已完成立项审批和政府采购流程，年底前完成外业普查。另一方面对本区道路照明设施量进行了普查，共普查出乡镇自管道路控制箱135个、灯杆21181根、灯盏21367盏，区管道路控制箱606个、灯杆18741杆、灯盏26297盏。结合本区实际情况，制订了《崇明区道路和公共区域照明管理工作方案》，明确了各单位职责分工，拟订了工作计划。自7月1日起，正式接管已入库的区管道路照明设施，并与崇明电力公司、长兴供电公司分别完成路灯用电计量表过户事宜。同时，组织召开崇明区道路照明设施管理工作培训会，邀请路灯普查技术专家，向各乡镇、公司（园区）相关负责同志介绍路灯普查工作要求和管理责任分工。通过参加学习培训，基本掌握了新建、改（扩）建、既有道路新增照明设施等工程行政审批程序，将对满足移交条件的道路进行接管。此外，结合规划崇明生态大道建设和重点区域开发，提出了由西向东分段规划建设综合管廊的设想，形成东西向重要的管线通道，服务周边地块。上半年，崇明生态大道项目建议书已由市发展改革委批复同意，区建管委也同步启动了崇明生态大道综合管廊规划建设方案的编制工作，目前已编制完成规划方案初稿，计划与道路工程可行性研究报告一同上报市发展改革委审批，力争综合管廊与道路同步实施。十是推进惠农工程。今年共有281户通过审核列入今年的危旧房改造计划，年底已经基本完成改造任务。同时，调整了崇明区农村低收入户危旧房改造的补助标准，对于贫困残疾户，调整归类至五保、低保、重残无业一类。对于翻建的，从每平方米750元上升至1000元。对于修缮的，从10000~12000元调整到18000~23000元。

三、大幅改善了城乡环境面貌

一是开展“补短板、治五乱”行动。针对各乡镇市容管理问题现状，加强调查摸底，制订“五乱”治理推进方案，锁定目标任务，落实“一点一档”和“一点一策”，开展有针对性的治理。三年计划治理任务148个单元，已完成治理124个单元。面上督办不达标单元14个，已整改达标12个。总体工作绩效84.17分，位列全市第三，年底前基本完成三年整治任务。二是实施“乱设摊”和“乱张贴”综合治理。会同区城管执法局对全区10处疏导点、27处控制点、7处聚集点，共计857只摊位，进行集中整治达标，提前完成三年行动整治任务。联合区城管执法局开展各类无序设摊专项整治行动共出动执法人员10393人次、执法车辆3731车次，劝说教育5886余次，发放宣传告知书500余份，取缔无序设摊100多起，立案查处无序设摊66起，立案查处跨门经营5起。三是推进责任区管理工作。进一步加大责任告知书发放的覆盖面，做到应发尽发、应挂尽挂，防止出现空白点。对20条申报创建示范道路加强动态管理，进一步加大依法处置的力度。新建自律组织20个，培训责任人6629人，培训管理人员309人。同时，组织开展“社会市民看门责、五星级文明评选”等活动，不断扩大覆盖面和影响力。四是持续推进文明创建市容环境整治。结合创城收关验收，继续推进崇明区范围内“三横十五纵”、长兴岛、横沙岛及各大旅游景点、各大厂区周边、区级道路沿线可视范围内等区域暴露垃圾开展整治。会同指挥部创建办组织相关成员单位开展市容环境领域专项督查两次，发现各类市容环境问题150余件。同时，邀请区市民寻访团开展1次市容环境领域专项测评，发现各类市容环境问题1000余件，目前各类问题已全部得到整改。五是持续做好廊道建设与管理。已完成2016年度18个乡镇生态廊道12819亩的建设总量，并通过了第三方种植验收，共计核拨了70%的建设资金。同时将与区农委密切沟通联系，将2015、2016年的生态景观廊道移交农委林业条线。六是加强乡镇公共绿地养护管理。每月一次对全区18个乡镇进行考核检查，并对检查发现的问题及时反馈乡镇，提出整改意见，通过几年的共同努力，各个乡镇公共绿地面貌在原有基础上都有一定的提高。同时邀请第三方专家（园林绿化行业协会）对区管绿地（城堡两镇）每季度一次养护考核，根据专家指出的养护质量须改进的方向。七是推进街心花园建设。完成瀛洲广场街心花园和西门路人民路街心花园改造任务。

四、大幅提升了行政服务效能

按照已制定的工作规范和指导意见，完善依法行政、窗口受理、信访维稳等方面的服务标准和要求。一是不断强化招投标管理。勘察公开招标项目共7个标段，投资总额为4.32亿元；设计公开招标项目共15个标段，投资总额为8.58亿元；施工公开招标项目共137个标段，投资总额为22.82亿元；监理公开招标项目共23个标段，投资总额为1.74亿元；勘察设计一体化公开招标项目共3个，投资总额为2.15亿元。在崇明区小型建设工程项目招投标交易平台上完成招投标项目11个，有205家企业登记备案。完成7个招投标项目的标后评估工作。二是不断规范行政审批管理。共办理项目报建175个，总投资58.22亿元；竣工备案41个，总造价39.38亿元；施工许可证63张，总造价13.37亿元；直接发包9个；专业交易8个；审批通过166家办理安全生产许可证申请。在企业资质资格受理方面，审批通过企业资质申请183家；施工企业增项120家，升级13家。同时，还对2016年资质动态核查中申请延长整改期的14家企业进行了复查，撤回10家企业资质。共对29个项目进行了清算，返退新型墙体材料专项基金1208.36万元，散装水泥专项资金20.7万元。三是及时完成各类提案、意见、信访件的办理工作。完成了对25件人大代表书面意见和30件政协委员提案的办理工作，办理率和走访满意率均达到100%。同时，完成了82件来信来访和12345工单的办理答复工作。

PART
FIVETEEN

XV

政策法规

POLICIES & REGULATIONS

目录

上海市建设工程招标投标管理办法

上海市人民政府令第 50 号
（2017 年 1 月 9 日）

第一章 总则

第一条（目的和依据）

为了规范本市建设工程招标投标活动，保护国家利益、社会公共利益和招标投标活动当事人的合法权益，根据《中华人民共和国招标投标法》《中华人民共和国招标投标法实施条例》《上海市建筑市场管理条例》等有关法律法规，结合本市实际情况，制定本办法。

第二条（适用范围）

本市行政区域内的建设工程勘察、设计、施工、监理以及与工程建设有关的重要设备、材料等采购，进行招标投标活动的，适用本办法。

第三条（管理职责）

市建设行政管理部门是本市建设工程招标投标活动的主管部门。上海市建设工程招标投标管理办公室（以下简称市招标投标办）负责招标投标活动的具体工作。区建设行政管理部门在其职责范围内，负责所辖区域内建设工程招标投标活动的管理工作。

本市发展改革、规划国土资源、财政、国资、审计、监察、金融、交通、水务、海洋、绿化市容、民防等部门按照各自职责，协同实施本办法。

第四条（进场交易范围）

市和区建设行政管理部门应当对政府投资的建设工程招标投标活动加强监管。

政府投资的建设工程，以及国有企业事业单位使用自有资金且国有资产投资者实际拥有控制权的建设工程，达到法定招标规模标准的，应当在市或者区统一的建设工程招标投标交易场所（以下简称“招标投标交易场所”）进行全过程招标投标活动。

其他建设工程，达到法定招标规模标准的，可以由招标人自行确定是否进入招标投标交易场所进行招标投标活动。招标人决定不进入招标投标交易场所的，应当依法自行组织招标投标活动；建设行政管理部门可以提供发布公告公示和专家抽取服务。

本办法所称的政府投资，是指使用政府性资金进行的固定资产投资活动。政府性资金包括财政预算内投资资金、各类专项建设基金、统借国外贷款和其他政府性资金。

第五条（信息化建设）

市建设行政管理部门应当加强招标投标交易场所的信息化建设，推进本市建设工程的电子化招标投标工作，加强与有关行政管理部门之间的信息共享。

第二章 招标和投标

第六条（工程招标类型）

招标人可以对建设工程的勘察、设计、施工、监理以及与工程建设相关的重要设备、材料等的采购分别进行招标，也可以进行工程总承包招标。

建设工程设计招标，可以对方案设计、初步设计以及施工图设计等进行分阶段招标，也可以将不同阶段的设计合并招标。

第七条（设计方案招标和设计单位招标）

建设工程设计招标可以根据项目特点和实际需要，采用设计方案招标或者设计单位招标。设计方案招标通过以设计方案为主的综合评审确定中标人，设计单位招标通过对投标人拟从事该工程设计的人员构成、业绩经历、设计费报价和设计构思等的评审确定中标人。

第八条（招标启动）

招标人可以自行决定开始招标活动，并自行承担因项目各种条件发生变化而导致招标失败的风险。进场交易的建设工程招标开始前，招标人应当向市招标投标办或者区建设行政管理部门提交风险承诺书。

政府投资的建设工程施工招标应当具备施工图设计文件，施工监理招标应当具备经批准的初步设计文件。

第九条（工程总承包再发包）

工程总承包单位依法将其承接的勘察、设计或者施工依法再发包给具有相应资质企业的，可以采用招标发包或者直接发包；相应的设计、施工总承包企业可以依法将部分专业工程分包。

第十条（批量招标和预选招标）

招标人在同一时间段实施多个同类工程的，可以采用批量招标的方式进行招标。

应急抢险工程以及经常发生的房屋修缮、园林绿化养护、市政设施和水利设施维修等工程，可以采用预选招标的方式进行招标。

第十一条（标段划分）

招标人应当根据建设工程特点合理划分标段，不得利用标段划分降低投标人资格条件。建设工程招标标段的划分标准，由市建设行政管理部门会同有关行政管理部门确定。

第十二条（不招标情形）

通过招标、竞争性谈判、竞争性磋商等竞争方式取得建设项目的建设单位，具有勘察、设计、施工资质并由其自行进行该项目勘察、设计、施工的，该项目的勘察、设计、施工可免于招标。

依法必须进行招标的建设工程，有下列情形之一且原中标人仍具备承包能力的，可以不进行招标：

（一）已建成工程进行改、扩建或者技术改造，需由原中标人进行勘察、设计，否则将影响项目功能配套性的；

（二）在建工程追加的附属小型工程或者主体加层工程，需由原中标人进行勘察、设计、施工、监理的，追加的全部附属小型工程在原项目审批范围内，造价累计不超过原中标价的30%且低于1000万元的；

（三）与在建工程结构紧密相连，受施工场地限制且安全风险大，须由原中标人进行勘察、设计、施工、监理，并经本市专项技术评审专家库中抽取的专家论证的；

（四）法律、法规、规章规定的其他情形。

招标人为适用前款规定弄虚作假而规避招标的，按照《中华人民共和国招标投标法》规避招标的有关规定处理。

第十三条（招标代理机构及其从业人员）

招标代理机构在其代理的招标项目中应当明确项目负责人。招标代理机构应当在招标人委托的范围内，编制资格预审文件以及招标文件、发布资格预审公告、发布招标公告或者发出投标邀请、组织投标资格审查、确定开标时间和地点、组织开标评标等活动。

第十四条（资格预审）

招标人可以采取资格预审方式对潜在投标人进行审查，但具有通用技术、性能标准的建设工程除外。资格预审的具体范围由市建设行政管理部门会同有关行政管理部门另行制定。

采用资格预审方式的，申请人少于7人时，招标人应当不再进行资格预审。

第十五条（投标人筛选）

采用资格后审方式招标的，招标人可以选择是否采用投标人筛选方式进行招标。未采用投标人筛选方式，投标人少于3人的，招标人应当重新招标。采用投标人筛选方式，经筛选入围的投标人少于15人的，应当重新招标。

投标筛选条件限于投标人的信用、行政处罚、行贿犯罪记录以及投标人在招标人之前的工程中的履约评价。投标筛选条件以及履约评价不合格的名单应当在招标公告中予以明示。投标人筛选违反以上规定的，在1至3年内不得再采用投标人筛选的方式进行招标。

第十六条（招标文件编制）

市建设行政管理部门应当会同有关行政管理部门制定本市建设工程招标投标的资格预审文件示范文本和招标文件示范文本。

政府投资的建设工程的招标人编制资格预审文件和招标文件，应当使用国家的标准文本或者本市的示范文本。

建设工程招标文件中的工程量清单和最高投标限价，应当由注册造价工程师编制。

第十七条（否决性条款）

招标人应当在招标文件中，将否决性条款集中予以载明。补充招标文件中增加或者删除否决性条款的，招标人应当将修改后完整的否决性条款集中载明。

未集中载明的否决性条款，在评标中不予认可。

第十八条（评标办法）

进场交易的建设工程，招标人应当按照市建设行政管理部门的规定，根据不同建设工程类别，在招标文件中明确相应的评标办法。

第十九条（投标文件编制期限）

依法必须进行招标的项目，自招标文件开始发出之日起至投标人提交投标文件截止之日止，最短不得少于20日。

工程总承包招标中，自招标文件开始发出之日起至投标人提交投标文件截止之日止，最短不得少于30日。

国家对前两款规定的最短期限有更长规定的，从其规定。

第二十条（资格预审和招标公告）

进场交易的建设工程，招标人在发布资格预审公告或者招标公告时，应当将资格预审文件或者招标文件报送市招标投标办或者区建设行政管理部门。

第二十一条（暂估价招标）

以暂估价方式包括在工程总承包或者施工总承包范围内，且达到法定规模标准的，应当采用招标方式发包。

建设单位、总承包单位或者建设单位与总承包单位的联合体均可作为暂估价工程的招标人。建设单位在总承包招标文件中，应当明确暂估价工程的招标主体以及双方的权利义务。

进场交易的建设工程，其暂估价工程的招标投标活动应当在招标投标交易场所进行。暂估价工程结算，应当以暂估价招标的中标价作为结算依据。

本条所称的暂估价工程，是指招标人在招标文件中列明的必然发生但暂时不能确定价格的专业工程。

第二十二条（禁止投标）

承担建设工程前期设计、造价咨询、监理业务的单位，不得参加该建设工程包含施工的工程总承包投标。

施工单位拖欠工人工资，情节严重且被市建设行政管理部门向社会公布的，在公布的期限内不得参加本市建设工程的投标报名。

招标人应当将前款规定纳入资格预审文件或者招标文件中。

第二十三条（限制、排斥潜在投标人）

招标人有下列行为之一的，属于以不合理条件限制、排斥潜在投标人：

（一）在招标文件中设置的投标人资质条件或者项目负责人资格条件高于工程规模要求的；

（二）除复杂和大型建设工程外，在招标文件中设置企业或者项目负责人类似项目业绩要求的；

（三）复杂和大型建设工程的招标文件中，对企业或者项目负责人类似项目业绩的规模要求，超过发包标段规模指标的70%，或者设置与该工程类别不相适应的项目业绩要求的。

第二十四条（视同投标人相互串通投标的情形）

投标人在招标投标过程中有下列情形之

一，经调查属实的，视为投标人相互串通投标：

（一）不同投标人编制的投标文件存在两处以上错误一致；

（二）不同投标人使用同一台电脑或者同一加密工具编制投标文件；

（三）不同投标人的投标文件从同一投标人处领取或者由同一投标人分发；

（四）参加投标活动的人员为同一标段其他投标人的在职人员；

（五）投标人之间为谋取中标或者排斥特定投标人而采取的其他联合行动。

第二十五条（视同招标人与投标人串通投标的情形）

招标人在招标投标过程中有下列情形之一，经调查属实的，视为招标人与投标人串通投标：

（一）发现不同投标人的法定代表人、委托代理人、项目负责人属于同一单位，仍同意其继续参加投标；

（二）投标截止后，更换、篡改特定投标人的文件内容；

（三）投标截止后，向特定投标人泄露其他投标人的投标文件内容或者其他应当保密的评审情况；

（四）以胁迫、劝退、利诱等方式，使特定投标人以外的其他投标人放弃投标或者使中标人放弃中标；

（五）依法应当公开招标的建设工程，未确定中标人前，投标人已开展该工程招标范围内工作；

（六）招标人与投标人为谋求特定投标人中标而采取的其他串通行为。

第二十六条（投标人弄虚作假情形）

投标人有下列情形之一的，属于投标人弄虚作假：

（一）使用虚假的业绩、荣誉、建设工程合同、财务状况、信用状况、行贿犯罪档案查询结果告知函等；

（二）提供虚假的项目负责人或者主要技术人员简历、劳动关系证明、社保证明等；

（三）其他弄虚作假的行为。

第三章 开标、评标和定标

第二十七条（开标人员）

开标由招标人或者其委托的招标代理机构主持。投标人参加开标的人员应当符合招标文件的要求。招标人可以在招标文件中要求投标人的法定代表人、授权委托的技术负责人或者拟任该项目的负责人参加开标。

第二十八条（招标人拒收条款）

有下列情形之一的，招标人应当拒收投标文件：

（一）投标文件逾期送达或者未送达指定地点；

（二）未按照招标文件要求密封；

（三）授权委托人无合法、有效的授权委托书和身份证明，或者不符合本办法第二十七条规定。

第二十九条（评标委员会组成）

评标委员会由招标人或者其委托的代表，以及有关技术、经济等方面的专家组成，成员人数为 5 人以上单数。

勘察、设计合并招标的，评标委员会成员人数应当为 7 人以上单数。

工程总承包招标的评标委员会成员人数应当为 9 人以上单数。

第三十条（专家抽取）

评标委员会的专家成员应当按照相关规定，从市建设工程评标专家库中随机抽取；其中技术复杂、专业性强或者国家有特殊要求的，可以由招标人在市建设工程评标专家库资深专家中随机抽取。市建设工程评标专家库不能满足项目需求的，招标人可以直接确定评标专家。

市、区重要项目，在进行设计评标时，招标人可以从本市、外省市或者境外专家中选择确定评标专家组成评标委员会；经评标后，由评标委员会推荐合格投标人。

第三十一条（评标委员会成员要求）

评标委员会成员应当严格遵守评标工作纪律，在评标过程中不得与外界联系。进场交易的建设工程，评标委员会成员不得携带通信设备进入招标投标交易场所。

评标委员会成员应当主动接受、协助、配合建设行政管理部门的监督、检查等。

第三十二条（评标委员会表决的情形）

评标委员会评审时，出现下列情形之一的，应当由评标委员会全体成员表决，形成书面决议：

（一）评标委员会否决投标人投标；

（二）评标委员会修正投标文件的错误，但招标文件不允许修正的除外；

（三）投标人对评标办法中所载事项的争议内容的释疑，且释疑不得改变招标文件的实质性内容。

决议应当经评标委员会全体成员半数以上同意。决议不得违反法律、法规、规章以及招标文件的规定。

第三十三条（重新招标）

有下列情形之一的，在分析招标失败的原因并采取相应措施后，招标人应当依法重新招标：

（一）通过资格预审的申请人少于 3 人或者在资格预审文件发售期内获取资格预审文件的潜在申请人少于 3 人的；

（二）在投标截止时间之前提交投标文件的投标人少于 3 人的；

（三）招标投标过程中，因项目发生变更，现有招标资格条件无法满足项目工程规模的；

（四）评标委员会否决全部投标的；

（五）评标委员会认为按照评标办法，无法确定中标候选人或者中标人的。

因前款第（一）项、第（二）项原因重新招标后，投标人仍少于 3 人的，经原项目审批、核准部门批准，可以不再进行招标。

投标人违反法律、法规、规章规定或者无正当理由放弃投标、中标资格，造成招标人重新招标的，不得再参加该工程的投标。

第三十四条（重新评标）

中标通知书送达前，发现评标委员会成员有违法行为的，应当撤换相应的评标委员会成员及其评审结论，保留其他评标委员会成员的评审结论，重新计算评标结果。新的评标委员会应当对评标结果予以确认。

中标通知书送达前，发现投标人有违法行为，影响评标实质性结果的，招标人应当组织原评标委员会重新评标。

第三十五条（中标候选人公示）

依法应当进行招标的项目，应当在定标前公示中标候选人，公示内容应当包括：

（一）评标委员会推荐的中标候选人名单及其排序；

（二）开标记录；

（三）投标文件被否决的投标人名称、否决原因及其依据；

（四）各投标人投标文件的评分；

（五）中标候选人的投标价和其投标价中包括的暂估价、暂列金额等；

（六）中标候选人在投标文件中提交的项目业绩。

第三十六条（招标人定标）

评标委员会按照评标办法完成评标后，招标人应当依法公示中标候选人，公示期满后，招标人可以确定排名第一的中标候选人为中标人，也可以在对中标候选人的投标书进行复核澄清后，确定中标人。

招标人采用复核澄清方式确定中标人的，评标委员会应当推荐 2~3 名中标候选人。招标人应当复核第一中标候选人的投标价是否能完成招标文件规定的所有工程内容，招标人可以要求中标候选人对投标文件进行澄清，但不得改变招标文件和投标文件实质性内容。第一中标候选人拒绝澄清或者投标文件澄清后被证明无法完成招标文件规定的所有工程内容，招标人可以取消其中标资格，并依序对其他中标候选人进行复核，最终确定中标人。招标人应当对定标过程进行书面记录，存档备查。

招标人在中标候选人公示期满后的30日内无法确定中标人的，应当将评标委员会确定的第一中标候选人作为中标人。

被取消中标资格的，中标候选人可以在5日内向市招标投标办或者区建设行政管理部门投诉。在投诉处理期间，招标人应当暂停招标投标活动。

市、区重要项目，在进行设计招标时，招标人可以从评标委员会推荐的合格投标人中择优确定。

第三十七条（中标结果公告）

进场交易的项目，应当在定标后公告中标结果，公告内容应当包括：

（一）中标人名称；

（二）中标价及其包括的暂估价、暂列金额等；

（三）招标人定标原因及依据；

（四）评标委员会成员。

第三十八条（招标投标情况书面报告备案）

依法应当进行招标的工程，招标人应当自确定中标人之日起15日之内，向市招标投标办或者区建设行政管理部门提交招标投标情况的书面报告。

第三十九条（建设工程合同）

依法应当进行招标的建设工程应当按照本市有关规定，报送合同信息。

依法应当进行招标的建设工程合同无法履行完毕的，招标人应当将合同终止协议或者有关裁决文书报送市招标投标办或者区建设行政管理部门后，对合同未履行标的组织招标。

第四章 监督管理

第四十条（招标投标活动监督检查）

建设行政管理部门应当对进场交易的建设工程招标投标活动进行严格检查，发现违反法律、法规、规章规定的，应当责令相关当事人暂停招标投标活动，经整改合格后方可继续。市招标投标办、区建设行政管理部门应当按照职责分工建立投诉处理机制，对建设工程招标投标活动进行监督。

第四十一条（现场抽查）

市招标投标办、区建设行政管理部门应当按照职责分工，对项目承包范围、工程造价、合同履行的计价方式以及项目负责人的履职情况进行工地现场抽查。

市招标投标办应当对招标代理机构及其从业人员实行动态管理，并建立招标代理信用管理体系，对招标代理机构及其从业人员信用记录予以公示。

第四十二条（评标专家监督管理）

市招标投标办应当组建市建设工程评标专家技术委员会，为建设工程评标专家管理以及招标投标活动争议事项提供技术咨询。

市招标投标办应当对评标专家履行职责的情况建立信用档案，作为评标专家的动态管理依据。

市招标投标办应当按照一定比例抽取建设工程，对其评标委员会成员的评标行为进行评标评估，评估结果记入信用档案。

第四十三条（工程价款变更）

政府投资的建设工程合同价款发生变更的，按照市政府有关规定执行。

审计部门依法对政府投资的建设工程进行审计监督，审计结果抄送有关行政管理部门。

第四十四条（招标人的决策约束）

本市国有资产监督管理部门和有关行政管理部门应当要求国有企业事业单位建立建设工程招标投标活动的决策约束制度；资格预审、投标筛选、定标等事项应当纳入决策约束制度。

国有企业事业单位负责人的考核中，应当包括有关建设工程招标投标情况以及决策约束制度落实情况。

第四十五条（投标保证金）

招标人在招标文件中要求投标人提交投标保证金的，投标人可以采取银行保函、保证保险等方式提供保证。

第五章 法律责任

第四十六条（违反进场交易、划分标段、资格预审、组建评标委员会、改变招标投标文件实质性内容规定的处罚）

有下列情形之一的，由建设行政管理部门责令改正，处3万元以上10万元以下的罚款：

（一）违反本办法第四条规定，政府投资的建设工程，以及国有企业事业单位使用自有资金且国有资产投资者实际拥有控制权的建设工程，达到法定招标规模标准，招标人未进入招标投标交易场所进行全过程招标投标活动的；

（二）违反本办法第十一条规定，招标人未按照规定划分标段的；

（三）违反本办法第三十六条第二款规定，招标人对中标候选人提出改变招标文件和投标文件实质性内容要求的。

第四十七条（投标文件时限违反规定的法律责任）

违反本办法第十九条第一款规定，投标文件编制期限最短少于20日的，由建设行政管理部门按照《中华人民共和国招标投标法实施条例》第六十四条的规定处罚。

违反本办法第十九条第二款规定，工程总承包招标中投标文件编制期限最短少于30日的，由建设行政管理部门责令改正，处2万元以上10万元以下的罚款。

第四十八条（招标人以不合理条件限制、排斥潜在投标人的法律责任）

违反本办法第十四条第一款、第十五条第二款、第二十三条规定，招标人以不合理条件限制、排斥潜在投标人的，由建设行政管理部门按照《中华人民共和国招标投标法》第五十一条的规定处罚。

第四十九条（招标人与投标人串通投标的法律责任）

有本办法第二十四条、第二十五条所列的情形，被认定为投标人相互串通投标或者与招标人串通投标的，按照《中华人民共和国招标投标法》第五十三条的规定处罚。

第五十条（投标人弄虚作假的法律责任）

违反本办法第二十六条规定，投标人弄虚作假的，按照《中华人民共和国招标投标法》第五十四条的规定处罚。

第五十一条（招标人接受应当拒收的招标文件的法律责任）

违反本办法第二十八条规定，招标人接受应当拒收的投标文件的，由建设行政管理部门按照《中华人民共和国招标投标法实施条例》第六十四条的规定处罚。

第五十二条（招标人违规组建评标委员会的法律责任）

违反本办法第二十九条第一款规定，招标人未按照规定组建评标委员会，由建设行政管理部门按照《中华人民共和国招标投标法实施条例》第七十条的规定处罚。

违反本办法第二十九条第二款、第三款规定，招标人未按照本办法规定的评标委员会成员人数要求组建评标委员会的，由建设行政管理部门责令改正，处2万元以上10万元以下的罚款。

第五十三条（违反编制期限、公示公告的处罚）

违反本办法第三十五条、第三十七条规定，招标人应当公示公告而未按照规定公示公告的，由建设行政管理部门责令改正，处1万元以上3万元以下的罚款。

第五十四条（委托处罚）

本办法规定由市建设行政管理部门实施的行政处罚，由市建设行政管理部门委托市招标投标办实施。

第五十五条（招标、投标、中标无效的情况）

依法必须进行招标的建设工程，违反法律法规规定被建设行政管理部门依法处理的，经人民法院或者仲裁机构依法裁决招标、投标、中标无效的，可以重新组织招标或者评标。

第六章 附则

第五十六条（施行时间）

本办法自2017年3月1日起施行。1988年6月17日上海市人民政府发布、根据1997年12月19日上海市人民政府令第54号修正、根据2010年12月20日上海市人民政府令第52号公布的《上海市人民政府关于修改〈上海市农机事故处理暂行规定〉等148件市政府规章的决定》修正的《上海市建设工程施工招标投标管理暂行办法》和1988年10月28日上海市人民政府发布、根据1997年12月19日上海市人民政府令第54号修正、根据2010年12月20日上海市人民政府令第52号公布的《上海市人民政府关于修改〈上海市农机事故处理暂行规定〉等148件市政府规章的决定》修正的《上海市建设工程设计招标投标管理暂行办法》同时废止。

2017年市政府要完成的与人民生活密切相关的实事

沪府办发〔2017〕11号 （2017年1月16日）

一、新增7000张公办养老床位；新建80家老年人日间服务中心；新增50家“长者照护之家”；新增50家养老机构设置医疗机构；为50家存量养老机构实施电气线路安全改造。

二、建成200公里绿道；“绿色账户”新增覆盖200万户；新增40万平方米立体绿化。

三、新建14个医疗急救（120）分站；开设400个小学生“爱心暑托班”；新建20个社区幼儿托管点。

四、完成2000万平方米居民住宅二次供水设施改造；完成6万户农村生活污水处理设施改造；完成60万户老旧住宅小区电能计量表前供电设施更新改造；完成30万户居民用户电、水、气“三表集抄”及“三单合一”。

五、为100个老旧居民小区实施消防设施增配或改造；组织全市居民小区开展一次逃生疏散演练；完成中心城区11个路段的道路积水改善工程。

六、创建50个停车资源共享利用示范项目；在中心城区增设50处夜间道路停车点。

七、建设面向市民的一站式“互联网+”公共服务平台；建设“反电信网络诈骗中心二期信息系统”。

八、帮扶5000名农村困难残疾人劳动增收。

九、新建改建50个市民球场；在公园、公共绿地及大居社区等处新建50条百姓健身步道；新建改建200个益智健身苑点。

十、支持新建改建30家示范性标准化菜市场；完善131家社区志愿服务中心民生服务功能；培训3万名持证上门家政服务人员。

附件：2017年市政府要完成的与人民生活密切相关的实事项目进度及负责部门、责任人

一、新增7000张公办养老床位；新建80家老年人日间服务中心；新增50家“长者照护之家”；新增50家养老机构设置医疗机构；为50家存量养老机构实施电气线路安全改造。

新增7000张公办养老床位，进一步加大机构养老服务供给力度。具体实施进度：第一季度，完成500张；第二季度，完成700张；第三季度，完成1800张；第四季度，全部完成任务。该项目由市民政局、各区政府负责，市规划国土资源局、市住房城乡建

设管理委配合。其中，市民政局负责人为蒋蕊副局长，市规划国土资源局负责人为史家明副局长，市住房城乡建设管理委负责人为于福林副主任，各区政府负责人为分管副区长。

新建80家老年人日间服务中心，为符合条件的社区老年人提供生活照料、康复护理、健康预防、精神慰藉等服务。具体实施进度：第一季度，完成老年人日间服务中心建设各项筹备工作；第二季度，完成10家；第三季度，完成25家；第四季度，全部完成任务。该项目由市民政局负责，各区政府配合。其中，市民政局负责人为蒋蕊副局长，各区政府负责人为分管副区长。

新增50家“长者照护之家”，为老年人就近提供集中的全托式社区托养服务。具体实施进度：第一季度，完成“长者照护之家”建设各项筹备工作；第二季度，完成10家；第三季度，完成20家；第四季度，全部完成任务。该项目由市民政局、各区政府负责。其中，市民政局负责人为蒋蕊副局长，各区政府负责人为分管副区长。

新增50家养老机构设置医疗机构，缓解养老机构入住老人“就医难”问题。具体实施进度：第一季度，完成养老机构设置医疗机构各项筹备工作；第二季度，完成10家；第三季度，完成10家；第四季度，全部完成任务。该项目由市民政局、市卫生计生委、各区政府负责，市人力资源社会保障局配合。其中，市民政局负责人为蒋蕊副局长，市卫生计生委负责人为吴乾渝副主任，市人力资源社会保障局负责人为郑树忠副局长，各区政府负责人为分管副区长。

为50家存量养老机构实施电气线路安全改造，切实消除消防安全隐患。具体实施进度：第一季度，完成养老机构实施电气线路安全改造各项筹备工作；第二季度，完成养老机构实施电气线路安全改造手续办理；第三季度，完成20家；第四季度，全部完成任务。该项目由市民政局负责，市消防局、市电力公司、各区政府配合。其中，市民政局负责人为蒋蕊副局长，市消防局负责人为顾金龙副局长，市电力公司负责人为刘运龙副总经理，各区政府负责人为分管副区长。

二、建成200公里绿道；“绿色账户”新增覆盖200万户；新增40万平方米立体绿化。

建成200公里绿道，通过建设绿带、林带、水道河网、景观道路、林荫道等自然和人工廊道，有效改善生态环境，提升市民生活品质。具体实施进度：第一季度，制订实施计划，分解工作任务；第二季度，完成全年任务指标的20%；第三季度，累计完成全年任务指标的70%；第四季度，全部完成任务，实施检查考核。该项目由市绿化市容局负责，市规划国土资源局、市住房城乡建设管理委、市交通委、各区政府配合。其中，市绿化市容局负责人为方岩副局长，市规划国土资源局负责人为徐毅松副局长，市住房城乡建设管理委负责人为朱剑豪副巡视员，市交通委负责人为刘军副主任，各区政府负责人为分管副区长。

“绿色账户”新增覆盖200万户，向社区居民发放绿色账户卡，鼓励市民积极参与干、湿垃圾分类获得积分，通过市场化手段募集各类公益服务资源，为市民绿色积分兑换提供保障。具体实施进度：第一季度，制订实施计划，分解工作任务；第二季度，完成全年任务的30%；第三季度，累计完成全年任务的70%；第四季度，全部完成任务，实施检查考核。该项目由市绿化市容局、市文明办、市商务委负责，各区政府配合。其中，市绿化市容局负责人为唐家富总工程师，市文明办负责人为宋慧副主任，市商务委负责人为刘敏副主任，各区政府负责人为分管副区长。

新增40万平方米立体绿化，提高城市绿化覆盖率和绿视率，提升市民绿化感受度。具体实施进度：第一季度，制订实施计划，分解工作任务；第二季度，完成全年任务的30%；第三季度，累计完成全年任务的70%；第四季度，全部完成任务，实施检查考核。该项目由市绿化市容局、市住房城乡建设管理委、市机管局、市教委、市交通委负责，市规划国土资源局、市发展改革委、各区政府配合。其中，市绿化市容局负责人为方岩副局长，市住房城乡建设管理委负责人为邓建平副主任，市机管局负责人为陆清冬副局长，市教委负责人为高德毅副主任，市交通委负责人为刘军副主任，市规划国土资源局负责人为徐毅松副局长，市发展改革委负责人为周强秘书长，各区政府负责人为分管副区长。

三、新建14个医疗急救（120）分站；开设400个小学生“爱心暑托班”；新建20个社区幼儿托管点。

新建14个医疗急救（120）分站，提升院前急救服务能级和保障能力。具体实施进度：第一季度，制订建设方案；第二季度，完成项目立项和工程招标；第三季度，推进项目建设，开展工作人员招聘和培训；第四季度，全面完成任务，组织开展验收和试运行。该项目由市卫生计生委负责，市规划国土资源局、相关区政府配合。其中，市卫生计生委负责人为章雄副主任，市规划国土资源局负责人为史家明副局长，相关区政府负责人为分管副区长。

开设400个小学生“爱心暑托班”，为小学生提供公益性暑期看护服务。具体实施进度：第一季度，部署工作任务；第二季度，招募、培训辅导人员和志愿者，落实各办班点软、硬件资源，完成开班准备工作；第三季度，开设暑托班，并加强全过程管理；第四季度，开展考核评估。该项目由团市委、市文明办、市教委、市民政局、市妇联负责，各区政府配合。其中，团市委负责人为徐未晚书记，市文明办负责人为姜鸣副主任，市教委负责人为高德毅副主任，市民政局负责人为匡鹏副局长，市妇联负责人为刘琪副主席，各区政府负责人为分管副区长。

新建20个社区幼儿托管点。具体实施进度：第一季度，制定工作方案和制度标准；第二季度，完成社区幼儿托管点建设前期各项准备工作；第三季度，启动10家建设；第四季度，全部完成任务，并对外招生。该项目由市妇联、市教委、市卫生计生委、市民政局负责，各区政府配合。其中，市妇联负责人为刘琪副主席，市教委负责人为贾炜副主任，市卫生计生委负责人为王磐石副主任，市民政局负责人为蒋蕊副局长，各区政府负责人为分管副区长。

四、完成2000万平方米居民住宅二次供水设施改造；完成6万户农村生活污水处理设施改造；完成60万户老旧住宅小区电能计量表前供电设施更新改造；完成30万户居民用户电、水、气“三表集抄”及“三单合一”。

完成2000万平方米居民住宅二次供水设施改造，实现供水企业管水到表，使居民住宅水质与出厂水水质基本保持同一水平。具体实施进度：第一季度，完成居民征询工作，启动项目前期手续办理；第二季度，开工率达到50%；第三季度，开工率达到100%，竣工率达到50%；第四季度，竣工率达到100%。该项目由市水务局、相关区政府负责，市住房城乡建设管理委、市发展改革委、市卫生计生委、市财政局、城投集团配合。其中，市水务局负责人为陈远鸣副局长，市住房城乡建设管理委负责人为邓建平副主任，市发展改革委负责人为周强秘书长，市卫生计生委负责人为赵丹丹副主任，市财政局负责人为缪京副局长，城投集团负责人为樊仁毅副总裁，相关区政府负责人为分管副区长。

完成6万户农村生活污水处理设施改造，实现生活污水收集处理，改善农村地区环境面貌。具体实施进度：第一季度，完成6000户；

第二季度，完成1.2万户；第三季度，完成1.8万户；第四季度，全部完成任务。该项目由市水务局负责，市农委、相关区政府配合。其中，市水务局负责人为刘晓涛副局长，市农委负责人为陆鸣副主任，相关区政府负责人为分管副区长。

完成60万户老旧住宅小区电能计量表前供电设施更新改造，重点对表前的进户线、低压分支箱、总熔丝箱、电能计量箱、电表等设施进行更新改造。具体实施进度：第一季度，落实改造计划，开展前期准备工作；第二季度，完成30万户；第三季度，完成20万户；第四季度，全部完成任务。该项目由市住房城乡建设管理委负责，市发展改革委、市电力公司配合。其中，市住房城乡建设管理委负责人为邓建平副主任，市发展改革委负责人为葛大维副主任，市电力公司负责人为刘运龙副总经理。

完成30万户居民用户电、水、气“三表集抄”及“三单合一”，将居民用户的电、水、气表具更换为智能远传表具，实现远程自动抄表，方便居民缴费。具体实施进度：第一季度，完成5万户；第二季度，完成5万户；第三季度，完成10万户；第四季度，全部完成任务。该项目由市住房城乡建设管理委负责，市电力公司、市燃气集团、市城投水务集团配合。其中，市住房城乡建设管理委负责人为邓建平副主任，市电力公司负责人为刘运龙副总经理，市燃气集团负责人为陈自怡副总经理，城投集团负责人为樊仁毅副总裁。

五、为100个老旧居民小区实施消防设施增配或改造；组织全市居民小区开展一次逃生疏散演练；完成中心城区11个路段的道路积水改善工程。

为100个老旧居民小区实施消防设施增配或改造，为居民楼增设消防标志标示，更新、修复老旧消防设施设备。具体实施进度：第一季度，制订工作方案和技术标准；第二季度，完成设计、采购、施工招投标等工作；第三季度，完成50%的任务；第四季度，全部完成任务。该项目由市消防局负责，市住房城乡建设管理委、市水务局、市电力公司、各区政府配合。其中，市消防局负责人为顾金龙副局长，市住房城乡建设管理委负责人为邓建平副主任，市水务局负责人为陈远鸣副局长，市电力公司负责人为刘运龙副总经理，各区政府负责人为分管副区长。

组织全市居民小区开展一次逃生疏散演练。具体实施进度：第一季度，制订工作方案；第二季度，完成30%的任务；第三季度，累计完成全市70%的任务；第四季度，全部完成任务。该项目由市消防局负责，各区政府配合。其中，市消防局负责人为顾金龙副局长，各区政府负责人为分管副区长。

完成中心城区11个路段的道路积水改善工程，提高区域防汛能力，保障城市运行安全。具体实施进度：第一季度，完成工程量的10%；第二季度，累计完成工程量的40%；第三季度，累计完成工程量的60%；第四季度，全部完成任务。该项目由市水务局、相关区政府负责，市交警总队配合。其中，市水务局负责人为朱石清副局长，市交警总队负责人为尹建岗副总队长，相关区政府负责人为分管副区长。

六、创建50个停车资源共享利用示范项目；在中心城区增设50处夜间道路停车点。

创建50个停车资源共享利用示范项目，推动住宅小区、医院、学校等处周边各类停车资源错时利用。具体实施进度：第一季度，部署工作任务；第二季度，完成10个项目；第三季度，完成20个项目；第四季度，全部完成任务。该项目由市交通委负责，市住房城乡建设管理委、市卫生计生委、市教委、市公安局、市机管局、市国资委、各区政府配合。其中，市交通委负责人为刘军副主任，市住房城乡建设管理委负责人为邓建平副主任，市卫生计生委负责人为肖泽萍副主任，市教委负责人为贾炜副主任，市公安局负责人为俞烈副局长，市机管局负责人为陆清冬副局长，市国资委负责人为王亚元副主任，各区政府负责人为分管副区长。

在中心城区增设50处夜间道路停车点，通过提供夜间泊车位，缓解居民区停车难题。具体实施进度：第一季度，制订实施方案；第二季度，完成全年任务的40%；第三季度，累计完成全年任务的90%；第四季度，全部完成任务。该项目由市公安局负责，市交通委、相关区政府配合。其中，市公安局负责人为俞烈副局长，市交通委负责人为刘军副主任，相关区政府负责人为分管副区长。

七、建设面向市民的一站式“互联网+”公共服务平台；建设“反电信网络诈骗中心二期信息系统”。

建设面向市民的一站式“互联网+”公共服务平台，为市民提供医疗卫生、交通出行、社会保障、社区生活、旅游休闲等公共服务。具体实施进度：第一季度，制订建设方案；第二季度，平台完成技术测试，并试运行；第三季度，平台正式运行；第四季度，完成项目验收。该项目由市经济信息化委负责，市公安局、市住房城乡建设管理委、市人力资源社会保障局、市交通委、市卫生计生委、市民政局、市旅游局、申康医院发展中心配合。其中，市经济信息化委负责人为邵志清副主任，市公安局负责人为曹忠平副局长，市住房城乡建设管理委负责人为刘千伟总工程师，市人力资源社会保障局负责人为应鸿庆巡视员，市交通委负责人为冯健理副主任，市卫生计生委负责人为赵丹丹副主任，市民政局负责人为匡鹏副局长，市旅游局负责人为吴建国巡视员，申康医院发展中心负责人为朱同玉副主任。

建设“反电信网络诈骗中心二期信息系统”。具体实施进度：第一季度，完成建设方案；第二季度，完成招投标工作，部分子系统完成开发并投入使用；第三季度，完成系统建设，并试运行；第四季度，全面投入使用。该项目由市公安局负责，市经济信息化委、市通信管理局、上海银监局、人民银行上海总部、中国电信上海分公司、中国移动上海分公司、中国联通上海分公司配合。其中，市公安局负责人为曹忠平副局长，市经济信息化委负责人为邵志清副主任，市通信管理局负责人为丁紫雯副巡视员，上海银监局负责人为周文杰副局长，人民银行上海总部负责人为季家友副巡视员，中国电信上海分公司负责人为马明副总经理，中国移动上海分公司负责人为王华副总经理，中国联通上海分公司负责人为沈可副总经理。

八、帮扶5000名农村困难残疾人劳动增收。

帮扶5000名农村困难残疾人劳动增收。具体实施进度：第一季度，制订实施方案；第二季度，完成帮扶2000名；第三季度，全部完成任务；第四季度，完成检查评估。该项目由市残联、市农委、市人力资源社会保障局负责，相关区政府配合。其中，市残联负责人为郭咏军副理事长，市农委负责人为邵启良秘书长，市人力资源社会保障局负责人为张岚副局长，相关区政府负责人为分管副区长。

九、新建改建50个市民球场；在公园、公共绿地及大居社区等处新建50条百姓健身步道；新建改建200个益智健身苑点。

新建改建50个市民球场，进一步满足市民体育健身需求。具体实施进度：第一季度，启动选址勘测工作；第二季度，完成项目立项，启动开工建设；第三、第四季度，推进项目建设，年底50个市民球场竣工验收并向社会开放。该项目由市体育局负责，各区政府配合。其中，市体育局负责人为赵光圣副局长，各区政府负责人为分管副区长。

在公园、公共绿地及大居社区等处新建50条百姓健身步道。具体实施进度：第一季度，启动选址勘测工作；第二季度，完成项目立项，启动开工建设；第三、第四季度，推进项目建设，年底50条百姓健身步道竣工验收并向社会开放。该项目由市体育局、各区政府负责，市绿化市容局配合。其中，市体育局负责人为赵光圣副局长，市绿化市容局负责人为方岩副局长，各区政府负责人为分管副区长。

新建改建200个益智健身苑点，改善社区体育设施条件。具体实施进度：第一季度，启动选址勘测工作；第二季度，完成项目立项，启动开工建设；第三、第四季度，推进项目建设，年底200个益智健身苑点竣工验收并向社会开放。该项目由市体育局负责，各区政府配合。其中，市体育局负责人为赵光圣副局长，各区政府负责人为分管副区长。

十、支持新建改建30家示范性标准化菜市场；完善131家社区志愿服务中心民生服务功能；培训3万名持证上门家政服务人员。

支持新建改建30家示范性标准化菜市场，引导老旧菜市场功能改造升级。具体实施进度：第一季度，制订建设方案；第二季度，完成10家；第三季度，完成10家；第四季度，全部完成任务。该项目由市商务委负责，市规划国土资源局、市住房城乡建设管理委、市绿化市容局、市农委、各区政府配合。其中，市商务委负责人为吴星宝副主任，市规划国土资源局负责人为徐毅松副局长，市住房城乡建设管理委负责人为于福林副主任，市绿化市容局负责人为鲁建平副局长，市农委负责人为殷欧副主任，各区政府负责人为分管副区长。

完善131家社区志愿服务中心民生服务功能，进一步发挥其价值引领、道德示范、公益服务、关爱帮助、互助合作等作用。具体实施进度：第一季度，部署工作任务；第二季度，完成59家任务并评估验收；第三季度，全部完成评估验收；第四季度，进行总结交流。该项目由市文明办、各区政府负责，市文广影视局、市民政局配合。其中，市文明办负责人为姜鸣副主任，市文广影视局负责人为王玮副局长，市民政局负责人为匡鹏副局长，各区政府负责人为分管副区长。

培训3万名持证上门家政服务人员。具体实施进度：第一季度，制订工作方案；第二季度，培训1.2万名；第三季度，培训1.5万名；第四季度，全部完成任务。该项目由市商务委负责，各区政府配合。其中，市商务委负责人为吴星宝副主任，各区政府负责人为分管副区长。

上海市房屋管理局主要职责内设机构和人员编制规定

沪府办发〔2017〕45号（2017年6月28日）

根据《中共上海市委、上海市人民政府关于设立上海市房屋管理局等有关事宜的批复》（沪委〔2017〕364号）规定，设立上海市房屋管理局（副局级），为上海市住房和城乡建设管理委员会管理的行政机构。

一、职能转变

（一）取消的职责

1. 取消上海保障性安居工程优质工程、优秀个人评选。

2. 取消对住房和城乡建设部负责的房地产估价师执业资格审批的初审。

（二）整合的职责

将上海市住房和城乡建设管理委员会承担的住房保障、房地产市场监管、房屋管理等有关政策研究、政策执行和行业管理等职责，划入上海市房屋管理局。

（三）加强的职责

1. 加强房地产市场监管的政策研究，强化房地产市场的监测分析。

2. 加强对全市居住、非居住等各类房屋

使用安全管理，强化房屋修缮工程的监督管理和房屋安全检测的行业管理。

3. 加强本市保障房建设，完善住房保障体系。

4. 加强对本市房屋租赁市场的监管和研究，强化对本市旧区改造工作的管理。

5. 加强对各区房屋管理工作的业务指导。

二、主要职责

（一）贯彻执行有关住房保障、房地产市场监管和房屋管理的法律、法规、规章和方针、政策；研究起草相关地方性法规、规章草案，并组织实施有关法规、规章；拟定住房保障、房地产市场监管和房屋管理政策，并组织实施；负责推进本市住房制度改革及相关工作。

（二）根据本市国民经济和社会发展总体规划，拟定住房保障、房地产市场监管和房屋管理的发展战略、中长期发展规划和年度计划，并组织实施；参与住房基地详细规划方案的审核以及土地招标、拍卖、挂牌文件中相关建设指标的确定。

（三）负责城市基础设施配套费征收和使用管理；参与公有住房出售价格、公有房屋租金调整；负责编制住房保障和房屋管理各类业务计划，并指导监督实施。

（四）组织协调市相关部门和区推进保障性住房建设工作；制定住房配套建设管理制度及相关实施办法，监督指导住房配套设施建设管理；组织拟定保障房配套建设综合性政策，协调大型居住社区内外市政配套建设工作；负责本市新建住房交付使用监督管理，对区新建住房交付使用的审核工作实施监督检查。

（五）建立健全本市住房保障制度；拟定保障性住房建设和筹措、房源管理、分配供应、使用管理等政策，拟定调整住房保障准入和退出标准并组织实施，组织协调市相关部门和区推进保障性住房建设和筹措工作，负责保障性住房供应分配工作；参与制定保障房相关价格和租金标准。

（六）组织拟定房地产市场政策、措施并监督执行；组织开展房地产市场的监测分析和预警预报；按照权限，负责房地产业交易相关主体及行为管理，包括房地产开发企业的资质管理、商品房预售许可和现售备案、存量房转让合同网签备案、交易资金监管、房屋租赁管理，以及房地产开发、估价、经纪等的行政管理和执法；负责拟定本市房屋产权管理制度并指导监督；负责本市房屋产权管理、楼盘表和房屋面积管理、房屋交易与产权档案管理等工作；负责房屋权属信息系统、楼盘表及房屋面积数据库的建设维护管理工作。

（七）负责本市各类房屋物业管理的监督管理工作，协调推进住宅小区综合管理；指导监督业主委员会的建设和运作；负责本市物业服务企业和从业人员的监督管理和执法；推进物业服务市场发展；负责本市住房专项维修资金和住宅物业保修金的监督管理。

（八）拟定本市房屋（含附属设施）使用安全监督管理和隐患处置相关政策法规、标准规范；负责本市房屋（含附属设施）使用安全管理和房屋安全检测的行业管理；指导各类房屋的修缮改造工作；指导协调、监督检查市、区有关部门做好老旧房屋使用安全监督管理和隐患处置工作。

（九）负责优秀历史建筑的保护管理，指导协调区开展优秀历史保护建筑的日常保护管理；参与历史风貌区建设项目的管理。

（十）指导推进旧区改造和“城中村”改造工作，研究拟定相关政策，组织编制旧区改造和“城中村”改造规划和年度实施计划；协调指导区和乡镇开展旧区改造、“城中村”改造和农村危旧房（含农村低收入户危旧房）改造。

（十一）会同市相关部门推进既有住房

的功能完善。受国有资产监督管理部门的委托，负责直管公房资产的监督和管理；参与直管公房经营管理的监督和考核。

（十二）制定本市房屋征收的规章制度并监督执行；对区房屋征收与补偿工作进行业务指导和监督管理；协调推进国有土地上企事业单位征收补偿工作；参与组织对房屋征收违规行为的查处工作。

（十三）负责落实私房政策、处理私房历史遗留问题和宗教房产代经管理；负责住房保障、房地产市场监管和房屋管理综合资料的收集、统计和分析。

（十四）承担有关行政复议受理和行政诉讼应诉工作。

（十五）承办市政府交办的其他事项。

三、内设机构

根据上述职责，上海市房屋管理局设10个内设机构：

（一）办公室（信访办公室）

（二）计划财务处

（三）政策研究室（法规处）

（四）住房保障管理处（市廉租住房管理办公室）

（五）住房建设监管处

（六）房地产市场监管处（房产权籍管理处）

（七）物业管理处

（八）城市更新和房屋安全监督处（历史建筑保护处）

（九）房屋征收管理处

（十）落实私房政策处

按照有关规定设置机关党委。

四、人员编制

上海市房屋管理局机关行政编制为100名。其中，局长1名、副局长3名（正处级），正副处级领导职数30名。非领导职数按照《中华人民共和国公务员法》有关规定核定。

五、其他事项

（一）上海市房屋管理局的国际交流与合作事务等，由上海市住房和城乡建设管理委员会管理；上海市房屋管理局及其所属事业单位的财务和国有资产管理，由上海市房屋管理局负责。

（二）上海市房屋管理局的干部人事和老干部工作，由中共上海市城乡建设和交通工作委员会管理。

（三）上海市房屋管理局与上海市住房和城乡建设管理委员会的有关职责分工为：

1. 上海市住房和城乡建设管理委员会负责住房保障、房地产市场监管和房屋管理的面上统筹协调；上海市房屋管理局主要负责本市住房保障、房地产市场监管、房屋管理等工作。

2. 上海市住房和城乡建设管理委员会负责房屋（含附属设施）施工过程的质量安全监管；上海市房屋管理局负责房屋（含附属设施）竣工验收（或交付使用）后的质量安全监管。

（四）上海市房屋管理局与上海市规划和国土资源管理局的有关职责分工为：

1. 上海市规划和国土资源管理局负责集体土地征地房屋补偿工作；上海市房屋管理局负责国有土地房屋征收与补偿工作。上海市房屋管理局会同上海市规划和国土资源管理局按照职责分工，解决好2011年前房屋拆迁问题。

2. 上海市规划和国土资源管理局负责指导、监督本市不动产登记工作；上海市不动产登记局为本市不动产登记机构，具体负责房屋登记管理职责，主要指房屋登记的受理、审核、缮证、发证，权属纠纷调处，行政诉讼应诉；上海市房屋管理局负责房产权籍管理和交易管理，主要指房屋转让、抵押、租赁、面积管理、房屋交易与产权档案管理、房屋中介、个人住房信息系统建设、交易监管。上海市房屋管理局协同上海市规划和国土资源管理局指导房屋登记相关工作。

（五）上海市房屋管理局与上海市文物

局的有关职责分工为：全国重点文物保护单位、上海市文物保护单位与上海市优秀历史建筑重叠的，由上海市文物局牵头负责保护管理；区级文物保护单位、登记不可移动文物和文物保护点与上海市优秀历史建筑重叠的，由上海市房屋管理局负责牵头保护管理。上海市文物局、上海市房屋管理局进一步完善工作机制，加强工作衔接，形成管理合力。

（六）上海市房屋管理局所属事业单位的设置、职责和编制事项，另行规定。

六、附则

本规定由上海市机构编制委员会办公室负责解释，其调整由上海市机构编制委员会办公室按照规定程序办理。

上海市住房发展“十三五”规划

沪府发〔2017〕46号 （2017年7月6日）

“十三五”时期（2016—2020），是我国全面建成小康社会的决胜阶段，上海承担着到2020年基本建成国际经济、金融、贸易、航运中心和社会主义现代化国际大都市的国家战略，肩负着继续当好全国改革开放排头兵、创新发展先行者的重要使命。要在更高水平上全面建成小康社会，让全市人民生活更美好。“十三五”时期，推进上海住房发展，努力实现住有所居，是实现上述目标的重要保障。根据《上海市国民经济和社会发展第十三个五年规划纲要》，制订本规划。

一、回顾“十二五”发展，认识面临的形势

（一）“十二五”发展

“十二五”时期，上海坚持“以居住为主、以市民消费为主、以普通商品住房为主”的原则，切实将推进住房保障、服务百姓安居作为住房发展的主线和首要任务。坚决贯彻落实各项调控措施，保持房地产市场平稳发展；不断探索和完善相关住房保障举措，基本形成“四位一体”、购租并举的住房保障体系；加快旧区改造和旧住房综合改造，探索住宅小区综合治理机制，推进节能环保和住宅产业现代化等，有效改善了市民居住条件。

1. 住房市场平稳发展。住宅建设投资平稳增长，居民居住水平有所提高。全市共完成住宅投资8004.17亿元，占全社会固定资产投资比重28.2%，比“十一五”时期增长约8个百分点。新建商品住宅销售面积8872.24万平方米，年均增幅3%，超额完成“十二五”规划纲要所提出的目标。城镇居民人均居住面积由2010年的16.7平方米增加到2015年的18.1平方米，居民住宅成套率由2010年的96%提高至2015年的96.8%。坚决贯彻落实各项调控措施，住房市场调控和监管取得积极成效，住房市场秩序明显改善。严格执行住房限购措施、差别化的住房税收和信贷政策，开展对部分个人住房征收房产税试点，抑制投资投机性购房，支持居民合理住房需求。加强对高价位商品住房销售方案的指导审核，强化房地产经纪人管理，加大“群租”治理力度。

2. 住房困难有效缓解。建立健全“四位一体”、租售并举的住房保障体系。形成了“分层次、多渠道、成系统、全覆盖”和廉租住房、公共租赁住房、共有产权保障住房、征收安置住房“四位一体”住房保障体系和购租并举的住房体系。建立健全政策体系，出台和完善一系列配套政策，完善保障性住房房源建设筹措机制。稳步推进申请、供应、分配和供后管理机制建设。结合本市实际，将旧住房综合改造纳入保障性安居工程范围，作为“四位一体”住房保障体系的重要补充。扩大保障性住房受益面，较大程度缓解居民居住困难。逐步扩大住房保障政策覆盖面，先后三次调整廉租住房收入和财产准入标准、四次调整共有产权保障住房准入标准，住房困难居民居住条件得到了较大改善。截至“十二五”期末，廉租住房历年累计受益家庭达11万户；共有产权保障住房累计签约购房约6.6万户；全市公共租赁住房（含单位租赁房）累计供应房源8.77万套，已签约出租7.45万套，惠及13.6万户家庭；全市共实现征收安置住房搭桥供应42.76万套（约3542.85万平方米）。

3. 旧改受益显著增加。进一步加大旧区改造力度，旧改取得积极成效。实施征收政策，健全管理和政策措施，旧区改造呈现新态势。推进中心城区二级旧里以下房屋改造，“十二五”期间，中心城区改造二级旧里以下房屋320万平方米，受益居民约13.6万户。开展郊区城镇旧区改造，重点开展已批方案的“城中村”项目改造。继续推进郊区国有农场危旧房改造，完成农村低收入户危旧房改造约7600户。积极推进旧住房修缮改造，全市完成成套改造、平改坡综合改造、高（多）层综合整治等各类旧住房改造5500万平方米，受益家庭超过100万户，其中包括纳入保障性安居工程的旧住房综合改造工程约1126.76万平方米，受益居民约20万户。开展1.73亿平方米老旧住房安全使用情况检查，建立老旧住房安全隐患处置工作制度。

4. 物业管理和服务水平逐步提高。强化物业行业监管，建立物业服务企业资质能上能下的监管机制，加强物业服务企业和项目经理的日常监管。强化招标代理机构和招投标评审专家日常监督管理。完善和优化指导监督业主大会、业主委员会组建及日常运作的工作机制，提升业主自我管理能力，积极培育社会中介服务机构参与社区物业管理事务。加强住宅小区综合治理，制订住宅小区综合治理行动计划，明确了“政府监管、市场主导、社会参与、居民自治四位一体和良性互动的住宅小区综合治理格局”发展思路，出台《关于加强本市住宅小区综合治理工作的意见》和《上海市加强住宅小区综合治理三年行动计划（2015—2017）》。

5. 住宅品质有效提升。积极推进住宅产业现代化，提升新建住宅整体水平。以土地供应环节为主要抓手，建立按照供地面积比例推进制度。新建住宅全面实行建筑节能65%标准，全面实施绿色星级建设目标。2015年，上海成为“国家住宅产业现代化综合试点城市”。健全住宅配套建设管理制度，以区为主，市、区联动，适时调整有关标准，确保配套设施资金。增加养老和文体等设施，满足中心城区居民对住宅配套的新需求。按照“同步规划、同步设计、同步建设、同步交付”的要求，推进保障性住房基地市政基础设施和公共服务设施建设，基本满足大型居住社区入住居民的生活需求。

6. 公积金作用不断增强。逐步拓展住房公积金提取使用渠道，累计向66万户家庭发放住房公积金个人购房贷款2962亿元，支持购房建筑面积5517万平方米。2015年起，取消房租占收入比限制，支持无房职工家庭通过租赁方式解决居住问题。多途径支持住房保障工作，累计发放共有产权保障住房个人公积金贷款104亿元，支持购房家庭38450户，占全市共有产权保障住房签约购房家庭户数的58%。作为全国首批试点城市，利用结余资金贷款支持保障性住房项目15个，总建筑面积228万平方米，贷款额度119.82亿元。完成收购两个市筹公租房项目，总建筑面积26.85万平方米，计3881套，已分配使用。

“十二五”期间，本市住房发展工作取得了明显成效，但依然存在一些亟待解决的问题。一是受宏观经济等影响，住房市场健康稳定发展的长效机制建设相对滞后，社会预期不够稳定；二是住房制度需要深化改革，住房供应体系有待进一步完善，特别是购租并举的住房体系尚未完全建立，租赁住房的有效供给不足；三是大批保障性住房建成入住，后续管理面临较大挑战；四是上海仍然存在较多老旧住房，旧住房综合改造和城市更新压力较大；五是住宅小区综合治理效应尚未充分显现，体制机制建设仍然有待创新突破；六是须协同推进规划、设计、施工、配套等环节，进一步提升管理能级，加强科技创新，全面提升住房建设质量。

（二）面临的形势

“十三五”时期，本市将按照继续当好全国改革开放排头兵、创新发展先行者的要求，着力加强住房供给侧结构性改革，持续推进创新驱动发展、经济转型升级，加快向具有全球影响力的科技创新中心进军，对住房发展提出了新的更高要求。未来五年，本市住房发展将进入新阶段，在保障和改善民生方面肩负新使命，同时也面临一些新挑战。

一是住房发展面临新约束。在超大城市中推进住房发展，要始终坚持以人为本、规划为先、安全为重，牢牢守住常住人口规模、规划建设用地总量、生态环境和城市安全四条底线，统筹安排本市住房空间布局、规模结构等，促进居住、办公、商业、文化等不同功能区域融合发展。二是住房需求发生新变化。随着经济社会发展和新型城镇化推进，自住和改善型需求依然较强，中低收入户籍家庭和非户籍常住人口中青年人才的居住矛盾比较突出。住房发展要积极适应人口结构和居住生活方式的变化趋势，满足居民合理的居住需求。三是住房供应面临新要求。全市居住房屋的总量基本能满足需求，但是供应结构须进一步优化。要稳定供应商品住房，确保保障性住房供应，加大租赁住房供应，要更加注重空间布局合理性，更加注重资源集约节约利用，更加注重发展中小套型普通商品住房和节能环保住房，切实服务住有所居。四是住房改善融入新内涵。在继续提高新建住房品质的同时，用城市有机更新的理念，把改善群众的居住条件和生活环境作为出发点和落脚点，将房屋危旧、居住条件困难、安全隐患严重、群众要求迫切的地块优先列入旧区改造安排，使生活在旧城区的居民群众有获得感，共享城市发展成果。五是住房管理迈入新阶段。在经济社会发展新形势下，要着力加强房地产市场、住房保障和房屋使用安全管理，实现房屋管理全覆盖；要落实各区对本区域房地产市场监管和住房保障职责，夯实管理基础；要建立健全保障性住房运作主体，发挥国资国企的引导作用，提高住房管理的精细化水平。

面对发展新形势，必须积极贯彻落实中央决策部署，把住房发展放到全市“十三五”发展的大局中，科学谋划，围绕新目标、新要求，聚焦新情况、新问题，实现新提升、新突破，不断改善居民居住条件，保证让广大居民共享改革发展成果，共创城市美好未来。

二、明确“十三五”指导思想、基本原则和发展目标

（一）指导思想

全面贯彻党的十八大和十八届三中、四中、五中、六中全会和中央城镇化工作会议、中央城市工作会议和中央经济工作会议的精神，贯彻落实习近平总书记系列重要讲话精神和治国理政新理念新思想新战略，坚持“四个全面”战略布局，牢固树立和贯彻落实创新、协调、绿色、开放、共享的发展理念，顺应国际大都市住房发展规律，保障住房基本权益，提升居住生活品质，推进房地产市场供给侧结构性改革，坚持“房子是用来住的、不是用来炒的”定位，聚焦住房市场体系和保障体系，深化以居住为主、市民消费为主、普通商品住房为主，优化廉租住房、公共租赁住房、共有产权保障住房、征收安置住房“四位一体”的住房保障体系，完善购租并举的住房体系，健全房地产业健康平稳发展长效机制。

（二）基本原则

1. 坚持以人为本、民生优先。住房发展要始终践行以人民为中心的发展思想，坚持保障和改善民生优先导向，满足居民合理住房需求，突出住房居住功能，把解决人民群众最关心、最直接、最现实的利益问题作为出发点和落脚点，努力维护社会公平，增进人民福祉，让广大人民群众有更多获得感。

2. 坚持增加供应、优化结构。为确保住有所居，充分用好增量资源，积极盘活存量资源。坚持市场配置和政府保障相结合，增加市场房源供应数量，大幅提高租赁住房供应比例，提高中小套型普通商品住房供应比例，优化保障性住房的供应结构，提高货币化安置和租金配租的比例。

3. 坚持强化监管、保持平稳。加强房地产市场调控，健全房地产业健康发展的长效机制，保持住房价格总体稳定。健全体制机制，完善房地产交易监管制度，强化住房租赁市场和商业办公市场监管，加强对房地产企业及从业人员管理，规范市场秩序。

4. 坚持多策并举、补齐短板。加快完善各方面体制机制，使市场在资源配置中起决定性作用和更好发挥政府作用，不断激活市场和社会活力，多渠道利用各种资源解决居民住房问题。创新政府提供公共服务和实施市场监管方式，健全工作机制，突出重点，破解难题，补齐短板，服务百姓安居。

5. 坚持统筹发展、协调推进。坚持规划引领与管建并举相结合，提升管理能级，促进城市有机更新和城市特色风貌塑造相协调。统筹推进城乡发展一体化，协调好住房发展的经济功能和社会功能，健全协同机制，构建公平多元的住房公共服务体系。更加突出区级层面的主体责任，把促进住房市场平稳发展、推进住房保障、服务百姓安居纳入区级工作目标。

6. 坚持绿色发展、生态宜居。顺应市民对美好生活的追求，把绿色作为城市核心竞争力的关键要素，推进绿色低碳、健康的生产方式和生活方式。加大住房建设和修缮改造科技创新力度，节约集约利用土地、水、能源等资源，强化环境保护和生态修复，打造宜居宜业社区，使城市更具韧性、更可持续。

（三）发展目标

1. 总体目标

以住有所居为目标，进一步完善“分层次、多渠道、成系统”的住房市场和保障两大体系，以政府为主提供基本住房保障，以市场为主满足多样性住房需求，保障和改善市民基本居住条件。住房发展要为本市深入推进“四个中心”和社会主义现代化大都市建设，加快向具有全球影响力的科技创新中心进军，城市更加宜居宜业，全面提升城市的吸引力、创造力、竞争力提供更好的服务，为让全市人民拥有美好的生活做出更大的贡献。“十三五”期间，新增住房供应总套数比“十二五”增加60%左右；租赁住房供应套数占新增市场化住房总套数超过60%。到2020年，基本形成符合市情、购租并举的住房体系，实现住房总量平稳增长、住房价格总体稳定、住房困难有效缓解、住房结构有所优化、居住条件明显改善、管理能级显著提升的总体目标。

2. 具体目标

（1）增加城镇住房供应总量。商品住房供应稳中有升，保障性住房确保供应，租赁住房供应大幅增加，住房供应结构进一步优化。“十三五”时期，住房用地供应5500公顷，其中，商品住房用地2000公顷，租赁住房用地1700公顷，保障性住房用地1800公顷，住房用地供应总量较“十二五”增加20%。预计新增供应各类住房12750万平方米、约170万套，其中市场化住房8250万平方米、约115万套，包括商品住房4000万平方米、约45万套和租赁住房4250万平方米、约70万套，租赁住房供应套数占新增市场化住房总套数超过60%；保障性住房4500万平方米、约55万套。

（2）严格规范住房市场秩序。加强和完善房地产市场调控政策措施，细化房地产交易规则，规范商品房销售行为，严厉查处房地产企业违规违法行为，坚决从重打击中介机构的违规违法行为，保持房地产市场健康发展。落实各区对本区域房地产市场监管的职责，维护区域房地产市场平稳有序。

（3）培育发展住房租赁市场。大幅增加租赁住房供应，促进购租并举住房体系建设，多层次、多品种、多渠道发展住房租赁市场，充分发挥租赁住房高效、精准、灵活的特点，有效扩大受益面，满足不同层次、不同人群住有所居的需求。“十三五”时期预计新增供应租赁住房70万套。此外，以市场为主，扶持住房租赁企业扩大规模，新增代理经租房源30万套（间）左右。到2020年，基本形成多主体参与、差异化供应、规范化管理的住房租赁市场体系。

（4）稳步推进保障性安居工程建设。坚持“尽力而为、量力而行”，优化廉租住房、公共租赁住房、共有产权保障住房、征收安置住房“四位一体”的住房保障体系，稳步改善中低收入住房困难群体居住条件。加大土地、金融、财税等支持力度，促进住房保障可持续发展。“十三五”时期，预计新增供应各类保障性住房约55万套。纳入保障性安居工程的旧住房综合改造项目完成30万户，建筑面积约1500万平方米。

（5）持续改善既有住房居住条件。按照“留、改、拆并举，以保留保护为主”的原则，有序推进旧区改造和旧住房修缮改造。完成中心城区240万平方米成片二级旧里以下房屋改造。持续推进旧住房改造，提高居住安全、完善使用功能，预计实施约5000万平方米的各类旧住房修缮改造（含纳入保障性安居工程三类综合改造1500万平方米）。积极推进“城中村”改造，推进农村低收入户危旧房改造。

专栏1　有序推进旧区改造

中心城区旧区改造：重点推进中心城区集中成片二级旧里以下房屋改造，杨浦区、虹口区、黄浦区、静安区、普陀区、浦东新区等主要加快推进旧区规模大、房屋结构差、安全隐患多、群众呼声高的地块改造，徐汇区等在基本完成成片二级旧里以下房屋改造的同时，推进零星二级旧里以下房屋改造；探索一级旧里及以上的改造模式。

郊区城镇旧区改造：按照城乡发展一体化和新型城镇化建设的要求，在金山区、松江区、浦东新区等试点基础上，各区要结合新城建设、小城镇建设等，积极推进郊区城镇旧区改造。

“城中村”改造：通过拆除改造、综合整治等方式，合理利用城镇土地，调整用地结构，完善城镇功能，改善人居环境，增强综合承载能力。按照“成熟一个、启动一个”的要求，逐步、有序推进“城中村”改造。

农村低收入户危旧房改造：按照住房城乡建设部工作部署，积极推进农村低收入户危旧房改造。

国有垦区危旧房改造：政府加大政策支持，企业切实承担起改造责任，加快推进国有农场职工危旧房改造，通过异地重建、成套改造等方式，完成职工危旧房改造任务。

（6）全面提升住宅小区综合治理水平。围绕市委、市政府关于创新社会治理、加强基层建设的总体要求，优化完善政府监管、市场主导、社会参与、居民自治四位一体和良性互动的住宅小区综合治理格局，到2020年，形成与上海经济社会发展水平和超大城市管理相适应、符合市场经济规律的住宅小区综合治理新模式。进一步完善住宅小区管理体制机制，明确落实相关行政管理部门和专业服务单位职责；形成以住宅小区为基础单元的居民自治和社区共治机制，业主自我管理能力和社区共治能力明显增强；建立“质价相符、按质论价”的物业服务收费协商和监督机制，推动物业服务社会化、专业化、规范化建设，物业服务水平和行业满意度明显提高；逐步缓解住宅小区中涉及民生的突出问题，广大居民居住生活环境明显改善。

专栏2　创新住宅小区综合治理模式

基本理顺夯实住宅小区管理体制机制，进一步明确落实街镇党（工）委和政府（办事处）属地主体责任，住宅小区综合长效管理水平明显提升。

基本形成以住宅小区为基本单元的小区自治和社会共治机制，业主自我管理能力和住宅小区社会共治能力明显增强。

基本形成“质价相符、按质论价”的物业服务收费协商和监督机制，推动物业服务市场社会化、专业化、规范化建设，物业服务水平和行业满意度明显提高。

基本解决住宅小区中涉及民生的突出问题，广大居民的居住生活环境得到明显改善。

（7）进一步提高城乡住房建设整体水平。大力推进装配式建筑发展，积极推行全装修住宅建设，鼓励“大开间”的住宅设计理念。加快推进新建居住区市政公建等配套设施建设、移交接管和开办运营，完善相关建设管理机制；及时更新和完善老城区公建配套设施，使之适应社会发展和居民生活需要；加强郊区农民建房管理，推进农民向城镇集中居住，完善农民建房管理政策法规，提高农民建房管理水平。

专栏3　提升住房建设整体水平

新建住宅全装修：外环线以内城区和崇明区（除征收安置住房外）新建商品住宅（三层以下的底层住宅除外）实施全装修面积比例达到100%；奉贤区、金山区实施全装修面积比例为30%，至2020年达到50%；其他区域达到50%。公共租赁住房项目全部采用全装修。

新建装配式住宅：符合条件的新建住宅应全部按照装配式建筑要求实施，建筑单体预制率不应低于40%或单体装配率不低于60%。

三、促进购租并举住房市场健康发展

商品住房供应稳中有升，保障性住房确保供应，租赁住房供应大幅增加。进一步优化住房供应结构，提高中小套型普通商品住房供应比例。大力发展住房租赁市场，完善购租并举的住房体系。强化住房市场监管，建立健全房地产市场发展长效机制，促进住房市场平稳健康发展。

（一）提高中小套型供应比例

研究健全优化住房供应结构的长效机制，增加中小套型普通商品住房上市供应量。优化中小套型住房建筑面积标准。结合实际，科学合理确定多层、小高层、高层的中小套型住房建筑面积标准。进一步加大商品住房用地中小套型住房供应比例，中心城区不低于70%；保障性住房用地中小套型住房供应比例，中心城区为100%，郊区不低于80%。鼓励以公共交通为导向的社区开发模式，轨道交通站点周边区域商品住房用地中小套型住房供应比例提高到80%以上，实现城市组团式紧凑开发。

（二）大力发展住房租赁市场

以建立购租并举的住房体系为主要方向，加强支持住房租赁消费，促进住房租赁市场健康发展，健全以市场配置为主、政府提供基本保障的规模化住房租赁体系。在产业集聚区、交通枢纽地区、商办过剩地区重点发展租赁住房。落实市、区责任，以区为主，发挥区属国有企业功能，增加政府持有的租赁住房比例，起到托底保障和市场“压舱石”“稳定器”的作用。发展住房租赁企业，引导企业通过收储租赁、购买等方式多渠道筹集房源，提高住房租赁企业规模化、集约化、专业化水平。建立多层次住房租赁市场，支持房地产开发企业拓展业务范围，利用已建成住房或新建住房开展租赁业务，引导房地产开发企业与住房租赁企业合作开展住房租赁业务，鼓励开发企业持有一定比例商品住房用于社会租赁，构建国有企业和民营企业在住房租赁行业中并行发展、互为补充的良好格局。提供多品种住房租赁产品，充分发挥住房租赁中介机构作用，盘活利用闲置、留存的各类房产资源，提供规范的居间服务；落实鼓励个人出租住房的优惠政策，鼓励个人依法出租自有住房，规范个人出租住房行为；支持个人委托住房租赁企业和中介机构出租住房。鼓励住房租赁消费，稳定住房租赁关系，引导居民通过租房解决居住问题。各区政府要对本行政区域内的住房租赁市场发展负主体责任，充分发挥街镇等基层组织作用，推行住房租赁网格化管理，加强市场监管，规范市场秩序。

（三）加大市场监管监督力度

深化完善房屋管理体制，健全加强促进房地产市场健康发展联席会议制度。建立统一、规范的房地产市场信息发布机制。加强房地产市场监测和研究分析，开展住房市场供需关系、住房结构、区域状况等监测与评估，及时优化土地和住房供应模式和结构。加强住房市场监管和整顿，规范和监督开发、销售、中介等行为。加强商品住房预售管理，继续完善商品住房合同网上备案制度，优化交易流程。严格落实新建商品房销售明码标价制度，规范销售价格行为。加强房地产中介监管，完善房地产中介管理法规。运用二手房网上备案系统等信息化手段，加强机构及人员管理，落实存量房交易资金监管，规范房地产经纪服务收费，加快推进房地产中介机构和从业人员的诚信体系建设，坚决从重打击房地产经纪机构和人员违规违法行为，强化房地产经纪行业自律、事中事后监管和执法，建立行业退出、禁入和行刑对接机制。建立健全住房租赁市场监测体系，完善出租房屋租赁合同登记备案制度。规范住房租赁活动，推进“群租”综合治理工作，探索建立住房租赁市场的长效管理机制。综合施策加强商业办公项目清理整顿，加大“非改居”查处力度，消除安全隐患。

（四）建立健全发展长效机制

继续贯彻落实差别化的住房信贷和税收政策，支持居民合理的住房需求，抑制投资投机性购房需求，严格执行房地产市场调控政策，防范市场风险。增强土地、金融、财税等政策的综合效应，倡导合理适度和梯次有序的住房消费理念。

构建更加完善的住房市场体系，研究建立符合市情、适应市场规律的基础性制度和长效机制。充分考虑本市住房市场特点，紧紧把握“房子是用来住的，不是用来炒的”定位，深入研究短期和长期相结合的长效机制和基础性制度安排。逐步完善一揽子政策组合，引导投资行为，合理引导预期，保持房地产市场稳定。继续调整和优化中长期供给体系，实现房地产市场动态均衡。

四、优化“四位一体”住房保障体系

坚持政府主导、社会参与、市场运作，加快完善住房保障各项体制机制。进一步优化“四位一体”的住房保障体系，健全实物和货币补贴相结合的保障方式，多渠道保障和改善市民基本居住条件。

（一）多渠道健全完善住房保障体系

综合施策、多措并举，深化完善保障性住房建设和供应政策机制，优化多渠道建设筹措方式，健全实物和货币相结合的保障方式，着力提高资源利用效率，促进住房保障从以保基本为主逐步向保基本和促发展并重转变，更好地顺应和服务经济社会发展战略目标。

廉租住房坚持以货币补贴为主，建立完善准入标准和保障水平的动态调整机制，对符合条件的申请家庭实行“应保尽保”，做好托底保障。继续完善公共租赁住房政策，按照“规模合理、以供定需、聚焦人才、循环使用”的基本原则，加大公共租赁住房分配供应力度，为本市科创中心建设各类企事业单位解决青年职工、引进人才阶段性住房困难提供支撑保障；推进实施公共租赁住房相关政策，加大引导社会资源用于公共租赁住房的工作力度。共有产权保障住房按照“定价科学、政策稳定、以供定需、轮候供应”制度安排，按照“能进则进”的原则，继续开展2~3批次申请供应工作，不断强化供后管理，落实属地管理责任。征收安置住房坚持“保基本、讲公平、可持续”的原则，合理确定征收安置住房供应数量和供应价格，按照房屋征收补偿的价值标准，在房屋产权调换和货币化安置相结合的基础上，引导和激励居民选择货币化安置，逐步提高货币化安置比例。

（二）加强保障性住房建设筹措管理

继续坚持集中建设和分散配建相结合的保障性住房建设方式，鼓励和引导社会力量参与建设和运营，多渠道筹措住房保障资金和房源。充分发挥市、区两级政府主导作用，完善土地供应、项目审批、资金补贴等工作机制，统筹推进保障性住房建设，强化供需对接。促进大型居住社区的产城融合和配套完善，推进市政公建等配套设施建设、移交接管和开办运营。探索在城市郊区的成熟社区中嵌入保障性住房的机制。进一步优化房源可调配机制，把握供应节奏，提高公共资源的投入效率。推进廉租住房和公共租赁住房并轨运行。按照“市区联手、以区为主”的原则，综合利用商品住房配建、轨道交通场站“上盖”集中新建、代理经租社会闲置存量住房、修缮改造保留保护老旧住房、鼓励有条件的企事业单位和产业园区自建单位租赁房等方式，多渠道筹措公共租赁住房。

（三）完善保障性住房供应分配机制

健全保障性住房准入和申请审核机制。参考市场房价、居民收入、政府财力可负担等因素，建立健全与经济社会发展相适应的住房保障准入标准动态调整机制，科学把握保障范围，不断完善住房保障政策。加快标准化和规范化建设，健全保障性住房日常受理机制。进一步完善审核机制，建立信用档案，结合住房保障信息化建设和信用体系建设，优化审核程序，提高审核效率。

优化保障性住房供应分配机制。适应住房保障与房地产市场良性互补的发展需要。在实物保障和货币补贴相结合的基础上，充分发挥货币补贴作用。健全保障性住房轮候供应机制，进一步优化轮候选房的运作模式。

（四）优化保障性住房使用管理机制

严格规范保障性住房居住使用管理。加强保障性住房日常使用行为管理，明确各类住房保障机构的具体管理职责。健全相关规章及处罚规定，加大保障性住房入住后违规行为的监督力度。建立健全共有产权保障住房回购和上市交易管理制度。健全公有住房租金调整机制。按照“积极稳妥、尊重历史、分类施策、逐步到位”的原则，逐步实现公有住房租金收入可维持房屋基本维修管理支出的目标，提高管理水平和维修质量，并保护公有住房承租人权益。完善租金减免政策，调整对符合条件的公有住房承租家庭实施的租金减免政策。

五、“留、改、拆”并举，改善旧区居住条件

按照“留、改、拆并举，以保留保护为主”的原则，统筹规划，有序推进旧区改造和旧住房修缮改造。旧区改造继续以中心城区成片二级旧里以下房屋为重点，创新改造模式，拓宽融资渠道；旧住房修缮改造以提高建筑使用功能、安全性能为重点，立足于解决突出矛盾；结合城市更新，缓解老旧居住小区市政基础设施陈旧、公共服务配置不足的矛盾。

（一）用城市更新理念推进旧区改造

旧区改造要着眼于上海城市建设和发展整体，着力改善居民住房条件和居住环境品质，统筹规划，突出重点，有序推进。在确保城市风貌保护的前提下，继续加大中心城

区成片和零星二级旧里以下房屋改造，积极探索一级旧里及以上住房改造，加快推进郊区城镇旧区改造，稳步实施国有垦区危旧房改造工作。转变旧区改造方式，用城市更新理念，多元化、多渠道推进旧区改造，更加注重改造中的保留与保护。完善旧区改造机制，坚持政府主导、各方参与、共同推进，更加注重保障基本、体现公平、持续发展。要拓宽旧区改造融资渠道，推行政府购买服务，探索多元化融资方式，确保旧区改造资金来源。加强房屋征收管理，进一步完善阳光动迁，加快在拆基地收尾平地工作。有序推进“城中村”改造。重点推进已批方案的“城中村”项目改造，依法做好村民补偿安置等工作。同时，按照“成熟一个、改造一个”的原则，再启动部分居住条件困难、安全隐患突出、群众要求强烈的“城中村”改造，尽快改善“城中村”村民的住房条件，提升区域环境和功能，促进城乡发展一体化。

（二）积极开展各类旧住房修缮改造

坚持业主自愿、政府扶持、因地制宜、多元筹资，解决老旧住房的安全问题和民生问题，加快推进旧住房修缮改造，确保结构安全、完善基本功能、传承历史风貌、提升居住环境。切实缓解做饭难、洗澡难、如厕难等急难愁问题。提高实施标准，完善实施机制，丰富实施内容，创新方式方法，通过各类旧住房修缮改造的方式，推动城市有机更新，多途径、多渠道地改善群众居住条件、居住环境和居住质量，提高群众幸福感和获得感。各区结合老旧住房实际情况和地区发展需求，落实属地责任，按照区域内城市更新总体规划，编制区域内旧住房修缮改造总体计划并组织推进。

（三）加强老旧住房使用安全管理

健全本市城市房屋使用安全管理政策体系，完善管理制度，理顺体制机制，制定《上海城市房屋使用安全管理条例》，落实城市房屋使用安全管理各方责任，强化城市房屋使用安全监督管理，培育房屋使用安全管理技术力量。建立健全本市老旧住房定期普查、动态监测、周期性维修相关措施，以及限制使用、交易等强制性措施。推进“十三五”时期排查发现的各类存在安全隐患老旧住房的处置工作。

（四）探索既有居住小区改造机制

对于规划保留的、未纳入旧区改造和危房改造计划的老旧住房和居住小区，要积极推进城市有机更新。着力推进老旧住宅小区二次供水、供电、电梯设备、消防设施、积水点等改造项目，解决老旧小区的急难愁问题。结合地区发展需求，加快编制不同类型社区的更新规划，强调公共利益优先和功能复合，通过规划调整、土地置换、整体转型或实施空间微改造，探索改造机制，创新改造方式，完善并开放社区公共服务设施和公共空间，逐步改善和缓解老旧居住小区普遍存在的居住配套标准偏低、公共空间不足、养老助残设施缺乏、小区停车难等问题，切实改善居住生活环境。

专栏 4　着力解决住宅小区民生突出问题

加快理顺供电管理体制和推进住宅小区电力设施改造。明确相关专业部门职责，到2020年，全面完成改造工作。理顺住宅小区供电管理体制。

加快二次供水改造。“十三五”时期，全面完成中心城区及郊区居民住宅小区二次供水设施改造，并实现供水企业管水到表。

加快老旧住宅小区消防设施改造更新。重点整治住宅建筑消防通道堵塞、楼道堆物、消防设施缺损等问题；完善各项规章制度，严格执行住宅小区消防安全技术标准。

加快老旧电梯安全风险评估和更新改造。力争用3年时间，完成住宅小区老旧电梯安全评估；用5年时间，基本解决使用年限超过15年的早期商品房、“售后房”、直管公房和系统公房以及混合型住宅等小区老旧电梯存在的安全风险问题。

（五）推进农村低收入户危旧房改造

修订农村低收入户危旧房改造对象认定办法，推进农村住房救助工作规范化、常态化。完善农村住房救助方式，对于符合条件的对象，给予危旧房改造专项资金补助，对于因规划管控等原因不能实施危旧房改造的对象，通过其他方式实施住房救助。建立救助标准动态调整机制，根据经济社会发展水平和物价变化，适时调整农村住房救助标准，提升农村村民住房托底保障水平。

六、夯实基层基础提高住宅管理服务水平

住宅小区是城市管理的基础单元，也是社会治理的重要领域。以党建引领基层社会治理创新，贯彻落实《关于加强本市住宅小区综合治理工作的意见》，理顺主体责任，夯实基层组织，增强社区自治共治、共建共享能力，推动住宅管理行业发展，提高住宅管理精细化、智能化水平，有效改善居住物业服务质量，提高居民的居住满意度。

（一）健全住宅小区综合治理体制

以促进小区管理水平明显提高为目标，完善体制机制，明确责任清单，落实责任制度，确保小区管理有章可循、有法可依。充分发挥住宅小区综合治理联席会议的协调作用和街镇基层组织管理功能，形成跨行业、跨部门的运行机制，确保行业管理、专业服务进入住宅小区。着力理顺市、区、街镇房屋管理机构的职责分工和工作联系，优化区房管局机构设置，增强力量配置，承接好市级部门工作，加强对街镇房屋管理事务机构的业务指导，加快形成条块协作、权责明晰、分级有序、贴近基层的房屋管理工作机制。不断完善城市网格化管理和城市管理综合执法，推动小区管理从发现受理到处置解决的有效循环，不断提高问题发现率和处置率。建立业主（使用人）居住领域信用管理制度，将拒不续筹维修资金、违法建设、破坏房屋承重结构、擅自“居改非”“群租”等违法违规行为录入市公共信用信息服务平台，探索建立诚信制约机制。

（二）党建引领提高社区共治水平

充分发挥居民区党组织在社区各类组织和各项工作的领导核心和战斗堡垒作用，提高居民区党组织整合、统筹、协调社区资源的能力。推动区域化党建工作向居民区延伸。

着力加强居民区党组织建设，在支持和保障居委会、业委会、物业公司依法履行的同时，建立健全以居委会为主导，居民为主体，业委会、物业公司、驻区单位、群众团体、社会组织、群众活动团队等共同参与的居民区治理架构。

强化居委会在业主大会、业主委员会组建、换届和日常运作中的指导和监督职责，充分发挥业主大会、业主委员会在小区公共事务中的作用。居委会要组织引导居民制定并根据自治章程开展自治。把物业管理、环境卫生、社区安全、“五违四必”整治等社区管理难点问题作为居民区治理和居民自治的重点。鼓励居委会积极运用新媒体手段，拓展自治渠道和平台，推动自治方式的信息化和现代化。

（三）加快推进居住物业服务市场化

加快培育专业服务和相关维修服务市场主体，引导规模小的物业服务企业走专业化发展道路。建立物业服务市场信息发布机制，行业协会或第三方中介机构定期发布物业服务内容、标准和价格等信息。完善住宅专项维修资金补建、续筹管理制度，加快解决商品住宅专项维修资金和售后房“三项维修资金”等历史遗留问题，建立日常续筹机制，鼓励在收取物业服务费的同时代收住宅专项维修资金。鼓励物业服务企业做大做强，培育一批竞争力强、品牌度高的现代大企业、大集团，逐步形成以龙头企业为引领，中小企业协同发展的现代物业服务企业集群。

（四）促进居住物业管理行业健康发展

全面认识居住物业管理与民生的密切关系，改善行业发展外部环境，激发市场活力，加大财政投入，落实扶持政策，促进行业进入良性发展轨道。进一步健全多层级的物业服务标准体系，修订住宅物业服务行业规范，修订完善住宅物业服务标准等推荐性地方标准。继续完善和推行物业管理招投标制度，精简投标环节和程序，进一步规范机构和人员的代理行为，提高评标专家的筛选、甄别、优选能力。加快完善物业服务企业及从业人员信用信息管理制度，加强事中事后动态监管，优化对违规行为发现、处置等流程，增强全行业信用信息在社会公众中的公开透明度。

七、完善因层施策的住房公积金制度

紧密结合国家对住房公积金制度的改革和发展要求，改进和完善缴存、提取、使用与监管机制，逐步扩大受益群体覆盖面，探索拓宽提取使用和支持渠道，根据社会不同层次的需求“因层施策”，充分发挥住房公积金在促进本市职工住有所居、推进购租并举、降低住房成本等方面的制度功能。

（一）逐步扩大受益群体覆盖面

按照《住房公积金管理条例》和户籍制度改革新要求，加强宣传和执法，重点推进在沪合法稳定就业的职工缴存住房公积金，增加对自愿缴存群体的吸引力，进一步扩大住房公积金覆盖面。稳定和适当调整住房公积金缴存比例。充分发挥住房公积金的普惠性、保障性和互助性等优势，积极扩大受益范围，不断提升住房公积金在解决住有所居方面的保障作用。

（二）研究拓展提取和使用渠道

继续严格执行住房公积金差别化信贷政策，积极支持职工用于自住的首套及改善型普通商品住房购房贷款需求，坚决抑制投资投机性购房需求。按照“因层施策”的要求，支持新市民、新就业的大学毕业生和中低收入家庭解决住房问题。研究拓展住房公积金提取和使用途径，支持购租并举的住房体系和公共租赁住房建设。探索住房公积金政策的人才导向，对经认定的科创和青年人才适当放宽提取使用条件。探索市场化配置资金，有效盘活存量贷款资产，形成充满活力和可持续发展的住房公积金制度。

（三）增强监督和管理服务能力

加强财政监督、审计监督、决策执行监督，积极推进住房公积金综合业务服务和管理平台系统建设，增强住房公积金风险管理能力。加强住房公积金专业人才队伍培养，及时、公开、规范披露住房公积金年度报告，全方位提高住房公积金管理和服务水平。

八、全面提升住房绿色环保节能建设水平

坚持政府引导、市场主导，促进住宅产业转型升级，增强市场动力，完善激励政策，落实监管措施。推广绿色建筑和节能节水节材技术，大力发展新型建造方式，不断提高建设质量，提升居住环境品质。

（一）着力推进装配式建筑发展

转变住房建设模式，加快实现住宅建筑模数化和标准化、住宅建造工业化、住宅生产协作社会化，推进住宅建设管理信息化。“十三五”时期，要形成较完备的装配式住宅技术标准体系、系列部品体系、质量控制体系和上下游产业链。到2020年，符合装配式建造条件的新建住宅全部采用预制装配式技术，全市装配式住宅建筑单体预制率达到40%以上或单体装配率达到60%以上。推广装修部品一体化预制技术，大力推进成品住宅，强化技术集成，改进施工方法，提高全装修住宅的可改造性和耐久性。外环线以内城区和崇明区（除征收安置住房外）新建商品住宅（三层以下的底层住宅除外）实施全装修面积比例达到100%；奉贤区、金山区实施全装修面积比例为30%，到2020年达到50%；其他区域达到50%。公共租赁住房项目全部采用全装修。探索在毛坯交付的保障性住房中推行"大开间"设计理念，并逐步向市场化商品住房延伸，满足住户对空间可变的需要。

（二）加快住房建设科技创新

建立健全推广建筑信息模型（简称"BIM"）技术应用的政策标准体系和推进考核机制，创建国内领先的BIM技术综合应用示范城市。大力推广"节地、节能、节水、节材、环保"的绿色住宅，新建住宅原则上全部按照绿色建筑一星级及以上标准建造。围绕提高住宅质量整体水平，加大科研投入，建立科技创新平台，促进新技术、新材料在住房建设领域中的集成与运用，形成一批研发生产基地和示范建设项目。

（三）完善住宅建设管理机制

强化居住区各项配套设施建设和交付使用管理。居住配套建设坚持统筹规划、配套先行，先地下、后地上，坚持"同步规划、同步设计、同步建设、同步交付"，加大统筹协调和建设管理力度。健全城市基础设施配套费征收标准的动态调整机制，适应住房配套建设的需求；进一步建立健全与住宅配套建设和管理相关的政策机制，强化建设单位的主体责任和经济责任，规范资金使用，提高使用效率。加强统筹规划，中心城区结合城市更新增加托幼、为老和文体活动等公共服务设施，不断提高住宅配套服务能力。强化郊区农民建房管理，引导农民向城镇集中居住，提高农民居住生活质量。进一步完善农民建房管理法规标准，修订农村村民住房建设管理办法，加快村镇规划编制，合理确定保护村庄、保留村庄、撤并村庄的范围和农民建房布点、范围和用地规模，科学引导农村住房建设，落实村民住房建设用地。严格村民住房建设申请条件，简化审核审批程序，优化相关标准。加强村民住房建设技术指导和服务，提升农村住房居住功能、建筑质量和绿色化水平，强化地方传统建筑风貌保护和传承。

（四）完善大型居住社区配套

按照"一次规划、按需实施、确保基本、逐步完善、远近结合、统筹兼顾"的原则，重点推进以保障性住房为主的大型居住社区配套设施建设、移交接管和开办运营。加强市、区与大型居住社区所在街镇衔接，形成推进合力，缩短大型居住社区成熟周期。规划选址、土地供应、设计施工、交付运营应强化分阶段组织实施，满足不同建设时期已入住居民出行、入学、就医、购物等基本生活需求。加大政府资金支持和补贴力度，强化部门间协作，积极引入市、区优质资源，支持社会资本参与大型居住社区市政设施配套建设和运营。

九、落实保障措施

（一）优化住房用地供应，促进产城融合发展

健全住房用地供应机制。加强统筹引导，进一步优化住房用地供应结构。科学编制年度住房用地供应计划，实现商品住房用地供应稳中有升，保障性住房用地确保供应，租赁住房用地大幅增加。完善住房配套市政基础设施和公共服务设施用地配置，提升城市品质和活力，形成宜居宜业的居住环境。结合新一轮城市总体规划空间体系，差别化引导城市住房的有效供给。中心城区合理确定新增住房开发规模与开发强度，提升中心城周边地区的公共配套服务和交通支撑体系水平。进一步促进人口向新城转移和集聚，加强住房布局与轨道交通、就业岗位、公共设施等在空间上的整合。积极引导新市镇住房建设时序，推进重点新市镇住房建设，合理控制一般新市镇住房建设规模，适当控制远郊其他新市镇住房建设时序。结合城市更新，盘活存量土地资源，提高土地利用效率。有条件的地方，可适当提高建筑容量。

促进产城融合发展。建立与区域人口规模、人口结构、产业分布相匹配的住房供应体系。针对产业集中区域，重点增加居住及

生活服务功能，提供人才公寓等多样化住宅产品，打造不同类型、功能复合的新型产业社区，大幅提高重点发展区域租赁住房的供应比例。针对大型居住社区，着重在周边增加产业用地和就业岗位，完善公共服务、环境品质，加强大型居住社区和城镇融合发展。在中心城及周边区域、新城和新市镇生活区内适度保留符合产业导向、经济效益好、环境影响小的工业地块，结合工业转型升级和城市更新，形成量多面广、规模较小的嵌入式创新空间，打造宜居宜业社区。

（二）加大财税支持力度，促进住房民生改善

加大财政资金投入并形成稳定的财政支持机制。加大对保障性安居工程等方面的财政资金投入，形成稳定的财政支持机制。加大对旧住房改造和住宅小区综合治理的资金支持，确保各项工作平稳有序开展。

深化落实住房相关税收政策。继续落实保障性住房税收优惠和差别化的住房税收政策，支持合理的自住需求，抑制投资投机性需求。落实好各项税收政策，支持和促进住房租赁市场与居住类物业服务行业的健康发展。

（三）完善金融支持政策，促进市场平稳发展

完善保障性住房的金融支持。积极引导保险资金、社保基金、企业年金和其他资金参与保障性住房建设与运营。通过发行企业债券和中期票据等方式扩大融资渠道。探索PPP模式在保障性住房项目中的运用，研究房地产信托投资基金以股权方式参与保障性住房项目。加大对共有产权保障住房的金融支持力度。

加强住房金融管理，提高住房金融服务水平，发挥金融对居民合理自住购房支持作用。完善房地产金融宏观审慎管理，加强商品住房交易资金来源监管。根据市场变化，适时调整住房金融相关政策，完善差别化住房信贷政策，严格限制信贷流向投资投机性购房，促进本市房地产市场平稳健康发展。

加大对住房租赁企业的金融支持。鼓励银行业金融机构优化信贷结构，加大对住房租赁企业信贷支持力度，同时积极开展产品创新为住房租赁企业提供融资支持。鼓励证券公司及基金管理公司子公司在依法合规前提下，向有融资需求的住房租赁企业提供金融服务，支持符合条件的住房租赁企业发行债券或不动产证券化产品。稳步推进房地产投资信托基金（REITs）试点。鼓励保险机构依据相关法律法规规定，以投资理财产品、信贷资产支持证券、集合资金信托计划、专项资产管理计划和项目资产支持计划等金融产品，为符合条件的住房租赁企业提供金融支持。

（四）健全管理信息系统，提高住房管理效率

完善住房信息管理服务体系。加大信息化建设资金保障力度，建立统一的房屋数据库、住宅小区基础管理信息平台，促进房地产市场和住房保障管理系统升级，优化住房公积金信息系统，建设房屋管理信用平台，全面提高住房信息化水平。构建房屋管理信用体系，建立房屋管理信用信息数据库，构建信用信息管理平台，支持信用体系建设。

积极推动智慧小区建设。以促进居民生活更便捷、更安全、更和谐为导向，以移动应用服务等新技术推广为切入点，建立和完善智慧小区服务功能，引导居民有序参与社区自治管理，夯实住宅小区综合治理基础，推动智慧小区试点示范建设。

（五）创新行政管理方式，提高政府服务水平

推进住房法制建设。加强住房领域法规规章的立改废释工作，形成较为完备的法律基础。制定上海市住房保障等地方性法规，形成廉租住房、公共租赁住房、共有产权保障住房和征收安置住房等政府规章。健全住

房市场法规体系，修订和完善上海市房屋租赁、住宅物业管理等有关规定，制定上海市公租房管理办法、地产开发经营、房地产转让等有关条例和租赁市场实施细则。

提高市场监管能力。为房地产业各类市场主体创造公平开放、统一竞争的发展环境。全面清理行政审批事项，加强事中事后监督，实施房地产业“负面清单”管理模式。健全房地产市场监测分析机制，运用经济和法律手段，调节住房供求关系，促进供需平衡。继续加强调控政策论证、评估和储备工作。

优化公共服务供给。加大政府购买公共服务力度，研究制定政府购买住房保障公共服务的具体实施办法，明确相关职能和分工。引导社会力量参与住房公共服务，重点培育和发展非营利组织、代理经租机构等参与保障性住房运营与管理。加强住房保障基层机构和队伍建设，进一步健全市、区、街镇三级住房保障机构，保证必要的人员和经费投入，提升住房保障从业人员队伍素质，加强规范管理。

（六）探索研究重大问题，推进住房转型升级

积极探索住房质量保险制度。强化住房使用期间质量保险责任，在保障性住房和商品住房中推行工程质量潜在缺陷保险，并在土地出让合同中将工程质量潜在缺陷保险列入土地出让条件。健全保险公司对住房质量缺陷的追偿制度，对理赔事件后的具体代位追偿做出明确规定。

推进房屋使用安全立法。扩大房屋使用安全立法覆盖房屋的类型范围。明确房屋设计建造、房屋使用安全管理责任主体和责任范围，建立合理完备的房屋安全责任体系。加强房屋使用安全监管力度，强化房屋使用安全保障机制。

推进海绵型住区建设。根据海绵城市建设要求，制定海绵型住区建设控制指标。支持住宅小区、公共空间和建筑采用绿色屋顶、下凹式绿地、透水铺装等海绵化措施，鼓励雨水调蓄设施建设与绿地、水体建设相结合。在小区雨水系统设计中，推进海绵城市等措施与市政雨水排水系统的有效衔接。

推进住房适老化改造。结合城市更新，编制旧住房适老化改造技术标准，推动对旧住房内外部空间适老化功能改造。制订养老住宅智能系统设计规范，构建旧住房智能化系统。按照养老服务设施建设相关要求，优化大型居住社区配套设施建设。

创新居住类优秀历史保护建筑利用途径。充分利用现有加固、修缮和保护技术对居住类优秀历史保护建筑进行适应性改造，最大限度保持原有住房的历史文脉和传统风貌。探索对交通和配套条件较好的居住类历史保护建筑进行更新改造，可作为公共租赁住房房源，使住房保障与居住类优秀历史保护建筑有效结合，从而打造可以阅读的建筑、适合漫步的街区，让城市始终是有温度的。

（七）建立健全推进机制，全面落实规划任务

落实工作责任。按照“市区联手、以区为主”的原则，市级层面负责本市住房发展的制度设计，组织协调各项政策措施的落实推进，各区政府要对本行政区域内住房发展负主体责任。区层面要把促进住房市场平稳发展、推进住房保障、服务百姓安居纳入政府工作目标，建立多部门联合的工作体制，明确各相关部门职责分工和任务要求，健全信息沟通、政策协调和工作协同机制，各负其责，密切配合，形成工作合力，有序推进规划任务落实。

完善规划评估机制。结合住房发展规划实施，适时开展中期和期末评估。在住房发展规划评估基础上，进一步完善规划任务和工作重点，使规划更加符合上海住房发展实际。

鼓励社会广泛参与。加大宣传力度，鼓励社会公众参与，营造良好社会氛围。广泛

征求并听取专家和公众意见，科学民主决策，及时向社会公布规划和年度实施计划完成情况。充分发挥相关行业协会和中介组织作用，加强行业自律，维护市场秩序。

健全绩效考评制度。建立上海住房发展绩效评价指标体系，制定综合绩效考核办法。定期考核市、区两级政府和相关部门在规划实施中的职责分工和协调配合情况。加大对市、区各部门监督检查力度，确保本规划顺利实施。

附件：上海市住房发展“十三五”规划主要指标

附件

上海市住房发展“十三五”规划主要指标

序号	指标名称	单位	属性	到2020年（五年累计）
1	新增供应商品住房	万套	预期性	45
2	新增供应租赁住房	万套	预期性	70
3	新增供应保障性住房	万套	预期性	55
4	旧住房综合改造面积	万户	预期性	30
5	中心城区二级旧里以下房屋改造面积	万平方米	约束性	240
6	各类旧住房修缮改造面积（含纳入保障性安居工程的旧住房综合改造面积）	万平方米	预期性	5000

关于深化城市有机更新促进历史风貌保护工作的若干意见

沪府发〔2017〕50号（2017年7月13日）

为深化城市有机更新，更好地传承城市历史文脉，强化城市历史风貌保护工作，进一步改善居民生活环境，根据《中共中央国务院关于进一步加强城市规划建设管理工作的若干意见》、国务院发布的《历史文化名城名镇名村保护条例》以及《上海市历史文化风貌区和优秀历史建筑保护条例》《上海市文物保护条例》，现就深化城市有机更新、促进历史风貌保护工作提出如下意见：

一、明确适用范围和指导思想

（一）适用范围。本意见适用于按照《历史文化名城名镇名村保护条例》《上海市历史文化风貌区和优秀历史建筑保护条例》《上海市文物保护条例》等确定的历史文化风貌区、风貌保护街坊、风貌保护道路（街巷）、保护建筑（包括不可移动文物和优秀历史建筑）以及经法定程序认定的其他保护保留对象的保护管理工作。

（二）指导思想。坚持“以保护保留为原则、拆除为例外”的总体工作要求，遵循“规划引领、严格保护，区域统筹、分类施策，政府引导、多方参与”的原则，按照整体保护的理念，积极推进历史风貌保护工作，改善居民生活环境。

二、加强组织领导

（一）完善上海市历史风貌保护工作机制。工作机制由市领导及市相关部门负责人组成，统一领导和统筹协调本市历史文化名城名镇名村及历史文化风貌区、风貌保护街坊、风貌保护道路（街巷）、保护建筑以及经法定程序认定的其他保护保留对象的保护工作。日常工作由市规划国土资源部门承担。

（二）明确市级部门分工。市规划国土资源部门负责协调全市历史风貌保护规划和土地管理工作，会同相关部门指导历史风貌保护项目的实施。

市住房城乡建设管理部门负责全市各类保护保留历史建筑的保护修缮及征收、置换等相关工作，协调各区按照历史风貌保护要求，推进各类保护保留历史建筑的分类实施工作。

市文物部门负责全市不可移动文物的管理工作。

市财政部门会同相关部门制定本市历史风貌保护及城市更新专项资金管理办法，统筹安排相应资金，指导区财政贯彻落实相关政策。

市相关部门依法履行相应的指导、管理和监督职责，制定专业标准和配套政策。

（三）落实区政府职责。区政府是推进本行政区域内历史风貌保护工作的实施主体，应当对历史风貌保护相关实施项目开展风貌评估并制订年度实施计划，提出并落实历史风貌保护范围内居住困难的居民生活条件的改善措施。区政府应当指定相应部门作为专门的推进机构，具体负责组织、落实、督促和管理历史风貌保护工作。

三、建立促进历史风貌保护管理制度

对本市历史风貌保护实施项目，实行风貌评估、实施计划和实施监管相结合的管理制度。

（一）风貌评估和实施计划。风貌评估应当对历史风貌保护实施项目明确保护保留对象、保护更新模式、适用政策的范围和要求。实施计划应当对历史风貌保护相关实施项目的建设内容和时间节点做出具体安排。区政府应当将风貌评估和年度实施计划报送至市规划国土资源部门认定。

（二）实施监管。实施监管包括土地全生命周期管理及评估考核。市规划国土资源部门应当组织市相关部门，对各区政府申报的风貌评估和年度实施计划进行项目认定，经综合平衡，形成本市风貌保护项目年度实施计划，并通过土地全生命周期管理和评估考核，对经认定的历史风貌保护实施项目的推进情况和配套政策的落实情况实施监管。

四、完善历史风貌保护支持政策

（一）设立历史风貌保护及城市更新专项资金。市、区两级政府统筹土地出让收入、公有住房出售净归集资金及其增值收益、直管公房征收（拆迁）补偿款和财政预算安排资金，分别设立市、区历史风貌保护及城市更新专项资金。市级专项资金主要用于支持经认定的历史风貌保护相关支出及重点旧改地块改造、配套基础设施建设完善以及旧住房和保护建筑修缮改造补助等。

（二）加快出台规划和土地支持政策。研究建立历史风貌保护开发权转移机制。允许历史风貌保护相关用地因功能优化再次利用，进行用地性质和功能调整。为鼓励更多的保护保留历史建筑，除原法定保护保留对象外，经认定为确须保护保留的新增历史建筑，可以给予开发建筑面积的奖励。

经认定的历史风貌保护实施项目，所用土地可以按照保护更新模式，采取带方案招拍挂、定向挂牌、存量补地价等差别化土地供应方式，带保护保留建筑出让。

（三）进一步完善保护修缮和安置支持政策。进一步加大保护保留历史建筑修缮力度，提高修缮标准，积极推进厨卫设施成套使用，不断改善居住环境，以保护修缮改造为主的项目纳入旧改任务和计划。在居民安置等方面给予支持政策，研究并采取“协议置换”“居民抽稀”“征而不拆”等多种方式实施。

（四）逐步健全其他支持政策。市发展改革、绿化市容、消防、抗震、水务等相关部门根据各自职责分工，从积极推进历史风貌保护工作的角度出发，分别研究制定配套支持政策和技术标准。

五、明确保护更新模式

各区政府在风貌评估阶段，可以按照本市相关管理规定，根据“历史毛地出让”、旧区改造等不同情形，合理确定保护更新模式，鼓励多方共同参与历史风貌保护项目的实施。

六、强化土地全生命周期管理和评估考核

（一）实行土地全生命周期管理。市规划国土资源部门会同市住房城乡建设管理、发展改革、财政、文物等相关部门，将保护保留对象、保护更新方式、日常保护修缮维护、物业持有、持有年限、项目的开发时序和进度安排等要求，一并纳入土地出让合同、划拨决定书等，实行历史风貌保护实施项目的土地全生命周期管理。

（二）强化评估考核。市规划国土资源部门根据年度实施计划，对经认定的历史风貌保护实施项目进行监管，对相关规划调整、土地房屋征收、置换、土地供应、保护修缮等工作要求的落实情况，相关配套政策实施和资金使用情况等，进行评估考核。评估考核结果作为后续项目申请认定的有关依据。

本意见自2017年8月1日起施行，有效期至2022年7月31日。

上海市人民政府关于修改《上海市流动户外广告设置管理规定》《上海市户外广告设施管理办法》的决定

上海市人民政府令第53号（2017年7月13日）

经研究，市人民政府决定对《上海市流动户外广告设置管理规定》《上海市户外广告设施管理办法》做如下修改：

一、对《上海市流动户外广告设置管理规定》的修改

1. 将第三条第二款修改为："市工商行政管理部门和区市场监督管理部门负责本市流动户外广告内容的监督管理。"

2. 删去第六条第一款。

3. 将第三条第三款、第十四条第一款的"交通港口"修改为"交通"。

4. 将第十一条第一款的"交通港口行政管理部门"修改为"交通行政管理部门"。

5. 将第十二条的"工商行政管理部门"修改为"市工商行政管理部门或者区市场监督管理部门"。

6. 将本规定中的"区（县）"统一修改为"区"。

二、对《上海市户外广告设施管理办法》的修改

1. 将第四条第三款、第四款修改为："市工商行政管理部门和区市场监督管理部门负责户外广告内容的监督管理。

本市住房城乡建设、交通、公安、质量技监、环保、价格、财政等部门按照各自职责，协同实施本办法。"

2. 将第七条第一款修改为："区绿化市容行政管理部门应当会同区规划、市场监督等有关行政管理部门根据阵地规划，组织编制所辖区域内的实施方案，报市绿化市容行政管理部门，由市绿化市容行政管理部门会同市规划、工商等有关行政管理部门批准后实施。"

3. 删去第十四条第三款第（三）项。

4. 删去第十五条第（四）项。

5. 将第十六条修改为："市或者区绿化市容行政管理部门应当自收到非公共阵地设置户外广告设施的申请之日起2个工作日内，将户外广告设施设置规划建设的有关材料书面征求同级规划行政管理部门的意见。规划行政管理部门要求申请人补正材料的，应当在收到征求意见之日起2个工作日内，一次性告知市或者区绿化市容行政管理部门；市或者区绿化市容行政管理部门应当及时告知申请人补正材料。

受理申请后，规划行政管理部门应当在收到征求意见之日起10个工作日内提出审查意见，并书面告知市或者区绿化市容行政管理部门；审查不同意的，应当书面说明理由。

市或者区绿化市容行政管理部门收到审查意见后，应当按照下列规定办理：

（一）经规划行政管理部门审查同意的，市或者区绿化市容行政管理部门应当在3个工作日内做出审批决定，书面告知申请人；不予批准的，应当书面说明理由。

（二）经规划行政管理部门审查不同意的，市或者区绿化市容行政管理部门应当立即将规划行政管理部门的审查意见及其理由送达申请人。

经审批同意设置户外广告设施的，申请人应当直接向区规划行政管理部门申领《建设工程规划许可证（零星）》。对材料齐全、

符合法定形式要求的，规划行政管理部门应当在3个工作日内予以发放。”

6. 删去第十九条第二款。

7. 将第十九条第三款修改为：“户外广告设施设置人发生变更的，应当自变更之日起10日内，向市或者区绿化市容行政管理部门办理变更手续。”

8. 将第十四条第一款、第三十二条、第三十三条的“工商”修改为“工商（市场监督）”。

9. 将第三十条的“工商行政管理部门”修改为“市工商行政管理部门或者区市场监督管理部门”。

10. 将本办法中的“区（县）”统一修改为“区”。

本决定自2017年7月13日起施行。

《上海市流动户外广告设置管理规定》《上海市户外广告设施管理办法》根据本决定做相应修改并对条文顺序做相应调整后，重新公布。

上海市流动户外广告设置管理规定

（2010年12月30日上海市人民政府令第57号公布，根据2017年7月13日上海市人民政府令第53号公布的《上海市人民政府关于修改〈上海市流动户外广告设置管理规定〉〈上海市户外广告设施管理办法〉的决定》修正并重新公布）

第一条（目的和依据）

为了加强本市流动户外广告设置的管理，维护交通秩序，保持城市容貌整洁，制定本规定。

第二条（适用范围和定义）

本市行政区域内流动户外广告的设置及其相关管理活动，适用本规定。

本规定所称的流动户外广告，是指利用车辆、船舶、飞艇、无人驾驶自由气球等可以移动的特殊载体设置的户外广告。

第三条（管理部门）

市绿化市容行政管理部门负责本市流动户外广告设置的监督管理和综合协调。

市工商行政管理部门和区市场监督管理部门负责本市流动户外广告内容的监督管理。

本市交通、公安交通、气象等行政管理部门和民航华东地区管理局、上海海事局按照各自职责，协同实施本规定。

第四条（禁止设置的情形）

禁止专门用于发布户外广告的车辆、船舶、飞艇和无人驾驶自由气球在本市行政区域内行驶或者航行。

除轨道交通车辆、公共汽电车、出租车和货运出租车外，禁止利用其他车辆设置经营性户外广告。

除客渡船、旅游客船外，禁止利用其他船舶设置经营性户外广告。

除空中游览飞艇外，禁止利用其他飞艇或者无人驾驶自由气球设置经营性户外广告。

第五条（设置规范）

利用轨道交通车辆、公共汽电车、出租车、货运出租车、客渡船、旅游客船和空中游览飞艇设置经营性户外广告的，除分别遵守国家和本市有关道路、水上和航空交通管理规定外，应当遵守本市流动户外广告设置技术规范的要求。

单位利用自有车辆、船舶、飞艇或者无人驾驶自由气球发布本单位名称、标识等信息的，除分别遵守国家和本市有关道路、水上和航空交通管理规定外，应当遵守本市流动户外广告设置技术规范的要求。

流动户外广告设置技术规范，由市绿化市容行政管理部门会同有关行政管理部门制定并对外公布。

流动户外广告设置技术规范制定过程中，应当将设置技术规范草案予以公示，并征求相关社会组织、专家和社会公众的意见。

第六条（户外广告内容的要求）

流动户外广告内容应当符合法律、法规和规章的规定，应当真实、健康，不得以任何形式欺骗用户和消费者。流动户外广告使用的汉字、字母和符号，应当符合国家规定。

流动户外广告内容中，公益广告内容所占的面积或者时间比例不得低于10%。

禁止发布内容可能产生不良影响的流动户外广告。可能产生不良影响的户外广告具体范围，由市工商行政管理部门另行规定并对外公布。

第七条（维护管理）

流动户外广告的设置人，应当对流动户外广告进行维护保养，保持其整洁、完好。流动户外广告有破损、污浊、腐蚀、陈旧情形的，应当及时修复或者更新。

第八条（投诉处理）

任何单位和个人发现有违反本规定情形的，可以向绿化市容行政管理部门、城管执法部门以及其他有关行政管理部门投诉或者举报。有关行政管理部门接到投诉或者举报后，应当在规定期限内进行处理，并将处理结果予以反馈。

第九条（已有规定行为的处罚）

对违反本规定的行为，法律、法规、规章已有处罚规定的，从其规定。

第十条（违反禁设情形的处罚）

违反本规定第四条第一款规定，专门用于发布户外广告的车辆、船舶、飞艇或者无人驾驶自由气球在本市行政区域内行驶或者航行的，由市或者区城管执法部门责令限期改正，处以3万元以上10万元以下的罚款。

违反本规定第四条第二款、第三款、第四款规定，利用其他车辆、船舶、飞艇或者无人驾驶自由气球设置经营性户外广告的，由市或者区城管执法部门责令限期改正，处以2000元以上3万元以下的罚款。

第十一条（违反设置规范的处罚）

违反本规定第五条第一款规定，利用轨道交通车辆、公共汽电车或者出租车设置经营性流动户外广告不符合技术规范的，由市或者区交通行政管理部门责令限期改正，处以2000元以上2万元以下的罚款；利用其他载体设置经营性流动户外广告不符合技术规范的，由市或者区城管执法部门责令限期改正，处以2000元以上2万元以下的罚款。

违反本规定第五条第二款规定，单位利用自有车辆、船舶、飞艇或者无人驾驶自由气球发布本单位名称、标识等信息不符合技术规范的，由市或者区城管执法部门责令限期改正，处以1000元以上2万元以下的罚款。

第十二条（违反广告内容发布要求的处罚）

违反本规定第六条第二款、第三款规定，公益广告未达到发布比例要求或者广告内容可能产生不良影响的流动户外广告的，由市工商行政管理部门或者区市场监督管理部门责令限期改正，处以3000元以上3万元以下的罚款。

第十三条（违反维护要求的处罚）

违反本规定第七条规定，流动户外广告未保持整洁、完好或者未及时修复、更新的，由市或者区城管执法部门责令限期改正；逾期不改正的，处以20元以上200元以下的罚款。

第十四条（协助执法）

本市交通、公安交通、气象等行政管理部门和民航华东地区管理局、上海海事局应当采取必要的措施，提供必要的信息，协助绿化市容行政管理部门和城管执法部门做好流动户外广告设置的监督管理和行政处罚工作。

前款协助执法的行政管理部门发现有违反本规定行为的，应当收集有关证据材料，并将案件材料移送至城管执法部门。

第十五条（施行日期）

本规定自2011年1月1日起施行。

上海市户外广告设施管理办法

（2010年12月30日上海市人民政府令第56号公布，根据2017年7月13日上海市人民政府令第53号公布的《上海市人民政府关于修改〈上海市流动户外广告设置管理规定〉〈上海市户外广告设施管理办法〉的决定》修正并重新公布）

第一条（目的和依据）

为了规范本市户外广告设施的管理，根据《中华人民共和国广告法》《上海市市容环境卫生管理条例》《上海市城乡规划条例》和其他有关法律、法规的规定，结合本市实际，制定本办法。

第二条（适用范围）

本办法适用于本市行政区域内户外广告设施的设置及其相关管理活动。

第三条（定义）

本办法所称户外广告设施是指利用建筑物、构筑物、场地（以下统称阵地）设置的霓虹灯、展示牌、电子显示装置、灯箱、实物造型以及其他形式的向户外空间发布广告的设施。

第四条（管理部门）

市绿化市容行政管理部门负责本市户外广告设施设置的监督管理和综合协调；区绿化市容行政管理部门负责所辖区域内户外广告设施设置的监督管理。

市和区规划行政管理部门负责户外广告设施设置的规划许可及其监督管理。

市工商行政管理部门和区市场监督管理部门负责户外广告内容的监督管理。

本市住房城乡建设、交通、公安、质量技监、环保、价格、财政等部门按照各自职责，协同实施本办法。

第五条（设置要求）

设置户外广告设施，应当符合户外广告设施设置规划（以下简称阵地规划）及其实施方案和有关技术规范的要求。

单位利用其经营场所门楣部位设置的电子显示装置，发布本单位名称、标识等信息的，应当符合有关技术规范的要求。

第六条（阵地规划编制）

市绿化市容行政管理部门应当会同市规划、工商等有关行政管理部门，根据城市的风貌、格局和区域功能组织编制阵地规划，报市人民政府批准后实施。

阵地规划应当明确户外广告设施的禁设区、展示区和控制区以及相应的管理要求。

第七条（实施方案编制）

区绿化市容行政管理部门应当会同区规划、市场监督等有关行政管理部门根据阵地规划，组织编制所辖区域内的实施方案，报市绿化市容行政管理部门，由市绿化市容行政管理部门会同市规划、工商等有关行政管理部门批准后实施。

实施方案应当符合本办法以及阵地规划的要求。

第八条（技术规范编制）

市绿化市容行政管理部门应当根据国家和本市有关城市容貌、规划、环保等方面的技术标准，会同有关行政管理部门编制户外广告设施设置技术规范（以下简称技术规范）。

第九条（公示和征求意见）

阵地规划、实施方案和技术规范编制过程中，组织编制机关应当采取论证会、座谈会等方式征求相关社会组织和专家的意见，并根据意见对阵地规划、实施方案和技术规范草案予以修改、完善。

阵地规划、实施方案和技术规范报送审批前，组织编制机关应当将阵地规划、实施方案和技术规范草案公示，并采取座谈会、听证会或者其他方式，征求社会公众意见。公示时间不得少于30日，公示的时间、地点以及意见征集方式应当在本市有关政府网站上公告。组织编制机关应当充分考虑社会公众的意见，并在报送审批的材料中，附具意见采纳情况及理由。

阵地规划、实施方案和技术规范经批准

后，组织编制机关应当在有关政府网站予以全文公布，并对社会公众意见的采纳情况予以答复。

第十条（修改要求）

阵地规划、实施方案和技术规范经批准后，不得擅自变更；确需变更的，组织编制机关应当按照本办法第六条、第七条、第八条和第九条的要求组织修改。

第十一条（禁止设置的情形）

有下列情形之一，不得设置户外广告设施：

（一）利用交通安全设施、交通标志的；

（二）影响市政公共设施、交通安全设施、交通标志使用的；

（三）妨碍居民正常生活，损害城市容貌或者建筑物形象的；

（四）利用行道树或者损毁绿地的；

（五）在国家机关、风景名胜区用地范围内的；

（六）在文物保护单位、优秀历史建筑的建筑控制地带内的。

禁止在本市道路红线范围内设置户外广告设施，但利用公共汽电车候车亭、公用电话亭设置的附属式户外广告设施除外。

第十二条（阵地使用权的取得）

利用公共阵地设置户外广告设施的，阵地使用权应当通过拍卖、招标的方式取得。

利用非公共阵地设置户外广告设施的，阵地使用权可以通过协议、拍卖、招标等方式取得。

公共阵地的范围由市绿化市容行政管理部门会同市规划行政管理部门提出方案，报市人民政府批准后执行。

公共阵地使用权拍卖、招标的具体办法，由市绿化市容行政管理部门会同其他有关行政管理部门制定。

第十三条（管理权限）

利用内环高架道路、延安高架道路、南北高架道路、沪闵高架道路、逸仙路高架道路以及市人民政府确定的重要区域内的公共阵地设置户外广告设施的，由市绿化市容行政管理部门组织公共阵地使用权拍卖、招标。利用其他公共阵地设置户外广告设施的，由区绿化市容行政管理部门组织公共阵地使用权拍卖、招标。

利用市人民政府确定的重要区域内的非公共阵地设置户外广告设施的申请，由市绿化市容行政管理部门受理。利用其他非公共阵地设置户外广告设施的申请，由区绿化市容行政管理部门受理。

第十四条（公共阵地设置户外广告设施的手续）

市或者区绿化市容行政管理部门组织公共阵地使用权拍卖、招标时，应当制订拍卖、招标方案，并征求同级规划、工商（市场监督）等有关行政管理部门的意见。

户外广告设施设置人通过拍卖、招标方式取得公共阵地使用权的，应当与市或者区绿化市容行政管理部门签订公共阵地使用合同，并缴纳公共阵地使用费。公共阵地使用费应当全额上缴财政。

户外广告设施设置人办理下列手续后，方可设置户外广告设施：

（一）向区规划行政管理部门申请《建设工程规划许可证（零星）》；

（二）将户外广告设施的设计图、设置效果图、阵地使用合同向市或者区绿化市容行政管理部门备案。

第十五条（非公共阵地设置户外广告设施的申请）

利用非公共阵地设置户外广告设施的，设置人应当向市或者区绿化市容行政管理部门提出申请，并提供下列材料：

（一）营业执照；

（二）广告经营合同；

（三）广告样稿；

（四）户外广告设施设置阵地使用权的证明；

（五）户外广告设施阵地位置关系图；

（六）户外广告设施设计图、设置效果图；

（七）户外广告设施设置施工图。

第十六条（非公共阵地设置户外广告设施的审批）

市或者区绿化市容行政管理部门应当自收到非公共阵地设置户外广告设施的申请之日起2个工作日内，将户外广告设施设置规划建设的有关材料书面征求同级规划行政管理部门的意见。规划行政管理部门要求申请人补正材料的，应当在收到征求意见之日起2个工作日内，一次性告知市或者区绿化市容行政管理部门；市或者区绿化市容行政管理部门应当及时告知申请人补正材料。

受理申请后，规划行政管理部门应当在收到征求意见之日起10个工作日内提出审查意见，并书面告知市或者区绿化市容行政管理部门；审查不同意的，应当书面说明理由。

市或者区绿化市容行政管理部门收到审查意见后，应当按照下列规定办理：

（一）经规划行政管理部门审查同意的，市或者区绿化市容行政管理部门应当在3个工作日内作出审批决定，书面告知申请人；不予批准的，应当书面说明理由。

（二）经规划行政管理部门审查不同意的，市或者区绿化市容行政管理部门应当立即将规划行政管理部门的审查意见及其理由送达申请人。

经审批同意设置户外广告设施的，申请人应当直接向区规划行政管理部门申领《建设工程规划许可证（零星）》。对材料齐全、符合法定形式要求的，规划行政管理部门应当在3个工作日内予以发放。

第十七条（设施设置的期限）

户外广告设施应当自收到批准决定之日起6个月内设置；逾期未设置的，其审批自行失效。

户外广告设施的设置期限一般不超过3年，电子显示装置形式的户外广告设施的设置期限不超过6年。具体设置期限标准由市绿化市容行政管理部门根据户外广告设施的材料、尺寸等因素另行规定。

户外广告设施设置的申请期限符合设置期限标准的，市或者区绿化市容行政管理部门应当按照申请期限予以批准。

户外广告设施设置期满后，属于使用公共阵地的，应当按照本办法第十四条的规定重新组织拍卖、招标；属于使用非公共阵地需要延期的，应当在设置期满30日前，向原审批机关办理延期的审批手续。

第十八条（临时性户外广告设施）

因举办大型文化、体育、商业等活动，需要设置临时性户外广告设施的，设置人应当制订临时性户外广告设施设置方案，并报市或者区绿化市容行政管理部门批准。

临时性户外广告设施设置方案应当符合有关技术规范的要求；设置期限不超过30日。

第十九条（设施设置变更）

户外广告设施应当按照经批准的设计图、设置效果图予以设置，不得擅自变更。需要变更的，应当按照本办法规定，重新办理审批手续。

户外广告设施设置人发生变更的，应当自变更之日起10日内，向市或者区绿化市容行政管理部门办理变更手续。

第二十条（审批的变更和撤回）

户外广告设施设置审批所依据的法律、法规、规章修改或者废止，或者准予设置户外广告设施审批所依据的客观情况发生重大变化的，为了公共利益的需要，经市人民政府批准，审批机关可以依法变更或者撤回已经生效的行政审批，并书面告知户外广告设施设置人。由此给设置人造成财产损失的，审批机关应当依法给予补偿。

第二十一条（创新户外广告设施设置论证）

申请设置具有特殊创新要求的新形式户

外广告设施，没有相应技术规范要求的，市绿化市容行政管理部门应当组织相关专家进行技术论证；经论证符合安全、市容景观等要求的，准予设置。

第二十二条（电子显示装置的源头管理）

新建、改建、扩建建设工程时，利用建筑物、构筑物外立面设置电子显示装置的，建设单位应当在向市或者区规划行政管理部门申请审查设计方案时，提交电子显示装置的设计方案等材料。

市或者区规划行政管理部门在审查建设工程设计方案时，应当就电子显示装置设置是否符合阵地规划及其实施方案和有关技术规范的规定，征求建设工程所在地区绿化市容行政管理部门的意见。

经审查不符合规定的，市或者区规划行政管理部门不予批准并告知理由。

第二十三条（维护义务）

户外广告设施设置人应当按照《上海市市容环境卫生管理条例》的有关规定，对户外广告设施进行维护保养，保持户外广告设施的整洁、完好。

户外广告设施配备的照明设备，应当符合市绿化市容行政管理部门制定的有关照明规范的要求。

第二十四条（安全管理）

户外广告设施设置人应当按照《上海市市容环境卫生管理条例》的有关规定，加强对户外广告设施的日常管理和安全检查，确保户外广告设施牢固、安全。

户外广告设施设置期满2年的，设置人应当在每年6月1日前，按照户外广告设施安全技术标准的规定进行安全检测，并向市或者区绿化市容行政管理部门提交安全检测报告；对安全检测不合格的户外广告设施，设置人应当立即整修或者拆除。

设计单位应当明确户外广告设施的设计使用年限。户外广告设施超过设计使用年限的，设置人应当予以更新。

市和区绿化市容行政管理部门、城市管理行政执法部门（以下简称城管执法部门）应当加强对户外广告设施安全的监督检查，并按照一定的比例，对户外广告设施进行安全抽检。

户外广告设施安全技术标准，由市绿化市容行政管理部门会同市质量技监行政管理部门另行制定。

第二十五条（设施拆除要求）

户外广告设施设置期满后，设置人应当在5日内予以拆除。设置人未予拆除的，阵地所有人应当予以拆除。临时性户外广告设施设置期满后，设置人应当在2日内予以拆除。

户外广告设施存在安全隐患或者失去使用价值的，城管执法部门应当责令设置人限期整修或者拆除；逾期未拆除的，由城管执法部门强制拆除，所需费用由设置人承担。

第二十六条（户外广告内容的要求）

户外广告内容应当符合法律、法规和规章的规定，应当真实、健康，不得以任何形式欺骗用户和消费者。户外广告使用的汉字、字母和符号，应当符合国家规定。

户外广告内容中，公益广告内容所占的面积或者时间比例不得低于10%。

禁止发布广告内容可能产生不良影响的户外广告，但单位在其经营场所设置、发布与其生产的产品或者与其经营服务有关的户外广告除外。

可能产生不良影响的户外广告具体范围，由市工商行政管理部门另行规定并对外公布。

第二十七条（信息系统建设）

市绿化市容行政管理部门应当会同市规划、工商等有关行政管理部门建立户外广告设施管理信息系统，将阵地规划及其实施方案、技术规范、设置人、户外广告设施设置申请和批准等有关信息纳入该信息系统。

第二十八条（投诉处理）

任何单位和个人发现有违反本办法情形的，可以向绿化市容行政管理部门、城管执法部门或者其他有关行政管理部门投诉或者举报。有关行政管理部门接到投诉和举报后，应当在规定期限内进行处理，并将处理结果予以反馈。

第二十九条（已有规定行为的处罚）

对违反本办法的行为，法律、法规、规章已有处罚规定的，从其规定。

第三十条（违反广告内容发布管理的处罚）

违反本办法第二十六条第二款、第三款规定，公益广告未达到发布比例要求、未发布公益广告或者发布广告内容可能产生不良影响的户外广告的，由市工商行政管理部门或者区市场监督管理部门责令限期改正，处以3000元以上3万元以下的罚款。

第三十一条（民事赔偿责任）

户外广告设施设置人未及时维护、更新户外广告设施，致使设施倒塌、坠落等，造成他人人身或者财产损失的，应当依法承担民事赔偿责任。

第三十二条（行政监督）

绿化市容行政管理部门、城管执法部门以及规划、工商（市场监督）等有关行政管理部门有下列行为之一的，由上级主管部门依据职权责令限期改正，通报批评，并可以对直接责任人员依法给予警告、记过或者记大过处分；情节严重的，给予降级、撤职或者开除处分；构成犯罪的，依法追究刑事责任：

（一）未按照规定编制阵地规划及其实施方案或者技术规范的；

（二）未按照规定实施行政许可或者组织拍卖、招标的；

（三）对发现的违法行为不依法纠正、查处的；

（四）其他未依法履行监督管理职责的情形。

第三十三条（执法人员违法行为的追究）

绿化市容行政管理部门、城管执法部门以及规划、工商（市场监督）等有关行政管理部门的工作人员有下列行为之一的，由其所在单位或者上级主管部门依法给予警告、记过或者记大过处分；情节严重的，给予降级、撤职或者开除处分；构成犯罪的，依法追究刑事责任：

（一）违法实施行政许可或者行政处罚的；

（二）使用暴力、威胁等手段执法的；

（三）故意损坏或者违反规定损毁当事人财物的；

（四）滥用职权、玩忽职守、徇私舞弊的其他行为。

第三十四条（施行日期）

本办法自2011年1月1日起施行。2004年12月15日上海市人民政府令第43号发布的《上海市户外广告设施管理办法》同时废止。

上海市住房和城乡建设管理委员会主要职责内设机构和人员编制规定

沪府办发〔2017〕56号 （2017年8月24日）

根据《中共上海市委、上海市人民政府关于调整本市城市建设管理机构职能的批复》（沪委〔2015〕725号）和《中共上海市委、上海市人民政府关于设立上海市房屋管理局等有关事宜的批复》（沪委〔2017〕364号）规定，设立上海市住房和城乡建设管理委员会，为市政府组成部门。

一、职能转变

（一）取消的职责

1. 取消城市道路与地下管线各施工单位相互之间协议备案。

2. 取消城市道路与地下管线施工工程质量分歧裁定。

3. 取消优秀农民工评选。

4. 取消混凝土搅拌站厂绿色环保达标考核评价。

5. 取消全国建设工程造价员资格。

6. 取消对住房城乡建设部负责的一级注册结构工程师和其他专业勘察设计工程师注册的初审。

7. 取消对住房城乡建设部负责的一级注册建造师执业资格审批的初审。

8. 取消对住房城乡建设部负责的造价工程师执业资格审批的初审。

9. 取消对住房城乡建设部负责的监理工程师执业资格审批的初审。

10. 取消对住房城乡建设部负责的工程造价咨询单位甲级资质审批的初审。

11. 取消对住房城乡建设部负责的甲级工程建设项目招标代理机构资格审批的初审。

12. 取消对住房城乡建设部负责的建筑业企业承包特级、一级，部分专业承包一级资质审批的初审。

13. 取消对住房城乡建设部负责的甲级工程监理企业资质许可的初审。

14. 取消对住房城乡建设部负责的甲级、部分乙级建设工程勘察设计企业资质核准的初审。

（二）整合的职责

将上海市住房和城乡建设管理委员会承担的住房保障、房地产市场监管、房屋管理等有关政策研究、政策执行和行业管理等职责划入上海市房屋管理局。

（三）加强的职责

1. 加强在组织拟定城乡建设和城市管理的发展战略、重大政策和各类法规、规划、标准和技术规范，以及统筹城市维护资金、信息等方面的指导、协调、审核职责。

2. 加强城市管理中的综合管理和综合协调作用，提升城市管理精细化水平；承担城市网格化综合管理的组织、实施工作，综合协调市有关部门以及区政府共同推进城市管理和城乡环境综合整治工作。

3. 加强市政基础设施（除交通工程）建设和运行的监管以及突发事故应急处置等城市运行安全工作职责。

二、主要职责

（一）贯彻执行有关住房、城乡建设和城市管理的法律、法规、规章和方针、政策；组织起草相关地方性法规、规章草案，并组织实施有关法规、规章；组织协调住房、城乡建设和城市管理领域综合性、系统性、长远性重大问题研究和重大政策的拟定并组织实施；负责组织行业发展重大改革工作。

（二）根据本市国民经济和社会发展总体规划，拟定城乡建设和城市管理的发展战略、中长期发展规划和年度计划，并组织实施；协调拟订住房、城乡建设和城市管理各类行业发展规划，并组织实施；综合协调与平衡各层面市政基础设施建设管理规划；协调和平衡市政基础设施（除交通工程）年度项目建设计划。

（三）组织编制市级城市维护项目年度预算安排计划，按照职责分工，加强对市级城市维护项目的监督管理；会同有关部门加强对区城市维护资金使用的指导；参与研究城乡建设和城市管理领域财政、价格政策；负责城乡建设和城市管理领域统计管理、经济运行监测和分析；负责监督直属单位的财务管理、国有资产管理和内部审计等工作。

（四）会同有关部门做好城市建设和土地使用管理的衔接工作；会同有关部门组织开展城市基础设施项目实施可行性研究；会同有关部门审批政府投资项目的初步设计；负责建设工程抗震管理；参与确定本市重大工程项目，负责指导、组织、协调、推进重大建设工程的实施和目标考核；负责组织本市重点工程实事立功竞赛活动；综合协调城市基础设施项目建设相关工作；组织指导、综合协调、督促检查黄浦江两岸开发工作。

（五）负责建筑市场综合监管和行业的行政管理；拟定监督管理建筑市场、规范市场各方行为的规章制度并监督执行；负责建筑市场工程报建、招投标监督管理与施工图设计文件审查的监督管理；负责建筑市场各类企业资质、从业人员执业资格的管理以及从业单位与人员市场行为的诚信管理；负责房屋建筑和市政工程（除交通工程）的施工许可管理；负责建筑市场管理信息平台的建设、运行管理；负责建筑市场的稽查工作。

（六）负责建材市场监管和行业的行政管理；制定建筑节能政策并监督实施，负责建筑节能、墙体材料革新和散装水泥发展及管理工作；组织研究制订住宅产业科技进步规划；组织新型建筑材料的认定和推广应用；拟订推进绿色建筑发展行动规划，推动建筑业转型发展，推进建筑工业化工作；协调、推进本市住宅产业现代化及节能省地型住宅产业发展。

（七）组织制定和调整发布工程建设、住房设计标准以及居住区公共服务设施标准、造价、定额和技术规范，组织对实施情况进行监督；组织拟定城市管理相关工作标准定额、技术规范；组织拟定村镇建设相关建设标准、技术规范等。

（八）承担本市建筑行业安全生产监督管理责任（除交通工程），制定建设工程质量和安全生产规章制度并监督实施；监督参建主体建立健全质量和安全管理体系；强化勘察设计质量管理；负责建筑企业安全生产许可管理；负责建筑材料和机械设备现场使用的质量安全监管；负责本市房屋建设质量管理；参与建设工程较大及以上质量、施工安全事故调查处理。

（九）统筹推进城市管理领域相关工作，指导督促市有关部门以及区政府落实城市管理各项任务和各类标准定额；负责指导城市管理综合执法工作；负责城市网格化综合管理推进协调工作，承担城市网格化管理体系建设、运行和管理工作；统筹协调绿化林业、市容景观、环境卫生以及供排水等需要多部门协调联动的工作；综合协调市有关部门和区政府共同推进城乡环境综合治理及城乡生态环境建设和管理等相关工作；负责“世界城市日”事务协调工作。

（十）负责燃气行政管理和行业管理；会同有关部门组织编制燃气专项规划并推进实施；综合协调地下空间使用管理；综合协调地下市政基础设施建设和管理；参与地下管线综合规划平衡协调，负责地下管线项目建设的监督管理；负责道路和公共区域照明设施的行政管理；组织或参与编制市政工程、燃气、综合管线应急预案并实施，组织或参与相关事故调查处理；组织协调住房、城乡建设和城市管理重大事故的应急处置以及综合治理工作。

（十一）参与本市城镇体系规划编制；指导区研究编制郊区城镇和村庄基础设施专业规划及村镇建设计划；协同市有关部门拟定村镇建设相关政策；指导推进郊区城镇化和村庄市政基础设施及人居环境建设；协调推进城镇化建设工作；协调指导农村村民集中居住及住房建设工作；负责历史文化名镇（村）和传统村落保护、利用和开发的政策拟定、指导协调等相关管理工作。

（十二）负责拟定住房公积金管理法规、政策并对执行情况进行监督，承担市住房公积金管理委员会的日常管理工作，监督住房公积金的管理、使用和安全。

（十三）组织指导协调并监督城乡建设和城市管理的行政执法工作；依法对各种违法行为进行行政处罚。

（十四）推进住房、城乡建设和城市管理领域科技进步；指导监督住房、城乡建设和城市管理职业技术教育培训工作；协调推进住房、城乡建设和城市管理信息化建设；负责城乡建设和城市管理综合资料的收集、统计和分析，制定发布城乡建设和城市管理行业发展报告。

（十五）承担有关行政复议受理和行政诉讼应诉工作。

（十六）承办市政府交办的其他事项。

三、内设机构

根据上述职责，上海市住房和城乡建设管理委员会设 17 个内设机构：

（一）办公室

（二）政策研究室

（三）法规处

（四）综合计划处

（五）综合规划处（市抗震办公室、浦江两岸开发协调处）

（六）科技信息处

（七）工程建设处（市重大工程建设办公室）

（八）建筑市场监管处（稽查办公室）

（九）建筑节能和建筑材料监管处（市建材业管理办公室）

（十）标准定额管理处

（十一）质量安全监管处

（十二）城市管理处

（十三）村镇建设处

（十四）设施管理处（燃气处）

（十五）审计处（公积金处）

（十六）应急保障处

（十七）信访办公室

信访办公室与中共上海市城乡建设和交通工作委员会信访办公室合署办公。

四、人员编制

上海市住房和城乡建设管理委员会机关行政编制为 185 名。其中，主任 1 名、副主任 6 名，秘书长 1 名，总工程师 1 名，正副处级领导职数 56 名。非领导职数按照《中华人民共和国公务员法》有关规定核定。

五、其他事项

（一）管理上海市房屋管理局、上海市城市管理行政执法局。

（二）与上海市房屋管理局的有关职责分工。1. 上海市住房和城乡建设管理委员会负责住房保障、房地产市场监管和房屋管理的面上统筹协调；上海市房屋管理局负责本市住房保障、房地产市场监管、房屋管理等工作。2. 上海市住房和城乡建设管理委员会负责房屋（含附属设施）施工过程的质量安全监管；上海市房屋管理局负责房屋（含附属设施）竣工验收（或交付使用）后的质量安全监管。

（三）与上海市发展和改革委员会的有关职责分工。上海市发展和改革委员会会同上海市住房和城乡建设管理委员会拟订本市重大工程项目建设年度计划；上海市住房和城乡建设管理委员会负责本市重大工程项目的建设推进工作。

（四）与上海市交通委员会的有关职责分工。1. 上海市交通委员会负责全市交通工程建设活动的监督管理，负责国家和市级立项的新建、改建、扩建等交通工程项目建议书和可行性研究报告申报、施工许可、质量安全监督、竣工验收备案等事项和日常监督管理，参与交通工程招投标的监督管理；上海市住房和城乡建设管理委员会负责政府投资的交通工程项目建设的初步设计审批、施工图审查监管、项目报建、招投标管理和建设市场监管。2. 上海市住房和城乡建设管理委员会负责城市维护资金的计划平衡，确定交通基础设施年度维护资金总量规模；上海市交通委员会负责提出年度交通基础设施维护需求，拟订项目计划，编制项目资金预算，并根据上海市住房和城乡建设管理委员会确定的交通基础设施年度维护资金总量规模，负责项目安排的统筹平衡。

（五）与上海市质量技术监督局的有关职责分工。上海市质量技术监督局负责将工程建设地方标准项目计划列入本市年度地方标准修订计划，统一编号，并与上海市住房和城乡建设管理委员会联合发布；上海市住房和城乡建设管理委员会负责开展工程建设标准化研究，确定工程建设地方标准项目计划，组织制定、实施地方标准，依法对标准的实施情况进行监督。上海市质量技术监督局与上海市住房和城乡建设管理委员会共同设立上海市工程建设标准化技术委员会，日常工作由上海市住房和城乡建设管理委员会负责，代表双方具体负责工程建设领域地方标准技术归口管理工作。

（六）与上海市规划和国土资源管理局的有关职责分工。上海市规划和国土资源管理局负责地下空间开发的综合协调职责，上海市住房和城乡建设管理委员会负责地下空间使用管理的综合协调职责。

（七）与上海市民防办公室的有关职责分工。上海市民防办公室负责民防设施的规划、建设和使用管理；上海市住房和城乡建设管理委员会负责地下空间使用管理的综合协调、建设项目管理等职责，承担上海市地下空间管理联席会议办公室日常工作。

（八）与上海市安全生产监督管理局的有关职责分工。上海市安全生产监督管理局负责对安全生产特种作业人员（电工、焊工等）进行培训、考核、发证等管理工作；上海市住房和城乡建设管理委员会负责建筑施工特种作业人员考核和持证上岗管理工作。上海市安全生产监督管理局会同上海市住房和城乡建设管理委员会研究探索特种作业操作证相互认可的机制。

（九）所属事业单位的设置、职责和编制事项另行规定。

六、附则

本规定由上海市机构编制委员会办公室负责解释，其调整由上海市机构编制委员会办公室按照规定程序办理。

上海市建筑垃圾处理管理规定

上海市人民政府令第57号（2017年9月18日）

第一章　总则

第一条（目的和依据）

为了加强本市建筑垃圾的管理，促进源头减量减排和资源化利用，维护城市市容环境卫生，根据《中华人民共和国固体废物污染环境防治法》《上海市市容环境卫生管理条例》和其他有关法律、法规的规定，结合本市实际，制定本规定。

第二条（适用范围和含义）

本市行政区域内建筑垃圾的减量减排、循环利用，收集、运输、中转、分拣、消纳等处置活动，以及相关监督管理，适用本规定。

建筑垃圾包括建设工程垃圾和装修垃圾。建设工程垃圾是指建设工程的新建、改建、扩建、修缮或者拆除等过程中，产生的弃土、弃料和其他废弃物。装修垃圾是指按照国家规定无须实施施工许可管理的房屋装饰装修过程中，产生的弃料和其他废弃物。

第三条（处理原则）

建筑垃圾处理实行减量化、资源化、无害化和“谁产生、谁承担处理责任”的原则。

第四条（管理部门）

市绿化市容行政管理部门是本市建筑垃圾处理的主管部门，负责建筑垃圾处理的监督管理工作。区绿化市容行政管理部门负责所辖区域内建筑垃圾处理的具体管理工作。

市住房城乡建设行政管理部门负责本市建筑垃圾中的建筑废弃混凝土回收利用的管理工作。

市和区城市管理行政执法部门以及乡（镇）人民政府（以下统称“城管执法部门”）

依法对违反本规定的有关行为实施行政处罚。

本市发展改革、交通、公安、规划国土、经济信息化、海事、水务、物价、质量技监、环保、民防等行政管理部门按照各自职责，协同实施本规定。

第五条（属地管理）

区人民政府是所辖区域内建筑垃圾处理管理的责任主体，应当加强对所辖区域内建筑垃圾处理管理工作的领导。

乡（镇）人民政府、街道办事处在区绿化市容行政管理部门的指导下，做好所辖区域内建筑垃圾处理的源头管理以及协同配合工作。

建筑垃圾处理管理工作所需经费，应当纳入各级人民政府的财政预算。

第六条（分类处理）

建筑垃圾应当按照下列要求，进行分类处理：

（一）工程渣土，进入消纳场所进行消纳；

（二）泥浆，进入泥浆预处理设施进行预处理后，进入消纳场所进行消纳；

（三）装修垃圾和拆除工程中产生的废弃物，经分拣后进入消纳场所和资源化利用设施进行消纳、利用；

（四）建筑废弃混凝土，进入资源化利用设施进行利用。

第七条（信息系统建设）

市绿化市容行政管理部门应当会同市住房城乡建设、交通、公安等行政管理部门以及城管执法部门，建立建筑垃圾处理管理信息系统。各部门应当在各自职责范围内，将与建筑垃圾处理管理有关的信息纳入信息系统。

第八条（信用管理）

相关单位违反本规定的，市绿化市容、住房城乡建设等行政管理部门应当按照国家和本市规定，将相关失信信息纳入市公共信用信息服务平台。

第九条（行业自律）

本市建设、施工、市容环卫等相关行业协会应当制定行业自律规范，督促本协会的会员单位加强建筑垃圾处理活动的管理；对违反自律规范的会员单位，可以采取相应的自律惩戒措施。

第二章　源头减量与资源循环利用

第十条（源头减量减排）

本市推广装配式建筑、全装修房、建筑信息模型应用、绿色建筑设计标准等新技术、新材料、新工艺、新标准，促进建筑垃圾的源头减量。

本市鼓励通过完善建设规划标高、堆坡造景、低洼填平等就地利用方式，以及施工单位采取道路废弃沥青混合料再生、泥浆干化、泥沙分离等施工工艺，减少建筑垃圾的排放。

采用本条第一款、第二款规定的源头减量减排措施的，应当符合国家和本市有关规划、环保等方面的规定。

第十一条（资源化利用产品强制使用）

本市实施建筑垃圾资源化利用产品的强制使用制度，明确产品使用的范围、比例和质量等方面的要求。建设单位、施工单位应当按照有关规定，使用建筑垃圾资源化利用产品；无强制使用要求的，鼓励优先予以使用。具体办法由市住房城乡建设行政管理部门会同市发展改革等行政管理部门制定。

市住房城乡建设行政管理部门负责编制建筑垃圾资源化利用产品应用标准，对符合标准的建筑垃圾资源化利用产品实行备案管理，并建立产品目录。

第十二条（工程建设相关单位要求）

建设单位、施工单位应当在工程招标文件、承发包合同和施工组织设计中，明确施工现场建筑垃圾减量减排的具体要求和措施，以及建筑垃圾资源化利用产品的相关使用要求。

监理单位应当将前款规定的相关要求和措施纳入监理范围。

第十三条（科研与技术合作）

本市鼓励高等院校、科研机构、建筑垃圾资源化利用企业等单位开展相关科学研究和技术合作，推广建筑垃圾资源化利用新技术、新材料、新工艺、新设备。

第十四条（政策扶持）

市发展改革行政管理部门应当会同相关行政管理部门制定政策，对建筑垃圾资源化利用产品使用和符合产业发展导向的建筑垃圾资源化利用企业等予以扶持。

第十五条（建筑废弃混凝土回收利用）

建筑废弃混凝土应当由相关企业按照有关规定进行回收利用。具体办法由市住房城乡建设行政管理部门会同市绿化市容行政管理部门另行制定。

第三章　处置场所、设施的规划与建设

第十六条（规划与建设计划）

市绿化市容行政管理部门应当会同市住房城乡建设行政管理部门编制本市消纳建筑垃圾的场所（以下简称“消纳场所”）、资源化利用设施所需场所和含泥浆预处理设施在内的中转分拣场所（以下统称“中转分拣场所”）的专项规划，并按照法定程序报市人民政府批准。

区人民政府应当按照前款规定的规划，编制所辖区域内消纳场所、资源化利用设施和中转分拣场所的建设计划，并负责组织实施。

第十七条（规划外消纳场所）

需要回填建筑垃圾的建设工程或者低洼地、废沟浜、滩涂等规划外场所用于消纳建筑垃圾的，有关单位应当在消纳场所启用前向所在地的区绿化市容行政管理部门备案。

区绿化市容行政管理部门应当指派专人至现场予以核实和指导。

第十八条（处置场所与设施的条件）

消纳场所、资源化利用设施和中转分拣场所应当具备下列条件：

（一）有符合市绿化市容行政管理部门规定要求的电子信息装置；

（二）有符合消纳、资源化利用和分拣需要的机械设备和照明、消防等设施；

（三）有符合规定的围挡和经过硬化处理的出入口道路；

（四）有与消纳、资源化利用和分拣规模相适应的堆放、作业场地；

（五）在出口处设置车辆冲洗的专用场地，配备运输车辆冲洗保洁设施。

第十九条（中转码头）

市交通行政管理部门应当会同市绿化市容行政管理部门，根据本市建筑垃圾水运需求和实际情况，完善转运建筑垃圾的码头（以下简称“中转码头”）布局，推进中转码头的建设。

中转码头应当依法取得港口经营许可，并配备符合市绿化市容行政管理部门规定要求的视频监控系统、电子信息装置和防污设施。

中转码头应当向所在地的区绿化市容行政管理部门备案。

第四章　建设工程垃圾的处置

第二十条（工程招标与发包要求）

产生建设工程垃圾的建设单位和建筑物、构筑物拆除单位（以下统称“建设单位”）在工程招投标或者直接发包时，应当在工程招标文件和承发包合同中，明确施工单位在施工现场建设工程垃圾规范排放、分类处理以及禁止混同等方面的具体要求和措施。

第二十一条（运输与处置费用的列支）

建设单位在编制建设工程概算、预算时，应当专门列支建设工程垃圾的运输费和处置费。

第二十二条（运输单位的产生）

建设工程垃圾的运输单位通过招投标方式产生，并依法取得市绿化市容行政管理部门核发的建筑垃圾运输许可证。建筑垃圾运输许可证的有效期不超过5年。

运输单位的基本信息应当向社会公布。

运输单位招投标的具体办法，由市绿化市容行政管理部门会同相关行政管理部门制定。

第二十三条（招标条件）

市绿化市容行政管理部门组织实施本市水路运输单位的招投标活动。招标条件应当包括下列内容：

（一）在本市登记注册，取得水路运输许可证；

（二）自有运输船舶的数量、运输船舶总载重量或者总核载质量符合有关要求；

（三）运输船舶符合本市建筑垃圾运输船舶技术及运输管理要求；

（四）有健全的企业管理制度。

区绿化市容行政管理部门组织实施本辖区道路运输单位的招投标活动。招标条件应当包括下列内容：

（一）有道路运输车辆营运证的自有运输车辆数量符合有关要求；

（二）运输车辆符合本市建筑垃圾运输车辆技术及运输管理要求；

（三）运输车辆驾驶员数量与运输车辆数量相适应，并通过有关部门组织的交通安全培训；

（四）运输车辆驾驶员具有3年以上驾驶大型车辆的经历，无承担全部责任或者主要责任的致人死亡的道路交通事故记录；

（五）有健全的企业管理制度。

第二十四条（选择运输单位与确定场所设施）

建设单位应当在取得建筑垃圾运输许可证的运输单位中，选择具体的承运单位。

建设单位应当确定符合本规定要求的消纳场所、资源化利用设施；未能确定的，应当向工程所在地的区绿化市容行政管理部门提出申请，由区绿化市容行政管理部门根据统筹安排原则指定。

第二十五条（运输费与处置费的确定）

建设工程垃圾的运输费、处置费由建设单位分别与运输单位和消纳场所、资源化利用设施的经营单位协商确定，并在运输合同、处置合同中予以明确。

第二十六条（处置申报）

建设单位应当在办理工程施工许可或者拆除工程备案手续前，向工程所在地的区绿化市容行政管理部门提交建设工程垃圾处置计划、运输合同、处置合同和运输费、处置费列支信息，申请核发处置证。

建设工程垃圾处置计划应当包括建设工程垃圾的排放地点、种类、数量、中转码头、中转分拣场所、消纳场所、资源化利用设施等事项。

区绿化市容行政管理部门应当自受理申请之日起5个工作日内进行审核。符合处置规定的，核发处置证，并按照运输车辆、船舶数量配发相应份数的处置证副本；不符合处置规定的，不予核发处置证，并向申请单位书面告知原因。

处置证应当载明建设单位和施工单位名称、运输单位名称、工程名称及地点、排放期限、中转码头、中转分拣场所、消纳场所、资源化利用设施、运输车辆车牌号、运输船舶编号、运输线路、运输时间等事项。

禁止涂改、倒卖、出租、出借或者转让处置证。

第二十七条（处置证查验）

住房城乡建设、交通、水务、民防等相关行政管理部门在进行施工质量安全措施现场审核时，应当查验处置证。

第二十八条（施工现场分类要求）

施工单位应当对施工现场排放的建设工程垃圾进行分类。建设工程垃圾不得混入生活垃圾和危险废物。

第二十九条（施工现场装运作业要求）

施工单位应当配备施工现场建设工程垃圾管理人员，并按照本市建筑垃圾启运管理规范，填写运输车辆预检单，监督施工现场建设工程垃圾的规范装运，确保运输车辆冲洗干净后驶离。

运输单位应当安排管理人员对施工现场运输车辆作业进行监督管理，并按照施工现场管理要求，做好运输车辆密闭启运和清洗工作，保证运输车辆安装的电子信息装置等设备正常、规范使用。

施工单位发现运输单位有违反施工现场建设工程垃圾管理要求行为的，应当要求运输单位立即改正；运输单位拒不改正的，施工单位应当立即向工程所在地的区绿化市容行政管理部门报告。区绿化市容行政管理部门接到施工单位的报告后，应当及时到施工现场进行处理。

施工现场建设工程垃圾管理违反规定的施工工地，无权申报本市文明施工工地。

第三十条（车船运输规范）

运输建设工程垃圾的车辆、船舶应当符合本市建筑垃圾运输车辆、船舶的技术和运输管理要求，统一标识，统一安装、使用记录路线、时间、中转分拣场所、中转码头、消纳场所和资源化利用设施的电子信息装置，随车辆、船舶携带处置证副本，并按照交通、公安等行政管理部门规定的线路、时间行驶。

交通、海事行政管理部门以及城管执法部门在对运输单位的车辆、船舶实施监督检查时，应当查验处置证副本。

第三十一条（经营单位义务）

消纳场所、资源化利用设施和中转码头的经营单位应当履行下列义务：

（一）按照规定受纳建设工程垃圾；

（二）保持相关设备、设施完好；

（三）保持场所、设施、中转码头和周边环境整洁；

（四）对进入场所、设施、中转码头的运输车辆、船舶以及受纳建设工程垃圾数量等情况进行记录，并定期将汇总数据报告市或者区绿化市容行政管理部门；

（五）对所受纳的、符合要求的建设工程垃圾，向运输单位出具建筑垃圾消纳结算凭证。

中转分拣场所经营单位除应当履行前款第（一）（二）（三）（四）项义务外，还应当按照建筑垃圾分拣规范，对建设工程垃圾进行分拣，并分别堆放。

本市建筑垃圾分拣的具体规范，由市绿化市容行政管理部门会同相关行政管理部门制定。

第三十二条（消纳结算要求）

道路、水路运输单位按照要求将建设工程垃圾运输至规定的中转码头、消纳场所和资源化利用设施后，凭建筑垃圾运输消纳结算凭证，分别向工程所在地的区绿化市容行政管理部门和市绿化市容行政管理部门申请核实运输量和处置量。

市、区绿化市容行政管理部门应当在3个工作日内进行核实；核实无误的，建设单位按照合同约定支付运输费、处置费。

第三十三条（拆违产生的废弃物处置）

依法对违法建筑实施拆除产生的废弃物，应当按照本章有关要求进行处置；但是仅产生零星废弃物的，可以按照本规定第五章有关要求进行处置。

第五章　装修垃圾的处置

第三十四条（投放管理责任人）

本市实行装修垃圾投放管理责任人制度。

住宅小区由业主委托物业服务企业实施物业管理的，受委托的物业服务企业为责任人；未委托物业服务企业实施物业管理的，业主为责任人。

机关、企事业单位、社会团体等单位的办公和经营场所，委托物业服务企业实施物业管理的，受委托的物业服务企业为责任人；未委托物业服务企业实施物业管理的，单位为责任人。

第三十五条（投放管理责任人义务）

装修垃圾投放管理责任人应当履行下列义务：

（一）设置专门的装修垃圾堆放场所；

（二）不得将生活垃圾、危险废物混入装修垃圾堆放场所；

（三）保持装修垃圾堆放场所整洁，采取措施防止扬尘污染；

（四）明确装修垃圾投放规范、投放时间、监督投诉方式等事项。

装修垃圾投放管理责任人确因客观条件限制无法设置装修垃圾堆放场所的，应当告知所在地乡（镇）人民政府、街道办事处，由乡（镇）人民政府、街道办事处负责指定装修垃圾堆放场所。

第三十六条（投放要求）

装修垃圾产生单位和个人应当将装修垃圾投放至装修垃圾投放管理责任人设置的或者由乡（镇）人民政府、街道办事处指定的装修垃圾堆放场所，并遵守下列具体投放要求：

（一）将装修垃圾和生活垃圾分别收集，不得混同；

（二）将装修垃圾进行袋装；

（三）装修垃圾中的有害废弃物另行投放至有害垃圾收集容器。

鼓励装修垃圾产生单位和个人对可资源化利用的装修垃圾进行分类投放；装修垃圾投放管理责任人应当予以引导。

第三十七条（定向清运）

装修垃圾投放管理责任人应当将其管理范围内产生的装修垃圾，交由符合规定的市容环境卫生作业服务单位（以下简称“作业服务单位”）进行清运，并明确清运时间、频次、费用及支付结算方式等事项。

第三十八条（作业服务单位）

作业服务单位通过招投标方式产生；具体招投标活动由区绿化市容行政管理部门组织实施，并将中标的作业服务单位向社会公布。

作业服务单位的招标条件应当包括：

（一）有道路运输车辆营运证的自有运输车辆；

（二）运输车辆符合本市建筑垃圾运输车辆技术及运输管理要求；

（三）运输车辆驾驶员数量与运输车辆数量相适应，并通过有关部门组织的交通安全培训；

（四）有健全的企业管理制度。

区绿化市容行政管理部门应当与中标的作业服务单位签订作业服务协议，明确装修垃圾作业服务的范围、规范、期限、中转分拣场所以及服务费用的确定方式等事项。

第三十九条（清运服务要求）

作业服务单位应当使用符合本市建筑垃圾运输车辆技术及运输管理要求的运输车辆，将装修垃圾运输至作业服务协议约定的中转分拣场所。

作业服务单位、清运费用标准等事项应当在物业管理区域公布。

第四十条（中转分拣场所经营单位义务）

装修垃圾中转分拣场所经营单位应当履行本规定第三十一条第二款的相关义务。

第四十一条（清运费）

装修垃圾清运费由产生单位和个人承担。

本市市容环卫、物业管理、装饰装修等行业协会应当定期汇总各区装修垃圾清运收费价格信息，并向社会公布。

第六章　法律责任

第四十二条（对违反处置证管理要求的处理）

违反第二十六条第五款规定，建设单位涂改、倒卖、出租、出借或者转让处置证的，由城管执法部门责令改正，处5000元以上5万元以下罚款。

第四十三条（对违反施工现场要求的处理）

对违反本规定有关施工现场要求的行为，由城管执法部门责令改正，并按照下列规定处罚：

（一）违反第二十八条规定，施工单位未对施工现场排放的建设工程垃圾进行分类的，处3000元以上3万元以下罚款；

（二）违反第二十九条第二款规定，运输单位未安排管理人员到施工现场进行监督管理的，处1000元以上1万元以下罚款。

违反第二十九条第一款规定，施工单位未配备管理人员进行监督管理的，由住房城乡建设行政管理部门责令改正，处1000元以上1万元以下罚款。

第四十四条（对违反运输要求的处理）

违反第三十条第一款、第三十九条第一款规定，运输单位或者作业服务单位使用不符合本市建筑垃圾运输车辆、船舶相关要求的车辆或者船舶的，由城管执法部门责令改正，并按照下列规定处罚：

（一）违反相关技术要求的，处1000元以上1万元以下罚款；

（二）违反相关运输管理要求的，处200元以上2000元以下罚款。

第四十五条（对违反中转与消纳利用要求的处理）

违反第三十一条第一款、第二款或者第四十条规定，消纳场所、资源化利用设施、中转码头或者中转分拣场所的经营单位未履行相关义务的，由城管执法部门责令改正，处5000元以上5万元以下罚款。

第四十六条（对违反装修垃圾堆放场所要求的处理）

违反第三十五条第一款第（一）项规定，装修垃圾投放管理责任人未设置专门的装修垃圾堆放场所的，由城管执法部门责令改正，处1000元以上1万元以下罚款。

第四十七条（对违反装修垃圾投放要求的处理）

违反第三十六条第一款规定，装修垃圾产生单位或者个人未遵守具体投放要求的，由城管执法部门责令改正，处100元以上1000元以下罚款。

第四十八条（对运输许可证的吊销处理）

运输单位有下列违法行为在一定期间内被处罚3次以上的，由市绿化市容行政管理部门吊销其建筑垃圾运输许可证：

（一）未实行密闭或者覆盖运输；

（二）运输车辆、船舶超载运输建设工程垃圾；

（三）擅自倾倒、堆放、处置建设工程垃圾；

（四）承运未取得处置证的建设工程垃圾。

运输单位有前款第（三）项或者第（四）项违法行为，情节严重的，由市绿化市容行政管理部门吊销其建筑垃圾运输许可证。

道路运输单位所属的驾驶员在一定期间内发生道路交通事故累计造成3人以上死亡，且承担全部责任或者主要责任的，由市绿化市容行政管理部门吊销该运输单位的建筑垃圾运输许可证。

本条第一款、第三款所指的一定期间，由市绿化市容部门规定并向社会公布。

第四十九条（行政监督）

违反本规定，区和乡（镇）人民政府、街道办事处以及相关行政管理部门及其工作人员有下列行为之一，由所在单位或者上级主管部门依法对直接负责的主管人员和其他直接责任人员给予行政处分：

（一）未按照要求落实建筑垃圾处置场所、设施建设；

（二）未按照要求组织实施运输单位、作业服务单位的招投标活动；

（三）未指定装修垃圾堆放场所；

（四）未依法履行建筑垃圾处理监督管理职责的其他情形。

第七章　附则

第五十条（参照管理）

建设工程实行施工总承包的，对施工总承包单位的管理参照建设单位的相关规定执行。

第五十一条（施行日期）

本规定自2018年1月1日起施行。2010年11月8日上海市人民政府令第50号公布的《上海市建筑垃圾和工程渣土处置管理规定》同时废止。

关于进一步改进和优化市重大工程建设项目前期工作的实施意见

沪府办发〔2017〕64号（2017年10月19日）

为积极贯彻落实市政府有关行政审批制度改革的要求，加快推进市重大工程建设，充分发挥市重大工程促投资、稳增长、惠民生、补短板的作用，现就进一步改进和优化市重大工程建设项目前期工作提出实施意见如下：

一、指导思想

牢固树立创新、协调、绿色、开放、共享的发展理念，牢牢把握城市发展战略定位，坚持简政放权、放管结合、优化服务，创新体制机制，改进和优化市重大工程政府投资项目前期工作，提高审批效率，加快项目建设，有效促进重大工程早开工、早建设、早投产、早见效，为促进社会经济持续平稳发展发挥重要作用。

二、总体思路

坚持规划引领、问题导向，加大市重大工程政府投资项目前期研究力度，优化行政审批流程，建立“一库、二计划、五优化”工作机制。“一库”，即建立“市重大工程政府投资项目规划储备库”，切实提高项目建设规划方案成熟度，提升重大工程建设水平。“二计划”，即编制“市重大工程政府投资项目前期推进三年计划”和“市重大工程年度投资计划”，完善市重大工程正式项目生成机制，加快项目征收腾地工作。“五优化”，即加快项目审批办理，优化项目启动、立项、规划土地、招投标、施工许可等环节，采取提前、交叉、并联等方式，力争项目尽早开工。

三、基本原则

（一）创新机制，提高效率。在严格执行国家和本市有关法律法规和规定基础上，创新重大工程前期工作机制，提前开展工作，提高项目建设的稳定性和有效性。

（二）简化环节，优化流程。对现行建设项目审批流程，最大限度地简化环节，优化程序，创新审批方式，缩短审批时间，推进审批快速化。

（三）依法合规，便捷高效。规范建设项目申报条件、申请材料、办理程序和办事指南，积极推进标准化审批，打通建设项目开工前“最后一公里”。

（四）协同联动，强化监管。将建设项目审批纳入市政府目标考核范畴，实行审批与监管互动，强化事中、事后监管，切实加强全过程管理。

四、实施方案

（一）建立“市重大工程政府投资项目规划储备库”

“市重大工程政府投资项目规划储备库”主要是提前研究项目建设方案稳定工作，解决项目建设规划方案成熟度问题。

市发展改革委、市规划国土资源局会同相关行业部门、区政府等按照规划引领、补齐短板、统筹平衡的原则，在行业发展五年规划、近期建设规划和市政府确定的重大项目、重点项目基础上，建立“市重大工程政府投资项目规划储备库”，明确项目范围、规模、标准和申报、入库、管理办法等。对入库项目，明确建设单位，开展项目专项规划编制和报批，提前启动建设用地权属调查和预审。对纳入项目储备库的项目，按照有关规定，拨付前期研究经费。

（二）编制“市重大工程政府投资项目前期推进三年计划”

“市重大工程政府投资项目前期推进三年计划”主要是有效衔接项目建设规划与年度投资计划，解决建设项目落地问题，提前启动土地房屋征收等工作。

市发展改革委、市重大办会同行业管理部门等根据储备项目出库标准，滚动编制“市重大工程政府投资项目前期推进三年计划”，拟订开工计划、建设要求和工作分工等，报市政府审定后，建设单位据此进一步稳定建设方案，抓紧组织编制和报批建设项目可行性研究报告，开展环评和稳评工作，启动项目土地房屋征收工作，争取项目尽早落地。

（三）编制“市重大工程年度投资计划”

“市重大工程年度投资计划”主要是加快项目审批，促进项目尽快开工建设。

市发展改革委、市重大办会同行业管理部门根据市政府《关于进一步加强本市重大工程建设管理实施的意见》和市发展改革委制定的《上海市重大工程投资计划管理办法》有关规定，结合“市重大工程政府投资项目前期推进三年计划”执行情况，选取工可批准、建设方案稳定、基本完成土地房屋征收的项目，编制“市重大工程年度投资计划”，开展项目审批工作，促进项目尽早开工。

（四）优化项目前期审批手续

1. 优化项目前期启动手续。市发展改革委根据“市重大工程政府投资项目前期推进三年计划”，简化项目立项工作，或向项目建设单位、管线单位和有关审批部门印发《建设项目前期工作函》，加快组织开展环境影响报告书（表）、社会稳定风险评估、可行性研究报告、规划土地手续、规划设计方案编制、勘察设计招标等前期工作，以及启动土地房屋征收腾地工作。

2. 优化建设项目立项手续。对列入“市重大工程政府投资项目前期推进三年计划”的建设项目，加快项目立项工作。

3. 优化项目规划土地审批手续。对列入“市重大工程政府投资项目前期推进三年计划”的建设项目，加快办理项目选址意见书、建设项目用地预审等工作。建设项目取得立项或《建设项目前期工作函》后，市、区规划国土资源部门依据控详规划（或专项规划）核发建设项目选址意见书，出具建设项目用地预审批复，提出建设工程设计方案审核意见。建设项目可以依据选址意见书、土地勘测定界初步报告等，提前启动土地、青苗、地上附着物及房屋调查工作，并编制征地“一书四方案”；依据建设工程设计方案审核意见组织开展有关工作，到有关部门办理审批手续；工程可行性研究报告经批准，并办理建设用地规划许可证后，可以办理农转用、土地征收和供地批文（含单独选址和分批次项目）。对有特殊工期要求的建设项目，办理规划、土地等手续，可参照本市重大工程前期审批优化办法执行。

4. 优化项目招标投标手续。招标人可以根据项目特点和实际需要，采用设计方案招标或者设计单位招标。在保证招标投标工作质量前提下，招标人可以在法定时限范围内确定与工程规模相匹配的投标文件编制时间。建设单位可以依据建设项目初步设计审查意见，办理招标手续。

5. 优化项目施工许可手续。在建设单位取得规划用地许可、用地批准手续、消防设计审核意见，以及依法确定施工单位、监理单位、施工现场具备施工条件的前提下，同步开展质量监督、安全监督等。建设单位凭建设工程设计方案审核意见，申请办理施工图审查等手续。

五、具体要求

（一）加强组织领导。充分发挥市重大工程建设协调推进领导小组的作用，各相关部门根据审批制度改革的要求，积极研究完善项目审批手续，推动项目早落地、早建设、早见效。

市发展改革委、市规划国土资源局会同行业管理部门制定“市重大工程政府投资项目规划储备库”入库和出库标准、申报方式和管理办法。

市发展改革委、市重大办会同行业管理部门编制“市重大工程政府投资项目前期推进三年计划”。

市住房城乡建设管理委、市交通委等制定项目报建、招投标、施工许可等优化措施的实施细则。

市规划国土资源局制定有关项目规划和建设用地优化手续的实施细则。

其他审批部门按照要求，做好各项配套工作。

市重大办会同有关部门根据“市重大工程政府投资项目前期推进三年计划”和“市重大工程年度投资计划”，组织编制项目前期工作进度表，综合协调有关问题。

（二）创新审批方式。建设单位依法取得项目立项后，有关审批部门积极探索书面承诺、超前服务、加强监管的审批办理方式，一次性告知建设单位项目审批需要具备的条件和须提交的材料以及建设标准、要求，帮助建设单位依法合规提前办理有关审批手续。同时，加强事中、事后监管，特别是对建设单位承诺事项的落实情况加强监管。

（三）坚持多措并举。各相关审批部门在做好建设单位审批承诺的同时，强化督促和管理，防止出现管理真空。对保留的中介服务事项服务范围、内容、程序、时限等进行优化和规范；加强对审批工作人员的教育培训，准确掌握工作流程和操作办法，推动各项优化措施有效施行。

（四）严格目标管理。将市重大工程建设项目前期工作纳入市政府目标考核范围，市重大办会同有关部门定期对项目前期工作进行分析和评估，及时总结经验，解决工作中存在的问题。同时，将有关部门审批情况作为年度考核的依据。

对区政府投资的区重大工程建设项目，可参照执行本实施意见。

本实施意见自印发之日起施行。

关于坚持留改拆并举深化城市有机更新进一步改善市民群众居住条件的若干意见

沪府发〔2017〕86号（2017年11月9日）

旧区改造是伴随城市发展的永恒主题。为深化城市有机更新，坚持“留改拆”并举、以保留保护为主，做好发展新阶段的旧区改造工作，传承城市的历史、文化、内涵，多渠道多途径地改善市民居住条件，根据《中共中央国务院关于进一步加强城市规划建设管理工作的若干意见》《国务院关于进一步做好城镇棚户区和城乡危房改造及配套基础设施建设有关工作的意见》以及《中共上海市委、上海市人民政府关于深入贯彻落实中央城市工作会议精神进一步加强本市城市规划建设管理工作的实施意见》《上海市人民政府印发〈关于深化城市有机更新促进历史风貌保护工作的若干意见〉的通知》，现就坚持“留改拆”并举，深化城市有机更新，进一步改善市民群众居住条件，提出若干意见如下。

一、总体要求

（一）指导思想

贯彻落实党的十九大精神，按照“留改拆并举、以保留保护为主，保障基本、体现公平、持续发展”的要求，适应卓越的全球城市建设需要，转变观念，创新机制，完善政策，运用城市有机更新的理念，突出历史风貌保护和文化传承，更加注重城市功能完善和品质提升，稳妥有序，分层分类推进实施“留改拆”工作，多途径、多渠道改善市民群众居住条件。

（二）基本原则

坚持规划引领，保留保护与改善民生相结合；坚持政府主导，明确属地责任；坚持居民自愿，倡导共建共治共享；坚持因地制宜，分类施策和突出重点相结合。

（三）工作范围

将房屋使用功能不完善、配套设施不健全、安全存在隐患、群众要求迫切的各类旧住房，纳入“留改拆”工作范围。主要包括：二级旧里为主的旧式里弄及以下房屋，优秀历史建筑、文物建筑、历史文化风貌区内以及规划列入保留保护范围的各类里弄房屋，各类不成套旧住房等。

（四）工作目标

推进优秀历史建筑、文物建筑、历史文化风貌区内以及规划明确需保留保护的各类里弄房屋修缮改造。“十三五”期间实施修缮改造250万平方米，其中优秀历史建筑修缮50万平方米。

推进各类旧住房修缮改造，重点实施纳入保障性安居工程的成套改造、屋面及相关设施改造、厨卫改造等三类旧住房综合改造工程。“十三五”期间，实施各类旧住房修缮改造5000万平方米，其中三类旧住房综合改造1500万平方米。

推进中心城区旧区改造工作，积极开展郊区城镇旧区改造。“十三五”期间，完成中心城区二级旧里为主的房屋改造240万平方米。

二、主要内容

（一）加强各类保留保护建筑管理和修缮

加强保留保护建筑管理。进一步完善保护机制，健全管理机构，落实巡查执法，严格优秀历史建筑、文物建筑等的日常管理，实施最严格的保护制度和措施，从城市空间肌理、历史文脉、文化传承角度，逐步扩大保护范围，拓展保护对象。加强历史建筑传统修缮技术研究，培育专业修缮队伍，建立保护修缮标准体系，兼顾保护和利用、功能开发和历史传承、技术创新和传统工艺的有机结合，形成历史建筑保护的长效管理机制，保护历史文化遗产，留住城市历史记忆。

继续推进各类里弄房屋修缮改造。对于规划明确保留保护的各类里弄房屋，按照“确保结构安全、完善基本功能、传承历史风貌、提升居住环境”的要求，提高修缮标准，加大修缮力度。具体实施管理要求和相关技术标准规范，按照市房屋管理部门《关于加快推进本市各类里弄房屋修缮改造工作的通知》《上海市各类里弄房屋修缮改造技术导则》等执行。

积极探索保留保护建筑改造试点。开展保留保护建筑内部整体改造、抽户（幢）改造等试点，通过改造，恢复原来的使用功能或达到成套独用或每户单独使用厨卫设施，减轻房屋使用强度，增加小区公共设施，扩大公共空间，改善居住条件，更好保护历史风貌。可根据改造方案确定抽户对象，结合项目特点，制订货币化置换或房屋置换方案。市里可统筹征收安置住房作为置换房源。对符合条件的被抽户对象，纳入共有产权保障住房供应范围，及时予以解决。改造后的公有住房，应按照实际确定房屋类型、换发租赁凭证，并调整标准租金。其中，符合公有住房出售条件的，可纳入出售范围。

（二）综合推进各类旧住房修缮改造

加大三类旧住房综合改造力度。旧住房综合改造项目要按照市房屋管理部门《关于“十三五”期间进一步加强本市旧住房修缮改造切实改善市民群众居住条件的通知》和《上海市成套改造、厨卫等综合改造、屋面及相关设施改造等三类旧住房综合改造项目技术导则》明确的要求和内容实施，坚持内外兼修。

拓展旧住房修缮改造内涵。鼓励各区结合住宅小区综合治理，不断丰富改造内容。在旧住房修缮改造中，将管线入地、二次供水改造、消防设施改造、截污纳管、积水点排除、电力表前计量设施改造、环境整治、道路整修、违法建筑整治等工作有机统筹，按照“便民、利民、少扰民”的原则，根据条件综合实施。

有序开展旧住房拆除重建改造。对不属于保留保护对象、未纳入旧区改造范围，建筑结构差、年久失修、基本设施匮乏、以不成套公有住房为主的旧住房，以及被房屋安全专业检测单位鉴定为危房或局部危险房屋、无修缮保留价值的房屋，可开展拆除重建改造。拆除重建改造应发挥居民自治作用，并按照市房屋管理、规划国土资源部门明确的认定条件、改造程序、规划建设等要求实施。鼓励户型设计创新，在不减少原住户居住面积、完善建筑使用功能的同时，规划设计应按照规划导向，明确地区功能优化、公共设施和道路交通完善、居住品质提升、小区环境改善、基础设施完善的目标和要求，提升规划建设水平和改造品质。通过市、区财政补贴资金、公有住房出售后的净归集资金、政府回购增量房屋收益、居民出资部分改造费用等方式，多渠道筹措旧住房拆除重建改造资金。

（三）稳妥推进旧区改造

稳步实施纳入保留保护范围的旧改地块改造。各区应树立成片保护的理念，按照规划控制要求，根据旧改地块实际情况编制改造方案，经历史风貌规划评估和认定后实施改造。对于需要保留原有建筑风貌和居住使用功能的，可按照“留房留人”等方式，实施修缮改造，保护历史风貌特色，改善市民居住条件和生活环境；对需要风貌保护且对居民重新安置的旧改地块，可通过“征而不拆”等方式，对房屋实施征收，原有建筑保留，征收完成后，按照规划要求实施保留保护改造和利用。

积极推进未纳入保留保护范围的旧改地块改造。对规划明确无保留保护要求的旧改地块，继续通过房屋征收等方式，按照两轮征询等相关工作要求，积极推进旧改地块整体改造。

妥善处置历史遗留“毛地出让”旧改地块。对于“毛地出让”旧改项目，按照“尊重历史、分类指导、一地一策”的原则，根据保留保护要求，鼓励建设单位继续推进改造，加快解决历史遗留问题。对建设单位没有能力继续改造的，可按照本市旧区改造中“毛地出让”地块处置有关政策处理。

三、保障措施

（一）加快落实规划土地支持政策

对涉及风貌保留保护的改造项目，建立风貌保护开发权转移机制；允许风貌保护相关用地因功能优化再次利用，进行用地性质和功能调整；对新增风貌保护对象的改造项目，可给予建筑面积奖励。经认定的风貌保护项目，可按照保护更新模式，采取带方案招拍挂、定向挂牌、存量补地价等差别化土地供应方式，带保护保留建筑出让。

对不涉及风貌保留保护的改造项目，其各项规划控制指标的确定应符合区域发展导向和更新目标。由市规划国土资源部门细化完善相关用地性质、建筑容量、建筑高度、地块边界等方面的规定。

（二）加大财税政策支持力度

市、区两级政府统筹土地出让收入、公有住房出售净归集资金及其增值收益、直管公房征收补偿款以及财政预算安排资金，分别设立市、区风貌保护及城市有机更新专项资金。市级专项资金主要用于支持经认定的重点区域风貌保护相关支出及重点旧改地块改造、配套基础设施建设完善以及旧住房和保护建筑修缮改造补助等。具体政策由市财政部门会同市房屋管理、规划国土资源管理部门制定。

继续完善市、区合作实施旧区改造模式，对重点旧区改造地块继续采取市、区合作进行土地储备的方式，或通过市级财政资金给予补贴支持。经认定的旧区改造地块，涉及经营性土地出让的，其土地出让收入按照市、区两级投入资金的比例分成，在扣除国家规定计提专项基（资）金和轨道交通建设基金后，专项用于旧区改造。积极推进政府购买旧区改造服务工作。

对旧区改造及征收安置住房项目涉及的各类税收，按照财政部、国家税务总局《关于棚户区改造有关税收政策的通知》规定执行。市场化新建商品住房用于居民安置时，经认定，可参照执行征收安置住房的税收减免政策。

（三）完善房屋征收补偿机制

发挥征收安置住房的保基本功能。全面核查房屋征收范围内被征收房屋、居民家庭人员和他处住房等情况，做到“房屋状况清、人员情况清”。征收安置住房作为保障性住房，应优先供应居住困难群体，充分体现保障基本功能。市属征收安置住房，按照房屋征收范围内的房地产权证和租用公房凭证的总数，原则上以不高于1：1的比例配置。

科学完善征收安置住房定价机制，供应价格与市场价逐步接轨。各区在使用市属征收安置住房时，以房屋征收地块为单位，做到专房专用；房屋征收地块签约期满生效后，剩余的市属征收安置住房，应报市房屋管理部门备案。

合理设置奖励补贴科目和标准。科学、规范、公正实施被征收房屋评估，严格执行《上海市国有土地上房屋征收与补偿实施细则》有关奖励补贴设置规定，控制奖励补贴金额在征收补偿款总额中的比例，体现房屋征收的原则是对被征收房屋价值予以市场化补偿。对按期签约、搬迁的被征收人、公有房屋承租人，除签约、搬迁两类奖励外，不再增设其他奖励科目。各区根据基地特殊情况需要设立其他补贴科目的，应符合公平公正的原则，并由市房屋管理部门统筹平衡。

坚持实物安置与货币化安置并举。房屋征收地块实物安置与货币化安置应保持合理的比例。确保他处无房、居住困难的被征收对象可选择实物安置。各区房屋征收部门制订的房屋征收补偿方案，应在征求被征收人、公有房屋承租人意见前，报市房屋管理部门。市房屋管理部门应进一步加强监管，促进各区房屋征收补偿水平协调平衡。

（四）积极推进征收安置住房及配套设施建设

进一步加强大型居住社区保障性住房建设和管理，完善对人口导入区在土地、资金、人口、公共服务资源等方面的综合支持政策。坚持大型居住社区的用地属性，征收安置住房建设用地要优先供应，积极推进征收安置住房基地的土地储备、征收腾地和开工建设，确保旧区改造用房需求。继续发挥市属征收安置住房对中心城区旧区改造的支持作用。各区要进一步挖掘潜力，建设和筹措区属征收安置住房、就近安置房等，满足居民多元安置需求。坚持集中有序发展，整合资源和力量，发挥市场机制作用和国有企业骨干优势，加快推进大型居住社区内外配套建设和公共服务设施的移交接管、开办运营。坚持提升管理能级，加强社区管理和公共服务，深化镇管社区机制，推动执法、管理队伍力量向大型居住社区倾斜。

（五）研究完善“留改拆”相关政策

结合住房制度改革深化、住房保障制度完善等，进一步研究完善旧住房修缮改造技术标准，以及房屋协议置换、公有住房租金调整等办法，并将“留改拆”相关政策与住房保障政策有机衔接，进一步落实历史风貌保护要求和顺利推进“留改拆”工作。

四、组织领导

（一）提高思想认识。坚持“留改拆”并举、深化城市有机更新工作，是传承城市历史文脉，强化历史风貌保护，进一步改善市民群众居住条件、居住环境和居住质量是重要的民生问题，更是各级政府公共服务的基本职责。各级政府和有关部门要充分认识此项工作的重要意义，以高度的政治责任感和历史使命感，积极推进此项工作。要进一步加强领导、完善体制机制，统筹资源、形成合力，细化任务、落实责任。

（二）加强统筹协调。市旧区改造工作领导小组及其办公室要加强“留改拆”政策规定和标准规范的制定完善，组织推进试点项目，对各区的工作开展加强统筹指导、协调推进和监督考核。增补市文物局为市旧区改造工作领导小组成员单位。各区政府作为责任主体，负责本区域留改拆工作的具体组织实施，要发挥街镇、居委会等基层单位的宣传教育、组织动员和群众工作等优势，尊重市民群众的选择权、参与权、知情权和监督权，争取市民群众和社会各方对此项工作的理解和支持。

（三）强化监督考核。完善目标考核机制，将坚持“留改拆”并举、深化城市有机更新相关工作任务列入区政府责任管理和政绩考核范围。各区政府要结合全市目标任务及本区实际，制订“留改拆”并举、深化城市有机更新的规划、计划。各类旧式里弄房屋的修缮改造项目，经认定后可纳入旧区改造目标任务完成考核范畴。市、区监察和相关部门等要建立有效的督查制度，加强对全市“留改拆”工作的检查和监督。

上海市人民政府关于调整本市廉租住房部分政策标准的通知

沪府发〔2017〕93号（2017年12月20日）

各区人民政府，市政府各委、办、局：

为进一步完善本市住房保障体系，继续加强廉租住房保障工作，经研究，市政府决定调整和完善本市廉租住房部分政策标准。现就有关事项通知如下：

一、收入和财产准入标准

申请廉租住房保障的收入和财产准入标准调整为：3人及以上家庭，人均年可支配收入低于39600元（含39600元）、人均财产低于120000元（含120000元）；3人以下或经认定的因病支出型贫困家庭，人均年可支配收入低于43560元（含43560元）、人均财产低于132000元（含132000元）。

二、租金配租分档补贴标准

人均年可支配收入低于24000元（含24000元）的3人及以上家庭，以及人均年可支配收入低于26400元（含26400元）的3人以下或经认定的因病支出型贫困家庭，按照基本租金补贴标准实施补贴。

人均年可支配收入在24000元（不含24000元）至33600元（含33600元）之间的3人及以上家庭，以及人均年可支配收入在26400元（不含26400元）至36960元（含36960元）之间的3人以下或经认定的因病支出型贫困家庭，按照基本租金补贴标准的70%实施补贴。

人均年可支配收入在33600元（不含33600元）至39600元（含39600元）间的3人及以上家庭，以及人均年可支配收入在36960元（不含36960元）至43560元（含43560元）之间的3人以下或经认定的因病支出型贫困家庭，按照基本租金补贴标准的40%实施补贴。

上述标准自2018年1月1日起实施。其他相关标准和事宜，仍按照有关规定执行。

上海市拆除违法建筑若干规定

（1999年6月1日上海市第十一届人民代表大会常务委员会第十次会议通过2009年6月25日上海市第十三届人民代表大会常务

委员会第十二次会议修订 根据2011年12月22日上海市第十三届人民代表大会常务委员会第三十一次会议《关于修改本市部分地方性法规的决定》第一次修正 根据2017年11月23日上海市第十四届人民代表大会常务委员会第四十一次会议《关于修改本市部分地方性法规的决定》第二次修正）

第一条 为了加强对违法建筑的治理，提高城市环境质量，根据《中华人民共和国城乡规划法》等有关法律、行政法规，结合本市实际情况，制定本规定。

第二条 本规定适用于本市行政区域内除乡、村庄规划区外未依法取得建设工程规划许可证的违法建筑的拆除。

第三条 市和区人民政府统一领导和负责所辖区域内拆除违法建筑工作，建立健全拆除违法建筑工作机制，完善、落实拆除违法建筑责任制，对拆除违法建筑实施部门进行考核。

市城乡建设管理部门和区人民政府指定的部门具体负责所辖区域内拆除违法建筑工作的综合协调。

市和区规划管理部门、城市管理行政执法部门（以下统称“拆违实施部门”）按照规划管理、物业管理等方面的法律、法规和市人民政府的规定，分别负责违法建筑的拆除，其具体职责分工，由市人民政府另行规定。

街道办事处、镇人民政府应当配合拆违实施部门做好违法建筑的拆除工作。

公安、工商等其他有关行政管理部门根据各自职责，协助做好拆除违法建筑的相关工作。

第四条 本市建立健全发现违法建筑的巡查制度。

拆违实施部门、各区承担城市管理巡查职责的机构应当按照规定的职责分工，采取措施，加强日常巡查，及时发现违法建筑并依法予以查处。街道办事处、镇人民政府应当组织力量开展巡查，及时发现并制止搭建违法建筑的行为。

物业服务企业在其物业管理区域内发现搭建违法建筑的，应当予以劝阻、制止；劝阻、制止无效的，应当及时报告所在区的拆违实施部门。

第五条 市城乡建设管理部门应当设立本市违法建筑的统一举报电话，并向社会公布。

任何单位或者个人发现违法建筑，可以向统一举报电话举报，也可以向拆违实施部门举报。受理举报的部门应当为举报人保密。

市城乡建设管理部门接到举报后，应当立即转告所在区的拆违实施部门。

拆违实施部门应当在一个月内将查处违法建筑的情况反馈举报人。

第六条 区拆违实施部门应当对本辖区内违法建筑及其查处等情况进行记录，经区人民政府指定的部门汇总后，纳入市城乡建设管理部门建立的信息系统，作为违法建筑治理工作的依据。

第七条 拆违实施部门发现违法建筑、接到相关举报或者物业服务企业的相关报告后，应当在二十四小时内到现场进行调查取证，对正在搭建的，应当在两小时内到现场进行调查取证。对不属于本部门职责范围内的违法建筑，应当立即移送相关部门进行处理。

第八条 对经查证确属违法建筑需要拆除的，拆违实施部门应当做出责令限期拆除的书面决定。

第九条 拆违实施部门应当依法将责令限期拆除决定送达当事人，并予以公告。当事人难以确定或者难以送达的，可以采用通告形式，告示期限自通告发布之日起不少于十日。

第十条 当事人应当在责令限期拆除决定规定的期限内，自行拆除违法建筑。当事人自行拆除确有困难的，拆违实施部门可以代为拆除。

当事人在责令限期拆除决定规定的期限内拒不拆除违法建筑的，市或者区人民政府应当催告当事人履行义务。催告应当以书面形式，并载明拆除违法建筑的期限、当事人依法享有的陈述和申辩权利等事项。

当事人收到催告书后，有权进行陈述和申辩。拆违实施部门应当充分听取当事人意见，并对当事人提出的事实、理由和证据进行记录、复核。当事人提出的事实、理由或者证据成立的，拆违实施部门应当采纳。

当事人在法定期限内不申请行政复议或者提起行政诉讼，又不拆除违法建筑的，拆违实施部门应当向市或者区人民政府报告，由市或者区人民政府做出强制拆除决定，责成拆违实施部门等有关部门依法强制拆除，并可以依法予以罚款。

第十一条 对正在搭建的违法建筑，拆违实施部门应当当场责令当事人暂停施工，依照有关法律、法规进行调查取证后，以书面形式责令当事人停止建设、自行拆除，并可以采取暂扣施工工具和材料等措施；当事人拒不停止建设或者拒不拆除的，拆违实施部门应当依法立即强制拆除，并可以依法予以罚款。

第十二条 违法建筑强制拆除时，拆违实施部门应当通知当事人取走违法建筑内的财物，当事人未取走的，拆违实施部门应当妥善保管，并通知当事人在限定的期限内领取。当事人逾期未领取的，拆违实施部门可以在留存证据后根据实际情况妥善处置。

违法建筑强制拆除后，拆违实施部门应当和街道办事处或者镇人民政府对当事人做好相关工作。

第十三条 违法建筑拆除后，当事人应当在清理通知书规定的期限内清理建筑垃圾；逾期未清理的，拆违实施部门可以予以清理。

第十四条 拆违实施部门及其工作人员在违法建筑查处工作中应当向当事人出示执法证件，依法行使职权，文明执法，不得侵犯当事人的合法权益；对当事人的合法财产造成损害的，应当依法予以赔偿。

第十五条 城乡建设管理部门应当加强对建设工程施工单位的监督管理。

在拆违实施部门查处违法建筑过程中，承揽违法建筑施工作业的单位应当立即停止施工，并配合查处。

第十六条 属于违法建筑的房屋不得出租。

违法建筑不得办理房地产权利登记。

利用违法建筑从事经营活动的，不得办理营业执照等相关证照。

第十七条 市和区人民政府应当对拆除违法建筑工作经费予以保障，所需工作经费纳入各有关部门的年度预算。

第十八条 当事人对拆违实施部门做出的具体行政行为不服的，可以依照《中华人民共和国行政复议法》或者《中华人民共和国行政诉讼法》的规定，申请行政复议或者提起行政诉讼。

第十九条 市和区人民政府应当建立违法建筑查处工作的考核制度，对在拆违工作中成绩突出的单位和个人予以表彰，对未依法履行职责的单位和个人予以处理。

第二十条 拆违实施部门、有关行政管理部门及其工作人员在发现和查处违法建筑过程中，有下列情形之一的，对直接负责的主管人员和其他直接责任人员依法给予行政处分；构成犯罪的，依法追究刑事责任：

（一）未按规定履行巡查职责，或者发现违法建筑不报告、不制止，情节严重的；

（二）依法应当做出拆除违法建筑决定而未做出的；

（三）对属于本部门的职责推诿的；

（四）对正在搭建的违法建筑应当立即拆除而未拆除的；

（五）违法办理房地产权利登记、营业执照等相关证照的；

（六）其他玩忽职守、滥用职权、徇私

舞弊的。

第二十一条 阻碍拆违实施部门工作人员依法执行职务的，由公安机关依照《中华人民共和国治安管理处罚法》予以处罚；构成犯罪的，依法追究刑事责任。

第二十二条 国家工作人员搭建违法建筑的，应当主动拆除；拒不拆除或者阻碍违法建筑查处工作的，由拆违实施部门将有关情况书面告知其所在单位或者监察部门，并建议依法给予行政处分。

第二十三条 乡、村庄规划区的违法建筑拆除，由乡、镇人民政府参照本规定执行。

第二十四条 本规定自2009年8月1日起施行。

PART SIXTEEN XVII

附　录

APPENDIX

- ⊙ 大事记
- ⊙ 上海市住房和城乡建设管理文件选编目录
- ⊙ 2017年上海市城市建设、交通运输相关
- ⊙ 数据统计

大事记

1月10日，市公积金中心制定《关于落实〈关于调整本市住房公积金个人贷款政策的通知〉相关提取政策的通知》（以下简称《通知》），对本市住房公积金部分提取业务做了调整。明确对有尚未结清公积金贷款的借款人（包括主贷人和参贷人）其账户余额应用于归还尚未结清的贷款本息。未清偿全部贷款本息的，不能办理如下提取业务 :1. 离退休提取；2. 死亡提取；3. 出境定居提取；4. 完全或大部分丧失劳动能力提取和异地转出提取。对于清偿全部贷款本息后公积金账户仍有余额的，可以办理前述提取。同时，《通知》明确其他提取业务仍按原规定执行。

1月12日，2016年度上海市重点工程实事立功竞赛表彰大会召开。中共中央政治局委员、市委书记韩正，市委副书记、市长杨雄和市委、市人大、市政府、市政协、市警备区领导，亲切接见部分先进代表。市政府副秘书长黄融主持大会。

2月6日，上海海事局查获一起外轮持有假冒船旗国证书、船员证书案件，这是上海港近年来首次查获此类案件。

2月16日，《上海手册——21世纪城市可持续发展指南》在联合国总部举行发布仪式。发布仪式由中国常驻联合国代表团、上海市人民政府、第三次联合国住房和城市可持续发展大会秘书处共同举办。有关国家常驻联合国代表、国际组织代表约150名嘉宾出席发布仪式。中国常驻联合国代表刘结一大使出席并致辞。《上海手册》作为2010年上海世博会的重要成果，于2011年首发。近年来，联合国、国际展览局、中国住房和城乡建设部、上海市政府共同修订了2016年版《上海手册》，重点从社会包容、经济发展、绿色增长、文化传承和公共服务等角度，列举29个典型案例，介绍了推进包容、可持续城市化的理念和实践。

2月21日，应勇市长带队调研苏州河水环境综合整治，从苏州河管理站华漕环卫码头乘船，沿苏州河察看环境综合整治进展。应勇市长叮嘱说，苏州河岸线是宝贵的公共资源，要着眼长远，加强统筹，精心规划。市绿化和市容管理局局长陆月星，以及局相关部门和直属单位负责人陪同。

2月21日，本市公布2016年度重大工程文明工地名单。轨道交通5号线南延伸工程（东川路站—南桥新城站）等5个项目为2016年市重大工程文明示范工程；诸光路通道新建工程（青浦段）等24个标段为2016年市重大工程文明示范工地；上海嘉定再生能源利用中心工程等93个标段为2016年市重大工程文明工地。

2月24日，市绿化和市容管理局和宝山区政府举办了2017年世界湿地日活动暨上海吴淞炮台湾国家湿地公园揭牌仪式。此次活动主题是“湿地减少灾害风险”，旨在宣传健康的湿地有助于应对极端气候、风暴潮等自然灾害，倡导公众为保护与合理利用湿地共同做出努力。

2月27日，虹桥污水处理厂新建工程实现开工。虹桥污水处理厂新建工程为国家考核重点项目，建设规模为20万立方米 / 日，污水处理后排放标准为一级A。

2月28日，市建设交通工作党委召开

2017年市建设交通系统党风廉政建设大会，主要任务是贯彻十八届中央纪委七次全会和十届市纪委六次全会精神，总结2016年建设交通系统党风廉政建设和反腐败工作，部署2017年工作任务。市建设交通工作党委书记崔明华同志出席会议并做重要讲话。会议由市建设交通工作党委副书记田赛男同志主持，上海铁路局和市场管理总站党委、上海核工程研究设计院和市燃气管理处纪委做了交流发言。市建设交通工作党委副书记巡视员朱铁民同志做了党风廉政建设工作报告，驻委纪检组组长姜蓉同志就做好2017年纪检监察做了讲话。委机关处室负责人，委直属单位、系统各委、局、中央在沪单位党政、纪检部门主要负责人参加会议。

3月1日，《上海市建设工程招标投标管理办法》正式实施。新出台的《上海市建设工程招标投标管理办法》是本市建设工程领域一项重大改革，标志着近年来本市建设工程招投标领域法律体系的进一步完善。

3月3日，市政府召开2017年上海市重大工程建设工作电视电话会议，陈寅副市长出席会议并做重要讲话，市住建委、市重大办主任顾金山对2017年市重大工程建设做工作安排。

3月6日，上海市城市管理综合执法工作联席会议2017年第一次全体会议在市政府召开。会议采用电视电话会议形式。陈寅副市长出席会议并讲话，黄融副秘书长主持。市联席会议部分成员单位成员参加主会场会议，各区政府分管领导、区联席会议成员单位负责人及相关单位参加各分会场会议。

3月7日，本市召开市住房城乡建设管理工作会议，全面总结2016年工作，部署2017年工作任务。2017年，市住房城乡建设管理系统将进一步提升城市综合管理和城乡建设水平，完善住房保障和市场监管体系，推动行业改革和创新发展，为建设“卓越的全球城市”做出贡献。

3月9日，全市生活垃圾分类减量联席（扩大）会议召开，副市长陈寅，市政府副秘书长黄融，市绿化和市容管理局局长陆月星，市分类减量联席会议各成员单位代表，各区生活垃圾分类减量联席会议召集人及成员单位代表，中国银行、蚂蚁金服公司代表等参加了会议。

3月9日，杭温铁路义乌至温州段开工建设。杭温铁路总投资约390.1亿元，是社会资本投资铁路建设示范项目之一和混合所有制改革试点项目。

3月15日起，上海海事局全面停止通过原口岸查验EDI申报系统接收国际航行船舶口岸查验申请信息，统一通过上海国际贸易“单一窗口”平台受理相关申请，实现所有上海口岸国际航行船舶口岸查验海事相关业务通过“单一窗口”办理。

3月16日，中共中央政治局委员、市委书记韩正、市委副书记、市长应勇，市人大常委会主任殷一璀、市政协主席吴志明、市委副书记尹弘等带领市四套班子领导来到浦东三林楔形绿地参加植树。

3月22日，上海市召开纪念第25届“世界水日”暨贯彻国家“水十条”、城乡中小河道综合整治现场会。会议由市政府副秘书长黄融主持，陈寅副市长出席会议并讲话。

3月24日，2017上海（国际）花展于正式拉开了序幕。2017上海（国际）花展组委会主席、市绿化和市容管理局局长陆月星、市旅游局副局长程梅红、徐汇区人民政府副区长陈石燕、2017 上海（国际）花展组委会副主席、市绿化和市容管理局党组副书记崔丽萍、上海市农业科学院副院长许复新、泰国驻上海总领事馆副总领事兰洛萍、国际植物园保护联盟中国办公室执行主任文香英、法国阿基坦大区园林局特级园艺专家 Philippe Bodson 等出席了开幕式。

3 月 26 日至 5 月 5 日，在浦东国际机场第 4 跑道成功开展了 C919 大型客机 9 场次中速滑行、4 场次高速滑行和首飞。其间，民航华东局认真履职，积极协调中国商飞、华东空管局、浦东机场等运行和保障单位，服从大局，周密部署，完成了 C919 滑行和首飞试验活动的保障，确保了浦东机场运行的秩序。

3 月 28 日市政府印发《关于进一步加快推进本市重大工程建设前期工作的通知》。为进一步加快推进市重大工程前期工作，围绕“调结构、强功能、补短板”要求，继续发挥市重大工程建设“稳增长、促改革、惠民生”作用，《通知》就切实提高重大工程项目建设方案成熟度、加快推进项目工程可行性研究、加强和完善项目用地勘测定界工作、优化和改进用地审批工作、推进项目前期土地房屋征收、项目设计文件审批标准化、重大管线搬迁和保护协调平台和市、区联动工作机制等方面提出要求。

3 月 30 日，S32 公路嘉闵立交及收费广场工程开工。项目是连接 S32 申嘉湖高速和嘉闵高架的重要工程，建成后，S32 高速公路与嘉闵高架快速路将实现互通，成为连接虹桥枢纽与浦东国际机场、浙江省的快速通道，有利于完善西部快速路网，缓解区域交通压力，进一步发挥 S32 出省干道的作用。

3 月 31 日，白龙港污水处理厂提标改造工程开工。该工程规模为 280 万立方米 / 日。提标工艺采用减量达标方式，将原 6 座生物反应沉淀池处理能力降低至 160 万立方米 / 日，同时新建 120 万立方米 / 日生物处理设施和深度处理设施。新建设施将采取地下式或全加盖形式，并在设施上部种植绿化，最大限度上减少对周边环境的影响。完工后的出厂水将达到一级 A 标准。

3 月，出台《关于加强本市经营性用地出让管理的若干规定》（沪府办〔2017〕19 号），进一步优化经营性用地全生命周期管理制度。

4 月 6 日下午，市建设交通工作党委、市住房城乡建设管理委召开机关党员大会，选举产生出席市第十一次党代会代表，市建设交通工作党委秘书长、市建设交通直属机关党委书记袁筱英同志主持会议，两委领导班子成员等 217 名机关党员参加会议。大会听取候选人产生情况报告和候选人基本情况介绍，审议并通过党员大会选举办法（草案）和总监票人、监票人建议名单，采用无记名投票差额选举出席市第十一次党代会代表。经机关党员大会选举，崔明华、顾金山、田赛男同志当选为市建设交通工作党委、市住房城乡建设管理委机关出席上海市第十一次党代会的代表。

4 月 12 日，经党中央、国务院批准，中央第二环境保护督察组上午向上海市委市政府反馈通报督察意见，中共中央政治局委员、上海市委书记韩正做表态讲话，把整改作为重大政治任务，严明责任严格督查严肃问责，不折不扣落实党中央国务院决策部署。上海市委副书记、市长应勇主持会议。

4 月 13 日，第二届华东通用航空发展论坛暨通航服务与保障展在沪圆满召开。本次展会由华东通航服务中心（上海民航龙华机场）主办，美国商务航空协会与中国航空器拥有者及驾驶员协会（AOPA）协办。

4月14日，上海市政府正式印发了《关于促进上海市快递业发展的实施意见》（沪府发〔2017〕21号），这是继2012年之后，市级层面第二次出台促进快递业发展的专项政策文件。《意见》明确了培育壮大快递企业、推进“互联网+”快递、完善快递服务网络、衔接综合交通体系、推动产业协同发展和加强安全监管六个方面的重点任务。提出了推进简政放权、加强规划建设衔接、加大财税金融支持、提供便利通行条件和加大人才队伍建设五个方面保障措施。

4月20日，上海海事局、上海出入境边防检查总站、上海海关、上海出入境检验检疫局联合发布《关于公布〈上海口岸国际航行船舶联合登临检查工作机制〉的通知》（沪海船舶〔2017〕137号），标志上海口岸国际航行船舶联合登临检查工作机制正式建立。

4月27日，申能奉贤热电工程开工。项目位于奉贤区市化工区奉贤分区A6-02-A地块，将建设2台F级（400MW等级）燃气-蒸汽联合循环供热机组。建成后，可向星火开发区、上海化学工业区奉贤分区内热用户提供蒸汽，替代星火热电有限公司、楚华热电有限公司的集中供热燃煤机组和锅炉，并为区域内的其他小型燃煤锅炉的拔除提供替代热源，为区域内的上海化学工业区北区、金山精细化工区的建设发展和招商引资提供完善的基础设施配套条件。

4月27日，由中国花卉协会、上海市绿化和市容管理局主办的2017上海国际月季展，在上海辰山植物园盛大开幕。此次月季展从4月27日开始，直至5月20日结束，其间还将举办国际月季研讨会、园艺大讲堂、草地音乐节、春季摄影展等各类主题活动。

4月28日，泰和污水处理厂工程开工。项目位于宝山区蕰藻浜沿河绿带以北、规划共富路以南、泰联路以东、梅林路以西，厂区占地面积约27.28公顷，规划规模为55万立方米/天，一期工程建设规模为40万立方米/天。工程投运后的出厂水水质将达到城镇污水处理厂污染物排放标准一级A标准。

4月28日，北虹路立交首条WS匝道（西向南匝道）建成通车。北虹路立交工程是北横通道工程中的起始段和重要区段，WS匝道全长380米、宽8米，共安装钢结构3200吨，建成通车将减轻天山路、仙霞路等周边道路交通压力，提高车辆通行流量和通行速度，改善北翟路外环及天山周边地区交通状况。

4月，《上海市土地资源利用和保护“十三五”规划》正式发布。规划确定了全市“十三五”期间土地资源保护和利用的总体目标、规划导向、规划策略以及各类利用和保护要求。

5月12日，由国家发展改革委批复、圆通速递牵头承建的“物流信息互通共享技术及应用国家工程实验室”在圆通速递上海总部正式揭牌。国家工程实验室落户上海，是物流领域的首个国家工程实验室，是快递行业在国家层面的首个工程实验室，是上海近几年来首批申请获批的国家工程实验室，这也是全国首个由民营快递企业牵头承建的国家工程实验室，为民营快递行业发展带来历史性的机遇。

5月22日，目前世界最大集装箱船“东

方香港”轮首航顺利靠泊上海洋山港冠东码头。

5 月 22 日至 5 月 27 日，市建设交通工作党委会同中国浦东干部学院举办了市建设交通系统中央在沪单位局级领导干部推进创新驱动发展战略专题培训班，系统 28 家中央在沪单位的 32 名局级领导干部参加了培训。培训方式采用专题授课、分组讨论、现场实践等多种形式，收到一定成效。

5 月 27 日，浦星公路（丰南路—环城北路）改建工程主体建成通车。工程北起丰南路交叉口，与永南路、环城北路等 12 条道路相交，南到环城北路交叉口，分别跨越丰南河、汇中河等河流，终点与南行港桥北侧桥头接顺，线路全长约 5.09 公里。原双向 4 车道改建为双向 6 车道 +2 条非机动车道 +2 条人行道，拓宽后红线宽度达到 45 米，大大缓解高峰时段拥堵，将加强中心城区与郊区联系，改善南桥新城和南桥大型居住社区的居民交通出行。

5 月 27 日，南汇东滩 N1 库区渣土消纳工作开始试运行。该项目是市政府要求亟须在南汇东滩 N1 库区圈围形成的库区堆放大量工程渣土要求而建，设计消纳工程渣土量 3900 万方，项目建成后有效缓解本市渣土消纳紧张局面。

5 月 31 日下午，市建设交通行业精神文明建设工作会议在上海图书馆召开。市建设交通工作党委书记崔明华、市文明办副主任宋慧出席会议并讲话。市建设交通工作党委副书记、市住房城乡建设管理委主任顾金山主持会议。市建设交通工作党委副书记田赛男做工作报告。中铁十五局等 3 个单位做了大会交流发言。会上对 2015—2016 年度市文明行业、市文明单位、系统文明单位代表进行了颁奖。

5 月，《上海市地质勘查与矿产资源总体规划（2016—2020 年）》获国务院批复。规划紧密围绕追求卓越的全球城市目标，与国土资源“三深一土”科技创新发展战略相适应，着力实现地质工作的进一步转型升级，全面提升地质工作对上海经济社会发展的服务与保障能力。

6 月 8 日，市建设交通工作党委书记崔明华率队赴市绿化和市容管理局调研本市城乡中小河道综合整治工作开展情况，市绿化和市容管理局局长陆月星、总工程师唐家富、市委督查室主任向义海、副主任黄铭耀、市建设交通工作党委秘书长袁筱英，以及委、局相关部门和直属单位负责人参加会议。

6 月 11 日，目前世界上最先进的大洋钻探船“乔迪斯·决心号”安全靠妥上海临港南港码头。

6 月 13 日，民航华东局在上海组织召开了上海浦东机场第五跑道飞行程序设计研讨会。东部战区空军参谋部航管处、空军上海基地参谋部航管处、上海机场集团、华东空管局等单位派员参加了会议，华东局朱州龙副局长出席会议。

6 月 15 日，华东局与中国民用航空适航审定中心（以下简称适航审定中心）就民航上海航空器适航审定中心（以下简称上海审定中心）管理关系变更及业务管理移交相关事项召开了专题会议，华东局蒋怀宇局长、适航审定中心沈小明主任、上海审定中心主要领导及相关职能部门参加了会议。

6 月 20 日，黄浦江上游水源地连通管工程 C3 标通过竣工验收。黄浦江上游水源地作为上海市四大集中式饮用水水源地之一，承担西南五区饮用水原水供应重任。本工程竣工标志着青浦、金山、松江、闵行和奉贤五区供水需求得到满足，提高了应对突发性水污染事件能力，增强了原水供应安全保障度。

6月23日，500千伏泗泾变电站主变增容工程投运成功。工程第一阶段1号主变第五次充电成功，标志着泗泾主变增容工程阶段性增容施工投产成功。

6月28日，苏州河段深层排水调蓄管道系统工程试验段开工。建设内容包括苗圃—云岭西主隧工程和配套综合设施土建工程，主隧总长度约1.67公里，管道内径10米，埋深约60米，并配套苗圃和云岭西2座综合设施。通过试验段建设，能够获取工程监测数据，积累土建施工经验，形成相关技术标准，为后续苏州河段深隧系统工程整体实施提供借鉴和保障。

6月底，黄浦江上游水源地金泽水库基本建成。金泽水库工程完成绿化工程、泵站平面布置等工作；连通管工程完成现场58座井室回填及全部10个标段竣工验收。

6月底，嘉定再生能源利用中心工程建设项目基本建成。项目主体工程#1、#2、#3锅炉及烟气系统；#1、#2汽轮发电机组及公用系统安装结束；三炉二机主辅设备具备起机冲转条件。目前，项目已通过市环境保护局现场核查，同意投入生产。项目建成后，将大幅缓解方泰垃圾填埋场超负荷处理以及周边环境问题，同时完善了全市垃圾处置规划布局，达到国家环保督查考核要求。

6月，《上海市建设工程预算定额（2016）》修编工作完成。“2016预算定额”修编体现三个特点：一是增加了新技术、新工艺、新材料的相关子目，反映了本市建筑业工业化、节能、环保、绿色的新特点。二是在定额编号、项目名称、子目设置、工作内容、计算规则等方面，与2013国家计价与计量规范合理衔接，解决了招投标报价中清单与定额子目脱节的现象，具有很强的实用性和可操作性。三是制定了十大专业统一的人材机编码规则，建立了统一的人材机编码库，为今后工程造价管理信息化及数据运用打下了基础。新定额将从2017年6月1日起正式执行。

6月，市政府表彰了2016年度上海金融创新奖项目。上海市公积金管理中心作为发起机构、上海国际信托有限公司作为受托机构联合申报的“沪公积金系列个人住房贷款资产支持证券”项目荣获2016年度上海金融创新成果奖一等奖。“沪公积金系列个人住房贷款资产支持证券”是由上海市公积金管理中心作为发起机构、上海国际信托有限公司作为受托机构，在银行间市场发行的全国首单以个人公积金贷款作为基础资产的证券化产品。

6月，根据《中共上海市委、上海市人民政府关于设立上海市房屋管理局等有关事宜的批复》规定，设立上海市房屋管理局（副局级），为上海市住房和城乡建设管理委员会管理的行政机构，将上海市住房和城乡建设管理委员会承担的住房保障、房地产市场监管、房屋管理等有关政策研究、政策执行和行业管理等职责，划入上海市房屋管理局。加强房地产市场监管的政策研究，强化房地产市场的监测分析；加强对全市居住、非居住等各类房屋使用安全管理，强化房屋修缮工程的监督管理和房屋安全检测的行业管理；加强本市保障房建设，完善住房保障体系；加强对本市房屋租赁市场的监管和研究，强化对本市旧区改造工作的管理；加强对各区房屋管理工作的业务指导。根据上述职责，上海市房屋管理局设10个内设机构：办公室（信访办公室）、计划财务处、政策研究室（法规处）、住房保障管理处（市廉租住房管理办公室）、住房建设监管处、房地产市场监管处（房产权籍管理处）、物业管理处、城市更新和房屋安全监督处（历史建筑保护处）、房屋征收管理处、落实私房政策处。

7月1日，大叶公路改建工程开工。大叶公路奉贤段西起松江区界，东至浦东区界，全长约33公里，是横贯奉贤区北部的重要交通干道，建成后，将完善奉贤区干线公路网布局、缓解两侧干线公路交通压力、促进沿线经济发展，为南桥新城发展提供更好的支撑。同时，将改善南上海、杭州湾北岸地区尤其是洋山港货运交通对外疏解能力，加强南部新城及组团间的联系，构建南部沿海发展链。

7月1日起，全市城管执法系统聚焦市民群众反映集中的夜排档管理难题，深入开展“夜鹰”执法行动，着力解决夜排档扰民问题，努力为市民群众创造整洁、有序、安静的生活环境。

7月5—7日，第七届建筑绿化发展暨海绵城市建设（上海）高峰论坛在上海新国际博览中心顺利举行。本届建筑绿化展会与论坛以绿色建筑与海绵城市为主题，将立体绿化与建筑节能、城市治洪相结合，由此也将立体绿化的功能从纯粹的增加绿视率和休闲性拓展到更为宏观的城市生态领域。

7月7日，8:30，市建设交通工作党委、市住房城乡建设管理委、市交通委、市水务局、市绿化市容局、市城管执法局、市房管局、新民晚报社、上海广播电视台合作举办的2017年“夏令热线”在12319城建热线服务中心正式开通。时光辉副市长、黄融副秘书长出席开通活动。“夏令热线”开通后，从7月11日起，各区政府领导陆续在“62706270上海电台新闻热线”接听市民来电；8月上旬，市建设交通工作党委、市住房城乡建设管理委、市交通委、市水务局、市绿化市容局、市城管执法局、市房管局、上海电力公司等主要领导陆续在“12319城建服务热线”接听市民来电。

7月7日，《上海市住房发展“十三五”规划》（以下简称《规划》）正式发布。《规划》明确提出，“十三五”期间本市城镇住房供应总量以及住房用地供应总量将显著增加，其中新增住房供应总套数170万套，比“十二五”增加60%左右。同时，本市将积极推进购租并举的住房体系建设，进一步健全房地产市场健康发展长效机制。

7月12日，上海市人民政府副秘书长黄融、上海市人大常委会副主任薛潮出席在黄浦区锦江饭店小礼堂举办的“2017上海绿色建筑国际论坛”。上海市城乡建设和交通工作党委书记崔明华、上海市住房和城乡建设管理委员会副主任裴晓参加此次论坛并发言。论坛围绕“城市有机更新”主题，来自国内外的专家学者分享城市“逆生长”的典型案例，探讨更新改造过程中存在的瓶颈及解决办法。

7月15日，吴淞污水处理厂提标改造工程提前通水调试。项目地处宝山吴淞口生态“新滨江”区域，比原计划提前半个月完成通水目标，预计在年内全面建成并投运。改造后的吴淞污水处理厂将呈现“植物生态园”形态，在上海尚属首次，改变人们对于传统污水处理厂印象，为环境友好型城市增添景观。

7月16日，普善路—万荣路—三泉路道路辟通改建一期工程全线通车。经过18个月紧张建设，随着三泉路地道试通车，普善路—万荣路—三泉路道路辟通改建一期工程基本建成。该项目的建成不仅可以形成共和新路西侧的一条平行分流干路，改善沿线地区出行条件，也可为上海火车站北广场增加一条疏散通道，促进沿线旧区的改造步伐，形成与经济社会发展相协调的现代化城区基础设施框架和生态环境。

7月19日，宛平剧场改扩建项目桩基工程开工。工程是今年市重大工程预备项目，位于徐汇区中山南二路859号近宛平南路。项目拟新建一幢专业戏曲剧场，占地面积6466平方米，总建筑面积29281平方米，地上5层，地下3层，总投资59511.76万元，计划于2019年8月竣工。项目建成后，将作为上海第七座A类剧场，迎接2019年中国艺术节。

7月26日，中波轮船股份公司“乾坤”轮在上海海事局完成船舶所有权登记，这是财政部、海关总署、国家税务总局《关于中资“方便旗”船回国登记进口税收政策问题的通知》（财关税〔2016〕42号）发布实施以来，首批获批免税进口的中资“方便旗”船首次在上海落户登记。

7月27日，崧泽高架西延伸工程开工。该项目西起漕盈路，东至崧泽高架路G15立交，长18.06公里，红线宽度50米，其中高架道路长16.98公里，道路等级为城市快速路，设计速度80公里/小时。工程的开工建设，将使青浦与市区的交通连接更加紧密，市民来往青浦和市区更为快捷和方便，对加强虹桥商务区对外辐射能力，服务青浦区“一城两翼”发展、完善西部地区路网、均衡市域骨干道路交通分布等具有重要意义。

7月29日，浦江郊野公园正式开园迎客，是上海首座大型“秋景”公园，地处黄浦江东侧，大治河以北；总面积15.29平方公里，相当于11个世纪公园，一期开园5.82平方公里；上海7个先行试点建设的郊野公园之一；是各郊野公园中最靠近市中心的一个，距人民广场20公里；以森林游憩、滨水休闲为主要功能。

7月，《崇明区总体规划暨土地利用总体规划（2017—2035年）》向社会公示。规划贯彻“坚持生态立岛，坚持高标准、高质量，举全市之力推进崇明世界级生态岛建设”的要求，是崇明世界级生态岛建设的重要基础和平台。

7月，市政府印发《关于深化城市有机更新促进历史风貌保护的若干意见》（沪府发〔2017〕50号）。重点聚焦法定保护保留对象，强化风貌保护管理制度，从规划土地、财政、保护修缮等方面提出支持政策和措施。

7月，《张江科学城建设规划》获批。同步完成《张江科学城国家实验室单元控详规划》《张江科学城西北片区单元控详规划》《张江科学城社会租赁住房相关控详规划局部调整》等相关规划。

8月2日，2017年度黄浦江水域观光游轮碰撞事故处置市级综合演练成功举行。上海市副市长、上海海上搜救中心主任时光辉担任演练总指挥，上海市人民政府副秘书长、上海海上搜救中心常务副主任黄融担任演练常务副总指挥，上海海事局局长陆鼎良、上海市政府办公厅副主任盖博华、市应急救援总队张兴辉、市应急联动中心陈昌俊担任演练副总指挥。参演船艇共30余艘、直升机3

架，参演人员500余人。此次市级综合演练提升了黄浦江水上涉客类船舶突发事件的应急处置能力，为实现黄浦江滨江贯通，提升黄浦江旅游功能打好安全基础。

8月10日14点32分，装载有17.4万立方米液化天然气的超大型液化天然气（LNG）船舶“中能北海”轮安全靠泊洋山深水港，这是自洋山深水港开港以来装载量最大的LNG船安全靠港。

8月26日凌晨，上海海事局组织开展第一次长江口深水航道超宽交会实船试验。大型国际邮轮“海洋量子号”在进口时与出口的重载集装箱“中远科伦坡”轮、“长巨”轮成功交会。

8月28日，市建设交通工作党委召开市、区建设交通（房管、城管、网格化）系统党委书记座谈会。会议的主题是：认真学习习近平总书记系列重要讲话精神，深入贯彻落实市十一次党代会和十一届市委二次全会精神，以推进“两学一做”学习教育常态化制度化为契机，聚焦全面提高城市精细化管理水平、全面落实管党治党责任，进一步深化推进市区“六个联动”，以全面加强党的建设引领推动、督促推进2017年市委、市政府重大任务和重点工作的完成。会上，市建设交通工作党委副书记田赛男、市建设交通工作党委秘书长袁筱英、市建设交通工作党委巡视员朱铁民分别通报了有关工作；长宁区建设交通党工委、静安区房管局党委、奉贤区建设管理委（交通委）党委等7家单位做了发言，从不同侧面交流了全市各区建设、交通、房管、城管、网格化部门党组织认真落实管党治党责任，在深化改革、破解难题、服务民生和党的建设方面取得的成效和做法经验。市建设交通工作党委书记崔明华主持了会议并发表了讲话。

8月23日，中共中央政治局委员、上海市委书记韩正和上海市委副书记、市长应勇等一行调研市上海光源项目，市领导实地察看上海光源后续工程建设进展情况。在X射线自由电子激光试验装置隧道内，听取上海应物所光源运行开放和二期线站工程建设，以及自由电子激光装置建设与应用前景情况汇报。

8月25日，市政府新闻办举行2017中国森林旅游节新闻发布会，国家林业局副局长刘东生、上海市政府副秘书长黄融、国家林业局森林旅游管理办公室主任杨超、上海市绿化和市容管理局局长陆月星出席发布会并回答记者提问。此次活动由国家林业局、上海市人民政府主办，上海市绿化和市容管理局、上海市旅游局承办，主题为“绿水青山就是金山银山——走进森林，让城市生活更精彩”。

8月31日，民用无人机试飞运行基地（HD-SH-001）揭牌仪式在上海市青浦现代农业园区举行，民航华东地区管理局党委书记姜春水和上海市青浦区人民政府副区长余旭峰为基地揭牌。这标志着我国首个经民航和军方同意设立的民用无人机试飞运行基地正式对外开放试运行，在促进无人机行业发展和解决无人机“黑飞”问题的道路上跨出了具有历史性的一步。揭牌仪式由民航华东地区管理局朱州龙副局长主持。

8月，世博文化公园控制性详细规划获批。规划突出生态性、文化性与公共性，定位为生态自然永续的大公园、文化融合创新的大公园、市民欢聚共享的大公园。首期启动区已于9月开工。

8月，我国第一本航标助航指南——《台湾海峡航标助航指南（2016）》出版发行，该《助航指南》集专业性、工具性、资料性于一体，图、文、表并茂，重点介绍了台湾海峡西侧水域东西向的内、中、外航路和南北向的海坛岛、兴化湾等区域航道。

9月2日，财政部部长肖捷、上海市市长应勇、新开发银行行长卡马特等出席新开发银行总部大楼项目开工仪式。新开发银行总部是首个落户上海的国际金融组织。国家和市领导与金砖国家代表共同启动大楼建设。

9月6日下午，上海市委、市政府召开上海市中央环保督察整改工作领导小组扩大会议，上海市委副书记、市长应勇强调，中央环保督察是加强生态文明建设的重要制度性安排，做好环保督察整改是重大政治任务、重大民生工程。要坚决按照中央要求和市委部署，紧紧咬住目标，全力以赴抓好环保督察整改，确保全面、高质量地完成整改任务，并着力落实好长效管理机制，进一步提升上海环保工作水平。上海市委常委、常务副市长周波主持会议，上海市委常委、市委秘书长诸葛宇杰出席。上海市副市长时光辉通报了环保督察整改工作进展情况并部署下一步工作。

9月11日市委副书记、市长应勇调研徐家汇体育公园建设推进情况。徐家汇体育公园将在保留改造上海体育场、上海体育馆、上海游泳馆、东亚大厦基础上，新建下沉式体育综合体，新建两条环形健身跑道分别串联南北两大主题公园，确保原有体育设施只增不减。

9月18日，民航华东局组织召开了C919大型客机浦东机场试飞保障第十次协调会，蒋怀宇局长出席会议并批准发布《C919大型客机浦东试飞联合保障工作手册》。上海监管局、华东空管局、中国商飞、浦东机场、浦东航油公司等单位领导参加了会议。

9月20日上午，市委书记韩正，市委副书记、市长应勇一行来市建设交通工作党委、市住建委、市房屋管理局调研，召开座谈会，研究部署加强城市精细化管理、促进房地产市场平稳健康发展等重点工作。市领导诸葛宇杰、时光辉参加调研。

9月23日，嘉北郊野公园开园试运营。试开园的嘉北郊野公园一期面积为7.39平方公里。公园以“野”和“趣”为主要特色，不仅汇聚了原生态的农田、林地、村落和水网，还有独特的绕园水系以及具有7000年历史“冈申文化”。游客进园后将看到4500亩稻浪滚滚的水稻田以及散布园内的彩色水稻、雷竹笋林、葡萄园和5片占地450亩的主题活动林：入口休憩林、儿童活动林、静谧养生林、欢聚休闲林、甜蜜爱情林。

9月27日，上海博物馆东馆开工。项目是今年市重大工程，位于浦东联洋社区C000302单元10号地块，西临杨高南路、北临世纪大道、东临丁香路，占地面积4.6公顷，总建筑面积约10.5万平方米，建筑高度45米，拥有地上建筑6层，地下2层。2020年东馆建成后，将拥有10.5万千平方米建筑面积，日均接待观众2万人次，为市民提供更舒适的参观环境、更精彩的文物展览以及更丰富的互动体验。未来，上海博物馆将与上海科技馆、东方艺术中心、浦东展览馆以及上海图书馆东馆，在浦东花木行政文化中心形成新的文化集群。

9月27日，上海图书馆东馆开工。项目是今年市重大工程，毗邻浦东市民中心，面向世纪公园，上图东馆占地面积3.95公顷，建筑面积约11.5万平方米，高50米，地上

7层，地下2层，经切割和旋转的馆体块映射天空和周边公园景观，自然而成一片“文化绿洲”。将与周边上海科技馆、东方艺术中心、浦东展览馆、上博东馆等共同组成具有国际影响力的文化集聚区。

9月27日，程十发美术馆开工。项目坐落于虹桥路伊犁南路间，占地面积7129平方米，总建筑面积11500平方米，其中地上三层，建筑面积约7570平方米，地下一层，建筑面积约3930平方米。程十发美术馆展厅面积约为4000平方米，将设长期陈列和临时展览两大展区。其中三分之二为长期陈列区域，三分之一为临时展览区域。预计2019年底开馆。项目建成后将成为海派艺术家集体研究展示空间，以收藏研究、作品展呈、公共教育为基础功能，建立中国绘画理论体系中海派文化地位。

9月28日，市建设交通党委崔明华书记、市建管委江小龙副主任检查市重大工程安全生产工作，对梦中心B地块文化项目、瑞金医院医学转化中心等市重大工程进行安全生产检查，并提出加强安全管理、确保节日祥和工作要求。

9月29日，上海市邮政业安全监管事务中心举行揭牌仪式，国家邮政局安全中心主任江明发、上海市邮政管理局局长夏颐共同为市邮政业安全监管事务中心揭牌。市交通委、市公安局、市国安局、上海局相关处室、各管局、市交通委行政事务中心、市快递行业协会等相关领导、邮政业安全监管事务中心全体同志参加了揭牌仪式。

9月，市政府同意将131处第二批风貌保护街坊列为上海市历史文化风貌区范围扩大名单并予以公布。

10月16日，石洞口污水处理厂提标改造工程开始通水调试。石洞口污水处理厂提标改造工程作为中心城区污水厂提标工程中率先开工项目，在各参建单位共同努力下，通过技术措施攻克了原状箱涵切换难点，降低对污水厂正常运行影响，并通水进入调试阶段，为年底实现一级A排放目标迈出最关键的一步。

10月19日（当地时间）晚，第44届世界技能大赛闭幕式暨颁奖仪式在阿联酋首都阿布扎比亚斯岛体育场举行，上海选手潘沈涵和杨山巍分别获得花艺项目和车身修理项目金牌，实现了上海选手参加世赛金牌零的突破。此次世赛花艺项目比赛在阿布扎比国家展览中心举行，历时4天19小时，共进行手捧花、切花装饰、植物设计、新娘手捧、桌子花饰，以及4个神秘箱等9个项目的比拼，20位各国选手参加了角逐。

10月12日，依据《建设工程质量管理条例》《民用机场管理条例》《通用机场分类管理办法》等，结合华东地区实际，民航华东局发布了《华东地区通用机场分类管理实施细则》。该细则在全面梳理适用于通用机场建设和使用许可管理相关法规、规章和文件基础上，力图将民航行业管理各阶段、各环节的要求和办理程序一次性告知通用机场建设项目投资人和运营人，以规范华东地区通用机场的建设和使用许可管理工作，同时也充分体现通用航空“放管结合、以放为主”的精神。

10月15日，铁路总公司下发批复文件（铁总改革与法律函〔2017〕795号），原则同意《上海铁路局公司制改革方案》和《中国铁路上海局集团有限公司章程》。上海局启动相关改制注册、变更程序。

10月23日，民航华东局组织召开中国商飞上海飞机客户服务有限公司客户培训中心（以下简称中国商飞客服公司）飞行训练中心合格审定（CCAR-142部）正式申请会。会上，中国商飞客服公司汇报了公司CCAR-142部合格审定工作的准备情况，华东局向公司介绍了CCAR-142部合格审定的基本流程和系统工具。随后，中国商飞客服公司向华东局蒋怀宇局长递交了中国商飞客服公司CCAR-142部合格审定正式申请信。

10月27日，上海首座以生活垃圾为主题的科普馆正式开馆。科普馆以“与垃圾同行”作为策展主题，贯彻垃圾处理“减量化、资源化、无害化”三大原则，将展览的三大板块以“旅行”的方式展开，首先引导观众重新认识垃圾，随后开展一段奇妙的探索旅程，最终抵达“一切可再生”的未来城市；这座全名为“上海生活垃圾科普展示馆”的场馆用另一种方法，展现了垃圾处理的三大原则，其设计、建造的方式和布展的理念，在原则之上又诠释了“再生”这一主题。

10月30日上午，市建设交通工作党委召开系统党政负责干部会议，学习传达党的十九大精神。出席会议的有：市建设交通工作党委、市住房城乡建设管理委、市交通委、市水务局、市绿化市容局、市城管执法局、市房屋管理局的班子成员；市建设交通工作党委、市住房城乡建设管理委机关离退休干部代表；市建设交通系统单位党政主要负责人；市建设交通发展研究院、市公积金中心、海博馆、航交所党政主要负责人；市建设交通工作党委、市住房城乡建设管理委、市城管执法局、市房屋管理局机关各处室正、副处长（主任）；市建设交通工作党委、市住房城乡建设管理委直属单位党政主要负责人；部分市建设交通系统出席市第十一次党代会代表。会议由党的十九大代表、市建设交通工作党委书记崔明华同志主持，会上，崔明华同志传达了党的十九大精神，党的十九大代表、上海海事局浦东海事局危管防污处处长陈维同志谈了体会。

10月31日是第四届“世界城市日”。住房城乡建设部、广东省人民政府与联合国人居署共同在广州举办2017年“世界城市日”全球主场活动。住房城乡建设部部长王蒙徽、联合国副秘书长兼人居署执行主任克洛斯、广东省省长马兴瑞、上海市副市长时光辉、广州市市长温国辉和南非驻华大使多拉娜·姆西曼女士出席开幕式并致辞。2017年“世界城市日”全球主场活动还包括世界城市日论坛、城市治理创新实践展、城市文化交流以及相关配套活动等。

10月31日，由联合国、国际展览局和中方共同主编的《上海手册·21世纪可持续发展指南·2017年度报告》（以下简称《上海手册》2017年度报告）在广州进行全球首发。《上海手册》2017年度报告聚焦城市治理，在阐述城市治理的概念内涵、城市治理发展的不同范式以及城市治理发展趋势的基础上，从全球城市治理的实践角度分析其存在的问题和面临的主要挑战。在城市治理全球解决方案的遴选上，更是聚焦了如何通过城市治理来促进和实践城市可持续发展的相关内容，包含城市公共空间、公共服务、住房、基础设施、城市更新、智慧城市等方面。

11月8日，中国国际进口博览会城建配套保障组第一次会议召开。市商务委（进口博览会领导小组办公室）介绍首届进口博览会筹备情况和工作要求；市重大办会同相关郊区梳理明确城建配套任务清单、工作计划和推进机制。

11月9日，铁路快运新产品、高铁“极

速达”在京沪高铁试运行。

11 月 11 日，申能崇明燃气电厂 220 千伏接入工程竣工投运。项目包括新建两回崇明燃气电厂至堡北站 220 千伏线路，建成后，将充分利用崇明本地电厂建设资源，解决负荷用电需求，降低区域发电耗煤比重，减少崇明生态岛环境污染。

11 月 14 日，市建设交通工作党委书记崔明华一行调研市城管执法局工作。市建设交通工作党委秘书长袁筱英、党委办公室、组织处、干部处、宣传处、工会等部门负责人陪同调研。市城管执法局领导班子成员和各处室负责人参加。

11 月 15 日，完成“上海铁路局”改制为“中国铁路上海局集团有限公司”（简称“上海局集团公司”）工商变更，并领取新营业执照，标志着“上海局集团公司”成立。

11 月 20 日，嘉闵高架（S32—莘松路）道路新建工程主线高架贯通。工程南起 S32 公路收费站，北至莘松路（接已建莘松路—联明路段），其中，高架主线实际长约 6.88 公里，共设置 4 对出入口。本次贯通路段为虹桥综合交通枢纽“一纵三横”中“一纵”的嘉闵高架最后一段，建成通车以后，将完善上海西部地区干线路网，改善区域道路交通条件，满足虹桥综合交通枢纽对外交通需求，同时增强虹桥和浦东机场间交通联系，成为全面打通嘉定至闵行、虹桥枢纽至浦东机场及浙江又一条便捷通道。

11 月 27 日，五号沟 LNG 站扩建二期工程竣工投产。项目位于浦东曹路镇人民塘路 485 号，建设内容包括 2 座 10 万立方米地上架空式全包容 LNG 储罐。项目建成后，将提高上海天然气安全应急保障能力和调峰能力，解决天然气阶段性供需矛盾，为实现天然气供需平衡提供有效措施和手段。同时，作为崇明三岛天然气供应过渡气源，为满足部分偏远区域天然气需求，实现长三角地区天然气贸易互通创造有利条件。

11 月，出台《上海市加快推进具有全球影响力科技创新中心建设的规划土地政策实施办法》（沪府办〔2017〕69 号），针对产业园区转型发展、园区平台提升服务能力、企业科研创新的政策瓶颈和诉求，充实完善了支持科研创新和实体产业发展的政策内容。

11 月，轨道交通 13 号线三期隧道全线贯通。项目总长 11 公里，后续铺轨和机电安装等工作即将全面展开，有望 2018 年实现全线通车。13 号线工程分三期进行建设，三期工程为华夏中路站—张江路站，线路长度 5.254 公里，设 3 座地下站。自 2016 年 7 月开始七台次盾构相继始发，到顺利贯通历时 500 天，成为完成首例穿越高速磁浮工程，为国内盾构穿越高速轨道施工提供范例。13 号线是上海轨道交通网络中重要骨干线路之一，作为网络中西北—东南走向的直径线，穿越城市核心城区，强化中心区域向外围交通辐射功能。

12 月 10 日，市委书记李强、市长应勇出席上海国际航运中心洋山深水港区四期工程开港试运行仪式。市领导一行调研洋山深水港区发展和自动化码头现场运行情况，出席四期工程开港大会并宣布开港试运行。市委副书记、市长应勇在会上讲话。洋山四期的开港标志着中国港口行业在运行模式和技术应用上实现里程碑式跨越升级。

12 月 12 日，时光辉副市长、黄融副秘书长赴市城管执法局调研。市住房城乡建设管理委黄永平主任陪同调研。市城管执法局局长徐志虎就本市城管执法系统基本情况、2017年工作情况及明年工作计划进行了汇报。

12月15日，上海石洞口污水处理厂提标改造工程建成投运。目前，全厂已完成调试工作，出水稳定达到一级A标准，成为上海中心城区三大污水处理厂中率先完成提标改造任务的污水处理厂。工程投运后有助于强化综合水污染防治体系，进一步落实水污染治理工作，对实现全市污水治理总体战略目标，切实保护水环境具有重要意义。

12月18日，民航华东局与上海市公安局警务航空队在上海龙华直升机场联合举行应急救援响应飞行演练，并为上海龙华直升机场颁发B类通用机场许可证。上海龙华机场获颁通用机场使用许可证，标志着通航服务中心建设取得阶段性成果，上海龙华直升机场正式投入通用航空运营。

12月20日，G318沪青平公路嘉松公路跨线桥建成通车。项目位于青浦区赵巷镇，西起许泾桥，东至方南路，全长约1.5公里。道路规划等级为一级公路，建设规模为双向6车道，设置非机动车道和人行道。新建主线跨线桥为双向4车道标准高架，跨越嘉松中路；南北两侧各一座辅道桥，桥梁长约238.5米。G318沪青平公路是连接青浦和市区一条东西向主要交通道路，嘉松公路也是一条南北向交通主干道。

12月20日杨树浦路综合改造工程开工。工程全长4.9公里，西起大连路、东至黎平路，以《上海市街道设计导则》为引领，设计理念从以车为本向以人为本转变，从单一工程设计向空间环境提升转变，方案综合滨江区域出行需求、道路两侧风貌建筑保护、百年历史元素留存，着力打造关注慢行、保障车行，背靠历史、面向未来的高品质、人性化的街道。这条历经147年的老路将重焕青春，这也是杨树浦路自1926年以来首次综合改造。

12月23日，时光辉副市长召开推进架空线入地专题会议。会议指出，推进本市架空线入地是保障城市运行安全，打造城市良好环境的重要措施，也是实现与全球卓越城市相匹配的管理目标，要将推进架空线入地与地下综合管廊建设、多杆合一有机结合，实现地下空间资源与杆架资源集约化利用。

12月26日，南北高架中兴路下匝道建成通车。工程位于南北高架共和新路立交与天目路立交之间，北起中华新路交叉口以北，向南至中兴路转向，向西至长兴路交叉口以西接地。下匝道全长345米，设计车速为40公里/小时，车道规模为1根车道和1根紧急停车带。项目建成后，将有效提升北广场公共设施利用率，并在北横通道对天目路立交改造期间提供一条交通疏解通道，分流部分交通压力。

12月26日，上海LNG储罐扩建工程主体工程开工。工程位于上海国际航运中心洋山深水港区能源路8号，上海LNG接收站预留空地和新征土地内，新增土地约81227平方米。工程主要新增2座20万立方米LNG储罐，项目总投资约31亿元，2017年完成投资1.3亿元。建成后，将较大提高本市天然气供应保障能力和应急调峰能力，对于调整本市能源结构，提高天然气应急保供能力，加快清洁能源推广利用，促进节能减排，提高居民生活质量等具有重要意义。

12月28日，闵行区湿垃圾项目开工。闵行区餐厨废弃物资源化利用和无害化处理项目选址位于闵行区华漕镇，处理能力400

吨/天，其中200吨/天厨余和200吨/天餐厨。目前，项目桩基部分开工，但后续工作任务重、建设工期时间紧，闵行区将克服困难，通力合作，确保项目保质保量并按计划完成，力争2019年上半年建成试运行。

12月28日，国内最大规模全地下变电站虹杨500千伏输变电工程建成。工程包括虹杨500千伏变电站和潘广路—逸仙路电力隧道，变电站建筑面积5.6万平方米，含6台500兆伏安主变，是国内首座办公楼与大容量变电站结合建设的变电站，成为继静安站后上海市区的第二个500千伏全地下变电站；电力隧道工程全长14.6公里，沿线15座工作井，是目前国内最大口径电力隧道。2013年5月虹杨变电站正式开工。经过5年多艰苦努力基本建成，对保障上海东北区供电，优化电网结构，促进城市节能减排意义重大。

12月28日，西郊国际农产品交易中心改扩建一期项目开工。项目在原市场A棚场地新建蔬菜交易大楼，大楼为地上4层、地下1层，建筑长约320米，宽约120米，建筑面积104525平方米，项目总投资8.7亿元，总工期720天。建成后，将成为集交易、仓储、加工、配送、园区服务于一体的大型综合型物流市场，其高强度、高密度、高容积率的设计模式，在国内农产品流通领域具有前瞻性，对国内物流建筑设计具有示范意义。

12月28日，军工路快速路新建工程开工。项目纵贯宝山、杨浦两区，北起逸仙路立交，沿现状军工路向东南方向延伸，止于中环线翔殷路立交，全长7.3公里。全线采用“高架快速路+地面主干路”布置形式，设置中环和逸仙路两座互通式立交，以及4对半新建匝道和一对远期预留匝道，主线高架桥标准断面为单向2车道。军工路快速路将与“同济路—逸仙路—军工路—中环东段—申江路”共同构成中心城东部地区新的一条南北向快速通道，承担一部分中心城东部南北向的长距离穿越交通，减轻中环北段、逸仙路高架、南北高架等快速路的交通压力。淞沪路、闸殷路、殷行路、嫩江路等主次干路将区域内交通集中汇至军工路快速路，对于改善地区交通出行条件起到重要作用。

12月29日，嘉闵高架全线建成通车。嘉闵高架路（S32—莘松路）工程位于闵行和松江区，全长约7.3公里，主体按高架城市快速路建设，双向6～8车道规模，设计车速80公里/小时，分别在元江路南北两侧、金都路南侧和银都路北侧布置4对平行匝道。嘉闵高架路是上海虹桥综合交通枢纽一纵三横快速疏散配套工程之一，全线贯通大大完善上海西部地区干线路网，改善区域道路交通条件，满足虹桥综合交通枢纽对外交通需求，增强虹桥和浦东机场交通联系，成为打通嘉定至闵行、虹桥枢纽至浦东机场及浙江的又一条便捷通道。

12月28日，广富林郊野公园开园迎客。广富林郊野公园位于佘山国家森林公园南侧，紧临广富林文化遗址，是继青西郊野公园、长兴岛郊野公园、廊下郊野公园、浦江郊野公园、嘉北郊野公园之后，本市第六家开放的郊野公园。公园北起辰花路，南至广富林路，东起辰山塘，西至油墩港，总占地面积约4平方公里。广富林郊野公园围绕“田、水、路、林、村”五大核心要素建设，以农耕生态自然景观为基础，由农园采摘、果林风光、湿地渔村、露营基地四大板块组成。

12月29日，徐家汇体育公园开工。项目包括上海体育馆、上海游泳馆改造及新建体育综合体项目，以及上海体育场综合改造项目一期工程主体工程，位于零陵路、漕溪北路、中山南二路和天钥桥路围合区域，总占地面积35.96公顷，总建筑面积25万平方米，包含主体建筑“一场两馆”和近30万平方米室外广场，预计2019年底竣工。徐家汇体育公园是上海体育改革发展“十三五”规划重点项目，建成后将成为上海中心城区面积最大、设施齐全的体育文化集聚区。

12月29日，宛平剧场改扩建工程主体工程开工。项目位于徐汇区中山南二路857、859号，总建筑面积约29281平方米，地上5层、地下3层，总投资约5.9亿元。本项目分桩基工程和主体工程两部分实施。主体工程于2017年12月取得施工许可，与桩基工程顺利衔接。项目整体计划于2019年底完工，建成具有上海地域文化特质和中国戏曲繁荣发展标志的戏曲专业剧场。

12月29日，上海理工大学南校区新建一期工程一标段桩基工程开工。项目位于军工路334号，总建筑面积82858平方米，其中地上建筑面积67646平方米、地下建筑面积15212平方米。工程概算53598.67万元，计划2020年5月建成。项目建成后将有效提升上理工综合实力，改善学校教学、实验条件，完善学校环保和节能计划落实，强化学校专业特色和优势，加强学校国际交流与合作，促进上海高等教育水平进一步提高。

12月31日，昌平路—恒通路跨苏州河桥新建工程开工。项目位于恒丰路桥、普济路桥之间，西起昌平路—江宁路路口，东至恒丰路—恒通路路口，与恒丰路、长安路、光复路、西苏州河路、昌化路平交，全长约853米。昌平路桥工程建成后将发挥昌平路—恒通路—曲阜路—天潼路作为苏河湾地区东西交通干线交通功能，进一步完善区域路网、提高道路通行能力、改善地区交通条件；同时，对促进新静安两岸缝合、带动周边地块开发、促进地区经济社会协调发展具有重要作用。

上海市住房和城乡建设管理文件选编目录

一、综合管理

1. 关于印发《关于对房地产领域相关失信责任主体实施联合惩戒的合作备忘录》的通知

2. 住房城乡建设部办公厅关于印发失信被执行人信用监督、警示和惩戒机制建设分工方案的通知

3. 关于印发《公共资源交易信息共享备忘录》的通知

4. 国务院办公厅关于推进公共资源配置领域政府信息公开的意见

5. 国家发展改革委等印发《关于对保险领域违法失信相关责任主体实施联合惩戒的合作备忘录》的通知

6. 国家发展改革委等关于印发《“互联网+”招标采购行动方案（2017—2019年）》的通知

7. 国家发展改革委等关于印发《循环发展引领行动》的通知

8. 国家发展改革委办公厅、财政部办公厅、住房城乡建设部办公厅关于推进资源循环利用基地建设的指导意见

9. 住房城乡建设部关于宣布失效一批住房城乡建设部文件的公告

10. 全国投资项目在线审批监管平台运行管理暂行办法

11. 上海市人民政府办公厅转发市经济信息化委市发展改革委制定的《关于加快推进本市“四新”经济发展的指导意见》的通知

12. 上海市人民政府办公厅关于印发2017年市政府要完成的与人民生活密切相关的实事的通知

二、城乡管理

（一）城乡规划

1. 国务院关于上海市城市总体规划的批复

2. 城市设计管理办法

3. 住房城乡建设部关于印发住房城乡建设科技创新“十三五”专项规划的通知

4. 关于印发《“十三五”农业农村科技创新专项规划》的通知

5. 国家发展改革委等关于印发《“十三五”时期文化旅游提升工程实施方案》的通知

6. 国家发展改革委等部门关于印发《促进乡村旅游发展提质升级行动方案（2017年）》的通知

7. 国务院关于印发“十三五”推进基本公共服务均等化规划的通知

8. 住房城乡建设部、国家发展改革委关于印发全国城市市政基础设施建设“十三五”规划的通知

9. 住房城乡建设部关于保持和彰显特色小镇特色若干问题的通知

10. 上海市人民政府办公厅关于加快本市应急产业发展的实施意见

11. 上海市人民政府关于印发《上海市能源发展“十三五”规划》的通知

12. 上海市人民政府办公厅关于转发市安委会办公室制订的《上海市安全生产“十三五”规划》的通知

13. 上海市加快推进具有全球影响力科技创新中心建设的规划土地政策实施办法

14. 上海市人民政府关于进一步支持外资研发中心参与上海具有全球影响力的科技创新中心建设的若干意见

（二）城乡行政执法

1. 城市管理执法办法

2. 住房城乡建设部关于印发推行执法全过程记录制度试点实施方案的通知

3. 司法部、住房城乡建设部关于开展律师参与城市管理执法工作的意见

4. 上海市人民政府关于印发《上海市产业项目行政审批流程优化方案》的通知

5. 上海市人民政府办公厅转发市工商局制定的《关于进一步加强本市违法违规经营综合治理工作的意见》的通知

6. 上海市发展和改革委员会印发《关于落实街道对区域内重大决策和重大项目建议权的实施办法》的通知

7. 上海市人民政府印发《关于本市加强政务诚信建设的实施意见》的通知

8. 上海市人民政府办公厅关于印发本市建立重大行政执法决定法制审核制度意见的通知

（三）城乡综合管理

1. 住房城乡建设部关于加强生态修复城市修补工作的指导意见

2. 国家发展改革委、住房城乡建设部关于印发气候适应型城市建设试点工作的通知

3. 国务院国资委、民政部、财政部、住房城乡建设部关于国有企业办市政、社区管理等职能分离移交的指导意见

4. 民政部等关于加快推进养老服务业放管服改革的通知

5. 中共上海市委办公厅、上海市人民政府办公厅印发《关于本市全面推行河长制的实施方案》的通知

6. 住房城乡建设部关于加强历史建筑保护与利用工作的通知

7. 财政部、住房和城乡建设部、农业部、环境保护部关于政府参与的污水、垃圾处理项目全面实施 PPP 模式的通知

8. 国务院办公厅关于转发国家发展改革委住房城乡建设部生活垃圾分类制度实施方案的通知

9. 住房城乡建设部、环境保护部关于规范城市生活垃圾跨界清运处理的通知

10. 住房城乡建设部关于加快推进部分重点城市生活垃圾分类工作的通知

11. 住房城乡建设部关于进一步加强国家级风景名胜区和世界遗产保护管理工作的通知

12. 上海市被征收农民集体所有土地农业人员就业和社会保障办法

13. 上海市农村集体资产监督管理条例

14. 上海市绿化委员会办公室关于印发《上海市单位绿化评定管理办法》的通知

15. 上海市小型餐饮服务提供者临时备案监督管理办法（试行）

16. 上海市人民政府办公厅贯彻国务院办公厅关于进一步加强“地沟油”治理工作意见的实施意见

17. 上海市人民政府印发《关于深化城市有机更新促进历史风貌保护工作的若干意见》的通知

18. 上海市绿化和市容管理局、上海市住房和城乡建设管理委员会关于印发《上海市居住区绿化调整实施办法》的通知

19. 上海市绿化和市容管理局关于印发《工程泥浆车安全运输管理规范（试行）》的通知

20. 上海市传染病防治管理办法

21. 上海市人民政府办公厅印发《关于建设上海市企业服务平台的实施方案》的通知

22. 上海市人民政府关于修改《上海市实有人口服务和管理若干规定》的决定

23. 上海市人民政府关于印发《上海市激发重点群体活力带动城乡居民增收实施方案》的通知

24. 上海市居住证申办实施细则

25. 上海市居住证管理办法

26. 上海市居住证积分管理办法

三、建筑建材业管理

（一）勘察设计管理

1. 住房城乡建设部关于印发工程勘察设计行业发展“十三五”规划的通知

2. 住房城乡建设部办公厅关于进一步推进勘察设计资质资格电子化管理工作的通知

（二）建筑市场管理

1. 国务院办公厅关于促进建筑业持续健康发展的意见

2. 住房城乡建设部等部门关于印发贯彻落实促进建筑业持续健康发展意见重点任务分工方案的通知

3. 住房城乡建设部关于印发建筑业发展“十三五”规划的通知

4. 国务院办公厅关于推进重大建设项目批准和实施领域政府信息公开的意见

5. 住房城乡建设部办公厅、中国银监会办公厅关于深化公共建筑能效提升重点城市建设有关工作的通知

6. 住房城乡建设部关于开展全过程工程咨询试点工作的通知

7. 住房城乡建设部办公厅、工业和信息化部办公厅关于做好通信工程相关资质管理工作的通知

8. 住房城乡建设部办公厅关于上海市建设工程企业资质电子化审批工作的复函

9. 住房城乡建设部办公厅关于开展建筑业企业资质告知承诺审批试点的通知

10. 住房城乡建设部关于加强和改善工程造价监管的意见

11. 住房和城乡建设部办公厅关于扎实推进建筑市场监管一体化工作平台建设的通知

12. 建筑市场信用管理暂行办法

13. 住房城乡建设部关于促进工程监理行业转型升级创新发展的意见

14. 全国人民代表大会常务委员会关于修改《中华人民共和国招标投标法》《中华人民共和国计量法》的决定

15. 招标公告和公示信息发布管理办法

16. 住房城乡建设部办公厅关于取消工程建设项目招标代理机构资格认定加强事中事后监管的通知

17. 建筑工程设计招标投标管理办法

18. 住房城乡建设部、中国民航局关于进一步开放民航工程设计市场的通知

19. 住房城乡建设部印发《园林绿化工程建设管理规定》的通知

20. 保障农民工工资支付工作考核办法

21. 国家税务总局关于简化建筑服务增值税简易计税方法备案事项的公告

22. 上海市建设工程招标投标管理办法

23. 上海市建设工程招标投标管理办法实施细则

24. 上海市人民政府办公厅关于转发市经济信息化委制订的《上海市工业强基工程实施方案（2017—2020）》的通知

25. 上海市人民政府办公厅转发市住房城乡建设管理委制定的《上海市重点工程实事立功竞赛活动管理办法》的通知

26. 上海市人民政府办公厅印发《关于促进本市建筑业持续健康发展的实施意见》的通知

27. 上海市住房和城乡建设管理委员会关于进一步加强本市建设工程项目管理服务的通知

28. 关于进一步加强上海市建筑信息模型技术推广应用的通知

29. 上海市人民政府办公厅延长《关于在本市推进建筑信息模型技术应用的指导意见》的通知

30. 上海市住房和城乡建设管理委员会关于社会保险费取费和缴交核付办法的通知

31. 上海市经济信息化委、上海市财政局关于公布本市涉企保证金目录清单的通知

（三）建筑节能和建筑材料管理

1. 住房城乡建设部办公厅关于印发《公

共建筑节能改造节能量核定导则》的通知

2. 住房城乡建设部办公厅关于印发《绿色建筑后评估技术指南》（办公和商店建筑版）的通知

3. 住房城乡建设部关于印发建筑节能与绿色建筑发展“十三五”规划的通知

4. 住房城乡建设部关于进一步规范绿色建筑评价管理工作的通知

5. 住房和城乡建设部建筑节能与科技司关于印发《省级公共建筑能耗监测系统数据上报规范》的通知

6. 住房城乡建设部办公厅、中国银行业监督管理委员会办公厅关于批复2017年公共建筑能效提升重点城市建设方案的通知

7. 住房城乡建设部关于印发《“十三五”装配式建筑行动方案》《装配式建筑示范城市管理办法》《装配式建筑产业基地管理办法》的通知

8. 住房城乡建设部办公厅关于认定第一批装配式建筑示范城市和产业基地的函

9. 关于深入推进供给侧结构性改革做好新形势下电力需求侧管理工作的通知

10. 关于推动绿色建材产品标准、认证、标识工作的指导意见

11. 国家发展和改革委员会关于印发《不单独进行节能审查的行业目录》的通知

12. 国家发展和改革委员会关于印发《全国碳排放权交易市场建设方案（发电行业）》的通知

13. 关于印发《关于进一步加强本市装配整体式混凝土结构工程质量管理的若干规定》的通知

14. 上海市住房和城乡建设管理委员会关于印发《上海市装配整体式混凝土建筑工程施工图设计文件技术审查要点》的通知

15. 上海市工业节能和合同能源管理项目专项扶持办法

16. 上海市人民政府办公厅关于印发《区级政府“十三五”节能降碳考核体系实施方案》的通知

17. 上海市建筑垃圾处理管理规定

18. 上海市绿化和市容管理局关于印发《上海市建筑垃圾运输单位招投标管理办法》《上海市建筑垃圾运输许可证吊销程序规定》的通知

19. 上海市人民政府关于印发《上海市固定资产投资项目节能审查实施办法》的通知

20. 上海市住房和城乡建设管理委员会关于印发《上海市新型建设工程材料认定管理办法》的通知

21. 关于印发《上海市建筑建材业行政处罚执法文书样式》《上海市建筑建材业行政处罚流程图》和《上海市建筑建材业行政处罚程序与文书对应表》的通知

（四）工程及质量安全监管

1. 国家发展改革委、住房城乡建设部关于进一步做好重大市政工程领域政府和社会资本合作（PPP）创新工作的通知

2. 住房城乡建设部办公厅关于工程总承包项目和政府采购工程建设项目办理施工许可手续有关事项的通知

3. 建设工程质量保证金管理办法

4. 住房和城乡建设部建筑市场监管司关于基坑工程单独发包问题的复函

5. 住房和城乡建设部安全生产管理委员会办公室关于印发起重机械、基坑工程等五项危险性较大的分部分项工程施工安全要点的通知

6. 住房城乡建设部办公厅关于进一步加强危险性较大的分部分项工程安全管理的通知

7. 住房城乡建设部办公厅关于印发建筑工地施工扬尘专项治理工作方案的通知

8. 住房城乡建设部关于印发工程质量安全提升行动方案的通知

9. 住房城乡建设部、公安部、国家旅游局关于印发农家乐（民宿）建筑防火导则（试

行）的通知

10. 住房城乡建设部关于加强农村危房改造质量安全管理工作的通知

11. 注册安全工程师分类管理办法

12. 上海市人民政府办公厅印发关于进一步改进和优化市重大工程建设项目前期工作实施意见的通知

13. 上海市住房和城乡建设管理委员会关于进一步规范本市房屋建筑工程施工承发包管理的通知

14. 上海市住房和城乡建设管理委员会关于修订本市园林绿化施工企业安全生产许可证管理规定的通知

15. 上海市住房和城乡建设管理委员会关于延长《上海市建设工程施工分包管理办法》有效期的通知

16. 上海市住房和城乡建设管理委员会关于印发《上海市工程总承包试点项目管理办法实施要点》的通知

17. 上海市住房和城乡建设管理委员会关于印发《上海市建设工程质量安全巡查工作考核办法》的通知

（五）建设标准定额

1. 工程建设标准涉及专利管理办法

2. 住房城乡建设部、国家发展改革委关于废止部分建设标准项目的通知

四、物业管理

1. 国务院关于第三批取消中央指定地方实施行政许可事项的决定

2. 国务院关于取消一批行政许可事项的决定

3. 住房城乡建设部办公厅关于做好取消物业服务企业资质核定相关工作的通知

4. 上海市住宅物业消防安全管理办法

5. 上海市人民政府办公厅关于转发市农委等四部门修订后的《关于加强镇村集体经济组织经营性物业项目管理的意见》的通知

6. 上海市人民政府办公厅关于延长《上海市住宅物业保修金管理暂行办法》有效期的通知

五、房地产交易及住房保障

（一）房地产登记与交易

1. 国土资源部、住房城乡建设部关于房屋交易与不动产登记衔接有关问题的通知

2. 上海市住房和城乡建设管理委员会关于贯彻商品住房项目销售采取公证摇号排序有关问题的实施意见

3. 上海市人民政府关于《上海市人民政府关于印发〈上海市开展对部分个人住房征收房产税试点的暂行办法〉的通知》继续有效的通知

4. 上海市住房和城乡建设管理委员会、上海市物价局关于加强商品住房及其附属地下车库（位）等设施销售监管的通知

（二）住房保障

1. 住房城乡建设部、国土资源部关于加强近期住房及用地供应管理和调控有关工作的通知

2. 国土资源部、住房城乡建设部关于印发《利用集体建设用地建设租赁住房试点方案》的通知

3. 住房城乡建设部、财政部、国务院扶贫办关于加强和完善建档立卡贫困户等重点对象农村危房改造若干问题的通知

4. 住房城乡建设部关于支持北京市、上海市开展共有产权住房试点的意见

5. 住房城乡建设部等部门关于在人口净流入的大中城市加快发展住房租赁市场的通知

6. 最高人民法院发布第 17 批指导性案例，（91 号房屋强制拆除行政赔偿案）

7. 上海市人民政府关于印发《上海市住房发展“十三五”规划》的通知

8. 上海市民政局、上海市房屋管理局关

于延长《上海市共有产权保障住房（经济适用住房）和廉租住房申请家庭经济状况核对实施细则》有效期的通知

9. 上海市人民政府关于印发《上海市基本公共服务项目清单》的通知

10. 上海市人民政府关于调整本市廉租住房部分政策标准的通知

11. 上海市人民政府办公厅印发《关于加快培育和发展本市住房租赁市场的实施意见》的通知

12. 上海市住房城乡建设管理委、上海市规划国土资源局、上海市房屋管理局关于明确本市自持租赁住房建设规范和相关管理要求的通知

13. 上海市人民政府办公厅转发市住房城乡建设管理委等三部门关于调整本市廉租住房租金配租家庭租赁补贴标准意见的通知

14. 上海市人民政府关于坚持留改拆并举深化城市有机更新进一步改善市民群众居住条件的若干意见

15. 关于印发《上海市住宅工程质量潜在缺陷保险实施细则（试行）》的通知

六、燃气管理

1. 国家发展改革委等部门关于印发《加快推进天然气利用的意见》的通知

2. 国家安全监管总局等八部门关于加强油气输送管道途经人员密集场所高后果区安全管理工作的通知

3. 上海市发展和改革委员会关于进一步加强本市民用瓶装液化石油气价格管理工作的通知

4. 上海市人民政府办公厅关于转发市发展改革委等五部门制定的《上海市天然气分布式供能系统和燃气空调发展专项扶持办法》的通知

5. 上海市住房和城乡建设管理委员会关于进一步加强本市燃气配套管线工程招投标管理工作的通知

七、交通管理

1. 住房城乡建设部办公厅关于加强城市轨道交通工程关键节点风险管控的通知

2. 住房城乡建设部、中国民航局关于进一步开放民航工程设计市场的通知

3. 国内投资民用航空业规定

4. 长江干线水上交通安全管理特别规定

5. 交通运输部关于修改《铁路运输企业准入许可办法》的决定

6. 公路水运工程质量监督管理规定

7. 港口危险货物安全管理规定

8. 公路水运工程安全生产监督管理办法

9. 城市公共汽车和电车客运管理规定

10. 道路客运接驳运输管理办法（试行）

11. 公路水路行业安全生产信用管理办法（试行）

12. 关于加快推进旅客联程运输发展的指导意见

13. 公路工程建设项目评标工作细则

14. 交通运输部办公厅关于印发《智慧交通让出行更便捷行动方案（2017—2020年）》的通知

八、环境保护

1. 科技部等关于印发《“十三五”环境领域科技创新专项规划》的通知

2. 国务院关于印发“十三五”节能减排综合工作方案的通知

3. 关于深入推进生态保护与建设示范区有关工作的通知

4. 最高人民法院办公厅关于建设项目执行环境影响评价和“三同时”制度有关问题意见的复函

5. 最高人民法院关于全面加强长江流域生态文明建设与绿色发展司法保障的意见

6. 环境保护部、住房和城乡建设部关于推进环保设施和城市污水垃圾处理设施向公众开放的指导意见

7. 国务院关于修改《建设项目环境保护管理条例》的决定

8. 关于贯彻落实新修订的《建设项目环境保护管理条例》的通知

9. 上海市环境保护局关于发布《关于加强在沪从业环境影响评价机构监督管理的若干规定》的通知

10. 上海市人民政府办公厅关于印发《上海市湿地保护修复制度实施方案》的通知

九、水务管理

1. 国家发展改革委、水利部、住房城乡建设部关于印发《节水型社会建设“十三五”规划》的通知

2. 国家发展改革委、住房城乡建设部关于加快建立健全城镇非居民用水超定额累进加价制度的指导意见

3. 住房城乡建设部关于印发《城镇污水处理工作考核暂行办法》的通知

4. 住房城乡建设部办公厅关于印发城镇供水管网分区计量管理工作指南——供水管网漏损管控体系构建（试行）的通知

5. 上海市人民政府办公厅转发市水务局等五部门关于推进本市郊区居民住宅二次供水设施改造和理顺管理体制实施意见的通知

6. 上海市水资源管理若干规定

十、住房公积金管理

1. 住房城乡建设部、财政部、中国人民银行、国土资源部关于维护住房公积金缴存职工购房贷款权益的通知

2. 关于在内地（大陆）就业的港澳台同胞享有住房公积金待遇有关问题的意见

3. 上海市公积金管理中心关于撤销崇明县管理部、设立崇明区管理部的通知

4. 上海市住房公积金管理委员会关于印发《关于进一步加强住房公积金提取审核工作的通知》的通知

5. 上海市公积金管理中心关于印发《〈关于进一步加强住房公积金提取审核工作的通知〉操作细则》的通知

十一、其他管理

1. 上海市规章立法后评估办法

2. 上海市人大常委会关于修改本市部分地方性法规的决定

3. 上海市国家税务局、上海市地方税务局关于发布2017年度税收规范性文件清理结果的公告

上海城市建设管理相关数据统计

一、全社会固定资产投资

表 1-1　主要年份全社会固定资产投资与其他社会经济主要指标

指　标	2005 年	2010 年	2015 年	2016 年	2017 年
年末常住人口（万人）	**1 778.00**	**2 302.66**	**2 415.27**	**2 419.70**	**2 418.33**
上海市生产总值（亿元）	**9 154.18**	**17 436.85**	**25 659.18**	**28 183.51**	**30 632.99**
第一产业	80.34	117.79	125.53	114.34	110.78
第二产业	4 452.92	7 218.32	7 991.00	8 406.28	9 330.67
第三产业	4 620.92	9 833.51	17 022.63	19 662.89	21 191.54
人均生产总值（元）	67 492	77 275	106 009	116 582	126 634
全社会固定资产本年完成投资（亿元）	3 542.55	5 317.67	6 352.70	6 755.88	7 246.60
第一产业	5.57	16.40	3.95	4.09	1.60
第二产业	1 082.11	1 435.37	958.84	982.69	1 033.58
第三产业	2 454.87	3 864.90	5 389.91	5 769.11	6 211.42
全社会固定资产本年完成投资相当于地区生产总值的百分比（%）	38.7	30.5	24.8	24.0	23.7
三大领域固定资产投资					
工　业（亿元）	1 074.76	1 422.08	957.17	979.56	1 031.69
城市基础设施（亿元）	885.74	1 497.46	1 425.08	1 551.87	1 551.87
房地产开发（亿元）	1 246.86	1 980.68	3 468.94	3 709.03	3 856.53
一般公共预算收入（亿元）	1 433.90	2 873.58	5 519.50	6 406.13	6 642.26
上海市出口总额（亿美元）	907.42	1 807.84	1 969.69	1 834.67	1 936.81
社会消费品零售总额（亿元）	2 972.97	6 070.50	10 131.50	10 946.57	11 745.96
外商直接投资					
合同项目（个）	4 091	3 906	6 007	5 153	3 950
合同金额（亿美元）	138.33	153.07	589.43	509.78	401.94
实际到位资金（亿美元）	68.50	111.21	184.59	185.14	170.08

注：自 2011 年始，固定资产投资统计起点为 500 万元以上（含 500 万元）项目。

表 1-2　全社会固定资产投资主要指标及构成情况（2017）

指　标	合　计	建设项目	房地产开发	农户投资
计划总投资（亿元）	**42 587.63**	**14 249.04**	**28 332.93**	**5.66**
本年完成投资（亿元）	**7 246.60**	**3 384.42**	**3 856.53**	**5.66**
按隶属关系分				
中央项目	715.52	542.06	173.46	–
地方项目	6 531.08	2 842.36	3 683.07	5.66
按构成分				
建筑工程	3 635.38	1 636.79	1 992.94	5.65
安装工程	330.30	218.39	111.91	–
设备工器具购置	885.17	856.51	28.66	–
其他费用	2 395.75	672.74	1 723.02	–
按建设性质分				
#新　建	2 117.92	2 117.92	–	–
扩　建	382.28	382.28	–	–
改建和技术改造	486.20	486.20	–	–
单纯购置	383.03	383.03	–	–
按三次产业分				
第一产业	1.60	1.10	–	0.51
第二产业	1 033.58	1 033.58	–	–
第三产业	6 211.42	2 349.74	3 856.53	5.15
本年新增固定资产（亿元）	**3 957.94**	**1 843.07**	**2 110.17**	**4.70**
固定资产交付使用率（%）	**54.6**	**54.5**	**54.7**	**83.0**
房屋建筑面积（万平方米）				
施工面积	18 587.63	3 184.48	15 362.25	40.90
#住　宅	8 083.44	30.44	8 013.80	39.20
竣工面积	3 832.45	410.79	3 387.56	34.10
#住　宅	1 895.64	–	1 862.74	32.90

注：按建设性质分组中不包括房地产开发和农户投资，下同。

表 1-3 地方全社会固定资产投资主要指标及构成（2017）

指 标	合 计	建设项目	房地产开发	农户投资
计划总投资（亿元）	**40 064.64**	**12 667.11**	**27 391.87**	**5.66**
本年完成投资（亿元）	**6 531.08**	**2 842.36**	**3 683.07**	**5.66**
按构成分				
建筑工程	3 448.11	1 537.21	1 905.24	4.21
安装工程	272.53	162.08	110.45	–
设备工器具购置	530.03	502.18	27.85	–
其他费用	2 280.42	640.88	1 639.53	–
按建设性质分				
#新 建	1 973.13	1 973.13	–	–
扩 建	300.46	300.46	–	–
改建和技术改造	440.55	440.55	–	–
单纯购置	113.22	113.22	–	–
按三次产业分				
第一产业	1.60	1.10	–	0.12
第二产业	855.01	855.01	–	–
第三产业	5 674.47	1 986.25	3 683.07	4.09
本年新增固定资产（亿元）	**3 503.78**	**1 441.77**	**2 057.31**	**3.43**
固定资产交付使用率（%）	**53.6**	**50.7**	**55.9**	**81.5**
房屋建筑面积（万平方米）				
施工面积	17 740.91	2 941.01	14 759.00	35.00
#住 宅	7 650.90	19.10	7 592.59	33.60
竣工面积	3 738.98	401.42	3 303.46	25.70
#住 宅	1 839.45	–	1 806.55	25.10

表 1-4　全社会固定资产投资（按经济类型分）（2017）

单位：亿元

类　别	本年完成投资合计	建设项目	房地产开发	农户投资
总　计	**7 246.60**	**3 384.42**	**3 856.53**	**5.66**
国有经济	2 192.32	1 878.09	314.23	–
非国有经济	5 054.28	1 506.33	3 542.29	5.66
集体经济	61.35	22.33	39.01	–
私营经济	1 141.86	276.51	865.35	–
联营经济	0.71	0.71	–	–
股份制经济	2 830.73	823.57	2 007.16	–
港澳台经济	643.71	103.06	540.65	–
外商经济	367.03	276.91	90.12	–
其他经济	8.90	3.24	0.00	5.66
#地方项目	**6 531.08**	**2 842.36**	**3 683.07**	**5.66**
国有经济	1 724.33	1 437.24	287.09	–
非国有经济	4 806.75	1 405.12	3 395.98	5.66
集体经济	61.35	22.33	39.01	–
私营经济	1 141.86	276.51	865.35	–
联营经济	0.71	0.71	–	–
股份制经济	2 595.48	723.37	1 872.11	–
港澳台经济	632.39	103.00	529.39	–
外商经济	366.08	275.96	90.12	–
其他经济	8.90	3.24	-	5.66

表 1–5　主要年份城市基础设施投资

单位：亿元

类　别	2005 年	2010 年	2015 年	2016 年	2017 年
计划总投资	**4 218.94**	**7 465.33**	**7 070.25**	**6 849.77**	**7 060.25**
本年完成投资	**885.74**	**1 497.46**	**1 425.08**	**1 551.87**	**1 705.22**
电力建设	124.22	148.50	129.36	145.04	137.85
交通运输、邮电通信	443.91	866.20	854.89	990.18	996.10
交通运输	385.58	754.66	759.23	883.81	903.62
#城市公共交通	124.50	282.47	320.81	315.24	321.64
邮电通信	58.32	111.54	95.67	106.37	92.48
邮　政	1.89	1.71	5.93	15.14	10.05
通　信	56.43	109.83	89.74	91.23	82.42
公用设施	317.62	482.76	440.83	416.66	571.27
公用事业	41.33	86.58	66.73	70.90	97.68
自来水	29.66	61.63	58.63	58.76	92.75
燃　气	11.67	24.95	8.10	12.14	4.92
市政建设	276.28	396.18	374.10	345.75	473.60
园林绿化	13.88	35.87	34.84	29.50	112.03
环境卫生	15.36	10.80	18.49	16.37	20.73
市政设施	246.59	349.27	320.77	299.88	340.83
其　他	0.46	0.25	–	–	–

二、固定资产投资效果和资金来源

表 2-1　主要年份建设项目固定资产投资效果主要指标

指　标	2005 年	2010 年	2015 年	2016 年	2017 年
建设周期（年）	4.5	4.3	4.5	4.4	4.2
计划总投资（亿元）	10 287.31	14 178.46	13 048.95	13 389.01	14 249.04
本年完成投资（亿元）	2 288.62	3 334.95	2 880.45	3 042.65	3 384.42
建设项目投产率（%）	54.5	25.4	33.3	29.7	41.0
施工项目个数（个）	5 716	10 122	3 314	3 112	3 907
#新开工	3 718	4 950	1 404	1 527	1 840
全部建成投产项目个数（个）	3 118	2 573	1 104	924	1 600
本年新增固定资产（亿元）	1 485.93	2 213.09	1 388.10	1 396.50	1 843.07
固定资产交付使用率（%）	64.9	66.4	48.2	45.9	54.5
房屋施工面积（万平方米）	3 962.30	3 708.19	2 773.21	2 587.01	3 184.48
#住　宅	122.23	12.68	54.79	49.66	30.44
房屋竣工面积（万平方米）	1 724.93	817.42	260.84	263.69	410.79
房屋面积竣工率（%）	43.5	22.0	9.4	10.2	12.9

表 2-2　建设项目固定资产投资效果主要指标（2017）

指　标	合　计	国有经济	非国有经济
建设周期（年）	4.2	4.0	4.5
计划总投资（亿元）	14 249.04	7 526.13	6 722.91
本年完成投资（亿元）	3 384.42	1 878.09	1 506.33
建设项目投产率（%）	41.0	48.5	34.1
施工项目个数（个）	3 907	1 864	2 043
#新开工	1 840	950	890
全部建成投产项目个数（个）	1 600	904	696
本年新增固定资产（亿元）	1 843.07	1 045.50	797.56
固定资产交付使用率（%）	54.5	55.7	52.9
房屋施工面积（万平方米）	3 184.48	799.66	2 384.82
#住　宅	30.44	19.45	10.99
房屋竣工面积（万平方米）	410.79	97.16	313.63
房屋面积竣工率（%）	12.9	12.2	13.2
#地方项目			
建设周期（年）	4.5	4.4	4.5
计划总投资（亿元）	12 667.11	6 292.76	6 374.35
本年完成投资（亿元）	2 842.36	1 437.24	1 405.12
建设项目投产率（%）	41.1	50.8	33.1
施工项目个数（个）	3 255	1 467	1 788
#新开工	1 484	749	735
全部建成投产项目个数（个）	1 337	745	592
本年新增固定资产（亿元）	1 441.77	708.64	733.13
固定资产交付使用率（%）	50.7	49.3	52.2
房屋施工面积（万平方米）	2 941.01	575.30	2 365.71
#住　宅	19.10	9.24	9.87
房屋竣工面积（万平方米）	401.42	87.78	313.63
房屋面积竣工率（%）	13.6	15.3	13.3

表 2-3　建设项目固定资产投资施工和建成投产各行业情况（2017）

行　业	施工项目（个）	#本年新开工	本年全部建成投产（个）	投产率（%）
总　计	**3 907**	**1 840**	**1 600**	**41.0**
农、林、牧、渔业	13	5	9	69.2
工　业	1 910	951	705	36.9
采矿业	1	1	–	–
制造业	1 388	643	473	34.1
电力、热力、燃气及水的生产和供应业	521	307	232	44.5
建筑业	2	–	1	50.0
批发和零售业	23	7	10	43.5
交通运输、仓储和邮政业	168	46	38	22.6
住宿和餐饮业	15	1	1	6.7
信息传输、软件和信息技术服务业	45	17	12	26.7
金融业	8	1	1	13
房地产业	2	–	1	50
租赁和商务服务业	67	11	15	22.4
科学研究和技术服务业	92	44	37	40.2
水利、环境和公共设施管理业	1 207	629	658	54.5
居民服务、修理和其他服务业	4	2	1	25.0
教　育	178	70	51	28.7
卫生和社会工作	78	28	23	29.5
文化、体育和娱乐业	42	13	12	28.6
公共管理、社会保障和社会组织	53	15	25	47.2

表 2-4　地方建设项目固定资产投资施工和建成投产各行业情况（2017）

行　业	施工项目（个）	#本年新开工	本年全部建成投产（个）	投产率（%）
总　计	**3 255**	**1 484**	**1 337**	**41.1**
农、林、牧、渔业	13	5	9	69.2
工　业	1 356	629	454	33.5
采矿业	–	–	–	–
制造业	1 142	495	371	32.5
电力、热力、燃气及水的生产和供应业	214	134	83	38.8
建筑业	2	–	1	50.0
批发和零售业	22	7	9	40.9
交通运输、仓储和邮政业	140	28	34	24.3
住宿和餐饮业	15	1	1	6.7
信息传输、软件和信息技术服务业	39	13	12	30.8
金融业	5	1	1	20.0
房地产业	2	–	1	50.0
租赁和商务服务业	59	11	14	23.7
科学研究和技术服务业	81	42	35	43.2
水利、环境和公共设施管理业	1 206	628	658	54.6
居民服务、修理和其他服务业	4	2	1	25.0
教　育	146	63	47	32.2
卫生和社会工作	72	27	23	31.9
文化、体育和娱乐业	41	13	12	29.3
公共管理、社会保障和社会组织	52	14	25	48.1

表 2–5　全社会固定资产投资资金来源（2017）

单位：亿元

指　标	合　计	建设项目	房地产开发	农户投资
到位资金合计	**11 287.40**	**3 181.98**	**8 099.77**	**5.66**
上年末结余资金	3 105.06	389.94	2 715.11	–
本年实际到位资金	8 182.34	2 792.04	5 384.65	5.66
国家预算资金	811.59	811.59	–	–
#中央预算资金	21.32	21.32	–	–
中央各部门自筹	5.46	5.46	–	–
市自筹	401.96	401.96	–	–
区自筹	375.67	375.67	–	–
国内贷款	2 013.01	619.23	1 393.78	–
债　券	18.72	18.72	–	–
利用外资	18.76	13.53	5.22	–
自筹资金	2 834.87	1 280.02	1 549.20	5.66
其他资金	2 485.39	48.94	2 436.45	–
本年各项应付款合计	**1536.84**	**681.28**	**855.56**	–
#工程款	701.12	210.08	491.04	–

表 2-6　地方全社会固定资产投资资金来源（2017）

单位：亿元

指　标	合　计	建设项目	房地产开发	农户投资
到位资金合计	**10 414.39**	**2 567.22**	**7 841.52**	**5.66**
上年末结余资金	3 030.42	355.00	2 675.41	–
本年实际到位资金	7 383.97	2 212.22	5 166.09	5.66
国家预算资金	791.10	791.10	–	–
#中央预算资金	6.41	6.41	–	–
中央各部门自筹	5.46	5.46	–	–
市自筹	398.63	398.63	–	–
区自筹	373.43	373.43	–	–
国内贷款	1 594.79	246.02	1 348.77	–
债　券	18.72	18.72	–	–
利用外资	18.60	13.38	5.22	–
自筹资金	2 585.77	1 095.24	1 484.87	–
其他资金	2 374.99	47.76	2 327.23	5.66
本年各项应付款合计	**1 447.03**	**625.93**	**821.09**	–
#工程款	641.19	172.53	468.67	–

表 2–7　建筑业固定资产投资资金来源（2017）

单位：亿元

指　标	合　计	国有经济	非国有经济
到位资金合计	**2.94**	**0.06**	**2.88**
上年末结余资金	1.39	–	1.39
本年实际到位资金	1.56	0.06	1.50
国家预算资金	–	–	–
#中央预算资金	–	–	–
中央各部门自筹	–	–	–
市自筹	–	–	–
区自筹	–	–	–
国内贷款	–	–	–
债　券	–	–	–
利用外资	–	–	–
自筹资金	1.56	0.06	1.50
其他资金	–	–	–
本年各项应付款合计	–	–	–
#工程款	–	–	–

表 2-8　全社会固定资产投资资金来源（按经济类型分）（2017）

指　标	合　计	国有经济	非国有经济	集体经济
到位资金合计	**11 287.40**	**2 228.24**	**9 059.16**	**107.42**
上年末结余资金	3 105.06	375.16	2 729.90	23.35
本年实际到位资金	8 182.34	1 853.09	6 329.26	84.07
国家预算资金	811.59	673.82	137.77	5.22
#中央预算资金	21.32	20.38	0.94	–
中央各部门自筹	5.46	4.66	0.80	–
市自筹	401.96	325.72	76.24	0.46
区自筹	375.67	315.92	59.75	4.76
国内贷款	2 013.01	543.31	1 469.70	19.32
债　券	18.72	18.43	0.30	–
利用外资	18.76	0.16	18.60	0.43
自筹资金	2 834.87	547.01	2 287.86	51.01
其他资金	2 485.39	70.37	2 415.03	8.10
本年各项应付款合计	**1 536.84**	**511.35**	**1 025.49**	**8.01**
#工程款	701.12	183.90	517.22	4.81

续表

单位：亿元

私营经济	联营经济	股份制经济	港澳台经济	外商经济	其他经济
2 096.47	**2.78**	**4 671.47**	**1 421.43**	**750.67**	**8.91**
588.04	2.38	1 182.24	714.78	219.11	–
1 508.44	0.41	3 489.23	706.65	531.56	8.91
2.41	–	127.38	0.08	0.31	1.97
0.13	–	0.75	0.07	–	–
–	–	0.78	–	–	–
0.48	–	74.45	–	0.24	0.61
1.75	–	51.40	0.01	–	1.36
410.33	–	788.00	166.45	85.38	0.22
–	–	0. 30	–	–	–
–	–	0.56	6.19	11.42	–
557.91	–	1 194.04	267.05	211.14	6.72
537.79	–	1 378.95	266.88	223.31	–
249.67	–	**576.57**	**140.27**	**50.85**	–
145.28	–	257.63	84.62	24.76	–

表 2-9　城市基础设施固定资产投资资金来源（2017）

指　标	合　计	电力建设	交通运输邮电通信	交通运输	#城市公共交通	邮电通信	邮　政
本年实际到位资金合计	**1 476.49**	**96.29**	**839.93**	**759.98**	**127.65**	**79.94**	**10.87**
上年末结余资金	134.75	0.80	90.12	77.71	37.88	12.41	–
本年实际到位资金小计	1 341.74	95.50	749.81	682.28	89.76	67.53	10.87
国家预算资金	487.03	0.60	151.52	151.52	19.85	–	–
#中央预算资金	3.91	0.60	2.60	2.60	–	–	–
中央各部门自筹	4.65	–	4.65	4.65	–	–	–
市自筹	204.69	–	50.18	50.18	9.32	–	–
区自筹	267.42	–	93.17	93.17	10.53	–	–
国内贷款	455.91	2.90	429.11	429.11	48.26	–	–
债　券	17.53	–	–	–	–	–	–
利用外资	0.34	0.16	–	–	–	–	–
自筹资金	361.20	91.29	158.37	100.64	20.65	57.73	10.87
其他资金	19.73	0.55	10.80	1.00	1.00	9.80	–
本年各项应付款合计	**427.16**	**46.19**	**294.94**	**273.43**	**206.99**	**21.51**	–
#工程款	137.47	33.36	72.15	72.15	15.92	–	–

续表

单位：亿元

通 信	公用设施	公用事业	自来水	燃 气	市政建设	园林绿化	环境卫生	市政设施	其 他
69.07	**540.27**	**107.06**	**102.59**	**4.47**	**433.21**	**115.67**	**17.47**	**300.06**	–
12.41	43.83	1.59	1.59	–	42.24	10.18	1.29	30.76	–
56.66	496.43	105.46	101.00	4.47	390.97	105.49	16.18	269.30	–
–	334.91	62.94	62.61	0.33	271.97	56.96	12.87	202.14	–
–	0.71	0.69	0.69	–	0.01	–	–	–	–
–	–	–	–	–	–	–	–	–	–
–	154.52	54.63	54.63	–	99.88	0.63	7.85	91.41	–
–	174.25	7.98	7.65	–	166.26	50.72	5.02	110.52	–
–	23.89	10.94	9.04	1.90	12.96	3.86	3.00	6.10	–
–	17.53	–	–	–	17.53	17.53	–	–	–
–	0.19	0.19	0.19	–	–	–	–	–	–
46.86	111.54	25.98	24.57	1.41	85.55	25.66	0.22	59.67	–
9.80	8.38	5.41	4.59	0.83	2.96	1.48	0.09	1.39	–
21.51	**86.02**	**10.69**	**9.77**	**0.92**	**75.33**	**6.36**	**4.41**	**64.56**	–
–	31.96	2.53	2.53	–	29.44	5.62	3.94	19.88	–

三、各区固定资产投资

表 3-1　全社会固定资产投资（按地区分）（2017）

单位：亿元

地　区	本年完成投资合计	#建设项目	房地产开发
总　计	**7 246.60**	**3 384.42**	**3 856.53**
#浦东新区	1 681.47	714.85	966.62
黄 浦 区	43.02	2.82	40.20
徐 汇 区	145.05	21.72	123.33
长 宁 区	117.69	38.75	78.94
静 安 区	299.87	43.43	256.44
普 陀 区	180.36	38.10	142.26
虹 口 区	162.26	24.35	137.91
杨 浦 区	189.90	12.47	177.43
闵 行 区	515.60	176.15	339.45
宝 山 区	422.19	133.22	288.97
嘉 定 区	403.91	129.04	274.88
金 山 区	173.33	111.36	61.97
松 江 区	480.03	136.50	343.53
青 浦 区	509.95	138.95	371.00
奉 贤 区	329.91	144.74	185.17
崇 明 区	113.06	44.62	68.44

注：各区投资项目按项目建设地址代码分组汇总，不包括市属和跨地区项目，下同。

表 3–2　浦东新区全社会固定资产投资主要指标（2017）

指　标	总　计	#建设项目	房地产开发
本年完成投资（亿元）	**1 681.47**	**714.85**	**966.62**
#住　宅	518.63	0.06	518.58
按构成分			
建筑工程	799.38	311.68	487.70
安装工程	66.39	41.75	24.64
设备工具器具购置	209.39	203.75	5.64
其他费用	606.32	157.67	448.65
按建设性质分			
#新　建	453.00	453.00	-
扩　建	52.18	52.18	-
改建和技改	174.14	174.14	-
单纯购置	33.85	33.85	-
按三次产业分			
第一产业	0.51	0.51	-
第二产业	293.65	293.65	-
第三产业	1 387.31	420.69	966.62
按经济类型分			
国有经济	327.68	266.87	60.81
非国有经济	1 353.80	447.98	905.82
集体经济	3.51	3.49	0.02
私营经济	298.30	84.90	213.40
联营经济	0.41	0.41	-
股份制经济	772.04	194.29	577.75
港澳台经济	127.52	28.99	98.54
外商经济	151.24	135.13	16.11
其他经济	0.78	0.78	-
本年新增固定资产（亿元）	**1 042.88**	**341.32**	**701.57**
房屋建筑面积（万平方米）			
施工面积	4 763.31	864.10	3 899.21
竣工面积	1 067.95	85.27	982.68

表 3–3　黄浦区全社会固定资产投资主要指标（2017）

指　标	总　计	#建设项目	房地产开发
本年完成投资（亿元）	**43.02**	**2.82**	**40.20**
#住　宅	28.88	–	28.88
按构成分			
建筑工程	36.00	1.73	34.26
安装工程	1.14	0.09	1.05
设备工具器具购置	0.08	0.07	0.01
其他费用	5.81	0.93	4.88
按建设性质分			
#新　建	1.40	1.40	–
扩　建	1.42	1.42	–
改建和技改	–	–	–
单纯购置	–	–	–
按三次产业分			
第一产业	–	–	–
第二产业	–	–	–
第三产业	43.02	2.82	40.20
按经济类型分			
国有经济	3.85	2.82	1.03
非国有经济	39.17	–	39.17
集体经济	–	–	–
私营经济	7.83	–	7.83
联营经济	–	–	–
股份制经济	14.25	–	14.25
港澳台经济	17.10	–	17.10
外商经济	–	–	–
其他经济	–	–	–
本年新增固定资产（亿元）	**5.04**	–	**5.04**
房屋建筑面积（万平方米）			
施工面积	203.93	–	203.93
竣工面积	13.78	–	13.78

表 3-4　徐汇区全社会固定资产投资主要指标（2017）

指　标	总　计	#建设项目	房地产开发
本年完成投资（亿元）	**145.05**	**21.72**	**123.33**
#住　宅	31.06	–	31.06
按构成分			
建筑工程	81.47	18.64	62.83
安装工程	5.92	0.36	5.57
设备工具器具购置	2.91	1.97	0.95
其他费用	54.75	0.76	53.99
按建设性质分			
#新　建	16.91	16.91	–
扩　建	3.16	3.16	–
改建和技改	0.21	0.21	–
单纯购置	1.44	1.44	–
按三次产业分			
第一产业	–	–	–
第二产业	1.67	1.67	–
第三产业	143.38	20.05	123.33
按经济类型分			
国有经济	23.98	9.75	14.22
非国有经济	121.08	11.97	109.11
集体经济	1.07	1.07	–
私营经济	8.35	0.21	8.13
联营经济	–	–	–
股份制经济	59.21	9.23	49.98
港澳台经济	46.48	–	46.48
外商经济	5.97	1.46	4.51
其他经济	–	–	–
本年新增固定资产（亿元）	**42.44**	**13.56**	**28.88**
房屋建筑面积（万平方米）			
施工面积	661.59	104.85	556.74
竣工面积	63.61	10.46	53.15

表 3–5 长宁区全社会固定资产投资主要指标（2017）

指标	总计	#建设项目	房地产开发
本年完成投资（亿元）	**117.69**	**38.75**	**78.94**
#住宅	9.12	–	9.12
按构成分			
建筑工程	36.01	11.36	24.65
安装工程	2.21	0.73	1.47
设备工具器具购置	21.65	20.61	1.03
其他费用	57.83	6.05	51.78
按建设性质分			
#新建	18.59	18.59	–
扩建	–	–	–
改建和技改	0.21	0.21	–
单纯购置	19.96	19.96	–
按三次产业分			
第一产业	–	–	–
第二产业	1.73	1.73	–
第三产业	115.96	37.03	78.94
按经济类型分			
国有经济	15.91	15.91	–
非国有经济	101.78	22.84	78.94
集体经济	–	–	–
私营经济	25.89	19.72	6.16
联营经济	–	–	–
股份制经济	48.23	3.04	45.19
港澳台经济	23.53	–	23.53
外商经济	4.14	–	4.05
其他经济	–	–	–
本年新增固定资产（亿元）	**128.95**	**22.71**	**106.24**
房屋建筑面积（万平方米）			
施工面积	248.24	20.85	227.39
竣工面积	126.72	10.73	115.99

表 3-6　静安区全社会固定资产投资主要指标（2017）

指　标	总　计	#建设项目	房地产开发
本年完成投资（亿元）	**299.87**	**43.43**	**256.44**
#住　宅	134.46	–	134.46
按构成分			
建筑工程	109.92	11.71	98.20
安装工程	9.51	1.09	8.42
设备工具器具购置	4.21	2.62	1.59
其他费用	176.23	28.01	148.22
按建设性质分			
#新　建	12.52	12.52	–
扩　建	27.07	27.07	–
改建和技改	1.72	1.72	–
单纯购置	2.13	2.13	–
按三次产业分			
第一产业	–	–	–
第二产业	3.28	3.28	–
第三产业	296.59	40.15	256.44
按经济类型分			
国有经济	31.37	20.88	10.49
非国有经济	268.50	22.55	245.94
集体经济	3.90	–	3.90
私营经济	52.44	–	52.44
联营经济	–	–	–
股份制经济	82.90	22.55	60.35
港澳台经济	114.98	–	114.98
外商经济	14.27	–	14.27
其他经济	–	–	–
本年新增固定资产（亿元）	**59.32**	**12.32**	**47.00**
房屋建筑面积（万平方米）			
施工面积	611.55	24.65	586.91
竣工面积	49.68	–	49.68

表 3-7　普陀区全社会固定资产投资主要指标（2017）

指　标	总　计	#建设项目	房地产开发
本年完成投资（亿元）	**180.36**	**38.10**	**142.26**
#住　宅	65.28	–	65.28
按构成分			
建筑工程	94.75	19.10	75.65
安装工程	2.30	0.70	1.60
设备工具器具购置	4.28	4.05	0.24
其他费用	79.03	14.26	64.78
按建设性质分			
#新　建	34.17	34.17	–
扩　建	0.39	0.39	–
改建和技改	0.74	0.74	–
单纯购置	2.81	2.81	–
按三次产业分			
第一产业	–	–	–
第二产业	1.56	1.56	–
第三产业	178.80	36.54	142.26
按经济类型分			
国有经济	42.99	30.14	12.85
非国有经济	137.37	7.96	129.40
集体经济	–	–	–
私营经济	19.12	0.22	18.90
联营经济	–	–	–
股份制经济	65.95	3.07	62.89
港澳台经济	45.01	3.79	41.22
外商经济	7.29	0.88	6.40
其他经济	–	–	–
本年新增固定资产（亿元）	**80.74**	**7.05**	**73.69**
房屋建筑面积（万平方米）			
施工面积	552.38	20.44	531.95
竣工面积	108.17	–	108.17

表 3-8　虹口区全社会固定资产投资主要指标（2017）

指　标	总　计	#建设项目	房地产开发
本年完成投资（亿元）	**162.26**	**24.35**	**137.91**
#住　宅	49.22	0.06	49.16
按构成分			
建筑工程	57.38	12.77	44.61
安装工程	5.38	0.43	4.95
设备工具器具购置	0.24	0.24	–
其他费用	99.25	10.90	88.35
按建设性质分			
#新　建	8.00	8.00	–
扩　建	12.73	12.73	–
改建和技改	3.56	3.56	–
单纯购置	0.06	0.06	–
按三次产业分			
第一产业	–	–	–
第二产业	–	–	–
第三产业	162.26	24.35	137.91
按经济类型分			
国有经济	44.62	21.41	23.21
非国有经济	117.63	2.94	114.70
集体经济	–	–	–
私营经济	17.29	–	17.29
联营经济	–	–	–
股份制经济	59.74	0.49	59.25
港澳台经济	16.36	–	16.36
外商经济	22.48	0.69	21.80
其他经济	1.76	1.76	–
本年新增固定资产（亿元）	**77.91**	**42.49**	**35.42**
房屋建筑面积（万平方米）			
施工面积	499.46	101.15	398.31
竣工面积	55.57	19.09	36.48

表 3–9　杨浦区全社会固定资产投资主要指标（2017）

指　标	总　计	#建设项目	房地产开发
本年完成投资（亿元）	**189.90**	**12.47**	**177.43**
#住　宅	85.68	–	85.68
按构成分			
建筑工程	73.01	8.40	64.62
安装工程	8.14	0.11	8.03
设备工具器具购置	5.27	2.79	2.48
其他费用	103.48	1.17	102.31
按建设性质分			
#新　建	3.23	3.23	–
扩　建	6.57	6.57	–
改建和技改	2.59	2.59	–
单纯购置	0.08	0.08	–
按三次产业分			
第一产业	–	–	–
第二产业	3.55	3.55	–
第三产业	186.35	8.93	177.43
按经济类型分			
国有经济	35.06	7.66	27.41
非国有经济	154.84	4.82	150.02
集体经济	1. 11	1. 11	–
私营经济	41.14	–	41.14
联营经济	–	–	–
股份制经济	111.25	3.10	108.14
港澳台经济	–	–	–
外商经济	1.34	0.61	0.74
其他经济	–	–	–
本年新增固定资产（亿元）	**36.39**	**6.02**	**30.37**
房屋建筑面积（万平方米）			
施工面积	368.91	49.23	319.68
竣工面积	40.06	3.95	36.11

表 3-10　闵行区全社会固定资产投资主要指标（2017）

指　标	总　计	#建设项目	房地产开发
本年完成投资（亿元）	**515.60**	**176.15**	**339.45**
#住　宅	110.01	–	110.01
按构成分			
建筑工程	283.51	102.82	180.69
安装工程	15.24	3.33	11.91
设备工具器具购置	55.05	47.18	7.87
其他费用	161.80	22.81	138.99
按建设性质分			
#新　建	112.05	112.05	–
扩　建	12.00	12.00	–
改建和技改	25.16	25.16	–
单纯购置	26.95	26.95	–
按三次产业分			
第一产业	–	–	–
第二产业	74.69	74.69	–
第三产业	440.92	101.47	339.45
按经济类型分			
国有经济	63.99	54.38	9.61
非国有经济	451.61	121.78	329.83
集体经济	1.92	1.92	–
私营经济	79.08	16.23	62.85
联营经济	–	–	–
股份制经济	241.79	59.04	182.75
港澳台经济	87.82	14.91	72.91
外商经济	41.01	29.67	11.33
其他经济	–	–	–
本年新增固定资产（亿元）	**443.36**	**82.31**	**361.05**
房屋建筑面积（万平方米）			
施工面积	1 920.34	311.13	1 609.20
竣工面积	487.48	34.60	452.88

表 3-11　宝山区全社会固定资产投资主要指标（2017）

指　标	总　计	#建设项目	房地产开发
本年完成投资（亿元）	**422.19**	**133.22**	**288.97**
#住　宅	195.81	–	195.81
按构成分			
建筑工程	207.83	73.46	134.37
安装工程	24.27	7.85	16.42
设备工具器具购置	37.41	33.74	3.68
其他费用	152.68	18.18	134.50
按建设性质分			
#新　建	61.26	61.26	–
扩　建	55.62	55.62	–
改建和技改	14.52	14.52	–
单纯购置	1.17	1.17	–
按三次产业分			
第一产业	–	–	–
第二产业	68.29	68.29	–
第三产业	353.90	64.94	288.97
按经济类型分			
国有经济	71.28	44.30	26.99
非国有经济	350.91	88.93	261.98
集体经济	32.76	0.66	32.09
私营经济	86.91	6.21	80.70
联营经济	0.18	0.18	–
股份制经济	214.55	76.74	137.81
港澳台经济	12.48	1.97	10.51
外商经济	3.77	2.91	0.86
其他经济	0.26	0.26	–
本年新增固定资产（亿元）	**240.89**	**74.59**	**166.30**
房屋建筑面积（万平方米）			
施工面积	1 505.39	268.17	1 237.22
竣工面积	430.41	41.98	388.43

表 3–12　嘉定区全社会固定资产投资主要指标（2017）

指　标	总　计	#建设项目	房地产开发
本年完成投资（亿元）	**403.91**	**129.04**	**274.88**
#住　宅	170.86	0.48	170.37
按构成分			
建筑工程	226.74	61.34	165.40
安装工程	12.27	2.42	9.86
设备工具器具购置	55.87	54.51	1.36
其他费用	109.03	10.78	98.25
按建设性质分			
#新　建	48.87	48.87	–
扩　建	17.78	17.78	–
改建和技改	45.38	45.38	–
单纯购置	14.82	14.82	–
按三次产业分			
第一产业	–	–	–
第二产业	94.12	94.12	–
第三产业	309.80	34.92	274.88
按经济类型分			
国有经济	66.83	31.73	35.10
非国有经济	337.08	97.31	239.77
集体经济	0.73	0.73	–
私营经济	103.61	14.88	88.74
联营经济	0.12	0.12	–
股份制经济	162.88	32.46	130.42
港澳台经济	25.36	4.74	20.62
外商经济	43.94	43.94	–
其他经济	0.44	0.44	–
本年新增固定资产（亿元）	**267.60**	**87.22**	**180.38**
房屋建筑面积（万平方米）			
施工面积	1 404.28	166.32	1 237.96
竣工面积	421.93	41.05	380.88

表 3-13　金山区全社会固定资产投资主要指标（2017）

指　标	总　计	#建设项目	房地产开发
本年完成投资（亿元）	**173.33**	**111.36**	**61.97**
#住　宅	46.94	–	46.94
按构成分			
建筑工程	102.87	51.52	51.36
安装工程	9.07	7.83	1.24
设备工具器具购置	42.90	42.46	0.44
其他费用	18.49	9.55	8.93
按建设性质分			
#新　建	67.22	67.22	–
扩　建	10.98	10.98	–
改建和技改	30.26	30.26	–
单纯购置	0.31	0.31	–
按三次产业分			
第一产业	0.44	0.44	–
第二产业	79.33	79.33	–
第三产业	93.56	31.59	61.97
按经济类型分			
国有经济	49.35	46.51	2.84
非国有经济	123.98	64.85	59.13
集体经济	1.79	1.79	0.00
私营经济	51.46	20.07	31.39
联营经济	–	–	–
股份制经济	55.75	28.06	27.69
港澳台经济	7.89	7.84	0.05
外商经济	7.10	7.10	–
其他经济	–	–	–
本年新增固定资产（亿元）	**116.34**	**51.46**	**64.88**
房屋建筑面积（万平方米）			
施工面积	536.49	147.91	388.58
竣工面积	147.16	3.42	143.73

表 3–14　松江区全社会固定资产投资主要指标（2017）

指　标	总　计	#建设项目	房地产开发
本年完成投资（亿元）	**480.03**	**136.50**	**343.53**
#住　宅	255.60	–	255.60
按构成分			
建筑工程	311.83	91.07	220.76
安装工程	14.54	7.33	7.21
设备工具器具购置	28.88	27.69	1.19
其他费用	124.78	10.41	114.37
按建设性质分			
#新　建	93.55	93.55	–
扩　建	28.54	28.54	–
改建和技改	11.71	11.71	–
单纯购置	2.46	2.46	–
按三次产业分			
第一产业	–	–	–
第二产业	98.62	98.62	–
第三产业	381.41	37.88	343.53
按经济类型分			
国有经济	59.88	27.75	32.13
非国有经济	420.14	108.74	311.40
集体经济	0.10	0.10	–
私营经济	147.09	52.69	94.40
联营经济	–	–	–
股份制经济	208.71	34.04	174.67
港澳台经济	46.60	9.79	36.82
外商经济	17.64	12.13	5.51
其他经济	–	–	–
本年新增固定资产（亿元）	**134.59**	**43.67**	**90.92**
房屋建筑面积（万平方米）			
施工面积	1 869.04	392.29	1 476.75
竣工面积	259.14	53.36	205.78

表 3-15 青浦区全社会固定资产投资主要指标（2017）

指标	总计	#建设项目	房地产开发
本年完成投资（亿元）	**509.95**	**138.95**	**371.00**
#住宅	247.16	–	247.16
按构成分			
建筑工程	288.42	86.82	201.59
安装工程	8.92	4.20	4.72
设备工具器具购置	21.98	20.24	1.74
其他费用	190.63	27.68	162.95
按建设性质分			
#新建	88.03	88.03	–
扩建	31.77	31.77	–
改建和技改	11.93	11.93	–
单纯购置	2.08	2.08	–
按三次产业分			
第一产业	0.06	0.06	–
第二产业	39.83	39.83	–
第三产业	470.06	99.05	371.00
按经济类型分			
国有经济	87.11	47.23	39.88
非国有经济	422.84	91.72	331.12
集体经济	11.14	8.14	3.00
私营经济	132.92	28.77	104.14
联营经济	–	–	–
股份制经济	219.92	32.77	187.15
港澳台经济	40.23	7.95	32.28
外商经济	18.64	14.09	4.54
其他经济	–	–	–
本年新增固定资产（亿元）	**193.98**	**77.85**	**116.13**
房屋建筑面积（万平方米）			
施工面积	1 527.88	284.76	1 243.12
竣工面积	264.65	54.20	210.46

表 3-16　奉贤区全社会固定资产投资主要指标（2017）

指　标	总　计	#建设项目	房地产开发
本年完成投资（亿元）	**329.91**	**144.74**	**185.17**
#住　宅	150.37	–	150.37
按构成分			
建筑工程	185.63	87.61	98.02
安装工程	5.48	3.25	2.23
设备工具器具购置	17.07	16.68	0.39
其他费用	121.73	37.20	84.53
按建设性质分			
#新　建	86.91	86.91	–
扩　建	12.71	12.71	–
改建和技改	39.30	39.30	–
单纯购置	3.36	3.36	–
按三次产业分			
第一产业	0.04	0.04	–
第二产业	66.31	66.31	–
第三产业	263.56	78.38	185.17
按经济类型分			
国有经济	71.10	63.34	7.76
非国有经济	258.81	81.40	177.41
集体经济	2.90	2.90	–
私营经济	55.00	31.08	23.92
联营经济	–	–	–
股份制经济	183.57	33.07	150.50
港澳台经济	9.25	6.27	2.98
外商经济	8.09	8.09	–
其他经济	–	–	–
本年新增固定资产（亿元）	**142.09**	**86.26**	**55.83**
房屋建筑面积（万平方米）			
施工面积	1 393.80	332.55	1 061.25
竣工面积	179.64	49.37	130.27

表 3–17　崇明区全社会固定资产投资主要指标（2017）

指　标	总　计	#建设项目	房地产开发
本年完成投资（亿元）	**113.06**	**44.62**	**68.44**
#住　宅	54.29	0.92	53.37
按构成分			
建筑工程	82.89	34.66	48.23
安装工程	3.48	0.89	2.59
设备工具器具购置	3.98	3.91	–
其他费用	22.71	5.17	17.54
按建设性质分			
#新　建	36.93	36.93	–
扩　建	2.61	2.61	–
改建和技改	3.52	3.52	–
单纯购置	1.50	1.50	–
按三次产业分			
第一产业	–	–	–
第二产业	6.92	6.92	–
第三产业	106.14	37.71	68.44
按经济类型分			
国有经济	31.82	21.93	9.89
非国有经济	81.24	22.69	58.55
集体经济	–	–	–
私营经济	15.43	1.53	13.91
联营经济	–	–	–
股份制经济	59.08	20.72	38.36
港澳台经济	6.28	–	6.28
外商经济	–	–	–
其他经济	–	–	–
本年新增固定资产（亿元）	**103.13**	**56.64**	**46.48**
房屋建筑面积（万平方米）			
施工面积	420.57	36.51	384.05
竣工面积	82.40	3.33	79.08

四、房地产开发建设

表 4–1　主要年份房地产开发投资

单位：亿元

类　别	2005 年	2010 年	2015 年	2016 年	2017 年
计划总投资	**6 615.35**	**12 818.48**	**23 212.56**	**25 644.95**	**28 332.93**
#本年计划投资	1 827.42	2 903.54	4 788.30	5 406.97	5 583.18
本年完成投资	**1 246.86**	**1 980.68**	**3 468.94**	**3 709.03**	**3 856.53**
按隶属关系分					
中　央	8.86	42.83	83.29	134.57	173.46
市　属	118.35	287.28	199.74	231.09	258.44
区　属	246.09	270.28	415.21	413.41	537.66
县　属	2.17	3.20	52.52	108.51	81.80
乡镇街道属	137.17	101.42	191.70	216.78	132.50
村委居委属	0.01	2.68	0.08	0.09	–
其　他	734.22	1 272.99	2 526.40	2 604.58	2 672.68
按经济类型分					
国有经济	117.38	314.62	255.94	297.13	314.23
集体经济	62.92	106.82	14.91	19.67	39.01
联营经济	9.53	5.83	–	–	–
股份制经济	479.78	647.40	1 809.65	1 896.22	2 007.16
私营经济	401.98	605.05	715.02	807.81	865.35
其他经济	6.11	4.85	–	26.89	–
港澳台经济	77.26	179.64	540.53	530.83	540.65
外商经济	91.91	116.47	132.89	130.48	90.12
按资质等级分					
一　级	87.77	33.85	81.35	84.19	133.58
二　级	78.60	230.72	306.88	249.62	234.67
三　级	199.15	168.85	154.35	129.03	101.08
其他级	881.34	1 547.26	2 926.37	3 246.19	3 387.19
本年新增固定资产	**1 054.02**	**964.27**	**1 890.67**	**1 558.72**	**2 110.17**

表 4–2 房地产开发投资规模及构成情况（2017）

单位：亿元

类 别	计划总投资	自开始建设累计完成投资	#本年完成投资	本年新增固定资产
总 计	**28 332.93**	**20 657.78**	**3 856.53**	**2 110.17**
按隶属关系分				
中 央	941.07	687.06	173.46	52.86
市 属	2 190.84	1 382.12	258.44	164.24
区 属	3 652.08	2 421.36	537.66	231.18
县 属	496.01	369.40	81.80	22.87
乡镇街道属	991.89	721.99	132.50	140.76
村委居委属	1.82	1.82	–	–
其 他	20 059.23	15 074.03	2 672.68	1 498.27
按经济类型分				
国有经济	1 772.07	1 270.64	314.23	182.13
集体经济	294.21	93.67	39.01	12.19
联营经济	–	–	–	–
股份制经济	14 660.02	10 639.13	2 007.16	1 050.20
私营经济	6 110.95	4 426.16	865.35	445.00
其他经济	–	–	–	–
港澳台经济	4 237.05	3 224.15	540.65	282.99
外商经济	1 258.63	1 004.04	90.12	137.65
按资质等级分				
一 级	662.64	513.05	133.58	45.80
二 级	2 002.63	1 589.85	234.67	200.25
三 级	1 328.56	1 128.86	101.08	199.73
其他级	24 339.11	17 426.02	3 387.19	1 664.40

表 4–3　房屋建筑面积及造价（2017）

类　别	施工面积（万平方米）	#新开工	竣工面积（万平方米）	竣工房屋造价（元／平方米）
各类房屋总计	**15 362.25**	**2 618.00**	**3 387.56**	**6 064**
住　宅	8 013.80	1 402.91	1 862.74	5 478
按户型结构分				
#90 平方米及以下	3 574.26	725.41	704.61	4 518
144 平方米以上	1 645.40	176.11	352.72	8 157
按类型分				
别　墅	289.90	38.81	55.69	6 308
高档公寓	1 458.98	212.89	292.45	7 410
其他住宅	6 264.92	1 151.21	1 514.60	5 074
办公楼	2 282.08	368.84	444.83	7 554
商业营业用房	2 016.16	297.68	387.73	8 304
其他	3 050.22	548.57	692.27	5 430

表 4-4　房地产开发投资分类情况（2017）

类　别	本年完成投资	#住　宅	#90 平方米及以下
总　计	**3 856.53**	**2 152.40**	**784.01**
按隶属关系分			
中　央	120.54	99.45	11.17
市　属	157.52	63.03	43.63
区　属	289.72	115.43	32.06
县　属	45.75	27.97	1.37
乡镇街道属	92.13	47.24	3.12
村委居委属	–	–	–
其　他	1 446.73	430.90	340.38
按经济类型分			
国有经济	179.35	85.49	22.05
集体经济	26.84	2.24	10.61
联营经济	–	–	–
股份制经济	1 119.92	508.16	180.52
私营经济	560.57	148.49	106.78
其他经济	–	–	–
港澳台经济	232.35	37.33	89.71
外商经济	33.37	2.29	22.06
按资质等级分			
一　级	80.58	61.20	0.43
二　级	157.52	43.67	38.42
三　级	52.08	10.85	18.33
其他级	1 862.22	668.29	374.53

续表

单位：亿元

#144平方米以上	#别　墅	#高档公寓	办公楼	商业营业用房
431.72	**80.73**	**460.02**	**642.20**	**506.71**
11.17	0. 10	6.09	20.84	5.24
43.63	8.74	35.55	28.01	29.02
32.06	6.66	56.22	94.80	60.28
1.37	1.08	–	15.53	5.27
3.12	1.28	0.74	8.39	11.36
–	–	–	–	–
340.38	62.88	361.41	474.62	395.54
22.05	1.10	14.58	48.84	20.46
10.61	2.46	14.61	–	0.52
–	–	–	–	–
180.52	26.44	219.29	315.61	275.07
106.78	31.32	108.77	94.26	121.34
–	–	–	–	–
89.71	19.42	96.34	155.04	72.35
22.06	–	6.43	28.44	16.98
0.43	–	0.02	26.40	9.23
38.42	9.26	20.23	21.01	17.97
18.33	4.93	7.36	12.27	12.61
374.53	66.54	432.40	582.52	466.90

表 4-5 商品房销售和出租情况（2017）

类 别	销售面积（万平方米）		销售额（亿元）		住宅销售套数（万套）		期末面积（万平方米）	
	现 房	期 房	现 房	期 房	现 房	期 房	出 租	待 售
各类房屋总计	**812.54**	**879.06**	**1 251.64**	**2 775.03**	**5.85**	**8.12**	**1 646.30**	**2 026.05**
住 宅	579.39	762.23	856.80	2 479.29	5.85	8.12	110.15	635.68
按户型结构分								
#90 平方米及以下	252.20	310.37	218.65	544.76	3.25	4.35	37.93	173.23
144 平方米以上	79.49	108.31	416.03	740.13	0.30	0.56	48.76	248.31
按类型分								
别 墅	26.65	25.83	116.57	109.81	0.08	0.16	12.96	75.38
高档公寓	32.54	127.02	205.59	721.51	0.14	1.04	42.47	128.27
其他住宅	520.20	609.38	534.63	1 647.97	5.63	6.92	54.72	432.03
办公楼	70.52	53.59	197.60	196.48			692.42	327.79
商业营业用房	56.57	22.76	137.88	70.34			542.09	410.46
其他	106.07	40.48	59.36	28.91			301.63	652.12

表 4–6　各区房地产开发建设及销售情况（2017）

单位：万平方米

地　区	施工面积	#住　宅	竣工面积	#住　宅	销售面积	#住　宅
总　计	**15 362.25**	**8 013.80**	**3 387.56**	**1 862.74**	**1 691.60**	**1 341.62**
浦东新区	3 899.21	1 925.63	982.68	454.92	395.02	315.72
黄 浦 区	203.93	96.45	13.78	11.17	9.20	7.47
徐 汇 区	556.74	194.90	53.15	37.82	20.16	15.39
长 宁 区	227.39	33.33	115.99	25.80	35.55	20.71
静 安 区	586.91	175.90	49.68	11.11	16.65	11.89
普 陀 区	531.95	173.97	108.17	46.79	32.51	23.49
虹 口 区	398.31	104.88	36.48	25.21	16.36	7.25
杨 浦 区	319.68	116.56	36.11	15. 18	45.57	17.72
闵 行 区	1 609.20	692.01	452.88	144.21	146.26	78.50
宝 山 区	1 237.22	809.77	388.43	304.86	287.88	255.15
嘉 定 区	1 237.96	608.05	380.88	215.35	214.23	180.06
金 山 区	388.58	284.74	143.73	98.98	114.24	102.09
松 江 区	1 476.75	1 087.61	205.78	156.28	116.67	102.19
青 浦 区	1 243.12	731.66	210.46	153.40	156.94	130.45
奉 贤 区	1 061.25	696.44	130.27	98.81	66.31	55.93
崇 明 区	384.05	281.90	79.08	62.84	18.03	17.63

表 4-7　房地产开发投资到位资金情况（2017）

指　标	合　计	按隶属关系分			
		中　央	市　属	区　属	其　他
到位资金合计	**8 099.77**	**258.25**	**479.24**	**1 112.05**	**6 250.22**
上年末结余资金	2 715.11	39.70	146.87	309.62	2 218.93
本年实际到位资金	5 384.65	218.56	332.37	802.43	4 031.29
国内贷款	1 393.78	45.01	130.51	214.48	1 003.78
银行贷款	1 213.86	40.01	99.54	194.69	879.61
非银行金融机构贷款	179.92	5.00	30.97	19.79	124.17
利用外资	5.22	–	0.30	–	4.92
自筹资金	1 549.20	64.33	54.31	305.49	1 125.07
其他资金	2 436.45	109.22	147.25	282.46	1 897.51
#定金及预收款	1 647.58	75.31	103.06	210.38	1 258.83
个人按揭贷款	433.33	7.76	33.15	26.38	366.05
本年各项应付款合计	**855.56**	**34.47**	**54.00**	**99.18**	**667.91**
#工程款	491.04	22.37	30.91	53.72	384.04

续表

单位：亿元

按经济类型分				按资质等级分		
#国有经济	集体经济	股份制经济	外商及港澳台经济	#一　级	二　级	三　级
477.29	**85.53**	**3 914.94**	**1 805.20**	**173.73**	**717.87**	**265.58**
171.16	21.96	1 081.40	889.79	65.54	204.40	82.70
306.13	63.57	2 833.54	915.41	108.19	513.47	182.88
101.90	18.84	702.77	203.10	34.55	81.71	21.92
91.49	18.84	633.91	184.45	34.55	81.71	21.92
10.41	–	68.87	18.65	–	–	–
–	–	–	4.92	–	–	–
148.29	37.18	771.46	225.39	18.43	117.78	69.16
55.94	7.56	1 359.01	481.99	55.21	313.98	91.80
38.61	4.80	922.14	313.35	51.10	193.36	58.54
0.43	–	229.71	103.46	3.87	61.32	15.02
66.36	**7.00**	**422.54**	**139.78**	**13.74**	**41.83**	**31.79**
35.69	4.00	225.95	93.59	10.96	23.21	14.72

表 4–8　主要年份房地产开发企业经营情况

单位：亿元

指　标	2005 年	2010 年	2015 年	2016 年	2017 年
资产总计	**11 835.17**	**26 121.83**	**43 457.65**	**48 448.90**	**55 208.53**
#流动资产合计	9 398.45	19 155.33	30 982.81	34 272.66	37 803.72
固定资产合计	930.36	1 445.28	1 444.57	1 631.61	1 631.26
负债合计	**8 236.08**	**17 648.79**	**29 129.66**	**32 646.44**	**37 837.03**
所有者权益	**3 599.09**	**8 473.03**	**14 327.99**	**15 802.46**	**17 371.50**
#实收资本	2 441.97	4 685.77	7 614.08	8 330.31	9 152.63
营业收入	**2 020.40**	**3 319.68**	**4 450.21**	**6 596.29**	**6 364.08**
#主营业务收入	1 998.67	3 265.77	4 388.06	6 505.93	6 232.48
#商品房销售收入	1 620.50	2 660.44	3 754.71	5 785.65	5 409.06
营业成本			2 866.31	4 341.33	3 983.82
#主营业务成本	1 339.32	1 872.32	2 783.86	4 228.35	3 922.44
营业税金及附加			465.93	599.95	550.78
#主营业务税金及附加	111.22	300.26	445.41	565.28	527.19
营业利润	302.32	973.74	885.02	1 461.04	1 653.84
利润总额	**422.18**	**989.12**	**936.62**	**1 495.17**	**1 657.37**

五、建筑业

表 5–1　主要年份总承包和专业承包建筑企业主要指标

指　标	2005 年	2010 年	2015 年	2016 年	2017 年
签订合同额（亿元）	3 635.34	8 791.73	15 938.38	17 225.06	20 536.96
上年结转合同额	1 334.42	3 564.10	8 135.22	8 538.23	10 059.43
本年新签合同额	2 300.92	5 227.63	7 803.17	8 686.82	10 477.53
直接从建设单位承揽工程完成产值（亿元）	1 956.81	4 360.10	5 849.45	6 187.34	6 642.03
自行完成产值	1 669.77	3 858.60	5 031.19	5 357.62	5 723.83
分包出去工程产值	287.04	501.51	818.26	829.72	918.19
从建设单位以外承揽工程完成产值（亿元）	219.47	441.59	621.28	688.57	702.58
建筑业总产值（亿元）	1 889.25	4 300.19	5 652.47	6 046.19	6 426.42
#在外省完成产值	390.97	1 619.14	2 703.16	2 944.10	3 426.94
#装饰装修产值	196.13	410.22	608.96	687.07	702.98
竣工产值（亿元）	1 364.22	2 672.73	3 121.47	3 310.39	3 471.62
房屋施工面积（万平方米）	14 138.05	22 996.81	36 659.77	36 019.72	41 197.49
房屋竣工面积（万平方米）	5 648.85	6 217.15	7 258.69	7 481.15	8 066.54
从业人员年末人数（万人）	72.23	96.09	69.19	65.45	60.07
#工程技术人员	13.70	15.38	14.71	14.24	13.83
按建筑业总产值计算的劳动生产率（万元 / 人）	18.23	34.47	44.58	47.80	53.14
房屋建筑面积竣工率（%）	40.0	27.0	19.8	20.8	19.6

表 5-2　总承包和专业承包建筑企业签订合同情况（2017）

单位：亿元

类　别	直接同建设单位签订的合同额	上年结转合同额	本年新签合同额
总　计	**20 536.96**	**10 059.43**	**10 477.53**
按经济类型分			
#国有经济	3 748.50	1 752.16	1 996.33
集体经济	34.03	14.81	19.21
股份制经济	13 399.57	6 757.04	6 642.53
私营经济	2 983.83	1 404.54	1 579.29
外商经济	249.25	93.19	156.06
港澳台经济	121.79	37.69	84.11
按隶属关系分			
#中央属	9 254.15	4 563.23	4 690.92
市（局）属	4 885.56	2 595.35	2 290.21
区、县属	864.58	363.44	501.13
按资质等级分			
#特　级	11 437.50	6 147.06	5 290.43
一　级	6 388.87	2 813.59	3 575.28
二　级	1 674.72	710.88	963.84
三　级	1 002.75	372.78	629.96
按行业类别分			
房屋建筑业	12 059.92	6 326.05	5 733.87
土木工程建筑业	6 443.34	3 045.54	3 397.80
建筑安装业	1 185.53	414.42	771.11
建筑装饰和其他建筑业	848.16	273.42	574.74
按资质标准分			
施工总承包	19 031.04	9 577.57	9 453.47
专业承包	1 505.92	481.86	1 024.06

表 5-3　总承包和专业承包建筑企业承包工程完成情况（2017）

单位：亿元

类　别	直接从建设单位承揽工程完成的产值	自行完成施工产值	分包出去工程的产值	从建设单位以外承揽工程完成的产值
总　计	**6 642.03**	**5 723.83**	**918.19**	**702.58**
按经济类型分				
#国有经济	1 082.85	1 037.03	45.82	19.06
集体经济	20.79	20.11	0.67	0.93
股份制经济	3 874.05	3 122.40	751.64	483.17
私营经济	1 475.55	1 413.59	61.96	176.66
外商经济	120.42	72.46	47.95	10.21
港澳台经济	68.38	58.24	10.14	12.55
按隶属关系分				
#中央属	2 346.83	2 296.41	50.42	56.79
市（局）属	1 539.06	928.54	610.52	220.29
区、县属	422.64	344.94	77.70	36.46
按资质等级分				
#特　级	2 614.15	2 073.40	540.75	181.13
一　级	2 637.58	2 390.87	246.71	373.62
二　级	895.31	825.00	70.31	81.85
三　级	486.60	426.91	59.69	64.74
按行业类别分				
房屋建筑业	3 648.99	2 993.86	655.13	417.91
土木工程建筑业	1 918.12	1 752.45	165.66	106.54
建筑安装业	593.63	518.21	75.41	65.73
建筑装饰和其他建筑业	481.30	459.31	21.98	112.40
按资质标准分				
施工总承包	5 779.66	4 903.76	875.90	506.32
专业承包	862.37	820.07	42.30	196.26

表 5-4　总承包和专业承包建筑企业产值及人员情况（2017）

类　别	企业个数（个）	建筑业总产值（亿元）			
			建筑工程	安装工程	其　他
总　计	**2 798**	**6 426.42**	**5 436.47**	**851.45**	**138.50**
按经济类型分					
#国有经济	75	1 056.09	917.42	131.20	7.47
集体经济	36	21.05	15.93	5.08	0.03
股份制经济	571	3 605.57	3 115.94	414.15	75.48
私营经济	2 001	1 590.25	1 300.44	242.12	47.69
外商经济	55	82.68	59.16	17.32	6.20
港澳台经济	59	70.79	27.58	41.58	1.63
按隶属关系分					
#中央属	49	2 353.20	2 049.45	261.26	42.48
市（局）属	73	1 148.83	946.49	194.55	7.78
区、县属	158	381.40	350.65	25.16	5.59
按资质等级分					
#特　级	17	2 254.53	2 071.17	144.27	39.09
一　级	404	2 764.49	2 311.47	419.43	33.58
二　级	895	906.85	715.54	153.44	37.87
三　级	1 452	491.65	335.22	128.91	27.52
按行业类别分					
房屋建筑业	851	3 411.77	3 100.66	225.63	85.48
土木工程建筑业	573	1 858.99	1 696.90	141.55	20.54
建筑安装业	668	583.94	106.97	457.98	18.99
建筑装饰和其他建筑业	706	571.71	531.94	26.28	13.49
按资质标准分					
施工总承包	1 354	5 410.08	4 748.00	549.94	112.14
专业承包	1 444	1 016.34	688.47	301.50	26.36

续表

竣工产值（亿元）	从业人员年末人数（万人）	#工程技术人员	计算劳动生产率的平均人数（万人）	按建筑业总产值计算的劳动生产率（万元／人）
3 471.62	**60.07**	**13.83**	**120.92**	**53.14**
306.53	3.71	1.94	9.03	116.90
18.40	1.12	0.12	1.32	15.89
2 189.79	21.18	5.95	60.87	59.24
905.96	32.80	5.29	46.53	34.18
29.52	0.62	0.25	1.95	42.38
21.42	0.64	0.28	1.22	57.93
920.18	6.90	3.84	22.55	104.37
967.13	4.22	1.65	20.96	54.80
214.92	3.62	0.86	7.22	52.82
1 315.61	6.50	3.45	25.98	86.78
1 286.72	26.28	5.53	55.71	49.62
533.19	17.12	3.11	25.40	35.70
329.41	10.03	1.69	13.68	35.94
2 335.98	35.70	6.94	75.08	45.44
550.43	9.91	3.61	20.16	92.23
301.23	7.65	1.83	11.38	51.31
283.98	6.81	1.45	14.30	39.97
2 963.16	47.04	10.99	98.27	55.05
508.46	13.03	2.84	22.66	44.86

表 5-5　总承包和专业承包建筑企业施工工程情况（2017）

类　别	单位工程施工个数（万个）	#本年新开工	竣工个数（万个）
总　计	**10.91**	**7.16**	**6.42**
按经济类型分			
#国有经济	0.47	0.28	0.19
集体经济	0.10	0.07	0.06
股份制经济	5.82	3.76	3.45
私营经济	4.18	2.93	2.59
外商经济	0.17	0.08	0.06
港澳台经济	0.16	0.03	0.07
按隶属关系分			
#中央属	1.09	0.54	0.36
市（局）属	1.95	1.30	1.27
区、县属	0.79	0.56	0.43
按资质等级分			
#特　级	1.13	0.47	0.27
一　级	3.49	2.08	1.79
二　级	2.22	1.42	1.28
三　级	4.02	3.15	3.05
按行业类别分			
房屋建筑业	3.36	1.71	1.30
土木工程建筑业	2.89	2.20	2.03
建筑安装业	3.81	2.61	2.54
建筑装饰和其他建筑业	0.85	0.63	0.56
按资质标准分			
施工总承包	7.25	4.63	4.18
专业承包	3.65	2.53	2.24

续表

房屋施工面积（万平方米）	#本年新开工	房屋竣工面积（万平方米）	房屋竣工价值（亿元）
41 197.49	**12 258.44**	**8 066.54**	**1 859.34**
1 078.80	280.84	282.38	64.54
64.82	37.38	28.93	6.47
32 855.46	9 595.42	5 954.71	1 446.88
7 051.35	2 310.41	1 776.11	332.88
117.47	34.40	24.41	8.57
29.59	–	–	–
17 771.42	4 898.48	2 419.70	548.16
9 817.00	3 442.86	2 667.45	691.40
646.25	201.71	232.34	61.41
23 830.32	7 056.17	3 915.32	1 022.16
13 539.57	3 864.73	3 089.98	617.06
3 246.33	1 032.07	857.50	188.76
581.27	305.48	203.74	31.35
40 344.13	11 963.10	7 988.82	1 844.54
773.93	262.22	47.15	9.70
71.53	26.24	25.78	4.78
7.89	6.89	4.79	0.31
40 867.07	12 122.35	7 845.81	1 841.64
330.42	136.09	220.74	17.70

表 5-6　总承包和专业承包建筑企业基本情况（按地区分）（2017）

地　区	企业个数（个）	建筑业总产值（亿元）	竣工产值（亿元）	房屋施工面积（万平方米）	#本年新开工
总　计	**2 798**	**6 426.42**	**3 471.62**	**41 197.49**	**12 258.44**
浦东新区	529	1 641.67	952.52	14 267.09	3 832.07
黄 浦 区	140	226.33	40.44	274.42	138.10
徐 汇 区	192	701.82	147.17	814.99	289.31
长 宁 区	131	217.62	199.60	2 522.75	798.24
静 安 区	171	733.84	241.29	1 556.14	507.71
普 陀 区	193	419.09	274.16	2 983.37	1 134.94
虹 口 区	135	450.92	452.74	3 188.80	900.74
杨 浦 区	213	277.54	116.90	865.02	288.30
闵 行 区	172	426.13	242.98	5 636.62	1 325.05
宝 山 区	218	692.59	350.37	5 834.23	1 814.89
嘉 定 区	162	129.24	131.14	986.64	390.46
金 山 区	124	105.17	68.38	219.57	76.26
松 江 区	130	117.42	91.49	481.18	196.50
青 浦 区	68	115.04	56.06	587.92	225.08
奉 贤 区	158	135.91	83.48	912.95	294.22
崇 明 区	62	36.11	22.88	65.78	46.59

续表

房屋竣工面积（万平方米）	#住　宅	从业人员年末人数（万人）	计算劳动生产率的平均人数（万人）	按建筑业总产值计算的劳动生产率（万元／人）
8 066.54	**3 995.22**	**60.07**	**120.92**	**53.14**
2 347.73	878.76	10.97	34.45	47.65
62.45	50.24	2.43	2.94	76.87
191.95	83.02	5.12	10.34	67.86
464.38	174.87	2.57	6.37	34.17
191.58	80.95	5.85	8.53	86.03
750.54	552.06	4.04	8.16	51.38
1 115.85	797.54	3.45	11.31	39.86
206.03	128.62	4.20	5.07	54.70
864.89	503.17	4.45	11.35	37.55
916.18	167.71	5.66	7.04	98.42
424.30	362.16	1.94	2.96	43.71
40.86	14.72	2.10	2.33	45.08
201.09	60.56	2.36	3.16	37.20
92.78	60.86	1.46	2.71	42.51
173.15	77.66	2.87	3.35	40.61
22.77	2.31	0.60	0.86	42.00

六、城市建设

表 6-1　主要年份城市建设综合指标

指　标	2005 年	2010 年	2015 年	2016 年	2017 年
实有各类房屋建筑面积（万平方米）	64 198	93 591	120 390	127 724	131 908
高层建筑（幢）	10 045	20 579	40 822	44 395	46 220
高层建筑（万平方米）	13 100	21 911	39 652	43 648	45 522
建成区绿化覆盖率（%）	37.0	38.2	38.5	38.8	39.1
自来水供水能力（万立方米 / 日）	1 096	1 131	1 137	1 152	1 184
污水处理厂污水处理能力（万吨 / 日）	471	684	785	807	821
家庭液化石油气用户数（万户）	253.89	316.37	335.47	332.80	281.47
家庭天然气用户数（万户）	186.37	405.89	651.32	675.84	700.60
城市桥梁（座）	8 070	11 849	13 677	13 862	14 019
#黄浦江大桥	6	10	10	10	10
长江大桥	-	1	1	1	1
黄浦江隧道（条）	6	12	13	14	14
长江隧道（条）	-	1	1	1	1
城市快速路（公里）	77	196	197	200	207
高速公路长度（公里）	560	775	825	825	829
人均道路面积（平方米）	11.08	11.12	11.83	12.09	12.34
轨道交通运营线路长度（公里）	147.78	452.57	617.53	617.53	666.40
公共汽电车运营车辆（辆）	17 985	17 455	16 531	16 693	17 461
出租汽车运营车辆（辆）	47 794	50 007	49 586	47 271	46 397

注：1、人均公园绿地面积：2014 年前按全市非农户籍人口口径计算；2015 年起按住建部城建年报统计口径（全市常住人口）计算。

2、“城市桥梁”指本市所有公路桥梁和城市道路桥梁，不包括：郊区机耕桥、村内道路等不符合公路设施量标准农村桥梁，水利桥梁、闸桥合一桥梁等。

3、“黄浦江隧道”指本市所有穿越黄浦江的隧道，包括外滩隧道。

4、“人均道路面积”统一调整为按常住人口计算。

表 6-2　主要年份市区居住水平情况

指　标	2005 年	2010 年	2015 年	2016 年	2017 年
住宅建筑面积（万平方米）	37 624	52 640	63 007	65 210	67 281
城镇居民人均住房建筑面积（平方米）		32.6	35.5	36.1	36.7
居民住宅成套率（%）	93.0	95.8	96.8	97.0	97.3

注：2016 年起城镇居民人均居住面积改为城镇居民人均住房建筑面积，城镇居民人均住房建筑面积从 2007 年开始统计。

表 6-3　保障性住房建设情况（2013 — 2017）

单位：万平方米

指　标	2013 年	2014 年	2015 年	2016 年	2017 年
保障性住房新开工建设和筹措面积	**608.7**	**505.6**	**1 036.8**	**755.2**	**354.3**
#动迁安置房	483.7	438.7	932.7	652.7	354.3
经济适用房	–	–	64.2	73.3	–
公租房	125.0	66.9	40.0	29.3	–
保障性住房建成面积	**795.9**	**712.9**	**1 038.6**	**1 024.0**	**775.8**
#动迁安置房	533.6	490.5	727.5	788.2	611.4
经济适用房	146.6	97.7	171.2	169.3	120.1
公租房	115.6	124.7	139.9	66.5	44.3

注：以前年度数据根据房管局口径进行了调整（原由市住宅中心报送）。

表 6-4　全市八层（含八层）以上房屋各区分布及用途（2017）

地　区	总　计		住　宅		办　公		宾　馆	
	幢	面　积	幢	面　积	幢	面　积	幢	面　积
总　计	**46 220**	**45 522**	**38 893**	**32 394**	**2 744**	**6 367**	**365**	**1 070**
浦东新区	10 865	10 796	9 590	7 772	407	1 434	80	283
黄 浦 区	1 289	2 360	763	1 163	251	631	39	134
徐 汇 区	2 164	3 041	1 585	1 871	244	571	20	66
长 宁 区	1 589	2 126	1 190	1 316	174	509	23	72
静 安 区	2 290	2 983	1 590	1 706	273	658	50	151
普 陀 区	2 521	2 916	2 025	2 140	209	415	24	57
虹 口 区	1 440	1 819	1 051	1 145	169	375	29	61
杨 浦 区	2 132	2 249	1 668	1 540	204	414	9	24
闵 行 区	6 092	4 913	5 450	3 833	159	314	18	48
宝 山 区	3 835	2 946	3 518	2 515	101	188	9	22
嘉 定 区	3 502	3 016	2 989	2 377	244	359	18	47
金 山 区	1 214	841	1 112	717	31	52	9	14
松 江 区	3 595	2 633	3 133	2 084	129	187	8	27
青 浦 区	1 783	1 403	1 571	1 094	53	98	15	39
奉 贤 区	1 485	1 251	1 264	923	79	143	11	19
崇 明 区	424	230	394	196	17	20	3	8

续表

面积单位：万平方米

综合		医院		商场		厂房		其他	
幢	面积	幢	面积	幢	面积	幢	面积	幢	面积
234	**601**	**126**	**304**	**2 222**	**2 079**	**1 048**	**1 779**	**588**	**927**
35	150	11	40	378	441	246	462	118	214
34	151	16	37	138	181	6	10	42	52
46	70	24	74	111	141	74	134	60	114
21	28	8	13	120	109	25	35	28	44
70	148	18	32	205	177	55	82	29	29
3	4	4	12	192	183	27	50	37	53
13	30	12	14	124	145	16	18	26	31
6	14	11	28	152	104	34	54	48	72
2	3	6	24	197	178	204	383	56	130
–	–	5	7	117	93	51	69	34	51
–	–	4	9	180	126	27	47	40	52
1	1	2	7	36	21	15	23	8	7
–	–	4	7	139	74	149	201	33	52
1	1	–	–	74	56	56	108	13	7
–	–	–	–	54	46	61	99	16	20
2	1	1	1	5	2	2	3	–	–

表 6–5　全市八层（含八层）以上房屋各区按楼层分布情况（2017）

地　区	合　计		8~10 层		11～15 层	
	幢	面　积	幢	面　积	幢	面　积
总　计	**46 220**	**45 522**	**6 588**	**4 789**	**20 094**	**14 239**
浦东新区	10 865	10 796	1 302	1 013	5 475	3 926
黄 浦 区	1 289	2 360	155	158	171	186
徐 汇 区	2 164	3 041	299	273	600	558
长 宁 区	1 589	2 126	350	264	439	378
静 安 区	2 290	2 983	322	215	658	508
普 陀 区	2 521	2 916	256	160	786	587
虹 口 区	1 440	1 819	215	136	354	255
杨 浦 区	2 132	2 249	301	243	842	690
闵 行 区	6 092	4 913	1 024	920	3 705	2 474
宝 山 区	3 835	2 946	554	303	1 932	1 245
嘉 定 区	3 502	3 016	395	275	1 189	818
金 山 区	1 214	841	199	113	659	398
松 江 区	3 595	2 633	617	362	1 768	1 179
青 浦 区	1 783	1 403	290	188	701	485
奉 贤 区	1 485	1 251	139	94	575	405
崇 明 区	424	230	170	71	240	146

续表

面积单位：万平方米

16~19 层		20~29 层		30 层以上	
幢	面 积	幢	面 积	幢	面 积
11 962	**11 605**	**5 906**	**9 987**	**1 670**	**4 901**
2 740	2 719	1 037	1 865	311	1 273
252	341	466	949	245	726
524	642	551	1 080	190	488
283	308	383	712	134	465
432	444	624	1 126	254	690
582	630	698	1 048	199	491
358	383	363	647	150	398
575	599	362	611	52	107
1 104	1 093	235	351	24	75
1 108	1 028	202	306	39	63
1 336	1 206	544	665	38	51
309	256	38	59	9	15
993	789	209	283	8	19
698	603	93	125	1	1
655	554	100	158	16	40
13	11	1	2	–	–

表 6-6　全市居住房屋各区分布情况（2017）

地　区	各类房屋面积总计	#居住房屋合计	花园住宅	联列住宅
总　计	**131 907.64**	**67 281.44**	**1 840.38**	**1 565.43**
浦东新区	30 411.03	15 806.50	377.68	274.99
黄 浦 区	3 804.37	1 748.61	8.42	0.35
徐 汇 区	6 284.13	3 505.96	52.13	9.78
长 宁 区	4 185.74	2 423.90	57.35	1.45
静 安 区	5 827.98	3 093.76	20.99	4.14
普 陀 区	6 025.17	3 687.50	12.95	23.13
虹 口 区	3 696.61	2 237.83	7.08	0.27
杨 浦 区	5 970.59	3 378.41	3.55	17.74
闵 行 区	14 755.79	8 003.95	313.11	183.46
宝 山 区	10 324.80	5 999.50	29.78	135.15
嘉 定 区	9 335.38	4 236.33	94.29	164.41
金 山 区	5 024.22	1 817.96	18.39	43.82
松 江 区	10 614.75	4 646.53	384.17	372.16
青 浦 区	6 655.29	2 673.60	317.29	213.68
奉 贤 区	6 424.60	2 533.30	98.85	90.60
崇 明 区	2 567.18	1 487.79	44.34	30.29

注：公寓中包含公寓、新工房、住宅、职工（集体）宿舍、集宿等。

续表

单位：万平方米

公　寓	新式里弄	旧式里弄	简　屋
62 453.09	**303.10**	**1 108.74**	**10.70**
15 004.97	2.62	145.49	0.74
1 386.30	86.82	265.40	1.33
3 354.04	51.78	35.99	2.25
2 346.77	17.74	0.53	0.06
2 905.75	77.47	85.26	0.14
3 644.84	0.03	6.55	0.01
2 016.54	60.34	151.22	2.38
3 262.62	0.78	92.57	1.16
7 449.08	3.67	54.49	0.13
5 785.30	0.01	49.10	0.15
3 953.28	–	24.29	0.06
1 718.41	0.20	37.10	0.04
3 839.72	0.10	50.26	0.12
2 105.91	0. 61	36.10	0.01
2 309.19	0.92	33.59	0.15
1 370.38	…	40.81	1.97

表 6-7　全市非居住房屋各区分布情况（2017）

地　区	各类房屋面积总计	#非居住房屋合计			
			工　厂	学　校	仓库堆栈
总　计	**131 907.64**	**64 626.20**	**27 205.84**	**3648.21**	**1953.85**
浦东新区	30 411.03	14 604.53	5 602.04	715.51	574.35
黄 浦 区	3 804.37	2 055.76	124.84	109.32	17.56
徐 汇 区	6 284.13	2 778.17	518.60	333.17	63.13
长 宁 区	4 185.74	1 761.84	205.31	121.85	31.42
静 安 区	5 827.98	2 734.23	454.86	157.05	51.30
普 陀 区	6 025.17	2 337.67	398.43	203.29	177.74
虹 口 区	3 696.61	1 458.78	154.58	117.32	26.70
杨 浦 区	5 970.59	2 592.17	759.27	387.95	77.49
闵 行 区	14 755.79	6 751.84	3 167.15	432.80	240.35
宝 山 区	10 324.80	4 325.30	1 767.17	212.23	307.97
嘉 定 区	9 335.38	5 099.05	2 383.05	214.02	135.19
金 山 区	5 024.22	3 206.26	2 165.52	108.36	52.94
松 江 区	10 614.75	5 968.22	3 945.75	215.76	53.40
青 浦 区	6 655.29	3 981.68	2 524.58	90.11	51.93
奉 贤 区	6 424.60	3 891.30	2 576.15	143.93	47.82
崇 明 区	2 567.18	1 079.40	458.54	85.55	44.55

注：其他中包含饭店、福利院、公共设施用房、会所、寺庙教堂、体育馆、文化馆、文化体育娱乐用房、站场

续表

单位：万平方米

办公建筑	商场店铺	医　院	旅　馆	影剧院	其　他
8 460.56	**7 803.81**	**718.06**	**1 421.48**	**69.88**	**13 344.51**
1 828.43	1 638.58	106.44	351.64	5.17	3 782.37
765.54	378.30	63.77	146.51	13.79	436.13
775.88	293.01	121.35	93.31	2.90	576.82
612.65	226.40	35.17	102.65	2.13	424.25
754.37	399.55	67.15	165.84	8.14	675.96
518.13	419.32	25.54	70.61	2.64	521.97
464.18	264.33	28.92	79.77	5.81	317.17
512.37	280.26	45.74	35.53	2.81	490.76
531.45	846.74	61.08	64.57	5.11	1 402.59
297.64	556.77	30.50	37.95	1.79	1 113.27
493.99	653.79	27.99	69.65	7.86	1 113.50
161.64	391.76	29.16	23.29	1.01	272.57
261.59	558.42	24.12	50.99	2.57	855.62
185.03	428.85	20.53	57.40	2.73	620.53
218.01	365.60	10.11	33.56	3.11	493.01
79.65	102.13	20.48	38.20	2.31	247.99

码头、宗祠山庄、车库、综合楼、农业建筑、其他、公园用地、业务用房、商办、科研设计用房等。

表 6-8　全市房屋征收各区分布情况（2017）

地　区	合　计		居　民		非居住房屋	
	证数（个）	面积（平方米）	证数（个）	面积（平方米）	证数（个）	面积（平方米）
总　计	**19 148**	**766 029**	**18 456**	**643 777**	**692**	**122 252**
浦东新区	62	25 181	56	7 393	6	17 788
黄 浦 区	5 485	163 418	5 349	157 594	136	5 823
徐 汇 区	3	234	2	204	1	30
长 宁 区	416	17 109	414	17 063	2	46
普 陀 区	2 204	74 325	2 198	74 106	6	219
静 安 区	2 040	123 684	1 842	65 135	198	58 550
虹 口 区	5 601	222 359	5 418	209 378	183	12 981
杨 浦 区	2 415	101 451	2 256	74 680	159	26 771
闵 行 区	–	–	–	–	–	–
宝 山 区	–	–	–	–	–	–
嘉 定 区	921	38 169	920	38 125	1	44
金 山 区	–	–	–	–	–	–
松 江 区	–	–	–	–	–	–
青 浦 区	–	–	–	–	–	–
奉 贤 区	1	100	1	100	–	–
崇 明 区	–	–	–	–	–	–

表 6-9 主要年份燃气（煤气、液化石油气、天然气）情况

指　标	2005 年	2010 年	2015 年	2016 年	2017 年
煤气生产能力（万立方米 / 日）	1 134.30	817.40	–	–	–
煤气供应总量（亿立方米）	22.86	14.22	0.53	–	–
煤气销售总量（亿立方米）	19.97	12.85	0.52	–	–
#家庭用量	17.88	6.28	0.20	–	–
煤气管线长度（公里）	8 464	5 517	–	–	–
家庭煤气用户数（万户）	236.54	132.89	–	–	–
液化石油气销售总量（万吨）	45.26	40.05	42.41	39.79	34.85
#家庭用量	23.97	23.62	25.23	21.97	17.51
家庭液化石油气用户数（万户）	253.89	316.37	335.47	332.80	281.47
天然气销售总量（亿立方米）	17.50	42.66	69.73	73.52	77.20
#家庭用量	2.65	7.79	13.50	14.25	15.08
天然气管线长度（公里）	6 370	17 316	28 601	29 554	30 387
家庭天然气用户数（万户）	186.37	405.89	651.32	675.84	700.60

注：煤气 2015 年底已全部转换天然气。

表 6–10　主要年份水务情况

指　标	2005 年	2010 年	2015 年	2016 年	2017 年
水厂个数（个）	179	105	37	37	36
自来水供水能力（万立方米 / 日）	1 096	1 131	1 137	1 152	1 184
全年供水量（亿立方米）	28.65	30.90	31.22	32.04	31.01
全年售水量（亿立方米）	22.81	24.44	24.58	25.24	24.52
#工业用水	6.42	5.80	4.94	4.82	4.53
居民生活用水	8.12	9.80	9.88	10.40	10.50
日平均用水（万立方米）	624.80	669.70	673.33	691.44	671.82
供水管道长度（公里）	23 718.21	31 181.58	36 383.22	36 641.67	37 643.23
防洪堤长度（公里）	1 070	1 009	1 159	1 153	1 153
城市排水管道长度（公里）	6 933	11 483	16 920	19 508	19 766
污水处理能力（万吨 / 日）	471	684	785	807	821

注：1．防洪堤不包括市区和郊区的圩堤。
2．除防堤指标，其他指标数据均按住建部城建年报统计口径计算。

表 6-11　主要年份城市绿化情况

指　标	2005 年	2010 年	2015 年	2016 年	2017 年
绿地面积（公顷）	28 865	120 148	127 332	131 681	136 327
#公园绿地	12 038	16 053	18 395	18 957	19 805
#公园面积	1 521	1 915	2 407	2 655	2 771
附属绿地	11 591	18 589	23 711	24 337	24 688
生产绿地	335	230	417	417	335
公园数（个）	144	148	165	217	243
公园游园人数（万人次）	13 656	21 794	22 208	21 797	26 019
全年植树数（万株）	2 117	2 758	1 368	3 032	2 009
人均公园绿地面积（平方米）	11.01	13.00	7.60	7.80	8.10
建成区绿化覆盖率（%）	37.0	38.2	38.5	38.8	39.1
行道树实有数（万株）	83	81	110	113	115
当年造林面积（公顷）	3 827	1 349	3 241	3 941	2 680

注：1．绿地面积由公园绿地、生产绿地、防护绿地、附属绿地和其他绿地五大类构成。
　　2．人均公园绿地面积：2014 年前按全市非农户籍人口口径计算；2015 年起按报住建部的城建年报统计口径（全市常住人口）计算。

表 6–12　城市绿化各区分布情况（2017）

单位：公顷

地　区	绿地面积	#公园绿地	绿化覆盖面积
总　计	**136 327.18**	**19 805.02**	**147 062.55**
浦东新区	28 360.47	6 869.16	30 408.23
黄 浦 区	278.37	174.44	339.59
徐 汇 区	1 378.84	572.33	1 501.92
长 宁 区	1 087.21	489.33	1 207.00
静 安 区	780.66	305.47	855.59
普 陀 区	1 391.35	669.26	1 534.31
虹 口 区	423.33	156.31	503.23
杨 浦 区	1 420.75	481.16	1 563.16
闵 行 区	7 554.73	2 529.21	9 437.99
宝 山 区	6 976.27	2 404.13	7 261.16
嘉 定 区	8 972.95	1 370.95	9 910.50
金 山 区	9 935.39	683.03	10 656.90
松 江 区	11 657.16	1 174.36	14 056.43
青 浦 区	12 073.30	991.84	12 328.42
奉 贤 区	11 467.04	559.93	11 993.49
崇 明 区	32 569.37	374.11	33 504.63

注：绿化覆盖面积指城市中的乔木、灌木、草坪等所有植被的垂直投影面积。

表 6–13　主要年份城市环境卫生情况

指　标	2005 年	2010 年	2015 年	2016 年	2017 年
卫生设施					
公共厕所（座）	3 640	6 026	6 197	6 220	6 221
生活垃圾收集点（处）	28 388	30 645	32 209	32 247	30 582
废物箱（只）	39 539	74 658	94 310	81 246	86 246
倒粪站（座）	1 689	1 900	1 729	1 832	1 832
化粪池（只）	47 424	43 170	43 582	43 983	43 983
焚烧厂（座）	2	2	5	7	9
焚烧厂设计规模（吨 / 日）	2 500	2 500	8 300	11 300	13 300
填埋场（座）	3	5	5	4	4
填埋场设计规模（吨 / 日）	6 400	6 750	11 230	10 350	10 350
综合处理厂（座）	2	4	2	2	2
综合处理厂设计规模（吨 / 日）	1 500	2 200	1 000	1 000	1 000
清运情况					
清扫道路面积（万平方米 / 日）	10 414	15 879	17 366	18 253	18 853
清运垃圾（万吨）	777	5 717	10 755	7 796	6 278
生活垃圾清运量	622	732	790	880	743
建筑垃圾和工程渣土清运量	155	4 985	9 965	6 916	5 535
清运粪便（万吨）	254	201	173	160	158
环卫机械					
扫路车（辆）	406	510	608	567	783
清洗洒水车（辆）	248	285	344	485	544
垃圾车（辆）	3 297	3 607	3 672	3 761	4 370
吸粪车（辆）	492	456	440	487	444

注：2010 年起建筑垃圾和工程渣土清运量包括工程渣土、装修垃圾和泥浆产生量。

表 6-14 主要年份环境保护情况

指 标	2005 年	2010 年	2015 年	2016 年	2017 年
废水排放总量（万吨）	199 660	248 250	224 147	220 759	211 951
#工业废水	51 047	36 896	46 939	36 599	31 586
工业废气排放总量（亿标立方米）	9 103	12 969	12 802	12 669	13 867
工业废气中：二氧化硫（万吨）	37.52	26.32	10.49	6.74	1.85
工业烟粉尘排放量（万吨）	6.02	5.15	11.14	7.28	3.03
工业固体废物产生量（万吨）	1 963.62	2 448.36	1 868.07	1 680.10	1 630.48
工业固体废物处置量（万吨）	64.66	93.86	72.23	73.44	99.98
工业固体废物综合利用量（万吨）	1 891.62	2 366.92	1 796.18	1 607.51	1 532.71
工业固体废物综合利用率（%）	96.3	96.2	96.2	95.7	94.0
突发环境事件（次）	50	131	10	2	-
道路交通噪声平均等效声级〔dB(A)〕					
昼间时段	72.0	69.8	69.8	69.5	69.8
夜间时段	65.8	64.3	65.5	65.0	65.0

注：2014 年始工业烟粉尘排放量统计口径增加了无组织排放量。